Bach, Ewald
Gomeringer, Roland
Menges, Volker
Rapp, Thomas
Scholer, Claudius
Stenzel, Andreas

AUFSTIEG ZUM INDUSTRIEMEISTER

Naturwissenschaftliche und technische Gesetzmäßigkeiten

- Physik
- Chemie
- Statistik

3. Auflage

Arbeitsbuch für die Vorbereitung auf die Prüfung der Industriemeister und Industriemeisterinnen.

Ausführliche Lösungen der Aufgaben stehen auf www.europa-lehrmittel.de/80264 zur Verfügung.

VERLAG EUROPA-LEHRMITTEL · Nourney, Vollmer GmbH & Co. KG
Düsselberger Straße 23 · 42781 Haan-Gruiten

Europa-Nr.: 80264

Autoren:

Bach, Ewald	Oberstudienrat	Uhingen
Gomeringer, Roland	Studiendirektor	Meßstetten
Menges, Volker	Dipl. Ing.	Lichtenstein
Rapp, Thomas	Dipl. Ing.	Albstadt
Scholer, Claudius	Dipl. Ing.	Metzingen
Stenzel, Andreas	Dipl. Ing.	Balingen

Lektorat:
Roland Gomeringer, Meßstetten

Bildbearbeitung:
Zeichenbüro des Verlages Europa-Lehrmittel, Ostfildern

3. Auflage 2024, korrigierter Nachdruck 2026

Druck 5 4 3 2

Alle Drucke derselben Auflage sind parallel einsetzbar, da sie bis auf die Korrektur von Druckfehlern identisch sind.

ISBN 978-3-8085-8438-5

Bei Fragen zur Produktsicherheit wenden Sie sich bitte an produktsicherheit@europa-lehrmittel.de.

Umschlaggestaltung: Andreas Sonnhüter, 41372 Niederkrüchten
Umschlagfotos: © Eisenhans – stock.adobe.com
Satz: Satz+Layout Werkstatt Kluth GmbH, 50374 Erftstadt
Druck: UAB Balto Print, 08217 Vilnius, Litauen

VORWORT

Das vorliegende Buch **„Aufstieg zum Industriemeister – Naturwissenschaftliche und technische Gesetzmäßigkeiten"** ist als Arbeits- und Übungsbuch angelegt, um den Einstieg in die naturwissenschaftlichen und technischen Gesetzmäßigkeiten zu erleichtern. Es soll aber auch vorbereiten auf die entsprechenden Prüfungen.

Zielgruppen dieses Buches sind alle, die sich auf eine Weiterbildungsprüfung zum Industriemeister oder Fachwirt vorbereiten.

Das Buch beinhaltet die drei Grundlagenkapitel:

A. **Physik** mit der Einführung in die *Mechanik*, in die *Festigkeits- und die Elektrizitätslehre*.

B. **Chemie** mit den *Grundbegriffen*, den *chemischen Reaktionen* verschiedener Stoffe und der *Korrosion* mit dem *Korrosionsschutz*.

C. **Statistik** mit den wichtigsten *Kenngrößen*, den *Wahrscheinlichkeiten* und den *Qualitätsregelkarten*.

Die methodisch-didaktische Aufbereitung ergänzt die Arbeit des Dozenten. Eine abwechslungsreiche Darstellungsweise erleichtert das Selbststudium.

- Die Inhalte orientieren sich an der **Verordnung für die Meisterprüfung**.
- Die Themen werden **auf das Wesentliche konzentriert** angeboten.
- **Konkrete Beispiele mit graphischen Darstellungen** erleichtern das Verständnis.
- Auf eine **verständliche Sprache** wird geachtet.

Jeder Themenkreis schließt mit **Aufgaben zur Wiederholung** ab, die der Selbstkontrolle dienen.

Dort wo es sich thematisch anbietet, werden **Aufgaben zur Prüfungsvorbereitung** dargestellt, deren Inhalte immer wieder bei Prüfungen vorkommen.

Die **ausführlichen Lösungen der Aufgaben** stehen auf www.europa-lehrmittel.de/80264 zur Verfügung.

In der **3. Auflage** hat sich am bewährten Aufbau des Buches nichts geändert. Neben redaktionellen Korrekturen wurde die **Darstellung überarbeitet und verbessert**. Eine wichtige Ergänzung hat das Buch durch die **Aufgaben zur Prüfungsvorbereitung** erfahren.

Hinweise, die zur Verbesserung und Erweiterung dieses Buches beitragen, nehmen wir dankbar entgegen. Verbesserungsvorschläge können dem Verlag und damit den Autoren unter der Verlagsadresse oder per E-Mail (lektorat@europa-lehrmittel.de) gerne mitgeteilt werden.

Frühjahr 2024 — Autoren und Verlag

INHALT

TEIL A | PHYSIK

GRUNDLAGEN DER PHYSIK

MECHANIK DER FESTEN KÖRPER | KINEMATIK

KINETIK

KRAFT UND KRAFTKOMPONENTEN

ALLGEMEINES KRÄFTESYSTEM

REIBUNG

ARBEIT, LEISTUNG, WIRKUNGSGRAD

KREISFÖRMIGE BEWEGUNG

GETRIEBEBERECHNUNGEN

FLUIDMECHANIK

MECHANIK DER RUHENDEN FLÜSSIGKEITEN

FLUIDE IN HYDRAULIK UND PNEUMATIK

STRÖMUNG INKOMPRESSIBLER FLUIDE

CHEMISCHE BINDUNGEN

CHEMISCHE REAKTIONSWÄRME

GRUNDLAGEN DER ELEKTROCHEMIE

SÄUREN, BASEN UND PH-WERT

LUFT, SAUERSTOFF UND WASSERSTOFF

SALZE UND SALZBILDUNG

WASSER ALS LÖSUNGSMITTEL

WASSERHÄRTE UND WASSERENTHÄRTUNG

KORROSION UND KORROSIONSSCHUTZ

TEIL C I STATISTIK

GRUNDLAGEN

STATISTISCHE KENNGRÖSSEN

HISTOGRAMME

WAHRSCHEINLICHKEITS-VERTEILUNGEN

QUALITÄTSKENNZAHLEN FÜR MASCHINE UND PROZESS

QUALITÄTSREGELKARTEN

GRUNDLAGEN DER PHYSIK

In der Technik können am Beispiel einer Karosserie-Presse folgende Vorgänge beobachtet werden

- Ein Roboter bewegt mit hoher Geschwindigkeit ein Blech und legt es in die Presse.
- Hydrauliköl wird unter hohem Druck in einen Hydraulikzylinder gepumpt, der die Presse schließt.
- Das Blech wird in der Presse verformt. Anschließend öffnet die Hydraulik die Presse wieder.
- Druckluft lässt einen Pneumatikzylinder ausfahren, der das verformte Blech auswirft.

Nachfolgend wird beschrieben, was Physik ist und wie mit ihr Lösungsansätze für die Technik gewonnen werden können. Die Physik (griech. Physis – Natur) befasst sich mit Vorgängen in der Natur. Beispielsweise kann die in der Natur vorkommende **Materie** drei verschiedene **Zustandsformen** annehmen. Es sind die **Aggregatzustände** fest, flüssig und gasförmig. Damit werden **Festkörper, Flüssigkeiten** und **Gase** unterschieden. Die Aggregatzustände von Materialien und Medien sind eine erste Verbindung zur Physik.

Um die Vorgänge in der Karosserie-Presse noch genauer mit der Physik erschließen zu können, muss geklärt werden, worum es sich bei der technischen Mechanik handelt, und in welche Teilgebiete sie sich aufgliedert.

TECHNISCHE MECHANIK
(Mechanik bezogen auf Maschinen und Konstruktionen)

- **Statik**: Kräfte im Gleichgewicht, Festkörper ist in Ruhe
- **Dynamik**: Kräfte nicht im Gleichgewicht, Festkörper bewegt sich
  - **Kinematik**: **nur** die Bewegungen werden betrachtet
  - **Kinetik**: Kräfte **und** Bewegungen werden betrachtet
- **Festigkeitslehre**: Wirkung der Kräfte auf den Körper, z.B. Verformung
- **Fluidmechanik**: Verhalten von Flüssigkeiten und Gasen unter Krafteinfluss

Nun werden die Vorgänge in der Karosserie-Presse den Teilgebieten der Physik zugeordnet, sodass dort Lösungsansätze gefunden werden können.

Ein Blech wird bewegt:	› Festkörper	› Mechanik (Dynamik, Kinematik)
Hydrauliköl schließt/öffnet die Presse:	› Flüssigkeit	› Fluidmechanik
Ein Blech wird verformt:	› Festkörper	› Mechanik (Statik, Festigkeitslehre)
Druckluft wirft das Blech aus:	› Gas (Gasgemisch)	› Fluidmechanik

DEFINITION UND TEILGEBIETE DER PHYSIK

In der Physik werden Naturerscheinungen untersucht und gedeutet. Bei der Untersuchung wird zuerst versucht Regelmäßigkeiten zu erfassen, wenn dies gelungen ist, kann daraus ein Gesetz formuliert werden.

Bei der Erforschung von Naturerscheinungen haben sich im Laufe der Zeit zwei **Wissenschaften** besonders hervorgetan, die **Philosophie**, deren metaphysische Richtung die Natur durch einen übernatürlichen Steuerungsmechanismus zu deuten versucht und die **Physik**, die Natur als einen Erfahrungsgegenstand begreift. Durch die vielfältigen Erfahrungen hat der Mensch gelernt, dass es für den Ablauf der natürlichen Vorgänge Gesetzmäßigkeiten gibt, die man als **Naturgesetze** begreift und deren Gesamtheit es ermöglicht, die Naturerscheinungen zu beschreiben.

Das, was in der deutschen Sprache mit dem Wort „Natur" bezeichnet wird, heißt im Griechischen Physis. Eine umfassende Definition der Natur kann wie folgt lauten:

> Die Natur (physis) ist der gesamte Kosmos mit seiner sich ständig ändernden Materie und all seinen Kräften.

Physik ist die Wissenschaft, die **Naturgesetze** formuliert, mit deren Hilfe die **Naturerscheinungen** beschrieben werden können. So gesehen, kann man der Physik zwei verschiedene Funktionen zuordnen. Dies zeigt das folgende Schema:

Physik ist eine eigenständige Naturwissenschaft mit verschiedenen Zweigen, die im Folgenden genannt werden.	← **PHYSIK** →	Physik ist die Basis für alle anderen Naturwissenschaften, wie z.B. Chemie, Biologie, Medizin, Mineralogie, Astronomie.

Klassische Physik

Physikalische Gesetze folgen aus allgemeinen Erfahrungen (z. B. eine Kraft ist von der Masse und der Beschleunigung abhängig) und aus empirisch gefundenen Tatsachen (z. B. durch systematisches Messen der Fallbeschleunigung).

Moderne Physik

Die moderne Physik berücksichtigt, dass die Gesetze der klassischen Physik bei sehr kleinen Abmessungen (Atome und noch kleiner) und sehr großen Geschwindigkeiten (bezogen auf die Lichtgeschwindigkeit) ihre Gültigkeit verlieren. Die Quanten- und die Relativitätstheorie sind die wichtigsten Zweige. Die **Quantentheorie** befasst sich mit Elementarteilchen, die **Relativitätstheorie** mit Energie, Masse, Lichtgeschwindigkeit, Raum und Zeit. Die **Lichtgeschwindigkeit** ist eine Naturkonstante und die obere Grenze für die Ausbreitung von elektromagnetischen Signalen.

BEISPIEL 1

Meterdefinition der klassischen Physik	Meterdefinition der modernen Physik
Ein Meter ist der zehnmillionste Teil der Strecke, die vom Nordpol über Paris zum Äquator geht (Erdmeridianquadrant).	Ein Meter ist die Länge der Strecke, die das Licht im Vakuum während der Dauer von 1/299792458 Sekunde zurücklegt.

BEISPIEL 2

Ein Bus fährt mit 82,8 km/h und ein Fahrgast läuft mit 7,2 km/h in Fahrtrichtung. **Nach moderner Physik** (Einstein) nimmt ein ruhender Beobachter am Fahrbahnrand die Geschwindigkeit des Fahrgastes mit 90 km/h wahr. Das ist das gleiche Ergebnis wie bei der **klassischen Physik.** Wenn ein Raumschiff 22 Millionen km/h schnell fliegen würde und ein Astronaut darin mit 11 Millionen km/h in einem Transporter in Fahrtrichtung fliegt, dann ergeben sich für den ruhenden Beobachter **nach moderner Physik** 32,993145 Millionen km/h, nicht 33 Millionen km/h wie **nach klassischer Physik.** Immerhin 8855 km/h weniger.

Während sich also die moderne Physik mit der Erforschung kleinster und größter Strukturen der Natur befasst, ist das Betätigungsfeld der klassischen Physik im Bereich der uns üblicherweise berührenden Vorgänge und Techniken angesiedelt.

Die Gesetze der klassischen Physik bilden die Grundlage des Maschinen- und Anlagenbaus sowie der Bautechnik und der allgemeinen Elektrotechnik.

PHYSIKALISCHER ERKENNTNISPROZESS

Insbesondere Galileo **Galilei** (1564...1642) und Isaak **Newton** (1643...1727) haben die physikalische Forschung bis heute beeinflusst. Die von ihnen erforschten Gesetzmäßigkeiten sind auf viele andere Wissenschaften übertragbar. So ergibt sich z. B. ein hoher Nutzungsgrad in den **Ingenieurwissenschaften**, d. h. in der gesamten Maschinen- und Anlagentechnik. An einer sehr großen Anzahl von Naturgesetzen ist zu erkennen, dass sich der physikalische Erkenntnisprozess meistens in vier Schritten entwickelt. Dies sind das **Experiment**, die **Induktion**, die **Formulierung des physikalischen Gesetzes** und die **Deduktion**.

Experiment

Allein durch die Beobachtung der Natur ist es nur sehr eingeschränkt möglich, die physikalischen Gesetze zu formulieren. Diese Erkenntnis führte ab etwa dem Jahr 1500, vor allem ab Galilei, dazu, dass die natürlichen Vorgänge bewusst und sehr planmäßig eingeleitet und beobachtet wurden. Solche künstlich eingeleiteten natürlichen Vorgänge und die anschließende Beobachtung und Auswertung der Messreihen werden als **physikalische Versuche** oder als **physikalische Experimente** bezeichnet. Als ein berühmtes Beispiel sollen hier die von Galilei am schiefen Turm von Pisa (Bild 1) durchgeführten **Fallversuche** genannt werden, die angeblich zur Formulierung der **Fallgesetze** führten.

In diesem Zusammenhang gelang Galilei auch der Nachweis, dass im luftleeren Raum (**Vakuum**) schwere Körper genauso schnell fallen wie leichte Körper. Dieser Nachweis konnte von Galilei mit einer luftleer gepumpten Glasröhre, einer **Fallröhre** (Bild 2) erbracht werden. Als Fallkörper benutzte er – laut Überlieferung – eine Flaumfeder und eine Geldmünze.

Bei der Formulierung der Naturgesetze nehmen die Experimente eine zentrale Stellung ein. Dabei werden die **Messwerte** (z. B. Zeit, Geschwindigkeit, Temperatur, Druck usw.) mathematisch verknüpft. So wird das Naturgesetz durch **Formeln** mathematisch handhabbar.

Schiefer Turm von Pisa

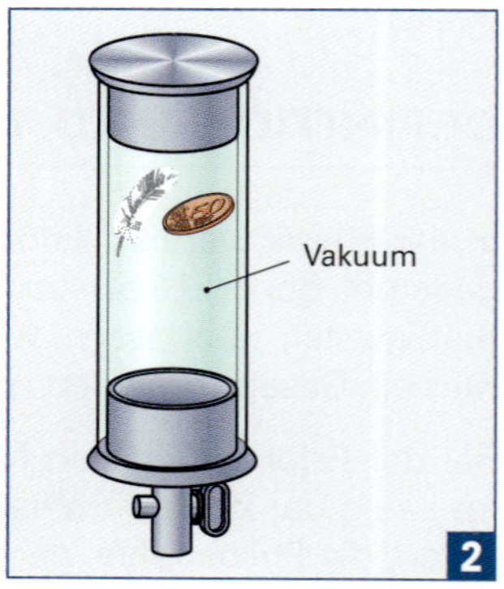

Fallversuch

Induktion

Die Formulierung eines Naturgesetzes mithilfe eines Experimentes setzt voraus, dass eine genügend große Anzahl von Experimenten immer wieder zum gleichen Ergebnis führt. Ist dies der Fall, dann kann man daraus schließen, dass auch der nächste Versuch – zu jeder Zeit an jedem beliebigen Ort – zum gleichen Ergebnis führt. Ein solcher Schluss heißt Induktion. Man spricht auch vom **Induktionsschluss**.

Der Induktionsschluss ist der Schluss vom Besonderen auf das Allgemeine. Die Mittel der Mathematik lassen die nebenstehende Definition des Induktionsschlusses zu.

Beim Induktionsschluss wird von ***n* auf *n* + 1** geschlossen. Dabei ist n die Anzahl der bisherigen Experimente.

Formulierung des physikalischen Gesetzes

Durch den Induktionsschluss, d.h. durch die Verallgemeinerung, ist der nächste Schritt im physikalischen Erkenntnisprozess vollzogen. Die Formulierung kann verbal oder auch mithilfe der Mathematik – durch eine Formel oder ein **Diagramm** – erfolgen.

Deduktion

Die Beschreibung eines Wissensgebietes durch eine Vielzahl von Naturgesetzen wird als Theorie bezeichnet. Ergäbe sich auch nur ein einziger experimenteller Befund, der sich nicht mit der Theorie deckt, würde dies zwangsläufig zur Änderung dieser Theorie führen. Im Extremfall müsste eine bisher bewährte Theorie aufgegeben werden, was in der Entwicklung der Wissenschaften auch hin und wieder der Fall war. Solange sich neue Experimentalbefunde in die Theorie ohne Widerspruch einordnen lassen, gilt:

Mithilfe der **Logik** kann man aus den Naturgesetzen und den daraus gebildeten Theorien Aussagen bezüglich eines speziellen physikalischen oder technischen Problemfeldes formulieren.

Dieser Vorgang heißt **Deduktion**, und im Gegensatz zu den **induktiven Verfahren**, die ihre Schlüsse aus Experimenten ableiten, gilt

Die deduktiven Verfahren führen auf theoretischem Weg, ausgehend von bestehenden Theorien, zu neuen physikalischen Gesetzen oder Theorien. Man spricht in diesem Zusammenhang auch von der **theoretischen Physik**.

REGELKREIS DES PHYSIKALISCHEN ERKENNTNISPROZESSES

Experiment
Planmäßige Versuche zeigen die Zusammenhänge zwischen physikalischen Größen.

→ **Induktion**
Schluss erfolgt vom Besonderen zum Allgemeinen.

→ **Formulierung physikalischer Gesetze und Theorien**

→ **Deduktion**
Durch Logik erfolgen Schlüsse auf neue Gesetze und Theorien.

(→ zurück zu Experiment)

REGELN FÜR DIE ARBEIT IN DER PHYSIK

Der Physiker ordnet, unabhängig von der angewandten Arbeitsmethode die natürlichen Abläufe nach dem Gesichtspunkt von Ursache und Wirkung. Dieses Ordnungsprinzip heißt **kausale Verknüpfung** oder auch **Kausalitätsprinzip**.

Jeder Handlung folgt ein Ereignis. Umgekehrt geht jedem Ereignis eine Ursache voraus. Beispiele: Beim Schlag eines Hammers (Ursache) erwärmt sich der getroffene Gegenstand (Wirkung). Der Finger schmerzt (Wirkung) weil wir ihn in der Tür eingeklemmt haben (Ursache). Dies sind Beispiele aus dem Bereich der klassischen Physik.

Mit den Methoden der modernen Physik, und zwar der Relativitätsheorie, wurde nachgewiesen, dass sich die Wirkung höchstens mit Lichtgeschwindigkeit ausbreiten kann.

Solche Ordnungsprinzipien zu erstellen, setzt neben Intelligenz auch Neugierde, Fleiß und Beobachtungsgabe voraus. Bereits René **Descartes** (1596...1650) hat entsprechende untenstehende Regeln formuliert.

Jede Wirkung hat eine Ursache,
und jeder Ursache folgt eine Wirkung.

- Vermeide Übereilungen und vorgefasste Meinungen.
- Teile jede der einzelnen Schwierigkeiten in so viele Teile wie möglich. So müsste eine Lösung möglich sein.
- Halte nur das für wahr, was du wirklich eingesehen hast.
- Schreite vom Einfachsten, welches leicht einzusehen ist, zum Komplizierten.

TEILGEBIETE DER KLASSISCHEN PHYSIK

Aus Zweckmäßigkeitsgründen wird die **Klassische Physik** in verschiedene Gebiete unterteilt. Diese sind nebenstehend genannt.

In der **modernen Physik** unterscheiden wir die **Quantentheorie** von der **Atom- und Kernphysik**.

- Mechanik der festen Körper
- Mechanik der Flüssigkeiten und Gase
- Wärmelehre
- Optik und Wellenlehre
- Elektrizitätslehre und Magnetismus

PHYSIK
CHEMIE
STATISTIK

PHYSIKALISCHE GRÖSSEN UND IHRE EINHEITEN

Weltweit gibt es eine Einigung auf gemeinsame Einheiten für physikalische Größen. Diese Einheiten werden in der Wissenschaft verwendet. Für die Größe „Länge einer Strecke" gilt beispielsweise das Meter als Grundeinheit. Trotz dieser Einigung gibt es aber auch noch Einheiten wie Zoll, Inch, Meile oder Fuß (foot), die im Alltag und auch in der Industrie verwendet werden. Dies hat oft historische Gründe, um dennoch miteinander kommunizieren zu können, gibt es genaue Definitionen und Umrechnungszahlen.

Aus dem bisher Gesagten ist zu erkennen, dass physikalische Vorgänge und Begriffe eindeutig und mit großer Exaktheit definiert sein müssen. Solche Definitionen setzen aber voraus, dass die **physikalischen Vorgänge objektiv beurteilt** werden können. Dies ist z. B. im Bereich der Gefühle oder bei Zuständen wie Einsamkeit, Freude, Lust, Trauer oder Schönheit unmöglich, da wegen der individuellen Subjektivität keine Messbarkeit gegeben ist.

MESSBARKEIT UND BESTANDTEILE EINER PHYSIKALISCHEN GRÖSSE

Vorausgesetzt, dass es subjektive und objektive Zustände und Größen gibt, dann kann dies nur bedeuten, dass die Physik alleine nicht in der Lage ist, ein Gesamtbild der Natur, d. h. der gesamten Wirklichkeit, zu formulieren.

> Die physikalischen Größen sind objektiv messbare Eigenschaften von Vorgängen, Zuständen oder Objekten.

Für die objektive Messung einer physikalischen Größe gibt es allgemein anerkannte Messverfahren. Die folgende Tabelle zeigt Beispiele, wie bestimmte Eigenschaften oder Zustände mithilfe einer physikalischen Größe beschrieben werden können:

VORGANG, ZUSTAND ODER OBJEKT	PHYSIKALISCHE GRÖSSEN
Länge einer Strecke	5 Meter, 57 Millimeter, 1362 Kilometer
Zeit für das Zurücklegen einer Strecke	3 Sekunden, 15 Stunden
Temperatur eines Körpers	37 Grad Celsius
Größe einer Masse	3,5 Kilogramm, 1221 Tonnen
Verschiedene elektrische Größen	230 Volt, 18 Kilowatt, 50 Hertz, 17 Kilowattstunden
Wärmemenge (Wärme, Wärmeenergie)	270 Kilojoule

Aus diesen Beispielen ist zu ersehen, dass die Messung einer physikalischen Größe nichts anderes ist als ein Vergleich der Vorgänge, Zustände oder Objekte mit einer vorher definierten **Einheit**. Solche **Einheitendefinitionen** wurden bereits an der Definition des Meters dargestellt. Dabei war auch der Unterschied zwischen der klassischen und der modernen Methode erkennbar. Eine solche Einheitendefinition wird auch als **Einheitennormal** bezeichnet.

> Die Definition einer physikalischen Größe ist immer mit der Angabe eines Messverfahrens verbunden.
>
> Eine Einheit ergibt sich aus einer Größendefinition, und die Messung einer physikalischen Größe ergibt sich aus dem Vergleich mit der Einheit.
>
> Eine physikalische Größe besteht aus dem Produkt eines Zahlenwertes mit einer Einheit.

DAS SI-EINHEITENSYSTEM

Die Einheitendefinitionen sind vom Entwicklungsstand der Physik abhängig. Außerdem gehen Länder dieser Erde teilweise mit unterschiedlichen Einheitensystemen um. Dennoch gibt es ein **internationales Einheitensystem**, das **Système International d'Unités (SI)**. Diesen **SI-Einheiten** hat sich die Bundesrepublik Deutschland mit dem **Gesetz über die Einheiten im Messwesen** angeschlossen. Man unterscheidet in diesem System die **Basisgrößen** von den **abgeleiteten Größen**.

Die nebenstehende Tabelle enthält die **Basisgrößen** mit den zugehörigen **Basiseinheiten** (SI-Einheiten) und den **Einheitenkurzzeichen**. Alle abgeleiteten Größen lassen sich auf insgesamt **sieben Basisgrößen** zurückführen.

In den Definitionsgleichungen werden die Größen durch **Formelzeichen** und **Einheitenzeichen** ausgedrückt. Formelzeichen und Einheitenzeichen sind eindeutig zu unterscheiden. Die Unterscheidung im Druck erfolgt dadurch, dass Formelzeichen kursiv und Einheitenzeichen gerade gesetzt werden.

Die **abgeleiteten Größen** und deren Einheiten setzen sich aus den Basisgrößen und deren Einheiten zusammen. Sie stellen also sozusagen eine „Verknüpfung" von Basiseinheiten dar. Dies zeigen die folgenden Beispiele, die (ausnahmsweise und aus pädagogischen Gründen) einige Begriffe und Sachverhalte vorwegnehmen. Als Formelbuchstaben werden sowohl lateinische als auch griechische Groß- und Kleinbuchstaben verwendet. In Verbindung mit diesen Buchstaben werden zur Unterscheidung auch Indices und Exponenten gesetzt (z. B. F_1 oder α').

SI-BASISEINHEITEN NACH DIN 1301-1

Basisgröße	Basiseinheit	Einheitenkurzzeichen
Länge	Meter	m
Masse	Kilogramm	kg
Zeit	Sekunde	s
Elektrische Stromstärke	Ampere	A
Thermodynamische Temperatur	Kelvin	K
Lichtstärke	Candela	cd
Stoffmenge	Mol	mol

BEISPIELE VON ABGELEITETEN PHYSIKALISCHEN GRÖSSEN

VERBALE DEFINITION DER PHYSIKALISCHEN GRÖSSE	DEFINITIONS-GLEICHUNG	EINHEITEN-VERKNÜPFUNG	ABGELEITETE EINHEIT
Geschwindigkeit $= \frac{\text{Weg}}{\text{Zeit}}$	$v = \frac{s}{t}$	$[v] = \frac{[s]}{[t]} = \frac{m}{s}$	$\frac{m}{s}$
Beschleunigung $= \frac{\text{Geschwindigkeitsänderung}}{\text{Zeit}}$	$a = \frac{\Delta v}{\Delta t}$	$[a] = \frac{[v]}{[t]} = \frac{\frac{m}{s}}{s}$	$\frac{m}{s^2}$
Kraft = Masse · Beschleunigung	$F = m \cdot a$	$[F] = [m] \cdot [a] = kg \cdot \frac{m}{s^2}$	$\frac{kgm}{s^2} = N$

Anmerkungen zum Beispiel

1. In der Definitionsgleichung der Beschleunigung wurde das Zeichen Δ (großes griechisches Delta) verwendet. Mit diesem Zeichen wird nach **DIN 1302** „Mathematische Zeichen" eine Änderung oder Differenz bezeichnet.
2. Abgeleitete Einheit der Kraft: 1 kgm/s^2 = 1 Newton = 1 N
3. Die Schreibweise der Einheitenverknüpfung entspricht der **DIN 1313** „Physikalische Größen und Gleichungen".

Aus den in der Tabelle gezeigten Beispielen ergibt sich die folgende Regel:

An die den Formelzeichen der Definitionsgleichung entsprechenden Stellen werden die Einheitenzeichen der jeweiligen physikalischen Größen gesetzt und mathematisch verknüpft. Das erzielte Ergebnis wird als **abgeleitete Einheit** der entsprechenden physikalischen Größe bezeichnet.

UMRECHNUNG ALTER EINHEITEN IN SI-EINHEITEN UND UMGEKEHRT

Im Einheitengesetz ist festgelegt, dass die alten, d.h. die bis zum Jahr 1970 üblichen Einheiten, nicht mehr verwendet werden dürfen. In der Praxis des Technikers werden diese aber noch für längere Zeit von Bedeutung sein. So ist es z.B. erforderlich, bei Anlagenumbauten die ursprünglichen Berechnungsunterlagen heranzuziehen. Dies bedeutet aber, dass alte Einheiten in SI-Einheiten umgerechnet werden müssen und umgekehrt auch SI-Einheiten in alte Einheiten.

So war z.B. früher als Krafteinheit das Kilopond gebräuchlich: **1 Kilopond = 1 kp = 9,80665 N ≈ 9,81 N**

In England und den USA werden noch heute Einheiten verwendet, die nicht in das Dezimalsystem passen (z.B. **Zoll** oder **Grad Fahrenheit**). Das hat auch in der nebengenannten Norm ihren Niederschlag gefunden. Noch deutlichere Angaben als in der **DIN 1301**, die eine **Grundlagennorm** ist, findet man in **Fachnormen.** Eine solche ist z.B. die **DIN 1314** „Druck". Dort findet man spezielle Angaben über die Umrechnung von Druckeinheiten.

Industriemeister haben oft internationale Kontakte und reisen ins englischsprachige Ausland. Im Flugverkehr wird die Flughöhe in Fuß angegeben und in den Nachrichten wird die Erdölfördermenge in Barrel angegeben. Nachfolgend gibt es eine Auswahl mit nützlichen Einheiten aus dem anglo-amerikanischen Bereich.

DIN 1301 „Einheiten": Umrechnung für nicht mehr anzuwendende Einheiten.

EINHEIT	ANWENDUNGSBEISPIELE	UMRECHNUNG
inch (Zoll)	Rohre u. Gewinde, Längen	1 inch = 2,54 cm
foot (Fuß), pl.: feet	Flughöhe, Entfernung	1 foot = 30,48 cm
yard	Entfernung	1 yard = 0,9144 m
mile (Meile an Land)	Entfernung auf Straßenschildern	1 mile = 1609,344 m
ounce (Unze)	Volumen (Masse weiter unten)	1 ounce (engl.) = 2,8413 cl; 1 ounce (am.) = 2,9574 cl
gallon (Gallone)	Benzinvolumen	1 gallon (engl.) = 4,5461 l; 1 gallon (am.) = 3,7854 l
petrol barrel (Ölbarrel)	Erdölförderung	1 barrel = 158,987294928 l
Fahrenheit	Temperaturangabe	t °C = 5⁄9 (t in °F – 32) °C; t °F = (9⁄5 t in °C + 32)°F
pound (Pfund)	Gewicht, Masse	1 pound = 453,59237 Gramm
ounce (Unze)	Masse (Volumen weiter oben)	1 ounce = 28,349523125 Gramm
stone	Masse, Körpergewicht	1 stone = 6350,293186 Gramm = ca. 6,35 kg

BEISPIEL

Laut statista.com wurden im Jahr 2016 in Deutschland pro Tag durchschnittlich rund 2,4 Millionen Barrel Öl verbraucht.
Wie viel Liter sind das? Welcher pro-Kopf-Verbrauch ergibt sich, wenn man von einer Bevölkerungszahl von 80 Millionen Menschen ausgeht?

Lösung $2400000 \text{ Barrel} = 2400000 \text{ Barrel} \cdot 158{,}987294928 \frac{\text{Liter}}{\text{Barrel}} = 381569507{,}83 \text{ Liter}$

$\text{pro-Kopf-Verbrauch} = \frac{381569507{,}83 \text{ Liter}}{80000000 \text{ Menschen}} = 4{,}77 \text{ Liter pro Kopf}$

AUFGABEN ZUR WIEDERHOLUNG

METHODEN DER PHYSIK

1. Nennen Sie einige Naturerscheinungen.

2. Worin unterscheiden sich Kinematik und Kinetik?

3. Nennen Sie Teilgebiete der Technischen Mechanik, die in folgenden Situationen zur Anwendung kommen:

a) Drei Kräfte greifen an einem in Ruhe befindlichen Mast an;

b) Ein Auto mit der Masse 800 kg beschleunigt von 0 auf 100 km/h in 7 Sekunden;

c) Ein Crashtest wird durchgeführt;

d) Bahnkurvenberechnung.

4. Wie kommt man bei deduktiven Verfahren zu neuen, physikalischen Erkenntnissen?

5. Verknüpfen Sie verschiedene Naturerscheinungen nach dem Kausalitätsprinzip.

6. In welchen physikalischen Bereichen versagen die Gesetze der klassischen Physik?

7. Definieren Sie mit einem Lexikon oder über das Internet das **Plank'sche Wirkungsquantum**.

8. Welche Aussage können Sie über die Wirkungsgröße bei den Abläufen innerhalb der klassischen Physik machen?

9. Welche maximale Wirkungsgeschwindigkeit wurde mit der Relativitätstheorie definiert?

10. Welcher Schritt geht im physikalischen Erkenntnisprozess der Induktion voraus?

11. Ermitteln Sie mit einem Lexikon oder über das Internet die Größe der Lichtgeschwindigkeit.

12. Wie lauten die Regeln von Descartes?

PHYSIKALISCHE GRÖSSEN UND IHRE EINHEITEN

13. Aus welchen „Bestandteilen" besteht eine physikalische Größe?

14. Welche Voraussetzung muss gegeben sein, damit eine physikalische Größe eindeutig definiert werden kann?

15. Was versteht man unter einem „Einheitennormal"? Welche Aussage können Sie über die immer wieder veränderten Definitionen der Einheitennormale machen?

16. Warum ist es für einen Techniker unabdingbar, alte Einheiten in SI-Einheiten und umgekehrt umrechnen zu können?

17. Sehen Sie in einem Lexikon oder im Internet den Begriff „Internationale Meterkonvention" nach.

18. Schreiben Sie fünf physikalische Größen aus Ihrer täglichen oder beruflichen Erfahrung auf.

19. Für die Dichte ρ ist das Verhältnis (Quotient) der Masse m in kg und das von der Masse eingenommene Volumen V definiert. Schreiben Sie unter Zuhilfenahme dieser verbalen Definition die Definitionsgleichung, die entsprechende Einheitenverknüpfung und die abgeleitete SI-Einheit für die Dichte auf.

20. Ermitteln Sie mithilfe eines Lexikons oder über das Internet bzw. auch mit einem Fachbuch für Elektrizitätslehre die Definitionsgleichung für die elektrische Ladung (Elektrizitätsmenge). Bestimmen Sie daraus durch Einheitenverknüpfung die abgeleitete SI-Einheit für die Ladung, die man nach dem französischen Physiker Charles **Coulomb** (1736...1806) auch als Coulomb (Einheitenzeichen C) bezeichnet.

21. In der Technik werden manchmal „Zahlenwertgleichungen" verwendet. Darin ist ein Faktor so bestimmt, dass er dem Anwender der Gleichung die Umrechnung in SI-Basiseinheiten und eventuell weitere Umrechnungen abnimmt. Der Anwender muss nur die gegebenen Zahlenwerte einsetzen und erhält das Ergebnis in einer vorgegebenen Einheit.

Anwendung: Für einen Motor wird die Leistung $P = 5$ kW und die Drehzahl $n = 1000$ 1/min angegeben. Das Drehmoment M soll in Nm berechnet werden. Hierzu gibt es folgende Zahlenwertgleichung:

$M = 9550 \cdot \frac{P}{n}$ **Drehmoment M in Nm; Leistung P in kW; Drehzahl n in 1/min**

a) Berechnen Sie das Drehmoment M in Nm.

b) In welchen Einheiten müsste man P und n angeben, wenn man Sie mit SI-Basiseinheiten darstellt?

22. Eine Werkshalle in Florida hat eine Fläche von 5382 square-foot (Quadratfuß). Die Außentemperatur beträgt dort zur Zeit 86° Fahrenheit.

Rechnen Sie die Fläche in m² und die Temperatur in °C um.

23. Warum ist das Meter über die Lichtgeschwindigkeit definiert?

MECHANIK DER FESTEN KÖRPER | KINEMATIK

GLEICHFÖRMIGE GERADLINIGE BEWEGUNG

In der Industrie gibt es viele Vorgänge, die mit gleichbleibender Geschwindigkeit auf gerader Strecke ablaufen, z. B.

- ein Drehmeißel im Vorschub oder Eilgang,
- ein Greifer eines Roboters, der sich direkt vom Punkt A zum Punkt B bewegt,
- ein Portalkran, der sich längs einer Werkshalle bewegt,
- das Stückgut auf einem Förderband.

Um Wege, Zeiten oder Geschwindigkeiten zu bestimmen, werden die folgenden Kenntnisse benötigt.

BEGRIFF GESCHWINDIGKEIT

Bei der **Dynamik**, dem Teilgebiet der Mechanik, das die Bewegungsvorgänge von Körpern auf den Einfluss von Kräften zurückführt und die Beziehungen zwischen den **Beschleunigungen** und den sie verursachenden Kräften aufstellt, unterscheiden wir zwei **Bewegungskriterien**:

ZEITLICHE BEWEGUNGSKRITERIEN

BEISPIEL

Konstante Geschwindigkeit (gleichförmige Bewegung) oder sich zeitlich verändernde Geschwindigkeit (Beschleunigung oder Verzögerung).

RÄUMLICHE BEWEGUNGSKRITERIEN

BEISPIEL

Bewegungsrichtung ist konstant (geradlinig) oder sich zeitlich veränderliche Bewegungsrichtung (z. B. kreisförmig).

Die zeitlichen und räumlichen Bewegungskriterien können in beliebiger Kombination in Erscheinung treten, so z. B. die **gleichförmige geradlinige Bewegung**, die einfachste Bewegungsart eines Körpers.

Bei einer gleichförmigen geradlinigen Bewegung bewegt sich ein Körper mit konstanter Geschwindigkeit auf einer geraden Bewegungsbahn.

Dies bedeutet, dass der Körper in beliebig großen, aber gleichen Zeitintervallen Δt stets gleich große Weglängen Δs zurücklegt. Die dabei vorhandene **Geschwindigkeit** v ist als Quotient aus Wegintervall Δs und dem Zeitintervall Δt definiert.

Unter der Geschwindigkeit v wird der Quotient aus der vom Körper zurückgelegten Wegstrecke Δs und der dafür benötigten Zeitspanne Δt verstanden.

Die abgeleitete Einheit der Geschwindigkeit ist der Meter durch die Sekunde.

Natürlich sind auch alle anderen Quotienten aus gesetzlichen Wegeinheiten und gesetzlichen Zeiteinheiten abgeleitete Einheiten der Geschwindigkeit. Im täglichen Gebrauch und in der Technik sind außer m/s vor allem noch m/min und km/h gebräuchlich. Diese verschiedenen Einheiten können leicht umgerechnet werden, was die folgende Aufgabe zeigt.

GESCHWINDIGKEIT

$$v = \frac{\Delta s}{\Delta t} \qquad [v] = \frac{[\Delta s]}{[\Delta t]} = \frac{\text{m}}{\text{s}}$$

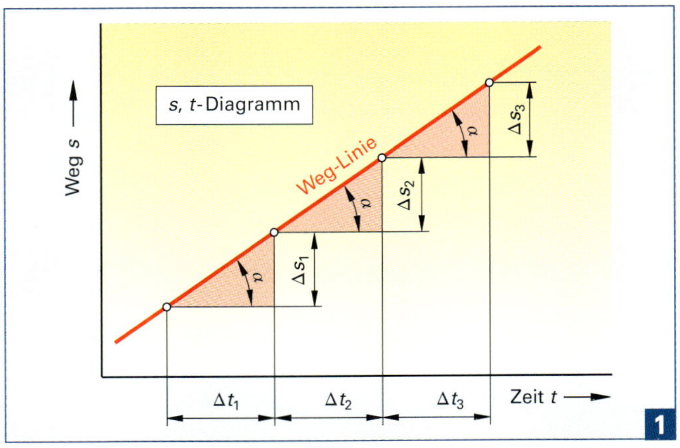

Weg-Zeit-Diagramm

BEISPIEL

Ein Körper wird bei konstanter Geschwindigkeit in 10 s 100 m fortbewegt. Wie groß ist seine Geschwindigkeit a) in m/s, b) in km/h?

Lösung a) $v = \frac{s}{t} = \frac{100\text{ m}}{10\text{ s}} = 10\,\frac{\text{m}}{\text{s}}$ b) $10\,\frac{\text{m}}{\text{s}} = 10\,\frac{\text{m}}{\text{s}} \cdot 3600\,\frac{\text{s}}{\text{h}} = 36000\,\frac{\text{m}}{\text{h}} = \frac{36000\,\frac{\text{m}}{\text{h}}}{1000\,\frac{\text{m}}{\text{km}}} = 36\,\frac{\text{km}}{\text{h}}$

Lösung b) zeigt, bei der Umrechnung von m/s in km/h wird mit der Zahl 3,6 multipliziert. Umgekehrt, beim Umrechnen von km/h in m/s, wird durch die Zahl 3,6 geteilt.

Üblicherweise werden voneinander unabhängige Größen, z.B. Weg *s* und Zeit *t*, zum Veranschaulichen in ein rechtwinkliges Koordinatensystem eingetragen und durch einen Linienzug miteinander verbunden.

Eine solche Darstellung heißt **Diagramm** und Bild 1, Seite 13 zeigt die diagrammatische Darstellung einer gleichförmigen geradlinigen Bewegung. Entsprechend der Definition der Geschwindigkeit gilt untenstehende Gleichung.

$$v = \frac{\Delta s_1}{\Delta t_1} = \frac{\Delta s_2}{\Delta t_2} = \frac{\Delta s_3}{\Delta t_3} \ldots$$

s. Bild 1, Seite 13

Das Diagramm heißt **Weg, Zeit-Diagramm** oder kurz ***s, t*-Diagramm**. Die Diagrammlinie heißt **Weg-Linie**.

▶ **Anmerkung:** In Diagrammen wird immer zuerst die senkrechte Koordinatenachse (Ordinate) genannt.

Außer im Weg, Zeit-Diagramm (*s, t*-Diagramm) können Bewegungen noch im **Geschwindigkeits-, Zeit-Diagramm** (*v, t*-Diagramm) und im **Beschleunigungs-, Zeit-Diagramm** (*a, t*-Diagramm) dargestellt werden. Letzteres hat aber bei der gleichförmigen Bewegung keine Bedeutung. Diese grafischen Darstellungen vermitteln einen optischen Eindruck der Bewegung und sind deshalb auch bei der Herleitung von Bewegungsgleichungen sehr nützlich, wie dies z.B. die nachfolgenden Gleichungen zeigen.

Die Definitionsgleichungen können auf alle in ihnen enthaltenen Größen umgestellt werden. So lässt sich z.B. die Geschwindigkeitsgleichung auf den Weg *s* und die Zeit *t* umstellen. Dies wird im Folgenden gezeigt und in den entsprechenden Diagrammen dargestellt:

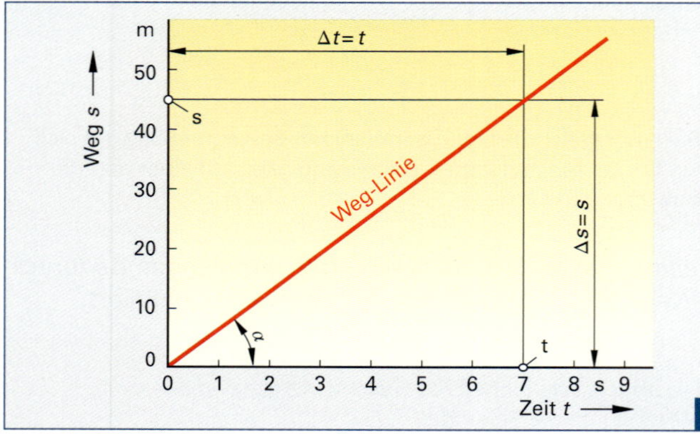

1

s, t-Diagramm

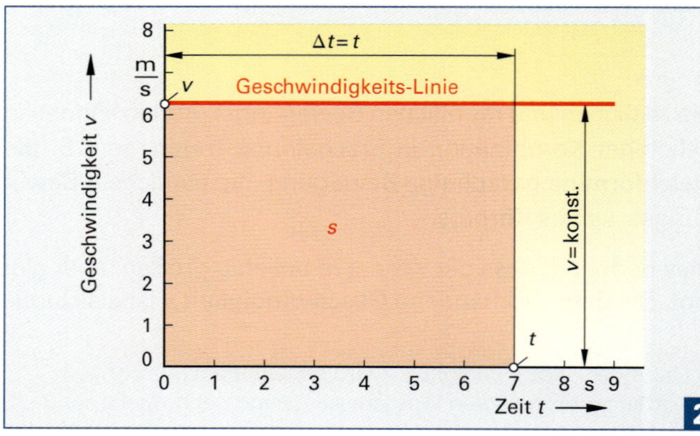

2

v, t-Diagramm

Es ist $\Delta t = t$ und $\Delta s = s$.
Somit gilt für das **Weg-Zeit-Gesetz**

$$v = \frac{s}{t}$$

v = Geschwindigkeit in m/s
s = Weg in m
t = Zeit in s

Damit gilt auch: $s = v \cdot t$ und $t = \frac{s}{v}$

Der zurückgelegte Weg nimmt bei gleichförmiger Bewegung mit fortlaufender Zeit pro Zeitintervall Δt um jeweils die gleiche Strecke Δs zu (Bild 1). Die Fläche unter der Geschwindigkeits-Linie ist ein Maß für den vom Körper zurückgelegten Weg *s* (Bild 2).

BEISPIEL 1

Der Fräsweg an einem Werkstück beträgt l = 1120 mm. Für Anlauf l_a und Überlauf $l_ü$ werden je 50 mm gerechnet. Die Fräszeit beträgt 3,75 min. Berechnen Sie

a) den vom Fräsmaschinentisch bei einem Arbeitsgang zurückgelegten Weg,
b) die Vorschubgeschwindigkeit des Fräsmaschinentisches in mm/min.

Lösung a) $s = l + l_a + l_ü = 1120\ \text{mm} + 50\ \text{mm} + 50\ \text{mm} = 1220\ \text{mm}$

b) $v = \frac{s}{t} = \frac{1220\ \text{mm}}{3{,}75\ \text{min}} = 325{,}33\ \frac{\text{mm}}{\text{min}}$

BEISPIEL 2

Die zulässige Höchstgeschwindigkeit beträgt im Ortsverkehr 50 km/h.

a) Welche kürzeste Fahrzeit ist für eine Strecke von 1250 m gestattet?
b) Zeichnen Sie den Bewegungsvorgang im *s, t*-Diagramm und im *v, t*-Diagramm.

Lösung a) $v = \frac{s}{t} \quad t = \frac{s}{v} = \frac{1{,}25\ \text{km}}{50\ \frac{\text{km}}{\text{h}}} = 0{,}025\ \text{h} = 0{,}025\ \text{h} \cdot 3600\ \frac{\text{s}}{\text{h}} = 90\ \text{s}$

b)

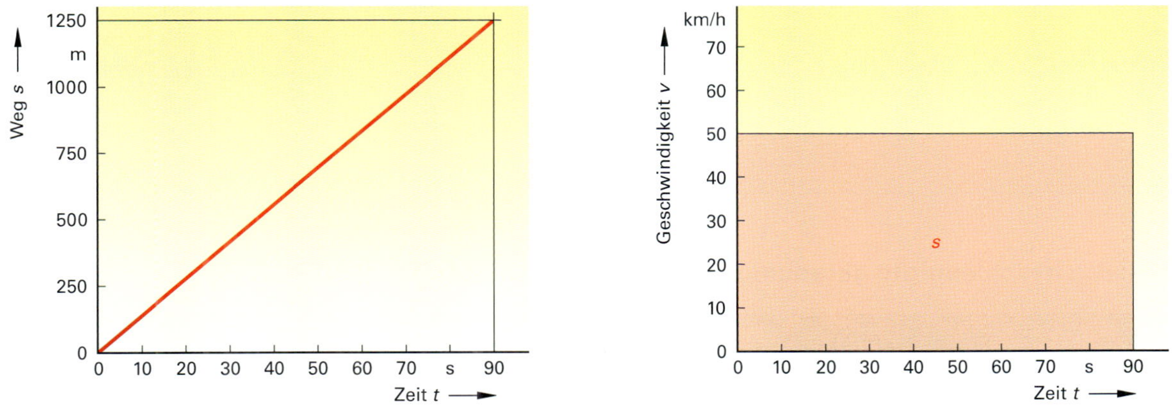

MOMENTAN- UND DURCHSCHNITTSGESCHWINDIGKEIT

Bei der bisherigen Definition der Geschwindigkeit wurde von der gleichförmigen Bewegung ausgegangen. Dies ist die einfachste Art aller vorstellbaren Bewegungen. Dennoch ist sie in Natur und Technik nur selten anzutreffen.

Bild 1 zeigt z.B. das *v, t*-Diagramm einer S-Bahn zwischen zwei Stationen. Es ist zu erkennen, dass während der gesamten Fahrzeit $\Delta t = t_3 - t_0$ beinahe zu jedem einzelnen Zeitpunkt eine andere tatsächliche Geschwindigkeit vorgelegen hat. Dies bedeutet, dass eine **ungleichförmige Bewegung** gegeben ist. Die zu einem bestimmten Zeitmoment vorliegende tatsächliche Geschwindigkeit wird auch als **Momentangeschwindigkeit** bezeichnet, während der Quotient aus tatsächlich zurückgelegtem Weg Δs und der dafür erforderlichen Zeitspanne Δt **Durchschnittsgeschwindigkeit** bzw. **mittlere Geschwindigkeit** v_m heißt. Entsprechend Bild 1 gilt:

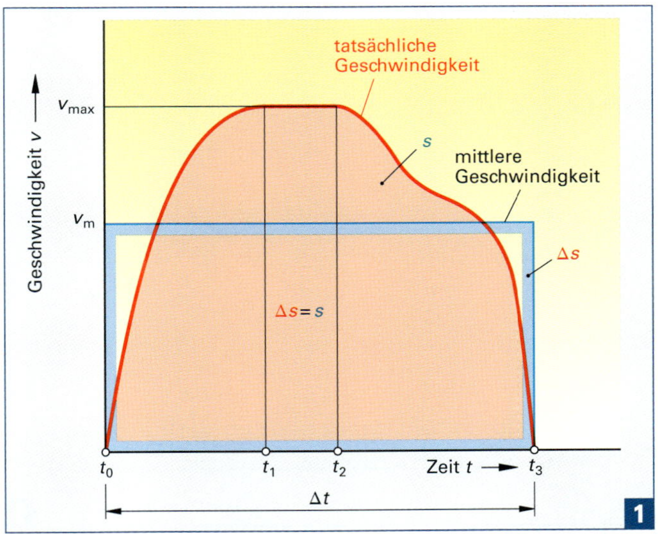

Momentan- und Durchschnittsgeschwindigkeit

Die Fläche unterhalb der Geschwindigkeitslinie entspricht dem zurückgelegten Weg *s*.

Dies bedeutet Flächengleichheit in Bild 1, d.h. Fläche Δs = Fläche *s*.

Für die **Durchschnittsgeschwindigkeit** (mittlere Geschwindigkeit) folgt

$$v_m = \frac{\Delta s}{\Delta t} \quad \text{in } \frac{\text{m}}{\text{s}}$$

In praktischen Rechnungen setzt man dabei

$\Delta s = s$ = zurückgelegter Weg und

$\Delta t = t$ = dafür benötigte Zeit.

BEISPIEL

Entlang einer 1,5 km langen Straße in einer Tempo-30-Zone gibt es 5 Rechts-vor-links-Straßen. Ein Auto durchfährt diese Straße in 4 Minuten. Welche Durchschnittsgeschwindigkeit hatte das Auto in m/s und km/h?

Lösung $v_m = \frac{\Delta s}{\Delta t} = \frac{1500\ \text{m}}{240\ \text{s}} = 6{,}25\ \frac{\text{m}}{\text{s}};\quad 6{,}25\ \frac{\text{m}}{\text{s}} \cdot 3{,}6\ \frac{\frac{\text{km}}{\text{m}}}{\frac{\text{h}}{\text{s}}} = 22{,}5\ \text{km/h}$

UNGLEICHFÖRMIGE GERADLINIGE BEWEGUNG

Bei der ungleichförmigen Bewegung ändert sich die Geschwindigkeit des Körpers während des Bewegungszeitraumes, der Körper wird beschleunigt oder verzögert.

Man versteht unter der Beschleunigung a bzw. der Verzögerung $-a$ (negative Beschleunigung) den Quotienten aus der Geschwindigkeitsänderung Δv und dem zugehörigen Zeitintervall Δt.

BESCHLEUNIGUNG

$$a = \frac{\Delta v}{\Delta t}$$

$$[a] = \frac{[\Delta v]}{[\Delta t]} = \frac{\frac{\text{m}}{\text{s}}}{\text{s}} = \frac{\frac{\text{m}}{\text{s}}}{\frac{\text{s}}{1}} = \frac{\text{m}}{\text{s}} \cdot \frac{1}{\text{s}} = \frac{\text{m}}{\text{s}^2}$$

Im Einheitengesetz ist festgelegt:
Die abgeleitete Einheit der Beschleunigung ist das Meter durch Sekundenquadrat.

Gleichmäßig beschleunigte geradlinige Bewegungen

UNGLEICHFÖRMIGE BEWEGUNG
(v ist nicht konstant)

- **ungleichmäßig beschleunigt** (a ist nicht konstant, wird hier nicht weiter behandelt)
- **gleichmäßig beschleunigt** (a ist konstant, kann häufig angenommen werden)
  - **ohne Anfangsgeschwindigkeit**
  - **mit Anfangsgeschwindigkeit**

Nachfolgend wird zuerst der Fall „gleichmäßig beschleunigt, ohne Anfangsgeschwindigkeit“ betrachtet.

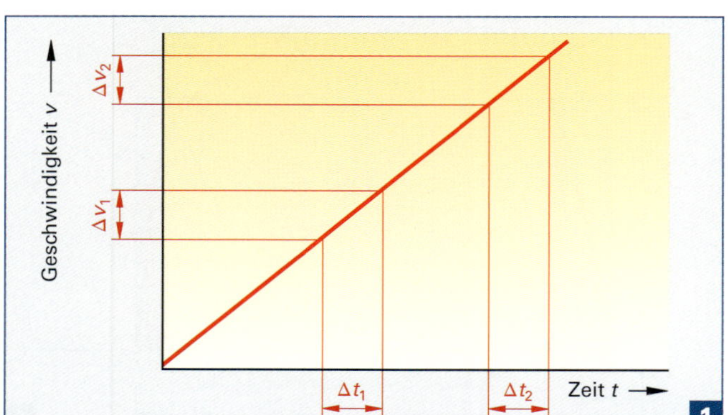

v, t-Diagramm

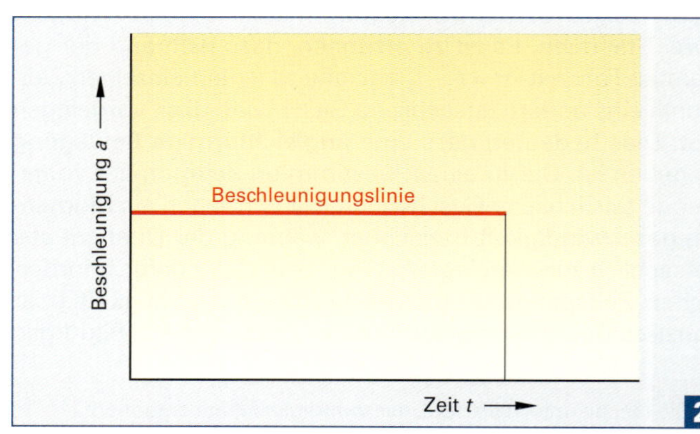

a, t-Diagramm

In Technik und Natur kann in vielen Fällen von konstanter Beschleunigung ausgegangen werden. Bild 1 zeigt eine gleichmäßig beschleunigte Bewegung, d.h. die Geschwindigkeit nimmt in gleichen Zeitabschnitten um den gleichen Betrag zu. Aus Bild 2 ergibt sich:

Bei einer gleichmäßig beschleunigten Bewegung ist die Beschleunigung zeitlich konstant.

Bild 3 zeigt nochmals das v, t-Diagramm einer gleichmäßig beschleunigten Bewegung. Es ist

v_0 = Geschwindigkeit zur Zeit $t = 0$
v = Geschwindigkeit zur Zeit $t = \Delta t$
$t = \Delta t$ = Beschleunigungszeit
v_m = mittlere Geschwindigkeit

Mit diesen Daten ist

$$a = \frac{\Delta v}{\Delta t} = \frac{v - v_0}{t - t_0} = \frac{v - 0}{t - 0} = \frac{v}{t}$$

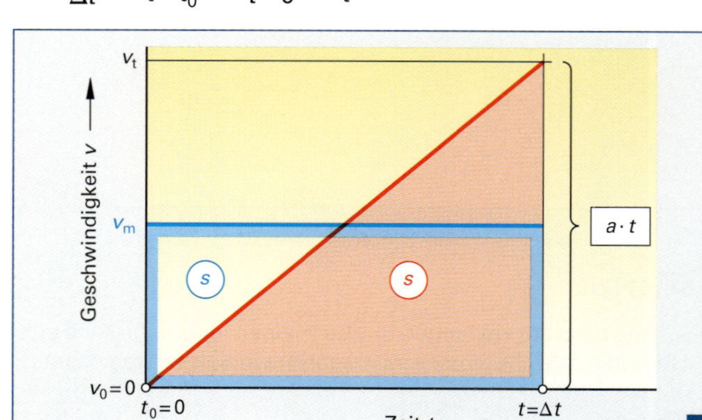

v, t-Diagramm

GESCHWINDIGKEIT-ZEIT-GESETZ

$v = a \cdot t$	v = Geschwindigkeit in m/s a = Beschleunigung in m/s² t = Zeit in s

Damit gilt auch: $a = \frac{v}{t}$ und $t = \frac{v}{a}$

Bild 3, Seite 16 zeigt, dass sich die zurückgelegte Strecke bei einer gleichmäßig beschleunigten Bewegung im v, t-Diagramm als Dreieck abbildet. Dieses Dreieck kann in ein flächengleiches Rechteck (blau umrandet) zerlegt werden. Dabei ist die Höhe des Rechteckes die **mittlere Geschwindigkeit** v_m. Der Weg kann somit sehr einfach, d.h. mit den Mitteln der Geometrie, berechnet werden:

Dreieckfläche $s = \frac{v_t \cdot t}{2}$ = oder

Rechteckfläche $s = v_m \cdot t = \frac{v_t}{2} \cdot t = \frac{v_t \cdot t}{2}$ $\boxed{v = v_t}$

Setzt man in diese Gleichungen $v = a \cdot t$ ein, dann erhält man für den zurückgelegten Weg

$s = \frac{v_t}{2} \cdot t = \frac{a \cdot t \cdot t}{2} = \frac{a}{2} \cdot t^2$.

Somit: zurückgelegter Weg $\boxed{s = \frac{1}{2} \cdot a \cdot t^2}$ in m.

Das in Bild 1 dargestellte v, t-Diagramm zeigt, wie ein Körper mit der **Anfangsgeschwindigkeit** $v_0 \neq 0$ in der **Zeitspanne** Δt auf die **Endgeschwindigkeit** v gleichmäßig beschleunigt wird. Man erkennt:

Endgeschwindigkeit $\boxed{v_t = v_0 + a \cdot t}$

Die **Geschwindigkeitszunahme** ergibt sich also – analog der Beschleunigung aus der Ruhe $\Delta v = a \cdot t$

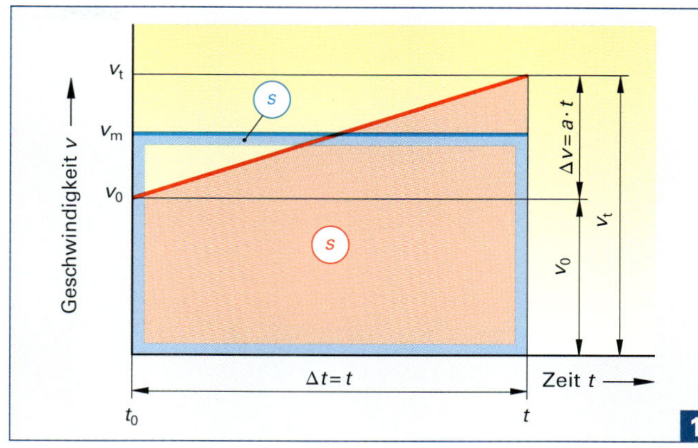

v, t-Diagramm ($v_0 \neq 0$)

Auch hier ist es möglich, mit geometrischen Überlegungen den Weg s zu ermitteln, der in der Zeitspanne Δt zurückgelegt wird.

Entweder ist s die Fläche des blauen Rechtecks:

Weg $s = \frac{v_0 + v}{2} \cdot t = v_m \cdot t$

oder

s ist die Fläche des rot eingefärbten Trapezes

Weg s = Rechteckfläche + Dreieckfläche

Weg $s = v_m \cdot t + \frac{t \cdot (a \cdot t)}{2}$ und somit auch:

Weg $\boxed{s = v_0 \cdot t + \frac{a}{2} \cdot t^2}$ in m.

GLEICHMÄSSIG VERZÖGERTE GERADLINIGE BEWEGUNG

Es ist bereits bekannt, dass eine **Geschwindigkeitsabnahme** pro Zeitintervall als **Verzögerung** bezeichnet wird. Analog der beschleunigten Bewegung unterscheidet man die **ungleichmäßig verzögerte Bewegung** von der **gleichmäßig verzögerten Bewegung.** In jedem Fall ist es bei einer Verzögerung so, dass die Anfangsgeschwindigkeit v_0 größer als die Endgeschwindigkeit v_t ist und v_t ist Null, wenn die Bewegung eines Körpers mit dem Stillstand endet. Die folgenden Möglichkeiten sind somit bei $v_0 > v_t$ denkbar:

UNGLEICHFÖRMIGE BEWEGUNG
(v ist nicht konstant)

- **ungleichmäßig verzögert** (–a ist nicht konstant, wird hier nicht weiter behandelt)
- **gleichmäßig verzögert** (–a ist konstant, kann häufig angenommen werden)
  - **Endgeschwindigkeit ≠ 0**
  - **Endgeschwindigkeit = 0**

Die gleichmäßig verzögerte Bewegung kommt angenähert in der Natur und Technik häufig vor. Dabei wird die Verzögerung oft als negative Beschleunigung bezeichnet.

Die Verzögerung ist der Beschleunigung entgegen gerichtet. Sie ist aber analog zur Beschleunigung definiert.

VERZÖGERUNG

$$-a = \frac{\Delta v}{\Delta t} = \frac{v_0 - v_t}{t}$$

Bild 1 zeigt eine solche gleichmäßig verzögerte Bewegung, bei der $v_t \neq 0$ ist. Bei gleicher Handhabung der geometrischen Gegebenheiten der Beschleunigung ergeben sich daraus die folgenden Gleichungen

Endgeschwindigkeit $v_t = v_0 - a \cdot t$

Weg $s = v_0 \cdot t - \frac{a}{2} \cdot t^2$ oder

$s = v_t \cdot t + \frac{a}{2} \cdot t^2$ oder

$s = v_m \cdot t = \frac{v_0 + v_t}{2} \cdot t$

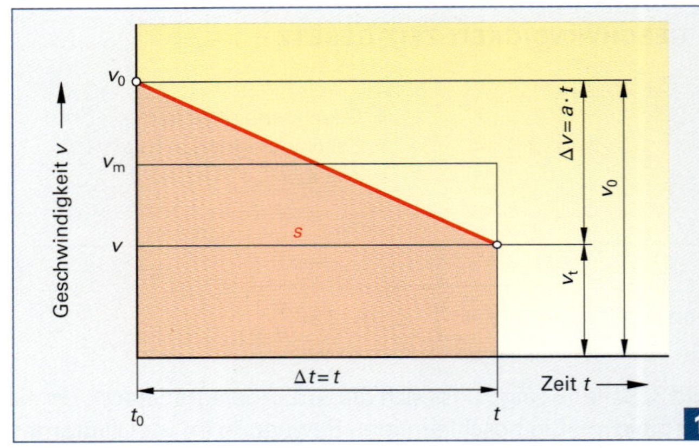

1

v, t-Diagramm ($v_0 > v_t$)

Endet der Bewegungsablauf mit dem Stillstand, dann ist in die zuvor genannten Gleichungen für $v = 0$ einzusetzen. Das entsprechende *v, t*-Diagramm ist in Bild 2 dargestellt.

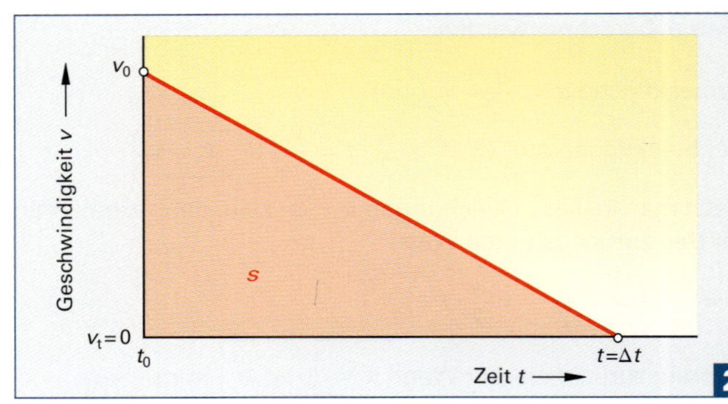

2

v, t-Diagramm (v = 0)

FALLBESCHLEUNIGUNG, FREIER FALL UND SENKRECHTER WURF NACH OBEN

Beim **freien Fall** handelt es sich um eine **gleichmäßig beschleunigte Bewegung.** Die zugehörige Beschleunigung wird als **Fallbeschleunigung** bezeichnet. Diese ist eine Naturvariable, die geringfügig vom jeweiligen Ort auf der Erde abhängig ist. Sie hat den Formelbuchstaben *g* erhalten und bewegt sich – ortsabhängig – zwischen 9,78 m/s² (Äquator) und 9,83 m/s² (Nord- und Südpol).

Üblicherweise gilt für die Breitengrade in Deutschland der Wert $g = 9{,}81\ \text{m/s}^2$

Als **Normfallbeschleunigung** ist der Wert $g_n = 9{,}80665\ \text{m/s}^2$ definiert.

Der **senkrechte Wurf nach oben** ist exakt die Umkehrung des freien Falls. Es handelt sich also um eine gleichmäßig verzögerte Bewegung ($g = 9{,}81\ \text{m/s}^2$). Die Gesetze des Freien Falls und die des senkrechten Wurfes nach oben heißen **Fallgesetze** und gelten streng genommen nur im luftleeren Raum, dem **Vakuum**.

Das folgende Schema zeigt die Zusammenhänge zwischen dem allgemeinen Fall der gleichmäßigen Beschleunigung bzw. Verzögerung und dem speziellen Fall der erdbezogenen Bewegung (freier Fall und senkrechter Wurf nach oben)

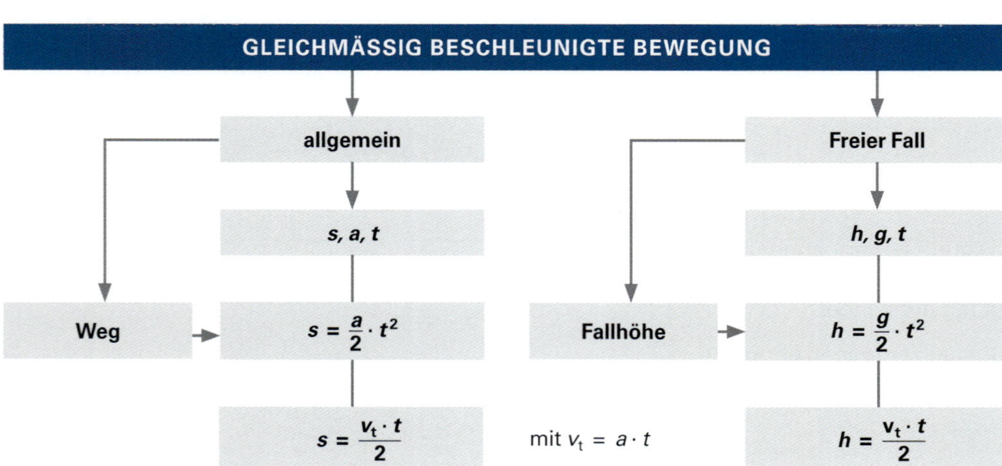

s, h	*a, g*	*t*	v_t
m	$\frac{m}{s^2}$	s	$\frac{m}{s}$

s = Weg
h = Fallhöhe, Wurfhöhe
a = Beschleunigung
g = Fallbeschleunigung; $g = 9{,}81\ \text{m/s}^2$
t = Zeit
v_t = Geschwindigkeit zum Zeitpunkt *t*

BEISPIEL

Bei der Montage einer Flussbrücke werden mithilfe einer Großramme Pfeiler in das Flussbett getrieben. Das Schlaggewicht der Ramme wird in regelmäßiger Folge durch das Zünden eines Kraftstoff-Luft-Gemisches angehoben. Die Abhebegeschwindigkeit (Anfangsgeschwindigkeit v_0) des Gewichts beträgt 10 m/s.

a) Welche Höhe erreicht es?
b) Wie groß ist die Endgeschwindigkeit beim anschließenden freien Fall?

Lösung a) Aus den Vorbetrachtungen sind zwei Gleichungen für die Unbekannten h und t bekannt. Die zweite Gleichung wird nach t umgestellt, dann quadriert und t^2 in die erste Gleichung eingesetzt:

$$h = \frac{g}{2} \cdot t^2 \qquad (1)$$

$$v = g \cdot t \rightarrow t = \frac{v}{g} \rightarrow t^2 = \frac{v^2}{g^2} \qquad (2)$$

(2) in (1) eingesetzt ergibt:

$$h = \frac{g}{2} \cdot \frac{v^2}{g^2} = \frac{v^2}{2 \cdot g} = \frac{(10\,\frac{\text{m}}{\text{s}})^2}{2 \cdot 9{,}81\,\frac{\text{m}}{\text{s}^2}} = 5{,}097\text{ m}$$

b) $$h = \frac{v^2}{2 \cdot g} \rightarrow v = \sqrt{2 \cdot g \cdot h} = \sqrt{2 \cdot 9{,}81\,\frac{\text{m}}{\text{s}^2} \cdot 5{,}097\text{ m}} = 10\,\frac{\text{m}}{\text{s}}$$

AUFGABEN ZUR WIEDERHOLUNG

1. Ein Schnellzug fährt um 16.30 Uhr ab und kommt um 23.10 Uhr am Zielbahnhof an. Welche Durchschnittsgeschwindigkeit wird bei einer 578 km langen Strecke erreicht?

2. Welchen Vorteil bietet die zeichnerische Darstellung von Bewegungsvorgängen?

3. Die Strömungsgeschwindigkeit einer Flüssigkeit durch eine Rohrleitung beträgt 1,5 m/s. Welche Zeit ist für das Durchströmen einer 100 m langen Rohrleitung erforderlich?

4. Ein Radarimpuls Erde – Mond hat eine Laufzeit von $t = 2{,}56$ s. Die Ausbreitungsgeschwindigkeit dieser elektromagnetischen Welle ist $c = 300000$ km/s. Wie groß ist die Entfernung Erde – Mond?

5. Die Schallgeschwindigkeit in der Luft beträgt $v = 333$ m/s. Welche Entfernung hat ein Gewitter, wenn es 6 s nach dem Blitz zu hören ist?

6. Geben Sie die Schallgeschwindigkeit in der Luft in km/h an.

7. Auf einem Förderband für Kohle liegen pro Meter Bandlänge 36 kg Kohle. Welche Bandgeschwindigkeit in m/min ist erforderlich, wenn in der Stunde eine Kohlenmasse von 100 Tonnen (1 t = 1000 kg) befördert werden soll?

8. a) Ein Drehmeißel legt beim Drehen im Vorschub eine Strecke von 50 mm in 10 Sekunden zurück. Wie groß ist die Vorschubgeschwindigkeit in mm/min und in m/min?

b) Die Vorschubgeschwindigkeit wird um 10 % verringert. Zudem ist die Vorschubstrecke um 10 mm kürzer. Wie viele Sekunden dauert das Drehen des kürzeren Absatzes mit der neuen Vorschubgeschwindigkeit?

9. Erläutern Sie den Begriff „Beschleunigung“.

10. Ein Auto beschleunigt in 11,5 s aus dem Stillstand auf 100 km/h. Wie groß ist die Beschleunigung?

11. Auf einer schrägen Gleitbahn für die Beschickung eines Schmelzofens wird das Schmelzmaterial mit $a = 1{,}8$ m/s² auf einer Strecke $s = 2{,}6$ m beschleunigt.

a) Wie groß ist die Gleitzeit?

b) Wie groß ist die Endgeschwindigkeit?

12. Welche Geschwindigkeit in km/h hat ein Auto, wenn es in 10 s mit $a = 1{,}5$ m/s² aus dem Stillstand beschleunigt? Welchen Weg hat es dabei nach 5 s und nach 10 s zurückgelegt? Zeichnen Sie das s, t-Diagramm und das v, t-Diagramm.

13. Für welche Verhältnisse gelten exakt die Gesetze des freien Falls?

14. Ein Auto bremst mit einer Verzögerung von $a = 1{,}5$ m/s². Wie groß ist der Bremsweg, damit es von 100 km/h zum Stillstand kommt und wie groß ist der Bremsweg, damit es von 50 km/h zum Stillstand kommt?

15. Ein Werkstück wird aus einer Maschine mit $v_0 = 3$ m/s ausgestoßen und auf einer Strecke von $s = 2$ m auf $v = 0$ abgebremst. Berechnen Sie die Verzögerungszeit.

16. Ein Auto fährt zuerst 10 s mit 40 km/h und beschleunigt dann mit $a = 2{,}5$ m/s² von 40 km/h auf 100 km/h.

a) Wie groß ist die Beschleunigungszeit?

b) Wie groß ist der während der Beschleunigung zurückgelegte Weg?

c) Zeichnen Sie zum gesamten Vorgang das v, t-Diagramm.

d) Berechnen Sie den Weg für den gesamten Vorgang.

17. Die Geschwindigkeit eines Autos wird mit einer Beschleunigung $a = 2{,}5$ m/s^2 von 40 km/h auf 100 km/h erhöht.

a) Welche Zeit ist dafür erforderlich?

b) Wie groß ist der während der Beschleunigung zurückgelegte Weg s?

18. Ein Werkstück fällt bei einer Maschinenbeschickung 0,3 m frei herab. Berechnen Sie

a) die Fallzeit,

b) die Endgeschwindigkeit.

19. Wie groß ist die Fallhöhe, wenn der Aufschlag eines Gegenstandes nach 8 s erfolgt?

a) Schallgeschwindigkeit vernachlässigen

b) Schallgeschwindigkeit berücksichtigen ($v_s = 330$ m/s).

AUFGABEN ZUR PRÜFUNGSVORBEREITUNG

1. Der Tisch einer Fräsmaschine soll aus der Ruhestellung heraus im Eilgang mit 30 m/min fahren. Dies geschieht nicht ruckartig, sondern er wird innerhalb 0,05 s von 0 m/min auf 30 m/min gebracht.

a) Wie groß ist die Beschleunigung?

b) Wie groß ist der zurückgelegte Weg während der Beschleunigung?

c) Der Tisch fährt nach der Beschleunigung 3 Sekunden im Eilgang. Welchen Weg hat er in dieser Zeit zurückgelegt?

2. Ein Bus fährt mit 80 km/h im Regen auf der Autobahn. Plötzlich sieht der Fahrer 50 m vor ihm das Ende eines Staus. Auf der nassen Betonfahrbahn kann er eine Verzögerung von 7,0 m/s^2 erreichen. Die Reaktionszeit beträgt 0,5 s.

a) Kommt der Bus noch rechtzeitig vor dem Stauende zum stehen?

b) Stellen Sie den gesamten Vorgang in einem v, t-Diagramm dar.

3. In einem Versuch soll der Greifer eines Roboters eine gerade Strecke von 2 m zurücklegen. Die maximale Fahrgeschwindigkeit ist auf 2 m/s eingestellt. Die Strecke wird nun nacheinander nach den folgenden beiden Geschwindigkeitsprofilen durchfahren.

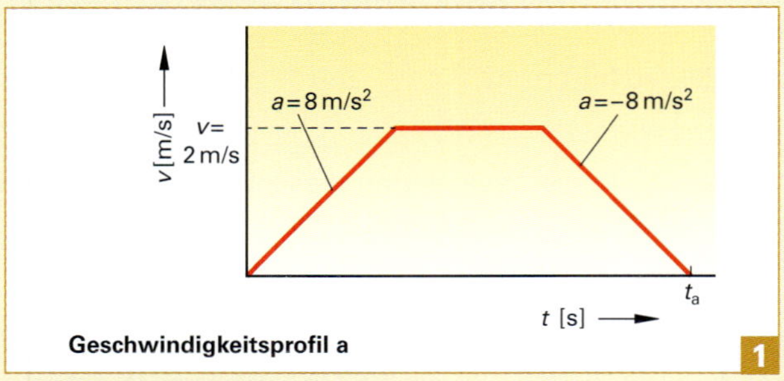

Geschwindigkeitsprofil a

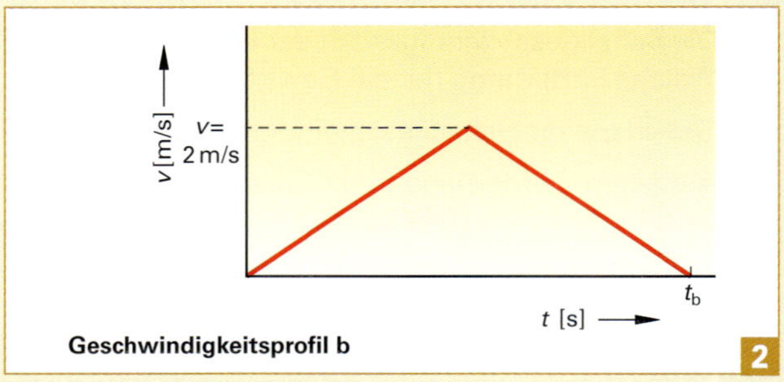

Geschwindigkeitsprofil b

Bestimmen Sie die Zeiten t_a und t_b, die zum Durchfahren der 2 m Strecke benötigt werden.

4. Ein Extremsportler springt aus einer Ballonkapsel in 39000 m Höhe. Die folgenden Berechnungen sollen den Luftwiderstand und die Veränderlichkeit von g in großer Höhe vernachlässigen.

a) Nach welcher Zeit und nach welcher Strecke erreicht er die Fallgeschwindigkeit von 1358 km/h?

b) Der Extremsportler befindet sich insgesamt 4 Minuten und 20 Sekunden im freien Fall. Dabei legt er 36453 m zurück. Welche Durchschnittsgeschwindigkeit in km/h wird erreicht?

5. Ein Zug, der mit 100 km/h fährt, soll vollständig abgebremst werden. Erfahrungsgemäß ist eine Bremsverzögerung von 1,4 m/s^2 möglich. Während der ersten 5 Sekunden darf nur mit der halben Bremsverzögerung gerechnet werden, weil die Bremszylinder aufgrund der Pneumatik erst langsam greifen. Nach den ersten 5 Sekunden darf dann mit der vollen Bremsverzögerung bis zum Stillstand gerechnet werden.

a) Skizzieren Sie den gesamten Vorgang in einem v, t-Diagramm.

b) Nach welcher Zeit kommt der Zug vollständig zum Stehen?

c) Wie groß ist der gesamte Anhalteweg?

6. Ein Autofahrer macht auf einer Betonfahrbahn eine Vollbremsung und hinterlässt eine 20 Meter lange Bremsspur. Bei trockener Betonfahrbahn kann er eine Verzögerung von 7,5 m/s^2 erreichen.

a) Wie groß war die Anfangsgeschwindigkeit des Autofahrers?

b) Wie lange hat es gedauert, bis er den Bremsweg zurückgelegt hat?

c) Wie lang war der gesamte Anhalteweg, wenn der Autofahrer eine Reaktionszeit von 0,5 s hatte?

VEKTOREN UND SKALARE

Über die physikalischen Größen und ihre Einheiten wurde bereits hinreichend informiert, so z.B. darüber, dass als Einheit der Geschwindigkeit km/h oder m/s oder mm/min gebräuchlich ist. Obwohl der Betrag der Geschwindigkeiten beider Flugzeuge im Bild 1 gleich ist, gibt es einen gravierenden Unterschied bei der Beurteilung der abgebildeten Situation.

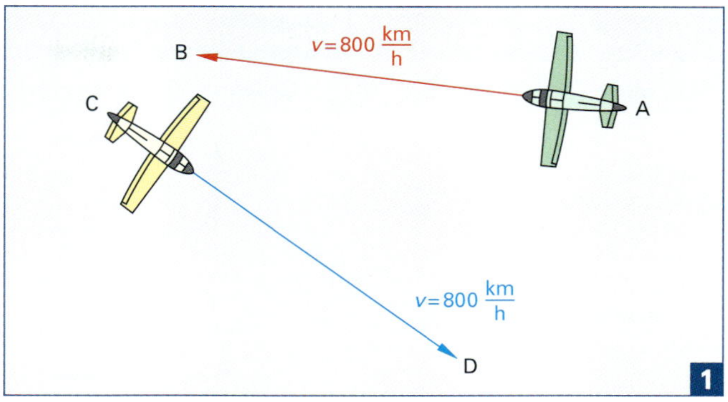

Geschwindigkeitsvektor

Bei der Beurteilung von Bild 1 fällt auf, dass es außer auf die **Größe der Geschwindigkeit,** auch auf die **Richtung der Geschwindigkeit** ankommt. Andernfalls wäre es so, dass bei gleicher Ursache unterschiedliche Wirkungen erzielt würden. Dies kann aber nach dem **Wechselwirkungsgesetz** (Kausalitätsprinzip) nicht sein.

Physikalische Größen, bei denen es nicht nur auf den **Betrag** (z.B. 100 km), sondern auch auf die **Richtung** ankommt, werden als **Vektor** bezeichnet. Dies ist z.B. bei der Kraft, der Geschwindigkeit, der Beschleunigung und beim elektrischen Strom der Fall. Zeichnerisch kann man diesen Sachverhalt mit einem Pfeil, dem **Vektorpfeil** darstellen. Man spricht z. B. vom **Kraftpfeil** oder vom **Geschwindigkeitspfeil.** Legt man einen bestimmten Maßstab zugrunde, dann sagt die Länge des Pfeils etwas über den Betrag (die Größe) des Vektors aus.

Alle physikalischen Größen, die räumlich gerichtet sind, werden als **Vektor** (gerichtete Größe) bezeichnet. Die ungerichteten Größen sind die **Skalare** (z.B. die Zeit).

PHYSIK CHEMIE STATISTIK

DAS ÜBERLAGERUNGSPRINZIP

Die bisherigen kinematischen Betrachtungen befassten sich mit Einzelbewegungen. In vielen technischen Anwendungen sind jedoch Bewegungen aus mehreren Einzelbewegungen zusammengesetzt, und man spricht dann von **zusammengesetzten Bewegungen.** Diesen Sachverhalt zeigt der Laufkran im Bild 2, der in der Lage ist, die Last gleichzeitig oder auch zeitunabhängig längs, quer und in der Höhe zu bewegen.

Auch das Flugzeug (Bild 3) und das Drehteil (Bild 4) zeigen die Zusammensetzung verschiedener Bewegungen.

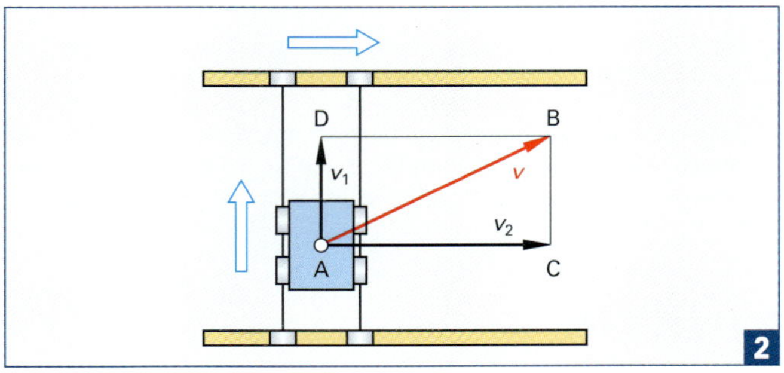

Laufkran

Durch die Überlagerung verschiedener Einzelbewegungen entsteht eine zusammengesetzte Bewegung. Diese heißt auch **resultierende Bewegung.** Verschiedene Bewegungen können unabhängig von der Form der Bewegungsbahn zu einer resultierenden Bewegung zusammengesetzt werden.

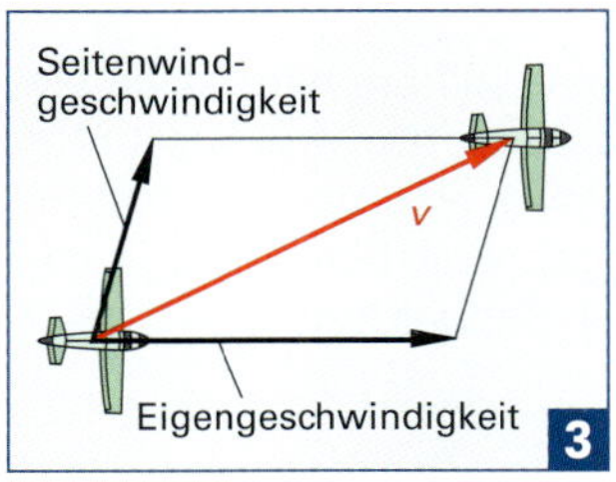

Flugzeug

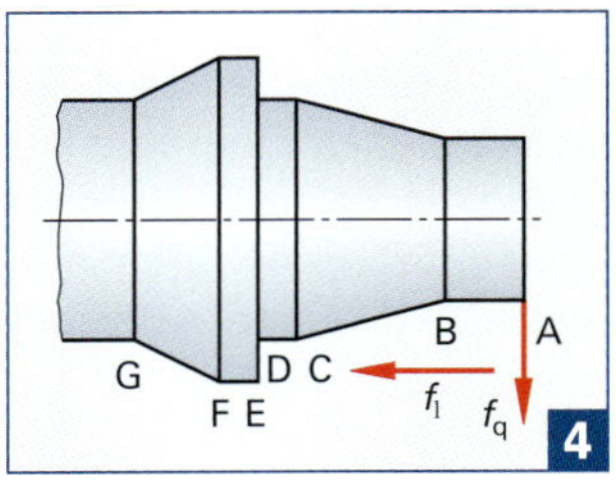

Drehteil

VEKTORIELLE ADDITION VON GESCHWINDIGKEITEN

Aus den drei gewählten Beispielen (Bilder 2 bis 4) ist zu ersehen, dass gerichtete Größen (Vektoren) addiert werden können. Man spricht dann von der **vektoriellen Addition,** welche jedoch nur im Falle gleichgerichteter Vektoren (z. B. Fahrt auf einer Rolltreppe) einer arithmetischen Summe entspricht. Allgemein, d.h. aber auch für den genannten speziellen Fall, gilt:

Vektoren werden addiert, indem man sie in beliebiger Reihenfolge aneinanderreiht. Der **Summenvektor** (auch **Resultierende** genannt), entspricht in Größe und Richtung der Strecke zwischen dem Anfangspunkt des ersten und dem Endpunkt des letzten Vektors.

Diese Regel soll durch die Beispiele Laufkran (Bild 2, Seite 21) und Flugzeug mit Seitenwind (Bild 3, Seite 21) belegt werden, und zwar durch die Überführung der dort zu erkennenden **Geschwindigkeitsparallelogramme** in **Geschwindigkeitsdreiecke:**

ADDITION VON VEKTOREN DURCH PARALLELOGRAMM ODER DREIECK

Beispiel	Geschwindigkeitsparallelogramm	mögliche Geschwindigkeitsdreiecke	
Laufkran mit Laufkatze Seite 21, Bild 2	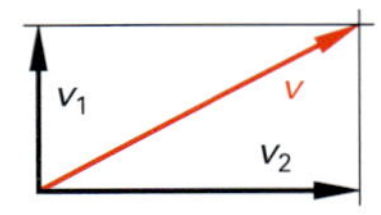	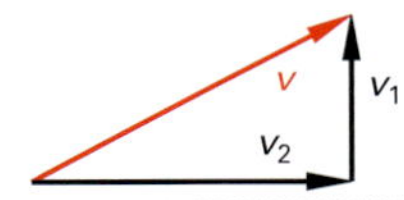	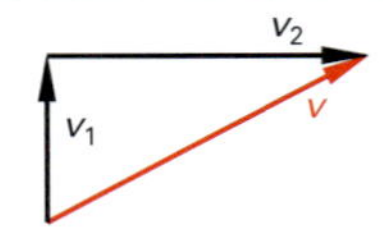
Flugzeug mit Seitenwind Seite 21, Bild 3	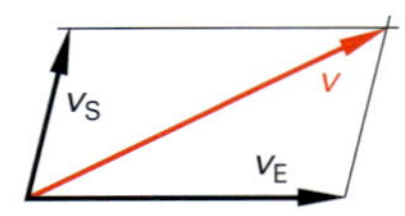	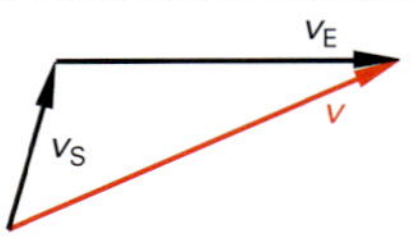	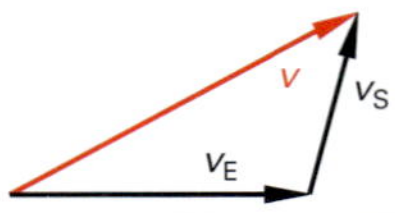

GRUNDSATZ DER UNABHÄNGIGKEIT

Ein weiteres wichtiges Prinzip der Mechanik ist der bereits von Galilei erkannte und formulierte **Grundsatz der Unabhängigkeit.** Dieser besagt, dass es für den sich aus der Bewegung eines Körpers ergebenden **Ortsunterschied des Körpers** völlig gleichgültig ist, ob die beteiligten Einzelbewegungen gleichzeitig oder in verschiedenen Zeiten ablaufen.

Eine Bestätigung dieses Prinzips ist experimentell sehr einfach zu erhalten, z.B. mit einer Apparatur, die wie die Laufkatze (Bild 2, Seite 21) funktioniert. In verschiedenen Fahrsituationen, entsprechend Bild 5, ist es möglich, einen Körper vom Ort A an den Ort B zu befördern. In den beiden ersten Fahrsituationen laufen die Einzelbewegungen unabhängig und zeitlich hintereinander ab, wobei zwischen den Einzelbewegungen auch ein Zeitraum liegen kann. In der 3. Fahrsituation laufen beide Fahrsituationen gleichzeitig ab. Man erkennt:

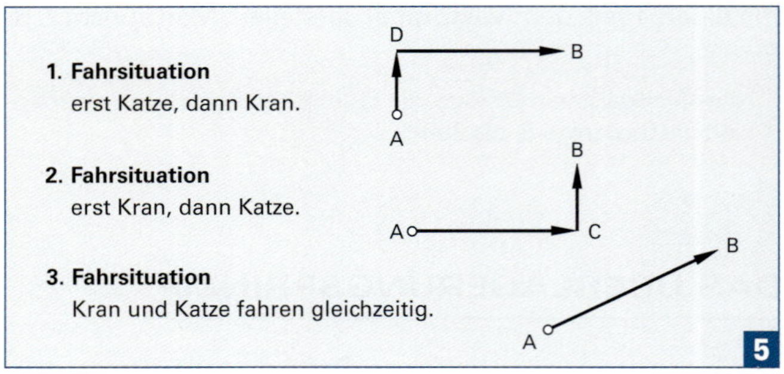

Verschiedene Fahrsituationen

Der Grundsatz der Unabhängigkeit besagt, dass ein Körper – unabhängig davon, ob mehrere Einzelbewegungen gleichzeitig oder zeitlich unabhängig voneinander ausgeführt werden – immer an den gleichen Ort gelangt. Die kürzeste Zeit zur Realisierung der Ortsveränderung eines Körpers ergibt sich, wenn alle Einzelbewegungen gleichzeitig ablaufen.

KINETIK

BESCHLEUNIGENDE WIRKUNG EINER KRAFT

In der Startphase eines Flugzeuges (Bild 6) wird seine Geschwindigkeit innerhalb kurzer Zeit enorm vergrößert. Aufgrund dieser großen Beschleunigung wird der Fluggast mit einer spürbaren Kraft in den Sitz gepresst. Eine Erklärung für diesen Effekt liefern die folgenden Betrachtungen.

ERSTES NEWTON'SCHES AXIOM

Unter einem Axiom versteht man einen unmittelbar einleuchtenden Grundsatz. Es ist also ein Erfahrungsgesetz. Über die Wirkung von Kräften hat Newton drei Axiome aufgestellt. Sein erstes Axiom wird auch Trägheits- oder Beharrungsgesetz genannt. Dieses Grundprinzip der Mechanik soll anhand von zwei Abbildungen erläutert werden. Im Bild 7 befindet sich die Flüssigkeit im Gefäß in Ruhe.

Im Bild 8 wird das Gefäß ruckartig (mit sehr hoher Beschleunigung *a)* zur Seite bewegt. Die Flüssigkeit „möchte“ aber in Ruhe beharren und schwappt auf der der Bewegung gegenüberliegenden Seite über. Aus diesem Verhalten erklären sich die Bezeichnungen „Trägheitsgesetz“ oder „Beharrungsgesetz“. Der Fluggast aus dem Eingangsbeispiel wird ebenfalls aufgrund seiner Trägheit in den Sitz gepresst, sein Körper möchte eigentlich in Ruhe beharren.

Startendes Flugzeug

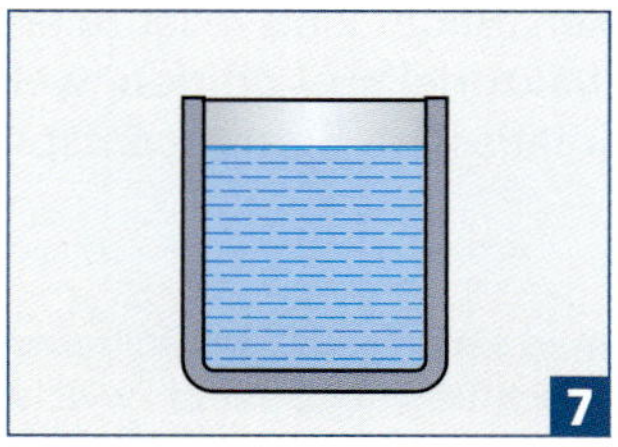

Gefäß in Ruhe

Gefäß beschleunigt

Diese Massenträgheit zeigen nicht nur ruhende Massen, sondern auch solche, die sich gleichförmig, d.h. mit konstanter Geschwindigkeit bewegen. Würden also z.B. bei einem fahrenden Auto weder Antriebskraft noch Bremskraft wirken, so würde es stets mit konstanter Geschwindigkeit weiterfahren. Das erste Newton'sche Axiom lautet somit:

Der Zustand der Ruhe oder der gleichförmigen Bewegung wird von einem Körper solange beibehalten, wie keine Kraft auf ihn wirkt.

ZWEITES NEWTON'SCHES AXIOM

Ebenfalls auf die Massenträgheit ist es zurückzuführen, dass man beim Beschleunigen eines Autos in den Sitz gepresst wird, während man beim Verzögern, d.h. beim Bremsen vom Sitz abgehoben wird. Der naturgesetzmäßige Zusammenhang zwischen der Beschleunigung *a*, der beschleunigten Masse *m* und der durch die Beschleunigung auf die Masse *m* wirkenden Kraft *F* wird durch das **zweite Newton'sche Axiom** beschrieben. Dieses wird auch als **Newton'sches Grundgesetz** oder **Dynamisches Grundgesetz** bezeichnet. Mit einer Versuchsanordnung gemäß Bild 1 ist es möglich, den bestehenden Zusammenhang $F = \mathbf{f}\,(m, a)$ nachzuvollziehen:

Ein Wagen mit veränderbarer Masse *m* (Bild 1) wird durch verschieden große Kräfte *F* beschleunigt. Dabei wird die für eine bestimmte Wegstrecke *s* – z.B. 1 m – benötigte Zeit gemessen. Dadurch kann die Beschleunigung *a* (Seite 17) errechnet werden. Ein Versuchsprotokoll kann dann wie folgt aussehen:

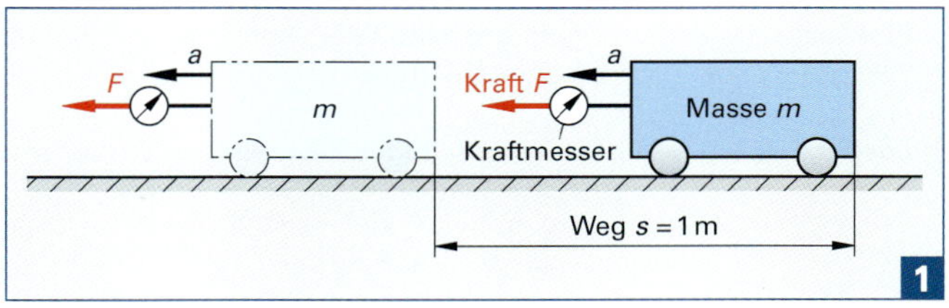

Fahrbahnversuch

WERTE AUS DEM FAHRBAHNVERSUCH

***F* und *m* variiert**		***t* gemessen**	***s* im Versuch: 1 m**	***a* mit *s* und *t* berechnet**
F in N	*m* in kg	*t* in s	*s* in m $(s = \frac{1}{2} \cdot a \cdot t^2)$	$a = \frac{2 \cdot s}{t^2}$ in $\frac{m}{s^2}$
1,0	1,0	1,4	1,0	1,0
0,5	0,5	1,4	1,0	1,0
1,0	2,0	2,0	1,0	0,5
I	II			III

Multipliziert man die Spalten II und III, dann ergibt sich als Ergebnis die Spalte I und damit das zweite Newton'sche Axiom (Newton'sches Grundgesetz), mit der folgenden Bezeichnung und Definition

Dynamisches Grundgesetz
Wird einer Masse *m* die Beschleunigung *a* zuteil, dann ist eine Kraft *F* erforderlich, die gleich dem Produkt aus der Masse *m* und der Beschleunigung *a* ist. Die der Beschleunigungskraft entgegengerichtete Kraft heißt **Massenträgheitskraft**.

DYNAMISCHES GRUNDGESETZ

$$F = m \cdot a$$

F = Kraft in N
m = Masse in kg
a = Beschleunigung in m/s^2

KRAFTEINHEIT UND GEWICHTSKRAFT

Die obige Gleichung wurde bereits im Zusammenhang mit dem SI-Einheitensystem herangezogen, und zwar als Beispiel einer abgeleiteten Größe.

$$[F] = [m] \cdot [a] = 1\ \text{kg} \cdot 1\,\frac{\text{m}}{\text{s}^2} = 1\,\frac{\text{kgm}}{\text{s}^2}$$

$$1\ \text{Newton} = 1\ \text{N} = 1\,\frac{\text{kgm}}{\text{s}^2}$$

Die abgeleitete Einheit der Kraft ist das Newton (Einheitenzeichen: N).
1 Newton ist gleich der Kraft, die einem Körper mit der Masse 1 kg die Beschleunigung 1 m/s^2 erteilt.

Im Schwerefeld der Erde wirkt auf jeden Körper die Gewichtskraft F_G. Sie ist zum Erdmittelpunkt gerichtet und beschleunigt fallende Körper mit der **Fallbeschleunigung (Erdbeschleunigung)** *g*. Die Fallbeschleunigung ist eine Naturvariable, die vom Standort abhängig ist. Nach dem **Gravitationsgesetz** nimmt sie bei größer werdendem Abstand zum Erdmittelpunkt ab. Sie nimmt auch ab, wenn man sich von einem Erdpol in Richtung Äquator bewegt. Dafür gibt es zwei Gründe, der größer werdende Abstand zum Erdmittelpunkt (die Erde ist ein abgeflachter Ellipsoid), und auch wegen der Zunahme der auf den Körper wirkenden Fliehkraft (am Äquator bewegt man sich mit einer Geschwindigkeit von 464 m/s). So beträgt die Fallgeschwindigkeit an den Polen etwa 9,83 m/s^2 und am Äquator etwa 9,78 m/s^2. Als Mittelwert wurde die **Normalfallbeschleunigung** festgelegt: $\mathbf{g_n = 9{,}80665\ m/s}$

In der Praxis verwendeter Wert $\boxed{g = 9{,}81\ \text{m/s}^2}$

In Analogie zur Beschleunigungskraft ergibt sich für die Gewichtskraft die folgende Beziehung

GEWICHTSKRAFT (SCHWERKRAFT)

$$F_G = m \cdot g$$

F_G = Kraft in N
m = Masse in kg
a = Beschleunigung in m/s^2

Daraus folgt für die Masse m $\boxed{m = \dfrac{F_G}{g}}$

BEISPIEL

Eine aus einer Legierung hergestellte Kugel hat einen Durchmesser von $d = 10$ cm. Das Gewicht der Kugel beträgt $F_G = 28$ N. Wie groß ist die Dichte ϱ der Legierung?

Lösung Duch Kombination der obigen Gleichungen ergibt sich

$$\varrho = \frac{m}{V} = \frac{\frac{F_G}{g}}{V} = \frac{F_G}{g \cdot V} = \frac{F_G}{g \cdot \frac{\pi}{6} \cdot d^3} = \frac{6 \cdot F_G}{g \cdot \pi \cdot d^3} = \frac{6 \cdot 28\ \text{N}}{9{,}81\ \text{m/s}^2 \cdot \pi \cdot (0{,}1\ \text{m})^3}$$

$$\varrho = 5451{,}2\ \frac{\text{kg}}{\text{m}^3} = \mathbf{5{,}4512\ \frac{kg}{dm^3}}$$

DRITTES NEWTON'SCHES AXIOM

Viele Erfahrungen des täglichen Lebens zeigen, dass beim Wirken einer Kraft auf einen Körper von diesem eine gleich große Kraft in entgegengesetzter Richtung zurückwirkt.

Beim Stehen auf dem Fußboden oder beim Sitzen auf einem Stuhl wirkt das Körpergewicht, also die Gewichtskraft F_G auf eine Unterlage. Von dieser wirkt aber, gewissermaßen als Reaktion, eine gleich große Gegenkraft auf den Körper zurück. Dieser Sachverhalt ist im **dritten Newton'schen Axiom** formuliert und wird auch als **Wechselwirkungsgesetz** bezeichnet. In Übereinstimmung mit Bild 1 gilt

Kraft und Gegenkraft wirken an verschiedenen Körpern.

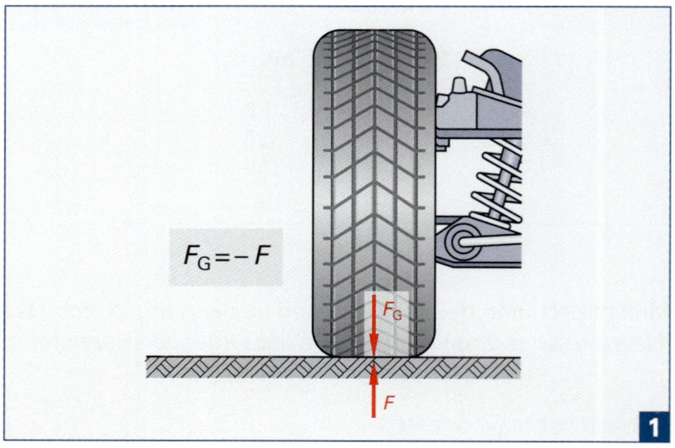

1 *Wechselwirkungsgesetz*

VERFORMENDE WIRKUNG DER KRAFT

Kräfte sind unsichtbar, sie können nur an ihren Wirkungen erkannt werden!

Bisher wurde betrachtet, wie die Kräfte Bewegungen bewirken. Nachfolgend wird beschrieben, welche Arten von Verformung Kräfte bewirken können und wie der Zusammenhang zwischen Kraft und Verformung ist.

Plastische und elastische Verformung

Die beiden Hauptursachen von **Körperverformungen** sind in der Einwirkung von Kräften und dem Einleiten von Wärmeenergien in einen Körper zu sehen. Letzteres wird bei der Wärmelehre behandelt, während sich die folgenden Ausführungen mit der Verformung der Körper durch die auf sie wirkenden Kräfte befasst.

Solche **Verformungen durch Kräfte** (Bild 2) müssen bei der Konstruktion von Maschinen und Anlagen berücksichtigt werden und sie sind mit den Gesetzen der Festigkeitslehre berechenbar.

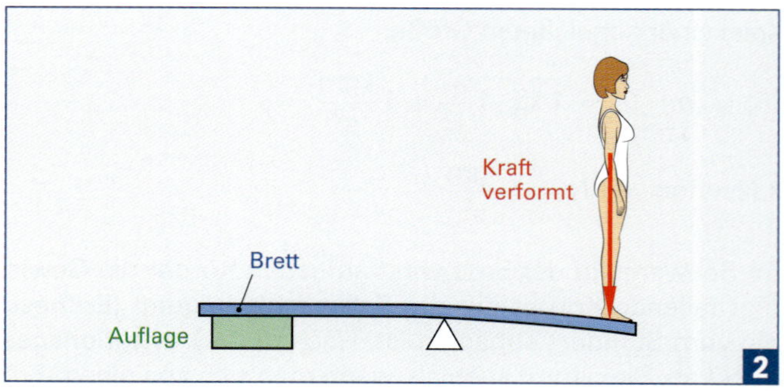

2 *Verformende Wirkung der Kraft*

Je nach **Beanspruchungsart** der Körper (z.B. Zugbeanspruchung) ergibt sich infolge der angreifenden Kraft eine entsprechende Verformung (z.B. Verlängerung). Wir unterscheiden dabei die **elastische Verformung** (Bild 1) von der **plastischen Verformung** (Bild 2).

Bei einer elastischen Verformung stellt sich nach Entlastung wieder die ursprüngliche Form des Bauteils ein, bei einer plastischen Verformung hingegen nicht.

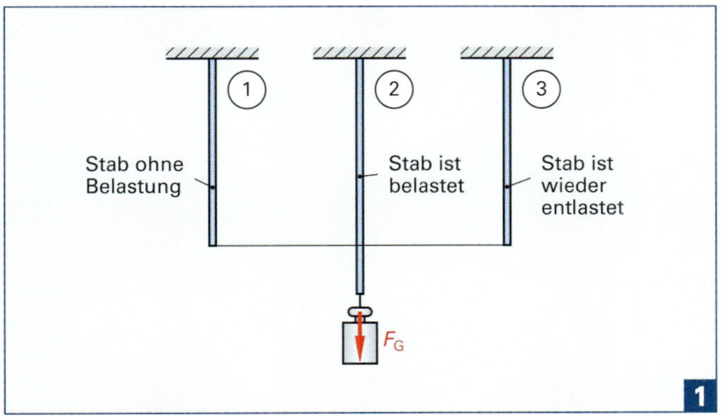

Elastische Verformung

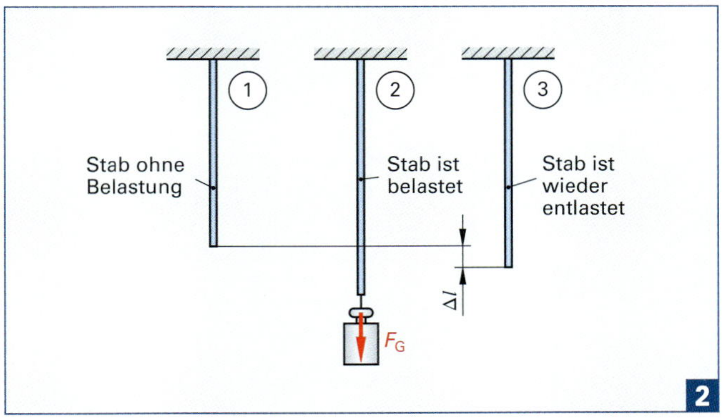

Plastische Verformung

GESETZ VON HOOKE

Aus den Bildern 1 und 2 ergibt sich ein deutlicher Unterschied. Bei der plastischen Verformung wurde der beanspruchte Stab um das Maß Δl bleibend verformt. Ein solches Werkstoffverhalten wird in der Regel bei zu hohen Beanspruchungen – z.B. auch bei Stählen – festgestellt. Man spricht in einem solchen Fall von einem plastischen Verhalten oder auch vom **plastischen Körper**. Dieses plastische Verhalten spielt in der **Umformtechnik** (schmieden, walzen, biegen etc.) eine Rolle.

Bei den meisten Konstruktionsteilen (z.B. Wellen, Schrauben, Werkzeugen etc.) muss aber **elastisches Verhalten** vorausgesetzt werden. Analog zum plastischen Körper spricht man vom **elastischen Körper**. Der englische Naturforscher Robert **Hooke** (1635...1703) hat die folgende, nach ihm benannte Gesetzmäßigkeit formuliert

Die elastische Verlängerung eines auf Zug beanspruchten Körpers ist der wirkenden Kraft proportional.

Dieses Verhalten soll am Beispiel einer Schraubenfeder (Bild 3) verdeutlicht werden. Es ist zu erkennen

$$\frac{F_1}{s_1} = \frac{F_2}{s_2} = \ldots = \frac{\Delta F}{\Delta s}$$

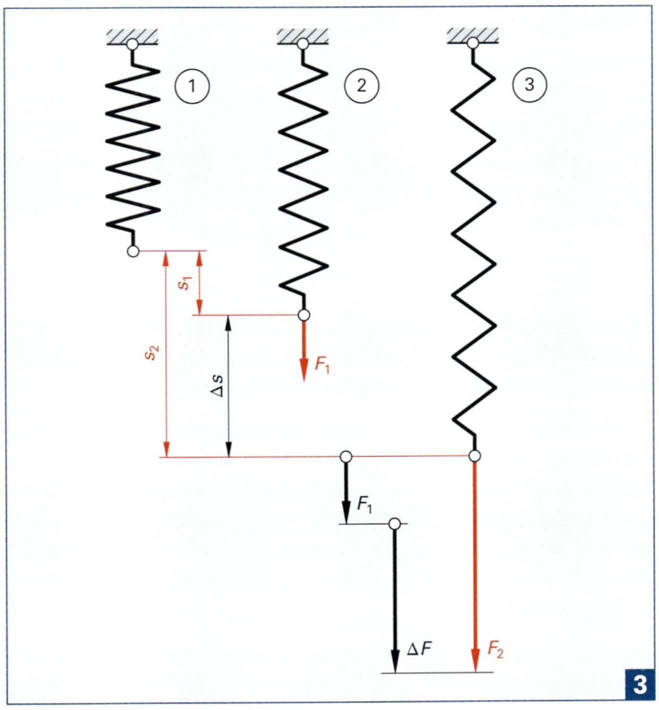

Elastisch verformte Schraubenfelder

Zwischen der **Federkraft** F und dem **Federweg** s besteht also die oben erwähnte Proportionalität. Führen wir einen Proportionalitätsfaktor R ein, der nach DIN 2097 „Zylindrische Schraubenfedern" **Federsteifigkeit** heißt und auch unter den Begriffen **Federkonstante** oder **Federrate** in der Literatur zu finden ist, dann erhält man in mathematischer Form das

GESETZ VON HOOKE

$$F = R \cdot s$$

s = Federweg in mm
F = Federkraft in N
R = Federsteifigkeit

Daraus erhält man für die **Federsteifigkeit** (Federrate, Federkonstante)

$$R = \frac{F}{s} \quad \text{in} \ \frac{\text{N}}{\text{mm}}$$

BEISPIEL

Bei einer Schraubenfeder wird festgestellt, dass sich diese bei der Wirkung der Zugkraft 5 N von der Ausgangslänge 12 cm auf die Endlänge 14,5 cm verlängert.

a) Berechnen Sie die Federsteifigkeit.
b) Stellen Sie die Federkennlinie in einem maßstäblichen Diagramm dar.
c) Welche Zugkraft wirkt in der Feder, wenn sie durch diese auf eine Länge von 16,8 cm gedehnt wird?

Lösung a) $R = \frac{\Delta F}{\Delta s} = \frac{5\,\text{N}}{14{,}5\,\text{cm} - 12\,\text{cm}} = \frac{5\,\text{N}}{2{,}5\,\text{cm}} = 2\,\frac{\text{N}}{\text{cm}} = \mathbf{0{,}2\,\frac{N}{mm}}$

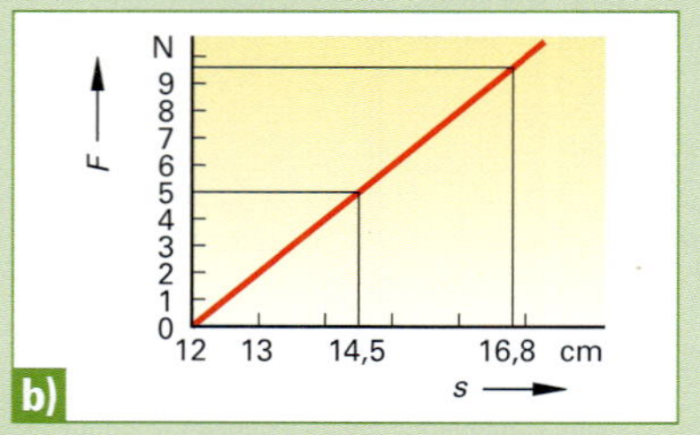

c) $\Delta F = R \cdot \Delta s$

$\Delta F = 2\,\frac{\text{N}}{\text{cm}} \cdot (16{,}8\,\text{cm} - 12\,\text{cm}) = 2\,\frac{\text{N}}{\text{cm}} \cdot 4{,}8\,\text{cm} = \mathbf{9{,}6\,N}$

Diese Rechnung wird durch das ***F, s*-Diagramm** bestätigt.

MESSUNG VON KRÄFTEN

Kräfte können mithilfe des Grundgesetzes der Mechanik $\boldsymbol{F = m \cdot a}$ oder aufgrund der verformenden Wirkung einer Kraft $\boldsymbol{F = R \cdot s}$ gemessen werden.

Im ersten Fall spricht man von einer **dynamischen Kraftmessung**. Eine solche setzt eine definierte Masse *m* und das Messen der Beschleunigung *a* voraus. Letzteres ist wiederum mit Weg- und Zeitmessungen verbunden, sodass eine auf dem Grundgesetz der Mechanik beruhende Kraftmessung relativ aufwendig ist. Sie wird deshalb kaum angewendet.

Legt man einer Kraftmessung eine Bewegungsänderung zugrunde, dann heißt eine solche Kraftmessung **dynamische Kraftmessung**.

Wegen des großen Aufwandes bei einer dynamischen Kraftmessung ist es in der Praxis üblich, Kräfte mithilfe der elastischen Verformung von Federn zu messen.

Solche Kraftmesser sind in Newtoneinheiten kalibriert, und man kann mit ihnen Gewichtskräfte sowie alle anderen Kräfte an jedem beliebigen Ort messen. Solche **Federkraftmesser** werden auch als **Dynamometer** bezeichnet. Bild 1 zeigt auf der linken Seite einen Dynamometer in Außenansicht und auf der rechten Seite den inneren Aufbau eines solchen Dynamometers.

Legt man einer Kraftmessung die elastische Verformung einer Feder zugrunde, dann heißt eine solche Kraftmessung statische **Kraftmessung**.

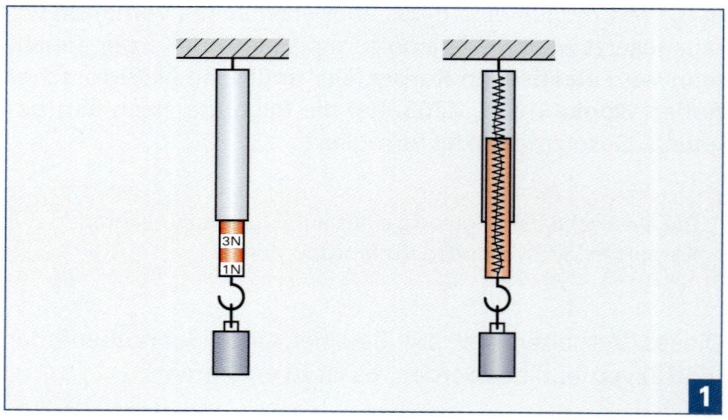

Dynamometer

BEISPIEL

Die Markierungen auf einem neuen Dynamometer sind anzubringen. Bei einem Versuch wird eine Masse von 5 kg an die Feder gehängt, die sich dadurch um 107,1 mm verlängert.

a) Welche Federrate *R* (Federsteifigkeit) in N/mm hat die Feder?
b) In welchem Abstand sind die Teilstriche für 10 N anzubringen?

Lösung a) $R = \frac{\Delta F}{\Delta s} = \frac{5\,\text{kg} \cdot 9{,}81\,\frac{\text{m}}{\text{s}^2}}{107{,}1\,\text{mm}} = \mathbf{0{,}458\,\frac{N}{mm}}$

b) $\Delta s = \frac{\Delta F}{R} = \frac{10\,\text{N}}{0{,}485\,\frac{\text{N}}{\text{mm}}} = \mathbf{20{,}62\,mm}$

AUFGABEN ZUR WIEDERHOLUNG

SKALARE UND VEKTOREN

1. Unterscheiden Sie Skalare und Vektoren voneinander.

2. a) Berechnen Sie für den Laufkran (Bild 1) die Geschwindigkeit v, wenn $v_1 = 10$ m/min und $v_2 = 20$ m/min betragen.

b) Der Laufkran soll in Längsrichtung 20 m zurücklegen. Die Geschwindigkeit v_1 beträgt 30 m/min, die resultierende Geschwindigkeit v wird mit 50 m/min gemessen. Wie groß ist v_2 und wie viele Sekunden dauert es, bis die 20 m in Längsrichtung zurückgelegt sind?

c) Wie viel Meter hat der Laufkran in Querrichtung mit der Zeit und mit den Geschwindigkeiten aus Aufgabe b) zurückgelegt?

3. Für das Flugzeug (Bild 2) beträgt die Eigengeschwindigkeit 800 km/h und der Seitenwind wirkt mit 70 km/h. Ermitteln Sie zeichnerisch die resultierende Geschwindigkeit v, wenn der Winkel zwischen den Einzelgeschwindigkeiten 75° beträgt. Der Geschwindigkeitsmaßstab ist GM, 1 cm entspricht 100 km/h.

4. f_l ist der Vorschub in Längsrichtung, f_q ist der Vorschub in Querrichtung.
Wie kommt die Bewegung am Drehteil (Bild 3) von B nach C zustande?

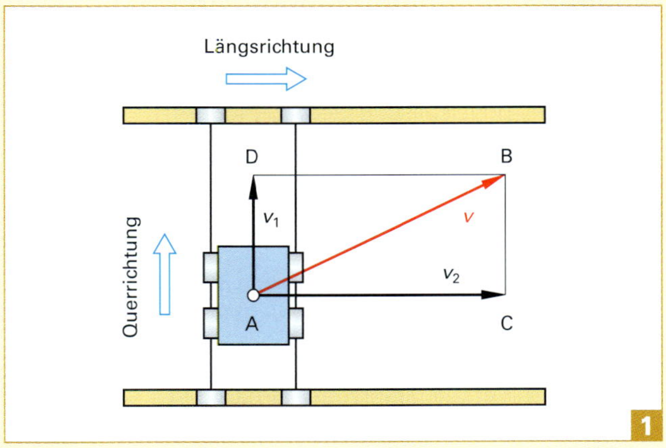

Laufkran

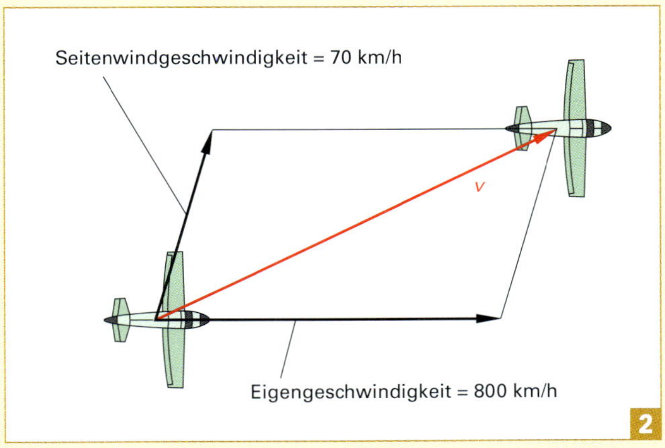

Flugzeug

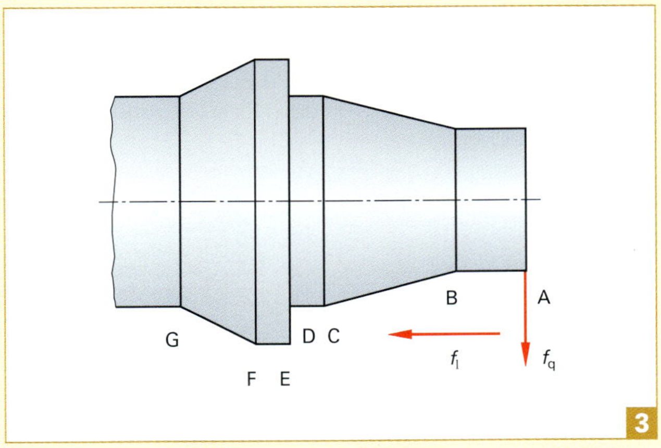

Drehteil

BESCHLEUNIGENDE WIRKUNG EINER KRAFT

5. Wie erklären Sie sich die Wirkung von Rüttelsieben, z.B. Sandsieben (das Siebgut befindet sich dabei in ruckartig hin-und-herbewegten Sieben)?

6. Eine Maschine mit der Masse $m = 250$ kg wird im Rahmen einer Reparaturarbeit in einem Aufzug nach unten und später wieder nach oben befördert. Die kurzzeitige Beschleunigung beträgt dabei jeweils $a = 2{,}5$ m/s²: Berechnen Sie die Belastung des Aufzugbodens während der Beschleunigungsphase

a) nach unten,

b) nach oben.

7. Wie ist es zu erklären, dass sich Raumfahrzeuge, wenn sie sich außerhalb der Anziehungskräfte von Himmelskörpern befinden geradlinig fortbewegen? Welche Antriebskraft ist für eine solche Bewegung erforderlich, wenn man einmal annimmt, dass sich das betrachtete Raumfahrzeug durch das praktisch luftleere All bewegt?

8. Um die Belastbarkeit von Menschen durch Beschleunigungskräfte zu testen, wurden auf ausgetrockneten amerikanischen Salzseen diesbezügliche Versuche mithilfe von Raketenschlitten durchgeführt.
Welche Schubkraft ist erforderlich, um einen Raketenschlitten mit der Masse $m = 280$ kg mit der dreifachen Erdbeschleunigung horizontal zu beschleunigen?

9. Auf dem Tisch einer Hobelmaschine mit der Masse $m_1 = 100$ kg ist ein Werkstück mit der Masse $m_2 = 60$ kg befestigt. Dieses System bewegt sich mit $v = 34$ m/min und wird auf einem Weg $s = 60$ mm gleichmäßig bis zum Stillstand abgebremst. Wie groß ist die dazu erforderliche Kraft?

10. Wie unterscheidet sich die Beschleunigungskraft von der Massenträgheitskraft?

11. Berechnen Sie die Gewichtskraft eines Körpers mit der Masse $m = 10$ kg am Ort normaler Fallbeschleunigung.

12. Zwei Körper wirken mit Kräften aufeinander ein. Wie verhalten sich diese Kräfte zueinander?

FORMÄNDERNDE WIRKUNG EINER KRAFT

1. Nennen Sie typische Beispiele aus Technik und Alltag für

a) plastische Formänderungen, b) elastische Formänderungen.

2. Welches physikalische Gesetz findet Anwendung

a) bei der dynamischen Kraftmessung, b) bei der statischen Kraftmessung?

3. Ein Körper ruft an einer Federwaage mit $R = 0{,}8$ N/mm eine Längenänderung $s = 45$ mm hervor. Wie groß ist

a) die Gewichtskraft des Körpers, b) die Masse des Körpers?

4. Mit der gleichen Federwaage wie in Aufgabe 3 messen wir auf dem Mond ($g = 1{,}62$ m/s^2). Der Körper ruft ebenfalls eine Längenänderung der Waage von $s = 45$ mm hervor. Ermitteln Sie auch hier

a) seine Gewichtskraft, b) seine Masse.

5. In einem Versuchsfahrzeug gemäß Bild 1 ist ein Dynamometer eingebaut. Die darin befindliche Messmasse beträgt $m = 100$ g, und das Fahrzeug beschleunigt mit $a = 2{,}5$ m/s^2. Wie groß ist die am Dynamometer abgelesene Kraft?

6. Welche Regel können Sie durch den Vergleich der Aufgaben 3 und 4 bei der Messung mit Federwaagen herleiten?

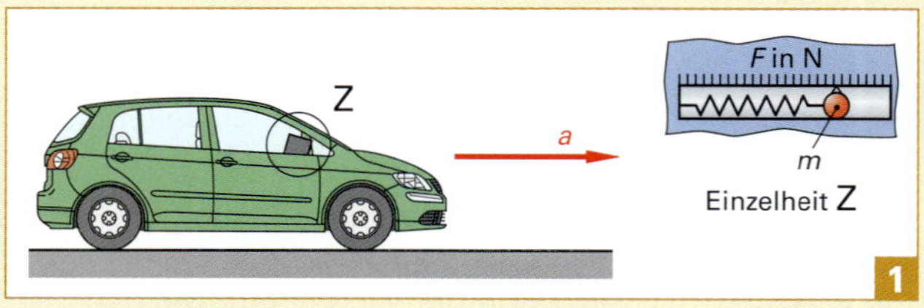

Versuchsfahrzeug

AUFGABEN ZUR PRÜFUNGSVORBEREITUNG

7. Ein Elektroauto beschleunigt annähernd gleichmäßig von 0 auf 100 km/h in 11 Sekunden. Nach Erreichen der 100 km/h wird das Auto sofort mit einer Verzögerung von 8 m/s^2 abgebremst.

a) Welche Beschleunigung wirkt auf das Auto?

b) Welchen Beschleunigungsweg hat das Auto zurückgelegt?

c) Welche Beschleunigungskraft war nötig, wenn das Elektroauto eine Masse von 1 100 kg hat?

d) Welchen Bremsweg hat das Auto?

e) Welche Bremskraft ist erforderlich?

8. Auf einem Versuchsstand (Bild 2) wird ein Pkw mit 800 kg Masse durch ein Gewicht beschleunigt, das über ein Seil und eine Umlenkrolle mit dem Pkw verbunden ist. Das Gewicht kann sich maximal um 10 m in einem Schacht nach unten bewegen.

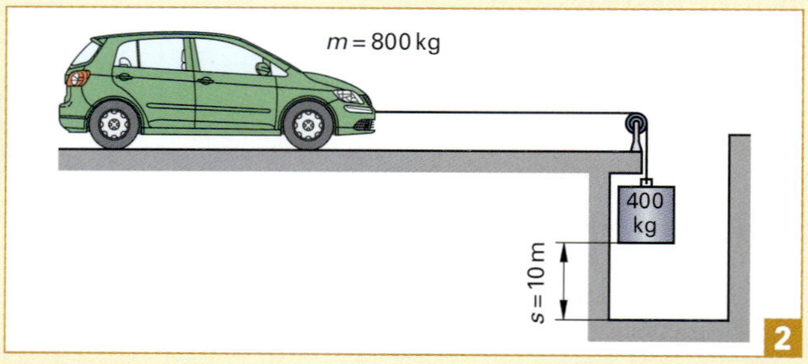

Pkw-Versuchsstand

a) Welche Beschleunigung erfährt der Pkw? (Hinweis: Die Beschleunigungskraft ist gleich der Gewichtskraft der Masse, die sich im Schacht nach unten bewegt.)

b) Wie viele Sekunden kann beschleunigt werden, bis die Masse von 400 kg nach 10 m den Schachtboden erreicht?

c) Welche Geschwindigkeit in km/h erreicht das Auto maximal, bis die Masse von 400 kg nach 10 m den Schachtboden erreicht?

9. Ein Gummiband hat eine Federrate von 8 N/cm.

a) Wie groß ist die Federrate in N/mm?

b) Mit welcher Kraft muss das Gummiband gedehnt werden, damit es sich um 120 mm verlängert?

10. Die Druckfeder für einen Schalter soll bestimmt werden. Aus Versuchen hat sich ergeben, dass es angenehm zu schalten ist, wenn für die 5 mm Schaltweg eine Fingerkraft von 18 N aufgewendet wird. Wie groß ist die erforderliche Federrate der Druckfeder?

KRAFT UND KRAFTKOMPONENTEN

Kräfte sind die Ursache für die Bewegungsänderung oder Verformung eines Körpers. Sie sind gerichtete Größen (Vektoren) und können als Vektoren dargestellt (Kraftpfeil) und berechnet werden. Die Berechnung erfolgt meist über die Zerlegung von Kräften in ihre x- und y-Richtung.

DARSTELLUNG VON KRÄFTEN

Eine Kraft ist durch Größe, Lage und Richtung eindeutig bestimmt.

Die **Größe** oder der **Betrag** der Kraft entspricht der Pfeillänge. Zu seiner Darstellung ist ein Kräftemaßstab KM erforderlich.

Die **Lage** der Kraft wird durch den Angriffspunkt und die Wirkungslinie bestimmt. Üblicherweise wird die Lage der Wirkungslinie auf die Horizontale (Winkel α) im Koordinatensystem bezogen.

Die **Richtung** der Kraftwirkung zeigt die Pfeilspitze.

Bild 2 zeigt, dass es unerheblich ist, an welcher Stelle die Kraft auf ihrer Wirkungslinie angreift.

Eine Kraft kann – bei gleicher Wirkung auf den Körper – beliebig auf ihrer Wirkungslinie verschoben werden **(Längsverschiebungssatz).**

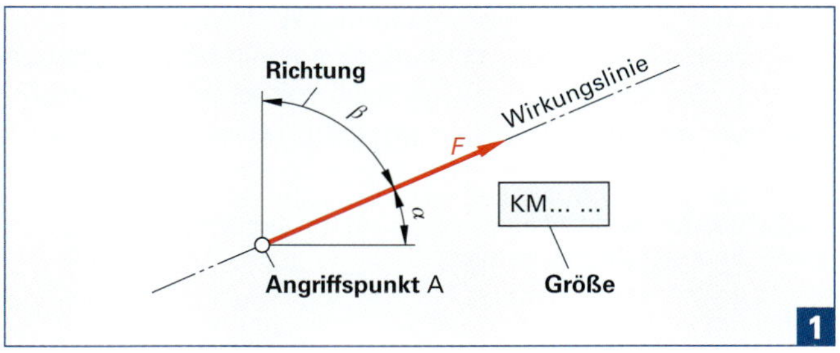

Merkmale der Kraft

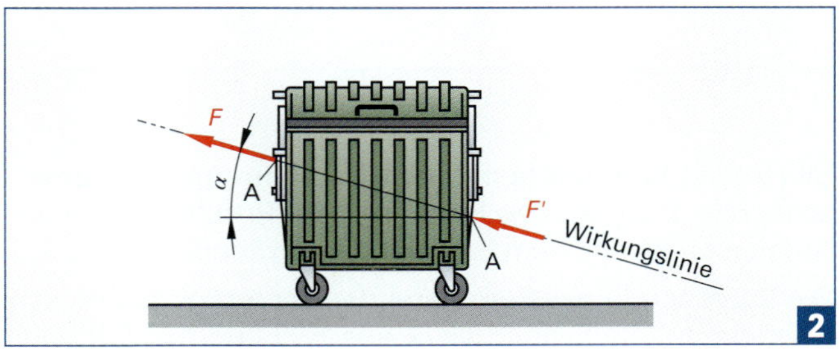

Längsverschiebung einer Kraft

BEISPIEL

Eine Kraft der Größe 30 kN ist in waagerechter Richtung, von rechts nach links zeigend, zeichnerisch darzustellen.

Kräftemaßstab KM: 1 cm ≙ 10 kN

Lösung KM: 1 cm ≙ 10 kN

Kraftvektoren können in Komponenten zerlegt werden. Dazu wird ein Kräfteparallelogramm erzeugt, in dem die Diagonale die gegebene Kraft F darstellt und der Winkel zu einer Kraftkomponente bekannt ist.

Meist wird diese Kraft F in eine Horizontalkomponente F_x und eine Vertikalkomponente F_y zerlegt. Zusammen mit dem Winkel α zur x-Achse können die Kraftkomponenten berechnet werden.

Horizontalkomponente $F_x = F \cdot \cos\alpha$

Vertikalkomponente $F_y = F \cdot \sin\alpha$

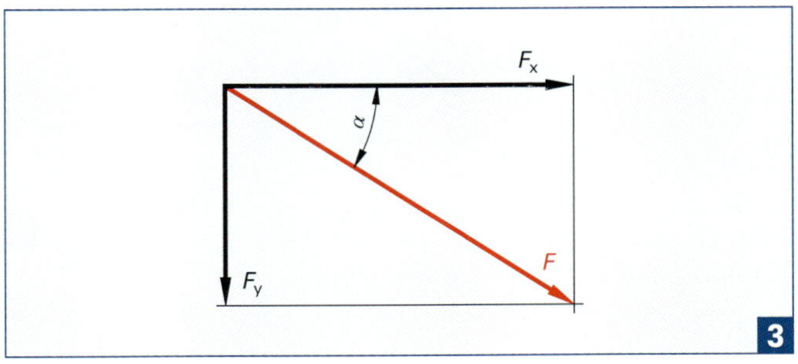

Zerlegung einer Kraft

Das Zusammensetzen von Kraftvektoren erfolgt in dem man die Kräfte winkel- und maßstabsgetreu in beliebiger Reihenfolge aneinanderfügt. Die Verbindung von Anfangs- und Endpunkt des Kräftezugs erzeugt die Resultierende. Der Betrag der Kraft und die Winkellage kann bestimmt werden.

Ist die Horizontalkomponente F_x und die Vertikalkomponente F_y bekannt (rechtwinkliges Dreieck), gilt:

Betrag der Resultierenden $F_r = \sqrt{F_x^2 + F_y^2}$

Unter der Resultierenden versteht man die vektorielle Summe aller am Körper angreifenden Kräfte.

Betrag des Winkels $\alpha = \arctan \dfrac{F_y}{F_x}$

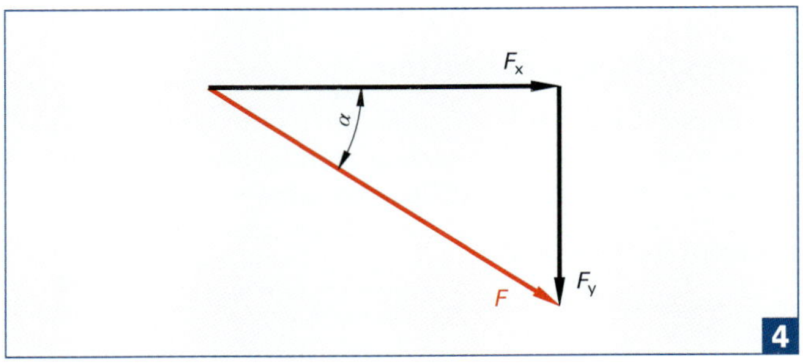

Zusammensetzung zweier Kräfte

PHYSIK
CHEMIE
STATISTIK

ZENTRALES KRÄFTESYSTEM

Wenn zwei oder mehr Kräfte einen gemeinsamen Angriffspunkt haben oder deren Wirkungslinien sich in einem Punkt schneiden, handelt es sich um ein zentrales Kräftesystem.

Darstellung von Kräften

Liegen Kräfte auf einer **gemeinsamen Wirkungslinie** (Bild 1), so können sie auf dieser Wirkungslinie beliebig verschoben werden. Die Kräfte können grafisch mit einem Kräftemaßstab oder algebraisch addiert oder subtrahiert werden.

> Die **Resultierende** ist eine Ersatzkraft mit gleicher Wirkung wie die Teilkräfte zusammen.

RESULTIERENDE KRAFT

$$F_r = \sum F_i$$

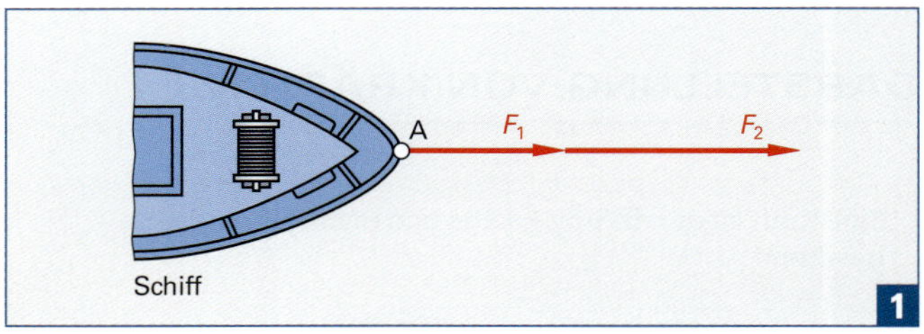

Kräfte auf einer Wirkungslinie

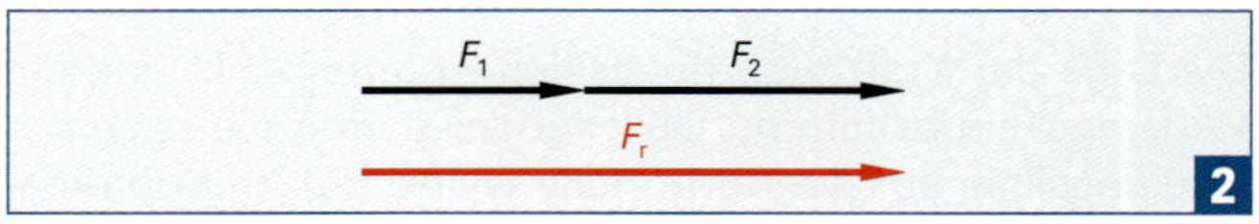

Kräfteaddition

Bild 3 zeigt **zwei Kräfte mit gemeinsamem Angriffspunkt**. Die Lage der Kräfte wird durch den Winkel zur Waagrechten beschrieben. Die grafische Ermittlung der Resultierenden erfolgt im maßstäblichen Kräfteplan als Verbindung zwischen dem Anfangspunkt und dem Endpunkt des Kräfteplans (Bild 4).

Die Berechnung der Resultierenden kann trigonometrisch aus dem Kräfteplandreieck erfolgen. Diese Möglichkeit ist beschränkt auf ein Kräftedreieck aus F_1, F_2 und F_r. Der allgemeine Lösungsweg erfolgt durch Zerlegung der Kräfte in ihre waagrechten und senkrechten Komponenten (siehe unten).

Am Knotenblech (Bild 5) greifen vier Kräfte an, deren **Wirkungslinien schneiden sich** in einem Punkt.

Greifen mehr als zwei Kräfte in einem Punkt an, so ermittelt man die Resultierende mithilfe des Kraftecks oder Kräftezuges (Bild 6).

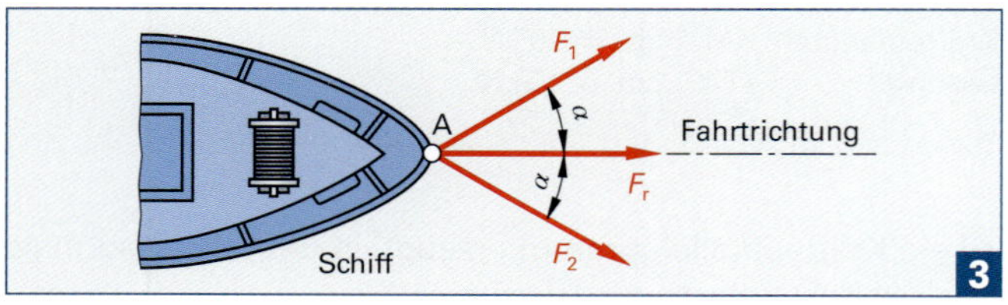

Kräfte mit gemeinsamem Angriffspunkt

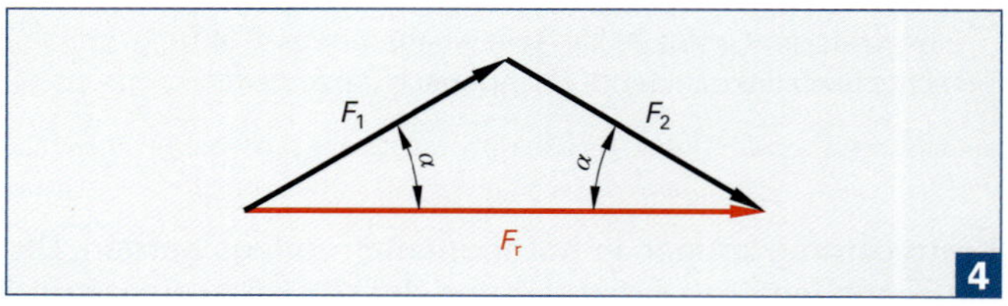

Kräfteparallelogramm

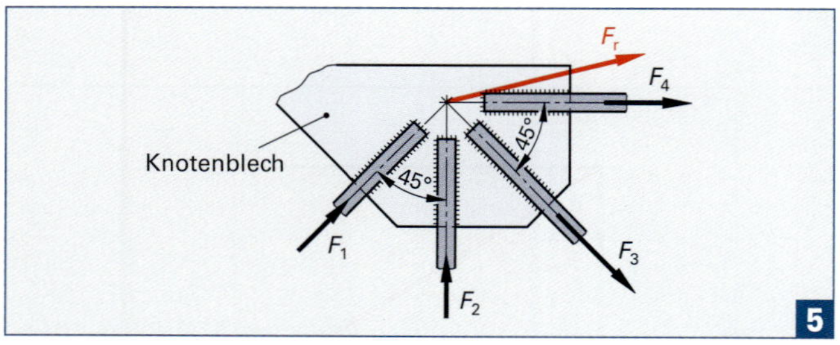

Knotenblech mit vier Kräften

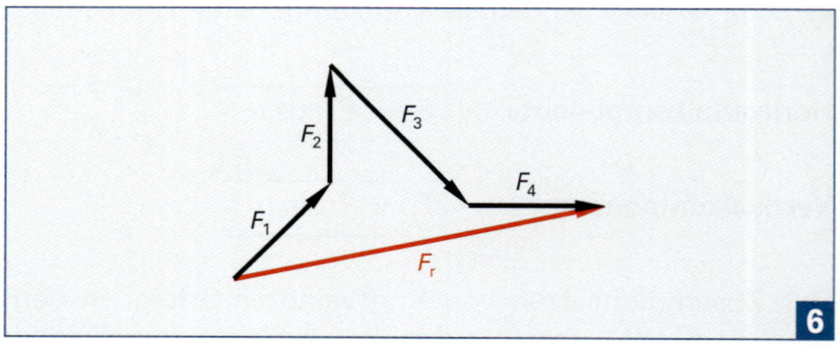

Kräftezug

> Die Kräfte des Kraftecks werden in einen maßstäblichen **Kräfteplan** eingetragen. Dabei können die Einzelkräfte in beliebiger Reihenfolge aneinandergereiht werden. Die Verbindung von Anfangs- und Endpunkt des Kräftezugs erzeugt die Resultierende.

Berechnung von Kräften

Zur Berechnung der Resultierenden werden im zentralen Kräftesystem alle angreifenden Kräfte, auch die Resultierende, in die waagrechten F_{ix}- und senkrechten F_{iy}-Komponenten zerlegt. Die Summe der Kraftkomponenten entspricht der jeweiligen x- oder y-Komponente der Resultierenden.

Horizontalkomponente $$F_{rx} = \sum(F_i \cdot \cos \alpha_i)$$

Vertikalkomponente $$F_{ry} = \sum(F_i \cdot \sin \alpha_i)$$

Betrag des Winkels α $$\alpha = \arctan \frac{F_{ry}}{F_{rx}}$$

Betrag der Resultierenden $$F_r = \sqrt{F_{rx}^2 + F_{ry}^2}$$

BEISPIEL

Das im Bild 1 dargestellte Prisma wird von drei Kräften belastet. Die Kräfte F_1 und F_2 wirken senkrecht auf die Gleitflächen am Prisma und die Gewichtskraft F_3 wirkt senkrecht nach unten. Die Kräfte schneiden sich in einem gemeinsamen Schnittpunkt.

Die Kraft F_1 beträgt 10 kN, die Kraft F_2 beträgt 15 kN und die Kraft F_3 beträgt 25 kN Die beiden Kräfte F_1 und F_2 sind unter 45° zur Horizontalen geneigt.

Die Resultierende ist zu bestimmen.

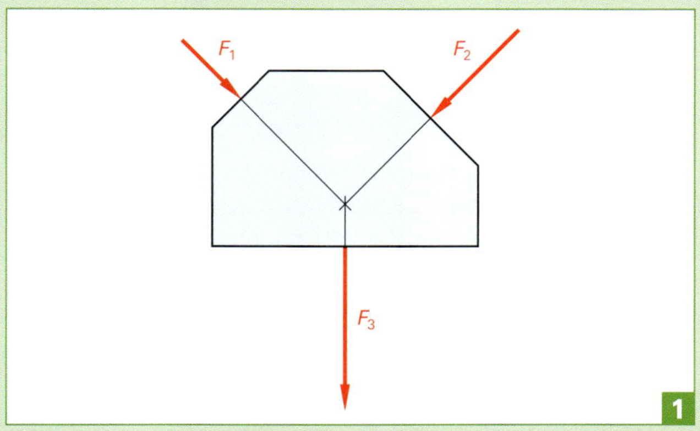

Prisma

Grafische Lösung

1. Die Kräfte sind in einem Lageplan (Bild 2) winkeltreu darzustellen.
2. Die Kräfte sind aus dem Lageplan in den maßstäblichen Kräfteplan zu übertragen (Parallelübertragung).
3. Es sind zwei unterschiedliche Kraftepläne (Bild 3) zu zeichnen.

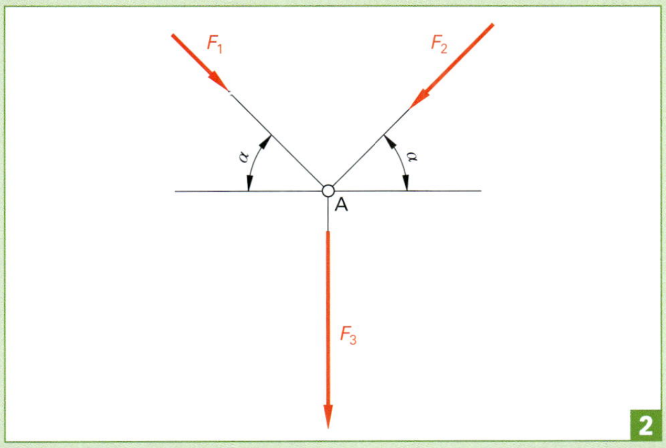

Lageplan (winkeltreu)

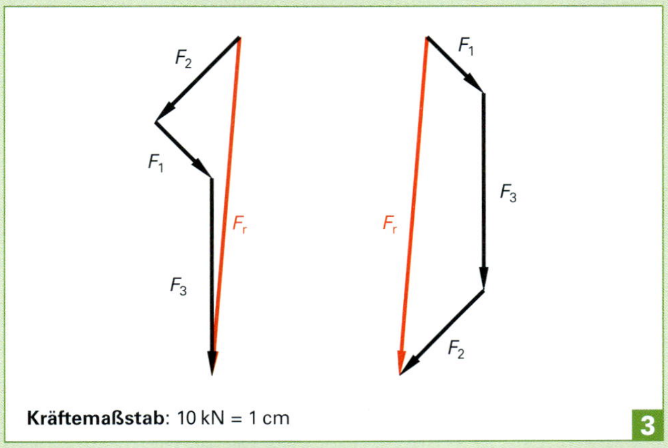

Kräfteplan

Rechnerische Lösung

1. Darstellung der Kräfte in einer Lageplanskizze (unmaßstäblich und nicht winkeltreu, Bild 4).
2. Zerlegung aller Kräfte (Bild 4) in ihre x- und y-Komponenten.
3. Summengleichung für F_{rx} und F_{ry} erstellen und berechnen.
4. Betrag und Lage der resultierenden Kraft berechnen.

$F_{rx} = \sum F_{ix} = F_{1x} - F_{2x} = F_1 \cdot \cos\alpha - F_2 \cdot \cos\alpha$

$F_{rx} = 10\text{ kN} \cdot \cos 45° - 15\text{ kN} \cdot \cos 45° = \mathbf{-3{,}54\text{ kN}}$

$F_{ry} = \sum F_{iy} = F_{1y} - F_{2y} - F_3 = -F_1 \cdot \sin\alpha - F_2 \cdot \sin\alpha - F_3$

$F_{ry} = -10\text{ kN} \cdot \sin 45° - 15\text{ kN} \cdot \sin 45° - 25\text{ kN} = \mathbf{-42{,}68\text{ kN}}$

Die Resultierende ist nach unten links gerichtet! Vgl. Bild 3.

Betrag der Resultierenden

$F_r = \sqrt{F_{rx}^2 + F_{ry}^2} = \sqrt{(3{,}54\text{ kN})^2 + (42{,}68\text{ kN})^2}$

$\mathbf{F_r = 42{,}82\text{ kN}}$

Betrag des Winkels β

$\tan\beta = \frac{F_{ry}}{F_{rx}} = \frac{42{,}68\text{ kN}}{3{,}54\text{ kN}} = 12{,}06$

$\sphericalangle \beta \rightarrow \mathbf{85{,}26°}$

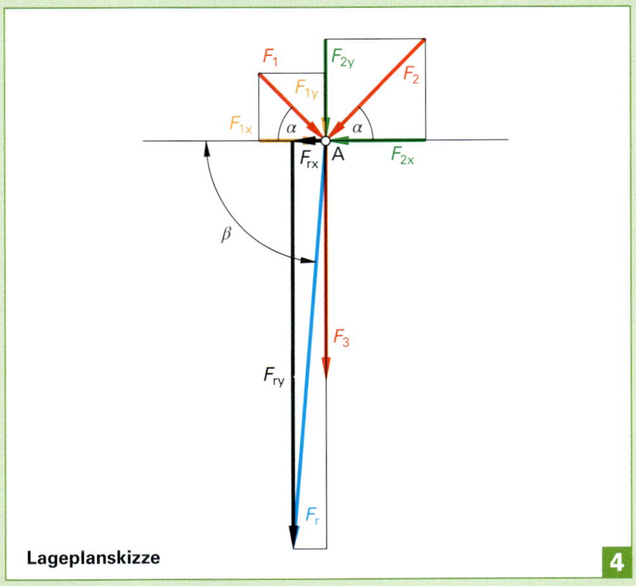

Kräftezerlegung

AUFGABEN ZUR WIEDERHOLUNG

1. In Bild 1 beträgt $F_1 = 300$ N und $F_2 = 620$ N. Wie groß ist F_r und wie ist F_r gerichtet?
2. In Bild 2 sind F_1 und F_2 gleich 150 kN und $\alpha = 30°$. Wie groß ist F_r und wie ist F_r gerichtet?
3. Am Knotenblech einer Stahlkonstruktion (Bild 3) wirken die Kräfte $F_1 = 18$ kN, $F_2 = 22$ kN, $F_3 = 20$ kN und $F_4 = 26$ kN über die dort angeschweißten Stäbe.
   Ermitteln Sie mithilfe eines Kraftecks
   a) in Reihenfolge F_1, F_2, F_3, F_4,
   b) in Reihenfolge F_3, F_2, F_4, F_1
   Größe und Richtung der Resultierenden, mit dem Kräftemaßstab KM: 1 cm entspricht 10 kN
4. Warum sprechen wir bei der Resultierenden auch von der Ersatzkraft?
5. Was verstehen wir unter einem Kräfterechteck? Zeichnen Sie ein solches mit $F_1 = 500$ N und $F_2 = 200$ N bei frei gewähltem Kräftemaßstab.
6. Eine Welle wird gemäß nebenstehendem Bild 4 durch die Zahnradkräfte $F_1 = 2700$ N, $F_2 = 4300$ N, $F_3 = 1900$ N und die Gewichtskraft $F_G = 1600$ N belastet.
   Ermitteln Sie F_r mithilfe der Krafteckkonstruktion.
7. Zeichnen Sie eine Lageplanskizze mit der Kräftezerlegung in x- und y-Richtung für die Schiffskräfte in Aufgabe 2 (Bild 2).
   a) Berechnen Sie die x- und y-Komponenten der Resultierenden.
   b) Berechnen Sie Lage und Betrag der Resultierenden.
8. Zeichnen Sie eine Lageplanskizze mit der Kräftezerlegung in x- und y-Richtung für die Kräfte am Knotenblech in Aufgabe 3 (Bild 3).
   a) Berechnen Sie die x- und y-Komponenten der Resultierenden.
   b) Berechnen Sie Lage und Betrag der Resultierenden.
9. Zeichnen Sie eine Lageplanskizze mit der Kräftezerlegung in x- und y-Richtung für die Welle in Aufgabe 6 (Bild 4).
   a) Berechnen Sie die x- und y-Komponenten der Resultierenden.
   b) Berechnen Sie Lage und Betrag der Resultierenden.
10. Die Rolle (Bild 5) wird mit der Kraft $F = 1500$ N gegen die Führungsbacken gedrückt, die sich dabei mit den beiden Kolben seitlich verschieben.
   a) Ermitteln Sie zeichnerisch und rechnerisch die Kräfte an den Führungsbacken.
   b) Ermitteln Sie zeichnerisch und rechnerisch die Kraft auf jeweils einen Druckkolben.

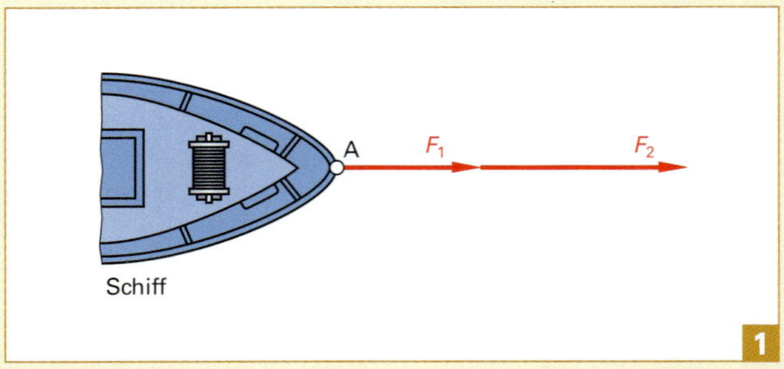

Schiff

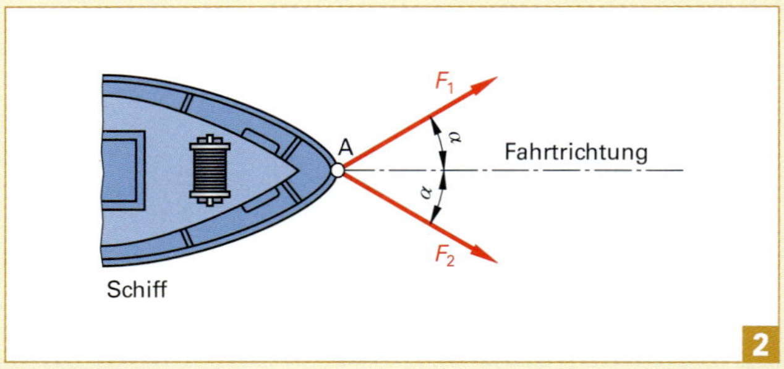

Schiff

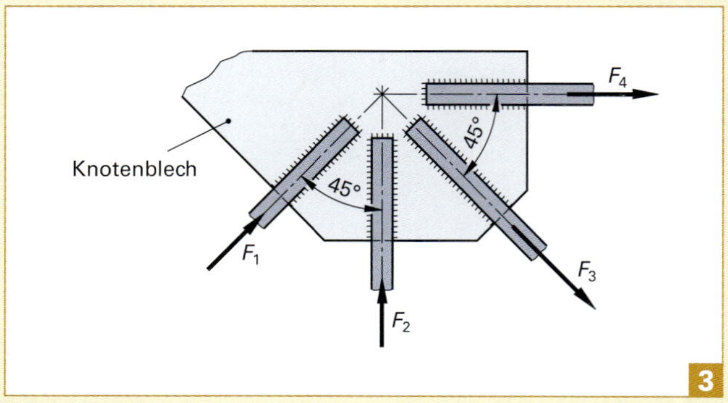

Knotenblech

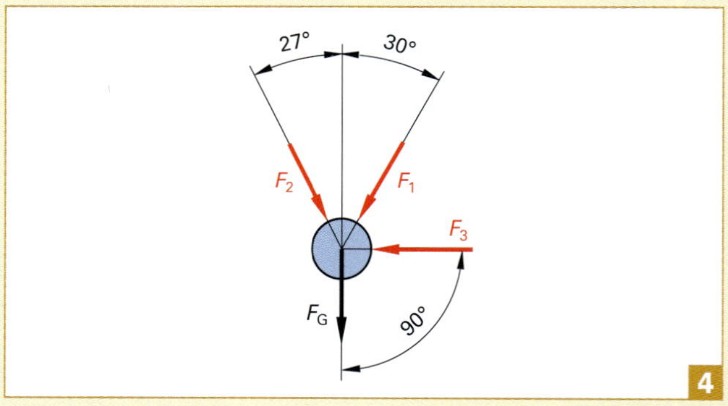

Welle

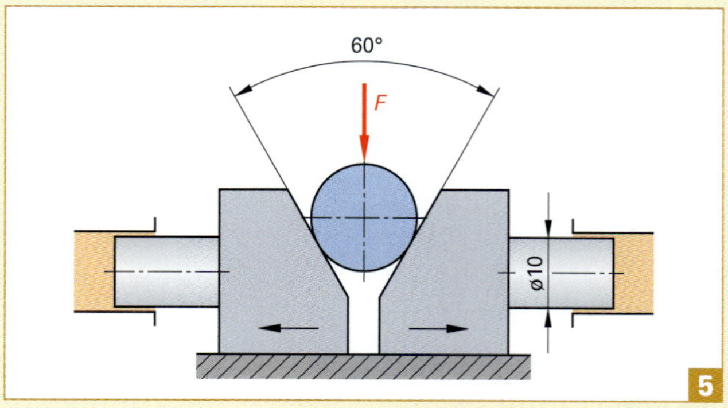

Rolle

ALLGEMEINES KRÄFTESYSTEM

DAS KRAFTMOMENT

Greift eine Kraft am Umfang eines Rades an, dann dreht dies normalerweise gemäß Bild 1 das Rad. Die Umfangskraft am Rad bewirkt eine gleich große entgegengesetzte Kraft in der Radachse (Aktionskraft = Reaktionskraft)

Ist die Kraft aber so angeordnet, dass die Wirklinie durch den Drehpunkt geht, bleibt das Rad im Ruhezustand. Die Kräfte heben sich auf.

Zwei gleich große, entgegengesetzt wirkende Kräfte auf parallelen Wirklinien bilden ein Kräftepaar. Es gilt: **Keine Drehbewegung ohne Kräftepaar.**

Kraftmoment als physikalische Größe

Die Wirkung der Kraft ist also von der Lage der Wirkungslinie abhängig. Ein Maß für die Drehwirkung der Kraft ist das Drehmoment in Bezug auf den Drehpunkt M.

Die „Stärke der Drehwirkung" hat zweierlei Ursachen, und zwar sind dies die **Größe der Kraft** F und ihr **senkrechter Abstand** r (Radius) **zum Drehpunkt M**.

$$M_{(M)} = F \cdot r \qquad F \perp r$$

$$[M] = [F] \cdot [r] = \mathrm{N \cdot m} = \mathrm{Nm}$$

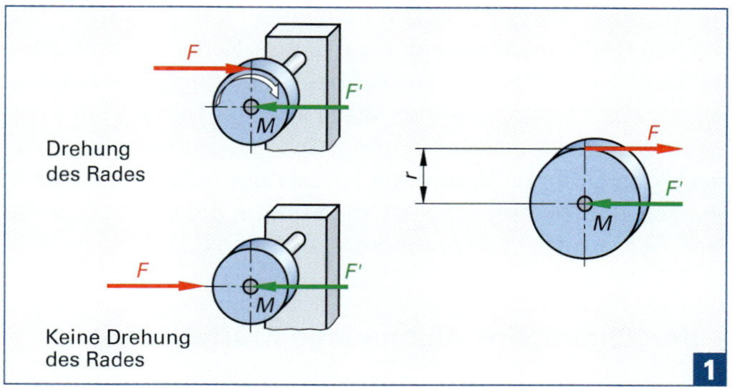

Drehwirkung am Rad

Zur Berechnung des Drehmomentes muss der **senkrechte Abstand** der Wirkungslinie der angreifenden Kraft vom Drehpunkt mit dieser Kraft multipliziert werden. Im Gegensatz zu Bild 1 wirkt oftmals die Kraft nicht senkrecht zum Radius, sondern schräg dazu.

In Bild 2 ist zu erkennen, dass das Drehmoment auf zweierlei Art und Weise berechnet werden kann.

Die wirkende Kraft F wird in die Komponenten F_x und F_y zerlegt, und man erkennt, dass F_y kein Drehmoment bilden kann, da die Wirkungslinie von F_y durch den Drehpunkt M geht. Während die x-Komponente mit dem Abstand r das Drehmoment M erzeugt.

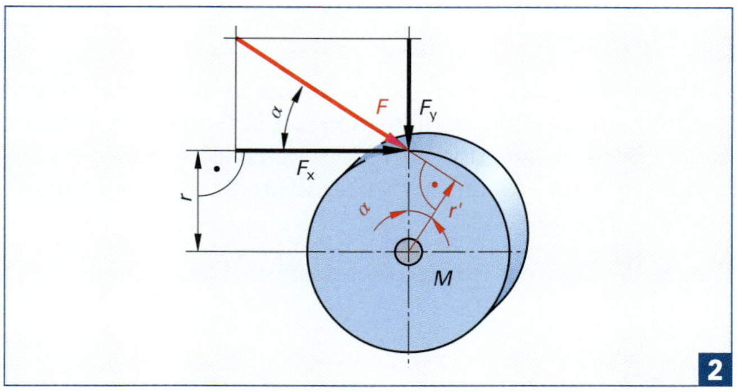

Drehmomente und Kraftzerlegung

Meist wird bei der Berechnung des Drehmomentes von der Kräftezerlegung Gebrauch gemacht. Es gilt:

$$M_{(M)} = F \cdot r' \quad \text{oder} \quad M_{(M} = F_x \cdot r$$

VORZEICHENREGEL

linksdrehende Momente	→	(+)
rechtsdrehende Momente	→	(–)

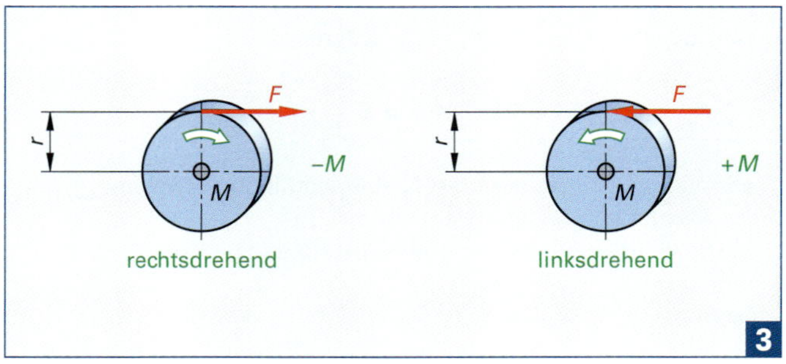

Vorzeichenregel

Gleichgewicht der Kräfte und Momente

Für eine ebene starre Scheibe gibt es drei Bewegungsmöglichkeiten, in x-Richtung, in y-Richtung und eine Rotation.

Kräfte mit gemeinsamem Angriffspunkt sind mit ihrer negativen Resultierenden im Gleichgewicht. Dieser Bedingung entspricht ein geschlossenes Krafteck (Bild 4). Außerdem gilt bei der Berechnung:

$$\sum F_{ix} = 0, \quad \sum F_{iy} = 0, \quad \sum M_{i(0)} = 0$$

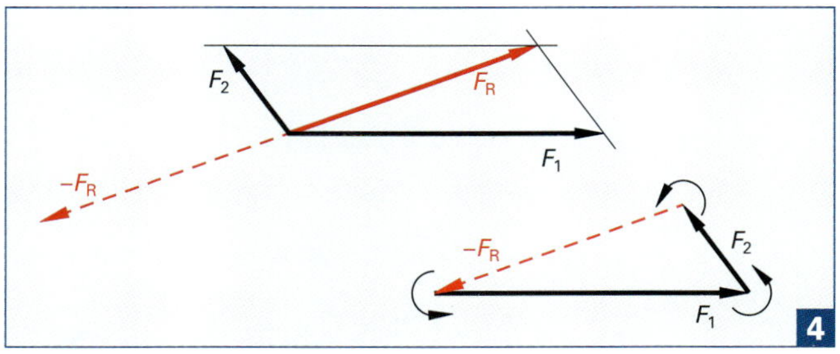

Kräftegleichgewicht am geschlossenen Krafteck

HEBELARTEN

Ein Hebel ist ein starrer Körper oder ein Teil davon, der um eine feste Achse drehbar gelagert ist. Entsprechend Bild 1 unterscheiden wir **einseitige Hebel,** bei denen der Hebel auf einer Seite des Drehpunktes liegt, von **zweiseitigen Hebeln,** die **gleicharmig oder ungleicharmig** sein können.

Eine Variante ist der **Winkelhebel.**

Die Abstände von den Angriffspunkten der Kräfte zum Drehpunkt heißen **Hebelarme.** Diese werden grundsätzlich vom Angriffspunkt der Kraft bis zum Drehpunkt, dem **Hebellager,** gemessen.

Entsprechend der Hebeldefinition kann auch ein Rad als Hebel gesehen werden, jedoch sind Hebel i. d. R. stabförmig. An den **Hebelanwendungen** wie Zange, Schere, Schraubenschlüssel, Türklinke, Fensterknebel, Brechstange, Hebelwaage usw. lässt sich erkennen, dass sich der Hebel in der Anwendung meist im Momentengleichgewicht befindet, d. h., dass das Drehbestreben des Hebels dann Null ist. Ist dies der Fall, dann ist folglich auch die Summe der Drehmomente Null. D. h. Kräfte und Momente heben sich auf.

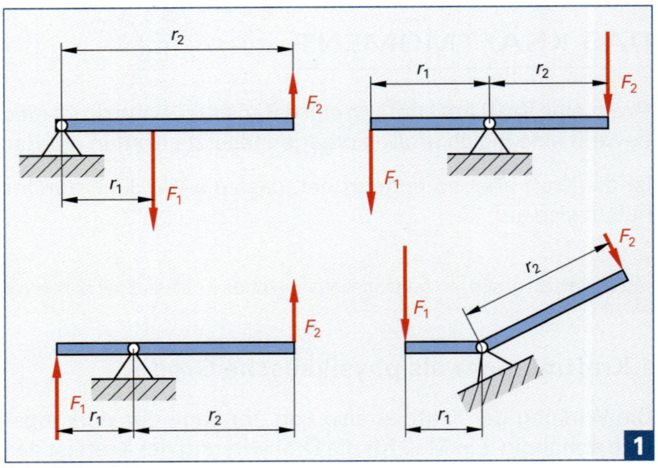

Hebelarten

Berechnung im allgemeinen Kräftesystem

Mithilfe dieser Grundregel können nun alle technischen Systeme einfach berechnet werden. Dazu werden die Kräfte in einen Kräfteplan eingetragen (unmaßstäblich) und wenn notwendig, in ihre x- und y-Komponente zerlegt. Vergleiche Bild 3 und Bild 4.

Will man sich über die an einem Körper angreifenden Kräfte Klarheit verschaffen, so löst man ihn in Gedanken an allen Stütz-, Berührungs- und Verbindungsstellen aus seiner Umgebung heraus – macht ihn frei – und ersetzt die weggedachten Teile durch Kräfte.

Dieses Verfahren wird als „Freimachen" bezeichnet.

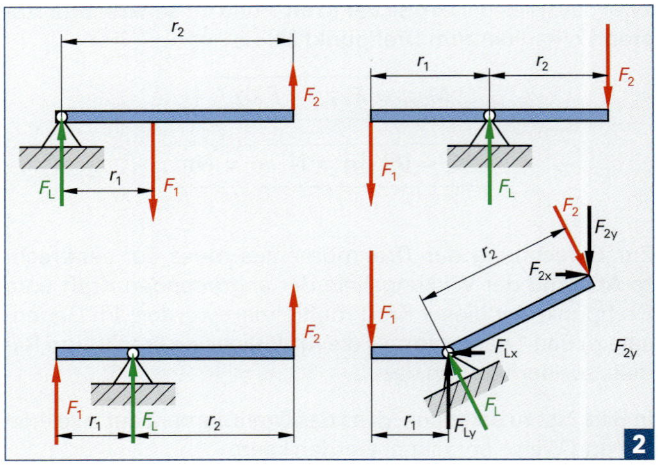

Freimachen am Hebel

BEISPIEL

Der zweiseitige Hebel (Bild 3) mit einer schrägen Kraft ist zu berechnen.

$F_1 = 500$ N, $F_2 = 150$ N, $\alpha = 30°$

$r_1 = 50$ cm, $r_2 = 30$ cm, $r_3 = 20$ cm.

$$\sum F_{ix} = 0 \quad \sum F_{iy} = 0 \quad \sum M_{i(0)} = 0$$

a) Wie groß muss die Kraft F_3 sein, damit der Hebel im Momentengleichgewicht ist?

b) Berechnen Sie Betrag und Richtung der Lagerkraft F_L.

Lösung $\sum F_{ix} = 0 = F_{Lx} - F_{3x} = F_{Lx} - F_3 \cdot \cos 60°$ (1)

a) $\sum F_{iy} = 0 = -F_1 + F_2 + F_{Ly} - F_{3y} = -F_1 + F_2 + F_{Ly} - F_3 \cdot \sin 60°$ (2)

$\sum M_{i(L)} = F_1 \cdot r_1 - F_2 \cdot r_2 - F_{3y} \cdot r_3 = 0$

$= 500\text{ N} \cdot 50\text{ cm} - 150\text{ N} \cdot 30\text{ cm} - F_3 \cdot \sin 60° \cdot 20\text{ cm}$

$$F_3 = \frac{500\text{ N} \cdot 50\text{ cm} - 150\text{ N} \cdot 30\text{ cm}}{\sin 60° \cdot 20\text{ cm}} = \mathbf{1\,183{,}6\ N}\ (3)$$

b) (3) in (1) $F_{Lx} = 1\,183{,}6\text{ N} \cdot \cos 60° = 591{,}8\text{ N}$

(3) in (2) $F_{Ly} = 500\text{ N} + 1\,183{,}6\text{ N} \cdot \sin 60° - 150\text{ N} = 1\,375\text{ N}$

$$F_L = \sqrt{F_{Lx}^2 + F_{Ly}^2} = \sqrt{591{,}8^2\text{ N}^2 + 1375^2\text{ N}^2} = \mathbf{1497\ N}$$

$$\tan\beta = \frac{F_{Ly}}{F_{Lx}} = \frac{1375\text{ N}}{591{,}8\text{ N}} = 2{,}3234 \rightarrow \triangleright \boldsymbol{\beta = 66{,}7°}$$

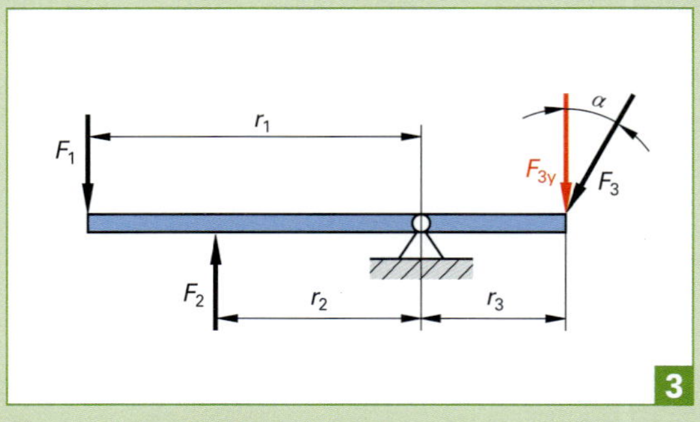

Zweiseitiger Hebel

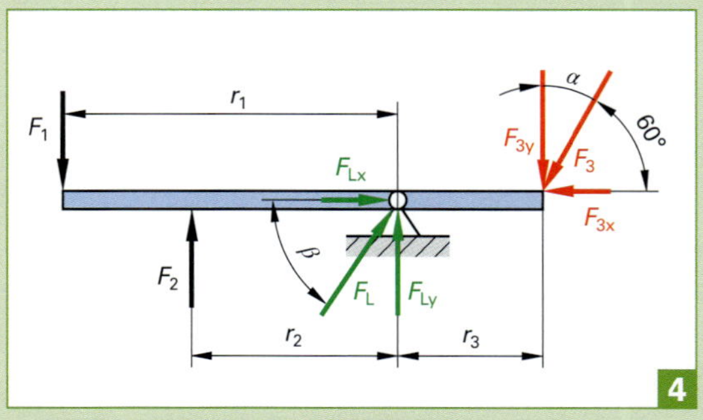

Kräfteplan (unmaßstäblich)

SCHWERPUNKTE

In Bild 1 sind die Massen m_1 und m_2 durch eine in einem Drehpunkt (S) unterstützte Stange verbunden. Nehmen wir diese Verbindungsstange zwischen den Massen einmal idealisiert als gewichtslos an, dann befindet sich dieses Hebelsystem mit den Gewichten F_{G1} und F_{G2} der beiden Massen m_1 und m_2 im Gleichgewicht bei

$$F_{G1} \cdot r_1 = F_{G2} \cdot r_2$$

Die senkrechte Reaktionskraft F_S im Lager errechnet sich mit dieser Formel:

SENKRECHTE REAKTIONSKRAFT F_S

$$\sum F_{iY} = 0 = F_S - F_{G1} - F_{G2} \rightarrow \mathbf{F_S = F_{G1} + F_{G2}}$$

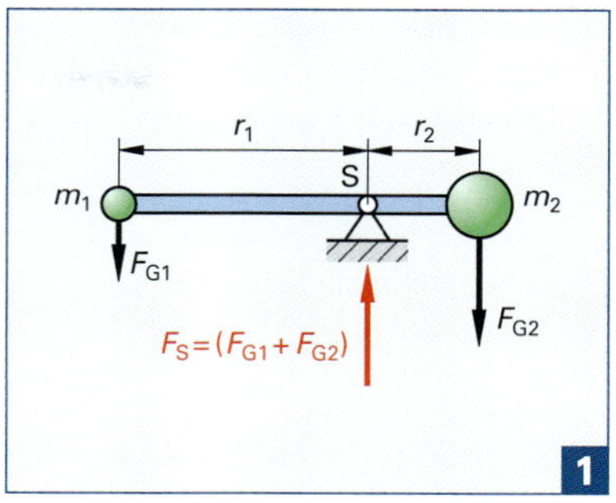

1

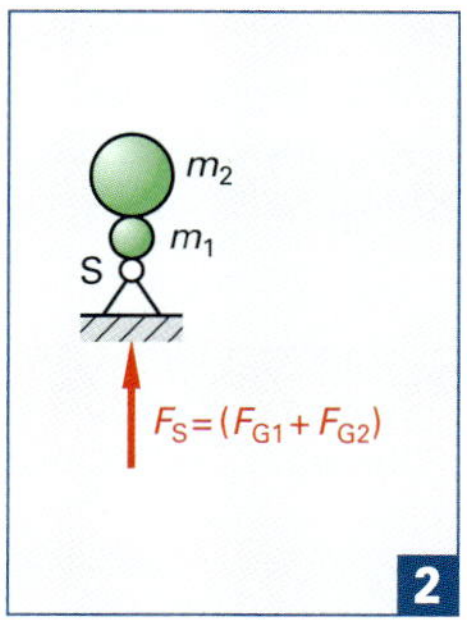

2

Die gleichgroße Reaktionskraft würde im Punkt S auch dann entstehen, wenn sich die Massen m_1 und m_2 mit ihren Gewichten F_{G1} und F_{G2} in diesem Punkt befinden würden (Bild 2). Dies bedeutet, dass wir uns alle Teilmassen eines Systems von Körpern in einem Punkt vereint denken können, und wir bezeichnen diesen Punkt als **Massenmittelpunkt** (Bild 2). Da wir uns folglich auch die Gewichte dort vereint denken können, wird dieser Punkt auch als **Schwerpunkt** bezeichnet.

Im Massenmittelpunkt bzw. dem Schwerpunkt kann man sich alle Teilmassen bzw. alle Teilgewichte eines Körpers (bei gleicher Drehwirkung) angreifend denken.

Bild 1 zeigt den Sachverhalt, dass sich ein Körper bzw. ein Körpersystem – wenn die Unterstützung desselben im Schwerpunkt erfolgt – im Momentengleichgewicht befindet.

Alle Linien, die durch den Schwerpunkt gehen, werden als **Schwerlinien** bezeichnet. Dies zeigt Bild 3.

Wird ein Körper entlang einer Schwerlinie unterstützt, dann befindet er sich im Momentengleichgewicht.

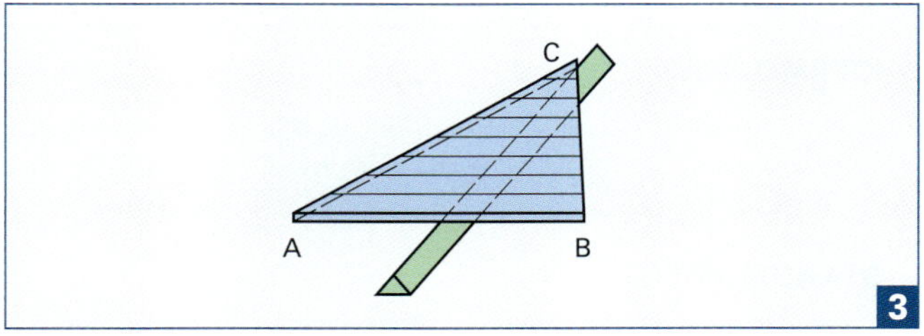

3

Unterstützung in einer Schwerlinie

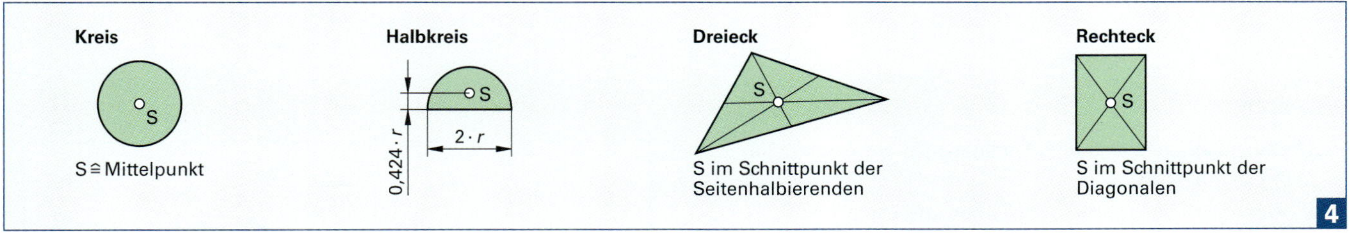

4

Flächenschwerpunkte

Die **Lage des Schwerpunktes** kann mit verschiedenen zeichnerischen und rechnerischen Methoden der Statik ermittelt werden. Man unterscheidet:

- **Linienschwerpunkte,**
- **Flächenschwerpunkte** (Bild 4) und
- **Körperschwerpunkte** (Bild 5)

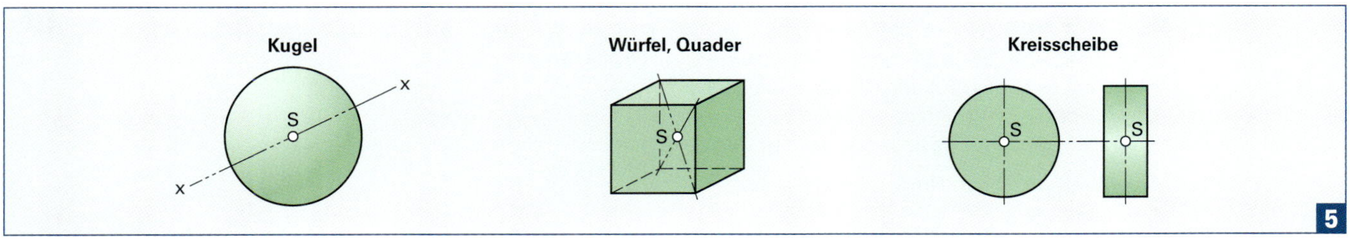

5

Körperschwerpunkte

Für geometrisch einfach geformte Linien, Flächen und Körper ist die Schwerpunktlage derselben in technischen Handbüchern, Tabellenbüchern und Formelsammlungen angegeben.

KIPPEN UND STANDSICHERHEIT

Das Kippen eines Körpers geschieht entweder dadurch, dass der Schwerpunkt des Körpers außerhalb der Standfläche liegt, oder dass angreifende Kräfte den Körper zum Kippen bringen.

Standsicherheit ist dann gegeben, wenn ein Körper Kippkanten hat und das Lot des Schwerpunktes die Standfläche innerhalb der Kippkante trifft.

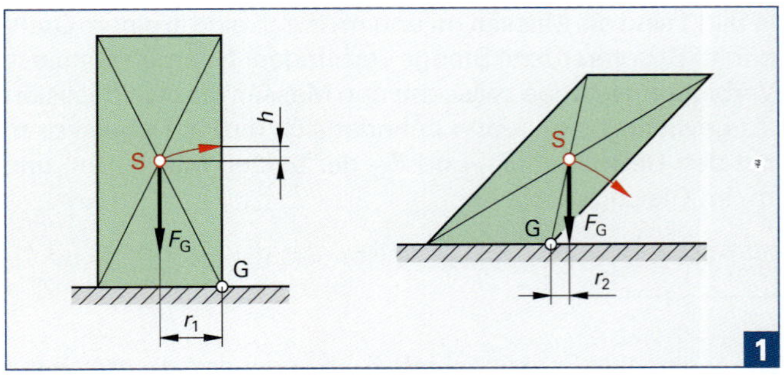

Stabile und labile Gleichgewichtslage

Eine stabile Gleichgewichtslage führt dazu, dass die betrachteten Körper wie Häuser, Türme, Maschinen oder Kraftfahrzeuge sicher und fest auf ihrer **Standfläche** stehen.

An dem in Bild 2 dargestellten Körper greifen zwei Kräfte, die Gewichtskraft F_G und eine weitere Kraft F an. Beziehen wir die Wirkung dieser Kräfte auf die **Kippkante** K des Körpers, dann lässt sich zwischen dem **Standmoment M_S** und dem **Kippmoment M_K** unterscheiden.

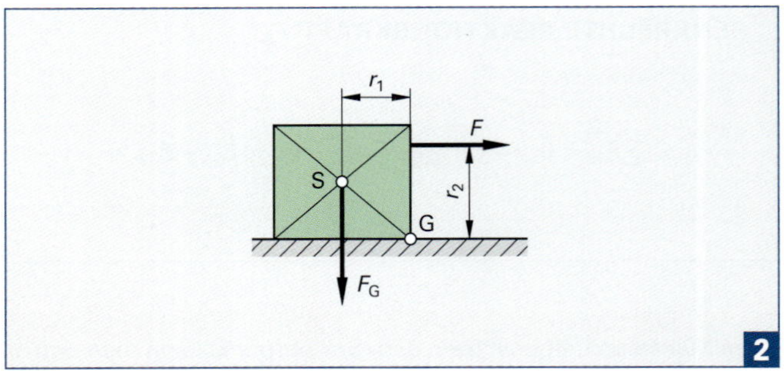

Kippen eines Körpers

Das **Kippmoment M_K** ist die Summe aller Momente um die Kippkante, die einen Körper zum Kippen bringen können.

Das **Standmoment M_S** ist die Summe aller Momente, die dem Kippen entgegenwirken.

KIPPMOMENT

$$M_K = \sum M_{iK} = F \cdot r_2$$

STANDMOMENT

$$M_S = \sum M_{iS} = F_G \cdot r_1$$

STANDSICHERHEIT

$$v_S = \frac{M_S}{M_K}$$

Standardsicherheit ist gegeben, wenn $v_s > 1$ ist.

M_S, M_K	F_G, F	r_1, r_2
Nm	N	m

BEISPIEL

Bild 3 zeigt einen Drehkran in Seitenansicht. Berechnen Sie

a) die Standsicherheit.

b) Wann wird bei gleichen Gewichten und Lasten die Standsicherheit kleiner?

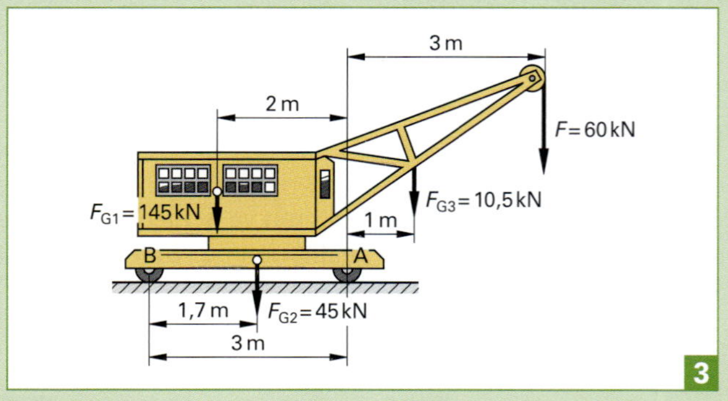

Drehkran

Lösung a) $v_K = \frac{M_S}{M_K}$ Würde der Kran kippen, würde er dies um den Punkt A tun.

Folglich ist:

$M_K = F_{G3} \cdot 1\,m + F \cdot 3\,m = 10{,}5\,kN \cdot 1\,m + 60\,kN \cdot 3\,m$

$M_K = v10{,}5\,kNm + 180\,kNm$

$\mathbf{M_K = 190{,}5\,kNm}$

Da es nur auf die Größe des Momentes ankommt, wird es mit seinem absoluten Betrag, also positiv, in die Rechnung eingesetzt!

$M_S = F_{G1} \cdot 2\,m + F_{G2} \cdot 1{,}3\,m = 145\,kN \cdot 2\,m + 45\,kN \cdot 1{,}3\,m$

$M_S = 290\,kNm + 58{,}5\,kNm$

$\mathbf{M_S = 348{,}5\,kNm}$

$v_S = \frac{348{,}5\,kNm}{190{,}5\,kNm}$

$\mathbf{v_S = 1{,}83}$

b) Die Standsicherheit wird kleiner, wenn sich der Ausleger senkt.

EINFACHE MASCHINEN

Maschinen und andere technische Gerätschaften sind meistens aus vielen und in ihrer Funktion aufeinander abgestimmten Einzelteilen zusammengebaut. Diese werden dann als **Maschinenteile** oder **Maschinenelemente** bezeichnet. Handelt es sich um **mechanische Gerätschaften** (Bild 1), dann ist feststellbar, dass diese insbesondere aus den Grundbausteinen **Hebel** (Bild 2), **Rolle, schiefe Ebene** (Bild 3), **Schraube, Keil** u. a. zusammengesetzt sind.

Unter den einfachen Maschinen versteht man die Grundbausteine aller Maschinen, mit deren Hilfe Arbeit mit möglichst geringer Kraft verrichtet werden kann.

Einfache Maschinen sind **Krafttransformatoren.** Sie wandeln kleine Kräfte in große um und umgekehrt große Kräfte in kleine. Es entsteht ein **Kraftübersetzungsverhältnis *i*.**

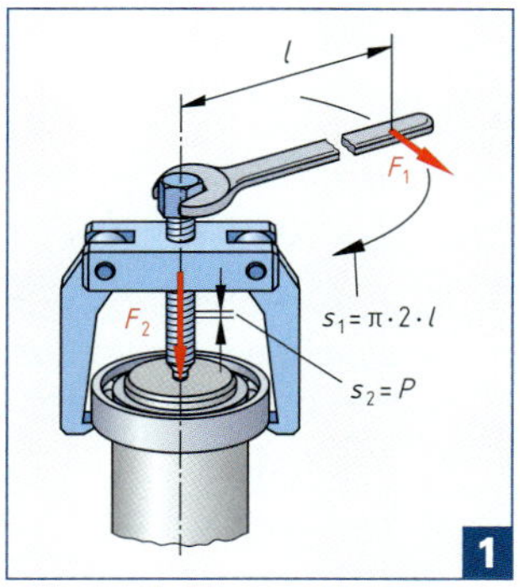

Abziehvorrichtung

Kraftübersetzungsverhältnis am Hebel

Im Bild 2 wird ein zweiseitiger ungleicharmiger Hebel dargestellt, dessen große Last mit einer kleineren Kraft gehoben wird.

Aus dem Hebelgesetz gilt:

Kraft · Kraftarm = Last · Lastarm

KRAFTÜBERSETZUNGSVERHÄLTNIS

Formel	i	F, F_G
$i = \frac{F}{F_G}$	1	N

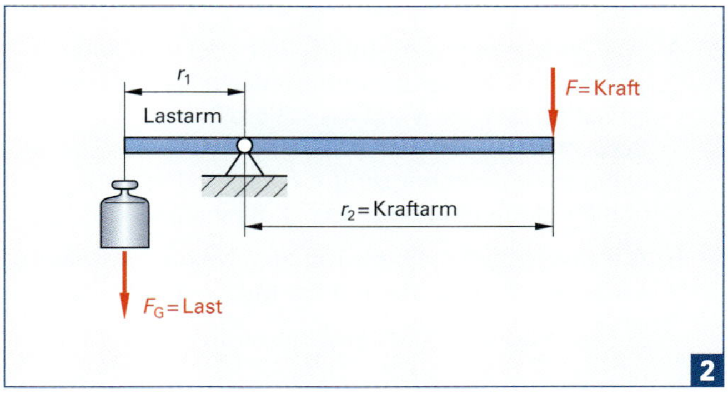

Hebel

Kraftübersetzungsverhältnis an der Schiefen Ebene

Bild 3 zeigt eine auf einer **schiefen Ebene** gelagerte Masse *m*. Deren **Gewichtskraft F_G** kann in zwei Komponenten zerlegt werden, und zwar in die **Hangabtriebskraft F_H** (parallel zur Schiefen Ebene) und die **Normalkraft F_N** (senkrecht zur Schiefen Ebene).

Zusammen mit dem **Neigungswinkel α** gilt:

Hangabtriebskraft $F_H = F_G \cdot \sin\alpha$

Normalkraft $F_N = F_G \cdot \cos\alpha$

Die das Gleichgewicht herstellende Kraft zu F_H ist eine gleich große, jedoch entgegengesetzte Kraft, d. h. $-F_H$. Bei Vernachlässigung der Reibungskraft, muss bei der Aufwärtsbewegung der Masse *m*, die Kraft F_H aufgewendet werden.

Damit wird deutlich, dass diese Kraft in jedem Fall kleiner ist als die Gewichtskraft F_G, die beim senkrechten Heben in umgekehrter Richtung, d. h. nach oben (als $-F_G$) aufgewendet werden müsste.

Die schiefe Ebene ermöglicht somit das Heben einer Gewichtskraft F_G mit einer kleineren Kraft F_H.

Daraus ergibt sich für das

KRAFTÜBERSETZUNGSVERHÄLTNIS

Formel	i	F_H, F_G
$i = \frac{F_H}{F_G}$	1	N

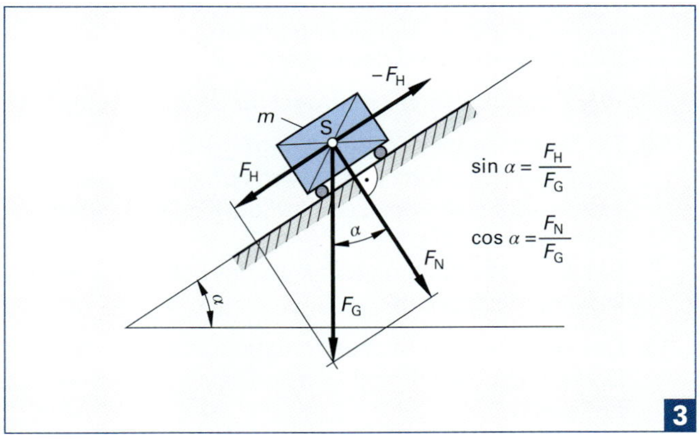

Schiefe Ebene

BEISPIEL

Eine Schiefe Ebene hat einen Neigungswinkel $\alpha = 35°$.
Wie groß ist das Kraftübersetzungsverhältnis?

Lösung $i = \frac{F_H}{F_G} = \frac{F_G \cdot \sin\alpha}{F_G} = \sin\alpha = \sin 35° = 0{,}5736$

$\boldsymbol{i = 0{,}5736}$

Das Kraftübersetzungsverhältnis der Schiefen Ebene entspricht dem Sinus des Neigungswinkels α der Schiefen Ebene.

AUFGABEN ZUR WIEDERHOLUNG

1. Wie groß ist die gemessene Kraft F in der Anordnung des Bild 1 bei

$F_G = 1{,}5$ kN
$l_1 = 50$ cm
$l_2 = 30$ cm?

2. In der Hebelanordnung (Bild 2) wird Momentengleichgewicht vorausgesetzt.
Wie groß muss dann die Kraft F sein bei

$F_1 = 100$ N
$F_2 = 1500$ N
$\alpha = 30°$
$l = 100$ mm
$l_2 = 70$ mm?

3. Wie groß ist das Kippmoment des nebenstehend dargestellten Körpers (Bild 3) bei $F_G = 20$ N?

4. Das Tor zu einem Lagerplatz (Bild 4) ist an einem gemauerten Pfeiler mit dem Gewicht $F_{GP} = 30$ kN befestigt. Das Tor wiegt $F_{GT} = 3{,}5$ kN.
Berechnen Sie die Sicherheit gegen Kippen v_K, wenn die Verbindungskräfte zwischen Pfeiler und Fundament unberücksichtigt bleiben.

5. Auf einer schiefen Ebene mit dem Neigungswinkel $\alpha = 25°$ liegt ein Körper mit der Masse $m = 100$ kg.

a) Wie groß ist die Hangabtriebskraft?
b) Wie groß ist die Normalkraft?

6. Was verstehen wir bei einer einfachen Maschine unter dem Kraftübersetzungsverhältnis?

7. Nennen Sie das Kriterium für Standfestigkeit.

8. In Aufgabe 1 ist der Kraftmesser (Dynamometer) um 30° gegen die Vertikale gedreht.
Welche Kraft F wird gemessen?

9. Wie lautet die Vorzeichenregel für Drehmomente?

10. Ein zylindrischer Körper mit dem Durchmesser 50 cm und der Höhe 90 cm wird auf einer Schiefen Ebene abgestellt, und zwar auf die Fläche mit dem Durchmesser 50 cm.
Bei welchem Neigungswinkel α der Schiefen Ebene kippt der Körper um?

11. Das Hebel-Rollen-System in nebengezeichneter Darstellung (Bild 5) soll sich im Gleichgewicht befinden.
Es ist $F_1 = 200$ N, $F_2 = 150$ N, $l_1 = 3{,}6$ m.
Berechnen Sie F_3 und l_2.

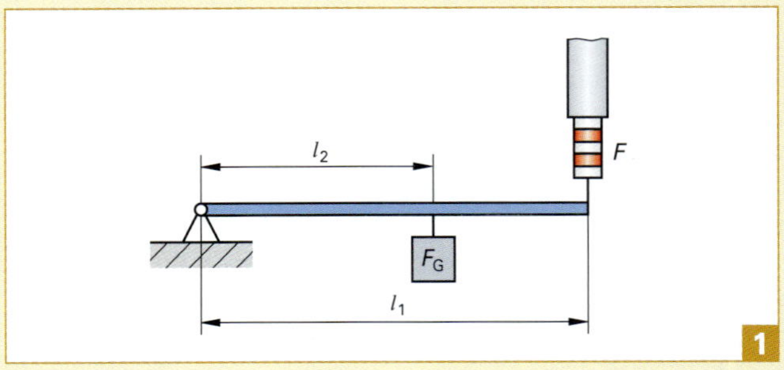

Waage

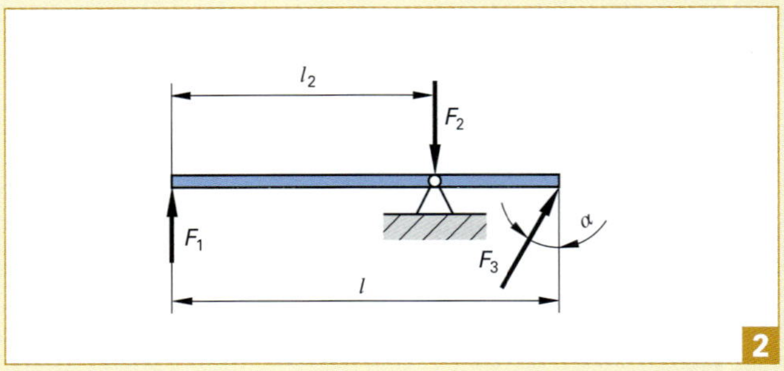

Hebel

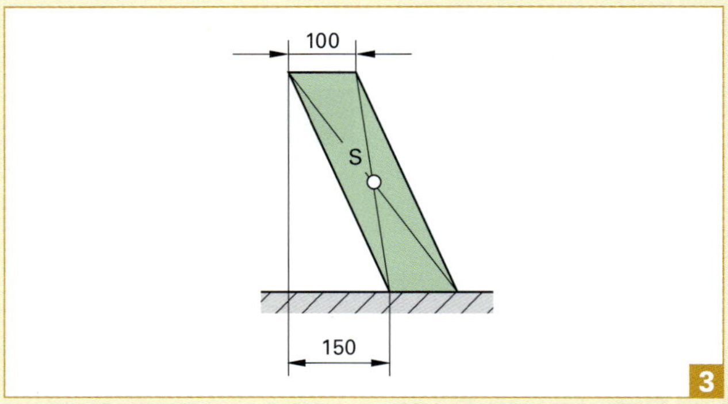

Kippmoment

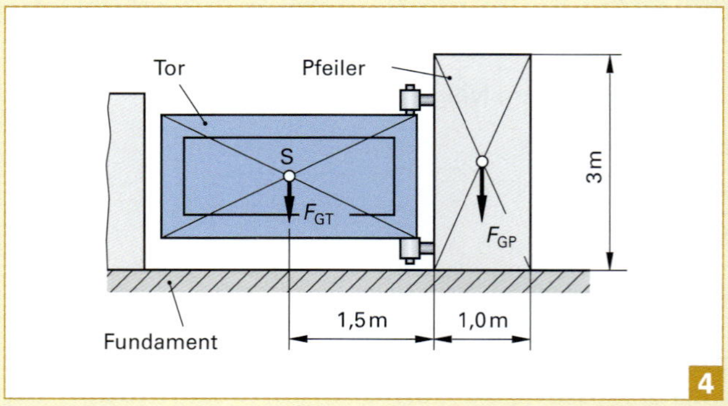

Tor

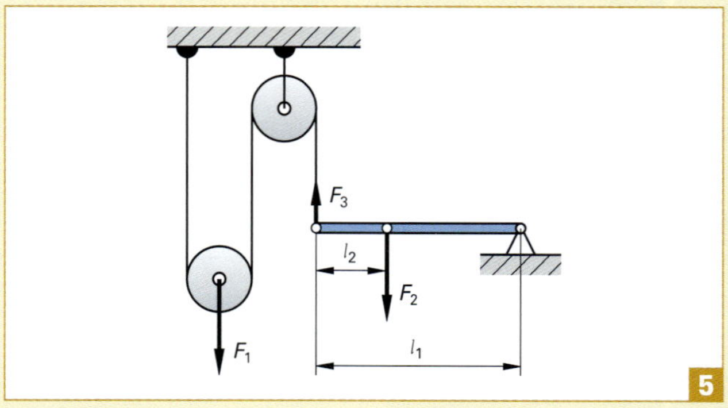

Rollen mit Hebel

REIBUNG

Zwischen den Berührungsflächen zweier fester Körper treten Reibungskräfte auf, die erwünscht oder unerwünscht sein können. Diese Reibungskräfte sind der Verschieberichtung bzw. der beabsichtigten Verschieberichtung immer entgegengerichtet.

REIBUNGSGESETZ NACH COULOMB

Bei der Reibung wird zwischen der inneren und der äußeren Reibung unterschieden. Bei der **inneren Reibung** handelt es sich um Reibungserscheinungen bei Flüssigkeiten, und die **äußere Reibung** tritt zwischen den Oberflächen fester Körper auf.

Wenn ein fester Körper durch eine an ihm wirkende Kraft auf seiner Unterlage fortbewegt werden soll, tritt eine **Reaktionskraft** auf, die der beabsichtigten Bewegung entgegengerichtet ist, die **Reibungskraft.**

Bezogen auf den Bewegungszustand eines Körpers unterteilt man die äußere Reibung in die **Reibung der Ruhe** bzw. **Haftreibung** und die **Reibung der Bewegung** bzw. **Gleitreibung.** Dies wird am Beispiel eines Reitstockes verdeutlicht.

Beim Arbeiten an der Drehbank muss dieser sehr häufig auf dem Drehmaschinenbett verschoben werden. Dabei ist feststellbar, dass die Kraft vor dem Bewegungsbeginn, d.h. die Anschiebekraft, größer ist als die nach dem Beginn der Bewegung erforderliche Kraft zum Weiterschieben des Reitstockes. Da die Körper vor Bewegungsbeginn aneinanderhaften und nach Bewegungsbeginn gegeneinander gleiten, werden die jeweiligen, aufgrund der wirkenden äußeren Kraft F auftretenden Reaktionskräfte (Bilder 1 und 2) wie folgt bezeichnet:

Haftreibungskraft F_{R0}

Gleitreibungskraft F_R

Alle Formelzeichen, die sich auf die **Haftreibung** beziehen, erhalten den **Index „Null“.**

Mithilfe einer solchen Messanordnung stellte der französische Physiker und Ingenieur Charles **Coulomb** (1736...1806) fest, dass zwischen der senkrechten Anpresskraft (Normalkraft F_N) und der Reibungskraft F_{R0} bzw. F_R eine direkte Proportionalität gegeben ist. Somit gilt:

Die **Reibungskraft** ist der vom Körper auf seine Unterlage wirkenden **Normalkraft direkt proportional.**

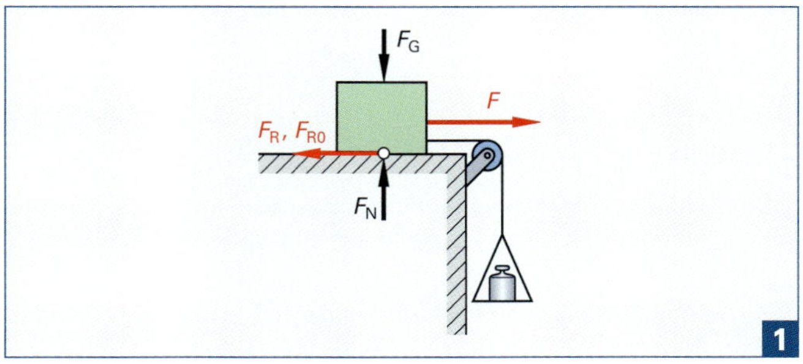

Aktions- und Reaktionskraft

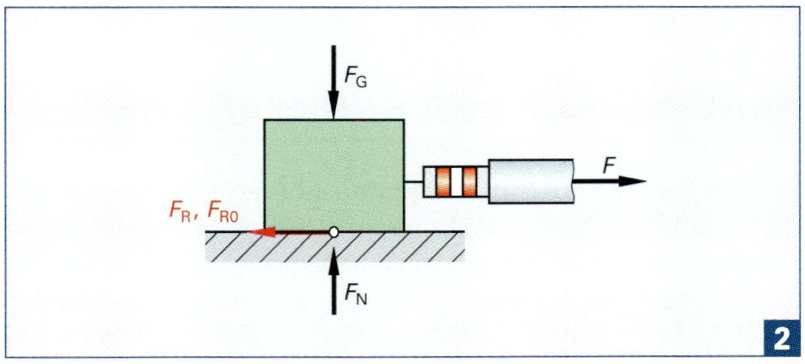

Messung der Reibungskraft

Die Größe der Reibungskraft hängt von weiteren Einflussgrößen ab. Diese Einflussgrößen sind in einem Proportionalitätsfaktor, der **Reibungszahl** zusammengefasst. Formelzeichen ist μ. Da auch der Umstand, ob sich ein Körper in Ruhe befindet oder ob er sich bewegt, die Größe der Reibungskraft beeinflusst, unterscheiden wir die **Haftreibungszahl** μ_0 von der **Gleitreibungszahl** μ.

Als Haupteinflussgrößen sind die **Werkstoffpaarung** (z.B. Stahl auf Grauguss) und die **Oberflächenbeschaffenheit** (z.B. glattes Leder auf rauem Holz) zu nennen. Geringer Einfluss ist der Gleitgeschwindigkeit, der Luftfeuchtigkeit und der Temperatur zuzuordnen. Vor allem aber ist die **Verwendung von Schmierstoffen** von großem Einfluss auf die Reibungszahl. Die Reibungszahlen können nur im Versuch ermittelt werden.

Die Größe der Haftreibungskraft und der Gleitreibungskraft hängt nur von der Größe der Normalkraft F_N und der Reibungszahl μ_0 bzw. μ ab. **Haftreibungskraft und Gleitreibungskraft sind von der Größe der Reibungsfläche unabhängig** (Bild 3).

Mit diesen Proportionalitätsfaktoren ergibt sich nach dem **Coulomb'schen Reibungsgesetz** für die

Haftreibungskraft $F_{R0} = \mu_0 \cdot F_N$ in N

Gleitreibungskraft $F_R = \mu \cdot F_N$ in N

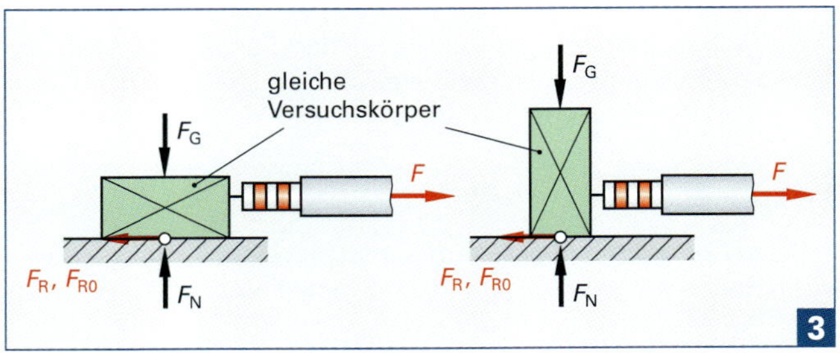

Unabhängigkeit von der Reibflächengröße

REIBZAHLEN ÜBLICHER WERKSTOFFPAARUNGEN (DURCHSCHNITTSWERTE)

Werkstoff	Zustand	Haftreibungszahl μ_0	Gleitreibungszahl μ
Grauguss–Grauguss	geschmiert	0,16	0,12
Stahl–Stahl	trocken	0,15	0,1
Stahl–Grauguss	geschmiert	0,1	0,05
Stahl–Leder	trocken	0,6	0,3
Holz–Metall	geschmiert	0,1	0,06
Stahl–Eis	trocken	0,027	0,014

BEISPIEL

Der Schlitten einer Waagerechtstoßmaschine hat eine Gewichtskraft von $F_G = 3728$ N. Er bewegt sich auf den ebenen Flächen des Maschinenbettes. Dieses besteht aus Grauguss und die Schmierung ist durch eine Zentralschmierung sichergestellt. Es ist $\mu_0 = 0{,}16$ und $\mu = 0{,}1$.

Zu berechnen ist a) die Haftreibungskraft, b) die Gleitreibungskraft.

Lösung a) $F_{R0} = \mu_0 \cdot F_N = 0{,}16 \cdot 3728$ N b) $F_R = \mu \cdot F_N = 0{,}1 \cdot 3728$ N

$\mathbf{F_{R0} = 596{,}48\ N}$ $\mathbf{F_R = 372{,}8\ N}$

REIBUNG AUF DER SCHIEFEN EBENE

Wird beim Anheben der Schiefen Ebene (Bild 1) eine bestimmte Winkelgröße α überschritten, beginnt der Prüfkörper zu gleiten, d.h. , dass in diesem Moment die Haftreibung überwunden wird. Dieser ganz spezielle **Neigungswinkel** $\boldsymbol{\alpha}$ heißt

Haftreibungswinkel $\boldsymbol{\varrho_0}$

Bei Verkleinerung von α bis zum Erreichen einer konstanten Geschwindigkeit wird schließlich der im Bild 2 dargestellte

Gleitreibungswinkel $\boldsymbol{\varrho}$ erreicht.

Die Zerlegung der Gewichtskraft F_G in die Hangabtriebskraft F_H und die Normalkraft F_N erfolgt gemäß Seite 29. Für den angenommenen Fall der Abwärtsbewegung mit konstanter Geschwindigkeit muss Kräftegleichgewicht zwischen der Hangabtriebskraft und der Gleitreibungskraft gegeben sein. Somit ergibt sich:

$$F_H = F_R$$

$$F_G \cdot \sin\varrho = \mu \cdot F_N = \mu \cdot F_G \cdot \cos\varrho.$$ Nach μ umgestellt:

$$\mu = \frac{F_G \cdot \sin\varrho}{F_G \cdot \cos\varrho} = \frac{\sin\varrho}{\cos\varrho}.$$ Mit $\frac{\sin\varrho}{\cos\varrho} = \tan\varrho$ ist die

Gleitreibungskraft $\boxed{\mu = \tan\varrho}$ und sinngemäß gilt für die

Haftreibungskraft $\boxed{\mu_0 = \tan\varrho_0}$.

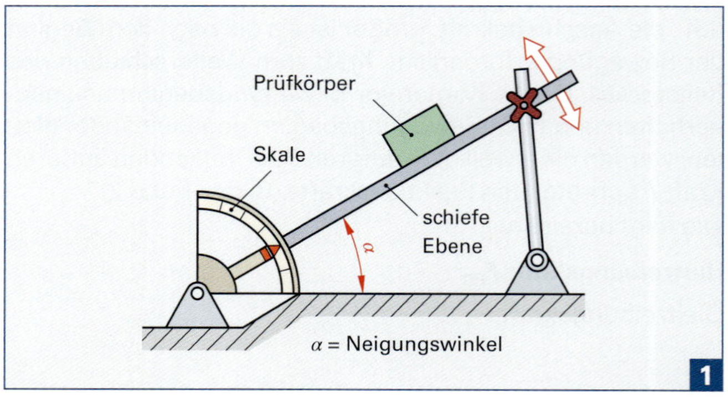

Verstellbare Schiefe Ebene

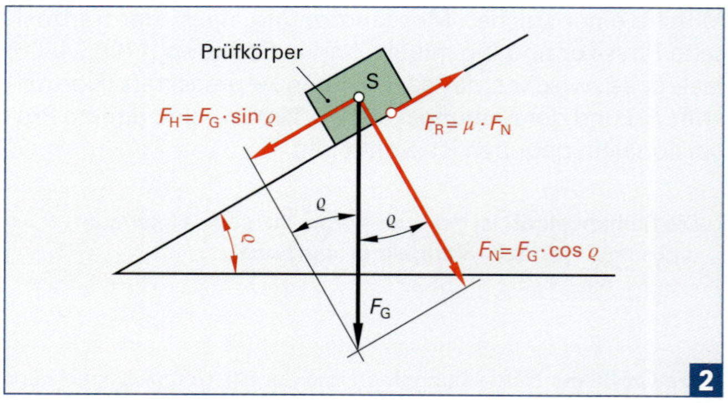

Reibungswinkel

Die Reibungszahlen μ_0 und μ sind mit dem Tangens der Reibungswinkel ϱ_0 und ϱ identisch. Mithilfe der Schiefen Ebene lassen sich also die Reibungszahlen ermitteln.

BEISPIEL

Bei der Bestimmung der Haftreibungszahl eines Gleitlagerwerkstoffes aus einem Sonderstahl wird auf der Schiefen Ebene ein Haftreibungswinkel $\varrho_0 = 9°\,20'$ ermittelt. Wie groß ist die Haftreibungszahl?

Lösung $\mu_0 = \tan\varrho_0 = \tan 9°\,20' = \mathbf{0{,}1644}$.

SEILREIBUNG

Im Bild 1 ist ein einfacher Riementrieb dargestellt. Die Übertragung des Drehmomentes erfolgt durch das Wirken der Reibungskraft F_R zwischen den Riemenscheiben und dem Treibriemen. Stets dann, wenn ein Seil (Schnur), ein Band oder auch ein Riemen um einen Zylinder gespannt ist und so eine Kraft auf den Zylinder übertragen wird, spricht man von **Seilreibung**.

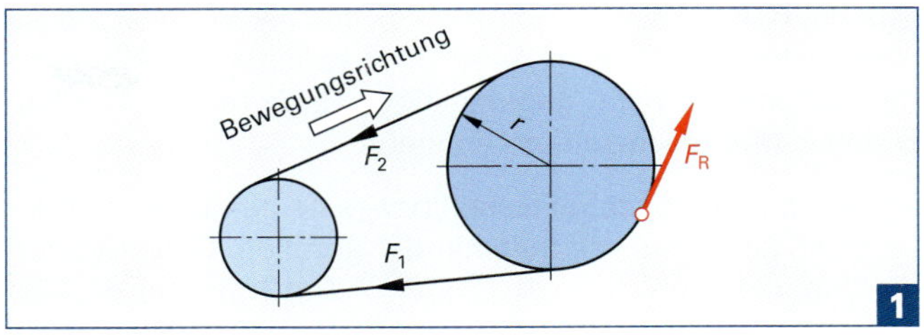

Riementrieb

Als weiteres Beispiel der Seilreibung soll ein **Poller** (Bild 2) betrachtet werden. Hierunter verstehen wir einen kurzen Stahlzylinder, der üblicherweise an der Anlegestelle von Schiffen befestigt ist. Legen wir ein Seil mit einigen Windungen um einen solchen Poller, so ist es mit dieser Anordnung **einer** Person möglich, sehr große Kräfte – vom angelegten Schiff erzeugt – zu halten.

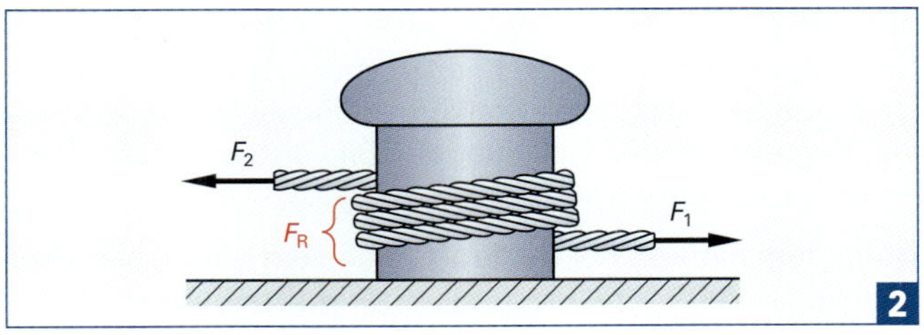

Poller

Sowohl in Bild 1 als auch in Bild 2 herrscht Kräftegleichgewicht. Es ist:

$$F_1 = F_2 + F_R$$

Das Beispiel des Pollers zeigt, dass die übertragbare Seilkraft F_1 von der Anzahl der um den Zylinder gelegten Windungen abhängt. Dabei ist F_2 die Haltekraft. Es gilt:

Die erzeugbare Seilkraft ist umso größer, je größer der **Seilumschlingungswinkel** $\boldsymbol{\alpha}$ um den Zylinder ist.

Eine Versuchsanordnung wie im Bild 3 soll dies verdeutlichen. Um die jeweils gleiche Scheibe ist ein Seil mit jeweils verschieden großen Umschlingungswinkeln α gelegt.

Unter der Voraussetzung, dass F_2 die Haltekraft ist und somit im Falle eines Rutschens eine Bewegung des Riemens in Richtung von F_1 erfolgt, kann – da F_R immer der Gleitrichtung entgegengerichtet ist – auch vorausgesetzt werden, dass F_R in die gleiche Richtung wie F_2 wirkt.

Somit gilt auch hier: $F_1 = F_2 + F_R$ d.h. $F_1 > F_2$

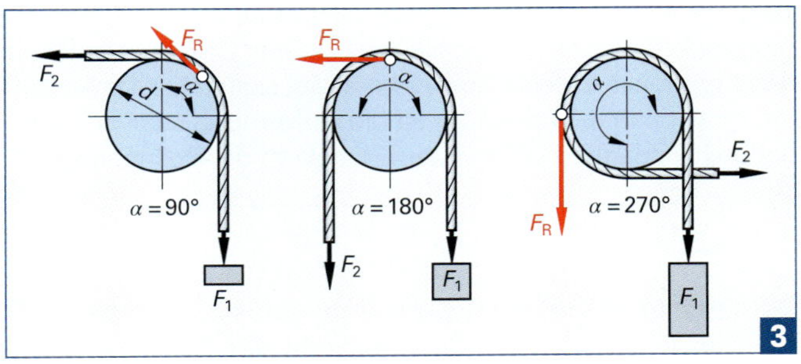

Seilumschlingung

ÜBERTRAGBARE SEILKRAFT

$$F_1 = F_2 + e^{\mu\alpha}$$

SEILREIBUNGSKRAFT

$$F_R = F_2 \cdot (e^{\mu\alpha} - 1) \text{ oder } F_R = F_1 \cdot \frac{e^{\mu\alpha} - 1}{e^{\mu\alpha}}$$

F_1, F_2	e, μ, α
N	1

SEILREIBUNGSMOMENT

$$M_R = F_2 \cdot \frac{d}{2}$$

M_R	F_R	d
Nm	N	m

Es sind:

e = Basis des natürlichen Logarithmus = 2,718... (Euler'sche Zahl)
μ = Reibungskoeffizient zwischen Seil und Zylinder (Scheibe)
α = Umschlingungswinkel im Bogenmaß

BEISPIEL

Gemäß Bild 2 ist um einen Zylinder ein Seil geschlungen.
Die Anzahl der Seilwindungen beträgt $n = 2{,}25$, und die Reibungszahl ist $\mu = 0{,}35$.

a) Welche Kraft wird vom Seil in die Verankerung A übertragen, wenn sich der Zylinder in die angegebene Richtung dreht und wenn $F_G = 2$ kN ist?
b) Wie groß ist das Seilreibungsmoment M_R bei einem Zylinderdurchmesser $d = 500$ mm?

Lösung a) $F_1 = F_2 \cdot e^{\mu\alpha}$ bei $\alpha = 2{,}25 \cdot 2 \cdot \pi \text{ rad} = 14{,}1372 \text{ rad}$ gilt für $e^{\mu\alpha} = 2{,}715^{0{,}35 \cdot 14{,}1372} = 140{,}82$

$F_1 = 2 \text{ kN} \cdot 140{,}82 = \mathbf{281{,}64\ kN}$

b) $M_R = F_R \cdot \frac{d}{2} = (F_1 - F_2) \cdot \frac{d}{2} = (281{,}64 \text{ kN} - 2 \text{ kN}) \cdot \frac{0{,}5 \text{ m}}{2} = \mathbf{69{,}91\ Nm}$

ROLLREIBUNG

Das Phänomen der Reibungskraft wird damit erklärt, dass technische Oberflächen mehr oder weniger rau sind und dass deswegen beim gegenseitigen Berühren solcher Flächen ein **Mikroformschluss** entsteht.

Ist nun eine der beiden Flächen bzw. sind beide Flächen gekrümmt, können diese aufeinander abrollen. Dabei greifen die Unebenheiten, die in den Bildern 1 und 2 stark vergrößert dargestellt sind, ebenfalls ineinander. Der dabei entstehende Rollwiderstand ist aber wesentlich kleiner als bei der Gleitreibung.

Deshalb werden in der Technik, dort wo es sinnvoll ist, anstelle von Gleitführungen **Rollkörper** eingesetzt, z.B. in Form von **Kugellagern** und **Rollenlagern** (Bild 3), die in vielen Varianten zur Verfügung stehen.

Unter dem Einfluss der **Rollkraft** F kann ein Rollvorgang nur dann einsetzen, wenn die tangentiale **Haftreibungskraft** F_{R0} wirksam ist. Andernfalls würde der Rollkörper gleiten. In Wirklichkeit verformt sich jedoch der Rollkörper bzw. seine Unterlage. Dies hängt davon ab, welcher Körper härter ist. Bild 4 zeigt den Fall, dass die vorher ebene Unterlage in Folge von F_N durch den Rollkörper verformt wurde. Der Rollkörper verformt sich in der Regel – bei entsprechender Eigenhärte – gering, d.h. vernachlässigbar.

Im Falle der Bewegung des Rollkörpers in Richtung der Rollkraft F kippt dieser um den (sich horizontal fortbewegenden) Kipppunkt K. Setzt man nun die Summe aller Drehmomente um den Kipppunkt K gleich Null, dann ergibt sich unter der Annahme $r \approx y$ (denn in Wirklichkeit ist die Verformung sehr klein und dadurch y annähernd r) mit dem Hebelarm der **Rollreibung** f.

$$\sum M_{(K)} = 0 \rightarrow F \cdot r - F_N \cdot f = 0 \rightarrow F = F_N \cdot \frac{f}{r}$$

Der Quotient f/r wird oft zusammengefasst. Man bezeichnet den Quotienten als **Reibungszahl der Rollreibung** μ_R. Der Hebelarm der Rollreibung f hängt von der Härte des Rollkörpers, von der Härte seiner Unterlage und auch von der Rollgeschwindigkeit ab. Angaben zu Rollreibungszahlen schwanken in der Fachliteratur beträchtlich.

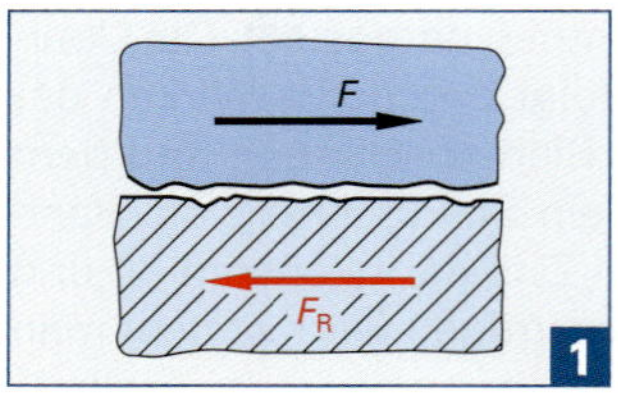

Gleitreibung

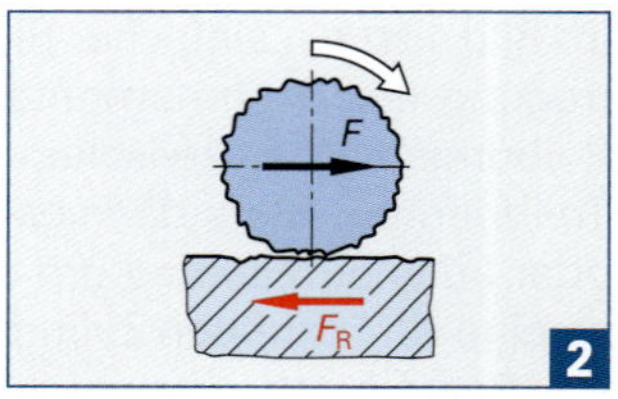

Rollreibung

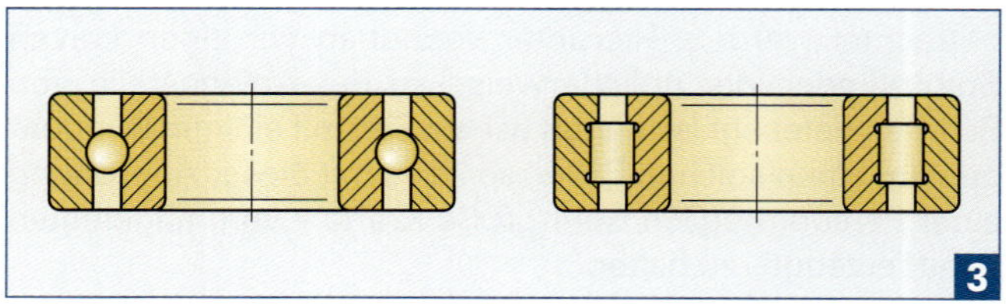

Kugel- und Rollenlager

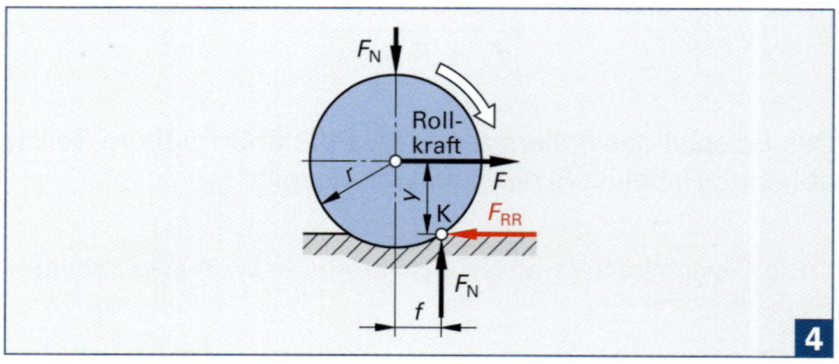

Kugel- und Rollenlager

ROLLREIBUNGSKRAFT

$$F_{RR} = \frac{f}{r} \cdot F_N$$ in N

F_N = Normalkraft in N
F_{RR} = Rollreibungskraft in N
f = Hebelarm der Rollreibung in cm
r = Radius des Rollkörpers in cm

DURCHSCHNITTSWERTE FÜR DEN HEBELARM DER ROLLREIBUNG

Werkstoff des Rollkörpers	Werkstoff der Rollbahn	Hebelarm f der Rollreibung in cm
GG	St	0,05
St	St	0,05
GG	GG	0,05
Holz	Holz	0,5
St gehärtet	St gehärtet	0,0005...0,001

Beim Fahrwiderstand kommen weitere Widerstandskräfte hinzu. Insbesondere Lagerreibung und Luftwiderstand. In der Praxis werden alle anderen Widerstände in einer **Fahrwiderstandszahl** μ_F zusammengefasst.

Fahrwiderstandskraft $F_F = \mu_F \cdot F_N$ in N

BEISPIEL

Ein Versuchspult hat ein Gewicht $F_G = 1800$ N. Jede der vier Laufrollen nimmt ein Viertel dieses Gewichtes auf. Der Rollendurchmesser beträgt $d = 80$ mm.

a) Wie groß ist die Reibungszahl der Rollreibung bei $f = 2{,}5$ mm?

b) Wie groß ist für jede Rolle die Rollreibungskraft?

Lösung a) $\mu_R = \frac{f}{r} = \frac{2{,}5\text{ mm}}{40\text{ mm}} = \mathbf{0{,}0625}$

b) $F_{RR} = \mu_R \cdot F_N = \mu_R \cdot \frac{F_G}{4} = 0{,}0625 \cdot \frac{1800\text{ N}}{4} = \mathbf{28{,}125\text{ N}}$

AUFGABEN ZUR WIEDERHOLUNG

1. Welche Verschiebekraft F_V wird benötigt, um den dargestellten Körper (Bild 1) aus der Ruhelage zu bewegen? Welche Kraft ist erforderlich, um eine gleichförmige Bewegung aufrecht zu erhalten? Es ist $\mu_0 = 0{,}1$ und $\mu = 0{,}03$.

2. Zwei Stahlplatten (Bild 2) werden mit einer Schraube – entsprechend nebenstehendem Bild – zusammengepresst. Die zu übertragende Kraft beträgt $F = 12{,}5$ N und μ_0 zwischen den Platten wird mit 0,45 angesetzt. Mit welcher Kraft F_S muss die Schraube die beiden Platten zusammenpressen, wenn eine fünffache Sicherheit gegen Verschieben gefordert wird?

3. Wie groß ist das erzeugte Bremsmoment, wenn bei der nebenstehend dargestellten einfachen Backenbremse $F = 450$ N (Bild 3) ist und wenn mit $\mu_0 = 0{,}2$ gerechnet werden kann?

4. Beim Stapellauf eines Schiffes hat die Ablaufrutsche ein Gefälle von 1 : 20, d. h. 1 m senkrechtes Gefälle auf einer waagerechten Strecke von 20 m. Das Gewicht des Schiffes beträgt $F_G = 78000$ kN. Welche Reibungszahl μ ist nötig, wenn das Schiff mit konstanter Geschwindigkeit abwärts gleiten soll?

5. An einer eigens für den Zweck von Containerverladungen konstruierten Schiefen Ebene wird festgestellt, dass bei einem Neigungswinkel $\alpha = 15{,}5°$ ein Container mit dem Gewicht $F_G = 1500$ N gleichförmig, d. h. mit konstanter Geschwindigkeit abwärts gleitet. Es ist also $\varrho = 15{,}5°$.

a) Wie groß ist die Reibungszahl μ?

b) Wie groß muss die Kraft F parallel zur Schiefen Ebene sein, wenn der Container bei einem Neigungswinkel $\alpha = 30°$ nach oben gezogen wird?

c) Wie groß muss die Kraft F sein, wenn sie parallel zur Grundfläche der Schiefen Ebene wirkt?

6. Nebenstehendes Bild 4 zeigt eine einfache Bandbremse mit dem Bremsscheibendurchmesser von $d = 250$ mm. Es wirkt die Kraft $F = 200$ N, der Reibungskoeffizient beträgt $\mu = 0{,}3$, und die Länge des Bremshebels ist $l = 600$ mm. Zu berechnen sind

a) die Seilkraft F_2,

b) die Seilreibungskraft F_R,

c) das Bremsmoment M_R.

7. Ein Gewicht $F_G = 981$ N wird entsprechend nebenstehendem Bild 5 mit einem Lederriemen, der über eine sich drehende Scheibe gelegt ist, angehoben. Welche Kraft F_2 ist dabei aufzuwenden?

8. Die im Bild 1 (nächste Seite) dargestellte Spillanlage funktioniert dergestalt, dass ein Seil um eine von einem Motor angetriebene und sich andauernd drehende Trommel gelegt wird. Soll die Kraft F_2 erzeugt werden, so ist mit der Handkraft F_1 zu ziehen. Dadurch spannt sich das vorher lose um die Trommel gelegte Seil und die Kraft F_2 wird erzeugt. Im speziellen Fall beträgt die Windungszahl 4.

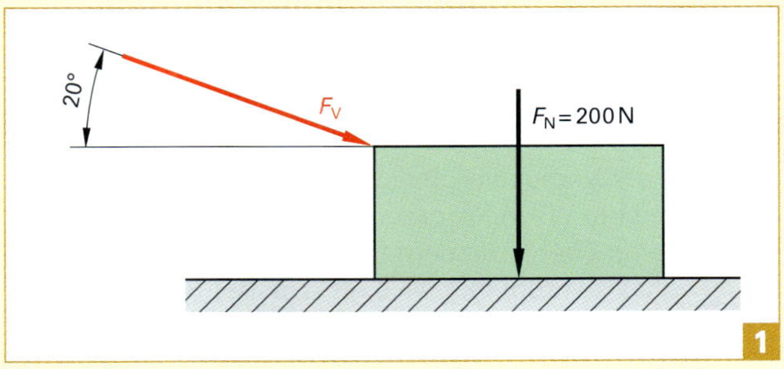

Block

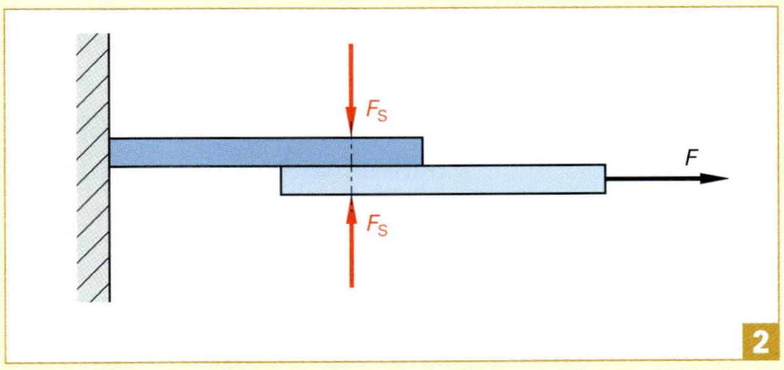

Stahlplatten

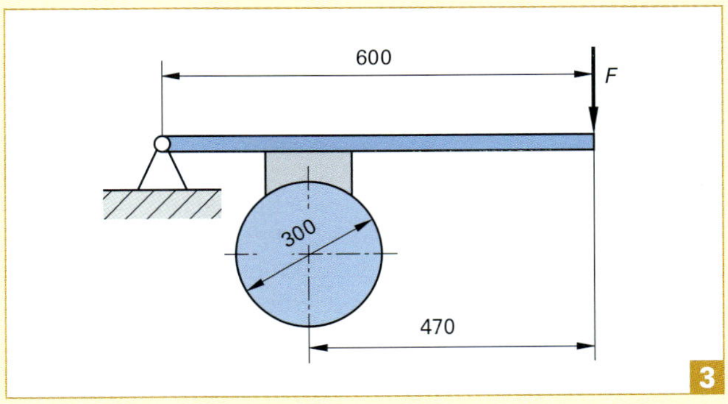

Backenbremse

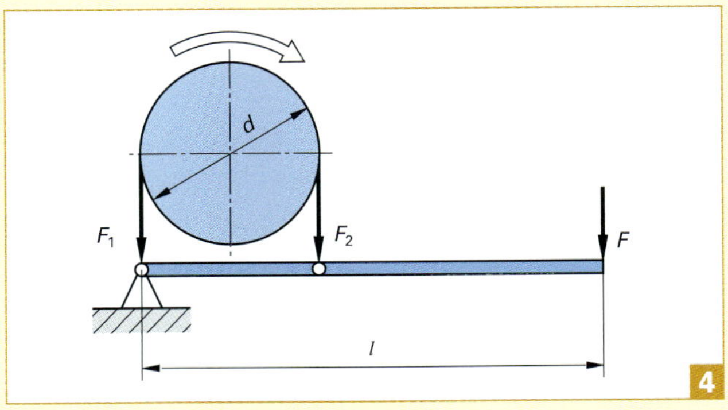

Bandbremse

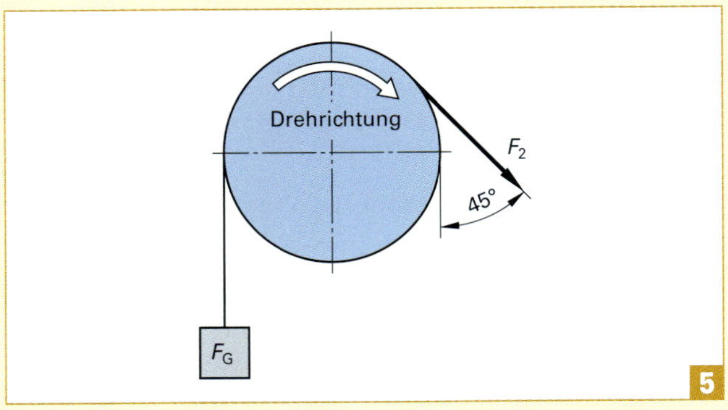

Riemenscheibe

a) Wie groß ist die erzeugte Kraft F_2 bei einer Handkraft F_1 = 250 N und dem Reibungskoeffizienten $\mu = 0{,}25$?

b) Welches Drehmoment wird bei einem Trommeldurchmesser d = 600 mm erzeugt?

9. In einem Versuch ergibt sich, dass eine Stahlkugel mit dem Durchmesser von 10 mm auf einer Schiefen Ebene mit dem Neigungswinkel $\alpha = 36'$ (Winkelminuten) rollt. Wie groß ist der Hebelarm der Rollreibung f?

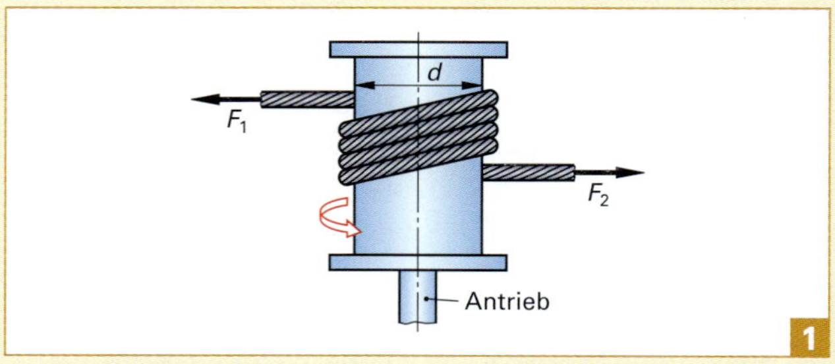

1 Spillanlage

10. Eine Rolle mit dem Durchmesser von 25 mm überträgt eine Normalkraft F_N = 4,3 kN.
Die Rolle und deren Führungsbahn sind gehärtet und f = 0,001 cm.
Welche Kraft ist erforderlich, um die Rolle in waagerechter Richtung zu rollen?

11. Ein Schwertransporter mit dem Gewicht F_G = 490,5 kN fährt auf einer waagerechten Straße.
Der Durchmesser der Räder beträgt d = 980 mm. Berechnen Sie

a) die Zugkraft bei einer Fahrwiderstandszahl $\mu_F = 0{,}03$,

b) das erforderliche Antriebsmoment an den Rädern.

12. Eine frisch asphaltierte Straße wird mit einer Walze, deren Durchmesser d = 1,4 m beträgt, geglättet.
Die Walze wird von einer Zugmaschine, die eine Zugkraft von F = 5 kN entwickelt, gezogen.
Wie groß ist der Hebelarm der Rollreibung f bei Vernachlässigung der Zapfenreibung und bei einem Gewicht der Walze von F_G = 50 kN?

AUFGABEN ZUR PRÜFUNGSVORBEREITUNG

1. Ein liegengebliebener Pkw (m = 1,6 t) wird über eine 6 m lange Rampe (Schiefe Ebene) mithilfe einer Seilwinde auf die Ladefläche eines Abschleppwagens gezogen. Dabei wird ein Höhenunterschied von 1,2 m überwunden. Ermitteln Sie die Zugkraft im Seil, wenn das Fahrzeug mit gleichförmiger Geschwindigkeit auf der Rampe nach oben gezogen wird. Zur Überwindung der Rollreibung ist eine Kraft von 250 N erforderlich.

2. Das Sicherheitsventil (Bild 2) soll bei einem Druck von 6 bar öffnen.

a) Berechnen Sie die Kraft F_p, die bei einem Druck von 6 bar auf das Ventil ausgeübt wird.

b) Bestimmen Sie den Abstand L, auf den das Gewichtsstück mit der Masse m = 7,5 kg eingestellt werden muss.

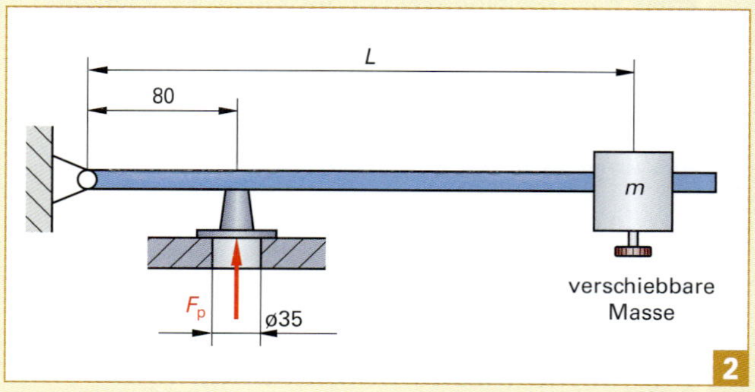

2 Ventilhebel

3. Ein Stahlkörper (Bild 3) mit der Masse 500 kg soll mit gleichbleibender Geschwindigkeit auf einer Stahlrampe abwärts bewegt werden.
Berechnen Sie die Kraft F, die zum Verschieben der Kiste mit konstanter Geschwindigkeit erforderlich ist.

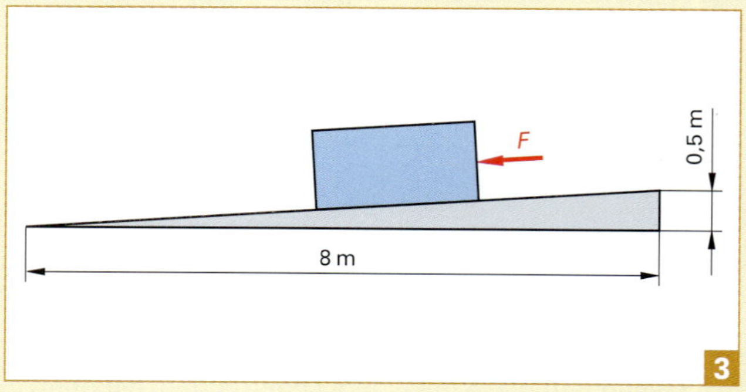

3 Rampe

4. Ein Lkw mit der Masse von 10 t befährt zunächst eine waagerechte Strecke, danach eine Strecke mit einer Steigung von 7°.

Die Fahrwiderstandszahl μ_F beträgt 0,15.

a) Berechnen Sie die Kraft F, die zur Überwindung der Reibung auf der Waagerechten erforderlich ist.

b) Berechnen Sie die Kraft F, die zur Überwindung der Reibungs- und der Hangabtriebskraft auf der Steigung erforderlich ist.

ARBEIT, LEISTUNG, WIRKUNGSGRAD

MECHANISCHE ARBEIT

Die in Bild 1 dargestellte Tätigkeit – nämlich der Versuch, einen Schrank weiterzuschieben – ist mit einer körperlichen **Anstrengung** verbunden und ruft somit **Ermüdungserscheinungen** hervor. Auch wenn vorausgesetzt wird, dass die beabsichtigte Wirkung der Kraft infolge eines Hindernisses – z. B. eine Wand – nicht eintreten kann, wird eine solche Tätigkeit im täglichen Leben als **Arbeit** bezeichnet.

Unabhängig von der Größe der Kraft ist jedoch eine Wirkung derselben nicht messbar, eine Voraussetzung, die in der Physik aber unbedingt gegeben sein muss.

Anders ist dies bei dem im Bild 2 dargestellten Fall. Wird die Reibungskraft F_R überwunden, dann bewegt sich der Schrank, und der zurückgelegte Weg *s* ist dann die messbare Wirkung der Kraft *F*. Im Gegensatz zum erstgeschilderten Fall (Bild 1) ist nun ein physikalisch-technischer Sinn erkennbar, es wurde eine Wirkung erzielt, die als **mechanische Arbeit *W*** bezeichnet wird.

Arbeitsversuch

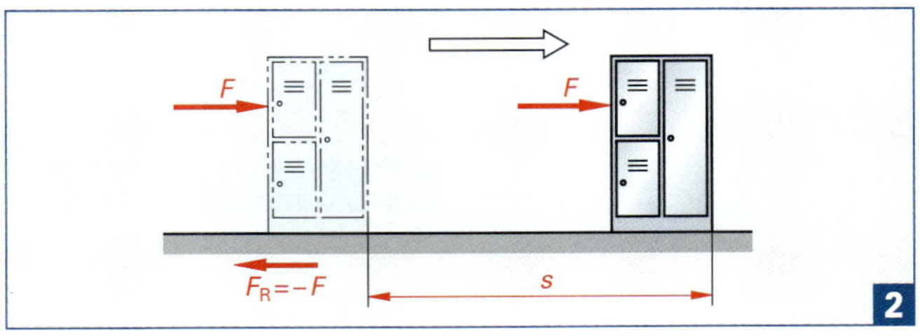

Verrichtung einer Arbeit

Arbeit wird stets dann verrichtet, wenn eine Kraft längs eines zurückgelegten Weges wirkt. Die **Arbeit *W*** errechnet sich aus dem Produkt der wirkenden **Kraft *F*** und dem **Weg *s*** des in Kraftrichtung bewegten Körpers.

MECHANISCHE ARBEIT

$W = F \cdot s$

$[W] = [F] \cdot [s] = \text{N} \cdot \text{m} = \text{Nm}$

1 Nm = 1 J = 1 Ws

Einheiten der Arbeit
Nm = Newtonmeter – mechanische Arbeit
J = Joul – allgemein und speziell Wärmeenergie
Ws = Wattsekunde – elektrische Arbeit

In aller Regel wird in der Mechanik das Einheitenzeichen Nm verwendet. Damit wird eine deutliche Abgrenzung zur Wärmelehre und zur Elektrotechnik erreicht.

Bei der Berechnung der mechanischen Arbeit ist die **Kraftkomponente in Wegrichtung** einzusetzen. Die Kraft *F* in Bild 3 muss so zerlegt werden, dass eine Kraftkomponente in Wegrichtung entsteht. Diese wird als **Arbeitskomponente** bezeichnet.

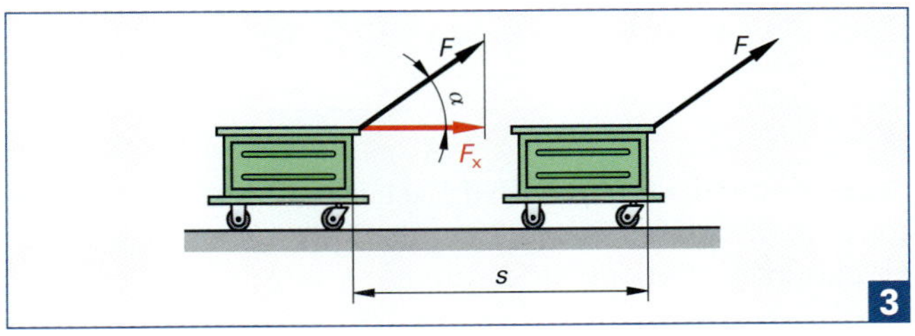

Arbeitskomponente einer Kraft

ARBEITSKOMPONENTE

$F_x = F \cdot \cos\alpha$

MECHANISCHE ARBEIT

$W = F \cdot \cos\alpha \cdot s$

W	*F*	*s*
Nm, J	N	m

BEISPIEL

Ein Arbeiter dreht eine Kurbel mit dem Kurbelradius $r = 0{,}5$ m bei einer Handkraft $F_H = 250$ N 80-mal herum.

a) Wie groß ist das auf die Kurbel übertragene Drehmoment?
b) Welche Arbeit hat der Mann verrichtet, wenn vorausgesetzt wird, dass die Wirkungslinie der Kraft stets rechtwinklig auf der Kurbel steht?

Lösung a) Bei der Annahme, dass die Handkraft stets im Winkel von 90° zum Kurbelradius angreift, ergibt sich $\boldsymbol{M} = F_H \cdot r = 250\ \text{N} \cdot 0{,}5\ \text{m} = \mathbf{125\ Nm}$

b) $W = F_H \cdot s = F \cdot d \cdot \pi \cdot i = F \cdot 2 \cdot r \cdot \pi \cdot i$

$W = 250\ \text{N} \cdot 2 \cdot 0{,}5\ \text{m} \cdot \pi \cdot 80$

$\mathbf{W = 62831{,}85\ Nm = 62831{,}85\ J}$

d = 2 · Kurbelradius *r*
π · *d* = Kurbelkreisumfang
i = Anzahl der Umdrehungen

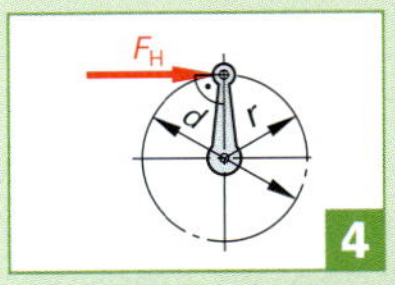

Obwohl für die Verwendung von J als Einheit der mechanischen Arbeit eine gute Möglichkeit zur Vermeidung einer Verwechslung mit der Einheit Nm für das Drehmoment gegeben ist, wird in der Technischen Mechanik meist mit der Arbeitseinheit Nm gerechnet.

HUBARBEIT UND POTENZIELLE ENERGIE

Bei der bisherigen Betrachtung über die mechanische Arbeit wurde immer ein waagerecht verlaufender Weg zugrunde gelegt. Die daraus resultierenden Aussagen sind jedoch von allgemeiner Bedeutung, d.h. unabhängig von der Richtung des zurückgelegten Weges. Wird z.B. ein Körper mit der Masse m um die Höhe h – gemäß Bild 1 – mithilfe einer Seilrolle angehoben, ist diesem System eine mechanische Arbeit zuzuführen, die als **Hubarbeit** bezeichnet wird und der Weg verläuft in senkrechter Richtung.

Wird der Körper aus der Position 1 in die Position 2 gehoben, dann wird die Hubhöhe h zurückgelegt, und es ergibt sich für die erforderliche

HUBARBEIT

$$W_h = F \cdot h$$

W_h	F	h
Nm = J	N	m

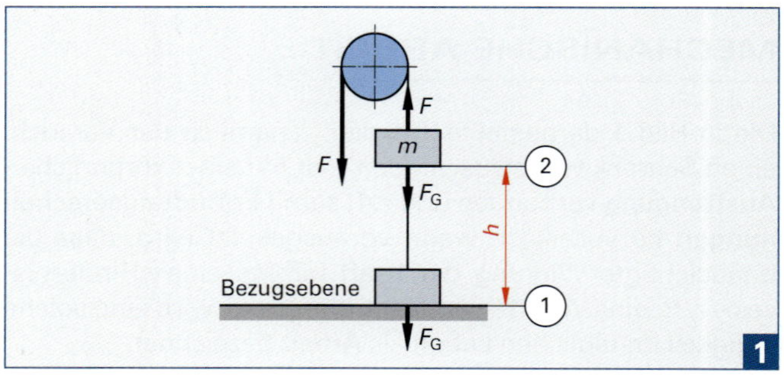

Hubarbeit

Dabei nimmt die Energie des Körpers mit der Gewichtskraft F_G um den Betrag der zugeführten Hubarbeit zu. Es ist zu erkennen, dass der Körper in der Position 2, bezogen auf seine Lage in der Position 1, eine Arbeitsfähigkeit gespeichert hat, die der zugeführten Hubarbeit entspricht. Diese Energie wird wegen der „Hochlage des Körpers" als **Lageenergie** oder als **potenzielle Energie** bezeichnet.

Unter **Energie** versteht man **gespeicherte Arbeitsfähigkeit**, d.h. Fähigkeit eines Systems, Arbeit zu verrichten. Man bezeichnet die Energie einer Körpermasse bezogen auf eine bestimmte Bezugsebene als **Lageenergie** bzw. als **potenzielle Energie.**

Dies gilt z.B. auch für eine Wassermasse m an der Oberfläche eines Stausees, bezogen auf die höhenmäßige Anordnung der Turbine in Bild 2.

POTENZIELLE ENERGIE

$$W_{pot} = F_G \cdot h = m \cdot g \cdot h$$

W_{pot}	F_G	m	g	h
Nm = J	N	kg	$\frac{m}{s^2}$	m

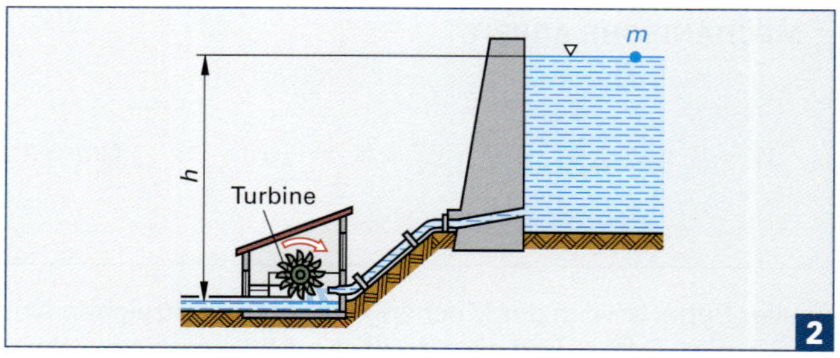

Hochlage der Masse m

Bezogen auf die Ebene 1 (Bild 1) ist also die potenzielle Energie in der Höhe der Ebene 2 um den Betrag der zugeführten Hubarbeit größer geworden. Somit:

Zugeführte Hubarbeit W_h = Zunahme der potenziellen Energie ΔW_{pot}

Arbeit auf der Schiefen Ebene

In Bild 3 wird mithilfe einer Seilrolle auf der Schiefen Ebene eine Last hinaufbefördert. Wird einmal von der zu überwindenden Reibungskraft abgesehen, so ist zur Fortbewegung des Körpers mit der Masse m auf der Schiefen Ebene ein Kraftaufwand F erforderlich, der ebenso groß ist wie die Hangabtriebskraft F_H. Bei Bewegung des Körpers auf dem Weg s der Schiefen Ebene nach oben ist somit die dafür erforderliche

ARBEIT AUF DER SCHIEFEN EBENE

$$W = F_H \cdot s = F_G \cdot \sin\alpha \cdot s$$

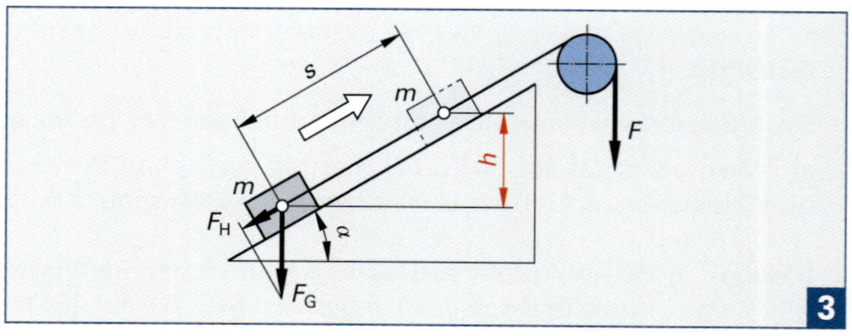

Arbeit auf der Schiefen Ebene

Dabei wird der senkrechte Höhenunterschied h **= Hubhöhe** überwunden. Mit den trigonometrischen Beziehungen, insbesondere $\sin\alpha = h/s$ ergibt sich die Gleichung $F_H \cdot s = F_G \cdot h$. Diese Erkenntnis begründet die Verwendung der Schiefen Ebene als **einfache Maschine.** Damit ist es möglich, mit einem verhältnismäßig kleinen Kraftaufwand F_H große Lasten F_G anzuheben. Allerdings ist ein in gleichem Verhältnis größerer Weg dazu erforderlich.

Goldene Regel der Mechanik

Was bei einer Maschine an Kraft weniger aufgewendet wird, muss im gleichen Verhältnis mehr an Weg zurückgelegt werden.

BEISPIEL

Gemäß Bild 1 wird eine Last mit dem Gewicht $F_G = 1000$ N mit einer Seilrolle angehoben. Die verrichtete Arbeit beträgt $W = 4800$ Nm. Mit welcher Kraft F muss gezogen werden, wenn der Scheibendurchmesser $d = 250$ mm ist und wenn – bedingt durch Seil- und Zapfenreibung – ein Reibmoment $M_R = 50$ Nm überwunden werden muss?

Lösung $F = F_G + \frac{M_R}{r} = F_G + \frac{M_R}{\frac{d}{2}} = F_G + \frac{2 \cdot M_R}{d} = 1000\text{ N} + \frac{2 \cdot 50\text{ Nm}}{0{,}25\text{ m}} = 1000\text{ N} + 400\text{ N}$

$\mathbf{F = 1400\text{ N}}$

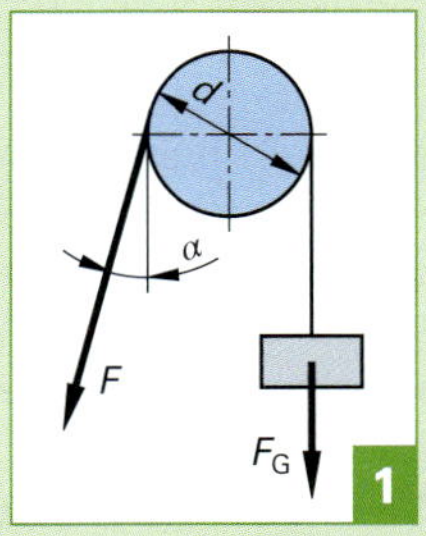

Seilrolle

BESCHLEUNIGUNGSARBEIT UND KINETISCHE ENERGIE

Im Bild 2 ist die Beschleunigung eines Körpers mit der **Masse *m*** dargestellt. Die Geschwindigkeit vergrößert sich dabei von $v_0 = 0$ auf v_t. Dazu ist eine **Beschleunigungsarbeit** erforderlich. Aus dem dynamischen Grundgesetz ist bekannt, dass zur Beschleunigung einer **Masse *m*** die **Beschleunigungskraft $F = m \cdot a$** erforderlich ist.

Somit beträgt die zur Beschleunigung nötige Arbeit längs des **Beschleunigungsweges *s***, also die

BESCHLEUNIGUNGSARBEIT

$$W_a = m \cdot a \cdot s$$

W_a	m	a	s
Nm = J	kg	$\frac{m}{s^2}$	m

Geht man von einer gleichmäßig beschleunigten Bewegung aus, dann ist $\mathbf{a = v^2/(2 \cdot s)}$. Setzt man noch diesen Wert in die obige Gleichung ein, dann ergibt sich (indem s herausgekürzt wird) für die

BESCHLEUNIGUNGSARBEIT

$$W_a = \frac{m}{2} \cdot v^2$$

W_a	W	$v = v_t$	v^2
Nm = J	kg	$\frac{m}{s^2}$	$\frac{m^2}{s^2}$

Bei Bezug auf den Ruhezustand eines Körpers $v_0 = 0$, ergibt sich bei $v = v_t$ für die gespeicherte Arbeitsfähigkeit ein Energiebetrag, der als **Bewegungsenergie** oder als **kinetische Energie** bezeichnet wird. Dieser Energiebetrag entspricht der zugeführten Beschleunigungsarbeit. Somit ist die

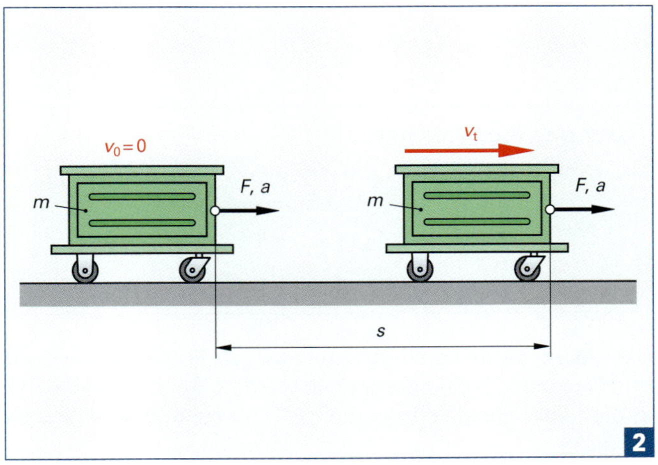

Beschleunigung einer Masse

KINETISCHE ENERGIE

$$W_{kin} = \frac{m}{2} \cdot v^2$$

W_{kin}	W	v	v^2
Nm = J	kg	$\frac{m}{s}$	$\frac{m^2}{s^2}$

Daraus folgt, dass sich bei Geschwindigkeitsänderung auch die kinetische Energie des bewegten Körpers ändern muss. Bei Geschwindigkeitsänderung Δv gilt

$$\Delta W_{kin} = \frac{m}{2} \cdot \left(v_2^2 - v_1^2\right)$$

BEISPIEL 1

Welche Beschleunigungsarbeit muss verrichtet werden, damit ein Pkw mit der Masse $m = 1050$ kg in 8 s auf 100 km/h beschleunigt werden kann?

Lösung

$W_a = m \cdot a \cdot s$ $\quad a = \frac{\Delta v}{\Delta t} = \frac{\frac{100}{3{,}6}\frac{m}{s}}{8\text{ s}} = \mathbf{3{,}472\ \frac{m}{s^2}}$

$s = \frac{a}{2} \cdot t^2 = \frac{3{,}472\ \frac{m}{s^2}}{2} \cdot (8\text{ s})^2 = \mathbf{111{,}1\text{ m}}$

$\mathbf{W_a} = 1050\text{ kg} \cdot 3{,}472\ \frac{m}{s^2} \cdot 111{,}1\text{ m} = \mathbf{405026{,}16\text{ Nm}}$

BEISPIEL 2

Ein Körper mit der Masse $m = 50$ kg fällt 6 m frei herab. Berechnen Sie die Endgeschwindigkeit v_t des Körpers und seine dadurch vorhandene kinetische Energie.

Lösung

$v_t = \sqrt{2 \cdot g \cdot h} = \sqrt{2 \cdot 9{,}81\ \frac{m}{s^2} \cdot 6\text{ m}} = \sqrt{117{,}72\ \frac{m^2}{s^2}} = \mathbf{10{,}85\ \frac{m}{s}}$

$\mathbf{W_{kin}} = \frac{m}{2} \cdot v_t^2 = \frac{50\text{ kg}}{2} \cdot \left(10{,}85\ \frac{m}{s}\right)^2 = 2943{,}06\ \frac{kgm}{s^2} \cdot m$

$= \mathbf{2943{,}06\text{ Nm}}$

MECHANISCHE LEISTUNG

Bei der Berechnung der mechanischen Arbeit ist es völlig ohne Bedeutung, in welcher Zeit sie verrichtet wird. Ob z. B. für das Anheben einer Last $F_G = 100$ N auf eine Höhe $h = 2$ m eine Zeit von 3 min, 5 min oder etwa 10 min benötigt werden, wirkt sich auf den verrichteten Arbeitsbetrag nicht aus. Er errechnet sich immer aus dem Produkt von wirkender Kraft und dem Weg in Kraftrichtung.

MECHANISCHE ARBEIT

$$W = F \cdot s$$ in Nm bzw. J

Wenn aber von **Leistung** gesprochen wird, ist mit dem Arbeitsbegriff immer eine Zeitangabe verbunden, so z. B. bei sportlichen Leistungen oder bei der Leistung von Kraftfahrzeugen. Es ist zu bemerken, dass die Leistung immer dann groß ist, wenn eine mechanische Arbeit in einer kurzen Zeit verrichtet wird. Die Leistung ist also eine auf die Zeit bezogene Größe.

Die mechanische Leistung errechnet sich aus dem Quotienten der mechanischen Arbeit und der für die Verrichtung dieser mechanischen Arbeit erforderlichen Zeit.
1 Watt ist gleich der Leistung, bei der während der Zeit 1 s die Energie 1 J umgesetzt wird.

MECHANISCHE ARBEIT

$$P = \frac{W}{t}$$

Leistungseinheiten

$$1\,\frac{\mathbf{Nm}}{\mathbf{s}} = 1\,\frac{J}{s} = 1\,\frac{Ws}{s} = 1\,W = \mathbf{1\,Watt}$$

Nicht nur in der Mechanik, sondern grundsätzlich wird unter einer Leistung die auf die Zeit bezogene Energie verstanden, und in diesem Zusammenhang wird auch vom **Energiestrom** gesprochen. Wird z. B. die Wärmeenergie, die durch einen Wärmeleiter fließt, auf die Zeit bezogen, dann heißt dieser Quotient **Wärmestrom** oder **Wärmeleistung.**

Die mechanische Leistung kann auch als Funktion von Kraft und Geschwindigkeit dargestellt werden. Setzt man $\boldsymbol{W = F \cdot s}$ in die Leistungsgleichung ein, so ergibt sich wegen $\boldsymbol{v = s/t}$ für die

MECHANISCHE ARBEIT

$$P = F \cdot v$$

Leistungseinheiten

$$1\,N \cdot \frac{m}{s} = 1\,\frac{Nm}{s} = 1\,\frac{Ws}{s} = 1\,W = \mathbf{1\,Watt}$$

GRÖSSENORDNUNG VON LEISTUNGEN (AUSWAHL)

Energieumsetzer	Leistungen in kW
Menschliche Dauerleistung	0,1
Menschliche Höchstleistung	2,3
Glühlampe	0,1
Pkw	50
Elektrische Lokomotive	2500
Großkraftwerk	500000

▶ Anmerkung

Bei der mechanischen Arbeit wurde zwischen den Begriffen Hubarbeit und Beschleunigungsarbeit unterschieden. Als weitere „Arten" der mechanischen Arbeit sind die Formänderungsarbeit, die Federspannarbeit oder die Kolbenarbeit zu nennen. Obwohl physikalisch kein Unterschied zwischen den verrichteten Arbeiten besteht, ist eine solche Zuordnung zu bestimmten technischen Abläufen üblich. Sinngemäß spricht man ebenso bei der Leistung von Hubleistung, Beschleunigungsleistung, Formänderungsleistung, Kolbenleistung etc.

BEISPIEL 1

Ein Aufzug mit der Kabinenmasse $m_1 = 1300$ kg befördert in $t = 6$ s eine Last $F_{G2} = 23$ kN um 2,8 m senkrecht nach oben. Berechnen Sie die Hubleistung P_h in kW.

Lösung

$$P_h = \frac{F \cdot s}{t}$$

$$F = m_1 \cdot g + F_{G2} = 1300\,\text{kg} \cdot 9{,}81\,\frac{m}{s^2} + 23000\,\text{N} = \mathbf{35753\,N}$$

$$P_h = \frac{35753\,\text{N} \cdot 2{,}8\,\text{m}}{6\,\text{s}} = 16685\,\frac{Nm}{s} = 16685\,W = \mathbf{16{,}685\,kW}$$

BEISPIEL 2

Welche Zugkraft in N übt eine Zugmaschine bei einer Leistung von 175 kW und einer Fahrgeschwindigkeit von 40 km/h aus?

Lösung

$$P = F \cdot v \rightarrow F = \frac{P}{v}$$

$$v = 40\,\frac{km}{h} = \frac{40}{3{,}6}\,\frac{m}{s} = 11{,}1\overline{1}\,\frac{m}{s}$$

$$F = \frac{175000\,\frac{Nm}{s}}{11{,}1\overline{1}\,\frac{m}{s}} = \mathbf{15750\,N}$$

DER MECHANISCHE WIRKUNGSGRAD

Bei allen technischen Vorgängen, die mit Bewegungen verbunden sind, ist eine Arbeit erforderlich, die als Reibungsarbeit über den gewünschten technischen Nutzen hinausgeht. Dabei wird vom Konstrukteur einer Maschine angestrebt, diese erforderliche **Mehrarbeit,** also den Betrag der Reibungsarbeit, möglichst gering zu halten.

Um bei Maschinen eine **Kenngröße** zu haben, die einen Qualitätsvergleich mit anderen Maschinen zulässt, wurde ein Begriff definiert, der als **Wirkungsgrad** η bezeichnet wird.

Bei der Erklärung dieses Begriffes wird auf das Beispiel eines Kranes zurückgegriffen, so wie er schematisch im Bild 1 dargestellt ist.

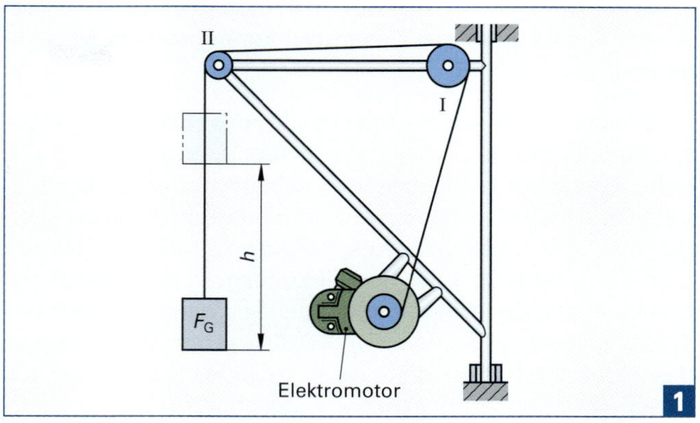

Kran

Die zum Heben der Last F_G erforderliche Arbeit ist eine Hubarbeit $W_h = F_G \cdot h$. Diese entspricht dem vom Kran erbrachten Nutzen und heißt deshalb

Nutzarbeit W_n

Dieser Arbeitsbetrag muss von einem Motor, z. B. einem Elektromotor, der den gesamten Hebemechanismus antreibt, aufgebracht werden. In diesem Fall wird also elektrische Energie in Hubarbeit umgewandelt. Da diese Energieumwandlung aber mit Reibungsverlusten verbunden ist – z. B. zwischen dem Seil und den Seilrollen I und II (Seilreibung) oder in den Lagern der Seilrollen (Zapfenreibung) – muss die vom Elektromotor

aufgewendete Arbeit W_a

um den Betrag der **Reibungsarbeit W_R** größer sein als die **Nutzarbeit W_n**. Es ergibt sich also die folgende

Energie- bzw. Arbeitsbilanz $W_a = W_n + W_R$

und damit ist immer $W_a > W_n$.

Unter dem Wirkungsgrad η versteht man das Verhältnis von Nutzarbeit W_n zur aufgewendeten Arbeit W_a. Da W_a stets größer ist als W_n, ist dieses Verhältnis eine Zahl, die immer kleiner als 1 ist.

WIRKUNGSGRAD

$$\eta = \frac{W_n}{W_a} < 1$$

W_n und W_a in Nm, J, kJ

Da die Nutzenergie in der gleichen Zeit von der technischen Gerätschaft abgegeben wird wie aufgewendete Energie in diese hineinfließt, kann für den Wirkungsgrad auch geschrieben werden:

$\eta = \dfrac{\frac{W_n}{t}}{\frac{W_a}{t}}$ und mit $\frac{W}{t}$ = Leistung P erhält man den

WIRKUNGSGRAD

$$\eta = \frac{P_n}{P_a}$$

P_n = Nutzleistung in W, kW
P_a = aufgewendete Leistung in W, kW

Ebenso wie aus dem Verhältnis von Nutzenergie zur aufgewendeten Energie lässt sich der Wirkungsgrad auch aus dem Verhältnis von Nutzleistung zur aufgewendeten Leistung berechnen.

Oft wird auch der **Wirkungsgrad** in % angegeben. Beispiel: $\eta = 0{,}75 = 75\ \%$ bedeutet, dass die Nutzenergie bzw. die Nutzleistung 75 % der aufgewendeten Energie bzw. der aufgewendeten Leistung beträgt. 25 % der aufgewendeten Energie bzw. der aufgewendeten Leistung sind dann „verloren" gegangen.

Somit gilt:

Wirkungsgrad in %

$$\eta = \frac{W_n}{W_a} \cdot 100$$

$$\eta = \frac{P_n}{P_a} \cdot 100$$

PHYSIK

CHEMIE

STATISTIK

Wie das Bild 1 zeigt, wirken in einer Maschinenanlage meist verschiedene Anlagenteile mit unterschiedlichen Einzelwirkungsgraden zusammen. Entsprechend der Gesamtkonzeption führt dies zu einem **Gesamtwirkungsgrad der Maschinenanlage.**

Setzen wir einmal am Beispiel des Kranes (Bild 1) die eingespeiste elektrische Energie gleich 100 %, so werden durch Reibung sowohl im Elektromotor selbst als auch an den Seilrollen und im Seil andauernd Energiebeträge in **Wärmeenergie** bzw. auch in **Schwingungsenergie** umgewandelt. Nimmt man z. B. einmal an, dass der Wirkungsgrad des Elektromotors $\eta_1 = 0{,}94$; der Wirkungsgrad der Seilrolle I $\eta_2 = 0{,}85$; der Wirkungsgrad der Seilrolle II $\eta_3 = 0{,}82$ und der Wirkungsgrad des Seiles $\eta_4 = 0{,}76$ ist, dann ist die folgende Darstellung des Gesamtwirkungsgrades (Bild 2) möglich:

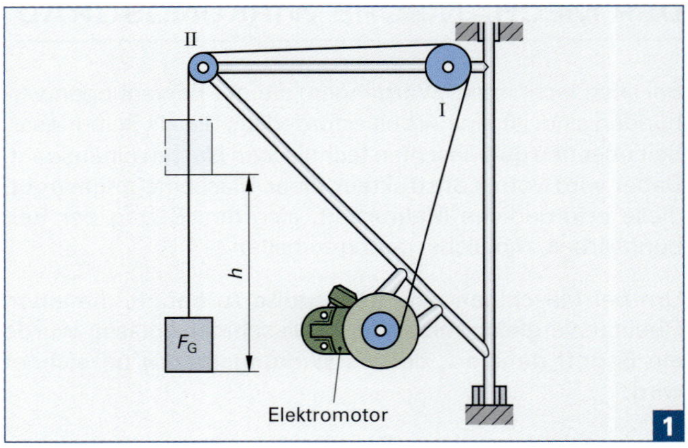

Kran

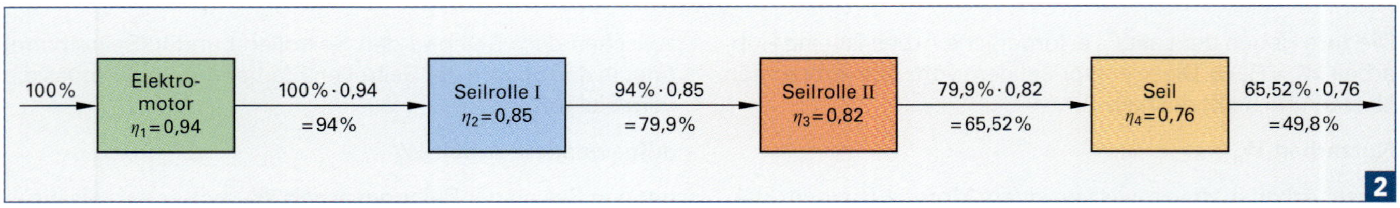

Wirkungsgrade der Krananlage

Von den eingespeisten 100 % elektrischer Energie stehen also zur Verrichtung der Hubarbeit nur 49,8 % zur Verfügung. Dieser Betrag wurde in Bild 2 durch die jeweilige Multiplikation der Einzelwirkungsgrade errechnet. Somit gilt also:

Gesamtwirkungsgrad $\eta_{ges} = \eta_1 \cdot \eta_2 \cdot \eta_3 \cdot \ldots \cdot \eta_n$

Mithilfe eines **Energieflussbildes** (Bild 3), welches nach dem amerikanischen Ingenieur H. R. **Sankey** auch als **Sankey-Diagamm** bezeichnet wird, kann der prozentuale Anteil des jeweils durch Reibung in Wärmeenergie oder Schwingungsenergie umgewandelten Energiebetrages sehr übersichtlich dargestellt werden.

Bei den bisherigen Betrachtungen über den Wirkungsgrad wurde immer nur vom mechanischen Wirkungsgrad gesprochen. Dieser macht bekanntlich eine Aussage über die Verluste durch Reibung. Bei Verlusten anderer Art wird ebenfalls das **Verhältnis von Nutzenergie zur aufgewendeten Energie** durch den Wirkungsgrad zum Ausdruck gebracht. So spricht man z. B. in der **Elektrotechnik** vom **elektrischen Wirkungsgrad** und in der **Wärmelehre** vom **thermischen Wirkungsgrad.**

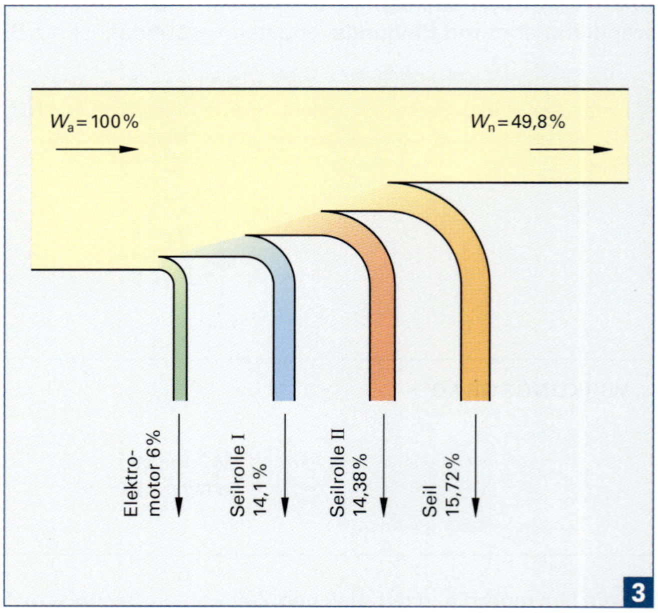

Energiefluss nach Sankey

BEISPIEL 1

Bei einem Schrägaufzug wird ein senkrechter Höhenunterschied von 13 m überwunden. Welche Antriebsleistung in kW ist erforderlich, wenn die Last $F_G = 7{,}5$ N in 8 s bei einem Gesamtwirkungsgrad des Schrägaufzuges $\eta_{ges} = 0{,}72$ über die volle Höhe gehoben wird?

Lösung $\eta = 0{,}72 = \dfrac{P_n}{P_a}$

$$\boldsymbol{P_n} = \frac{W_n}{t} = \frac{F_G \cdot h}{t} = \frac{7500\ \text{N} \cdot 9{,}81\ \text{N}}{8\ \text{s}} = \mathbf{12\,187{,}5\ W}$$

$$\boldsymbol{P_a} = \frac{P_n}{0{,}72} = \frac{12\,187{,}5\ \text{W}}{0{,}72} = 16927{,}08\ \text{W} = \mathbf{16{,}93\ kW}$$

Entsprechend der Liste eines Elektromotorenherstellers wird man die nächst größere Ausführung, z. B. 18,5 kW wählen.

BEISPIEL 2

Die Antriebsleistung der Räder eines Kraftfahrzeuges wird auf einem Leistungsprüfstand mit $P_n = 44{,}8$ kW festgestellt. Der Wirkungsgrad des Ausgleichsgetriebes (Differenzial) einschließlich der Kardanwellenlagerung beträgt $\eta_A = 78$ %, der Getriebewirkungsgrad einschließlich der Kupplung $\eta_G = 76$ % und der Motorwirkungsgrad $\eta_M = 24$ %. Beim Motorwirkungsgrad ist der **thermische Wirkungsgrad** mitberücksichtigt. Berechnen Sie

a) den Gesamtwirkungsgrad η_{ges},
b) die im Motor, d. h. die in den Zylindern, zu erzeugende Leistung P_a.

Lösung a) $\eta_{ges} = \eta_A \cdot \eta_G \cdot \eta_M = 0{,}78 \cdot 0{,}76 \cdot 0{,}24 = 0{,}142272$

$\eta_{ges} = \mathbf{14{,}23\ \%}$

b) $\eta_{ges} = \dfrac{P_n}{P_a} \rightarrow P_a = \dfrac{P_n}{\eta_{ges}} = \dfrac{44{,}8\ \text{kW}}{0{,}142272} = \mathbf{314{,}89\ kW}$

AUFGABEN ZUR WIEDERHOLUNG

1. Auf einem Hubwagen wird gemäß nebenstehendem Bild 1 eine Last transportiert.
Es ist $F_H = 450$ N, $a = 30°$ und $s = 1000$ m.

a) Wie groß ist die arbeitslose Komponente?

b) Wie groß ist die verrichtete Arbeit?

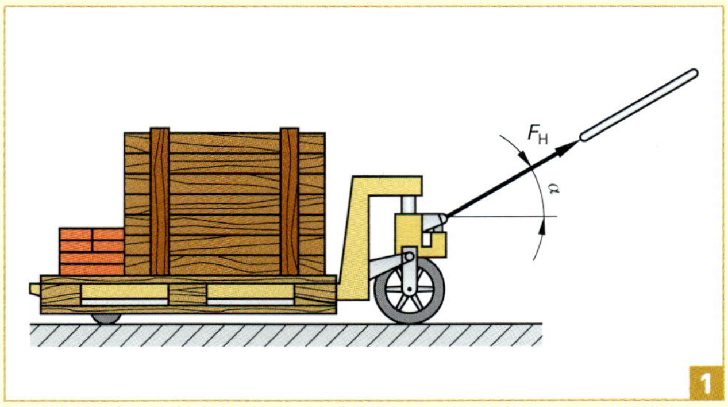

Hubwagen

2. Welche Energie in J und kWh birgt ein Stausee mit einem Wasserinhalt von 80000 m^3 bei einer mittleren Höhendifferenz von 360 m zum Kraftwerk?

3. Welche kinetische Energie hat ein Güterzug mit der Masse $m = 500000$ kg, wenn er mit einer Geschwindigkeit von 50 km/h fährt?

4. Beim Verschieben eines Schrankes ist mit einer Gleitreibungszahl $\mu = 0{,}45$ zu rechnen. Wie groß ist bei einem Schrankgewicht $F_G = 585$ N und einem Verschiebeweg $s = 3{,}75$ m die verrichtete Reibungsarbeit?

5. Ein schräg arbeitendes Schiffshebewerk gemäß nebenstehendem Bild 2 hebt auf einem Wagen mit der Masse $m_1 = 12000$ kg ein Binnenschiff mit der Masse $m_2 = 35000$ kg bei einer Steigung von 15 % um die Höhendifferenz $h = 8$ m senkrecht in die Höhe. Die Fahrwiderstandsziffer (Reibungszahl) beträgt $\mu_F = 0{,}01$. Berechnen Sie

a) die Hubarbeit W_h,

b) die Reibungsarbeit W_R,

c) die Gesamtarbeit W.

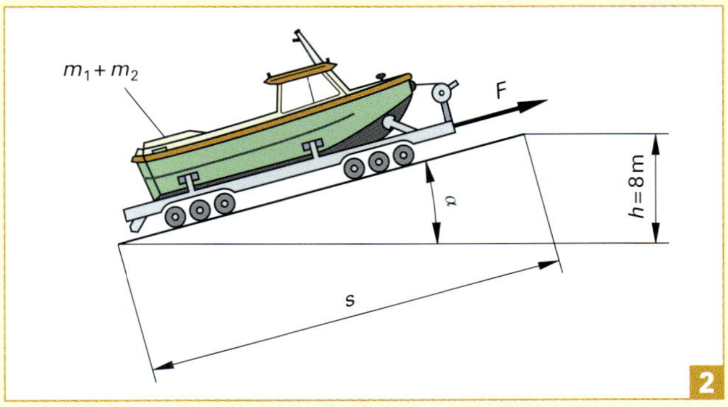

Schiffshebewerk

6. Welche Arbeit muss ein Traktor verrichten, wenn er auf ebener Straße bei einer Fahrwiderstandsziffer (Reibungszahl) $\mu_F = 0{,}05$ einen Wagen mit der Masse $m = 1000$ kg über eine Strecke $s = 3$ km mit gleichförmiger Geschwindigkeit zieht?

7. Nennen Sie Beispiele dafür, dass Reibungsvorgänge stets mit der Umwandlung mechanischer Energie in Wärmeenergie verbunden sind.

8. Nennen Sie Beispiele dafür, dass Reibungsvorgänge auch mit der Umwandlung eines Teiles der Reibungsarbeit in Schwingungsenergie verbunden sein können.

9. Eine Wasserpumpe fördert durch eine Rohrleitung in der Minute 2,5 m^3 Wasser in einen Wasserbehälter, der mit einem senkrechten Höhenunterschied von 30 m über der Pumpe liegt. Der Elektromotor des Pumpenantriebes gibt an die Pumpe eine Leistung von 22 kW ab. Berechnen Sie den Gesamtwirkungsgrad von Pumpe und Rohrleitung.

10. Ein Lastzug mit einer Masse von insgesamt 18000 kg fährt auf einer um 12 % ansteigenden Strecke, welche eine Länge von 4,5 km hat. Er benötigt dafür 11,2 min. Gesucht ist bei $\mu_f = 0{,}015$

a) die Hubleistung P_h in kW,

b) die Reibleistung P_R in kW,

c) die Gesamleistung P_{ges}.

11. Ein Kfz mit der Masse $m = 1400$ kg fährt mit $v = 65$ km/h an einer Steigung mit 12,5 % hinauf.
Welche Motorleistung ist erforderlich, wenn der Wirkungsgrad zwischen Motor und den Antriebsrädern $\eta = 68$ % beträgt und wenn die Fahrwiderstandszahl $\eta_F = 0{,}025$ ist?

12. Auf einer Drehmaschine wird ein Drehteil mit einer Schnittgeschwindigkeit von 38 m/min bearbeitet. Bei einer wirkenden Schnittkraft von 6100 N gibt der Antriebsmotor eine Leistung von 5 kW an die Drehmaschine ab. Gesucht ist

a) die Schnittleistung in kW,

b) der Wirkungsgrad der Drehmaschine in %.

13. Eine Maschine ist aus insgesamt drei Aggregaten zusammengesetzt. Die drei Einzelwirkungsgrade betragen $\eta_1 = 0{,}7$; $\eta_2 = 0{,}9$ und $\eta_3 = 0{,}65$. Berechnen Sie den Gesamtwirkungsgrad in %.

14. Ein Straßenbahn-Zugwagen (Zuggesamtmasse $m = 10000$ kg) wird innerhalb von 10 s von 0 auf 36 km/h beschleunigt. Die Fahrwiderstandskraft wird mit $F_F = 0{,}14$ N pro kg Zugmasse angegeben.
Der Antriebswirkungsgrad beträgt 0,76. Berechnen Sie

a) die aus dem Stromnetz aufzunehmende Leistung in der Beschleunigungsphase,

b) die aus dem Stromnetz aufzunehmende Leistung bei anschließender gleichförmiger Fahrt.

15. Ein Verschiebeaggregat erzeugt zur Überwindung der Gleitreibungskraft bei einem Leistungsaufwand von 12 kW eine Verschiebekraft von 5 kN. Wie groß ist die Verschiebegeschwindigkeit?

AUFGABEN ZUR PRÜFUNGSVORBEREITUNG

1. Mithilfe eines elektrischen Werkstattkranes (Bild 1) wird der Motor eines Autos ausgebaut. Der Kran hebt dabei die Masse von 125 kg innerhalb von 0,3 min auf eine Höhe von 5,5 m an.

a) Welche potenzielle Energie ist dadurch in der Höhe von 5,5 m gespeichert?

b) Berechnen Sie die Leistung, die der Elektromotor zum Heben aufbringen muss, wenn die Verluste insgesamt 12 % betragen.

2. Ein Lastenaufzug, ausgelegt für eine Höchstbelastung von 3 t, soll in 20 Sekunden die Höchstlast auf eine Höhe von 18 Metern transportieren. Der Wirkungsgrad des Lastenaufzuges beträgt 69 %. Berechnen Sie die vom Motor abzugebende Leistung des Lastenaufzuges in kW.

3. Ein Pumpspeicherkraftwerk (Bild 2) hat ein Wasserbecken mit einem Nutzgefälle von 45 m. Die Maschinenanlage hat einen Gesamtwirkungsgrad von 85 %. Während der Spitzenbedarfszeit werden in drei Stunden 18000 kWh elektrischer Energie (Arbeit) benötigt.

a) Berechnen Sie die dazu benötigte potenzielle Energie.

b) Berechnen Sie die dafür insgesamt benötigte Wassermasse in Tonnen.

c) Berechnen Sie den erforderlichen Volumenstrom (Q) des Wassers in m^3/min.

4. Ein Fahrzeug mit der Masse $m = 1600$ kg fährt mit einer Geschwindigkeit von 110 km/h. Berechnen Sie die Energie des fahrenden Fahrzeuges.

5. Auf einem Transportwagen (Bild 3) wird eine Last transportiert. Die Zugkraft ($F = 350$ N) greift unter einem Winkel von 30° an.

a) Berechnen Sie die Kraftkomponente, die zur Berechnung der mechanischen Arbeit zum Ziehen erforderlich ist.

b) Berechnen Sie die aufzubringende Arbeit in Kilojoule für den Fall, dass der Wagen 500 m gezogen wird.

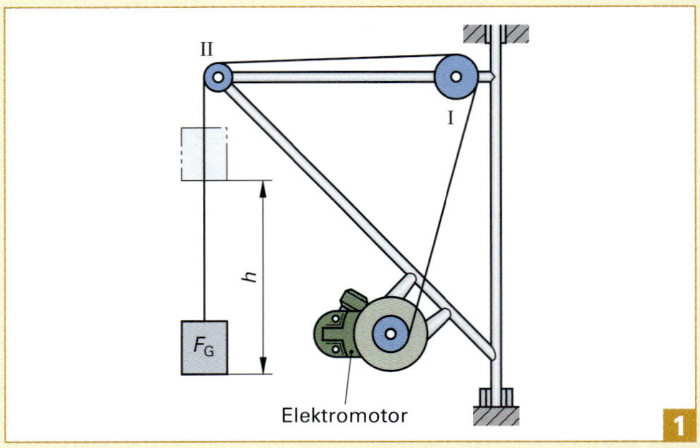

Kran

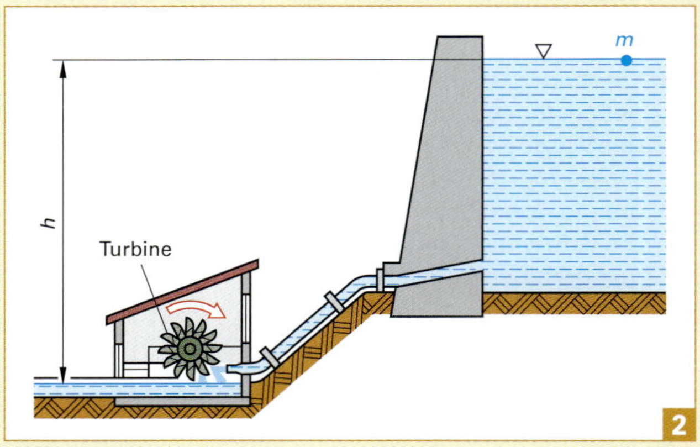

Kraftwerk

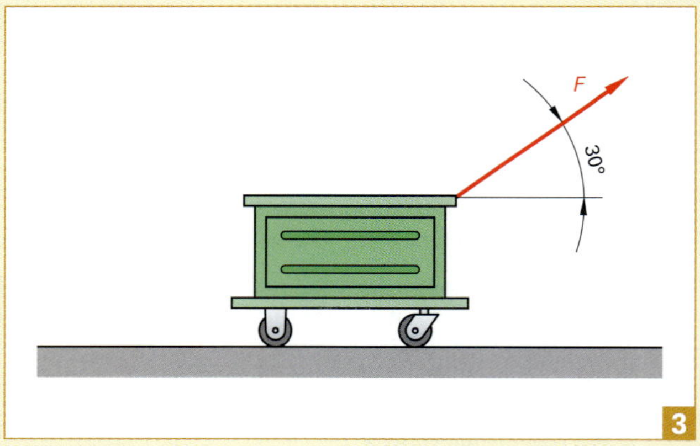

Transportwagen

6. Ein Werkstattkran hebt eine Masse von 1500 kg in einer Minute 4 m hoch. Der Antriebsmotor nimmt bei diesem Hebevorgang eine elektrische Leistung von 1,4 kW auf.

a) Berechnen Sie die mechanische Leistung, die zum Heben der Last erforderlich ist.

b) Berechnen Sie den Wirkungsgrad des Werkstattkranes bei dem Hebevorgang.

7. Eine Pumpe fördert stündlich 12 m^3 Benzin in einen 15 m hoch liegenden Tank.

a) Berechnen Sie die der Pumpe zugeführte Leistung für den Fall, dass der Gesamtwirkungsgrad $\eta = 0{,}7$ beträgt.

b) Berechnen Sie die Strömungsgeschwindigkeit des Benzins für den Fall, dass die Förderleitung einen Innendurchmesser von 50 mm besitzt.

8. In einem Kraftwerk (Bild 2) wird die Wasserkraft zur Erzeugung elektrischer Energie eingesetzt. Im Jahresdurchschnitt fließen 200 Liter Wasser pro Sekunde durch die Turbine. Die Fallhöhe des Wassers beträgt 4 Meter. Die Turbine hat einen Wirkungsgrad von 95 %, der Generator von 85 %. Berechnen Sie die elektrische Leistung, die der Generator in das Stromnetz liefert.

KREISFÖRMIGE BEWEGUNG

Eine **Rotationsbewegung** ist dann gegeben, wenn sich ein starrer Körper um einen festen Punkt dreht. Durch diesen Punkt M geht die **Drehachse** bzw. die **Rotationsachse**. Diese ist meist in ihrer Richtung feststehend (Bild 1), was zu einer **ebenen Rotationsbewegung** führt. Eine in ihrer Richtung veränderliche Rotationsachse ist z.B. die **Erdachse,** die erst wieder in 25800 Jahren die heutige Richtung einnimmt. Dieser Vorgang wird als **Präzessionsbewegung** bezeichnet. Es ist eine räumliche **Rotation**.

Innerhalb der technischen Physik werden i. d. R. nur ebene Rotationsbewegungen betrachtet. Eine solche wird z.B. von der Scheibe im Bild 2 ausgeführt. Die Bewegungsbahnen der einzelnen Massenpunkte (z.B. P_1 und P_2) sind **konzentrische Kreise,** also Kreise mit einem gemeinsamen Mittelpunkt, dem **Drehmittelpunkt M.** Es darf vorausgesetzt werden, dass die Geschwindigkeit dieser Punkte von ihrem Abstand zum Drehmittelpunkt abhängt und im Drehmittelpunkt Null ist.

Bezogen auf Bild 2 verstehen wir unter

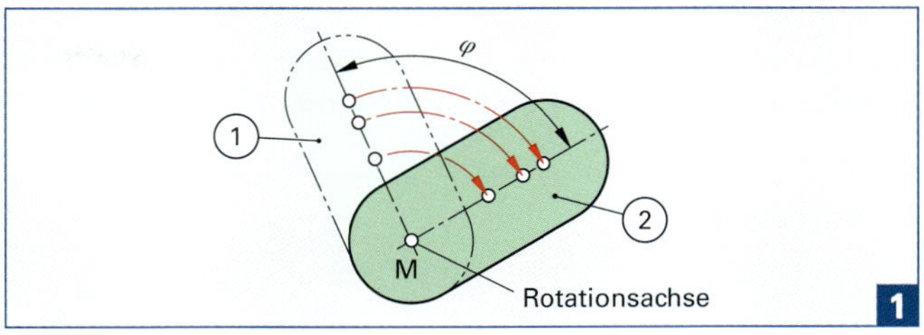

Drehkörper

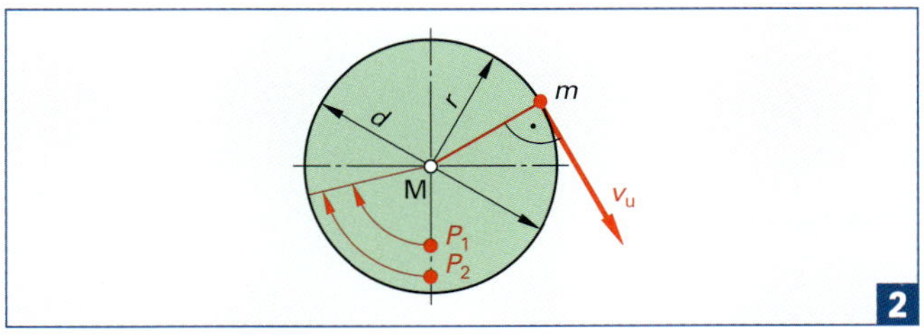

Ebene Drehbewegung

KREISDURCHMESSER

$$d = 2 \cdot r$$

KREISUMFANG

$$l_u = \pi \cdot d = \pi \cdot 2 \cdot r$$

Geradlinige Bewegung → Translation
Kreisförmige Bewegung → Rotation

Kreiszahl „pi" → $\pi = 3{,}1415...$

DREHZAHL UND UMFANGSGESCHWINDIGKEIT

Die Geschwindigkeit der materiellen Punkte wird als **Kreisbahngeschwindigkeit** bezeichnet. Sie hängt vom **Radius *r*** ab. Am Kreisumfang ist sie am größten.

Die **Größe der Umfangsgeschwindigkeit** ist aber nicht nur von der Lage des materiellen Punktes P zum Drehmittelpunkt abhängig, sondern es kommt auch sehr darauf an, ob sich das **Drehsystem** „schnell" oder „langsam" dreht. Eine Kenngröße hierfür ist die **Umdrehungsfrequenz** bzw. die **Drehzahl.**

In der Technik verwendet man meist den Begriff Drehzahl.

Die Kreisbahngeschwindigkeit am Kreisumfang heißt **Umfangsgeschwindigkeit v_u,** und der Vektor der Umfangsgeschwindigkeit ist stets senkrecht zum Radius, also tangential gerichtet.

Unter der Umdrehungsfrequenz bzw. der **Drehzahl *n*** verstehen wir die **Anzahl der Umdrehungen *i*** während eines **Zeitabschnittes.**

DREHZAHL

$$n = \frac{i}{\Delta t}$$

ANZAHL DER UMDREHUNGEN PRO SEKUNDE

$$[n] = \frac{[i]}{[\Delta t]} = \frac{1}{s} = s^{-1}$$

ANZAHL DER UMDREHUNGEN PRO MINUTE

$$[n] = \frac{[i]}{[\Delta t]} = \frac{1}{min} = min^{-1}$$

Der in der Zeiteinheit zurückgelegte Weg *s* entspricht dem Kreisumfang multipliziert mit der Anzahl der Umdrehungen in dieser Zeiteinheit. Somit ergeben sich in Abhängigkeit der zugrunde gelegten Längeneinheiten und Zeiteinheiten die Berechnungsformeln für die Umfangsgeschwindigkeit.

Mit 1 m = 1000 mm und 1 min = 60 s ergibt sich bei der Annahme des Bezugszeitraumes $\Delta t = 1$ min:

UMFANGSGESCHWINDIGKEIT

$$v_u = \frac{\pi \cdot d \cdot n}{1000}$$ in m/min

v_u	d	n
$\frac{m}{min}$	mm	min^{-1}

$$v_u = \frac{\pi \cdot d \cdot n}{1000 \cdot 60}$$ in m/s

v_u	d	n
$\frac{m}{s}$	mm	min^{-1}

DREHLEISTUNG

Bild 1 zeigt eine Riemenscheibe, die über einen Flachriemen angetrieben wird. Dieser überträgt eine Umfangskraft F_u.

Wird diese mit dem Radius r (halber Durchmesser $d/2$) multipliziert, ergibt sich ein Drehmoment. Da sich die Leistung P aus dem Produkt von Kraft F und Geschwindigkeit v berechnen lässt, ergeben sich die folgenden Formeln:

DREHMOMENT

$$M = F_u \cdot \frac{d}{2}$$

UMFANGSKRAFT

$$F_u = \frac{2 \cdot M}{d}$$

DREHLEISTUNG

$$P = F_u \cdot v_u \qquad P = \frac{M \cdot v_u}{r}$$

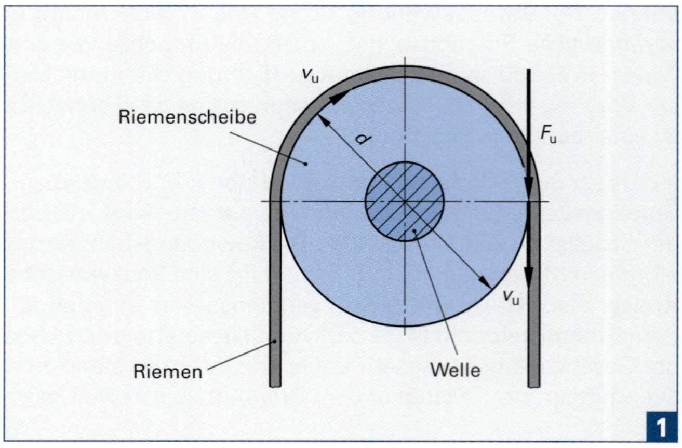

Riemenscheibe

Die Drehzahl und das Drehmoment sind meist gegeben oder einfach zu berechnen. Mit diesen beiden Größen ist es möglich, mithilfe einer **Zahlenwertgleichung** die Leistung P zu berechnen.

Sie lautet – auch nach dem Drehmoment umgestellt – wie folgt:

ZAHLENWERTGLEICHUNG FÜR DIE DREHLEISTUNG

$$P = \frac{M \cdot n}{9550}$$

DREHMOMENT

$$P = 9550 \cdot \frac{P}{n}$$

P	M	n
kW	Nm	min^{-1}

Bei einer **Zahlenwertgleichung** müssen die Werte immer in den vorgegebenen Einheiten eingesetzt werden! Z.B. Leistung in [kW], Drehmoment in [Nm], Drehzahl in [min^{-1}]

BEISPIEL 1

Die Planscheibe einer Karusselldrehmaschine hat einen Durchmesser von $d = 5$ m. Das zu bearbeitende Werkstück hat einen Durchmesser $d_1 = 3{,}5$ m. Die Schnittkraft am Drehmeißel beträgt $F_C = 1060$ N. Berechnen Sie bei $n = 3\ min^{-1}$

a) die Umfangsgeschwindigkeit der Planscheibe in m/min,
b) das aufzubringende Drehmoment in Nm,
c) die Leistung des Drehmeißels, die als Schnittleistung bezeichnet wird.

Lösung a) $\boldsymbol{v_u} = \frac{\pi \cdot d \cdot n}{1000} = \frac{\pi \cdot 5000 \cdot 3}{1000} \frac{\text{m}}{\text{min}} = \mathbf{47{,}124\ \frac{m}{min}}$

b) $\boldsymbol{M} = F_c \cdot \frac{d_1}{2} = 1060\ \text{N} \cdot \frac{3{,}5\ \text{m}}{2} = \mathbf{1855\ Nm}$

c) $\boldsymbol{P_c} = F_c \cdot v_c = F_c \cdot \frac{d_1 \cdot \pi \cdot n}{1000 \cdot 60} = 1060\ \text{N} \cdot \frac{3500 \cdot \pi \cdot 3}{1000 \cdot 60} \frac{\text{m}}{\text{s}} = 582{,}77\ \frac{\text{Nm}}{\text{s}} = 582{,}77\ \text{W}$

$\boldsymbol{P_c} = \mathbf{0{,}583\ kW}$

BEISPIEL 2

Eine Welle überträgt bei $n = 105\ min^{-1}$ eine Leistung $P = 64$ kW. Berechnen Sie das in der Welle auftretende Drehmoment.

Lösung $M = 9550 \cdot \frac{P}{n} = 9550 \cdot \frac{64}{105}\ \text{Nm} = \mathbf{5820{,}95\ Nm}$

BEISPIEL 3

Eine Getriebewelle soll ein maximales Drehmoment von $M = 500$ Nm übertragen. Die Drehzahl beträgt 1200 Umdrehungen pro Minute. Berechnen Sie die notwendige Leistung.

Lösung $P = \frac{M \cdot n}{9550} = \frac{500 \cdot 1200}{9550}\ \text{kW} = \mathbf{62{,}83\ kW}$

WINKELGESCHWINDIGKEIT UND DREHWINKEL

Bild 1 zeigt eine gleichförmig rotierende Scheibe, z.B. ein Rad. Außer der radial gerichteten **Umfangsgeschwindigkeit** ist es bei der Rotationsbewegung üblich, die Umfangsgeschwindigkeit am **Einheitskreis,** d.h. einem Kreis mit dem **Radius $r = 1$** anzugeben. Diese kann auf den in der Zeiteinheit zurückgelegten bzw. überstrichenen **Drehwinkel ϕ** zurückgeführt werden. In diesem Zusammenhang sprechen wir von der

Winkelgeschwindigkeit ω.

Ebene Winkel können im **Gradmaß (°)** und im **Bogenmaß (rad)** angegeben werden.

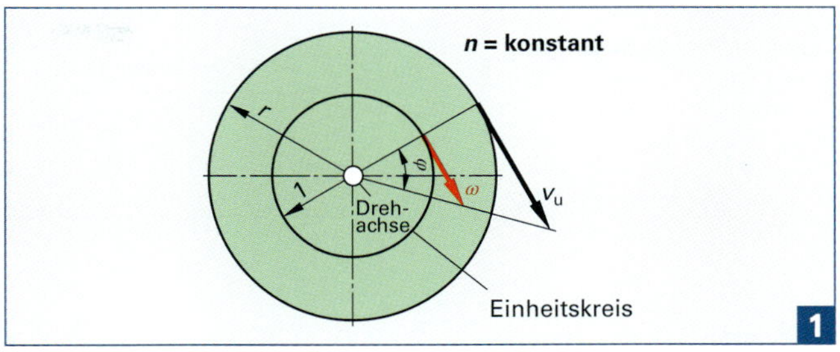

Gleichförmig rotierende Scheibe

1 Radiant pro Sekunde ist gleich der Winkelgeschwindigkeit eines gleichförmig rotierenden Körpers, der sich während der Zeit 1 s um den Winkel 1 rad um die Drehachse dreht.

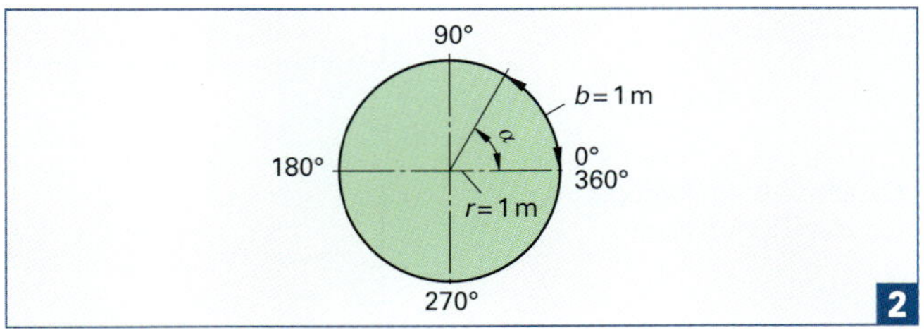

Bogenmaß

Aus vorstehender Definition der Winkelgeschwindigkeit geht hervor, dass sich diese auf das Bogenmaß bezieht. Da die Winkelangabe im Bogenmaß eher selten erfolgt, wird an dieser Stelle – in Verbindung mit Bild 2 – nochmals die Definition für das Bogenmaß wiedergegeben:

BOGENMASS

$$\frac{b}{r} = \frac{\pi}{180} \cdot \alpha \quad \text{in rad}$$

b = Bogen in m
r = Radius in m
α = Winkel im Gradmaß

Die vorstehende Formel lässt erkennen, dass beim Winkel 1 rad der Bogen b gleich dem Radius r ist und dass 1 rad ziemlich genau dem **Winkel $\alpha = 57{,}3$ Grad** entspricht.

Als Definitionsgleichung für die Winkelgeschwindigkeit gilt:

WINKELGESCHWINDIGKEIT

$$\omega = \frac{\Delta\varphi}{\Delta t} = \frac{\varphi}{t}$$

ω	$\Delta\varphi$	Δt
$\frac{\text{rad}}{\text{s}}$	rad	s

Bild 2 zeigt aufgrund der geometrischen Ähnlichkeit zweier Dreiecke mit gleichen Innenwinkeln das Verhältnis $\frac{\omega}{1} = \frac{v_u}{r}$. Somit gilt für die

UMFANGSGESCHWINDIGKEIT

$$v_u = \omega \cdot r$$

v_u	ω	r
$\frac{\text{m}}{\text{s}}$	$\frac{\text{rad}}{\text{s}} = \text{s}^{-1}$	m

Eine wichtige Zahlenwertgleichung zur Berechnung der Winkelgeschwindigkeit in Abhängigkeit von der Drehzahl lautet

WINKELGESCHWINDIGKEIT

$$\omega = \frac{\pi \cdot n}{30}$$

Zahlenwertgleichung ω in rad = s^{-1}, r in min^{-1}

Bei der Betrachtung der Rotationsbewegung wird immer wieder auf Größen der Translationsbewegung zurückgegriffen. Zwischen beiden Bewegungsarten können Analogien festgestellt werden.

ANALYTISCHE ANALOGIEBETRACHTUNGEN ZWISCHEN TRANSLATION UND ROTATION

Translationsgröße		Einheit	Rotationsgröße		Einheit
Weg	Δs	m	Drehwinkel	$\Delta\varphi$	rad
Zeit	Δt	s	Zeit	Δt	s
Geschwindigkeit	$v = \frac{\Delta s}{\Delta t}$	$\frac{\text{m}}{\text{s}}$	Winkelgeschwindigkeit	$\omega = \frac{\Delta\varphi}{\Delta t}$	$\frac{\text{rad}}{\text{s}} = \text{s}^{-1}$
Beschleunigung	$a = \frac{\Delta v}{\Delta t}$	$\frac{\text{m}}{\text{s}^2}$	Winkelbeschleunigung	$\alpha = \frac{\Delta\omega}{\Delta t}$	$\frac{\text{rad}}{\text{s}^2} = \text{s}^{-2}$
Leistung	$P = F \cdot v$	W	Drehleistung	$P = M \cdot \omega$	W
Weg	$s = v \cdot t$	m	Drehwinkel	$\varphi = \omega \cdot t$	rad
Beschleunigung	$a = \frac{\Delta v}{\Delta t}$	$\frac{\text{m}}{\text{s}^2}$	Tangentialbeschleunigung	$a_t = \frac{\Delta v_u}{\Delta t}$	$\frac{\text{m}}{\text{s}^2}$
Geschwindigkeit	$v = a \cdot t$	$\frac{\text{m}}{\text{s}}$	Umfangsgeschwindigkeit	$v_u = a_t \cdot t$	$\frac{\text{m}}{\text{s}}$

GRAFISCHE ANALOGIEBETRACHTUNGEN ZWISCHEN TRANSLATION UND ROTATION

Bewegungsart	Translation : *v, t*-Diagramm	Rotation : *ω*, t-Diagramm
Gleichförmige Bewegung	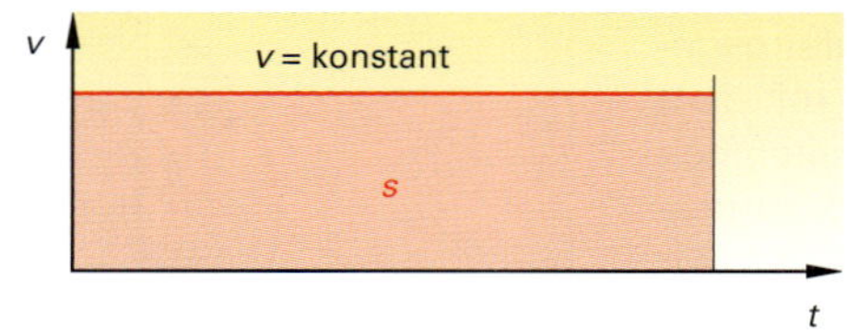	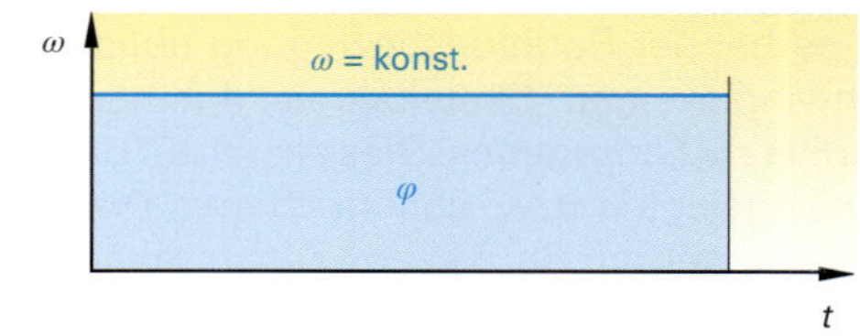
Gleichmäßige Beschleunigung aus dem Ruhezustand	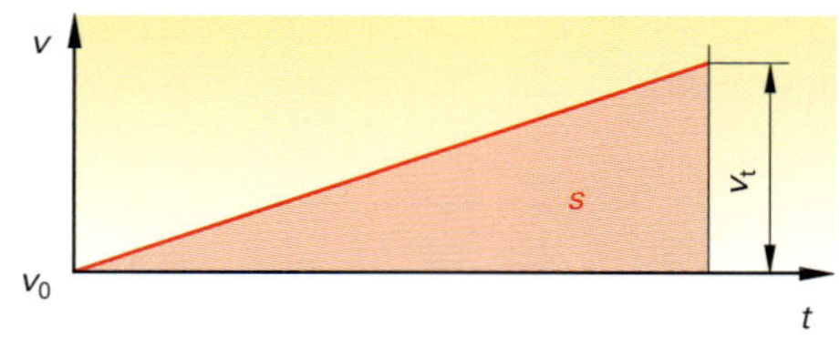	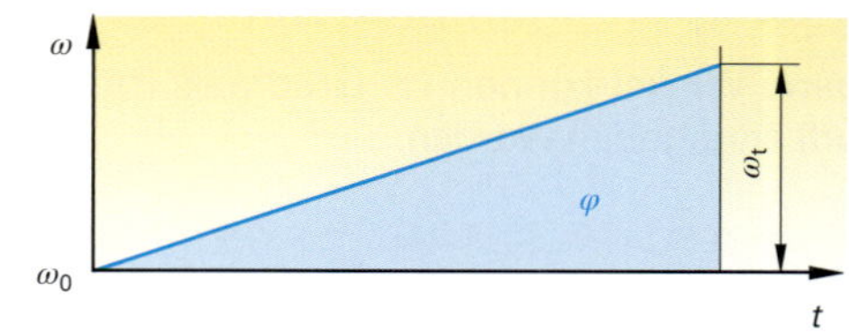
Gleichmäßige Verzögerung bis zum Ruhezustand	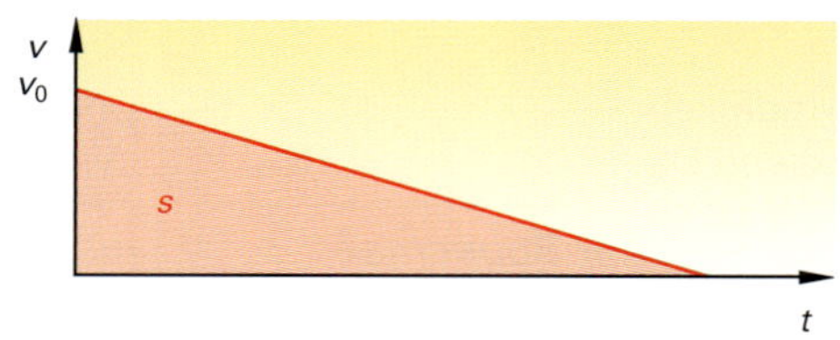	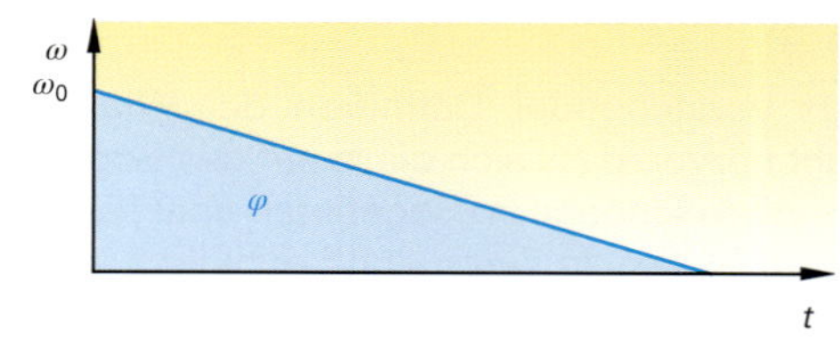
Gleichmäßige Beschleunigung mit $v_0 \neq 0$ bzw. $\omega_0 \neq 0$	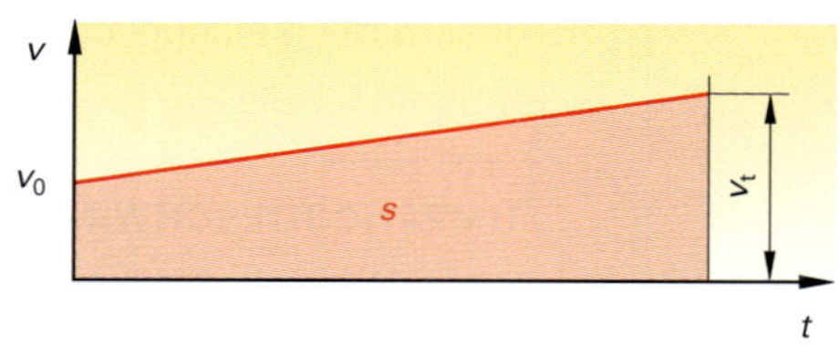	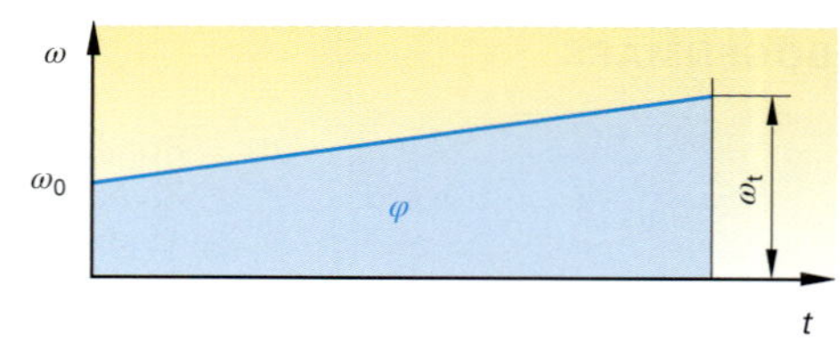
Gleichmäßige Verzögerung mit $v_t \neq 0$ bzw. $\omega_t \neq 0$	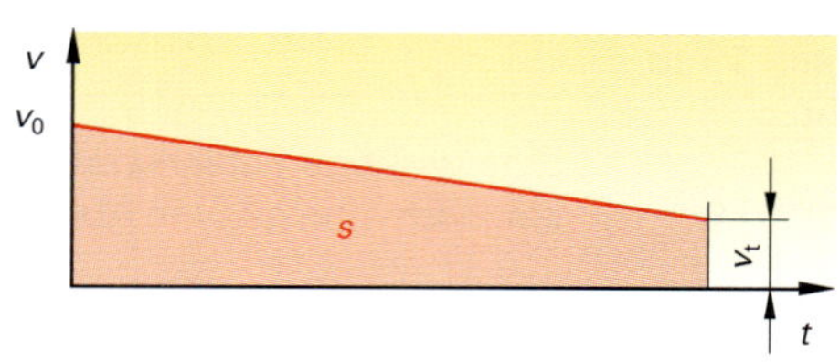	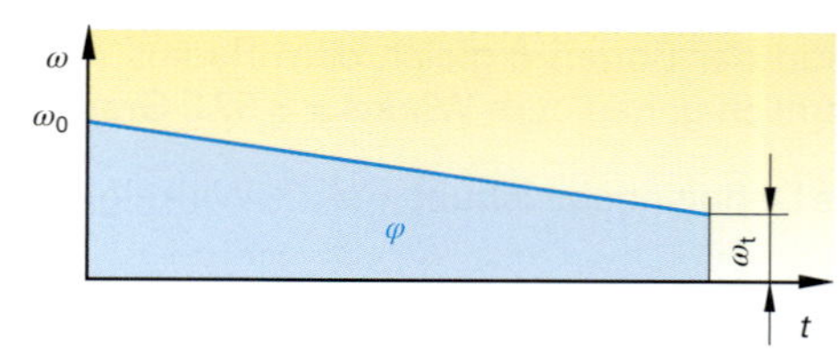

BEISPIEL

Bei einer Großdrehmaschine beträgt der Planscheibendurchmesser $d = 4$ m.
Sie läuft gleichmäßig beschleunigt in 20 s aus dem Stillstand auf die Drehzahl $n = 120\ \text{min}^{-1}$ hoch.
Berechnen Sie folgende Daten:

a) die Umfangsgeschwindigkeit, wenn $n = 120\ \text{min}^{-1}$ erreicht ist,
b) die Winkelgeschwindigkeit bei dieser Drehzahl,
c) die Tangentialbeschleunigung (Beschleunigung eines auf dem Umfang eines Drehkörpers liegenden Punktes in tangentialer Richtung),
d) die Winkelbeschleunigung (Größe der Tangentialbeschleunigung am Radius 1, also auf dem Einheitskreis),
e) den Umfangsweg (Weg eines Punktes auf dem Umfang) in der Hochlaufzeit,
f) die Anzahl der Umdrehungen während der Hochlaufzeit, und zeichnen Sie
g) das ω, t-Diagramm vom Stillstand bis zum Erreichen der Drehzahl $n = 120\ \text{min}^{-1}$.

Lösung

a) $\boldsymbol{v_u} = \dfrac{\pi \cdot d \cdot n}{1000 \cdot 60} = \dfrac{\pi \cdot 4000 \cdot 120}{1000 \cdot 60}\,\dfrac{\text{m}}{\text{s}} = \mathbf{25{,}133\ \dfrac{m}{s}}$

b) $\boldsymbol{\omega} = \dfrac{\pi \cdot n}{30} = \dfrac{\pi \cdot 120}{30} = \mathbf{12{,}57\ \dfrac{rad}{s}}$ bzw. $\omega = \dfrac{v_u}{r} = \dfrac{25{,}133\ \frac{\text{m}}{\text{s}}}{2\ \text{m}} = \mathbf{12{,}57\ s^{-1}}$

c) $\boldsymbol{v_t} = a \cdot t$ und mit $v_t = v_u$ wird $\boldsymbol{a_t} = \dfrac{v_u}{t} = \dfrac{25{,}133\ \frac{\text{m}}{\text{s}}}{20\ \text{s}} = \mathbf{1{,}257\ \dfrac{m}{s^2}}$

d) $\boldsymbol{\alpha} = \dfrac{a_t}{r} = \dfrac{1{,}257\ \frac{\text{m}}{\text{s}^2}}{2\ \text{m}} = \mathbf{0{,}6285\ \dfrac{rad}{s^2}}$. Oder 2. Möglichkeit: $\boldsymbol{\alpha} = \dfrac{\boldsymbol{\Delta\omega}}{\boldsymbol{\Delta t}}$

BEISPIEL (FORTSETZUNG)

Lösung e) In Analogie zur Translation ergeben sich die beiden folgenden Möglichkeiten einer Rechnung:

$s_u = \frac{a_t}{2} \cdot t^2 = \frac{1{,}257}{2} \frac{m}{s^2} \cdot (20\ s)^2 = \mathbf{251{,}4\ m.}$ Oder 2. Möglichkeit:

$s_u = \frac{1}{2} \cdot v_u \cdot t = \frac{1}{2} \cdot 25{,}133 \frac{m}{s} \cdot 20\ s = \mathbf{251{,}33\ m} \approx \mathbf{251{,}4\ m}$

f) $\varphi = \frac{1}{2} \cdot a \cdot t^2$

$\varphi = \frac{1}{2} \cdot 0{,}6285 \frac{rad}{s^2} \cdot (20\ s)^2 = \mathbf{125{,}7\ rad} = \frac{125{,}7\ rad}{2\,\pi\ rad} \cdot 360° = 20 \cdot 360°$

φ ≙ **20 Umdrehungen**

Probe: **Anzahl der Umdrehungen** $= \frac{s_u}{\pi \cdot d} = 251{,}4\ m/\pi \cdot 4\ m = \mathbf{20}$

g)

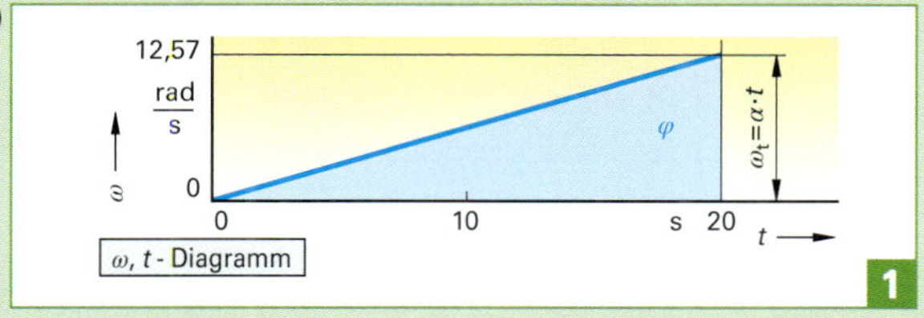

1

AUFGABEN ZUR WIEDERHOLUNG

1. Um die Größe eines Drehmomentes an einer sich drehenden Welle zu messen, wird ein **Bremsdynamometer** verwendet. Ein solches ist vereinfacht im nebenstehenden Bild 2 dargestellt, und eine solche Vorrichtung wird auch als Pronyscher Zaum bezeichnet. Die Welle mit dem Durchmesser d wird bei der Messung mit einer Klemmvorrichtung, in der Art einer Backenbremse, so weit abgebremst, dass bei einer bestimmten Wellendrehzahl n das Gewicht F_G, welches an einem Hebel im Abstand l vom Wellenmittelpunkt angebracht ist, den Pronyschen Zaum gerade – zwischen dem Sicherheitsanschlag – im Gleichgewicht hält.

a) Ermitteln Sie eine Gleichung für die Bestimmung der Leistung einer Welle in Abhängigkeit von F_G, l und n, d. h. $\mathbf{P = f\,(F_G, l, n)}$.

b) Wie groß ist die Leistung bei $F_G = 40$ N, $l = 75$ cm und $n = 250\ min^{-1}$?

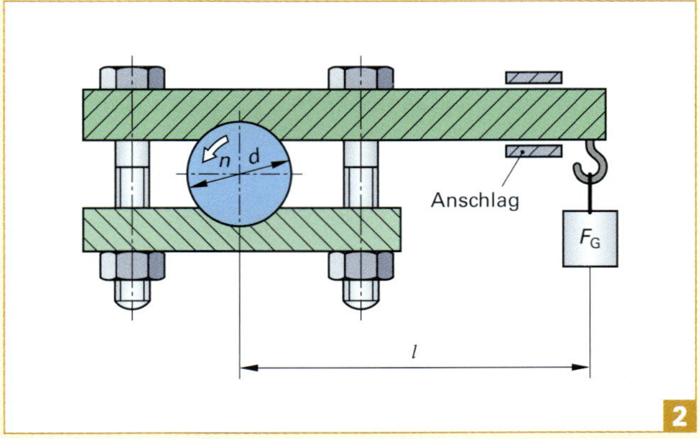

2

Bremsdynamometer

2. Ein Elektromotor dreht mit $n = 1460\ min^{-1}$, und das gemessene Drehmoment beträgt $M = 20$ Nm. Welche Leistung gibt der Motor ab?

3. An der Arbeitsspindel einer Fräsmaschine wird ein Bremsdynamometer mit $F_G = 735$ N bei $l = 2{,}2$ m belastet. Die Drehzahl beträgt bei ausbalanciertem Hebel $n = 90\ min^{-1}$. Bestimmen Sie

a) die Nutzleistung in kW,

b) den Wirkungsgrad η der Fräsmaschine, wenn die Leistung des Antriebsmotors $P_a = 22$ kW beträgt.

4. Die abgegebene Leistung einer Welle beträgt $P_n = 6$ kW. Berechnen Sie die Wellendrehzahl n, wenn ein Drehmoment $M = 40$ Nm gemessen wird.

5. Ein Schwungrad wird mit $\alpha = 2{,}2$ rad/s aus dem Ruhezustand beschleunigt. Berechnen Sie

a) die Drehzahl n nach 15 s.

b) die Winkelgeschwindigkeit ω nach 10 Umläufen.

6. Ein Pkw beschleunigt schlupffrei mit 1,5 m/s² Raddurchmesser $d = 650$ mm. Berechnen Sie

a) die Winkelbeschleunigung der Räder,

b) die Winkelgeschwindigkeit der Räder nach 20 s,

c) die Umfangsgeschwindigkeit der Räder nach 20 s,

d) die Fahrgeschwindigkeit des Pkw nach 20 s Beschleunigungszeit.

7. a) Wie groß ist die Winkelbeschleunigung α, wenn eine Welle in 3 s aus dem Stillstand auf eine Drehzahl $n = 1000\ min^{-1}$ hochläuft?

b) Welcher Drehwinkel φ wird dabei durchlaufen?

c) Wie groß ist die Tangentialbeschleunigug a_t, wenn die Welle einen Durchmesser $d = 30$ mm hat?

GETRIEBEBERECHNUNGEN

RIEMENGETRIEBE (RIEMENTRIEB)

Beim **einfachen Riementrieb** (Bild 1) wird die **getriebene Scheibe 2** von der **treibenden Scheibe 1** mithilfe eines Treibriemens oder einer Kette (Kettentrieb) angetrieben.

Es gilt in der Getriebelehre als vereinbart und dies ist in Bild 1 auch so realisiert:

treibende Elemente (Scheibe, Zahnrad ...) haben
→ **ungerade Indizes,**
getriebene Elemente (Scheibe, Zahnrad ...) haben
→ **gerade Indizes.**

Erfolgt der Antrieb mit einem Flach- oder Keilriemen, dann muss mit einem **Schlupf** des Riemens – insbesondere in der Anlaufphase – gerechnet werden. Beim Antrieb mit Zahnriemen oder Ketten ist ein **schlupffreier Antrieb** gewährleistet, d. h., dass ein Durchrutschen nicht möglich ist. Setzen wir einen solchen schlupffreien Antrieb voraus, dann ist beim **Kraftfluss von der treibenden Scheibe zur getriebenen Scheibe** sichergestellt, dass die Riemengeschwindigkeit v mit den Umfangsgeschwindigkeiten v_{u1} und v_{u2} identisch ist. Somit:

$$\mathbf{v_{u1} = v_{u2}} \quad \rightarrow \quad \frac{\pi \cdot d_1 \cdot n_1}{1000 \cdot 60} = \frac{\pi \cdot d_2 \cdot n_2}{1000 \cdot 60}.$$

Daraus ergibt sich sehr einfach die

GRUNDGLEICHUNG FÜR DEN EINFACHEN RIEMENTRIEB

$d_1 \cdot n_1 = d_2 = n_2$	Index 1 → **treibende Scheibe** Index 2 → **getriebene Scheibe**

Das Produkt aus Durchmesser d_1 und Drehzahl n_1 der treibenden Scheibe ist gleich dem Produkt aus Durchmesser d_2 und Drehzahl n_2. Somit gilt auch $\mathbf{\frac{n_1}{n_2} = \frac{d_2}{d_1}}$.

Beim einfachen Riementrieb verhalten sich die Drehzahlen der Riemenscheiben oder Kettenscheiben umgekehrt wie deren Durchmesser.

Daraus ergibt sich, dass die kleine Scheibe stets die größere Drehzahl hat. Eine wichtige Rechengröße bei den Übersetzungen ist das

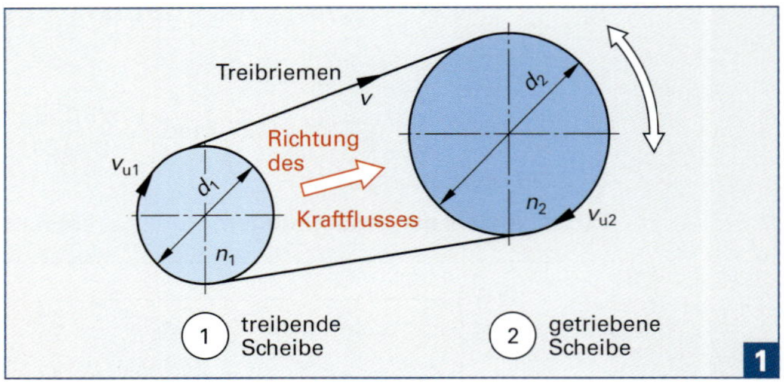

Einfacher Riementrieb

ÜBERSETZUNGSVERHÄLTNIS

$i = \frac{n_1}{n_2}$	n_1 = Drehzahl der treibenden Scheibe n_2 = Drehzahl der getriebenen Scheibe

Das Verhältnis der Drehzahlen in Richtung des Kraftflusses heißt Übersetzungsverhältnis *i*.

Da sich die Durchmesser umgekehrt wie die Drehzahlen und die Drehzahlen umgekehrt wie die Winkelgeschwindigkeiten verhalten, gilt auch das Folgende:

Übersetzungsverhältnis $i = \frac{d_2}{d_1}$

→ Verhältnis der Durchmesser entgegen dem Kraftfluss.

Übersetzungsverhältnis $i = \frac{\omega_1}{\omega_2}$

→ Verhältnis der Winkelgeschwindigkeiten im Kraftfluss.

Zusammenfassend wird festgehalten:

ÜBERSETZUNGSVERHÄLTNIS BEIM EINFACHEN RIEMENTRIEB

$i = \frac{n_1}{n_2} = \frac{\omega_1}{\omega_2} = \frac{d_2}{d_1}$	treibende Scheibe: n_1, ω_1, d_1 getriebene Scheibe n_2, ω_2, d_2

BEISPIEL 1

Die Riemenscheibe auf der Arbeitsspindel einer Maschine hat einen Durchmesser von 200 mm, und ihre Drehzahl beträgt 652 min^{-1}. Der Durchmesser der Scheibe am Antriebsmotor beträgt 90 mm.

a) Wie groß sind die Umfangsgeschwindigkeiten der Scheiben in m/min?
b) Wie groß ist die Motordrehzahl?
c) Welches Übersetzungsverhältnis liegt vor?
d) Wie groß ist die Winkelgeschwindigkeit der treibenden Scheibe?

Lösung Die Motorriemenscheibe ist die treibende Scheibe mit den Indizes 1, die Riemenscheibe auf der Arbeitsspindel ist die getriebene Scheibe mit den Indizes 2.

a) $\boldsymbol{v_{u1}} = \boldsymbol{v_{u2}} = \frac{\pi \cdot d_2 \cdot n_2}{1000} = \frac{\pi \cdot 200\ \text{mm} \cdot 652\ \text{min}^{-1}}{1000\ \frac{\text{mm}}{\text{m}}} = \mathbf{409{,}66\ \frac{m}{min}}$

b) $\frac{n_1}{n_2} = \frac{d_2}{d_1} \rightarrow \boldsymbol{n_1} = n_2 \cdot \frac{d_2}{d_1} = 652\ \text{min}^{-1} \cdot \frac{200\ \text{mm}}{90\ \text{mm}} = \mathbf{1448{,}89\ min^{-1}}$

c) $\boldsymbol{i} = \frac{n_1}{n_2} = \frac{1448{,}89\ \text{min}^{-1}}{652\ \text{min}^{-1}} = \mathbf{2{,}22}$ bzw. $\boldsymbol{i} = \frac{d_2}{d_1} = \frac{200\ \text{mm}}{90\ \text{mm}} = \mathbf{2{,}22}$

▶ **Anmerkung**

Es verhalten sich $n_1 : n_2 = 2{,}22 : 1$, d.h., dass in Kraftflussrichtung eine Drehzahlverkleinerung stattgefunden hat. In diesem Zusammenhang sprechen wir in der technischen Praxis auch von einer **Untersetzung.** Es ist folgende **Schreibweise für das Übersetzungsverhältnis** üblich:

Drehzahlverkleinerung → z.B. $i = 2{,}22 = 2{,}22 : 1$ → **Untersetzung**

Drehzahlvergrößerung → z.B. $i = 0{,}45 = 1 : 2{,}22$ → **Übersetzung**

d) $\omega_1 = \frac{\pi \cdot n_1}{30} = \frac{\pi \cdot 1448{,}89\ \text{min}^{-1}}{30} = \mathbf{151{,}727\ s^{-1}}$

Probe: $v_{u1} = \omega_1 \cdot r_1 = 151{,}727\ \text{s}^{-1} \cdot 0{,}045\ \text{m} = 6{,}8277\ \frac{\text{m}}{\text{s}} = 6{,}8277\ \frac{\text{m}}{\text{s}} \cdot 60\ \frac{\text{s}}{\text{min}}$

$\boldsymbol{v_{u1}} = \mathbf{409{,}66\ \frac{m}{min}}$

Beim doppelten Riementrieb (Bild 1) erfolgt der Antrieb von einer Scheibe mit dem Durchmesser d_1 und der

Anfangsdrehzahl $n_1 = n_a$

über die Scheibe mit dem Durchmesser d_2. Diese Scheibe mit dem Durchmesser d_2 sitzt auf der gleichen Welle, der **Zwischenwelle,** wie die Scheibe mit dem Durchmesser d_3. Von dort erfolgt der Antrieb auf die Scheibe mit dem Durchmesser d_4 und der

Enddrehzahl $n_4 = n_e$

Die beiden Scheiben auf der Zwischenwelle haben die gleiche Drehzahl, d.h. $\boldsymbol{n_2 = n_3}$.

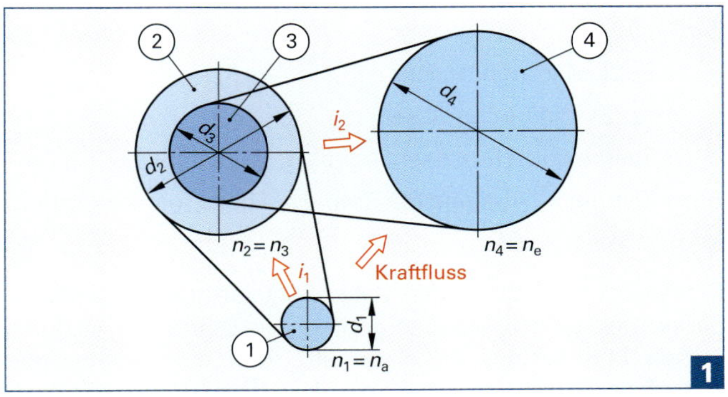

Doppelter Riementrieb

Einzelübersetzungsverhältnisse $i_1 = \frac{n_1}{n_2};\quad i_2 = \frac{n_3}{n_4}$

Mit $n_2 = n_3$ wird $i_2 = \frac{n_2}{n_4}$.

Ausschlaggebend für die Übersetzung von Scheibe ① auf die Scheibe ④, die **Gesamtübersetzung,** ist das

Gesamtübersetzungsverhältnis $i_{ges} = \frac{n_a}{n_e}$

→ Kraftfluss von n_a nach n_e

Werden die Einzelübersetzungsverhältnisse i_1 und i_2 miteinander multipliziert, so ergibt sich

$i_1 \cdot i_2 = \frac{n_1}{n_2} \cdot \frac{n_3}{n_4}$ und da $n_2 = n_3$,

wird $i_1 \cdot i_2 = \frac{n_1}{n_2} \cdot \frac{n_2}{n_4} = \frac{n_1}{n_4} = \frac{n_a}{n_e} = \boldsymbol{i_{ges}}$

Entsprechendes gilt für den Dreifach-, Vierfach-, ... schlechthin für den **Mehrfachriementrieb:**

GESAMTÜBERSETZUNGSVERHÄLTNIS

$$i_{ges} = i_1 \cdot i_2 \cdot i_3 \ldots = \frac{n_a}{n_e}$$

$$i_{ges} = \frac{\omega_a}{\omega_e}$$

$$i_{ges} = i_1 \cdot i_2 \cdot i_3 \ldots = \frac{d_2}{d_1} \cdot \frac{d_4}{d_3} \cdot \frac{d_6}{d_5} \ldots = \frac{n_a}{n_e}$$

Beim **Mehrfachriementrieb** errechnet sich das **Gesamtübersetzungsverhältnis** als Produkt aller Einzelübersetzungsverhältnisse.

PHYSIK CHEMIE STATISTIK

BEISPIEL 2

Für einen doppelten Riementrieb sind die folgenden Daten gegeben: $n_a = 1500\ \text{min}^{-1}$, $d_1 = 80$ mm, $d_2 = 200$ mm, $d_3 = 125$ mm, $d_4 = 280$ mm. Berechnen Sie i_{ges}, n_e und ω_a.

Lösung $\mathbf{i_{ges}} = \frac{d_2 \cdot d_4}{d_1 \cdot d_3} = \frac{200\ \text{mm} \cdot 280\ \text{mm}}{80\ \text{mm} \cdot 125\ \text{mm}} = \mathbf{5{,}6 = 5{,}6 : 1}$

$i_{ges} = \frac{n_a}{n_e} \rightarrow \mathbf{n_e} = \frac{n_a}{i_{ges}} = \frac{1500\ \text{min}^{-1}}{5{,}6} = \mathbf{267{,}86\ min^{-1}}$

$i_{ges} = \frac{\omega_a}{\omega_e} = 5{,}6 \rightarrow \boldsymbol{\omega_a} = i_{ges} \cdot \omega_e = i_{ges} \cdot \frac{\pi \cdot n_e}{30} = 5{,}6 \cdot \frac{\pi \cdot 267{,}86}{30}\ \text{s}^{-1} = \mathbf{157{,}08\ \frac{rad}{s}}$

ZAHNRADGETRIEBE, ABMESSUNGEN

In der Antriebstechnik haben Riemen- und Kettentrieb einen bewährten Einsatzbereich. In vielen Fällen übersteigen aber die Anforderungen bei Übersetzungen die Möglichkeiten dieser Antriebe. Deshalb wird in einem großen Maß das Zahnrad und das Schneckenrad als Element zur Realisierung von Antrieben eingesetzt. Im Folgenden stellen wir die wichtigsten Getriebearten in ihren Grundzügen dar.

Bild 1 zeigt einen **einfachen Zahntrieb**. Die Bezeichnungen haben folgende Bedeutung:

d_1 = Fußkreisdurchmesser

d_2 = Kopfkreisdurchmesser

d = Teilkreisdurchmesser

p = Teilung = Abstand der Zähne auf dem Teilkreisumfang

a = Achsabstand

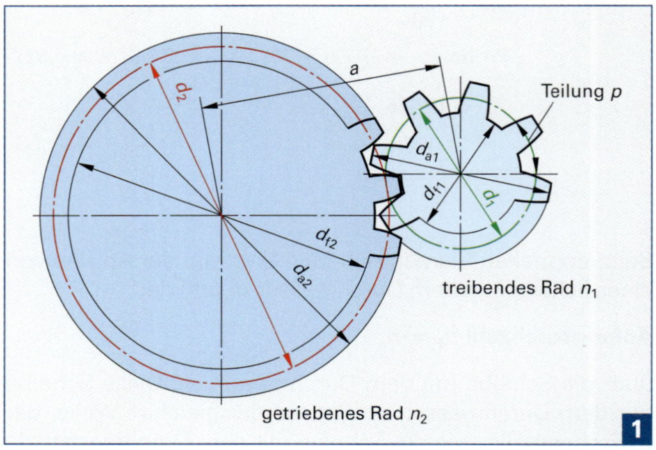

1

Stirnradgetriebe

Die Anzahl der Zähne eines Zahnrades wird mit **Zähnezahl *z*** bezeichnet. Beim Ineinandergreifen der Zahnräder ist durch diesen **Formschluss** sichergestellt, dass eine **schlupffreie Kraftübertragung** vorliegt. Dabei „berühren" sich die Teilkreise d_1 und d_2, die deswegen bei der Berechnung des Übersetzungsverhältnisses eine große Rolle spielen. Aus Bild 1 ist zu ersehen:

TEILKREISUMFANG

Formel	U, d	p	z
$U = p \cdot z = \pi \cdot d$	mm	mm	1

Stellen wir diese Gleichung nach dem Durchmesser d des Teilkreises um, so ergibt sich:

$d = \frac{p}{\pi} \cdot z$. Man bezeichnet den Quotienten $\frac{p}{\pi}$ als **Modul *m***.

Somit ergibt sich für den

TEILKREISDURCHMESSER

Formel	d, m	z
$d = m \cdot z$	mm	1

Dabei ist

MODUL

$m = \frac{p}{\pi}$ in mm

Da sich die Teilkreise d_1 und d_2 berühren, können diese – **entsprechend dem Riementrieb** – für die Berechnung des Übersetzungsverhältnisses herangezogen werden. In Verbindung der Gleichung zur Berechnung des Teilkreisdurchmessers ergibt sich:

$$i = \frac{d_2}{d_1} = \frac{m \cdot z_2}{m \cdot z_1} = \frac{z_2}{z_1} = \frac{n_1}{n_2} = \frac{\omega_1}{\omega_2}$$

Beim Zahntrieb werden die Zähne so konstruiert, dass sich die Teilkreise berühren. Damit verhalten sich die Drehzahlen umgekehrt wie die Zähnezahlen.

Übersetzungsverhältnis beim einfachen Zahntrieb

$$i = \frac{n_1}{n_2} = \frac{\omega_1}{\omega_2} = \frac{d_2}{d_1} = \frac{z_2}{z_1}$$

In Bild 1 ist ein **dreifacher Zahntrieb** in Seitenansicht dargestellt. Wie beim doppelten Riementrieb bzw. beim Mehrfachriementrieb wird das Gesamtübersetzungsverhältnis durch Multiplikation der Einzelübersetzungsverhältnisse berechnet. In Analogie zum Mehrfachriementrieb ergeben sich die folgenden Gleichungen:

Gesamtübersetzungsverhältnis beim Mehrfachzahntrieb

$$i_{ges} = i_1 \cdot i_2 \cdot i_3 \ldots$$

$$i_{ges} = \frac{n_a}{n_e}$$

$$i_{ges} = \frac{d_2 \cdot d_4 \cdot d_6 \ldots}{d_1 \cdot d_3 \cdot d_5 \ldots}$$

$$i_{ges} = \frac{z_2 \cdot z_4 \cdot z_6 \ldots}{z_1 \cdot z_3 \cdot z_5 \ldots}$$

Grundgleichungen für den Mehrfachzahntrieb

$$n_a \cdot d_1 \cdot d_3 \cdot d_5 \ldots = n_e \cdot d_2 \cdot d_4 \cdot d_6 \ldots$$
$$n_a \cdot z_1 \cdot z_3 \cdot z_5 \ldots = n_e \cdot z_2 \cdot z_4 \cdot z_6 \ldots$$

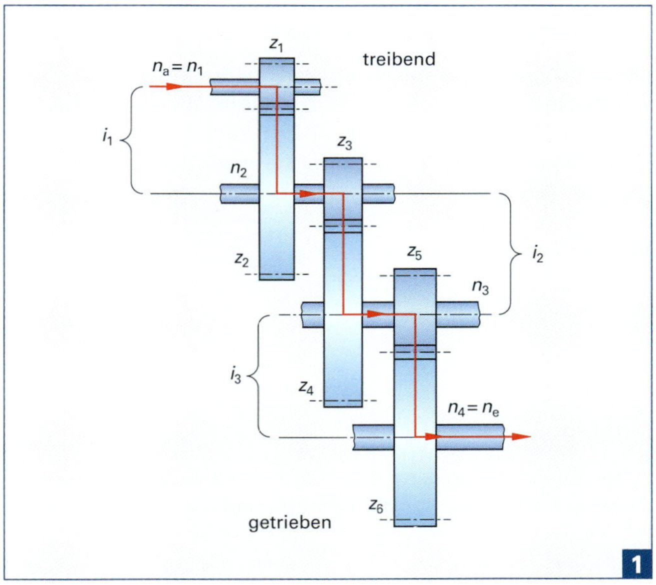

Dreifacher Zahntrieb

BEISPIEL 1 – EINFACHER ZAHNTRIEB

$i = 4:3$, $z_1 = 90$, $d_2 = 120$ mm. Gesucht z_2 und Achsabstand a.

Lösung $i = \frac{z_2}{z_1} = 4:3 \;\rightarrow\; \mathbf{z_2} = z_1 \cdot i =$

$90 \text{ Zähne} \cdot \frac{4}{3} = \mathbf{120\ Zähne}$

$$a = \frac{d_1 + d_2}{2} = \frac{m \cdot z_1 + m \cdot z_2}{2} = \frac{m}{2} \cdot (z_1 + z_2)$$

$$d_2 = m \cdot z_2 \;\rightarrow\; \mathbf{m} = \frac{d_2}{z_2} = \frac{120\text{ mm}}{120} = \mathbf{1\ mm}$$

$$a = \frac{1\text{ mm}}{2} \cdot (90 + 120) = 0{,}5\text{ mm} \cdot 210 = \mathbf{105\ mm}$$

BEISPIEL 2 – DOPPELTER ZAHNTRIEB

$z_1 = 50$, $z_2 = 80$, $z_3 = 40$, $z_4 = 120$, $n_a = 650\text{ min}^{-1}$.
Gesucht i_{ges} und n_e.

Lösung $\mathbf{i_{ges}} = \frac{z_2 \cdot z_4}{z_1 \cdot z_3} = \frac{80 \cdot 120}{50 \cdot 40} = 4{,}8 = \mathbf{4{,}8:1}$

$$i_{ges} = \frac{n_a}{n_e} \;\rightarrow\; \mathbf{n_e} = \frac{n_a}{i_{ges}} = \frac{650\text{ min}^{-1}}{4{,}8} = \mathbf{135{,}42\ min^{-1}}$$

oder $n_a \cdot z_1 \cdot z_3 = n_e \cdot z_2 \cdot z_4$

$$\mathbf{n_e} = n_a \cdot \frac{z_1 \cdot z_3}{z_2 \cdot z_4} = 650\text{ min}^{-1} \cdot \frac{50 \cdot 40}{80 \cdot 120} = \mathbf{135{,}42\ min^{-1}}$$

Bild 2 zeigt die Teilkreise eines Zahntriebes mit **Zwischenrad**. Dieses überträgt das Drehmoment vom treibenden auf das getriebene Zahnrad. Aus dieser Anordnung ist auch ersichtlich, dass das treibende und das getriebene Zahnrad die gleiche Drehrichtung haben. Auch hier errechnet sich das Gesamtübersetzungsverhältnis aus dem Produkt aller Einzelübersetzungsverhältnisse. Wird diese Multiplikation ausgeführt, dann ergibt sich:

$$i_{ges} = i_1 \cdot i_2 = \frac{d_z}{d_1} \cdot \frac{d_2}{d_z} = \frac{d_2}{d_1} \quad \text{Somit:}$$

Übersetzungsverhältnis bei einem Zahnradtrieb mit Zwischenrad

$$i_{ges} = \frac{d_2}{d_1} = \frac{n_a}{n_e}$$

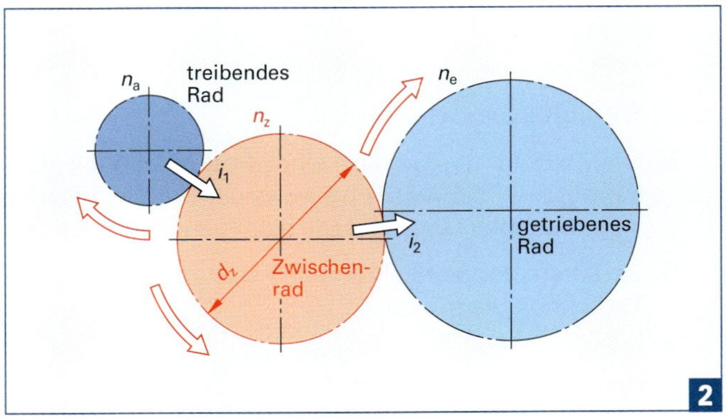

Zahntrieb mit Zwischenrad

Das Übersetzungsverhältnis bei einem Zahnradtrieb mit Zwischenrad errechnet sich also wie das Übersetzungsverhältnis beim einfachen Zahntrieb. Das Zwischenrad hat somit keinen Einfluss auf das Übersetzungsverhältnis. Es gilt:

Das Zwischenrad ändert nur die Drehrichtung, nicht aber das Übersetzungsverhältnis.

SCHNECKENGETRIEBE

In Bild 1 ist ein eingängiges Schneckengetriebe abgebildet. Die Formelzeichen haben die folgende Bedeutung:

z_1 = Zähnezahl (Gangzahl) der Schnecke
z_2 = Zähnezahl des Schneckenrades
n_1 = Drehzahl der Schnecke
n_2 = Drehzahl des Schneckenrades

Dreht sich die Schnecke einmal, dann bewegt sich das Schneckenrad um einen Zahn weiter. Die Gangzahl der Schnecke entspricht also der Zähnezahl z_1 des treibenden Rades beim Zahnradtrieb. Somit kann der Schneckentrieb in gleicher Weise wie der Zahntrieb berechnet werden:

Übersetzungsverhältnis $i = \frac{n_1}{n_2} = \frac{z_2}{z_1}$

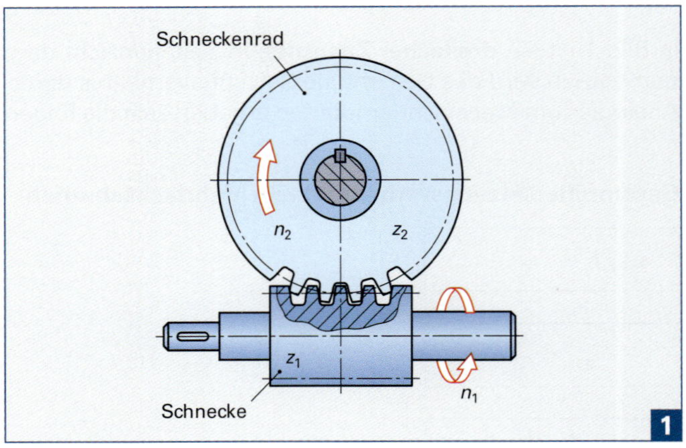

Schneckentrieb

BEISPIEL

Bei einem eingängigen Schneckentrieb hat die Schnecke eine Drehzahl $n_1 = 720\ \text{min}^{-1}$, das Schneckenrad eine Drehzahl $n_2 = 18\ \text{min}^{-1}$ und eine Zähnezahl $z_2 = 80$. Wie groß sind das Übersetzungsverhältnis i und die Zähnezahl z_1 der Schnecke?

Lösung $i = \frac{n_1}{n_2} = \frac{720\,\frac{1}{\text{min}}}{18\,\frac{1}{\text{min}}} = \frac{40}{1} = \mathbf{40}$ $\quad i = \frac{z_2}{z_1};\quad z_1 = \frac{z_2}{i} = \frac{80}{40} = $ **2 Zähne**

AUFGABEN ZUR WIEDERHOLUNG

1. Was wird im Zusammenhang mit Übersetzungen als „in Kraftrichtung“ bezeichnet?
2. Ein Treibriemen läuft mit einer Geschwindigkeit $v = 4{,}8$ m/s, die Antriebsscheibe hat einen Durchmesser $d_1 = 320$ mm. Das Übersetzungsverhältnis ist 2,8 : 1. Berechnen Sie
   a) den Durchmesser der getriebenen Scheibe,
   b) die Drehzahl der getriebenen Scheibe,
   c) die Winkelgeschwindigkeit der treibenden Scheibe.
3. Was wird in der Antriebstechnik als Schlupf bezeichnet?
4. Antriebsdrehzahl $n_1 = 2860\ \text{min}^{-1}$, Durchmesser der treibenden Scheibe $d_1 = 120$ mm, Durchmesser der getriebenen Scheibe $d_2 = 168$ mm. Gesucht sind
   a) Drehzahl n_2,
   b) Übersetzungsverhältnis i,
   c) Winkelgeschwindigkeit ω_1.
5. Ein Motor für das Gebläse einer Trockenanlage hat eine Drehzahl $n_1 = 1450\ \text{min}^{-1}$. Das Übersetzungsverhältnis beträgt $i = 1 : 1{,}6$. Wie groß muss der Durchmesser der Riemenscheibe auf der Motorwelle sein, wenn auf der angetriebenen Gebläsewelle eine Riemenscheibe mit dem Durchmesser $d_2 = 75$ mm angebracht ist?
6. Bei einem doppelten Riementrieb ist $d_1 = 112$ mm, $d_2 = 560$ mm, $d_3 = 125$ mm, $n_a = 1120\ \text{min}^{-1}$ und $i_{ges} = 6 : 1$. Berechnen Sie n_e und d_4.
7. Bei einem doppelten Riementrieb ist $d_1 = 560$ mm, $d_2 = 125$ mm, $d_3 = 250$ mm, $n_a = 260\ \text{min}^{-1}$, $n_e = 1400\ \text{min}^{-1}$. Berechnen Sie i_{ges} und d_4.
8. **Doppelter Zahntrieb:** $z_1 = 36$, $z_2 = 54$, $z_3 = 48$, $n_a = 630\ \text{min}^{-1}$, $n_e = 280\ \text{min}^{-1}$. Gesucht: z_4, i_1, i_2, i_{ges}.
9. **Doppelter Zahntrieb:** $z_2 = 80$, $z_3 = 120$, $z_4 = 48$, $n_e = 675\ \text{min}^{-1}$, $i_{ges} = 1 : 6{,}25$. Gesucht: z_1, n_a, i_1, i_2.
10. Das Schneckenrad auf der Welle einer Reinigungstrommel hat 15 Zähne. Die Drehzahl der eingängigen Schnecke beträgt $900\ \text{min}^{-1}$. Gesucht sind
    a) die Drehzahl des Schneckenrades,
    b) das Übersetzungsverhältnis.

FLUIDMECHANIK

Die Begriffe Aggregatzustand, Festkörper, Flüssigkeiten, Gase und Dämpfe wurden bereits zu Beginn des Buches erörtert. Seit etwa 50 Jahren werden Flüssigkeiten, Gase und Dämpfe auch unter dem Oberbegriff Fluid zusammengefasst. Beispiel: Flüssiges Wasser und Wasserdampf.

FLUID

- **Flüssigkeit**
- **Dampf**
- **Gas**

Fluide haben keine feste Gestalt. Sie sind durch relativ kleine Kräfte in ihrer Form bildsam. Mit dem Verhalten der Fluide – unter dem Einfluss der auf sie wirkenden Kräfte – befasst sich die **Fluidmechanik**. Diese ist folgendermaßen gegliedert:

FLUIDMECHANIK

- **Mechanik der Flüssigkeiten** = Hydromechanik
  - Hydrostatik, Hydrodynamik
- **Mechanik der Gase** = Aeromechanik
  - Aerostatik, Aerodynamik, Mechanik der Dämpfe

MECHANIK DER RUHENDEN FLÜSSIGKEITEN

Die Mechanik der ruhenden Flüssigkeiten spielt in vielen Bereichen eine wichtige Rolle, beispielsweise in der Schifffahrt (z. B. Auftrieb), beim Tauchen (z. B. Wasserdruck), in der Hydraulik (z. B. Druckkraft), beim Löten (z. B. Kapillarwirkung, Benetzung), in Tankanlagen (z. B. Druck auf Boden und Wände) und bei Gleitlagern (hydrostatisch). Bezogen auf Gase kommen dann noch z. B. der Luftdruck und die Pneumatik dazu.

OBERFLÄCHENSPANNUNG, BENETZUNG UND KAPILLARITÄT

Molekularkräfte wirken zwischen den Molekülen innerhalb eines Körpers (fest, flüssig oder gasförmig) und auch zwischen den Molekülen verschiedener Körper. Demnach wird wie folgt unterschieden

Kohäsionskraft Dies ist eine Molekularkraft, die zwischen den Molekülen innerhalb **eines** Körpers wirkt und dessen Zusammenhalt bewirkt. Diese Kraft wird auch als **Zusammenhangskraft** bezeichnet.

Adhäsionskraft Dies ist eine Molekularkraft, die zwischen den Oberflächenmolekülen verschiedener Körper wirkt und deren Zusammenhaften bewirkt. Sie wird auch als **Anhangskraft** bezeichnet. Beispiele: Kreide an der Tafel, Zusammenhaften von **Endmaßen**.

Die folgende Tabelle zeigt den **Einfluss der Kohäsionskräfte auf die Zustandsform der Körper**.

ZUSAMMENHANG ZWISCHEN AGGREGATZUSTAND, KOHÄSION UND MOLEKÜL-VERSCHIEBBARKEIT

Zustandsform (Aggregatzustand)	Kohäsionskräfte	gegenseitige Molekül-Verschiebbarkeit
fest	groß	schlecht möglich
flüssig	klein	gut möglich
gasförmig	sehr klein	sehr gut möglich

Bereits in den vorangegangenen Kapiteln wurde die Kraft als Vektor betrachtet. Auch die minimalen Molekularkräfte können so aufgefasst werden. Bild 1 zeigt ein Flüssigkeitsteilchen im Inneren einer Flüssigkeit. Es ist feststellbar, dass sich die zwischen den Teilchen wirkenden Kohäsionskräfte 1 und 2 sowie 3 und 4 gegenseitig aufheben. Die Folge davon ist, dass sich das betrachtete Flüssigkeitsteilchen völlig ohne Widerstand verschieben lässt, denn die Summe der Kohäsionskräfte ist Null ($\Sigma F = 0$). Wird dagegen ein Flüssigkeitsteilchen an der Oberfläche betrachtet (Bild 1, folgende Seite), dann ist die Summe der wirkenden Kohäsionskräfte ungleich Null ($\Sigma F \neq 0$). Die Kohäsionskräfte 1 und 2 heben sich auf, während die Kohäsionskraft 3 nach

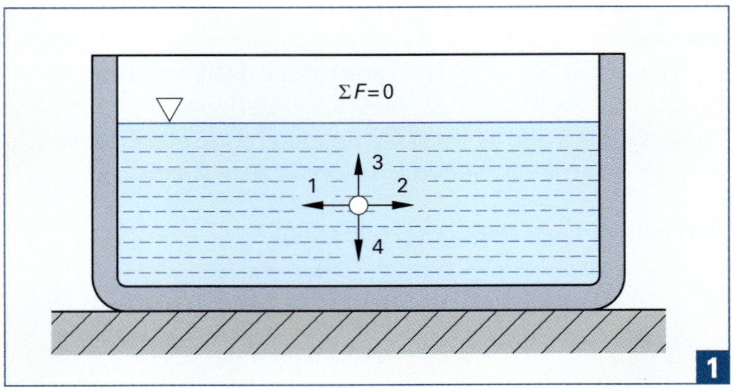

1

Molekül im Inneren

innen gerichtet ist. Die Oberfläche der Flüssigkeit verhält sich deswegen wie eine dünne gespannte Gummihaut. Dieses Verhalten wird als die **Oberflächenspannung der Flüssigkeit** bezeichnet.

> Auf die Oberflächenmoleküle von Flüssigkeiten wirken in die Flüssigkeit gerichtete Kohäsionskräfte, die die Oberflächenspannung erzeugen.

Sichtbar wird die Oberflächenspannung z.B. bei einer mit Kaffee oder Tee überfüllten Tasse. Die Flüssigkeit steht dann über den Tassenrand hinaus.

Da die Oberflächenmoleküle durch die Kohäsionskräfte in das Innere der Flüssigkeit – also nach unten – gezogen werden, haben sie, bezogen auf das Innere der Flüssigkeit, eine **potenzielle Energie**. Diese heißt auch **Oberflächenenergie**. Die Ermittlung der Oberflächenspannung ist in Bild 2 schematisch dargestellt. Ein Ring wird in die zu untersuchende Flüssigkeit getaucht und anschließend herausgezogen. Dabei geschieht physikalisch gesehen zweierlei:

1. Die Oberfläche wird um $\Delta A \approx 2 \cdot d \cdot \pi \cdot s$ vergrößert.
2. Die Oberflächenenergie wird um $\Delta W = F \cdot s$ vergrößert.

Diese physikalischen Sachverhalte dienen der **Definition der Oberflächenspannung *s***:

> Unter der Oberflächenspannung σ wird das Verhältnis der Änderung der Oberflächenenergie ΔW zur Änderung der Oberflächengröße ΔA verstanden.

Die Gleichung zur Berechnung der Oberflächenspannung ergibt sich also wie folgt:

$$\sigma = \frac{\Delta W}{\Delta A} = \frac{F \cdot s}{2 \cdot d \cdot \pi \cdot s}$$

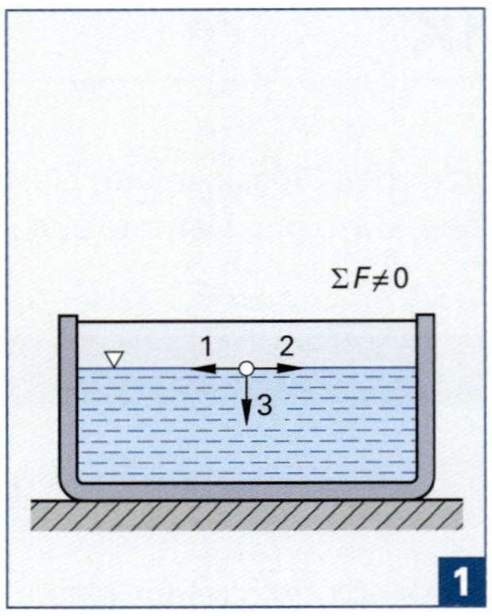

1 Oberflächenmolekül

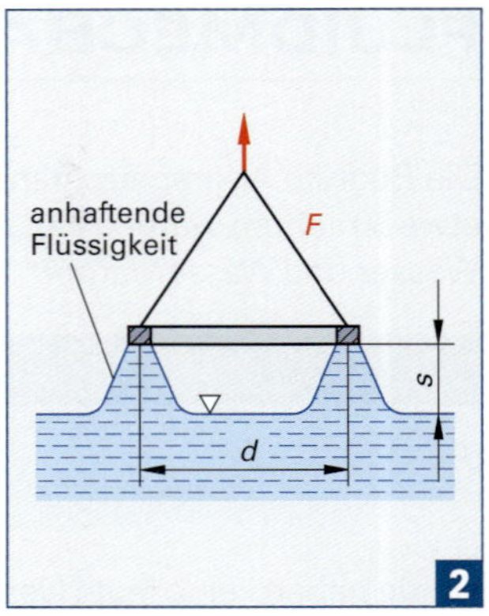

2 Ermittlung der Oberflächenspannung

OBERFLÄCHENSPANNUNG

$$\sigma = \frac{F}{2 \cdot d \cdot \pi}$$

σ	F	d
$\frac{\text{N}}{\text{m}}$	N	m

Folgende Tabelle gibt einige Werte an und es erfolgt der Hinweis, dass die Oberflächenspannung von der Temperatur abhängt.

BEISPIELE FÜR OBERFLÄCHENSPANNUNGEN

Flüssigkeit bei 20 °C	Oberflächenspannung in $\frac{\text{N}}{\text{m}}$
Quecksilber	0,47
Wasser	0,073
Alkohol	0,025
Glyzerin	0,076
Benzin	0,030

BEISPIEL

Um welche Flüssigkeit kann es sich handeln, wenn in Bild 2 der Durchmesser des eingetauchten Ringes $d = 0{,}5$ m beträgt und eine Zugkraft $F = 1{,}48$ N gemessen wird?

Lösung Nach obenstehender Tabelle kann es sich um Quecksilber mit einer Temperatur von 20 °C handeln.

Wenn sich das betrachtete Massenteilchen (Bild 1) zwar an der Oberfläche, aber in unmittelbarer Nähe zur Gefäßwand befindet, dann wirken zwei Einflussgrößen auf das Teilchen:

F_A = Resultierende der von den Molekülen aus dem Flüssigkeitsinnern auf das Masseteilchen wirkenden Adhäsionskräfte.

F_K = Resultierende der von den Molekülen aus dem Flüssigkeitsinnern auf das Masseteilchen wirkenden Kohäsionskräfte.

Wird aus F_A und F_K mit dem **Kräfteparallelogramm** die **Resultierende F_r**, d.h. die auf das Teilchen wirkende Gesamtkraft ermittelt, dann wird erkannt, dass das **Verhältnis $F_A : F_K$** Größe und Richtung der Resultierenden wesentlich beeinflusst (Bilder 3 und 4). Dass die Resultierende alle Einzelkräfte ersetzt, kommt in den Bildern 3 und 4 zum Ausdruck.

Danach wird wie folgt unterschieden:

benetzende Flüssigkeiten	und	nicht benetzende Flüssigkeiten

> Flüssigkeiten stellen sich stets senkrecht zur Resultierenden aller auf sie wirkenden Kräfte ein.

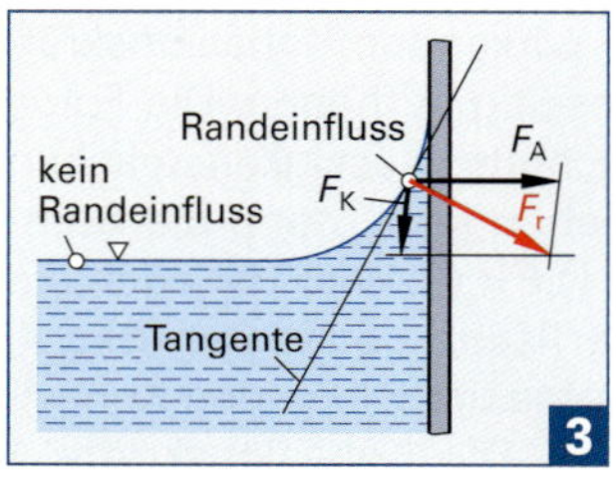

3 benetzende Flüssigkeit

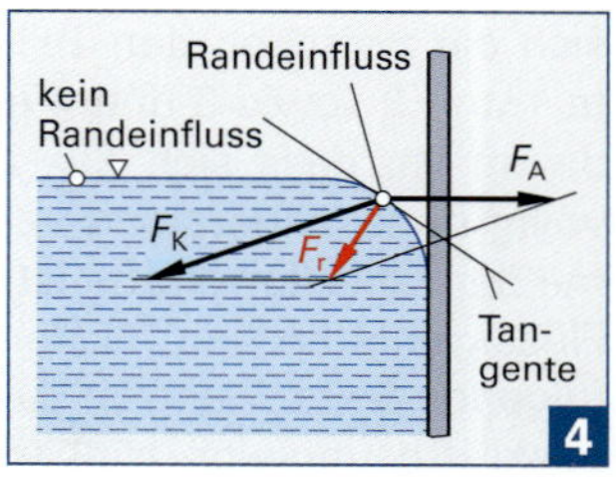

4 nicht benetzende Flüssigkeit

Liegen die Gefäßwände sehr dicht zusammen, wie z.B. bei dünnen Röhrchen, die man als **Kapillaren** bezeichnet, wirkt sich der Randabstand sehr stark aus. Infolge dieser **Kapillarwirkung**, die man auch als **Haarröhrchenwirkung** bezeichnet, wird die Flüssigkeit in der Kapillare angehoben oder abgesenkt.

benetzende Flüssigkeit

Flüssigkeit wird angehoben: Bild 1

nicht benetzende Flüssigkeit

Flüssigkeit wird abgesenkt: Bild 2

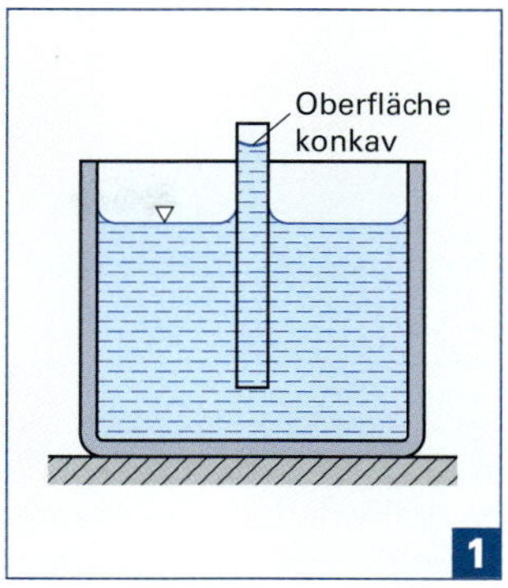

benetzt

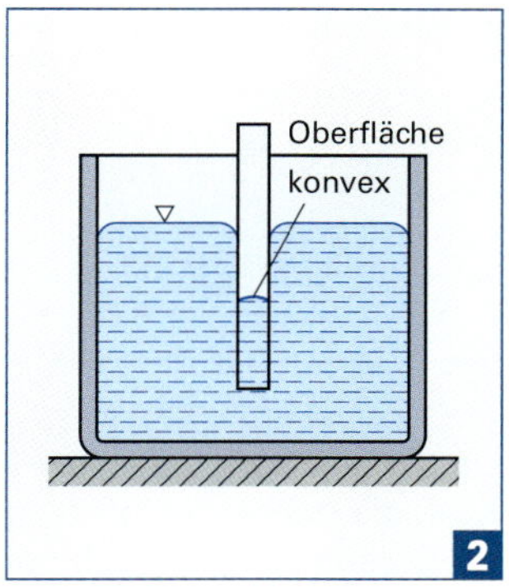

nicht benetzt

Die sich konvex bzw. konkav ausbildende Flüssigkeitsoberfläche wird als **Meniskus** bezeichnet. Auch in Spalten und Fugen macht sich die Kapillarwirkung bemerkbar. Diese ist – ebenso wie das Benetzen – z.B. beim **Löten** eine wichtige Voraussetzung. Dort wird durch den **Kapillardruck** das flüssige Lot – auch entgegen der Schwerkraft – in den **Lötspalt** bzw. die **Lötfuge** transportiert.

HYDROSTATISCHER DRUCK

Wirken auf ein Fluid äußere Kräfte, so steigt in diesem der Druck. Dabei unterscheiden wir zwei grundsätzliche Möglichkeiten. Es wird der **Pressdruck** vom **Schwere- oder Gewichtsdruck** unterschieden. Beide Möglichkeiten können sich auch gegenseitig überlagern.

Bild 3 zeigt ein mit einem Fluid gefülltes Gefäß, welches mit einem Kolben verschlossen ist. Auf den Kolben mit der Fläche A wirkt von außen die Kraft F'. In einer bestimmten Kolbenstellung herrscht Kräftegleichgewicht, und zwar entsprechend Aktio = Reaktio.

$$F' = F$$

Würde dieses **Kräftegleichgewicht** nicht bestehen, dann müsste sich der Kolben nach der einen oder der anderen Seite bewegen.

Der Quotient aus der Kraft F und der Fläche A wird als **hydrostatischer Druck** bezeichnet.

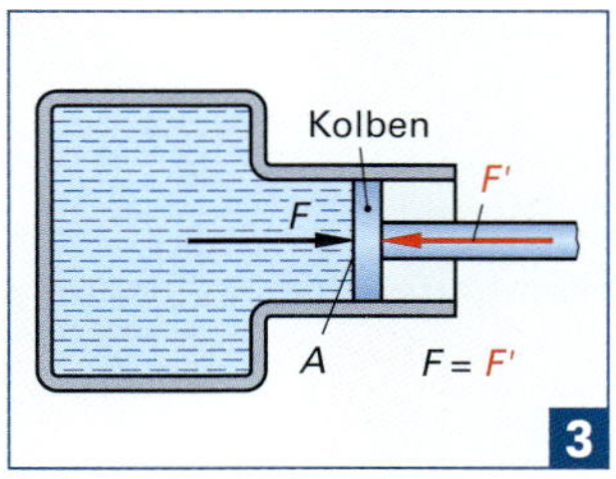

Pressdruck

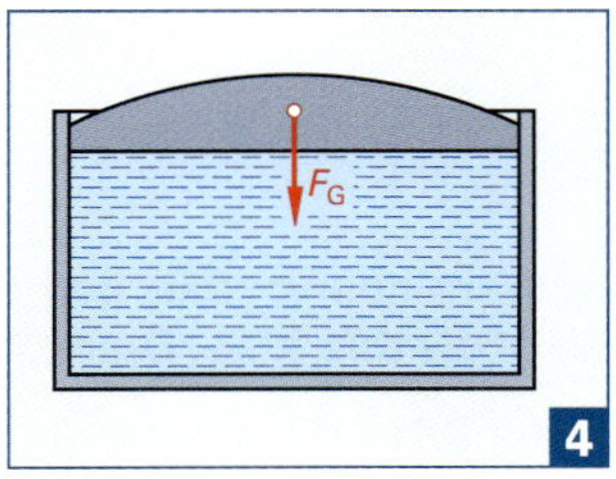

Addition von Drucken

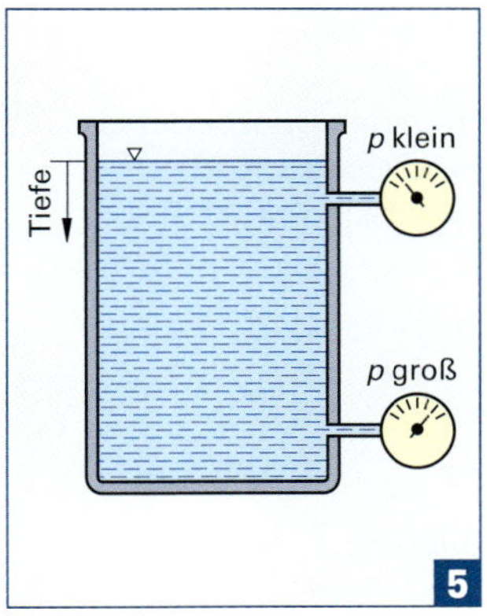

Gewichtsdruck

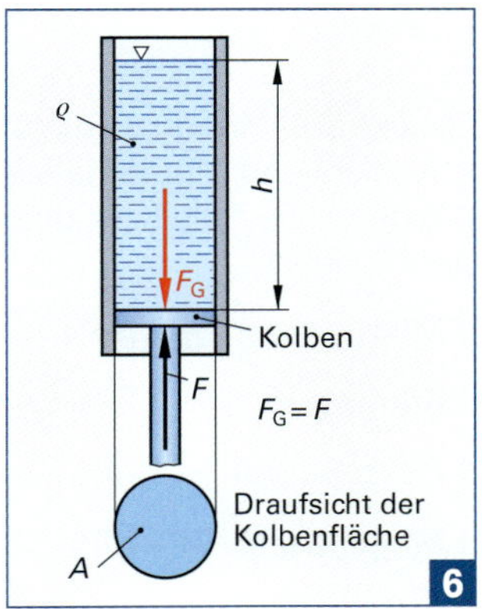

Gewichtsdruck

HYDROSTATISCHER DRUCK

$$p = \frac{F}{A}$$

p	F	A
$\frac{N}{m^2}$	N	m^2

Die zweite Möglichkeit der Druckerzeugung ergibt sich durch die Gewichtskraft des Fluids. Am deutlichsten erkennt man dies bei der Vorstellung, dass das Fluid eine Flüssigkeit ist. Beim Eintauchen in Wasser wird z.B. die Feststellung gemacht, dass der Druck mit zunehmender Tiefe größer wird. Dies wird in Bild 5 angedeutet.

Der durch die Gewichtskraft des Fluids erzeugte Druck heißt **Schwere oder Gewichtsdruck.**

Es wurde bereits angedeutet, dass sich Pressdruck und Schwere- bzw. Gewichtsdruck überlagern können. Dies heißt, dass verschieden erzeugte Drücke gleichzeitig auf das Fluid wirken. Ein Beispiel hierfür ist der in Bild 4 abgebildete Schwimmdachbehälter. Gleichzeitig wirken Pressdruck und Schweredruck. Es ist festzuhalten:

Der Gesamtdruck errechnet sich aus der Summe von Press- und Schweredruck.

Bild 6 zeigt ein mit einer Flüssigkeit gefülltes Gefäß. Dieses ist am Boden mit einem Kolben verschlossen und auf diesem lastet die Gewichtskraft F_G der Flüssigkeit. Es ist:

ρ = Dichte der Flüssigkeit in kg/m^3
h = Höhe der Flüssigkeitssäule in m
A = Größe der Kolbenfläche, z.B. einer Kreisfläche in m^2

Außerdem gilt für die Flüssigkeit

GEWICHTSKRAFT		MASSE		VOLUMEN	
$F_G = m \cdot g$	in N	$m = V \cdot \varrho$	in kg	$V = A \cdot h$	in m^3

Da die aus der Flüssigkeit auf die Kolbenfläche A wirkende Kraft die Gewichtskraft F_G ist, kann zur Herleitung der Formel zur **Berechnung des Schweredruckes** die Formel zur **Berechnung des hydrostatischen Druckes** herangezogen werden.

Es ergibt sich das Folgende:

$$p = \frac{F}{A} = \frac{F_G}{A} = \frac{m \cdot g}{A} = \frac{V \cdot \varrho \cdot g}{A} = \frac{A \cdot h \cdot \varrho \cdot g}{A}.$$

Somit ist der

SCHWEREDRUCK

$$p = h \cdot \varrho \cdot g$$

p	h	ϱ	g
$\frac{N}{m^2}$	m	$\frac{kg}{m^3}$	$\frac{m}{s^2}$

$$[p] = [h] \cdot [\varrho] \cdot [g] = m \cdot \frac{kg}{m^3} \cdot \frac{m}{s^2} = \frac{kgm}{s^2} \cdot \frac{1}{m^2}$$

p in $\frac{N}{m^2}$

In Verbindung mit den Druckeinheiten ist zu erwähnen, dass es eine spezielle Norm bezüglich Druck gibt. Es ist die **DIN 1314 „Druck"**

In der DIN 1314 ist festgelegt:
Die SI-Einheit für den Druck ist das Pascal. Einheitenzeichen ist Pa und es ist $1\ Pa = \frac{1\ N}{m^2}$

Diese Bezeichnung erfolgte zu Ehren des französischen Physikers und Mathematikers **Pascal** (1623...1662).
Als dezimale Teile bzw. dezimale Vielfache sind z. B. gebräuchlich

1 Mikropascal	= 1 mPa	= 0,000001 Pa	= 10^{-6} Pa
1 Kilopascal	= 1 kPa	= 1000 Pa	= 10^3 Pa
1 Hektopascal	= 1 hPa	= 100 Pa	= 10^2 Pa
1 Megapascal	= 1 MPa	= 1000000 Pa	= 10^6 Pa

Technische Rechnungen werden sehr oft in der Größenordnung von 10^5 Pa erforderlich. Dieser Druck entspricht etwa dem **atmosphärischen Druck**, dem uns umgebenden **Luftdruck**. 10^5 Pa haben das Einheitenzeichen 1 bar. Diese Bezeichnung ist auf das griechische Wort „barys" (schwer) zurückzuführen.

$$1\ bar = 10^5\ Pa = 10^5\ \frac{N}{m^2}$$

BEISPIEL

Am Boden eines hohen Flüssigkeitsbehälters, der mit Wasser gefüllt ist, wird ein Überdruck von 1 bar gemessen.
Berechnen Sie die Höhe der Flüssigkeitssäule h, die diesem Überdruck entspricht bei $\varrho = 1000\ kg/m^3$.

Lösung $p = h \cdot \varrho \cdot g = 1\ bar = 100000\ \frac{N}{m^2}$

$$h = \frac{p}{\varrho \cdot g} = \frac{100000\ \frac{N}{m^2}}{1000\ \frac{kg}{m^3} \cdot 9{,}81\ \frac{m}{s^2}} = \frac{100000}{1000 \cdot 9{,}81} \cdot \frac{N}{m^2} \cdot \frac{m^3}{N} = \mathbf{10{,}194\ m}$$

Es ist noch anzumerken, dass früher die Höhen von Flüssigkeitssäulen als Einheit für den Druck herangezogen wurden. So z. B. **mmHg** (Millimeter Quecksilbersäule) oder **mWS** (Meter Wassersäule). Auch die Druckeinheit **at** (technische Atmosphäre) oder **atm** (physikalische Atmosphäre) waren üblich. Diesen Einheiten lag die damals gebräuchliche Krafteinheit **kp** (Kilopond) zugrunde. In der Praxis des Technikers ist es durchaus denkbar, dass auch mit „alten" Einheiten umgegangen wird. So ist es z. B. erforderlich, bei Anlagenumbauten die ursprünglichen Berechnungsunterlagen heranzuziehen und mit den heute geltenden Normen in Einklang zu bringen. Die Einheiten sind somit umzurechnen, wozu auch die o. g. Norm dienlich ist. Ein kleiner Ausschnitt aus der **DIN 1314** ist in der Tabelle, Seite 67, wiedergegeben.

UMRECHNUNG VON DRUCKEINHEITEN

Alte Druckangaben	Druck in Pascal bzw. bar
$1\,\frac{kp}{cm^2} = 1\,at = 10\,mWS = 735{,}5\,mmHg = 0{,}981\,bar$	$98066{,}5\,Pa = 0{,}980665\,bar$
$1\,atm = 1{,}033\,\frac{kp}{cm^2} = 10{,}33\,mWS = 760\,mmQS$	$101325\,Pa = 1{,}01325\,bar$
$1\,Torr = \frac{1\,atm}{760} = 1\,mmHg$	$133{,}322\,Pa = 1{,}33322\,mbar\,(hPa)$

Zur Umrechnung der alten Krafteinheit kp in Newton werden nachfolgend die beiden Definitionen der Krafteinheiten verglichen: 1 N ist die Kraft, die die Masse 1 kg mit 1 m/s² beschleunigt. 1 kp ist die Kraft, die die Masse 1 kg mit der Erdbeschleunigung 9,81 m/s² beschleunigt. Daraus ergibt sich

$$1\,kp = 9{,}81\,\frac{kg \cdot m}{s^2} = 9{,}81\,N$$

DRUCKKRAFT AUF FLÄCHEN

Bild 1 zeigt ein mit einem Fluid gefülltes Gefäß. In Abhängigkeit von der Kolbenkraft *F* und der Kolbenfläche *A* wird in diesem Gefäß ein Pressdruck *p* erzeugt. Mithilfe der am Gefäßumfang angeordneten Manometer ist feststellbar, dass sich der Druck sehr schnell, d. h. schlagartig vom Kolben durch das gedrückte Medium bis zu den Messstellen ausbreitet. Des Weiteren ist feststellbar, dass der Druck an allen Messstellen um den gleichen Betrag zunimmt. Dieses **Druckfortpflanzungsgesetz** wurde von **Pascal** formuliert:

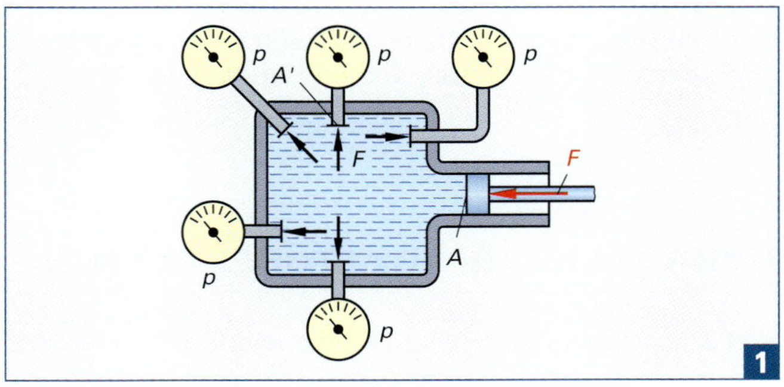

Druckausbreitung

> In einem Fluid pflanzt sich der Druck nach allen Seiten in gleicher Größe fort.

Im beschriebenen Versuch (Bild 1) wirkt auf eine beliebige Begrenzungsfläche *A* oder *A'* eine durch den Druck erzeugte Kraft *F* oder *F'*. Diese wird als **Druckkraft** bezeichnet.

> Die Druckkraft wirkt stets in senkrechter Richtung auf die gedrückte Fläche.

Aus der Gleichung zur Berechnung des Pressdruckes $p = F/A$ ergibt sich für die

DRUCKKRAFT

$$F = p \cdot A$$

F	p	A
N	$\frac{N}{m^2}$	m^2

BEISPIEL 1

Der Zünddruck im Verbrennungsraum eines Otto-Motors beträgt etwa $p_z = 40$ bar. Berechnen Sie die Kraft auf die Kolbenfläche

a) bei einem Kolbendurchmesser von $d = 50$ mm (Motorradmotor)
b) bei einem Kolbendurchmesser von $d = 500$ mm (Schiffsmotor)

Lösung a) $\mathbf{F} = p \cdot A = p \cdot \frac{\pi}{4} \cdot d^2 = 40 \cdot 10^5\,\frac{N}{m^2} \cdot \frac{\pi}{4} \cdot (0{,}05\,m)^2 = \mathbf{7853{,}98\,N}$

b) $\mathbf{F} = p \cdot A = p \cdot \frac{\pi}{4} \cdot d^2 = 40 \cdot 10^5\,\frac{N}{m^2} \cdot \frac{\pi}{4} \cdot (0{,}5\,m)^2 = \mathbf{785398\,N}$

Bild 2 zeigt ein Druckgefäß, welches auf der einen Seite durch einen Kolben mit ebener Kolbenfläche und auf der anderen Seite durch einen Kolben mit gewölbter Kolbenfläche verschlossen ist. Setzt man einmal auf beiden Seiten gleiche Kolbendurchmesser *d* voraus, dann ist mit dieser Anordnung feststellbar, dass die Haltekraft *F'* bei beiden Kolben gleich groß ist. Dies erscheint zunächst paradox, denn die Oberfläche des gewölbten Kolbens ist ja geometrisch größer. Der Versuch liefert das folgende Ergebnis:

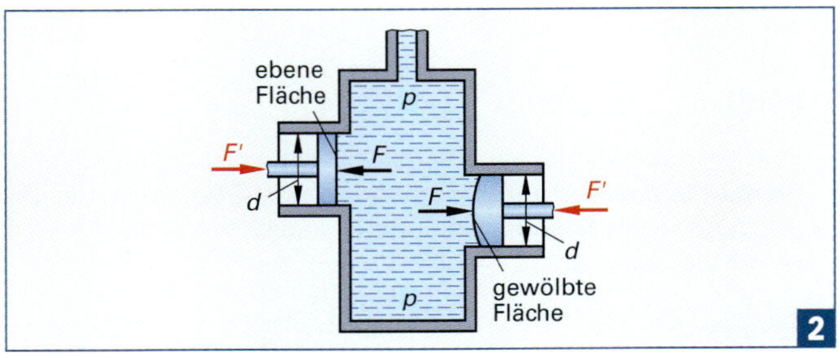

Ebener und gewölbter Kolben

> Die Druckkraft auf eine gewölbte Fläche ist gleich dem Produkt aus dem Flüssigkeits- oder Gasdruck und der senkrechten Projektion A_{proj} dieser Fläche.

Der mathematisch schlüssige Beweis dieses Gesetzes ist mithilfe der Integralrechnung möglich.

PHYSIK
CHEMIE
STATISTIK

BEISPIEL 2

In einer Sauerstoffflasche entsprechend nebenstehendem Bild herrscht ein Druck von 150 bar über dem Luftdruck 1 bar. Wie groß ist

a) die Druckkraft von innen auf den Boden,
b) die Druckkraft von außen auf den Boden,
c) die auf den Boden wirkende resultierende Kraft?

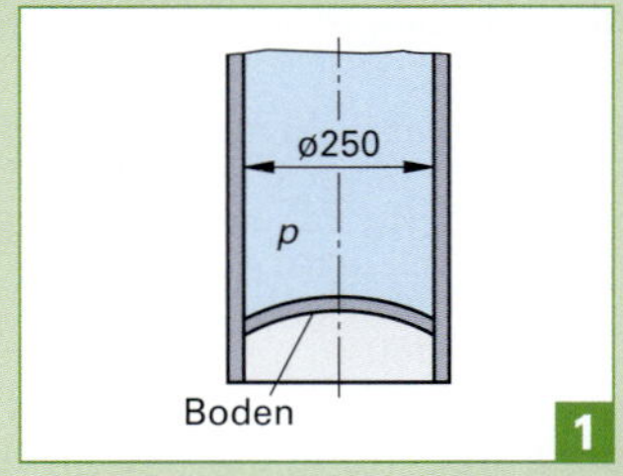

1

Lösung a) $F_i = p_{absi} \cdot A_{proj} = p_{absi} \cdot \frac{\pi \cdot d^2}{4}$

$\boldsymbol{F_i} = 151 \cdot 10^5 \frac{N}{m^2} \cdot \frac{\pi \cdot (0{,}25\ m)^2}{4} = 741\,219{,}52\ N = \mathbf{741{,}2\ kN}$

b) $\boldsymbol{F_a} = p_{absa} \cdot A_{proj} = p_{amb} \cdot A_{proj} = 1 \cdot 10^5 \frac{N}{m^2} \cdot \frac{\pi \cdot (0{,}25\ m)^2}{4} = 4908{,}74\ N = \mathbf{4{,}91\ kN}$

c) $F_r = F_i - F_a = 741{,}2\ kN - 4{,}91\ kN$

$\boldsymbol{F_r} = \mathbf{736{,}29\ kN}$

Ebenso wie bei gewölbten Flächen ist auch bei ebenen, aber nicht senkrecht zur Bewegungsrichtung des Kolbens angeordneten, also **geneigten Kolbenflächen** zu verfahren. Es gilt also:

Zur Berechnung der Druckkraft auf geneigte Kolbenflächen ist – ebenso wie bei gewölbten Kolbenflächen – die senkrechte Projektion der Kolbenfläche einzusetzen.

HYDRAULISCHE KRAFTÜBERSETZUNG

Bild 2 zeigt einen „Druckraum p" der durch die beiden Kolben a und b verschlossen ist. Wirkt auf den Kolben b die Kraft F_b, dann stellt der Kolben a automatisch mit einer Kraft F_a „Gleichgewicht" her. In diesem Fall bewegen sich die Kolben nicht.

Die Kraft F_a kann dann wie folgt ermittelt werden:

$$p = \frac{F_a}{A_a} = \frac{F_b}{A_b} \rightarrow F_a = F_b \cdot \frac{A_a}{A_b} = F_b \cdot \frac{\frac{\pi}{4} \cdot D^2}{\frac{\pi}{4} \cdot d^2} = F_b \cdot \frac{D^2}{d^2}$$

$$\rightarrow \boxed{\frac{F_a}{F_b} = \frac{D^2}{d^2}}$$

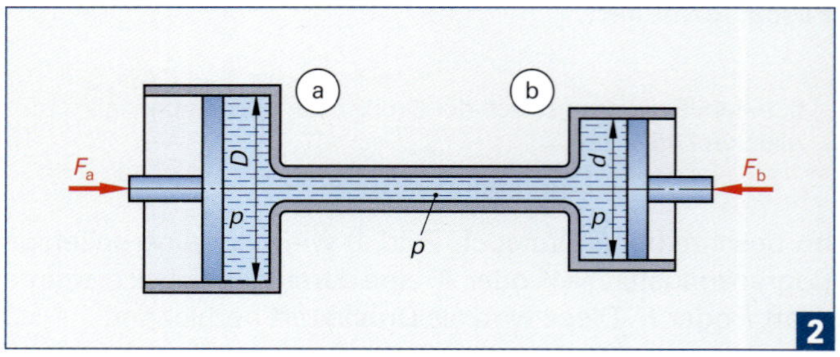

2

Hydraulische Kraftübersetzung

Mit einer solchen Einrichtung können also Kraftvergrößerungen oder Kraftverkleinerungen vorgenommen werden. Nach diesem Prinzip arbeitet z. B. eine **hydraulische Presse**. Setzen wir kreisrunde Kolben und **Hydraulikzylinder** voraus, dann gilt:

Bei einer hydraulischen Kraftübersetzung verhalten sich die Kräfte wie die Quadrate der zugehörigen Kolbendurchmesser.

ERZEUGTE KOLBENKRAFT

$$F_a = F_b \cdot \frac{D^2}{d^2}$$

F_a, F_b	D, d
N	m

D = großer Kolbendurchmesser
d = kleiner Kolbendurchmesser

BEISPIEL

Eine hydraulische Hebebühne (Bild 3) hat einen Lastkolbendurchmesser $D = 300$ mm und einen Pumpenkolbendurchmesser von $d = 25$ mm. Bestimmen Sie die am Pumpenkolben aufzubringende Kraft F_d, wenn eine Last $F_D = 80$ kN angehoben wird. Die Reibungsverluste sind zu vernachlässigen.

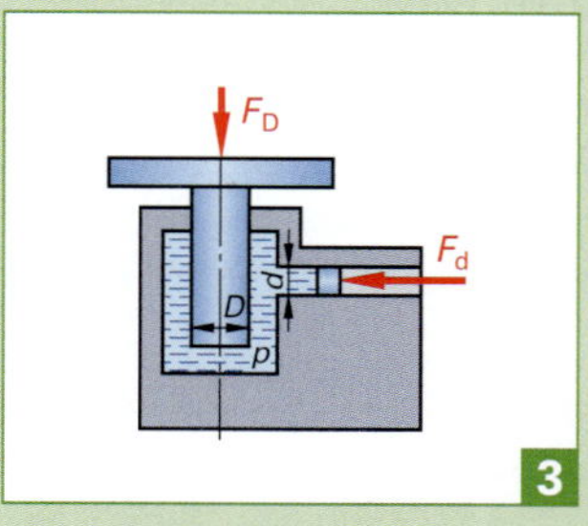

3

Lösung $\frac{F_D}{F_d} = \frac{D^2}{d^2}$

$F_d = F_D \cdot \frac{d^2}{D^2} = 80000\ N \cdot \frac{(25\ mm)^2}{(300\ mm)^2}$

$\boldsymbol{F_d} = \mathbf{555{,}6\ N}$

FLUIDE IN HYDRAULIK UND PNEUMATIK

KOLBENKRAFT IN ZYLINDERN

Wenn bei der hydraulischen Kraftübersetzung (Bild 2, vorhergehende Seite) auf der linken Seite der „Kolben a" durch eine Pumpe zur Druckerzeugung ersetzt wird, entsteht die Anordnung der Bilder 1 bis 3. Da die Pumpe, im Gegensatz zum Kolben a der hydraulischen Kraftübersetzung, kontinuierlich einen Ölfluss liefert, sind noch Schieber und Leitungen zur Lenkung des Ölflusses erforderlich. Der Tank dient zur Bereitstellung und Aufnahme der Hydraulikflüssigkeit.

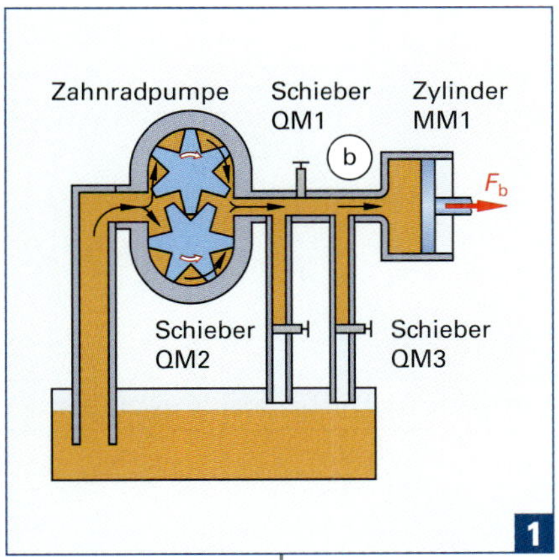

Der Druck p entspricht dem Pumpendruck. Bei dem oben dargestellten Stand der Schieber erzeugt der Kolben b die Druckkraft F_b nach außen.

$$\text{mit } p = \frac{F_b}{A_b} \rightarrow F_b = p \cdot A_b = p \cdot \frac{\pi}{4} \cdot d^2$$

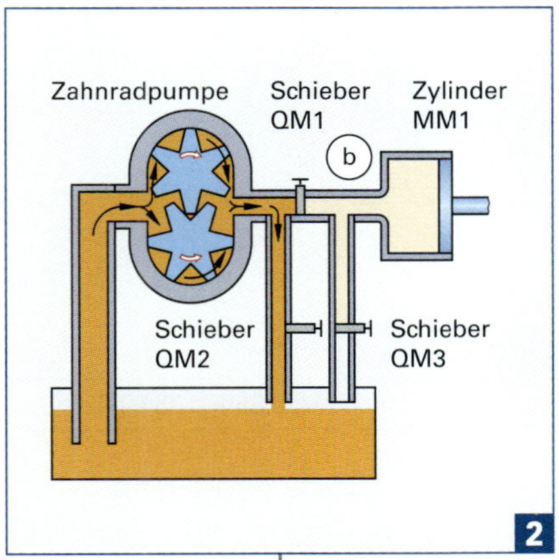

Wenn der Zylinder MM1 vollständig ausgefahren ist, wird der Schieber QM1 geschlossen.

Damit sich kein sehr hoher Druck durch die Pumpe aufbaut, muss zeitnah der Schieber QM2 geöffnet werden.

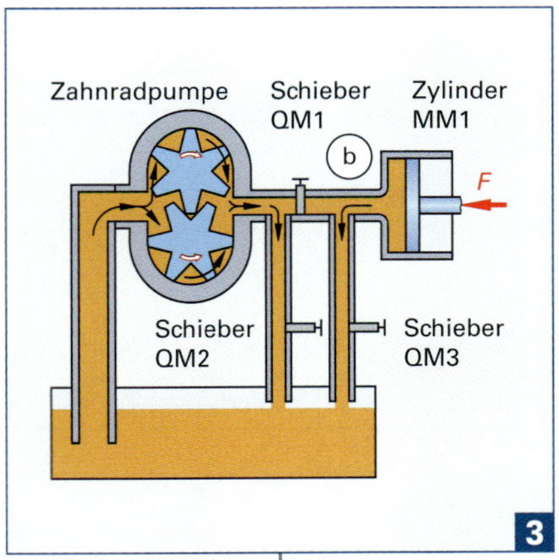

Wenn nun der Schieber QM3 geöffnet wird, kann durch Aufbringen einer äußeren Kraft F der Zylinder MM1 wieder eingeschoben werden.

Bild 4 zeigt eine praxisgerechte bildliche Anordnung. Statt dem Schieber QM1 und QM3 wird ein Wegeventil eingesetzt. Wenn man den Steuerkolben des Wegeventils mit Handkraft in die linke Endposition verschiebt, hat man die Funktion von Bild 1. Die Funktion von Schieber 2 übernimmt das Druckbegrenzungsventil, das automatisch einen zu hohen Druck in der Anlage verhindert.

Bild 5 zeigt die gleiche Anordnung wie in Bild 4, nur mit einfachen Symbolen. Der Zylinder ist ein einfachwirkender Zylinder, d.h., nur in einer Richtung wird er hydraulisch wirkend betätigt. In die andere Richtung, zum Einfahren, muss eine äußere Kraft wirken. Dies kann z.B. eine Masse sein, die man mit dem Zylinder anhebt. Das Rückschlagventil dient als By-Pass-Ventil und soll den Filter umgehen, falls er einen zu großen Widerstand infolge von Verschmutzung hat.

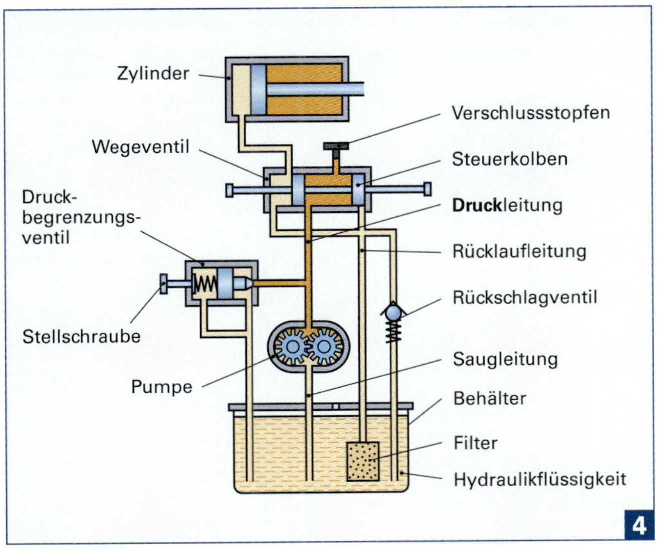

Bildliche Darstellung einer Hydraulikanlage

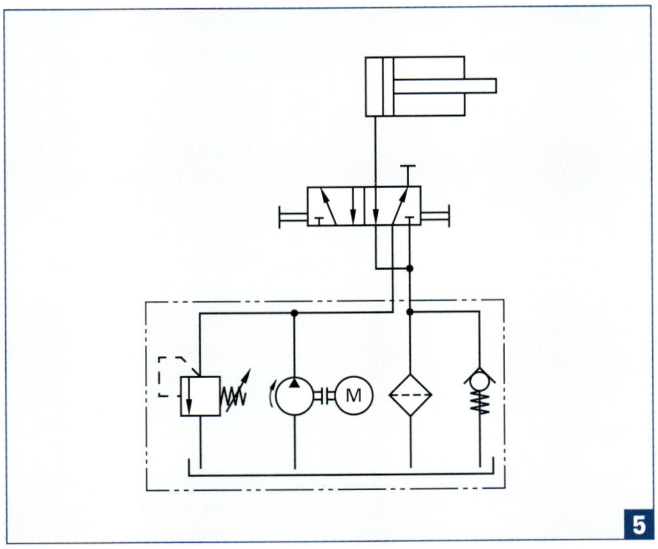

Darstellung der Hydraulikanlage aus Bild 4 mit Symbolen

Die Überlegungen zu den Zylinderkräften auf der vorangegangenen Seite können auch auf die Pneumatik bezogen werden. Bei doppeltwirkenden Zylindern ist zu berücksichtigen, dass sie auf einer oder auf beiden Seiten die Kolbenstange haben. Damit wird die vom Druck beaufschlagte Fläche auf einer oder auf beiden Seiten zur Kreisringfläche.

Um Verluste z.B. durch Reibung zu berücksichtigen, wird ein Wirkungsgrad η eingerechnet. Er wird entweder als Prozentzahl (z.B. 90%) oder als Dezimalzahl (z.B. 0,9) angegeben. Nachfolgend sind die Kräfte für einfachwirkende und doppeltwirkende Zylinder zusammengefasst:

ÜBERSICHT: KOLBENKRÄFTE (HYDRAULIK UND PNEUMATIK)

Einfachwirkender Zylinder (Ausfahren durchs Fluid, die Federkraft wird vernachlässigt. Einfahren durch Federkraft)	**Doppeltwirkender Zylinder – Ausfahren – Druckkraft**	**Doppeltwirkender Zylinder – Einfahren – Zugkraft**
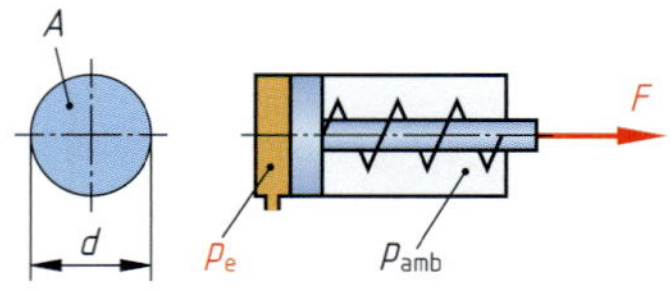	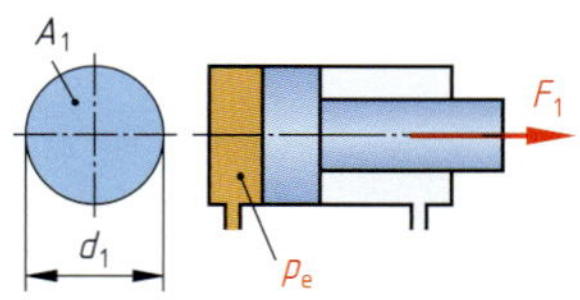	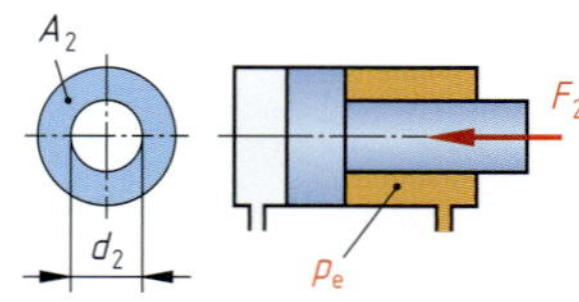
$F = p_e \cdot A \cdot \eta$ $F = p_e \cdot \frac{d^2 \cdot \pi}{4} \cdot \eta$	$F_1 = p_e \cdot A_1 \cdot \eta$ $F_1 = p_e \cdot \frac{d_1^2 \cdot \pi}{4} \cdot \eta$	$F_2 = p_e \cdot A_2 \cdot \eta$ $F_2 = p_e \cdot \frac{(d_1^2 - d_2^2) \cdot \pi}{4} \cdot \eta$

F in N $\quad d$ in cm $\quad A$ in cm² $\quad \eta$ – [z.B. 0,85 für 85%] $\quad p_e$ in N/cm² [= p_e in bar mal 10 (N/cm²)/bar]

BEISPIEL

Welche Zugkraft hat ein doppeltwirkender Zylinder, Kolbendurchmesser 670 mm, Stangendurchmesser 550 mm, Betriebsdruck 315 bar; $\eta = 90\%$

Lösung $F_2 = p \cdot \frac{(d_1^2 - d_2^2) \cdot \pi}{4} \cdot \eta \qquad F_2 = 315\ \text{bar} \cdot 10\ \frac{\frac{\text{N}}{\text{cm}^2}}{\text{bar}} \cdot \frac{((67\ \text{cm})^2 - (55\ \text{cm})^2) \cdot \pi}{4} \cdot 0{,}9 = 3\,259{,}7\ \text{N}$

LUFTVERBRAUCH VON PNEUMATIKZYLINDERN

Eine wichtige Kenngröße für die Auslegung einer Pneumatik-Anlage ist der „Luftverbrauch". Im Zylinder gilt:

Der Volumenstrom der verdichteten Luft ist das pro Hub gefüllte Volumen V, multipliziert mit der Hubzahl n

$$Q_{(\text{verdichtet})} = V \cdot n = A \cdot s \cdot n$$

Das Gesetz von Boyle-Mariotte besagt, dass das Produkt aus Volumen und Druck konstant bleibt: $p \cdot V =$ konstant. Damit bleibt auch das Produkt aus Volumenstrom und Druck konstant: $p \cdot Q =$ konstant. Das heißt, dass der Volumenstrom der angesaugten Luft Q (Luftverbrauch) mal dem Umgebungsdruck p_{amb} gleich groß ist wie das Volumen der verdichteten Luft mal dem absoluten Druck p_{abs} in der Anlage:
$Q \cdot p_{amb} = A \cdot s \cdot n \cdot (p_e + p_{amb})$

LUFTVERBRAUCH BERECHNEN

Einfachwirkender Zylinder (Einfahren durch Federkraft)

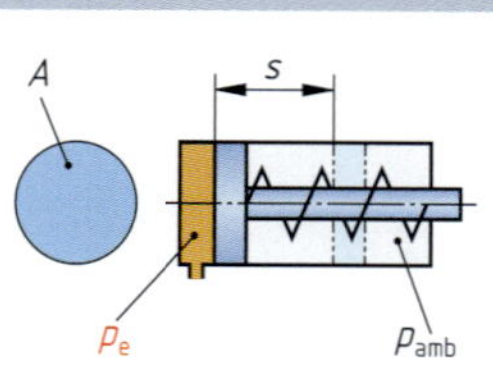

- Q Luftverbrauch in cm³/min
- A Kolbenfläche in cm²
- s Kolbenhub in cm
- n Hubzahl pro Minute
- p_e Anlagendruck, Überdruck in bar
- p_{amb} Umgebungsdruck, ca. 1 bar

$$Q = A \cdot s \cdot n \cdot \frac{p_e + p_{amb}}{p_{amb}}$$

Doppeltwirkender Zylinder

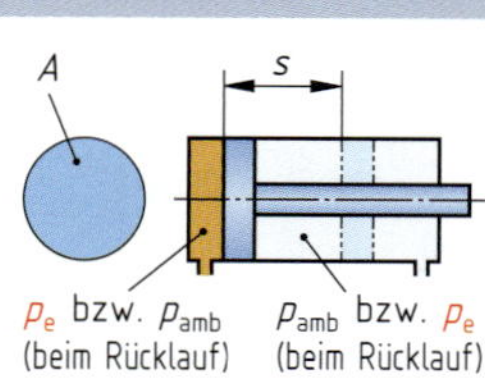

- Q Luftverbrauch in cm³/min
- A Kolbenfläche in cm²
- s Kolbenhub in cm
- n Hubzahl pro Minute
- p_e Anlagendruck, Überdruck in bar
- p_{amb} Umgebungsdruck, ca. 1 bar

Das Kolbenstangenvolumen wird vernachlässigt:

$$Q = 2 \cdot A \cdot s \cdot n \cdot \frac{p_e + p_{amb}}{p_{amb}}$$

BEISPIEL

Berechnen Sie den Luftverbrauch für den folgenden einfachwirkenden Zylinder:
Kolben-Ø: 40 mm, Betriebsdruck: 6 bar, Hub: 20 mm, Häufigkeit des Ausfahrens: 15 mal pro Minute.

Lösung $Q = 2 \cdot A \cdot s \cdot n \cdot \frac{p_e + p_{amb}}{p_{amb}} = \frac{(4\ \text{cm})^2 \cdot \pi}{4} \cdot 2\ \text{cm} \cdot 15\ \frac{1}{\text{min}} \cdot \frac{6\ \text{bar} + 1\ \text{bar}}{1\ \text{bar}} = 2639\ \frac{\text{cm}^3}{\text{min}} = \mathbf{2{,}639\ \frac{Liter}{min}}$

AUFGABEN ZUR WIEDERHOLUNG

1. Welche Kräfte wirken zwischen den Oberflächenmolekülen zweier Körper und welche zwischen den Molekülen bzw. Atomen eines Körpers?
2. Wie ist es zu erklären, dass Flüssigkeiten und Gase so gut verformbar sind?
3. Von welcher physikalischen Zustandsgröße ist die Oberflächenspannung σ abhängig?
4. An der Kolbenstange eines Tauchkolbens mit dem Durchmesser $d = 100$ mm wird eine Kolbenkraft $F = 500$ N gemessen. Wie groß ist der auf die Kolbenfläche wirkende Druck in P_a und in bar?
5. Bei dem im Bild 4, Seite 65, dargestellten Schwimmdachbehälter wird ein Pressdruck $p_1 = 0{,}03$ bar und ein Schweredruck $p_2 = 0{,}7$ bar erzeugt. Wie groß ist der Gesamtdruck am Boden des Behälters?
6. In einem oben offenen Gefäß ist eine Flüssigkeit mit einer Dichte $\varrho = 0{,}87$ kg/dm^3 eingefüllt. Am Gefäßboden wird ein Schweredruck von 0,45 bar gemessen. Berechnen Sie die Höhe h der Flüssigkeitssäule.
7. Führen Sie die Druckgröße 1 bar auf die Basiseinheiten kg, m und s zurück.
8. Füllen Sie die folgende Tabelle aus:

	bar	at	atm	mWs	mmHg	Pa
1 bar →	1					
1 at →		1				

9. In einem Dampfzylinder mit dem Durchmesser von 320 mm herrscht ein Druck von 15 bar. Welche Kraft bringt der Kolben auf, wenn die Reibungsverluste zwischen Kolben und Zylinderwand unberücksichtigt bleiben?
10. In einem Druckgefäß darf sich höchstens ein Druck von 12 bar aufbauen. Welchen Durchmesser darf der Sitz eines Sicherheitsventils höchstens haben, wenn das Ventil bei einer Belastung durch eine Feder mit $F = 100$ N ansprechen, d.h. öffnen soll?
11. Nebenstehendes Bild 1 zeigt eine hydraulische Presse in schematischer Darstellung. Der Pumpenhebel ist als einseitiger Hebel mit $l_1 = 82$ cm und $l_2 = 16$ cm ausgebildet. Mit diesem Hebel wird am Druckkolben eine Kraft $F_2 = 200$ N erzeugt. Die Kolbendurchmesser betragen $d = 40$ mm, $D = 220$ mm. Berechnen Sie
    a) die erforderliche Kraft F_1 am Hebel,
    b) den Druck im Hydrauliksystem,
    c) die hebbare Last F_G bei Vernachlässigung aller Reibungsverluste.

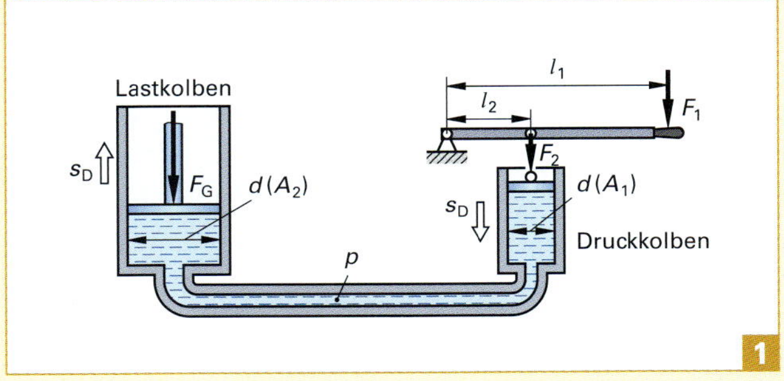

1

AUFGABEN ZUR PRÜFUNGSVORBEREITUNG

12. Der Kolbendurchmesser in einem Hydraulikzylinder beträgt 50 mm, die Kolbenstange hat einen Durchmesser von 30 mm. Am Zylinder liegt ein Druck von 189 bar an. Der Wirkungsgrad des Zylinders beträgt 97 %. Wie viel Newton sind die Zugkraft und die Druckkraft des Zylinders?
13. Ein einfachwirkender Hydraulikzylinder wird mit 200 bar Druck beaufschlagt. Wie groß muss der Durchmesser des Kolbens sein, damit er eine Masse von 4000 kg senkrecht nach oben drücken kann? Der Wirkungsgrad beträgt 90 %.
14. Welcher Druck muss an einem einfachwirkenden Hydraulikzylinder anliegen, wenn er bei einem Kolbendurchmesser von 15 mm und einem Wirkungsgrad von 93% eine Zylinderkraft von 3000 N erzeugen soll?
15. Ein einfachwirkender Pneumatikzylinder dient als Auswerfer und wird mit 8 bar Druck beaufschlagt. Sein Kolbendurchmesser beträgt 32 mm und er muss 20-mal pro Minute mit einem Hub von 25 mm ausfahren. Wie groß ist der Luftverbrauch in Liter/Minute des Auswerfers?
16. Ein doppeltwirkender Pneumatikzylinder wird mit 6 bar Druck beaufschlagt, er muss 40-mal pro Minute mit einem Hub von 80 mm ausfahren. Der Luftverbrauch wird dabei mit 351,858 Liter/Minute gemessen. Wie groß ist der Kolbendurchmesser des Zylinders in mm?
17. Ein einfachwirkender Pneumatikzylinder dient als Auswerfer, hat einen Kolbendurchmesser von 200 mm und wird mit 5 bar Druck beaufschlagt. Seine Hubzahl beträgt 15 min^{-1}. Die Druckluftquelle liefert 904,778 Liter/Minute. Wie groß ist der Hub des Auswerfers in mm?
18. Ein doppeltwirkender Pneumatikzylinder mit 63 mm Kolbendurchmesser muss mit einer Frequenz von 30 min^{-1} einen Hub von 100 mm machen. Der Luftverbrauch wird dabei mit 75 Liter/Minute gemessen. Der Wirkungsgrad beträgt 89 %.
    a) Mit welchem Druck ist er beaufschlagt?
    b) Welche Druckkraft hat der Zylinder mit diesem Kolbendurchmesser?

STRÖMUNG INKOMPRESSIBLER FLUIDE

Die Bezeichnung Fluid ist als Oberbegriff für Flüssigkeiten und Gase hinreichend bekannt. Wenn nun von **inkompressiblen Fluiden** gesprochen wird, dann ist dies gleichzeitig ein Hinweis darauf, in welchem Aggregatzustand das Fluid vorliegt.

KONTINUITÄTSGLEICHUNG (DURCHFLUSSGLEICHUNG)

Als inkompressibel wird ein Stoff bezeichnet, wenn er sich durch die auf ihn wirkenden Kräfte nicht zusammendrücken lässt. Dies ist angenähert bei festen Körpern und bei Flüssigkeiten der Fall, hingegen lassen sich Gase und Dämpfe leicht verdichten. Diese Inkompressibilität macht sich bei luftartigen Stoffen erst bei Strömungsgeschwindigkeiten über 100 m/s in einem gewissen Maß bemerkbar.

Deshalb gilt in der Strömungslehre:

> Flüssigkeiten werden grundsätzlich als inkompressibel behandelt, Gase und Dämpfe nur dann, wenn ihre Strömungsgeschwindigkeit *v* größer als 100 m/s ist.

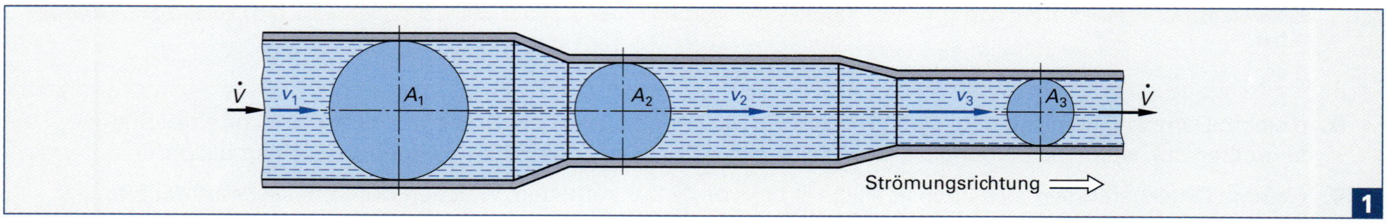

Rohrleitung mit unterschiedlich großen Strömungsquerschnitten

Bild 1 zeigt eine Rohrleitung mit örtlich unterschiedlichem Rohrquerschnitt. Setzt man nun **Inkompressibilität des Fluids** voraus, dann kann man folgern, dass sich die Strömungsgeschwindigkeiten wegen des **zeitlich konstanten Strömungsvolumens** *V* mit kleiner werdendem Querschnitt vergrößern. Es ist also $v_1 < v_2 < v_3$.

Da die Strömungsgeschwindigkeit in Abhängigkeit vom Abstand zur Rohrwand unterschiedlich groß ist (Bild 2 zeigt dies bei einer **laminaren Strömung**), wird mit einer mittleren Geschwindigkeit *v*, die auch als Durchschnittsgeschwindigkeit *v* bezeichnet wird, gerechnet. Dies hat keinen Einfluss auf die Berechnung des in einer bestimmten Zeiteinheit durch den Rohrquerschnitt strömenden „Fluidvolumens".

> Infolge des unveränderlichen Volumens (Inkompressibilität) des Fluides ist bei einer geschlossenen Rohrleitung in jedem Querschnitt das in der Zeiteinheit durchfließende Fluidvolumem konstant.

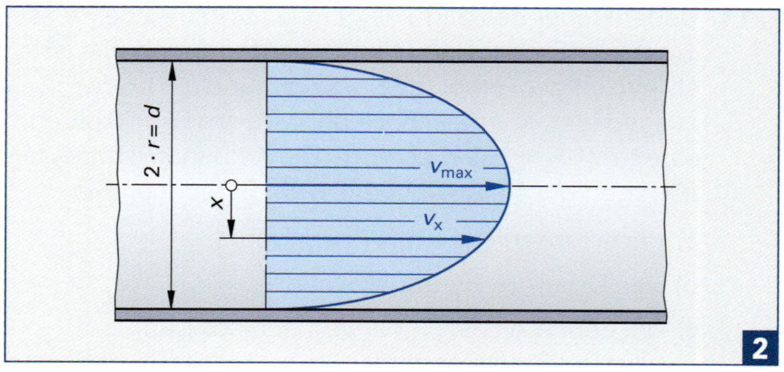

Verteilung der Geschwindigkeit

Das in der Zeiteinheit durch den Rohrquerschnitt fließende Fluidvolumen wird als **Volumenstrom $\dot{V}$** oder auch als **Durchsatz $\dot{V}$** bezeichnet. Die Einheit hierfür ist **m³/s**. Da ein **kontinuierlicher Volumenstrom** vorausgesetzt wird, ergibt sich für den

VOLUMENSTROM

$$\dot{V} = A \cdot v$$

$$[\dot{V}] = [A] \cdot [v] = m^2 \cdot \frac{m}{s} = \frac{m^2}{s}$$

$$\dot{V} = A_1 \cdot v_1 = A_2 \cdot v_2 = A_3 \cdot v_3 = \ldots = \text{konst.}$$

A = Strömungsquerschnitt in m²
v = mittlere Strömungsgeschwindigkeit in m/s

Diese Gleichung heißt **Kontinuitätsgleichung** oder auch **Durchflussgleichung**. Sie ist eine der wichtigsten Gleichungen in der Strömungslehre.

> Der Volumenstrom $\dot{V}$ eines inkompressiblen Fluids errechnet sich aus dem Produkt von Strömungsquerschnitt *A* und mittlerer Strömungsgeschwindigkeit *v*. Er ist in einem geschlossenen Rohrleitungssystem konstant.

Die in der Zeiteinheit fließende Fluidmasse wird als **Massenstrom $\dot{m}$** bezeichnet. Entsprechend der Definitionsgleichung für die Dichte bzw. für die Masse ($m = V \cdot \varrho$) ergibt sich für den

MASSENSTROM

$$\dot{m} = \dot{V} \cdot \varrho = A \cdot v \cdot \varrho$$

$$[\dot{m}] = [A] \cdot [v] \cdot [\varrho]$$

$$[\dot{m}] = [m^2] \cdot \frac{m}{s} \cdot \frac{kg}{m^3} = \frac{kg}{s}$$

BEISPIEL 1

Aus einem Rohr, welches sich vom Innendurchmesser $d_1 = 150$ mm auf den Innendurchmesser $d_2 = 110$ mm verjüngt, strömen in $t = 12$ min $V = 75\ m^3$ Wasser aus. Berechnen Sie bei $\dot{\varrho} = 1\ kg/m^3$

a) den Volumenstrom in m^3/s,
b) den Massenstrom in kg/s,
c) die Strömungsgeschwindigkeiten v_1 und v_2 in den beiden Rohrquerschnitten.

Lösung a) $\dot{V} = \frac{V}{t} = \frac{75\ m^3}{12 \cdot 60\ s} = \mathbf{0{,}1042\ \frac{m^3}{s}}$

b) $\dot{m} = V \cdot \varrho = 0{,}1042\ \frac{m^3}{s} \cdot 1000\ \frac{kg}{m^3} = \mathbf{104{,}2\ \frac{kg}{s}}$

c) $\dot{V} = A_1 \cdot v_1 \rightarrow v_1 = \frac{\dot{V}}{A_1} = \frac{\dot{V}}{\frac{\pi}{4} \cdot d_1^2} = \frac{4 \cdot \dot{V}}{\pi \cdot d_1^2} = \frac{4 \cdot 0{,}1042\ \frac{m^3}{s}}{\pi \cdot (0{,}15\ m)^2}$

$\mathbf{v_1 = 5{,}897\ \frac{m}{s}}$ (Querschnitt 1)

$\dot{V} = A_2 \cdot v_2 \rightarrow v_2 = \frac{\dot{V}}{A_2} = \frac{\dot{V}}{\frac{\pi}{4} \cdot d_2^2} = \frac{4 \cdot \dot{V}}{\pi \cdot d_2^2} = \frac{4 \cdot 0{,}1042\ \frac{m^3}{s}}{\pi \cdot (0{,}11\ m)^2}$

$\mathbf{v_2 = 10{,}965\ \frac{m}{s}}$ (Querschnitt 2)

Aus der Kontinuitätsgleichung ergibt sich unmittelbar, dass sich die Strömungsgeschwindigkeiten v umgekehrt wie die Strömungsflächen A verhalten. Da die Strömungsflächen (Querschnitte) meist eine kreisförmige Form haben, gilt das Folgende

Die Strömungsgeschwindigkeiten inkompressibler Fluide verhalten sich umgekehrt wie die Strömungsquerschnitte.

Die Strömungsgeschwindigkeiten inkompressibler Fluide verhalten sich bei kreisförmigen Querschnitten umgekehrt wie die Quadrate der Durchmesser.

BEISPIEL 2

Leiten Sie formelmäßig den vorstehenden Merksatz ab.

Lösung $\dot{V} = A_1 \cdot v_1 = A_2 \cdot v_2 \rightarrow \frac{v_1}{v_2} = \frac{A_2}{A_1} \rightarrow \frac{v_1}{v_2} = \frac{\frac{\pi \cdot d_2^2}{4}}{\frac{\pi \cdot d_1^2}{4}} \rightarrow \frac{v_1}{v_2} = \frac{d_2^2}{d_1^2}$

ENERGIEGLEICHUNG VON BERNOULLI

Aus der Dynamik der festen Körper ist bekannt, dass mechanische Energie in mehreren Formen auftreten kann. Unter bestimmten Voraussetzungen ist sie von einer Form in eine andere Form umwandelbar. Dies gilt auch für Fluide. Im Bild 1 steht m für die Masse, die in drei Höhenlagen dargestellt ist. Der maximale Höhenunterschied ist mit h gekennzeichnet. In der Turbine wird die Lageenergie in Bewegungsenergie umgewandelt.

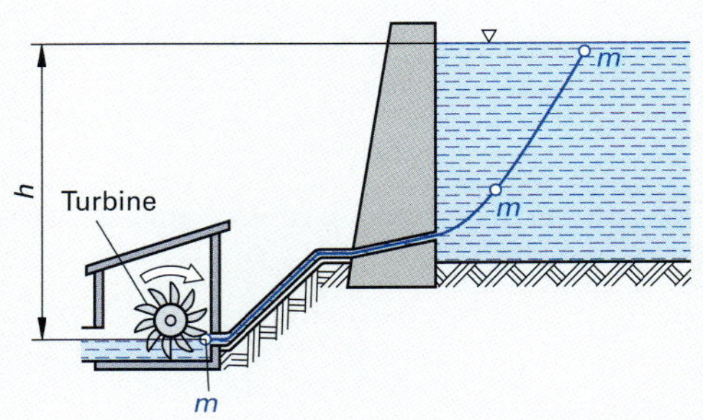

1 *Strömungsenergie*

Energie ist Arbeitsfähigkeit, d.h. Fähigkeit eines Systems, Arbeit zu verrichten.

Aus der Mechanik für feste Körper sind die folgenden Formeln bekannt:

POTENZIELLE ENERGIE

$W_{pot} = F_G \cdot h = m \cdot g \cdot h$

$[W_{pot}] = [m] \cdot [g] \cdot [h] = kg \cdot \frac{m}{s^2} \cdot m = Nm$

KINETISCHE ENERGIE

$W_{kin} = \frac{m}{2} \cdot v^2$

$[W_{kin}] = \frac{[m]}{2} \cdot [v]^2 = kg \cdot \left(\frac{m}{s}\right)^2 = \frac{kgm}{s^2} \cdot m = Nm$

Es wurde bereits dargestellt, dass in der Höhe des Wasserspiegels die kinetische Energie Null ist und die potenzielle Energie ihren Maximalwert hat. In der Höhe der Turbine, also nach dem Durchlaufen des Höhenunterschiedes *h* der Masse *m*, ist dies gerade umgekehrt. Die sich über die Höhenlage ständig ändernde potenzielle bzw. kinetische Energie sind Teilbeträge der Gesamtenergie, die man beim Strömen des Fluids als **Strömungsenergie** bezeichnet.

Steht ein Fluid in einem Rohrleitungssystem unter Druck, dann beinhaltet die Strömungsenergie auch noch **Druckenergie**. Ein auf die Rohrleitung gesetztes Steigrohr, welches als **Piezometer** bezeichnet wird, zeigt diesen Druck als Schweredruck an. Diesen Sachverhalt zeigt Bild 1. Setzt man ein bestimmtes Fluidvolumen *V*, dann hat die Fluidmasse *m* bei einem Druck *p* die folgende

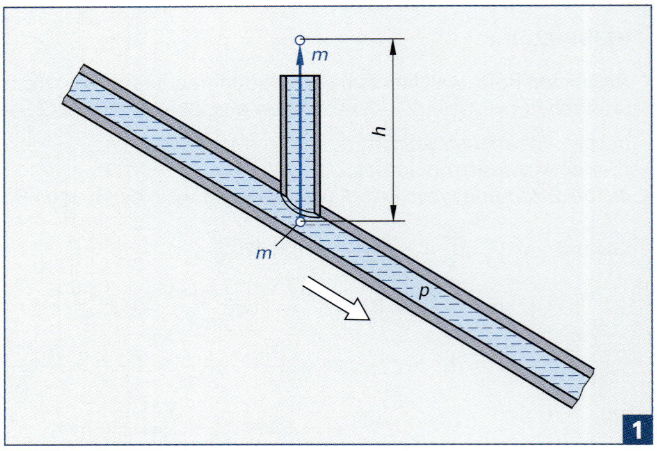

Piezometer

DRUCKENERGIE

$$W_d = p \cdot V$$

$$[W_d] = [p] \cdot [V] = \frac{N}{m^2} \cdot m^3 = Nm$$

Die unter der Formel durchgeführte Einheitenrechnung führt zu der Energieeinheit Nm. Es gilt

> In einem strömenden Fluid kann neben kinetischer Energie W_{kin} potenzielle Energie W_{pot} und Druckenergie W_d enthalten sein.

ENERGIEERHALTUNGSSATZ

Mithilfe des **Energieerhaltungssatzes** hat der Schweizer Mathematiker und Physiker Daniel **Bernoulli** im Jahr 1782 eine weitere wichtige **Strömungsgleichung** – die **Energiegleichung** – aufgestellt. Diese wird als die **Bernoulli'sche Gleichung** bezeichnet. Sie ist neben der Kontinuitätsgleichung die zweite grundlegende Beziehung, auf der alle Rohrleitungsberechnungen aufbauen. Die Energiegleichung lautet

ENERGIEERHALTUNGSSATZ

$$W_{Ende} = W_{Anfang} + W_{zu} - W_{ab}$$

> Die Energie am Ende eines technischen Vorganges ist genauso groß wie die Summe aus der Energie am Anfang und der während des technischen Vorganges zu- und abgeführten Energien.

Die Strömungsverluste werden momentan noch nicht berücksichtigt. Das heißt, dass während der Strömung durch die Rohrleitung weder Energie zugeführt noch abgeführt wird. Legt man den Energieerhaltungssatz zugrunde, dann bedeutet das

$$W = W_d + W_{pot} + W_{kin} = \text{konst.}$$

> Bei der **verlustfreien Rohrströmung** inkompressibler Fluide ist die Summe von potenzieller Energie, kinetischer Energie und Druckenergie konstant.

Bild 2 zeigt eine sich verjüngende und nach unten geneigte Rohrleitung, die von einem inkompressiblen Fluid durchströmt wird. Da eine gleichbleibende Masse *m* vorausgesetzt wird, muss für diese die Strömungsgeschwindigkeit *v* ständig größer werden. Es ist also $v_2 > v_1$. Dies bedeutet aber, dass an der Stelle ② die kinetische Energie der Fluidmasse *m* größer sein muss, als an der Stelle ①.

Bei der als konstant angenommenen Gesamtenergie hat dies aber Konsequenzen auf die Druckenergie und/oder die potenzielle Energie, die in ihrer Summe kleiner geworden sein müssen. Unabhängig von dieser Überlegung ist auch durch die unterschiedliche Höhenlage die potenzielle Energie an der Stelle ① größer als an der Stelle ②.

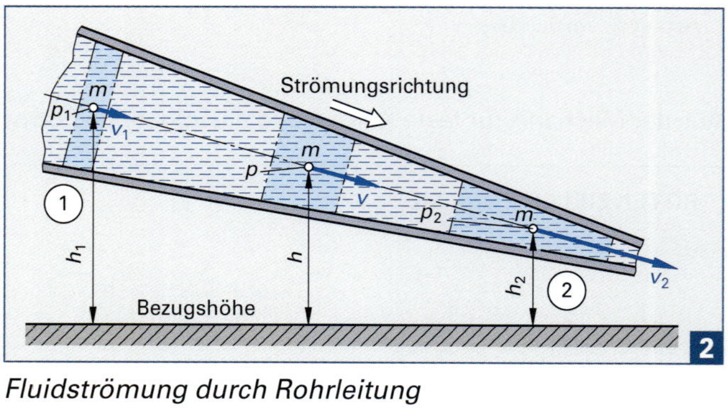

Fluidströmung durch Rohrleitung

Bei konstanter Gesamtenergie und bei gegebener Anordnung ändern sich also ständig – bezogen auf eine begrenzte Fluidmasse m – die einzelnen Energiebeträge. Es ist zu folgern:

$$W = W_d + W_{pot} + W_{kin}$$
$$W = p \cdot V + m \cdot g \cdot h + \frac{m}{2} v^2$$

Mit $m = V \cdot \varrho$

BERNOULLI'SCHE ENERGIEGLEICHUNG

$$W = p \cdot V + V \cdot \varrho \cdot g \cdot h + \frac{V \cdot \varrho}{2} \cdot v^2 = \text{konst.}$$

$$p_1 \cdot V + V \cdot \varrho \cdot g \cdot h_1 + \frac{V \cdot \varrho}{2} \cdot v_1^2 = p_2 \cdot V + V \cdot \varrho \cdot g \cdot h_2 + \frac{V \cdot \varrho}{2} \cdot v_2^2$$

Teilt man nun beide Seiten der Bernoulli'schen Energiegleichung durch das Volumen V, ergibt sich die

BERNOULLI'SCHE DRUCKGLEICHUNG

$$p_1 + \varrho \cdot g \cdot h_1 + \frac{\varrho}{2} \cdot v_1^2 = p_2 + \varrho \cdot g \cdot h_2 + \frac{\varrho}{2} \cdot v_2^2$$

Diese Gleichung durch das Produkt ρ geteilt ergibt die

BERNOULLI'SCHE DRUCKHÖHENGLEICHUNG

$$\frac{p_1}{\varrho \cdot g} + h_1 + \frac{v_1^2}{2 \cdot g} = \frac{p_2}{\varrho \cdot g} + h_2 + \frac{v_2^2}{2 \cdot g}$$

Es ist noch anzumerken, dass bei allen Varianten der Bernoulli'sche Gleichungen auf beiden Seiten des Gleichheitszeichens drei Summanden stehen. Bei **horizontal verlaufenden Rohrleitungen** entfällt der mittlere Summand.

BEISPIEL

In einer horizontal verlaufenden Rohrleitung mit dem Innendurchmesser $d_1 = 83{,}5$ mm fließt Druckwasser mit einem Druck $p = 7$ bar. In einem Reduzierstück verjüngt sich der Querschnitt auf den Innendurchmesser $d_2 = 57{,}5$ mm.
Das Rohr hat einen Durchsatz von $\dot{V} = 0{,}05\ \text{m}^3/\text{s}$. Berechnen Sie

a) die Strömungsgeschwindigkeiten v_1 und v_2,
b) den Druck p im Querschnitt 2.

Lösung a) $\dot{V} = A_1 \cdot v_1 = A_2 \cdot v_2 \rightarrow v_1 = \frac{\dot{V}}{A_1} = \frac{4 \cdot \dot{V}}{\pi \cdot d_1^2} = \frac{4 \cdot 0{,}05\ \frac{\text{m}^3}{\text{s}}}{\pi \cdot (0{,}0835\ \text{m})^2}$

$$\mathbf{v_1 = 9{,}131\ \frac{m}{s}}$$

$$v_2 = \frac{\dot{V}}{A_2} = \frac{4 \cdot \dot{V}}{\pi \cdot d_2^2} = \frac{4 \cdot 0{,}05\ \frac{\text{m}^3}{\text{s}}}{\pi \cdot (0{,}0575\ \text{m})^2}$$

$$\mathbf{v_2 = 19{,}255\ \frac{m}{s}}$$

$$\text{Probe: } \frac{v_1}{v_2} = \left(\frac{d_2}{d_1}\right)^2 \rightarrow \frac{9{,}131\ \frac{\text{m}}{\text{s}}}{19{,}255\ \frac{\text{m}}{\text{s}}} = \left(\frac{57{,}5\ \text{mm}}{83{,}5\ \text{mm}}\right)^2$$

$$\mathbf{0{,}474 = 0{,}474}$$

b) $p_{st1} + \frac{\varrho}{2} \cdot v_1^2 = p_{st2} + \frac{\varrho}{2} \cdot v_2^2$

$$p_{st2} = p_{st1} + \frac{\varrho}{2} \cdot (v_1^2 - v_2^2)$$

$$p_{st2} = 7\ \text{bar} + \frac{1000\ \frac{\text{kg}}{\text{m}^3}}{2} \cdot \left[\left(9{,}131\ \frac{\text{m}}{\text{s}}\right)^2 - \left(19{,}256\ \frac{\text{m}}{\text{s}}\right)^2\right]$$

$$p_{st2} = 7\ \text{bar} + 500\ \frac{\text{kg}}{\text{m}^3} \cdot \left[83{,}375\ \frac{\text{m}^2}{\text{s}^2} - 370{,}794\ \frac{\text{m}^2}{\text{s}^2}\right]$$

$$p_{st2} = 7\ \text{bar} + 500\ \frac{\text{kg}}{\text{m}^3} \cdot \left(-287{,}419\ \frac{\text{m}^2}{\text{s}^2}\right) = 700000\ \frac{\text{N}}{\text{m}^2} - 143709{,}5\ \frac{\text{N}}{\text{m}^2}$$

$$p_{st2} = 556290{,}5\ \frac{\text{N}}{\text{m}^2}$$

$$\mathbf{p_{st2} = 5{,}563\ bar}$$

PHYSIK

CHEMIE

STATISTIK

KOLBENGESCHWINDIGKEIT UND HYDRAULISCHE LEISTUNG

In der Hydraulik wird der Volumenstrom mit Q statt mit $\dot{V}$ bezeichnet. Betrachtet man einen doppeltwirkenden Zylinder, ergeben sich aus der Kontinuitätsgleichung die Kolbengeschwindigkeiten in der folgenden Tabelle.

Multipliziert man die Kolbengeschwindigkeiten mit den Kolbenkräften ergibt sich die hydraulische Leistung beim Aus- und Einfahren.

AUSFAHR- UND EINFAHRGESCHWINDIGKEITEN UND HYDRAULISCHE LEISTUNGEN

Doppeltwirkender Zylinder – Ausfahren

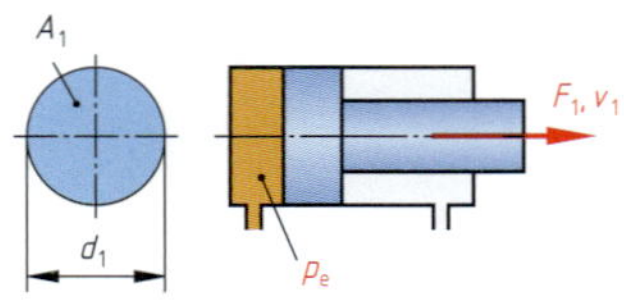

$$v_1 = \frac{Q}{A_1} = \frac{4 \cdot Q}{d_1^2 \cdot \pi}$$

$$P_1 = v_1 \cdot F_1 = \frac{Q}{A_1} \cdot p_e \cdot A_1 = Q \cdot p_e$$

Doppeltwirkender Zylinder – Einfahren

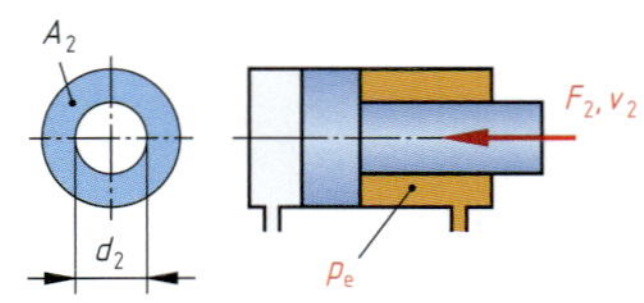

$$v_2 = \frac{Q}{A_2} = \frac{4 \cdot Q}{(d_1^2 - d_2^2) \cdot \pi}$$

$$P_2 = v_2 \cdot F_2 = \frac{Q}{A_2} \cdot p_e \cdot A_2 = Q \cdot p_e$$

Die hydraulische Leistung ergibt sich als

Zahlenwertgleichung zu $P = P_1 = P_2 = \frac{Q \cdot p_e}{600}$ mit Q in l/min, p_e in bar, P in kW

BEISPIEL 1

Ein doppeltwirkender Zylinder mit 35 mm Kolbendurchmesser und einem Kolbenstangendurchmesser von 15 mm soll mit 20 mm pro Sekunde ausfahren. Der Betriebsdruck beträgt 180 bar. Wie groß ist die hydraulische Leistung?

Lösung $v_1 = \frac{Q}{A_1} \rightarrow Q = v_1 \cdot \frac{d_1^2 \cdot \pi}{4} = 120\,\frac{\text{cm}}{\text{min}} \cdot \frac{(3{,}5\text{ cm})^2 \cdot \pi}{4} = 1\,154{,}54\,\frac{\text{cm}^3}{\text{min}} = 1{,}15454\,\frac{l}{\text{min}}$

$P = P_1 = \frac{Q \cdot p_e}{600} = \frac{1{,}15454 \cdot 180}{600} = 0{,}346362\text{ kW} = 346{,}362\text{ W}$

Leistung der Pumpe

Die gesamte hydraulische Leistung einer Anlage muss durch die Pumpe aufgebracht werden. Die Pumpe wird durch einen Motor angetrieben, für den dann z.B. Motorleistung, Drehzahl oder Drehmoment bestimmt werden müssen. Die Zusammenhänge zwischen den Bauelementen sind in der folgenden Tabelle widergegeben:

LEISTUNG VON PUMPE UND MOTOR

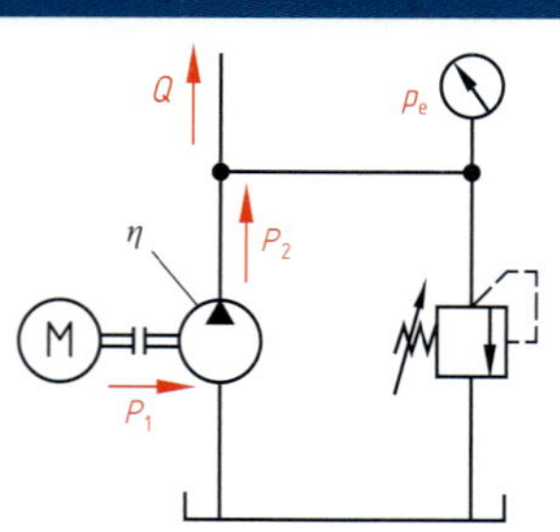

Q	Volumenstrom in l/min
p_e	Anlagendruck in bar
P_1	Motorleistung in kW
P_2	hydraulische Leistung der Pumpe in kW
η	Wirkungsgrad der Pumpe
M	Drehmoment des Motors in Nm
n	Drehzahl des Motors bzw. der Pumpe in 1/min

$$P_1 = \frac{M \cdot n}{9550} \qquad P_2 = \frac{Q \cdot p_e}{600} \qquad \eta = \frac{P_2}{P_1}$$

BEISPIEL 2

Ein Elektromotor liefert bei einer Drehzahl von 2950 Umdrehungen pro Minute ein Drehmoment von 120 Nm.
Die Pumpe hat einen Wirkungsgrad von 90% und der Betriebsdruck beträgt 180 bar.
Wie hoch ist der Volumenstrom, den die Pumpe erzeugen kann?

Lösung $P_1 = \frac{M \cdot n}{9550} = \frac{120 \cdot 2950}{9550} = 37{,}07\text{ kW} \qquad \eta = \frac{P_2}{P_1} \rightarrow P_2 = \eta \cdot P_1 = 0{,}9 \cdot 37{,}07\text{ kW} = 33{,}36\text{ kW}$

$P_2 = \frac{Q \cdot p_e}{600} \rightarrow Q = \frac{600 \cdot P_2}{p_e} = \frac{600 \cdot 33{,}36}{180} = 111{,}2\,\frac{l}{\text{min}}$

STRÖMUNGSVERLUSTE

Bisher wurde von der **verlustfreien Rohrströmung** gesprochen, wobei unter einer Rohrströmung eine Fluidströmung durch ein Rohr (**durchströmter Körper**) verstanden wird. Ganz davon abgesehen, dass es eine verlustfreie Strömung nicht gibt, ist es auch so, dass es im Unterschied zum durchströmten Körper auch noch einen **umströmten Körper** gibt.

In beiden Fällen sind die Druckverluste dem Term **(ϱ/2) · v^2 proportional**. Bild 1 zeigt einen **umströmten Körper** im Windkanal, und zwar zur Messung des **Strömungswiderstandes F_W**.

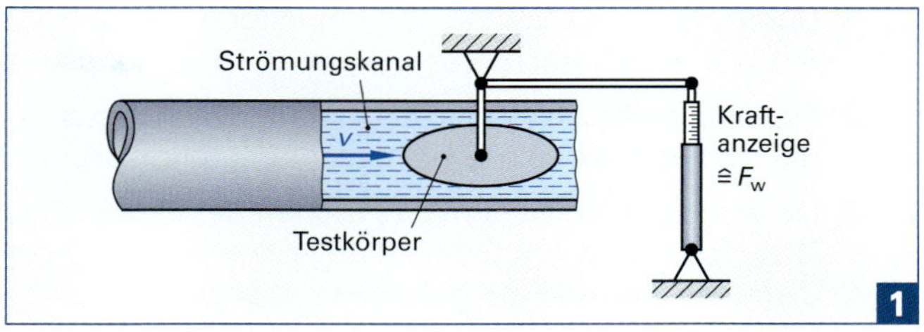

Strömungskanal

STRÖMUNGSWIDERSTAND

$$F_w = C_w \cdot \frac{\varrho}{2} \cdot v^2 \cdot A \quad \text{in N}$$

Der Proportionalitätsfaktor C_W heißt **Widerstandsbeiwert** bzw. auch **C_W-Wert**. Aus dieser Formel ist zu ersehen:

Der Strömungswiderstand ist proportional dem Quadrat der Geschwindigkeit v des bewegten Körpers (z.B. fahrendes Auto) bzw. proportional dem Quadrat der Strömungsgeschwindigkeit v des strömenden Fluids (z.B. Luftströmung).

Weiteren Einfluss auf den Strömungswiderstand hat die **Fluiddichte ϱ** und die **senkrechte Projektion** A des Körpers in Anströmrichtung. Unten stehende Tabelle zeigt einige C_W-Werte. Den Strömungswiderstand beim Fluid Luft bezeichnen wir als **Luftwiderstand**.

C_W-WERTE VERSCHIEDENER KÖRPER

Von Luft umströmter Körper	C_W-Wert	
Stromlinienkörper	0,055	
Kugel	0,20...0,50	je nach Form, Größe und Oberflächenqualität
Pkw	0,30...0,50	
ebene Kreisplatte	1,00...1,40	
halbe Hohlkugel nach hinten geöffnet	0,30...0,50	
halbe Hohlkugel nach vorne geöffnet	1,30...1,50	

BEISPIEL 1

Bei einem Versuch in einem Strömungskanal gemäß Bild 1 ist die senkrechte Anströmfläche $A = 5\ \text{dm}^2$, die Luftgeschwindigkeit $v = 10$ m/s und die Luftdichte $\varrho = 1{,}3\ \text{kg/m}^3$. Der gemessene Strömungswiderstand beträgt $F_W = 1{,}2$ N. Wie groß ist der C_W-Wert?

Lösung $F_W = C_W \cdot \frac{\varrho}{2} \cdot v^2 \cdot A \qquad \mathbf{C_W} = \frac{2 \cdot F_W}{\varrho \cdot v^2 \cdot A} = \frac{2 \cdot 1{,}2\ \text{N}}{1{,}3\ \frac{\text{kg}}{\text{m}^3} \cdot 10 \left(\frac{\text{m}}{\text{s}}\right)^2 \cdot 0{,}05\ \text{m}^2} = \mathbf{0{,}369}$

Auch beim durchströmten Körper treten Strömungsverluste auf. Im Gegensatz zum umströmten Körper, bei dem der Strömungswiderstand von besonderem Interesse ist, wird beim durchströmten Körper meist die Frage nach dem statischen **Druckverlust Δp** gestellt.

Es wurde bereits gesagt, dass die Strömungsverluste proportional dem Term ($\frac{\varrho}{2} \cdot v^2$) sind. Dies gilt gleichermaßen für den umströmten wie für den durchströmten Körper. Hier errechnet sich der statische Druckverlust wie folgt:

STATISCHER DRUCKVERLUST

$$\Delta p_{st} = \lambda \cdot \frac{l}{d} \cdot \frac{\varrho}{2} \cdot v^2 \quad \text{in } \frac{\text{N}}{\text{m}^2}$$

λ = dimensionslose Rohrreibungszahl, die nach verschiedenen Kriterien ermittelt werden kann. Z.B. spielen die Wandungsrauheit und die Strömungsgeschwindigkeit eine große Rolle. Ein Durchschnittswert liegt bei etwa 0,025.
l = Rohrlänge in m
d = Rohrdurchmesser in mm
v = mittlere Strömungsgeschwindigkeit in m/s

BEISPIEL 2

Eine Wasserleitung hat folgende Werte: $\lambda = 0{,}02$; $d_{innen} = 100$ mm; $l = 1$ km; $\varrho_{Wasser} = 1000\ \text{kg/m}^3$. Wie groß ist der statische Druckverlust?

Lösung $\Delta_{pst} = \lambda \cdot \frac{l}{d} \cdot \frac{\varrho}{2} \cdot v^2 = 0{,}02 \cdot \frac{1000\ \text{m}}{0{,}1\ \text{m}} \cdot \frac{1000\ \frac{\text{kg}}{\text{m}^3}}{2} \cdot \left(0{,}637\ \frac{\text{m}}{\text{s}}\right)^2 = \mathbf{0{,}406\ bar}$

AUFGABEN ZUR WIEDERHOLUNG

1. Durch den Querschnitt einer Rohrleitung strömen in 35 min bei einem Innendurchmesser d_i = 89 mm, V = 12,3 m³ Wasser. Berechnen sie die Strömungsgeschwindigkeit in m/s und in m/min.

2. Eine Wasserleitung soll in der Stunde 12 m³ Wasser fördern, und die Strömungsgeschwindigkeit soll maximal 0,6 m/s sein. Welcher Innendurchmesser ist erforderlich?

3. Der Druckkolben einer hydraulischen Hebebühne hat einen Durchmesser d_1 = 20 mm, der Lastkolben hat einen Durchmesser d_2 = 100 mm. Mit welcher Geschwindigkeit in cm/s muss der Druckkolben arbeiten, wenn die Last in der Minute um 5 cm gehoben werden soll?

4. Wie verändert sich die Strömungsgeschwindigkeit in einer Rohrleitung mit überall kreisförmigem Querschnitt, wenn sich der Innendurchmesser in einem Reduzierstück halbiert?

5. Der Querschnitt einer Heißluftleitung beträgt 800 cm² und die Strömungsgeschwindigkeit der Luft 10 m/s.

a) Welche Abmessungen muss der Luftkanal mit quadratischem Querschnitt haben, wenn die Luftgeschwindigkeit auf v_2 = 25 m/s gesteigert werden soll?

b) Was ist zu beachten, wenn wir die Strömungsgeschwindigkeit auf v_3 = 250 m/s steigern?

6. In einem horizontal verlaufenden Luftkanal mit den Querschnittsabmessungen 300 x 300 mm strömt Luft mit einer Geschwindigkeit v_1 = 6 m/s. Die Lufttemperatur beträgt 20 °C und der Luftdruck beträgt 1,2 bar. Bei diesem Druck und bei dieser Temperatur beträgt die Luftdichte ϱ_L = 1,4 kg/m³. Der Luftkanal wird mit einem Reduzierstück auf die Querschnittsabmessungen 150 x 150 mm reduziert und es wird angenommen, dass dabei die Luftdichte konstant bleibt. Berechnen Sie

a) die Strömungsgeschwindigkeit v_2 im reduzierten Querschnitt,

b) den Druck p_2

7. In einer Schlauchleitung herrscht ein Überdruck (Druck über dem atmosphärischen Druck) von 5 bar. Sie hat einen lichten Durchmesser von d_1 = 60 mm und schließt mit einem Mündungsdurchmesser von d_2 = 20 mm ab. Zu bestimmen sind

a) die Austrittsgeschwindigkeit v_2 des Wassers bei einem Atmosphärendruck p_{amb} = 1050 mbar,

b) die Strömungsgeschwindigkeit v_1 im Schlauch,

c) der Volumenstrom $\dot{V}$ in l/min.

8. Aus der Dynamik ist bekannt, dass die mechanische Leistung aus dem Produkt von Kraft und Geschwindigkeit berechnet werden kann. Berechnen Sie die Leistung eines Sportwagens bei einem C_W-Wert von 0,32 und einer Stirnfläche (senkrechte Projektion in Anströmrichtung) bei einer Luftdichte ϱ_{Luft} = 1,3 kg/m³

a) bei einer Fahrgeschwindigkeit von 100 km/h,

b) bei einer Fahrgeschwindigkeit von 200 km/h.

Erklären Sie mit den Ergebnissen Ihrer Rechnung die **Höchstgeschwindigkeit** von Kraftfahrzeugen.

9. Um wie viel % verändert sich der Druckverlust in einer Rohrleitung, wenn deren Innendurchmesser verdoppelt wird und wenn angenommen wird, dass die Rohrreibungszahl konstant bleibt?

10. Der statische Druckverlust in einer innen glatten Rohrleitung mit d = 50 mm Innendurchmesser und l = 100 m Länge soll berechnet werden. Die Strömungsgeschwindigkeit beträgt v = 0,8 m/s und es kann mit λ = 0,02 gerechnet werden. Die Dichte des durch die Rohrleitung fließenden Heizöls beträgt ϱ = 0,85 kg/dm³.

AUFGABEN ZUR PRÜFUNGSVORBEREITUNG

11. Eine Hydraulikpumpe versorgt einen doppeltwirkenden Hydraulikzylinder mit 20 Liter/Minute. Der Kolbendurchmesser beträgt 50 mm, die Kolbenstange hat einen Durchmesser von 30 mm.

a) Wie groß ist die Ausfahrgeschwindigkeit des Zylinders in mm/s?

b) Wie groß ist die Einfahrgeschwindigkeit des Zylinders in dm/min?

c) Wie groß ist die Fließgeschwindigkeit im Hydraulikschlauch in m/s, wenn dieser eine lichte Weite von 8 mm hat?

d) Wie groß ist die hydraulische Leistung der Pumpe, wenn diese einen Druck von 180 bar aufbringt?

12. Ein doppeltwirkender Hydraulikzylinder fährt mit 1 cm/Sekunde aus. Der Volumenstrom zum Ein- und Ausfahren ist gleich. Der Kolbendurchmesser beträgt 70 mm, der Kolbenstangendurchmesser beträgt 40 mm. Der Anlagendruck beträgt 200 bar.

a) Mit welcher Geschwindigkeit in cm/Sekunde fährt der Zylinder ein?

b) Welchen Volumenstrom in Liter/Minute muss das Hydraulikaggregat zur Verfügung stellen?

c) Welchen Innendurchmesser muss die Hydraulikleitung haben, damit darin eine Fließgeschwindigkeit von 0,35 m/s nicht überschritten wird? Es stehen 8 mm, 10 mm, 12 mm, 14 mm und 15 mm zur Verfügung.

d) Welche Leistung muss die Pumpe im Hydraulikaggregat aufbringen?

13. Bestimmen Sie mit der Kontinuitätsgleichung allgemein das Verhältnis von Kolbendurchmesser zu Stangendurchmesser zum Verhältnis von Ausfahr- zur Einfahrgeschwindigkeit.

14. Einer Hydraulikpumpe wird eine Leistung von 5 kW mit 90% Wirkungsgrad zugeführt. Der Anlagendruck soll 150 bar betragen. Wie viel Liter pro Minute kann die Pumpe fördern?

AUFTRIEB IN FLÜSSIGKEITEN UND GASEN

PRINZIP VON ARCHIMEDES

Wird ein Körper in eine Flüssigkeit eingetaucht, so wird er scheinbar leichter. Es wirkt eine nach oben gerichtete **Auftriebskraft F_A**.

Nach dem Entdecker dieses Sachverhaltes wird vom **Gesetz von Archimedes** (287...212 v. Chr.) oder vom **Archimedischen Prinzip** gesprochen. Die Wirkung der Auftriebskraft wird im Bild 1 dargestellt und es gilt:

Das Archimedische Prinzip ist auch auf Gase anwendbar.

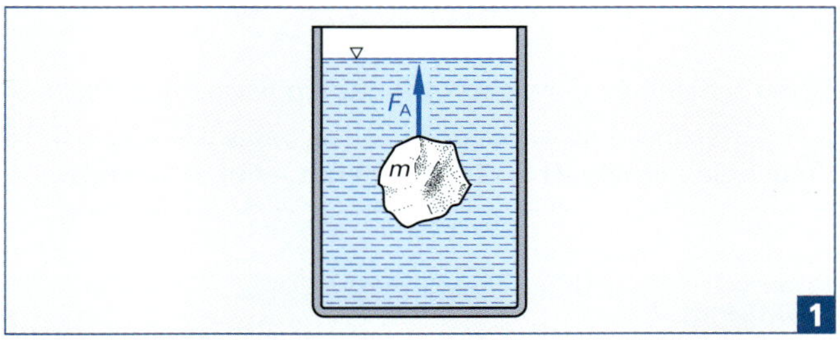

Auftrieb

Das Prinzip von Archimedes lässt sich sehr einfach mit einem Versuch entsprechend Bild 2 darstellen. Darin entspricht die aus einem eingetauchten Vollzylinder aus homogenem Material mit der Dichte ϱ_K wirkende Auftriebskraft F_A der Gewichtskraft F_G der vom Zylinder verdrängten Flüssigkeit mit der Dichte ϱ_F. Der Nachweis erfolgt mit einer Waage.

Zum **rechnerischen Nachweis** dient die Überlegung, dass sich die von der Seite auf den Körper wirkenden Druckkräfte (von rechts nach links bzw. von links nach rechts) gegenseitig aufheben. Die Auftriebskraft F_A resultiert in Folge des Druckunterschiedes an der Grund- und Deckfläche des eingetauchten Körpers aus den unterschiedlich großen Kräften F_1 an der Deckfläche und F_2 an der Grundfläche.

Aus der Berechnungsgleichung für den Schweredruck ($p = h \cdot \varrho \cdot g$) geht hervor, dass **der Druck linear von oben nach unten zunimmt.** Infolge dieser linearen Druckzunahme ist $\boldsymbol{F_2 > F_1}$. Die Auftriebskraft F_A errechnet sich demzufolge aus

$$F_A = F_2 - F_1 = p_{s2} \cdot A - p_{s1} \cdot A = A \cdot (p_{s2} - p_{s1}) =$$
$$A \cdot (h_2 \cdot \varrho_F \cdot g - h_1 \cdot \varrho_F \cdot g) = A \cdot \varrho_F \cdot g \cdot (h_2 - h_1)$$

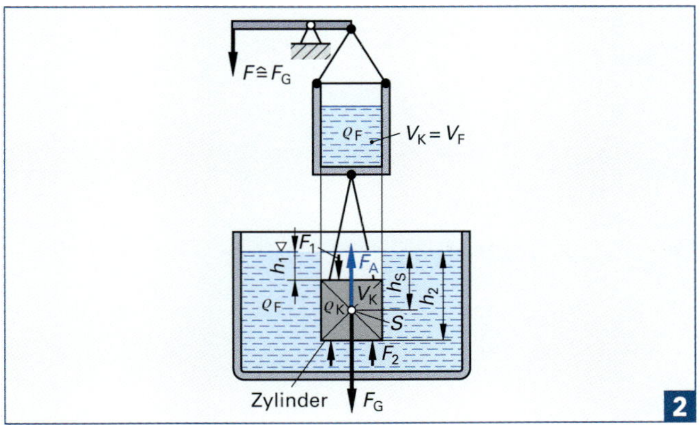

Auftriebskraft

V_K = Volumen des eingetauchten Körpers
V_F = Volumen der vom eingetauchten Körper verdrängten Flüssigkeitsmenge
ϱ_F = Dichte der Flüssigkeit, in welche der Körper eingetaucht wurde.

Der Auftrieb ist nach oben gerichtet. Der Betrag der Auftriebskraft F_A entspricht der Gewichtskraft F_G der verdrängten Flüssigkeit.

AUFTRIEBSKRAFT

$$F_A = V \cdot \varrho_F \cdot g$$

F_A	V	ϱ_F	g
N	m^3	$\frac{kg}{m^3}$	$\frac{m}{s^2}$

dabei ist $V = V_K = V_F$

Aus der Gleichung zur Berechnung der Auftriebskraft ist zu ersehen

Die Größe der Auftriebskraft hängt nicht von der Eintauchtiefe ab.

Dies erklärt sich aus der linearen Druckzunahme mit zunehmender Tiefe. Dadurch ist die Differenz des Druckes an der Körperoberkante zum Druck an der Körperunterkante konstant, d.h. aber $F_2 - F_1$ = konstant.

BEISPIEL 1

Ein Stahlrohr soll feuerverzinkt werden. In einem Vorbehandlungsverfahren wird es in verdünnter Salzsäure geätzt. Das Rohr hat einen Außendurchmesser D = 200 mm und einen Innendurchmesser d = 150 mm sowie eine Länge l = 300 mm. Berechnen Sie

a) die Gewichtskraft des Rohres, wenn ϱ_{Stahl} = 7,8 kg/m³ ist,
b) die Auftriebskraft beim vollständigen Eintauchen ($\varrho_{Säure}$ = 1,1 kg/m³),
c) die Kraft F_S, die beim vollständigen Eintauchen auf das Halteseil wirkt.

Lösung a) $F_G = V \cdot \varrho_{Stahl} \cdot g = \frac{\pi}{4} \cdot (D^2 - d^2) \cdot l \cdot \varrho_{Stahl} \cdot g$

$F_G = \frac{\pi}{4} \cdot (0{,}2^2 - 0{,}15^2)\ m^2 \cdot 0{,}3\ m \cdot 7800\ kg/m^3 \cdot 9{,}81\ \frac{m}{s^2}$

$\boldsymbol{F_G = 315{,}5\ N}$

b) $F_A = V \cdot \varrho_{Säure} \cdot g = \frac{\pi}{4} \cdot (0{,}2^2 - 0{,}15^2)\ m^2 \cdot 0{,}3\ m \cdot 1100\ \frac{kg}{m^3} \cdot 9{,}81\ \frac{m}{s^2}$

$\mathbf{F_A = 44{,}49\ N}$

c) $F_S = F_G - F_A = 315{,}5\ N - 44{,}49\ N$

$\mathbf{F_S = 271{,}01\ N}$

Diese scheinbare Gewichtskraft des eingetauchten Körpers wird als **Tauchgewichtskraft** bezeichnet. Es ist also:

Tauchgewichtskraft = Gewichtskraft – Auftriebskraft

BEISPIEL 2

Berechnen Sie die auf eine Kugel mit dem Durchmesser $d = 1$ m wirkende Auftriebskraft F_A in Wasser.

Lösung $F_A = V \cdot \varrho_F \cdot g$

$= \frac{\pi}{6} \cdot d^3 \cdot \varrho \cdot g$

$= \frac{\pi}{6} \cdot (1\ m)^3 \cdot 1030\ \frac{kg}{m^3} \cdot 9{,}81\ \frac{m}{s^2}$

$= 5290{,}6\ N$

$\mathbf{F_A = 5{,}29\ kN}$

BEISPIEL 3

Ein Heißluftballon hat bei voller Auslastung ein Gewicht von $F_G = 9490$ N. Er hat einen Durchmesser von $d = 12$ m und die Dichte der atmosphärischen Luft beträgt $\varrho_{Luft} = 1{,}275\ kg/m^3$. Berechnen Sie

a) die Auftriebskraft F_A,
b) die nach oben auf den Ballon wirkende resultierende Kraft.

Lösung a) $F_A = V \cdot \varrho_{Luft} \cdot g = \frac{\pi}{6} \cdot d^3 \cdot \varrho_{Luft} \cdot g$

$F_A = \frac{\pi}{6} \cdot (12\ m)^3 \cdot 1{,}275\ \frac{kg}{m^3} \cdot 9{,}81\ \frac{m}{s^2}$

$\mathbf{F_A = 11316{,}7\ N}$

b) $F_r = F_A - F_G = 11316{,}7\ N - 9490\ N$

$\mathbf{F_r = 1826{,}7\ N\ (\uparrow)}$

Bezieht man also das Prinzip von Archimedes auf Gase, so lautet dieses:

Ein in einem Gas befindlicher Körper erfährt eine Auftriebskraft, die den gleichen Betrag hat wie die Gewichtskraft der vom Körper verdrängten Gasmenge.

AUFGABEN ZUR WIEDERHOLUNG

1. Das Außenvolumen eines Hohlkörpers beträgt $V = 230\ cm^3$. Wie groß ist die Auftriebskraft beim vollständigen Eintauchen in Alkohol, der eine Dichte von $\varrho = 0{,}79\ kg/dm^3$ hat?

2. Mit welcher Kraft muss ein Ball unter Wasser gehalten werden, wenn er ein Volumen $V = 5\ dm^3$ und eine Gewichtskraft $F_G = 5$ N hat?

3. Ein prismenförmiger Holzklotz mit Rechteckquerschnitt hat die Maße $l = 20$ cm, $b = 10$ cm und $h = 3$ cm. Beim Schwimmen ragt er 1,5 cm aus dem Wasser. Berechnen Sie

a) die Gewichtskraft des Holzklotzes,
b) die Dichte des Holzes.

4. Ein Leichtöltank hat eine Masse von $m = 280$ kg und ein Außenvolumen von $V = 12\ m^3$. Mit welcher Kraft F wird er beim vollständigen Eintauchen ins Wasser gedrückt, wenn die Wasserdichte $\varrho_F = 1\ kg/dm^3$ ist? Der Tank ist vollständig mit Öl ($\varrho_{Öl} = 0{,}71\ kg/dm^3$) gefüllt. Innenvolumen ≈ Außenvolumen.

5. Ein Schwimmponton in einem See soll 5 m lang und 2 m breit sein. Wenn er bei Belastung inklusive Eigengewicht eine Masse von 4000 kg hat, soll er 10 cm aus dem Wasser herausragen. Welche Höhe muss der Ponton haben?

6. Die beiden Hydraulikzylinder für die zylindrische Walze eines Wehres sollen ausgelegt werden. Die Walze hat einen Durchmesser vom 1,5 m und eine Länge von 10 m, ihre Masse beträgt 3723 kg. Die Hydraulikzylinder sollen die Walze bis zur Hälfte ihres Durchmessers ins Wasser drücken.

a) Welche Kraft muss jeder Zylinder aufbringen?
b) Welchen Durchmesser muss der Kolben im Zylinder mindestens haben, wenn ein Druck von 200 bar an der Fläche des Kolbens anliegt?

7. Ein Luftschiff schwebt in der Luft ($\varrho_{Luft} = 1{,}275\ kg/m^3$). Das Luftschiff ist mit Helium ($\varrho_{Heliumt} = 0{,}1785\ kg/m^3$) befüllt. Wie groß ist die Gesamtmasse des Luftschiffs, wenn es ein Volumen von 200000 m³ hat? (Außenvolumen entspricht angenähert dem Innenvolumen.) Anmerkung: Die Daten ähneln denen des Luftschiffs „Hindenburg", das für Helium ausgelegt wurde und dann allerdings mit Wasserstoff befüllt wurde.

WÄRMELEHRE I TEMPERATUR ALS ZUSTANDSGRÖSSE

Die meisten Menschen glauben zu wissen was man unter Temperatur versteht und doch ist es schwierig eine exakte wissenschaftliche Definition zu finden.

Zunächst gilt, dass unter der Temperatur ein Maß für das subjektive Empfinden von **„Wärme"** und **„Kälte"** verstanden wird. Wie unterschiedlich dieses subjektive Empfinden sein kann, zeigt der in Bild 1 dargestellte Versuch.

Das warme Wasser wird als relativ heiß empfunden, wenn vorher die Hand in das kalte Wasser ①, und umgekehrt wird das warme Wasser als relativ kalt empfunden, wenn vorher die Hand in das heiße Wasser ② eingetaucht war.

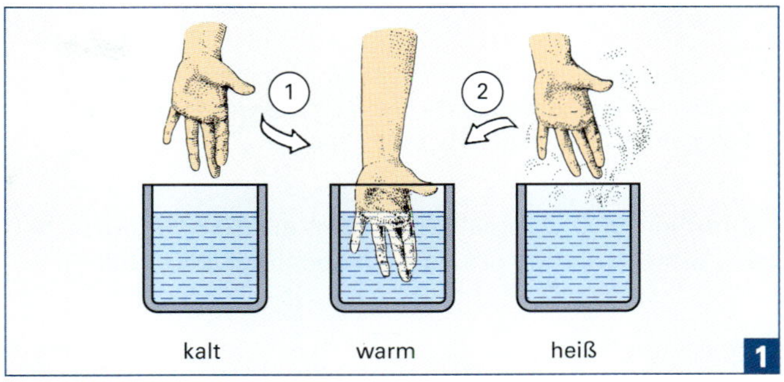

1 *Subjektive Temperatur*

> Das Temperaturempfinden des Menschen ist subjektiv und deshalb zur exakten Temperaturmessung ungeeignet.

Objektive Angaben über die Temperatur eines Körpers werden mithilfe der durch eine **Temperaturänderung** eintretenden **Zustandsänderung** eines Körpers, d.h. der Änderung einer **Zustandsgröße** bzw. Eigenschaft, erhalten.

> Unter einer **Zustandsgröße** wird eine **messbare Größe,** die den Zustand eines Systems charakterisiert, verstanden.

Solche Zustandsgrößen sind z.B. **Druck** und **Volumen** eines Körpers. Bild 2 zeigt beispielsweise die Volumenänderung des Quecksilbers in einem Thermometer, und zwar in Abhängigkeit von der Temperatur. Durch die Änderung des Volumenzustandes wird also die Temperatur messbar. Somit gilt:

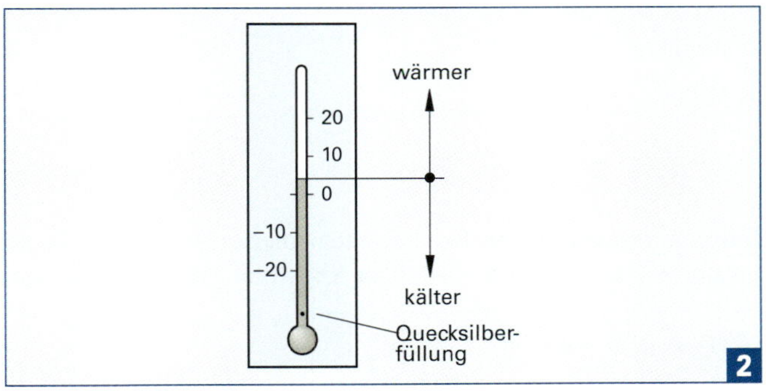

2 *Flüssigkeitsthermometer*

> Die **Temperatur** ist eine Zustandsgröße und alle **Temperaturmessverfahren** beruhen auf der Änderung von Zustandsgrößen.

Solche gemessenen Zustandsgrößen sind vor allem Körperfarbe, Körperform, Abmessungen der Körper, elektrischer Widerstand, Kontaktspannung etc. Daraus ist zu schließen, dass Temperaturmessverfahren immer **indirekte Messverfahren** sind. Temperatur kann also niemals direkt gemessen werden.

Auf die Zustandsgröße abgestimmte und oftmals geeichte Messinstrumente zeigen die Temperatur an und werden als **Thermometer** bezeichnet. Beispiele: Flüssigkeitsthermometer (Bild 2), Bimetallthermometer, Elektrisches Widerstandsthermometer, Thermoelement, Thermochromfarben etc.

TEMPERATURSKALEN

Bis zum Anfang des 18. Jahrhunderts waren genaue Temperaturmessungen nicht möglich, da geeignete Messmethoden fehlten. Aus dem **Gefrierpunkt** und dem **Siedepunkt** des Wassers als **thermometrische Festpunkte** bzw. **Fundamentalpunkte**, leiteten dann jedoch einige Erfinder geeignete Temperaturskalen ab. Die wichtigsten sind die Temperaturskala nach Anders **Celsius** und die Skala nach Gabriel Daniel **Fahrenheit.** Ihre Erkenntnis war:

> Wasser schmilzt bzw. erstarrt (gefriert) und Wasser siedet (verdampft) bzw. kondensiert (verflüssigt) in Abhängigkeit vom vorhandenen Luftdruck bei einer bestimmten, d.h. festen Temperatur.

Da die Temperatur während dieser Zustandsänderungen weder steigt noch fällt, spricht man bei diesen typischen Temperaturen von den **Temperaturhaltepunkten.** Diese sind in Bild 3 in einem **ϑ, *t*-Diagramm** dargestellt. Als Formelzeichen wird für die Temperatur der Buchstabe ϑ und für die Zeit der Buchstabe *t* verwendet.
Da der Luftdruck bekanntlich schwankt, blieb in der Festlegung der Fundamentalpunkte noch eine Unsicherheit. Deshalb wurde ein **Bezugsluftdruck** vereinbart, den man als **Normalluftdruck** bezeichnet. Es ist:

NORMALLUFTDRUCK

$$p_n = 101325 \frac{N}{m^2} = 101325 \text{ Pa} = 1{,}01325 \text{ bar}$$

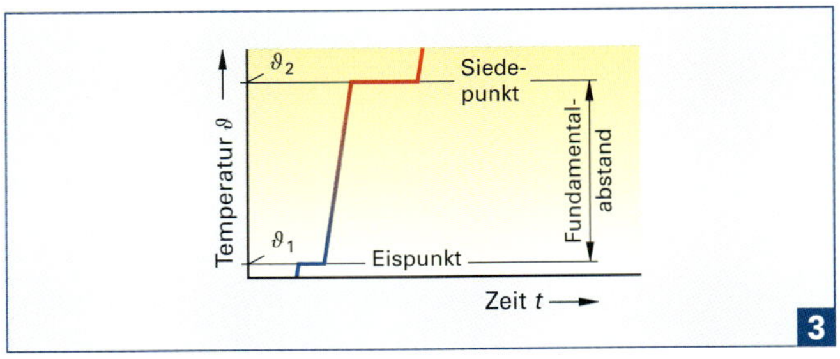

3 *Temperaturhaltepunkte*

Unter dieser Voraussetzung werden aus den Temperaturhaltepunkten Eispunkt und Siedepunkt **thermometrische Fundamentalpunkte**.

> Fundamentalpunkte sind überall rekonstruierbar und sind somit als **Messbezugsgröße** geeignet. Sie werden auch als **Festpunkte** oder **Fixpunkte** bezeichnet.

Fahrenheit und Celsius verwenden als Temperatureinheit das „Grad" – dargestellt als kleine hochgestellte Null.

Es sind folgende Bezeichnungen üblich:

Grad Fahrenheit → °F

Grad Celsius → °C

Wie aus der untenstehenden Tabelle ersichtlich, wählte Celsius die Fundamentalpunkte passend zu unserem Dezimalsystem aus. Deshalb hat sich diese Temperaturskala weltweit bis auf einige wenige Länder (England und USA) durchgesetzt und ist dadurch eine international gültige Einheit, d.h., SI-Einheit.

GEGENÜBERSTELLUNG DER GEBRÄUCHLICHEN TEMPERATURSKALEN

Wissenschaftler	Eispunkt bei p_n	Siedepunkt von Wasser bei p_n
Fahrenheit	32 °F	212 °F
Celsius	0 °C	100 °C

Müssen Temperaturangaben unterschiedlicher Temperaturskalen umgerechnet werden, so gelten die folgenden Zusammenhänge:

$$\vartheta\,°C = (\vartheta\,°F - 32) \cdot \frac{5}{9} = \vartheta\,°R \cdot \frac{5}{4}$$

$$\vartheta\,°F = 32 + \vartheta\,°C \cdot \frac{9}{5} = 32 + \vartheta\,°R \cdot \frac{9}{4}$$

Bild 1 zeigt, wie mithilfe der beiden Fundamentalpunkte eine Temperaturskala, die **Celsius-Skala** konstruiert werden kann: Der Fundamentalabstand zwischen 0 °C und 100 °C wird in 100 gleiche Teile aufgeteilt. Mit der gleichen Teilung wird sodann diese Skala über die Fundamentalpunkte hinaus verlängert.

> Der hundertste Teil des Fundamentalabstandes zwischen Eis- und Siedepunkt von Wasser entspricht der Temperaturdifferenz $\Delta\vartheta = 1$ °C.

Aus Bild 1 ist zu ersehen: es gibt **positive Celsius-Temperaturen** und ebenso **negative Celsius-Temperaturen**.

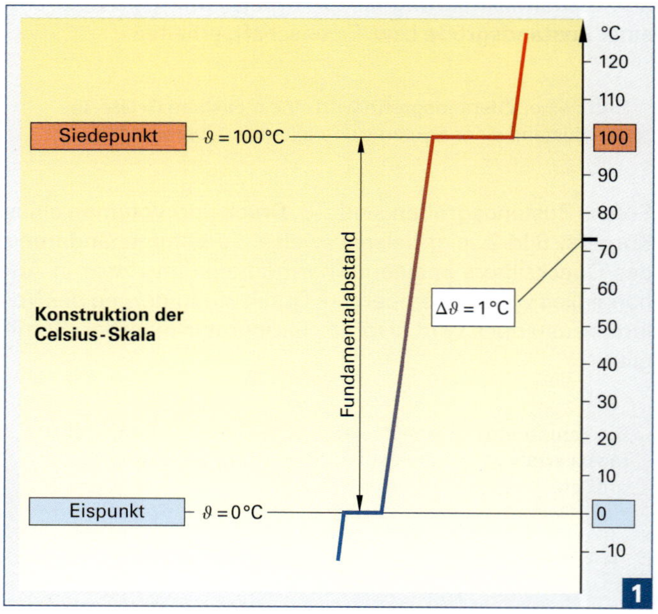

Celsius-Skala

BEISPIEL

In den Berechnungsunterlagen einer in England erstellten Kälteanlage ist die Verdampfungstemperatur mit $\vartheta = 16$ °F angegeben. Wie groß ist diese Temperatur in °C?

Lösung $\vartheta_C = (\vartheta_F - 32) \cdot \frac{5}{9} = (16 - 32) \cdot \frac{5}{9}\,°C = -16 \cdot \frac{5}{9}\,°C$

$\boldsymbol{\vartheta = -8{,}89\,°C}$

DIE ABSOLUTE TEMPERATUR

Bild 1 (vorherige Seite) fordert geradezu auf, darüber nachzudenken, wie weit es möglich ist, die Celsius-Skala nach oben und unten zu verlängern.

Die Erkenntnisse der neueren Physik lassen darauf schließen, dass es eine Maximaltemperatur, d. h., eine größte Temperatur gibt. Die folgende Angabe gilt als ziemlich gesichert:

Maximaltemperatur $\vartheta_{max} = 5 \cdot 10^{12}$ Grad Celsius

Gegenüber dieser Temperatur erscheinen selbst die Oberflächentemperatur der Sonne mit ca. 6000 °C und die Kerntemperatur der Sonne mit ca. $15 \cdot 10^6$ °C als klein. Die Verlängerung der Celsius-Skala in den negativen Temperaturbereich führt zu einer Minimaltemperatur, d. h., zu einer kleinsten Temperatur. Die folgende Angabe ist theoretisch nachgewiesen und im Versuch annähernd nachvollzogen:

Minimaltemperatur $\vartheta_{min} = -273{,}15$ °C

Die Minimaltemperatur $\vartheta_{min} = -273{,}15$ °C wird als **absoluter Nullpunkt** bezeichnet.

In der Wärmelehre (bei thermodynamischen Rechnungen) wird die Temperatur in den meisten Fällen auf den absoluten Nullpunkt bezogen. Ist dies der Fall, dann wird eine solche Temperaturangabe als die **absolute Temperatur** oder als **thermodynamische Temperatur** bezeichnet. Die absolute Temperatur wird nach Lord **Kelvin** in der **Einheit Kelvin** (Einheitszeichen: **K)** angegeben und im Unterschied zur Celsius-Skala mit dem **Formelzeichen** T bezeichnet.

Bild 1 bringt die **Celsius-Skala** mit der **Kelvin-Skala** in Verbindung. Halten wir fest:

Absolute Temperatur T in K

Absoluter Nullpunkt: $T_0 = 0\ K$
$\vartheta_0 = -273{,}15$ °C

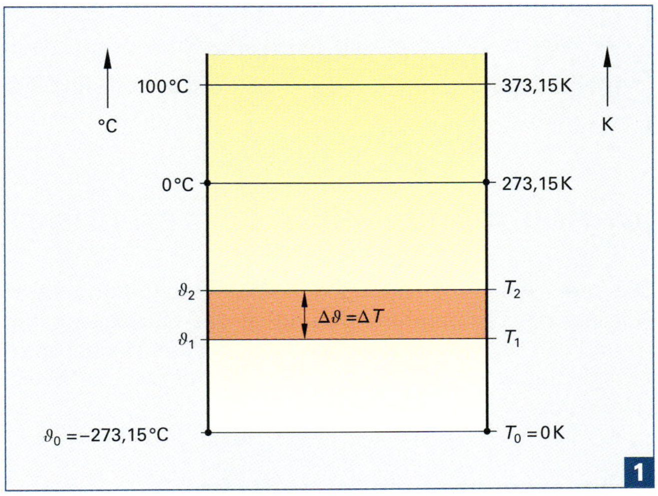

Celsius- und Kelvinskala

Zusammenhang zwischen T und ϑ:

$T_K = \vartheta_C + 273{,}15$ in K

$\vartheta_C = T_K - 273{,}15$ in °C

BEISPIEL 1

Wasserdampf wird von $\vartheta_1 = 125$ °C auf $\vartheta_2 = 810$ °C überhitzt. Berechnen Sie

a) T_1 und T_2,
b) $\Delta\vartheta$ und ΔT.

Lösung a) $T_1 = (\vartheta_1 + 273{,}15)\ \text{K} = (125 + 273{,}15)\ \text{K}$
$T_1 = \mathbf{398{,}15\ K}$
$T_2 = (\vartheta_2 + 273{,}15)\ \text{K} = (810 + 273{,}15)\ \text{K}$
$T_2 = \mathbf{1083{,}15\ K}$

b) $\Delta\vartheta = \vartheta_2 - \vartheta_1 = 810\ °\text{C} - 125\ °\text{C}$
$\Delta\vartheta = \mathbf{685\ °C}$

$\Delta T = T_2 - T_1 = 1083{,}15\ \text{K} - 398{,}15\ \text{K}$
$\Delta T = \mathbf{685\ K}$

$\Delta\vartheta$ in °C $= \Delta T$ in K

BEISPIEL 2

In technischen Rechnungen wird für den absoluten Nullpunkt meist der Näherungswert $\vartheta_0 = -273$ °C eingesetzt.
Wie groß ist der relative Fehler in %, wenn ein Bezug auf **Raumtemperatur** $\vartheta = 20$ °C erfolgt?

Lösung $\Delta\vartheta_1 = 293{,}15\ °\text{C} = 100\ \%$
$\Delta\vartheta_2 = 293\ °\text{C} = x\ \%$

$$x = \frac{100\ \%}{293{,}15\ °\text{C}} \cdot 293\ °\text{C} = 99{,}95\ \%$$

Der relative Fehler beträgt somit 0,05 %.

AUFGABEN ZUR WIEDERHOLUNG

1. Bei Normalluftdruck p_n = 1,01325 bar ist die Siedetemperatur von Wasser ϑ = 100 °C. Überprüfen Sie rechnerisch den Tabellenwert für die Siedetemperatur von Wasser ϑ = 212 °F.
2. Was versteht man unter subjektivem Temperaturempfinden?
3. Welche thermodynamischen Fundamentalpunkte sind Ihnen bekannt?
4. Unser thermischer Lebensraum liegt im Bereich zwischen etwa 0 °C und 40 °C. Wie beurteilen Sie diese Tatsache bezogen auf den gesamten Temperaturbereich?
5. Beim Gießen von Grauguss wird dieser auf ϑ_2 = 1 500 °C erhitzt. Geben Sie die Temperaturdifferenz a) in °C und b) in K an, und zwar zur Raumtemperatur ϑ_1 = 20 °C. Welche wichtige Aussage leiten Sie aus den beiden Ergebnissen ab?
6. Erklären Sie den Unterschied zwischen den beiden folgenden Aufträgen:
   a) 1 kg Stahl soll von 20 °C auf 70 °C erwärmt werden.
   b) 1 kg Stahl soll von 20 °C um 70 °C erwärmt werden.
7. Rechnen Sie die Temperatur des absoluten Nullpunktes in °F um.
8. Berechnen Sie die Celsiustemperatur von
   a) T = 773 K
   b) T = 17,8 K
   c) T = 273,15 K
9. Welche Voraussetzung ist bei einer Zustandsgröße gegeben?
10. Zeichnen Sie nebeneinander die Celsius-Skala und die Kelvin-Skala. Geben Sie die Unterschiede der beiden Skalen an.

WÄRMEAUSDEHNUNG FESTER UND FLÜSSIGER STOFFE

Die praktische Anwendung der Volumenänderung eines Körpers bei Temperaturänderung ist das Flüssigkeitsthermometer. Diese Volumenausdehnung kann sich aber auch negativ auswirken, z. B. bei Sonneneinstrahlung auf Messgeräte oder Metallkonstruktionen.

Längenausdehnung fester Stoffe

Bei der Aufnahme oder Abgabe von Wärmeenergie vergrößert oder verkleinert sich die Schwingungsweite der Elementarteilchen (Atome und Moleküle) im Körper. Diese Veränderung der Schwingungsweite wirkt sich auf die Vergrößerung bzw. Verkleinerung des Körpervolumens aus und damit auch auf deren Länge.

Aus Erfahrung ist bekannt, dass sich verschiedene Stoffe bei einer bestimmten Temperaturdifferenz unterschiedlich stark dehnen. Erhöht man z. B. die Temperatur eines 1 m langen Stahlstabes um 1 °C, dann ergibt sich eine Längenzunahme von ca. 0,000012 m. Bei einem Stab aus Kupfer ergäbe sich eine Längenzunahme von 0,000017 m. Kupfer dehnt sich also bei der gleichen Temperaturzunahme um über 40 % stärker aus als Stahl. Dieses unterschiedliche **Wärmedehnverhalten** der verschiedenen Stoffe wird durch die **Wärmedehnzahl,** die auch **Längenausdehnungszahl** oder **linearer Ausdehnungskoeffizient** genannt wird, berücksichtigt. Das Formelzeichen für den oft auch als thermischen Längenausdehnungskoeffizienten bezeichneten Faktor ist der griechische Buchstabe α.

Die Wärmedehnzahl gibt als Stoffkonstante die Längenänderung eines 1 m langen Stabes bei einer Temperaturerhöhung oder Temperaturerniedrigung um 1 °C an.

Die Einheit der Wärmedehnzahl ist dem zufolge:

$\frac{\text{m}}{\text{m} \cdot °\text{C}} \rightarrow \frac{1}{°\text{C}}$, entspricht Meter Längenänderung pro Meter Ausgangslänge des Stabes und pro °C Temperaturänderung. Da 1 °C Temperaturänderung auch ΔT = 1 K entspricht, wird heute meist

$\alpha \text{ in } \frac{\text{m}}{\text{m} \cdot \text{K}} = \frac{1}{\text{K}}$ angegeben.

Die Tabelle zeigt einige α-Werte. Diese beziehen sich auf **Raumtemperatur ϑ = 20 °C**. Bei technischen Rechnungen ist zu beachten:

LÄNGENAUSDEHNUNGSKOEFFIZIENTEN

Stoff	α in $\frac{\text{m}}{\text{m} \cdot \text{K}}$	Stoff	α in $\frac{\text{m}}{\text{m} \cdot \text{K}}$
Aluminium	0,000024	Hartmetall	0,000005
Antimon	0,000011	Kupfer	0,000017
Beton	0,000012	Magnesium	0,000026
Blei	0,000029	Messing	0,000018
Bronze	0,000018	Nickel	0,000013
reines Eisen	0,000017	Platin	0,000009
Glas	0,000009	Quecksilber	0,0000606
Gold	0,000014	Silber	0,000020
Grauguss	0,000011	Stahl	0,000012

Die Wärmedehnzahl α ist stoffabhängig **und** temperaturabhängig.

Diese **Temperaturabhängigkeit** kann in einem Diagramm dargestellt werden. Bild 1 zeigt dies für Reinkupfer bei tiefen Temperaturen.

Aus der Einheit der Wärmedehnzahl α geht hervor, dass z.B. bei doppelter Ausgangslänge die doppelte Längenzunahme eintritt, vorausgesetzt, dass es sich um die gleiche Temperaturänderung handelt.

Andererseits ist aber z.B. bei gleicher Ausgangslänge und der halben Temperaturänderung nur die halbe Längenänderung zu erwarten.

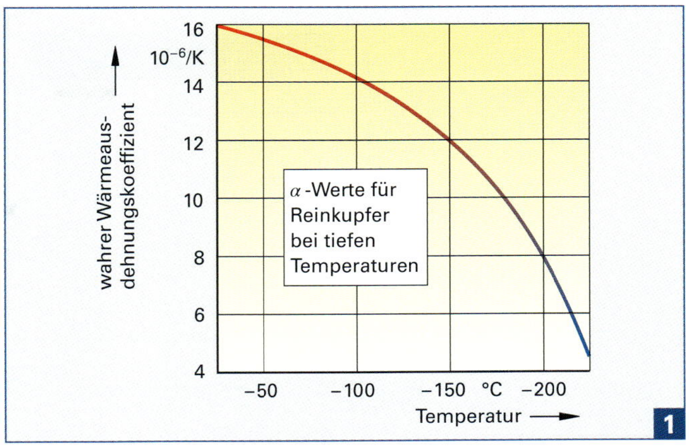

Wärmedehnzahl von Kupfer

Bei den Berechnungen ist:

l_1 = Länge vor der Temperaturänderng → Ausgangslänge

l_3 = Länge nach der Temperaturänderung → Endlänge

ϑ_1 = Temperatur vor der Temperaturänderung → Ausgangstemperatur

ϑ_2 = Temperatur nach der Temperaturänderung → Endtemperatur

Die Wärmedehnung Δl ist also – gemäß der Definition der Wärmedehnzahl – proportional der Temperaturdifferenz $\Delta\vartheta$, der Ausgangslänge l_1 und der Wärmedehnzahl α.

Demgemäß ergeben sich die folgenden Berechnungsgleichungen:

WÄRMEAUSDEHNUNG

$$\Delta l = l_1 \cdot \alpha \cdot \Delta\vartheta$$

$\Delta l, l_t$	α	$\Delta\vartheta = \Delta T$
m	$\frac{m}{m \cdot K}$	°C, K

ENDLÄNGE

$$l_2 = l_1 \pm l_1 \cdot \alpha \cdot \Delta\vartheta$$

+ für Temperaturerhöhung (Erwärmung)
– für Temperaturerniedrigung (Abkühlung)

BEISPIEL 1

Eine Stahlschiene hat bei 10 °C eine Länge von 25 m. Welche Länge hat die Schiene bei α = 0,000012 m/(m · K)

a) im Sommer bei 40 °C,
b) im Winter bei –5 °C?

Lösung a) $l_2 = l_1 + l_1 \cdot \alpha \cdot \Delta\vartheta$

$l_2 = 25\text{ m} + 25\text{ m} \cdot 0{,}000012 \frac{\text{m}}{\text{m} \cdot \text{K}} \cdot (40 - 10)\text{ K}$

$l_2 = 25\text{ m} + 25\text{ m} \cdot 0{,}000012 \frac{\text{m}}{\text{m} \cdot \text{K}} \cdot 30\text{ K} = 25\text{ m} + 0{,}009\text{ m}$

$\mathbf{l_2 = 25{,}009\text{ m}}$ (Die Schiene hat sich um 9 mm verlängert)

b) $l_2 = l_1 - l_1 \cdot \alpha \cdot \Delta\vartheta$

$l_2 = 25\text{ m} - 25\text{ m} \cdot 0{,}000012 \frac{\text{m}}{\text{m} \cdot \text{K}} \cdot [10 - (-5)]\text{ K}$

$l_2 = 25\text{ m} - 25\text{ m} \cdot 0{,}000012 \frac{\text{m}}{\text{m} \cdot \text{K}} \cdot 15\text{ K} = 25\text{ m} - 0{,}0045\text{ m}$

$\mathbf{l_2 = 24{,}9955\text{ m}}$ (Die Schiene hat sich um 4,5 mm verkürzt)

Volumenausdehnung fester Stoffe

Bei Berechnung der Volumenausdehnung wird in Analogie zur Längendehnung vorgegangen. Auf die Herleitung der Berechnungsformeln kann deshalb verzichtet werden. Sie lauten mit analogen Größen zur Längendehnung wie folgt:

VOLUMENAUSDEHNUNGSKOEFFIZIENT

$$\gamma = 3 \cdot \alpha \quad \text{in } \frac{m^3}{m^3 \cdot K}$$

ENDVOLUMEN

$V_2 = V_1 \pm V_1 \cdot \gamma \cdot \Delta\vartheta$

V_1, V_2	γ	$\Delta\vartheta$
m^3	$\frac{m^3}{m^3 \cdot K}$	K

Es ist festzuhalten, dass der Volumenausdehnungskoeffizient dem dreifachen Wert des Längenausdehnungskoeffizienten entspricht. Auch hier gilt:

+ für Temperaturerhöhung (Erwärmung)

– für Temperaturerniedrigung (Abkühlung)

BEISPIEL 2

Eine Stahlkugel hat einen Durchmesser von 10 cm und wird um 300 °C erwärmt. Welchen Raum nimmt sie im erwärmten Zustand ein, wenn mit einer „mittleren" Wärmedehnzahl von 0,000012 m/(m · K) gerechnet werden kann?

Lösung $V_2 = V_1 + V_1 \cdot \gamma \cdot \Delta\vartheta \quad V_1 = \frac{\pi}{6} \cdot d^3 = \frac{\pi}{6} \cdot (10\text{ cm})^3$

$\mathbf{V_1 = 523{,}599\ cm^3}$

$V_2 = V_1 + V_1 \cdot 3 \cdot \alpha \cdot \Delta\vartheta = 523{,}599\text{ cm}^3 + 523{,}599\text{ cm}^3 \cdot 3 \cdot 0{,}000012 \frac{m}{m \cdot K} \cdot 300\text{ K}$

$V_2 = 523{,}599\text{ cm}^3 + 5{,}655\text{ cm}^3$

$\mathbf{V_2 = 529{,}254\ cm^3}$

WÄRMEAUSDEHNUNG VON FLÜSSIGKEITEN

Flüssigkeiten dehnen sich bei Erwärmung stärker als feste Körper aus. Dieses Verhalten ist mit den relativ kleinen Kohäsionskräften zwischen den Flüssigkeitsmolekülen zu begründen.

Da Flüssigkeiten keine feste Form haben, sind für die Berechnung nur die Volumenausdehnungskoeffizienten γ von Bedeutung.

In der nebenstehenden Tabelle sind einige davon aufgeführt.

Diese Werte beziehen sich auf Raumtemperatur ϑ = 20 °C. Bei allen Stoffen ist es so, dass sich diese im gesamten Bereich des flüssigen Aggregatzustandes bei Temperaturzunahme ausdehnen. Nur Wasser, die wohl wichtigste Flüssigkeit, weicht von diesem Verhalten ab. Dies zeigt Bild 1: Beziehen wir uns auf die Temperatur 4 °C, dann dehnt sich Wasser sowohl bei Abkühlung als auch bei Erwärmung aus. Dieses Verhalten umschreibt der Begriff

Anomalie des Wassers

Eine bestimmte Wassermasse hat demzufolge bei 4 °C ihr kleinstes Volumen. Somit:

Wasser hat bei 4 °C seine größte Dichte.

VOLUMENAUSDEHNUNGSKOEFFIZIENTEN FÜR FLÜSSIGKEITEN

Stoff	γ in $\frac{m^3}{m^3 \cdot K}$	Stoff	γ in $\frac{m^3}{m^3 \cdot K}$
Alkohol	0,0011	Salpetersäure	0,00124
Benzin	0,0014	Salzsäure	0,00030
Glyzerin	0,0005	Schwefelsäure	0,00056
Maschinenöl	0,00076	Terpentinöl	0,0097
Quecksilber	0,000182	Toluol	0,00108
		Wasser	0,00018

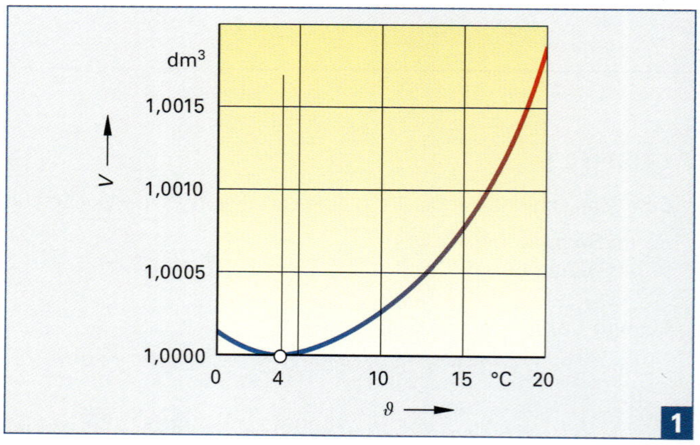

Anomalie des Wassers

BEISPIEL

Welchen Raum nehmen 2,5 m³ Benzin von 10 °C nach Erwärmung durch Sonneneinstrahlung auf eine Temperatur von 45 °C ein? Welche technische Regel leitet sich hieraus für die Aufbewahrung von Flüssigkeiten in geschlossenen Behältern ab?

Lösung $V_2 = V_1 + V_1 \cdot \gamma \cdot \Delta\vartheta$

$V_2 = 2{,}5\text{ m}^3 + 2{,}5\text{ m}^3 \cdot 0{,}0014 \frac{m^3}{m^3 \cdot K} \cdot 35\text{ K} = 2{,}5\text{ m}^3 + 0{,}1225\text{ m}^3$

$\mathbf{V_2 = 2{,}6225\ m^3}$

Das Volumen hat also um 122,5 Liter zugenommen!

Aus dieser Tatsache resultiert die technische Regel, dass Flüssigkeitsbehälter im Falle von Temperatureinwirkungen nicht vollkommen gefüllt werden dürfen bzw., dass eine Ausdehnungsmöglichkeit, z. B. in Form eines Steigrohres oder eines sonstigen Überlaufs, der im Gefäß befindlichen Flüssigkeit geschaffen werden muss!

AUFGABEN ZUR WIEDERHOLUNG

1. Bei welcher technischen Anwendung ist es wichtig, dass Stahl und Beton annähernd die gleiche Längenausdehnungszahl haben?

2. Ein Kupferstreifen und ein Stahlstreifen haben bei $\vartheta_1 = 20$ °C eine Länge $l_1 = 50$ cm. Um wie viel mm unterscheiden sich die Längen bei einer Temperatur $\vartheta_2 = 100$ °C?

3. In einem Barometer mit Messingskala befindet sich eine 735 mm hohe Quecksilbersäule. Die Eichung fand bei einer Temperatur von 12 °C statt. Wie groß muss die Korrektur bei 30 °C sein?

4. Ein Kolbenbolzen aus Stahl hat bei der Verwendung in einem Schiffsdieselmotor bei 20 °C einen Durchmesser von 100,008 mm. Welches Maß hat der Bolzen bei einer Unterkühlung auf –30 °C? Kann er ohne besonderen Kraftaufwand in eine Bohrung mit dem Durchmesser 100 mm gefügt werden?

5. Eine Glyzerinmenge hat bei 25 °C das Volumen $V_1 = 20\ \text{cm}^3$. Wie groß ist das Volumen V_2 bei der Temperatur $\vartheta_2 = 80$ °C?

6. Das Innenvolumen eines Schwefelsäurebehälters beträgt 40 l. In diesem Tank befinden sich bei $\vartheta_1 = 15$ °C 39 Liter Schwefelsäure bei einer Tank-Temperatur von ebenfalls 15 °C. Der Werkstoff des Tanks besteht aus säurebeständigem Stahl mit $\alpha = 0{,}00012$ m/(m · K). Bei welcher Temperatur läuft die Schwefelsäure über den Gefäßrand?

7. Warum dürfen Rohre von Heizungs- oder Kälteanlagen nicht fest mit Mörtel in Mauerdurchführungen eingebunden werden?

8. Wie verhält sich der Längenausdehnungskoeffizient zum Volumenausdehnungskoeffizient?

9. Eine Heißdampfleitung von $l_1 = 325$ m wird bei einer Temperatur von $\vartheta_1 = 25$ °C verlegt. Der Heißdampf hat eine Temperatur von $\vartheta_2 = 320$ °C. Um wie viel mm würde sich die Leitung aus Stahl dehnen, wenn dies nicht durch eingebaute **Dehnungsausgleicher,** die auch als **Längenkompensatoren** bezeichnet werden, umgangen würde?

10. Ein Kupfergefäß fasst bei einer Temperatur von 20 °C genau 100 l. Wie viel fasst das Gefäß bei einer Temperatur $\vartheta_2 = 100$ °C?

11. Ein Brückengeländer hat bei einer Temperatur von 10 °C eine Dehnfuge von insgesamt 1,7 cm. Welche Temperatur darf maximal auftreten, wenn das Geländer aus Aluminium besteht?

12. Was verstehen wir unter der Anomalie von Wasser? Zeichnen Sie eine Kurve für die Dichte von Wasser in Abhängigkeit von der Temperatur. Als Arbeitsunterlage dient das Bild 1.

13. Eine Brücke aus Stahlbeton hat eine Länge von 850 m bei 20 °C Referenztemperatur. Da ihre Oberfläche relativ dunkel ist, heizt sie sich bei direkter Sonneneinstrahlung im Hochsommer bis auf 55 °C auf. Im Winter dagegen fallen die Temperaturen im Extremfall auf unter –30 °C.

a) Berechnen Sie die Längendifferenz zwischen den beiden Extremtemperaturen bei einer geraden Brücke.

b) Welche konstruktiven Lösungen werden für diese Längenänderungen im Straßenbau eingesetzt?

c) Welche Form sollte ein Bauteil haben, welches beidseitig festgespannt ist?

14. Eine Koordinatenmessmaschine steht an einem sonnigen Ort und hat nachmittags eine Temperatur von $T_{KM} = 22{,}5$ °C im Messraum mit $T_{MR} = 20{,}5$ °C. Aus der Fertigung wird eine Welle mit einer Temperatur T_{WS} von 25,2 °C im Messraum gemessen. Dabei wird ein Durchmessermaß von 22,028 festgestellt. Das Maß ist laut Zeichnungsspezifikation 22 + 0,025. Längenausdehnungskoeffizienten:

Messmaschine $\alpha_{KM} = 0{,}000007$ 1/K
Stahlwelle $\alpha_{WS} = 0{,}000016$ 1/K

a) Bestimmen Sie das richtige Maß des Durchmessers.

b) Ist die Welle gut oder Ausschuss?

15. Das Ausdehnungsgefäß einer Warmwasserheizung hat ein Nennvolumen von 15 l. Bis zu welcher Gesamtwassermenge kann es bei einer Heizung mit einem Temperaturbereich von 5 °C bis 70 °C eingesetzt werden, wenn eine maximale Füllung von 75% angestrebt wird?

DIE GASGESETZE

Zum Aufpumpen eines Fahrrades wird eine einfache Luftpumpe eingesetzt: Beim Pumpenhub wird das Luftvolumen V durch Verschieben des Kolbens verkleinert. Ändern sich dabei noch weitere Zustandsgrößen der Luft?

LUFTDRUCK UND ABSOLUTER DRUCK

Wird eine ca. 80 cm lange und auf einer Seite verschlossene Glasröhre mit Quecksilber gefüllt und umgekehrt, d.h., mit der verschlossenen Seite nach oben, in ein mit Quecksilber gefülltes Gefäß getaucht, dann können wir feststellen, dass in der Röhre eine ca. 75 cm hohe **Quecksilbersäule** h stehen bleibt. Dies zeigt Bild 1.

Der auf den Quecksilberspiegel des Gefäßes wirkende Luftdruck befindet sich mit dem durch die Quecksilbersäule erzeugten Schweredruck im Gleichgewicht.

Dieser Versuch wurde zuerst von Evangelista **Torricelli** (1608...1647), einem Schüler von Galilei, durchgeführt. Den luftleeren Raum über der Flüssigkeit in der Röhre nennt man deshalb auch **Torricelli'sches Vakuum.**

Im leeren Raum (Vakuum) ist der Druck Null.

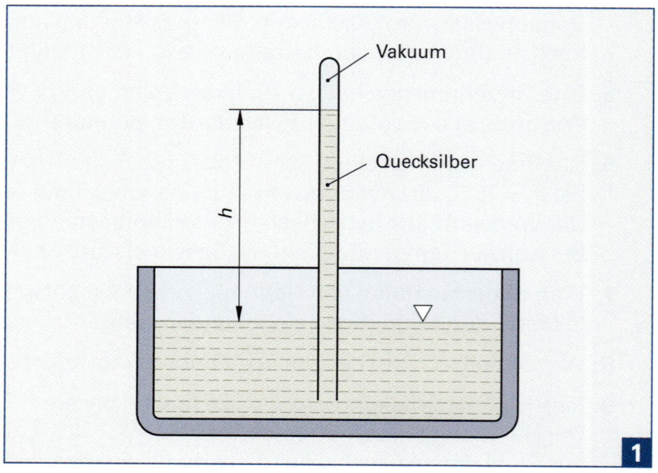

Toricelli

Alle Druckangaben, die sich auf den Druck Null beziehen, heißen **absolute Drücke.**

Der absolute Druck p_{abs} ist der Druck gegenüber dem Druck Null im leeren Raum.

abs ≙ absolutus = losgelöst, unabhängig

amb ≙ ambiens = umgebend

e ≙ excedens = überschreitend

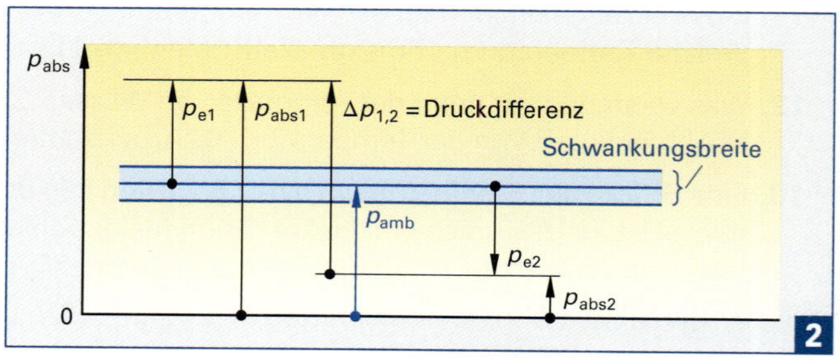

Bezug auf den Druck Null

Der absolute Druck wird auch als **tatsächlicher Druck** bezeichnet. Sehr häufig wird dieser auch mit dem Atmosphärendruck p_{amb} verglichen. Diesen Zusammenhang zwischen dem momentanen Luftduck p_{amb} und dem absoluten Druck p_{abs} zeigt Bild 2. Es gilt:

Die Differenz zwischen dem absoluten Druck p_{abs} und dem jeweiligen Atmosphärendruck p_{amb} ist die **atmosphärische Druckdifferenz p_e**; sie wird auch **Überdruck p_e** genannt.

Aus Bild 2 ergibt sich die Berechnungsgleichung für den

ÜBERDRUCK

$$p_e = p_{abs} - p_{amb}$$

Überdrücke p_e können sowohl positiv als auch negativ sein.

BEISPIEL

In einem Gefäß schwankt der Druck zwischen $p_{abs1} = 3{,}8$ bar und $p_{abs2} = 0{,}36$ bar. Der Luftdruck beträgt $p_{amb} = 1{,}02$ bar. Berechnen Sie

a) die Druckdifferenz $\Delta p_{1,2}$,
b) die beiden Überdrücke p_{e1} und p_{e2}.

Lösung
a) $\Delta p_{1,2} = p_{abs1} - p_{abs2} = 3{,}8\text{ bar} - 0{,}36\text{ bar} = \mathbf{3{,}44\ bar}$
b) $p_{e1} = p_{abs1} - p_{amb} = 3{,}8\text{ bar} - 1{,}02\text{ bar} = \mathbf{2{,}78\ bar}$
$p_{e2} = p_{abs2} - p_{amb} = 0{,}36\text{ bar} - 1{,}02\text{ bar} = \mathbf{-0{,}66\ bar}$

DIE ZUSTANDSGRÖSSEN DER GASE

Bild 1 zeigt die Arbeitsweise einer **Viertakt-Verbrennungskraftmaschine.** Dabei durchläuft eine bestimmte Gasmasse in der durch das Verfahren festgelegten Taktfolge die Maschine. Die sich dabei ständig ändernden Zustandsgrößen sind

Temperatur *T*

Volumen *V*

Druck *p*

Es ist zu erkennen:

> Bei einem Gas können sich gleichzeitig die Zustandsgrößen Temperatur *T*, Volumen *V* und Druck *p* ändern.

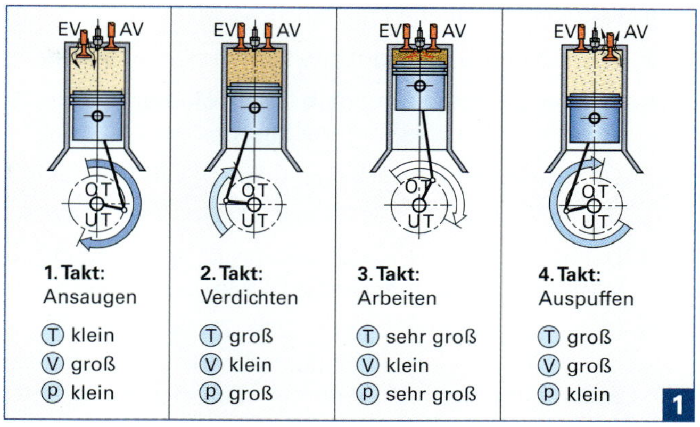

Änderungen der Zustandsgrößen

Es sind jedoch die folgenden **Sonderfälle** denkbar und in der Praxis auch annähernd durchführbar:

Konstante Temperatur →	T = konst. →	Volumen und Druck variabel
Konstantes Volumen →	V = konst. →	Temperatur und Druck variabel
Konstanter Druck →	p = konst. →	Volumen und Temperatur variabel

Die funktionellen Zusammenhänge werden durch Gleichungen ausgedrückt, die insbesondere von dem englischen Physiker Robert **Boyle** (1627…1684), dem französischen Physiker Edme **Mariotte** (1620…1684) und dem französischen Physiker **Gay-Lussac** (1778…1850) empirisch aufgestellt wurden. Nach diesen Wissenschaftlern sind diese Gesetze auch benannt.

Werden diese sogenannten **Gasgesetze** zusammengefasst (vereinigt), ergibt sich das **vereinigte Gasgesetz.** Es wird nochmals erwähnt, dass es sich – ebenso wie bei Boyle-Mariotte und Gay-Lussac – um ein empirisches Gesetz handelt.

Von einem solchen spricht man immer dann, wenn sich eine durch Versuche gemachte Erfahrung jederzeit und an jedem Ort bei gleichem Versuchsergebnis wiederholen lässt. Ein empirisches Gesetz ist also ein Gesetz, welches induktiv erarbeitet wurde.

GESETZ VON BOYLE-MARIOTTE (T = KONST.)

$$p \cdot V = \text{konst.} \qquad p_1 \cdot V_1 = p_2 \cdot V_2 = \ldots = \text{konst.}$$

1. GESETZ VON GAY-LUSSAC (p = KONST.)

$$\frac{V_1}{T_1} = \frac{V_2}{T_2} = \ldots = \text{konst.}$$

2. GESETZ VON GAY-LUSSAC (V = KONST.)

$$\frac{p_1}{T_1} = \frac{p_2}{T_2} = \ldots = \text{konst.}$$

VEREINIGTES GASGESETZ

$$\frac{p \cdot V}{T} = \text{konst.} \qquad \frac{p_1 \cdot V_1}{T_1} = \frac{p_2 \cdot V_2}{T_2}$$

p = absoluter Druck
V = Gasvolumen
T = absolute Temperatur

> Die Celsiustemperatur 0 °C ist eine zufällige Temperatur auf der Temperaturskala und ebenso der Atmosphärendruck ein zufälliger Druck auf der Druckskala.
> Deshalb darf bei den Gasgesetzen nur mit dem absoluten Druck und nur mit der absoluten Temperatur gerechnet werden.

BEISPIEL

Eine abgeschlossene Gasmenge mit dem Volumen $V_1 = 1{,}75\ \text{m}^3$ hat einen absoluten Druck $p_1 = 3{,}5$ bar und eine Temperatur $\vartheta_1 = 17\ °\text{C}$. Durch Temperaturerhöhung auf ϑ_2 wird der Druck verdoppelt und das Volumen verdreifacht. Berechnen Sie die Temperatur ϑ_2.

Lösung $\frac{p_1 \cdot V_1}{T_1} = \frac{p_2 \cdot V_2}{T_2}$

$\vartheta_1 = 17\ °\text{C} \mathrel{\hat{=}} T_1 = 290{,}15\ \text{K}$

$T_2 = T_1 \cdot \frac{p_2}{p_1} \cdot \frac{V_2}{V_1} = T_1 \cdot \frac{2 \cdot p_1}{p_1} \cdot \frac{3 \cdot V_1}{V_1}$

$T_2 = 6 \cdot T_1 = 6 \cdot 290{,}15\ \text{K}$

$T_2 = 1740{,}9\ \text{K} \rightarrow \vartheta_2 = (1740{,}9 - 273{,}15)\ °\text{C}$

$\boldsymbol{\vartheta_2 = 1467{,}75\ °\text{C}}$

AUFGABEN ZUR WIEDERHOLUNG

1. Nennen Sie die drei Zustandsgrößen der Gase.
2. Wie nennen wir den auf den Luftdruck p_{amb} bezogenen Druck?
3. In einer Gasflasche mit dem Innenvolumen $V_1 = 40$ l befindet sich ein Schweißgas mit einem Überdruck von 18 bar. Berechnen Sie bei der Annahme $T =$ konst.
   a) den absoluten Druck p_{abs}, wenn $p_{amb} = 1{,}01$ bar ist,
   b) das Volumen V_2 des Gases, wenn angenommen wird, dass dieses bis auf den Atmosphärendruck entspannt.
4. Der absolute Druck eines Gases wird bei konstanter Temperatur verdreifacht. Wie verändert sich dabei die Dichte dieses Gases?
5. Bei einer Temperatur von $\vartheta_1 = 20$ °C befinden sich in einem Pkw-Reifen $V_1 = 10$ dm³ Luft. Der Reifendruck beträgt $p_1 = 2{,}15$ bar. Wie groß ist der Reifendruck, wenn die Reifentemperatur durch Sonneneinstrahlung auf $\vartheta_2 = 60$ °C ansteigt und wenn angenommen werden kann, dass sich das Reifenvolumen um 2 % vergrößert?
6. Erklären Sie den Begriff „vereinigtes Gasgesetz".
7. In einer Stahlflasche für Stickstoff herrscht bei 20 °C ein absoluter Druck von 30 bar. Wie groß ist der Überdruck in der Stahlflasche, wenn die Temperatur auf 35 °C ansteigt und wenn $p_{amb} = 1{,}02$ bar ist?
8. Ein Gas hat eine Temperatur von 10 °C. Es wird bei konstantem Druck erwärmt. Bei welcher Temperatur hat sich das Gasvolumen verdreifacht?
9. Machen Sie jeweils eine Aussage über die fehlende Zustandsgröße eines Gases und über das Verhalten der Dichte:
   a) $V =$ konst., T nimmt ab p .... ϱ ....
   b) $p =$ konst., T nimmt zu V .... ϱ ....
   c) $T =$ konst., V nimmt zu p .... ϱ ....
   d) $T =$ konst., p nimmt ab V .... ϱ ....
10. Eine abgeschlossene Gasmenge hat einen Druck von 5 bar, ein Volumen von 5 m³ und eine Temperatur von 25 °C. Welche Temperatur hat das Gas, wenn der Druck in Folge Abkühlung bei konstantem Volumen auf einen absoluten Druck von 2,2 bar fällt?

WÄRME ALS ENERGIE

Steigende Energiekosten werden allseits beklagt, wobei oft vergessen wird wie einfach sie reduziert werden können. Eine besonders effektive Möglichkeit ist die Minderung der Wärmeströmungen durch eine geeignete Isolierung der Wände.

Wärmekapazität fester und flüssiger Stoffe

Wärme als Energieform wurde bereits definiert. Im Zusammenhang mit der Temperaturmessung haben wir erkannt, dass zugeführte **Wärme und Temperaturerhöhung einander proportional** sind. Bild 1 lässt diese Zusammenhänge erkennen und es zeigt darüber hinaus, dass auch die **Stoffmasse** m und **der Stoff selber** in der Betrachtung eine Rolle spielen.

Nochmals zu Bild 1: Durch die Zufuhr jeweils gleicher Wärmemengen Q_1 und Q_2 sollen verschiedene Stoffe – hier Wasser und ein bestimmtes Öl – um den jeweils gleichen Temperaturbetrag $\Delta\vartheta_1 = \Delta\vartheta_2$ erwärmt werden. Dabei ist feststellbar, dass beim Einhalten der Versuchsbedingungen $Q_1 = Q_2$ und $\Delta\vartheta_1 = \Delta\vartheta_2$ mit der gleichen Wärmeenergie gegenüber der Wassermasse m_1 – in etwa die doppelte Ölmasse m_2 um jeweils die gleiche Temperaturdifferenz erwärmt werden kann.

Es ist also erkennbar, dass die zur Realisierung einer bestimmten Temperaturdifferenz erforderliche Wärmeenergie auch vom Stoff selber abhängt. Diese Stoffabhängigkeit wird durch eine spezifische Stoffkonstante erfasst. Man bezeichnet diese als die **spezifische Wärmekapazität** oder kurz als die **spezifische Wärme**. Als Formelbuchstabe wird das kleine c verwendet.

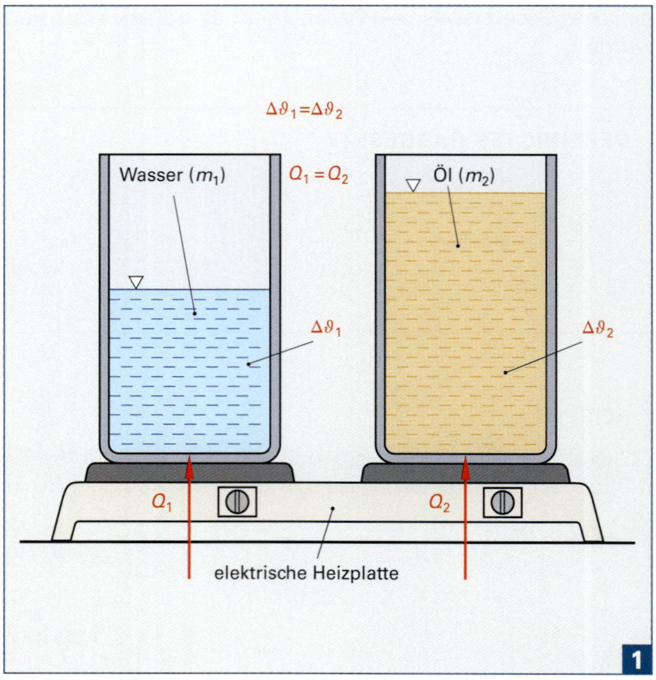

1 *Wärmemenge*

Unter der spezifischen Wärmekapazität c versteht man die Wärmemenge, welche man benötigt, um 1 kg eines festen oder flüssigen Stoffes um die Temperaturdifferenz 1 K = 1 °C zu erwärmen.

Die spezifische Wärmekapazität ist temperaturabhängig. Dies geht auch aus der nebenstehenden Tabelle hervor. In der Praxis genügt es in den meisten Fällen mit den Werten für 20 °C zu rechnen.

Weitere Werte sind in technischen Handbüchern enthalten. Die **Beachtung von Herstellerangaben** ist aber in vielen Fällen unabdingbar.

Der Zahlenwert der spezifischen Wärmekapazität von Legierungen und Mischungen ist von der Zusammensetzung (Konzentration) abhängig.

Von allen festen und flüssigen Stoffen hat Wasser die größte spezifische Wärmekapazität.

SPEZIFISCHE WÄRMEKAPAZITÄTEN VERSCHIEDENER STOFFE

flüssiger bzw. fester Stoff	spez. Wärmekapazität c in $\frac{\text{kJ}}{\text{kg} \cdot \text{K}}$ bei 20 °C
Alkohol (Ethanol)	ca. 2,43
Aluminium	0,942
Benzin	2,01
Beton	0,89
Blei	0,13
Eis (bei 0 °C)	2,11
Glas	0,82
Kieselgur	0,88
Kupfer	0,39
Quecksilber	0,138
Sandstein	0,92
Stahl mit 0,2 % C	0,46
Stahl mit 0,1 % C	0,49
Wasser rein	4,1816 ≈ 4,19
Wasser (0,5 % Salz)	4,10
Wasser (3,0 % Salz)	3,93
Ziegelstein	0,85

Angaben beziehen sich auf $\vartheta = 20$ °C!

Grundgesetz der Wärmelehre

Aus den bisherigen Überlegungen ergibt sich, dass die zur Temperaturerhöhung eines Stoffes erforderliche Wärmeenergie Q der Temperaturerhöhung $\Delta\vartheta$, der Masse m und der spezifischen Wärmekapazität c proportional ist. Der Zusammenhang ist multiplikativ und man nennt es das

GRUNDGESETZ DER WÄRMELEHRE

$$Q = m \cdot c \cdot \Delta\vartheta$$

$$[Q] = [m] \cdot [c] \cdot [\Delta\vartheta] = \frac{\text{kJ}}{\text{kg} \cdot \text{°C}} \cdot \text{°C} = \text{kJ}$$

Das Produkt $m \cdot c$ heißt **Wärmekapazität** mit dem Formelbuchstaben C. Diese ist ein **Maß für die Speicherfähigkeit von Wärmeenergie pro K Temperaturerhöhung.** Vergleichen wir einmal in der obigen Tabelle den c-Wert von Wasser mit dem c-Wert von Stein, dann erkennen wir, dass 1 kg Wasser eine etwa fünf Mal größere Wärmemenge als 1 kg Stein speichern kann.

Beim Austausch von Wärmeenergie müssen mindestens zwei Körper beteiligt sein, z. B. ein mit Wasser gefüllter Stahlbehälter. Man spricht dann von einem **Stoffsystem.**

Am Ende eines Wärmeaustausches haben alle Teile eines Stoffsystems die gleiche Endtemperatur.

Daraus ergibt sich:

Änderung der Wärmeenergie in Stoffsystemen

$$Q = m_1 \cdot c_1 \cdot \Delta\vartheta + m_2 \cdot c_2 \cdot \Delta\vartheta + \ldots + m_2 \cdot c_2 \cdot \Delta\vartheta \quad \text{in kJ}$$

BEISPIEL 1

Welche Wärmemenge Q ist erforderlich, wenn damit $m = 7{,}5$ kg Stahl mit $c = 0{,}46$ kJ/(kg · K) von $\vartheta_1 = 20$ °C auf $\vartheta_2 = 980$ °C erwärmt werden sollen?

▶ **Anmerkung**

Die bei Stahl erforderlichen (relativ kleinen) Wärmemengen für den Gitterumschlag (s. Werkstoffkunde) werden nicht berücksichtigt.

Lösung $Q = m \cdot c \cdot \Delta\vartheta$

$Q = m \cdot c \cdot (\vartheta_2 - \vartheta_1) = 7{,}5\ \text{kg} \cdot 0{,}46 \frac{\text{kJ}}{\text{kg} \cdot \text{K}} \cdot (980 - 20)\ \text{K}$

$\mathbf{Q = 3312\ kJ}$

BEISPIEL 2

Ein St-Behälter mit der Masse $m_1 = 3$ kg, $c_1 = 0{,}46$ kJ/(kg · K) ist mit Wasser $m_2 = 8$ kg, $c_2 = 4{,}19$ kJ/(kg · K) gefüllt. Dieses Stoffsystem hat eine Temperatur von $\vartheta_1 = 20$ °C und wird auf eine Temperatur von $\vartheta_2 = 90$ °C erwärmt. Berechnen Sie

a) die Temperaturdifferenz in °C und K,
b) die erforderliche Wärmeenergie Q, wenn das System als nach außen hin isoliert betrachtet wird (kein Energieaustausch mit der Umgebung).

BEISPIEL 2 (FORTSETZUNG)

Lösung a) $\Delta\vartheta = \vartheta_2 - \vartheta_1 = 90\,°C - 20\,°C = \mathbf{70\,°C \triangleq 70\,K}$

b) $Q = m_1 \cdot c_1 \cdot \Delta\vartheta + m_2 \cdot c_2 \cdot \Delta\vartheta = \Delta\vartheta \cdot (m_1 \cdot c_1 + m_2 \cdot c_2) = 70\,K \cdot \left(3\,kg \cdot 0{,}46\,\frac{kJ}{kg \cdot K} + 8\,kg \cdot 4{,}19\,\frac{kJ}{kg \cdot K}\right)$

$\mathbf{Q} = 70\,K \cdot \left(1{,}38\,\frac{kJ}{K} + 33{,}52\,\frac{kJ}{K}\right) = 70\,K \cdot 34{,}9\,\frac{kJ}{K} = \mathbf{2443\,kJ}$

DIE MISCHUNGSREGEL

Der folgende Sachverhalt wurde bereits in früheren Kapiteln erläutert:

Stoffe, die sich gegenseitig berühren (Stoffsysteme) tauschen Wärmeenergie aus, sofern zwischen ihnen eine Temperaturdifferenz vorhanden ist. Der Gesamtwärmeinhalt aller daran beteiligten Stoffe ändert sich dabei nicht. Die von dem Stoff mit höherer Temperatur abgegebene Wärme Q_{ab} ist genau so groß wie die vom Stoff mit der kleineren Temperatur aufgenommene Wärmemenge Q_{auf}.

Dieses Verhalten bezeichnet man als die

MISCHUNGSREGEL

$Q_{ab} = Q_{auf}$ in J, kJ

Bei dem beschriebenen Austausch von Wärmeenergie findet nach einer gewissen Zeit ein **Temperaturausgleich** statt, d. h., es stellt sich im gesamten Stoffsystem die gleiche Endtemperatur ein. Diese wird als **Mischungstemperatur** oder auch als **Mischtemperatur** bezeichnet. Als Formelzeichen wird ϑ_m verwendet. Die Herleitung einer Gleichung zur Berechnung von ϑ_m erfolgt mithilfe der Mischungsregel. Dabei wird zunächst die Annahme gemacht, dass nur zwei Stoffe am Wärmeaustausch beteiligt sind. Also:

TEMPERATUR			
	vor Wärmeaustausch	**nach Wärmeaustausch**	**Temperaturdifferenz**
Stoff 1: m_1, c_1	$\vartheta_1 > \vartheta_m > \vartheta_2$	ϑ_m	$\Delta\vartheta_1 = \vartheta_1 - \vartheta_m$
Stoff 2: m_2, c_2	$\vartheta_2 < \vartheta_m < \vartheta_1$	ϑ_m	$\Delta\vartheta_2 = \vartheta_m - \vartheta_2$

Wird nun die Mischungsregel angewendet, ergibt sich folgende Ableitung:

$$Q_{ab} = Q_{auf}$$
$$m_1 \cdot c_1 \cdot \Delta\vartheta_1 = m_2 \cdot c_2 \cdot \Delta\vartheta_2$$
$$m_1 \cdot c_1 \cdot (\vartheta_1 - \vartheta_m) = m_2 \cdot c_2 \cdot (\vartheta_m - \vartheta_2)$$
$$m_1 \cdot c_1 \cdot \vartheta_1 - m_1 \cdot c_1 \cdot \vartheta_m = m_2 \cdot c_2 \cdot \vartheta_m - m_2 \cdot c_2 \cdot \vartheta_2$$
$$-m_1 \cdot c_1 \cdot \vartheta_m - m_2 \cdot c_2 \cdot \vartheta_m = -m_1 \cdot c_1 \cdot \vartheta_1 - m_2 \cdot c_2 \cdot \vartheta_2$$
$$\vartheta_m \cdot (-m_1 \cdot c_1 - m_2 \cdot c_2) = -m_1 \cdot c_1 \cdot \vartheta_1 - m_2 \cdot c_2 \cdot \vartheta_2$$
$$\vartheta_m = \frac{-m_1 \cdot c_1 \cdot \vartheta_1 - m_2 \cdot c_2 \cdot \vartheta_2}{-m_1 \cdot c_1 - m_2 \cdot c_2}$$
$$\boldsymbol{\vartheta_m = \frac{m_1 \cdot c_1 \cdot \vartheta_1 + m_2 \cdot c_2 \cdot \vartheta_2}{m_1 \cdot c_1 + m_2 \cdot c_2}}$$

Sind mehr als zwei Stoffe am Wärmeaustausch beteiligt, dann ergibt sich für die

MISCHUNGSTEMPERATUR

$$\vartheta_m = \frac{\Sigma(m \cdot c \cdot \vartheta)}{\Sigma(m \cdot c)}$$

ϑ_m, ϑ	m	c
°C	kg	$\frac{kJ}{kg \cdot K}$

ϑ = Ausgangstemperatur

Am Wärmeaustausch können in beliebiger Kombination feste, flüssige und gasförmige Stoffe beteiligt sein.

BEISPIEL

13 kg Messing mit einer Temperatur von 600 °C werden in 25 Liter (= 25 kg) Wasser, welches eine Temperatur von 15 °C hat, unter Bewegung abgeschreckt. Welche Mischungstemperatur nehmen Messing und Wasser an, wenn das Wassergefäß und die Umgebung bei der Berechnung unberücksichtigt bleiben? Es ist $c_{Ms} = 0{,}39$ kJ/(kg · K).

Lösung

$$\vartheta_m = \frac{m_1 \cdot c_1 \cdot \vartheta_1 + m_2 \cdot c_2 \cdot \vartheta_2}{m_1 \cdot c_1 + m_2 \cdot c_2}$$

$$= \frac{13\,kg \cdot 0{,}39\,\frac{kJ}{kg \cdot K} \cdot 600\,°C + 25\,kg \cdot 4{,}19\,\frac{kJ}{kg \cdot K} \cdot 15\,°C}{13\,kg \cdot 0{,}39\,\frac{kJ}{kg \cdot °C} + 25\,kg \cdot 4{,}19\,\frac{kJ}{kg \cdot °C}}$$

$$\boldsymbol{\vartheta_m} = \frac{3042 + 1571{,}25}{5{,}07 + 104{,}75}\,°C = \frac{4613{,}25}{109{,}82}\,°C = \mathbf{42\,°C}$$

BEISPIEL (FORTSETZUNG)

Probe

$$Q_{ab} = Q_{auf}$$

$$m_1 \cdot c_1 \cdot \Delta\vartheta_1 = m_2 \cdot c_2 \cdot \Delta\vartheta_2$$

$$13\ \text{kg} \cdot 0{,}39\ \frac{\text{kJ}}{\text{kg} \cdot \text{K}} \cdot 558\ \text{K} = 25\ \text{kg} \cdot 4{,}19\ \frac{\text{kJ}}{\text{kg} \cdot \text{K}} \cdot 27\ \text{K}$$

$$\mathbf{2829{,}06\ kJ \approx 2828{,}25\ kJ}$$

$$\Delta\vartheta_1 = \vartheta_1 - \vartheta_m = (600 - 42)\ \text{K} = 558\ \text{K}$$

$$\Delta\vartheta_2 = \vartheta_m - \vartheta_2 = (42 - 15)\ \text{K} = 27\ \text{K}$$

Wärmequellen

Bei richtiger Nutzung der **natürlichen Wärmequellen** – wie etwa der **Sonnenenergie** oder der **Erdwärme** – wäre die Menschheit nicht auf die Nutzung **künstlicher Wärmequellen** angewiesen. Solche sind z. B. die Reibungswärme, elektrische Wärmequellen, atomare Wärmequellen und vor allem die in Großkraftwerken erzeugte **Reaktionswärme**. Mit diesem Begriff sind Wärmemengen gemeint, die bei einer chemischen Reaktion verbraucht oder freigesetzt werden. Solche chemischen Reaktionen vollziehen sich z. B. bei jeder **Verbrennung**. Die dabei aus den Brennstoffen freigesetzte Wärmeenergie wird als **Verbrennungswärme** bezeichnet. Für den Reaktionsablauf ist die **Zufuhr von Sauerstoff** erforderlich.

Das wesentliche Kriterium für die Qualität eines Brennstoffes ist die bei seiner Verbrennung abgegebene Wärmemenge, also die **Verbrennungswärme**. Um die Brennstoffe miteinander vergleichen zu können, beziehen wir uns bei **festen und flüssigen Brennstoffen** auf die Verbrennung von 1 kg und bei **gasförmigen Brennstoffen** auf die Verbrennung von 1 m^3 Gas im Normzustand (m_n^3). Beachten Sie:

NORMZUSTAND
- **Normdruck p_n** → $p_n = 101\,325\ \text{Pa} = 1{,}01325\ \text{bar}$
- **Normtemperatur ϑ_n** → $\vartheta_n = 0\ °\text{C} \triangleq T_n = 273{,}15\ \text{K}$

Die bei der Verbrennung von 1 kg bzw. 1 m_n^3 Brennstoff frei werdende Wärmeenergie heißt spezifischer Brennwert H_o bzw. $H_{o,n}$.

Demzufolge ist die **Einheit des spezifischen Brennwertes H_o**: $\boxed{\frac{\text{kJ}}{\text{kg}}}$ bzw. $H_{o,n}$: $\boxed{\frac{\text{kJ}}{m_n^3}}$

und es ergibt sich für die

VERBRENNUNGSWÄRME

BEI FESTEN UND FLÜSSIGEN BRENNSTOFFEN:

$$Q = m \cdot H_o$$

Q	m	H_o
kJ	kg	$\frac{\text{kJ}}{\text{kg}}$

BEI GASFÖRMIGEN BRENNSTOFFEN:

$$Q = V \cdot H_{o,n}$$

Q	V	H_o
kJ	m_n^3	$\frac{\text{kJ}}{m_n^3}$

Somit ergibt sich für die

NUTZBARE WÄRMEENERGIE

BEI FESTEN UND FLÜSSIGEN BRENNSTOFFEN:

$$Q = m \cdot H_i$$

Q	m	H_i
kJ	kg	$\frac{\text{kJ}}{\text{kg}}$

BEI GASFÖRMIGEN BRENNSTOFFEN:

$$Q = V \cdot H_i$$

Q	V	H_i
kJ	m_n^3	$\frac{\text{kJ}}{m_n^3}$

Diese Wärmemengen können jedoch nicht vollständig genutzt werden, da die Brennstoffe immer mit Feuchtigkeit (Wasser) beladen sind. Bei der Verbrennung muss diese Feuchtigkeit verdampft werden. Diese Verdampfung erfordert Wärmeenergie. Der „Verlust" dieser Wärmemenge ist im **Heizwert** berücksichtigt. Deshalb ist der Heizwert immer um den Betrag der Verdampfungswärme kleiner als sein Brennwert. Es ist somit:

Heizwert = Brennwert minus Verdampfungswärme des Wassers

Der beschriebene Sachverhalt erklärt die frühere Bezeichnungsweise oberer und unterer Heizwert:

HEUTIGE BEZEICHNUNG	FRÜHERE BEZEICHNUNG
spezifischer Brennwert H_0	oberer Heizwert H_o
spezifischer Heizwert H_i	unterer Heizwert H_u

Der spezifische Brennwert bzw. Heizwert wird in Versuchen (mit einem **Kalorimeter**) ermittelt. Die Tabelle (Seite 94) zeigt einige Werte für feste, flüssige und gasförmige Brennstoffe.

BRENNWERTE UND HEIZWERTE VERSCHIEDENER ENERGIETRÄGER		
Brennstoff	H_o in $\frac{kJ}{kg}$ bzw. $H_{o,n}$ in $\frac{kJ}{m_n^3}$	H_i in $\frac{kJ}{kg}$ bzw. H_i in $\frac{kJ}{m_n^3}$
reiner Kohlenstoff	je nach Wassergehalt um den Betrag der zur Verdampfung dieses Wassers erforderlichen Wärme größer als H_u.	33800
Steinkohle		30000...35000
Braunkohle		8000...11000
Brikett		17000...21000
Torf		10000...15000
Holz		9000...15000
Heizöl EL	45400	42700
Heizöl S	42300	40200
Benzin	46700	42500
Benzol	41940	40230
Dieselöl	44800	41640
Petroleum	42900	40800
Hochofengichtgas	4080	3980
Koksofengas	19670	17370
Erdgas Typ H	41300	37300
Methan	39850	35790
Propan	00890	92890

BEISPIEL

60 kg Wasser $\left(c = 4{,}19\,\frac{kJ}{(kg \cdot K)}\right)$ werden in einem Gasofen von 22 °C auf 84 °C erwärmt.
Wie viel m_n^3 Erdgas mit einem spezifischen Heizwert H_u, $n = 37100$ kJ/m_n^3 werden dazu benötigt, wenn angenommen wird, dass wegen der Wärmeverluste 30 % mehr an Wärmeenergie aufgewendet werden muss?

Lösung $Q_{erf} = m \cdot c \cdot \Delta\vartheta + 0{,}3 \cdot m \cdot c \cdot \Delta\vartheta = 1{,}3 \cdot m \cdot c \cdot \Delta\vartheta = V \cdot H_{u,n}$ $\Delta\vartheta = 62\,°C \mathrel{\hat{=}} 62\,K$

$$V_{erf} = \frac{1{,}3 \cdot m \cdot c \cdot \Delta\vartheta}{H_{u,n}} = \frac{1{,}3 \cdot 60\,kg \cdot 4{,}19\,\frac{kJ}{kg \cdot K} \cdot 62\,K}{37100\,\frac{kJ}{m_n^3}}$$

$\mathbf{V_{erf} = 0{,}546\,m_n^3}$

Wärmetransport

Der Transport von Wärmeenergie, in der Praxis als **Wärmeübertragung** bezeichnet, kann nur von einem Ort höherer Temperatur zu einem Ort niedriger Temperatur selbstständig erfolgen. Diesen „Wärmestrom" zeigt Bild 1.

Bei Heiz- und Kühlprozessen ist dies so erwünscht, bei Wänden von Gebäuden und Fenstern jedoch als Wärmeverluste unerwünscht.

Übertragungsmechanismen von Wärmeenergie können sein:

Wärmeleitung,
Wärmestrahlung und
Wärmemitführung.

Da der Bereich der Wärmeübertragung ein großes Feld darstellt, wird hier nur die **Wärmeleitung bei ebenen Wänden** behandelt.

Stellvertretend für alle denkbaren Fälle zeigt Bild 2 eine zweischichtige ebene Hauswand in schematischer Darstellung, mit allen zur Berechnung nötigen Größen.

Der Wärmestrom fließt dabei, von der Wandseite mit der hohen Temperatur **(Wärmeübergang)** ausgehend, durch die zwei Wände **(Wärmeleitung)** zu der Wandseite mit der niedrigen Temperatur hindurch. Dies bezeichnet man als **Wärmedurchgang.**

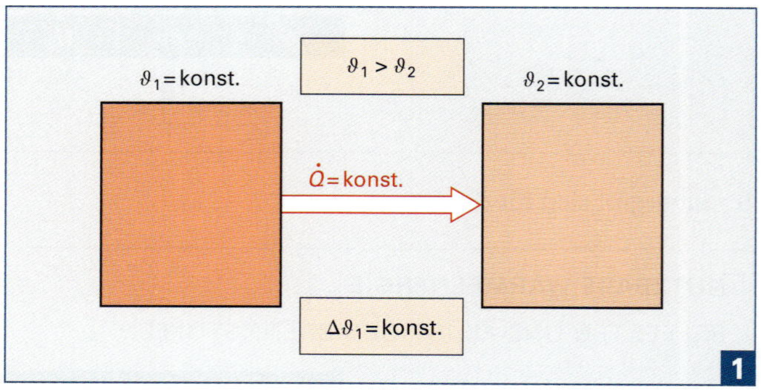

1
Richtung des Wärmestroms

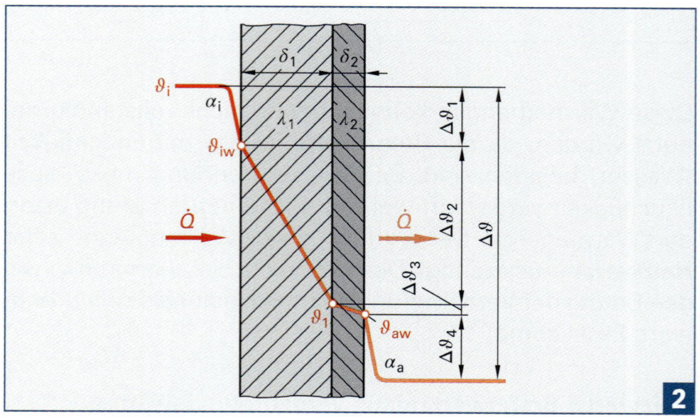

2
Wärmedurchgang

Ein **Wärmedurchgang** benötigt immer ein Temperaturgefälle und findet umso schneller statt, desto größer der Temperaturunterschied ist.

Bei der Berechnung des Wärmedurchgangs (Bild 2, vorherige Seite) müssen die Größen mit den zugehörigen Einheiten entsprechend der folgenden Legende eingesetzt werden:

Q	Wärmestrom	W = Watt
ϑ	Temperatur	°C
δ	Wanddicke	m
λ	Wärmeleitfähigkeit (Wärmeleitzahl) → Tabelle	W/(m · K)
α	Wärmeübergangszahl → Tabelle	W/(m² · K)
	a bedeutet außen, i bedeutet innen	

Die **Wärmedurchgangszahl (*k*-Wert)** ist eine Größe, die sich aus den δ-Werten, den λ-Werten und den α-Werten zusammensetzt.

Es ist

Wärmedurchgangszahl (*k*-Wert) $k = \dfrac{1}{\frac{1}{\alpha_1} + \Sigma\frac{\delta}{\lambda} + \frac{1}{\alpha_2}}$

Ist noch die **Wandfläche *A*** und die **gesamte Temperaturdifferenz** $\Delta\vartheta$ bekannt, dann errechnet sich der

Wärmestrom $\dot{Q} = k \cdot A \cdot \Delta\vartheta$

SPEZIFISCHE WÄRMELEITFÄHIGKEITEN λ

Stoff	Wärmeleitfähigkeit λ in $\frac{W}{m \cdot K}$ bei 20 °C
Aluminium	210
Blei	35
Kupfer	394
Stahl unlegiert	58
Zink	112
Beton	0,75 … 0,95
Glas	0,58 … 1,05
Korkplatten	0,037
Dämmstoffe	0,03 … 0,11
Ziegelmauerwerk	0,35 … 0,88
Maschinenöl	0,116 … 0,174
Wasser	0,62
Wasser bei 100 °C	0,68
Luft	0,0257
Wasserdampf (100 °C)	0,0242

WÄRMEÜBERGANGSZAHLEN α

Fluid	Zustandsform bzw. Bewegungszustand des Fluids	Wärmeübergangszahl α in $\frac{W}{m^2 \cdot K}$
Wasser	ruhend	250…700
Wasser	strömend	$580 + 2100 \cdot \sqrt{v}$
Wasser	siedend	1000…15000
Gase, Luft überhitzte Dämpfe	ruhend	2…10
Gase, Luft überhitzte Dämpfe	strömend	$2 + 12 \cdot \sqrt{v}$
Wasserdampf	kondensierend	5000…12000

In der obigen Tabelle bedeutet v = Strömungsgeschwindigkeit des Fluids in $\frac{m}{s}$.

PHYSIK CHEMIE STATISTIK

BEISPIEL

Eine zweifach geschichtete ebene Wand soll auf Wärmedurchgang berechnet werden. Die Wand hat eine Fläche $A = 5\ m^2$. Innentemperatur $\vartheta_i = 100\ °C$, Außentemperatur $\vartheta_a = 20\ °C$. Die Wärmeübergangszahlen betragen $\alpha_a = 41{,}7\ W/(m^2 \cdot K)$ und $\alpha_i = 2{,}8\ W/(m^2 \cdot K)$.

Innenwand: $\delta_1 = 50\ cm$; $\lambda_1 = 1{,}4\ W/(m \cdot K)$ Außenwand: $\delta_2 = 10\ mm$; $\lambda_2 = 0{,}14\ W/(m \cdot K)$.

Berechnen Sie also

a) den *k*-Wert,
b) den Wärmeverlust *Q* in der Zeit $t = 6\ h$

Lösung a) $\dot{Q} = \frac{Q}{t}$

$$Q = \dot{Q} \cdot t = k \cdot A \cdot \Delta\delta \cdot t$$

$$k = \frac{1}{\frac{1}{\alpha_a} + \frac{\delta_1}{\lambda_1} + \frac{\delta_2}{\lambda_2} + \frac{1}{\alpha_i}} = \frac{1}{\frac{1}{41{,}7} + \frac{0{,}5}{1{,}4} + \frac{0{,}01}{0{,}14} + \frac{1}{2{,}8}} \frac{W}{m^2 \cdot K}$$

$$k = \frac{1}{0{,}02398 + 0{,}35714 + 0{,}07143 + 0{,}35714} \frac{W}{m^2 \cdot K} = \frac{1}{0{,}80969} \frac{W}{m^2 \cdot K}$$

$$\mathbf{k = 1{,}235\ \frac{W}{m^2 \cdot K}}$$

b) $Q = 1{,}235\ \frac{W}{m^2 \cdot K} \cdot 5\ m^2 \cdot 80\ K \cdot 6\ h = 2964{,}0\ Wh = 2964{,}0 \cdot 3600\ Ws$

$Q = 10670400{,}0\ Ws = 10670400{,}0\ J$

$\mathbf{Q = 10670{,}4\ kJ}$

AUFGABEN ZUR WIEDERHOLUNG

1. Wie zeichnet sich Wasser wärmetechnisch gegenüber allen anderen Stoffen aus?

2. In einem Kupfertopf mit $m_1 = 180\ g$ befinden sich $m_2 = 1000\ g$ Wasser.
Wie groß ist die Temperaturdifferenz $\Delta\vartheta$, wenn $Q = 208\ kJ$ zugeführt werden?

3. 200 g Zink werden um 30 K mit 2,31 kJ erwärmt. Wie groß ist die spezifische Wärmekapazität von Zink?

4. Wie lautet die Mischungsregel?

5. 50 kg Wasser von 10 °C werden mit 5 kg Alkohol ($c = 2{,}43\ kJ/(kg \cdot K)$) mit 30 °C gemischt.
Welche Mischungstemperatur ergibt sich?

6. 500 kg Wasser sollen eine Temperatur $\vartheta_m = 40\ °C$ haben. Zur Herstellung dieser Mischungstemperatur steht Wasser von 10 °C und solches von 90 °C zur Verfügung. Welche Menge kaltes Wasser und welche Menge heißes Wasser werden für die Mischung benötigt?

7. Vier Stoffe mit den unterschiedlichen Massen m_1, m_2, m_3 und m_4, den unterschiedlichen spezifischen Wärmekapazitäten c_1, c_2, c_3 und c_4 sowie den unterschiedlichen Temperaturen h_1, h_2, h_3 und h_4 werden zu einem Stoffsystem vereint. Schreiben Sie die Berechnungsgleichung für die Mischungstemperatur ϑ_m auf.

8. Was versteht man unter der Reaktionswärme?

9. Wie unterscheidet sich der spezifische Brennwert H_o vom spezifischen Heizwert H_u?
Verbinden Sie Ihre Antwort mit den früheren Bezeichnungsweisen „oberer Heizwert" und „unterer Heizwert".

10. Wie viele kg Aluminium ($c = 0{,}942\ kJ/(kg \cdot K)$) können mit 5 kg Heizöl ($H_u = 40200\ kJ/kg$) bei Vernachlässigung der Wärmeverluste von 20 °C auf 600 °C erwärmt werden?

11. Ein Härteofen wird mit Heizöl ($H_u = 40500\ kJ/kg$) betrieben. Er hat einen Wirkungsgrad von 48 %, d. h., dass nur 48 % der zugeführten Energie in Wärmeenergie umgewandelt werden. Wie viel kg Heizöl sind erforderlich, wenn eine Stahlplatte ($c = 0{,}46\ kJ/(kg \cdot K)$) mit $m = 3\ kg$ von 10 auf 980 °C erwärmt wird?
Die für Gitterumwandlungen des Werkstoffes erforderliche Energie bleibt unberücksichtigt.

12. Welche Bedingung muss bei einer Wärmeübertragung (ohne zusätzlichen Energieaufwand) immer erfüllt sein?

13. Ein Raum ist normalerweise durch vier Wände, die Decke, den Fußboden sowie durch eine Tür und die Fenster abgegrenzt. Wie wird in einem solchen Fall der Gesamtwärmestrom ermittelt?

14. Berechnen Sie den Wärmestrom einer dreifach geschichteten Kühlraumwand mit $A = 17{,}8\ m^2$ bei folgendem Wandaufbau:

Außenwand: $\delta_1 = 40\ cm$; $\lambda_1 = 0{,}85$, **Kältedämmung:** $\delta_2 = 20\ cm$; $\lambda_2 = 0{,}032$, **Innenwand:** $\delta_3 = 5\ cm$; $\lambda_3 = 0{,}9$

Weiter ist gegeben: $\vartheta_a = 20\ °C$; $\vartheta_i = -10\ °C$; $\alpha_a = 29$; $\alpha_i = 8{,}9$

Skizzieren Sie vor der Berechnung den Wandquerschnitt mit allen für die Berechnung erforderlichen Angaben.

ÄNDERUNG DES AGGREGATZUSTANDES

Die Besonderheiten beim Schmelzen und Verdampfen von Stoffen, insbesondere Wasser sind die Grundlage für das Festlegen der thermometrischen Festpunkte (Fundamentalpunkte).

Schmelzen und Erstarren

Beim Schmelzen und Erstarren muss zwischen **reinen Stoffen**, z. B. Wasser und **Stoffgemischen** unterschieden werden. Letztere werden in der Stoffkunde besprochen, sodass es an dieser Stelle um das Schmelzen und Erstarren reiner Stoffe geht. Der entsprechende Fundamentalpunkt (Bild 1) wird auch als **Schmelzpunkt** bzw. als **Erstarrungspunkt** bezeichnet.

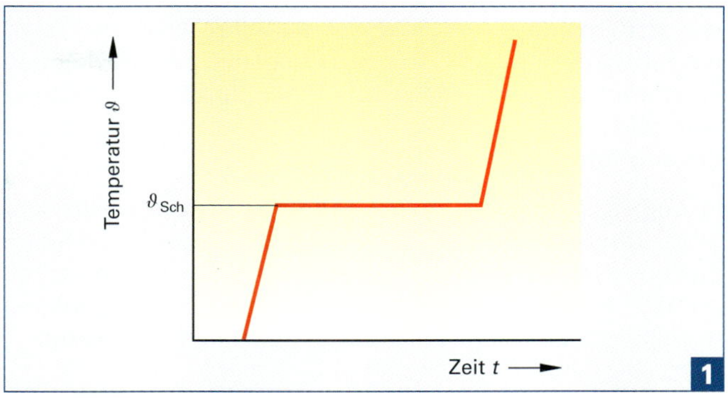

Schmelzpunkt

Unter dem **Schmelzpunkt** ϑ_{Sch} versteht man die Temperatur, bei der ein chemisch einheitlicher Stoff unter konstantem Druck aus dem festen in den flüssigen Aggregatzustand übergeht.

Dabei wird unter einem chemisch einheitlichen Stoff entweder ein chemischer Grundstoff (z. B. Eisen) oder eine chemische Verbindung (z. B. Wasser) verstanden, und der Druck, auf den sich der Schmelzpunkt bezieht, ist der Normalluftdruck p_n.

Nebenstehende Tabelle enthält die Schmelzpunkte einiger technisch wichtiger Stoffe, insbesondere von Metallen. Umfangreichere Tabellen finden sich in Tabellenbüchern – bei Metalllegierungen siehe technische Datenblätter der Hersteller.

Da das Schmelzen bzw. Erstarren bei **konstanter Temperatur** erfolgt, wird die zugeführte bzw. abgeführte Wärme als **latente Wärme** bezeichnet. Im Gegensatz dazu wird eine zu- oder abgeführte Wärme, die **Temperaturänderungen** bewirkt – z. B. beim Erwärmen von Wasser von 20 °C auf 40 °C – als **sensible Wärme** bezeichnet.

Beim **Schmelzen** wird die Schmelzwärme im schmelzenden Körper gespeichert. Diese Wärmemenge wird beim **Erstarren** wieder an die Umgebung abgegeben und es wird in diesem Fall von der **Erstarrungswärme** gesprochen. Die Erstarrungstemperatur entspricht der Schmelztemperatur und heißt auch **Erstarrungspunkt**.

Der Schmelzvorgang zeigt, dass beim Schmelzen verschiedener Stoffe für gleiche Stoffmassen verschieden große Schmelzwärmen erforderlich sind.

Die Wärmemenge, die benötigt wird um 1 kg eines Stoffes – ohne Temperaturerhöhung – zu schmelzen, heißt **spezifische Schmelzwärme**.

SCHMELZPUNKTE VERSCHIEDENER STOFFE

Stoff	Schmelzpunkt in °C
Aluminium	658
Blei	327
Eisen, rein	1527
Gold	1063
Kupfer	1083
Nickel	1455
Quecksilber	–39
Schwefel	115
Titan	1690
Wasser	0
Wolfram	3380
Zink	419
Zinn	232

SPEZIFISCHE SCHMELZWÄRME (AUSWAHL)

Stoff	spezifische Schmelzwärme q in $\frac{kJ}{kg}$
Aluminium	404
Ammoniak	339
Blei	24,7
Eis	335
Eisen	270
Kupfer	209
Platin	113
Quecksilber	12
Wolfram	193
Zinn	59

In der Tabelle sind einige wichtige technische Stoffe mit ihrer spezifischen Schmelzwärme aufgelistet. Daraus lassen sich folgende Überlegungen ableiten

SCHMELZWÄRME

$$Q = m \cdot q$$

Q	m	q
kJ	kg	$\frac{kJ}{kg}$

BEISPIEL

Zum Schmelzen eines Bleiklumpens werden 300 kJ an Wärmeenergie benötigt. Um wie viel kg Blei handelt es sich, wenn alle Wärmeverluste unberücksichtigt bleiben? Entnehmen Sie q_{Blei} aus der Tabelle.

Lösung $Q = m \cdot q \rightarrow m = \frac{Q}{q} = \frac{300\ kJ}{24{,}7\ \frac{kJ}{kg}}$

$$\boldsymbol{m = 12{,}15\ kg}$$

Verdampfen und Kondensieren

Auch bezüglich dem Verdampfen bzw. der Umkehrung davon, dem Kondensieren, kann auf das Schmelzen und Erstarren zurückgegriffen werden. Bild 1 zeigt den entsprechenden Fundamentalpunkt, der nun als **Siedepunkt** ϑ_S bezeichnet wird und es ist erkennbar, dass die zugeführte Wärme wieder eine **latente Wärme** ist.

Im Gegensatz zum Schmelzen ist beim Verdampfen eine sehr große **Druckabhängigkeit** feststellbar, und deshalb war es im Zusammenhang mit den thermometrischen Fundamentalpunkten wichtig, eine Siedetemperatur im Zusammenhang mit einem bestimmten Luftdruck zu definieren. Wir wissen:

> Bei Normalluftdruck p_n = 1,01325 bar beträgt die **Siedetemperatur** bzw. die **Verdampfungstemperatur** für Wasser genau ϑ_S = 100 °C.

Unter der Siedetemperatur bzw. der Verdampfungstemperatur, die auch als **Siedepunkt** oder **Kochpunkt** bezeichnet wird, verstehen wir die Temperatur, bei der ein Stoff intensiv verdampft. Dabei geht der Stoff vom flüssigen in den gasförmigen Aggregatzustand über. Unter dem **normalen Siedepunkt** verstehen wir die Temperatur, bei der der Stoff unter Normaldruck siedet.

Es wurde darauf verwiesen, dass bei Zufuhr von Wärmeenergie die Schwingungsweite der Elementarteilchen größer wird. Daraus folgt, dass Wärmeenergie auch als **Bewegungsenergie** der Elementarteilchen erklärt werden kann. Werden beim Erwärmen bestimmte stofftypische Energiebeträge erreicht, ändert sich der Aggregatzustand. Ist dies der Fall, dann „schießen" die Moleküle aus der Flüssigkeit heraus, es entsteht **Dampf.**

Dabei ist es einleuchtend, dass dieser Vorgang umso besser abläuft, je kleiner der Druck über dem Flüssigkeitsspiegel ist. Diese Abhängigkeit können wir mit einer Versuchseinrichtung gemäß Bild 2 feststellen.

> Durch Druckerniedrigung wird der Siedepunkt einer Flüssigkeit herabgesetzt.

Siedet eine Flüssigkeit, dann entstehen innerhalb derselben Dampfblasen. Die Entstehung dieser Dampfblasen ist aber nur möglich, wenn der Druck in den Blasen genauso groß ist wie der Flüssigkeitsdruck. Wird mithilfe der Versuchseinrichtung gemäß Bild 2 für verschiedene Drücke die zugehörige Verdampfungstemperatur ermittelt, dann ergibt sich die **Verdampfungstemperatur ϑ_S als Funktion des Verdampfungsdruckes p_S**.

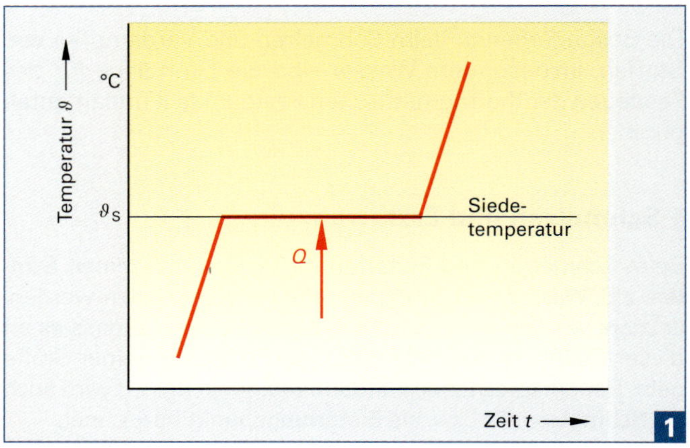

Siedepunkt

SIEDEPUNKTE VERSCHIEDENER STOFFE	
Stoff	**Siedepunkt bei 1,01325 bar in °C**
Alkohol (Ethanol)	78,3
Aluminium	2270,0
Ammoniak NH_3	–33,4
Benzol	80,1
Helium	–268,9
Kupfer	2330,0
Luft	–192,3
Quecksilber	357,0
Wasser	100,0
Wolfram	5530,0

Wird also der Dampfdruck p_S über der Verdampfungstemperatur ϑ_S in einem rechtwinkligen Koordinatensystem aufgetragen, dann ergibt sich die Abbildung dieser Funktion, die als **Siedepunktskurve**, meist aber als **Dampfdruckkurve** bezeichnet wird, gemäß Bild 3. Dabei wird manchmal auch vom **Dampfdruckdiagramm** gesprochen.

Die Wertepaare ϑ_S/p_S können somit aus der Dampfdruckkurve entnommen werden, sie sind aber auch tabellarisch in den sogenannten **Dampftafeln** zusammengestellt. Solche Dampftafeln gibt es z. B. für alle Kältemittel, aber natürlich auch für Wasser. Letztere wird als **Wasserdampftafel** bezeichnet. Die Tabelle, Seite 99, zeigt einen Auszug aus dieser.

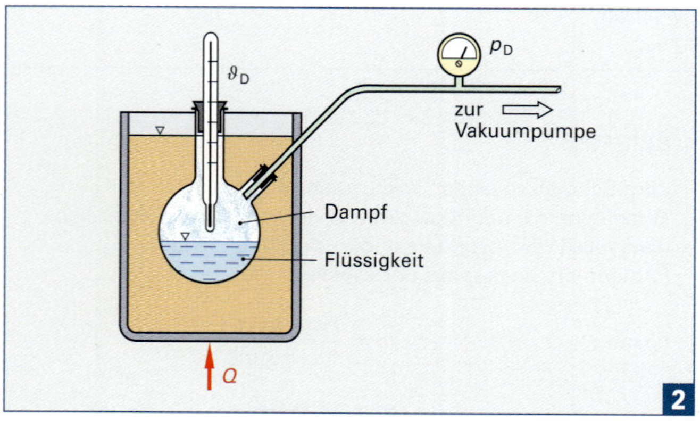

Ermittlung des Dampfdruckes

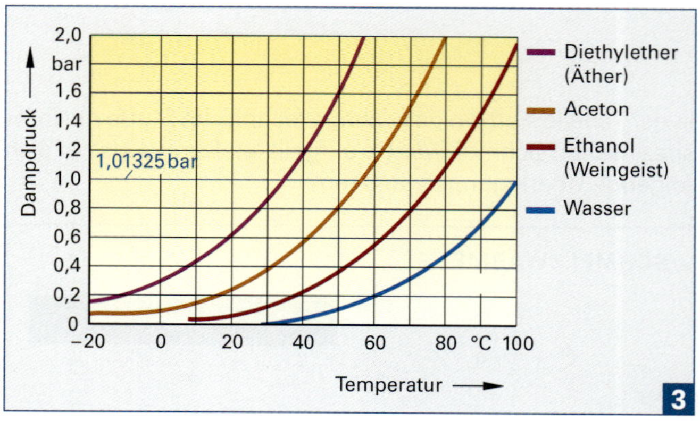

Dampfdruckkurven

SIEDEDRUCK UND SIEDETEMPERATUR VON WASSER

Siededruck p_s in bar	0,01	0,1	0,2	0,5	1,0	p_n	2,0	10,0	100,0	200,0
Siedetemperatur ϑ_s in °C	6,98	45,83	60,09	81,35	99,63	100,0	120,23	179,88	310,96	365,70

Ebenso wie beim Schmelzen ist beim Verdampfen verschiedener Stoffe feststellbar, dass für gleiche Stoffmengen verschieden große Wärmemengen für die Verdampfung erforderlich sind.

Die Wärmemenge, die benötigt wird, um 1 kg eines Stoffes ohne Temperaturerhöhung zu verdampfen, heißt **spezifische Verdampfungswärme.**

Als Formelzeichen wird *r* verwendet. Die Einheit ist – ebenso wie bei der spezifischen Schmelzwärme – kJ/kg. Im Gegensatz zur spezifischen Schmelzwärme ist die spezifische Verdampfungswärme sehr stark vom Umgebungsdruck abhängig. Die Tabelle zeigt die spezifischen Verdampfungswärmen einiger technisch wichtiger Stoffe bei Normalluftdruck $p_n = 1{,}01325$ bar.

Die spezifische Verdampfungswärme ist – ebenso wie der Siedepunkt – sehr stark vom Umgebungsdruck abhängig.

Mit dem Wert der spezifischen Verdampfungswärme *r* ist es möglich, die Wärmemenge zu berechnen, die für das Verdampfen einer ganz bestimmten Stoffmasse *m* erforderlich ist.

VERDAMPFUNGSWÄRME

$$Q = m \cdot r$$

Q	m	r
kJ	kg	$\frac{kJ}{kg}$

SPEZIFISCHE VERDAMPFUNGSWÄRME (AUSZUG)

Stoff	Spezifische Verdampfungswärme *r* in $\frac{kJ}{kg}$ bei 1,01325 bar
Aluminium	11721
Ammoniak	1369
Blei	921
Chlor	260
Eisen	6363
Kohlenstoff	50232
Kältemittel R11	183
flüssige Luft	197
Propan	448
Quecksilber	301
Terpentinöl	293
Toluol	356
Wasser	2258
Zinn	2595

Mit dieser Verdampfungswärme wird also der Aggregatzustand eines Stoffes von flüssig in gasförmig (dampfförmig) geändert. Wird rückläufig wieder verflüssigt, d.h., kondensiert, dann wird die gleiche Wärmemenge wieder an die Umgebung freigegeben. Diese Wärmemenge wird als die **Kondensationswärme** bezeichnet.

Die Kondensationswärme entspricht ihrem Betrag nach der Verdampfungswärme.

BEISPIEL

5 kg Wasser werden bei Normalluftdruck $p_n = 1{,}01325$ bar und zugehöriger Siedetemperatur $\vartheta_S = 100$ °C verdampft.
Wie groß ist die erforderliche Verdampfungswärme?

Lösung $Q = m \cdot r = 5\,\text{kg} \cdot 2258\,\frac{\text{kJ}}{\text{kg}}$

$\mathbf{Q = 11290\,kJ}$

AUFGABEN ZUR WIEDERHOLUNG

1. Welche Wärmemenge ist erforderlich, um
   a) 20 kg Eis zu schmelzen?
   b) Wie viel kg Kupfer könnte man mit der gleichen Wärmemenge von 20 °C auf 1000 °C erwärmen?

2. Wie stehen Schmelzpunkt und Erstarrungspunkt miteinander in Beziehung?

3. 10 kg Schnee haben eine Temperatur von –25 °C. Welche Wärmemenge ist erforderlich, um daraus Wasser von 50 °C zu machen? Rechnen Sie mit $c_{Schnee} = 2{,}0$ kJ/(kg · K), $c_{Wasser} = 4{,}19$ kJ/(kg · K), $q_{Schnee} = 320$ kJ/(kg · K).

4. Eine Metallschmelze von 7,5 kg gibt beim Erstarren eine Wärmemenge von 1567,5 kJ an die Umgebung ab. Um welches Metall könnte es sich handeln?

5. Wie nennt man das Diagramm, welches Verdampfungstemperatur und Verdampfungsdruck miteinander verknüpft?

6. Entnehmen wir Flüssiggasflaschen große Gasmengen, bildet sich an ihrer Außenwand Raureif. Erklären Sie diesen Vorgang.

7. Welcher wärmetechnische Vorgang läuft bei der Kondensation (Verflüssigung) eines Dampfes ab?

8. Welche Wärmemenge wird bei der Kondensation von 0,8 kg Ammoniak bei Normalluftdruck an Kondensationswärme frei?

AUFGABEN ZUR PRÜFUNGSVORBEREITUNG

1. Der Tank eines Lastwagens ist aus Aluminium und hat bei 20 °C ein Fassungsvermögen von 400 Litern. Im Betrieb ist unter extremen Bedingungen mit einer Erwärmung auf 40 °C zu rechnen.

a) Berechnen Sie das Fassungsvermögen des Tanks bei 40 °C.

b) Welche Wärmeenergie nimmt dabei der Diesel auf?

c) Bestimmen Sie mit wie viel Litern Diesel der Tank bei –10 °C betankt werden darf, damit er bei 40 °C nicht überläuft

2. Eine Kugel aus Hartmetall hat bei 20 °C einen Durchmesser von 25 mm und wird auf 38 °C erwärmt. Der Längenausdehnungskoeffizient ist α_1 = 0,000005 1/°C.

a) Berechnen Sie das Kugelvolumen bei 20 °C.

b) Berechnen Sie das Volumen bei 38 °C.

c) Welchen Durchmesser hat die Kugel bei 38 °C?

3. Die Lagerung einer 150 mm langen Stahlwelle einer Benzinmotorsäge erfolgt mittels einer Fest-Loslagerung. Das Gehäuse der Säge besteht aus einer Aluminiumlegierung mit einem Längenausdehnungskoeffizienten von α_1 = 0,000024 1/°C. Der Einsatz der Säge liegt im Umgebungstemperaturbereich von –10 °C bis zu 30 °C. Das Gehäuse kann sich im Dauerbetrieb auf 45 °C erwärmen.

a) Berechnen Sie die Längenänderung der legierten Stahlwelle bei –10 °C gegenüber 20 °C.

b) Berechnen Sie die Längenänderung des Gehäuses bei 38 °C gegenüber 20 °C.

c) Das Loslager kann sich insgesamt um 0,3 mm im Gehäuse bewegen – reicht dies aus?

4. Ein Ölbad mit 18 Litern Maschinenöl wird mit einem Brenner und Erdgas von 21 °C auf 85 °C erwärmt. Der Brenner hat einen Gasdurchsatz von 11,5 l/min und ist 10 min im Einsatz.

a) Berechnen Sie den Gesamtwirkungsgrad des Erwärmungsvorganges.

b) Wie lange würde der Vorgang bei Verwendung von Propan als Brenngas und gleichem Gasdurchsatz benötigen?

5. Ein Dieselaggregat gibt bei Volllast eine elektrische Leistung von 45 kW ab. Der Wirkungsgrad des Generators beträgt 94 %. Dabei verbraucht das Aggregat 0,24 Liter Diesel in der Minute.

a) Berechnen Sie den Gesamtwirkungsgrad der Gesamtanlage.

b) Wie groß ist der Wirkungsgrad des Dieselmotors?

c) Durch technische Verbesserungen wird der Gesamtwirkungsgrad der Anlage auf 38 % erhöht. Welche Kraftstoffmenge in Litern wird nun pro Minute verbraucht?

6. Das Notbremssystem eines 12,8 Tonnen schweren Fahrzeugs bremst dieses von seiner maximalen Geschwindigkeit von 45 km/h in den Stillstand ab. Dabei übernehmen die beiden Scheibenbremsen aus EN-GJL 250 ca. 75 % der gesamten Bremsenergie, den Rest bremst eine Wirbelstrombremse. Die Hälfte der entstehenden Reibarbeit erwärmt die Bremsscheiben. Diese haben jeweils eine Masse von 6,5 kg und eine mittlere spezifische Wärmekapazität von c = 0,5 kJ/(kg · K).

a) Berechnen Sie die Temperaturerhöhung einer Bremsscheibe durch die Notbremsung.

b) Wie groß ist dabei die Dickenänderung der 15 mm dicken Bremsscheibe?

c) Welche Temperaturerhöhung würde sich bei Ausfall der Wirbelstrombremse ergeben?

7. Der Ölbehälter einer Härteanlage mit einem Volumen von 500 Litern bei 20 °C ist mit 420 Litern Härteöl gefüllt. Beim Betrieb der Anlage erwärmt sich der Tank und das Härteöl. Der Tank besteht aus unlegiertem Baustahl.

Technische Daten Härteöl: mittlere spezifische Wärmekapazität $c = 2{,}08\ \frac{\text{kJ}}{\text{kg} \cdot \text{K}}$; Dichte $\varrho = 0{,}91\ \frac{\text{kg}}{\text{dm}^3}$

a) Berechnen Sie, bei welcher Temperatur der Tank überlaufen würde.

b) Welche Wärmeenergie wird dabei im Öl gespeichert?

c) Welche Masse an Stahlteilen können dafür um 650 °C abgeschreckt werden (ohne Verluste)?

FESTIGKEITSLEHRE

Die Bauteile von Maschinen und technischen Geräten werden durch statische und dynamische Kräfte von außen belastet. Dabei verformen sich die Bauteile und werden bei zu großen Belastungen zerstört. Um einen Bruch oder eine zu große Verformung zu verhindern, müssen die Bauteilabmessungen – die Dimensionen – entsprechend groß gewählt werden.

GRUNDLAGEN

Während in der Statik ein absolut starrer Körper zur Ermittlung der Kräfte und Momente vorausgesetzt wird, befasst sich die Festigkeitslehre damit, wie sich das Bauteil unter dem Einfluss der Belastungen verhält. Die dabei auftretenden Verformungen dürfen die Funktionsfähigkeit der beanspruchten Bauteile nicht beeinträchtigen. Dies bedeutet, dass die Tragfähigkeit der Bauteile mithilfe der Festigkeitslehre sicher nachgewiesen werden muss.

Die drei Hauptaufgaben der Festigkeitslehre

Die Festigkeitslehre untersucht das Verhalten fester Körper unter dem Einfluss von äußeren Kräften und Momenten. Daraus ergeben sich die nebenstehenden drei Hauptaufgaben:

1. **Ermittlung der Bauteilabmessungen**
2. **Ermittlung der übertragbaren Kräfte und Momente**
3. **Werkstoffwahl**

Zu 1: Festlegung der Abmessungen bei Verwendung eines bestimmten Werkstoffes und gegebener Kräfte und Momente nach folgendem Schema:

Feststellung der Belastung; Auswahl des Werkstoffes → Anwendung der für die Belastung zutreffenden Berechnungsgleichung → Form und Abmessung des Bauteils → Evtl. Werkstoff und/oder Form ändern (→ zurück zu: Anwendung der für die Belastung zutreffenden Berechnungsgleichung)

Zu 2: Bauteil existiert bereits. Es werden die übertragbaren Kräfte und Momente ermittelt.

Zu 3: Kräfte, Momente und die Abmessungen liegen somit vor. Wir ermitteln den Werkstoff mit entsprechenden Eigenschaften.

Wichtige Begriffe und Einschränkungen

Spannung und Beanspruchung:

Wird ein Bauteil durch **äußere Kräfte** belastet, wie z. B. durch die Zugkräfte im Bild 1, dann setzt das Bauteil diesen äußeren Kräften **innere Kräfte** entgegen. Diese inneren Kräfte beruhen auf dem Zusammenhalt der Atome, Ionen oder Moleküle des Werkstoffes und diese werden als **Kohäsionskräfte** bezeichnet.

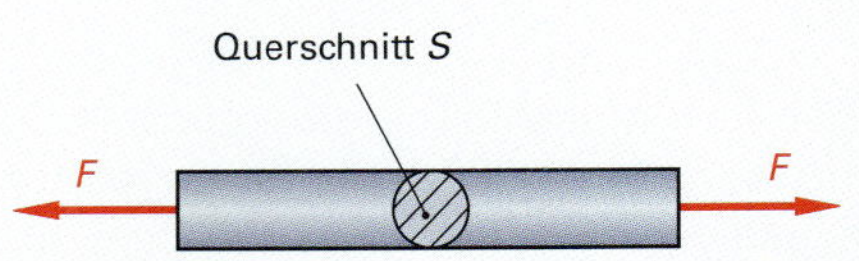

1

Äußere Kräfte

Die äußeren Kräfte belasten das Bauteil, durch die inneren Kräfte wird das Bauteil (der Werkstoff) beansprucht.

Mit den bisher erwähnten Begriffen lässt sich nun auch der Begriff der mechanischen **Spannung** definieren.

NORMALSPANNUNG

$$\sigma = \frac{F}{S}$$

σ	F	S
$\frac{\text{N}}{\text{mm}^2}$	N	mm^2

F = äußere Kraft
S = Querschnittsfläche

Unter der **mechanischen Spannung** wird die Größe der Beanspruchung verstanden. Sie berechnet sich aus dem Quotienten von äußerer Kraft und Querschnittsfläche des Bauteils.
Es wird zwischen der **Normalspannung** (Kraft wirkt senkrecht zur beanspruchten Fläche) und **Schubspannung** (Kraft wirkt parallel zur beanspruchten Fläche) unterschieden.

SCHUBSPANNUNG

$$\tau = \frac{F}{S}$$

τ	F	S
$\frac{\text{N}}{\text{mm}^2}$	N	mm^2

$$1\,\frac{\text{N}}{\text{mm}^2} = 1\ \text{MPa}$$

Die Einheiten der mechanischen Spannung ist $\frac{\text{N}}{\text{mm}^2}$ = MPa. Es gilt der Zusammenhang: 1 N/mm^2 = 1 MPa.
Meist wird $\frac{\text{N}}{\text{mm}^2}$ verwendet. Dies entspricht den Angaben in den Tabellenbüchern und den gültigen Normen, insbesondere in den Werkstoffnormen. Als **Formelzeichen** einer **Normalspannung** verwendet man σ (sigma) und als **Formelzeichen** einer **Schubspannung** wird τ (tau) verwendet.

Die unten stehende Tabelle zeigt die fünf möglichen Grundbelastungsarten am Beispiel stabförmiger Körper.

GRUNDBELASTUNGSARTEN

Art der Beanspruchung	Kraftangriff an einem stabförmigen Körper	Formänderung	mögliche Versagensart	Bezeichnung der Spannung verbal	Bezeichnung der Spannung Formelzeichen
Zug		Verlängerung	zerreißen	Zugspannung	σ_z
Druck		Verkürzung	zerquetschen	Druckspannung	σ_d
Biegung	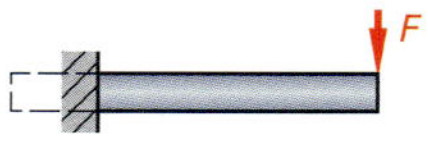	Durchbiegung	zerbrechen	Biegespannung	σ_b
Scherung (Schub)	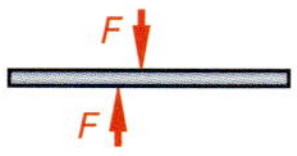	Schiebung	abscheren	Schubspannung	τ_a
Verdrehung (Torsion)	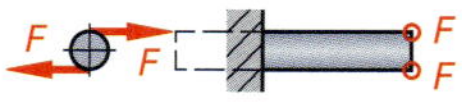	Verdrehung	abdrehen	Torsions(schub)-spannung	τ_t

In der Regel sind Maschinenelemente mehr oder weniger kompliziert geformt. Oftmals ist es jedoch möglich, ohne dabei einen großen Fehler zu begehen, dass sich ein solches Bauteil auf eine geometrisch einfachere Form zurückführen lässt. Man spricht in einem solchen Fall vom **idealisieren**. Ein praktisches Beispiel wäre z. B. dann gegeben, wenn kleine Radien an den Ecken bei der Berechnung einer Fläche keine Berücksichtigung finden. Dabei muss aber sichergestellt sein, dass der Fehler vernachlässigbar klein ist.

Unter **Festigkeit** wird der Widerstand eines Körpers gegen seine Verformung oder seine Zerstörung (z. B. Bruch) verstanden.

AUFGABEN ZUR WIEDERHOLUNG

1. Erklären Sie den Unterschied zwischen den Teilgebieten der Technischen Mechanik „Statik" und „Festigkeitslehre".
2. Stellen Sie eine grundsätzliche Regel auf, die ein Techniker generell beim Idealisieren einhalten muss.
3. Warum kann die Funktionsfähigkeit eines Bauteiles trotz vorhandener Tragfähigkeit u. U. nicht gegeben sein?
4. Nennen Sie Werkstoffe mit hoher Festigkeit und leiten Sie daraus den Verwendungszweck dieser Werkstoffe ab.
5. Wirken gleichzeitig mehrere Einzelbeanspruchungen, dann wird von einer **zusammengesetzten Beanspruchung** gesprochen. Nennen Sie eine zusammengesetzte Beanspruchung, bei der Normal- und Schubspannungen auftreten.

ZUG UND DRUCK

Belastungen von Bauteilen können zeitlich konstant oder aber auch zeitlich veränderlich sein. Bei den nachfolgenden Betrachtungen geht man immer von einer zeitlich konstanten Belastung aus. Man spricht dabei auch von ruhender Belastung oder einer statischen Beanspruchung.

Spannungsermittlung bei Zug- und Druckbeanspruchung

Bild 1 zeigt 2 Zugstäbe mit unterschiedlichen Querschnittsflächen S_1 und S_2 mit der gleichen Zugkraft F belastet. Aus der Definition: Spannung σ = Kraft F geteilt durch Querschnittsfläche S geht hervor, dass sich im Zugstab mit dem kleineren Querschnitt S_1 die größte Zugspannung σ_{z1} aufbaut.

Im Bild 1 sieht man **Spannungsdiagramme** bei einer gleichmäßigen Spannungsverteilung im Querschnitt dargestellt.

Die Pfeile im Spannungsdiagramm werden auch als **Spannungspfeile** bezeichnet. Sie ermöglichen, die im Bauteil auftretende Spannung mithilfe eines **Spannungsmaßstabes** maßstäblich darzustellen.

Treten in einem Bauteil verschieden große Querschnitte auf, wie im abgesetzten Zugstab in Bild 2, so bedeutet dies, dass der kleinste Querschnitt bei der Berechnung der Bauteilabmessung, d.h., bei der Dimensionierung des Bauteils, maßgebend ist.

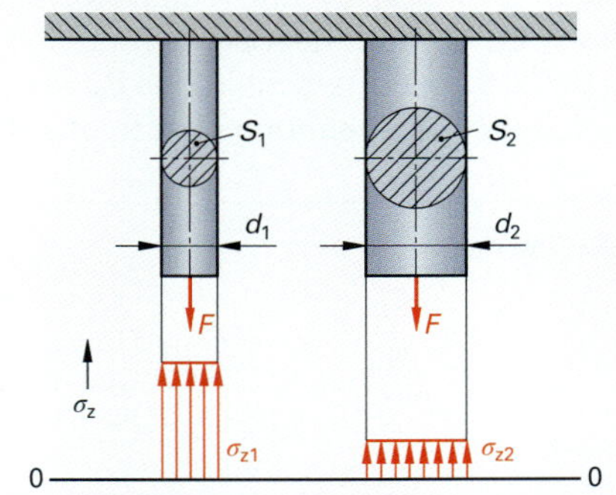

1

Unterschiedliche Querschnitte

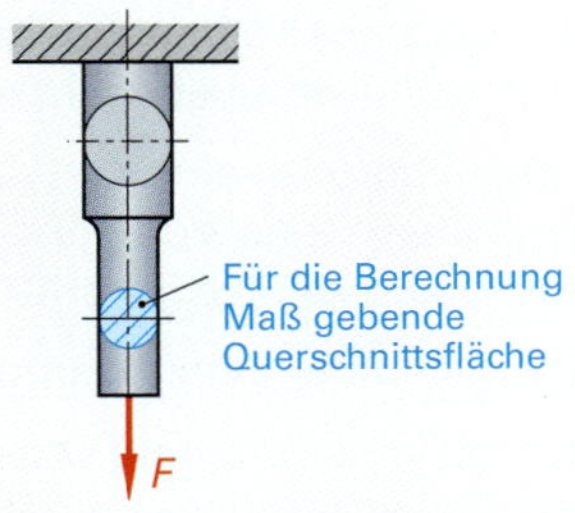

2

Abgesetzer Zugstab

In der kleinsten Querschnittsfläche S_{min} tritt die größte Zugspannung σ_{max} auf.

Bild 2 zeigt auch, dass bei einer Beanspruchung auf Zug die äußere Kraft senkrecht zur Querschnittsfläche gerichtet ist. Die **Zugspannung** ist demzufolge eine **Normalspannung**.

Bei der Festlegung der Bauteilabmessungen müssen wir eine für die Art der Beanspruchung und für den verwendeten Werkstoff **zulässige Spannung** zugrunde legen. Diese wird mithilfe der Methoden in der **Werkstoffprüfung** im Versuch – z.B. im **Zugversuch** – ermittelt.

ZUGSPANNUNG

	σ_z	F	S	
$\sigma_z = \frac{F}{S}$	$\frac{N}{mm^2}$	N	mm^2	F = Zugkraft S = Querschnittsfläche

BEISPIEL 1

Ein auf Zug beanspruchter Stab mit rechteckiger Querschnittsfläche nimmt eine Kraft von 100 kN auf.
Welche Zugspannung tritt auf, wenn der Stabquerschnitt die Maße 10 mm x 50 mm hat?

Lösung $\sigma_z = \frac{F}{S} = \frac{100000\ N}{10\ mm \cdot 50\ mm} = \frac{100000\ N}{500\ mm^2} = \mathbf{200\ \frac{N}{mm^2}} = 200\ MPa$

BEISPIEL 2

Ein Abschleppseil mit Vollkreisquerschnitt wird mit $F = 60$ kN belastet.

a) Berechnen Sie die erforderliche Querschnittsfläche, wenn $\sigma_{zul} = 300$ MPa ist.
b) Wie viele Drähte von 1,2-mm-Durchmesser muss das Seil mindestens haben?

Lösung a) $\sigma_{zul} = \frac{F}{S} \rightarrow S = \frac{F}{\sigma_{zul}} = \frac{60000\ N}{300\ \frac{N}{mm^2}} = \mathbf{200\ mm^2}$

b) $S = i \cdot \frac{\pi}{4} \cdot d^2$ (i = Anzahl der Drähte; d = Drahtdurchmesser)

$i = \frac{4 \cdot S}{\pi \cdot d^2} = \frac{4 \cdot 200\ mm^2}{\pi \cdot (1{,}2\ mm)^2} = \frac{800\ mm^2}{4{,}524\ mm^2} = \mathbf{176{,}83}$ (rechnerisches Ergebnis) $\boldsymbol{i} = \mathbf{177}$ (aufgerundetes Ergebnis)

Hinweis Beim Runden von Ergebnissen sind Kriterien wie z.B. Fertigungsverfahren, Passmaße, Abmessungen von Halbzeugen usw. zu beachten. Dabei dürfen jedoch nie die zulässigen Spannungen überschritten werden oder Mindestquerschnitte unterschritten werden.

Bild 1 zeigt ein durch Druckkräfte belastetes Bauteil. Dieses könnte z. B. eine Säule sein. Die vorhandene **Druckspannung** ist – ebenso wie die Zugspannung – eine **Normalspannung** mit $F \perp S$. Auch bei diesem Beanspruchungsfall ist bei der Berechnung der kleinste Querschnitt des Bauteils zugrunde zu legen. Analog der Zugspannung errechnet sich die

DRUCKSPANNUNG

$\sigma_d = \frac{F}{S}$	in $\frac{N}{mm^2}$	F = Druckkraft in N S = Querschnittsfläche in mm^2

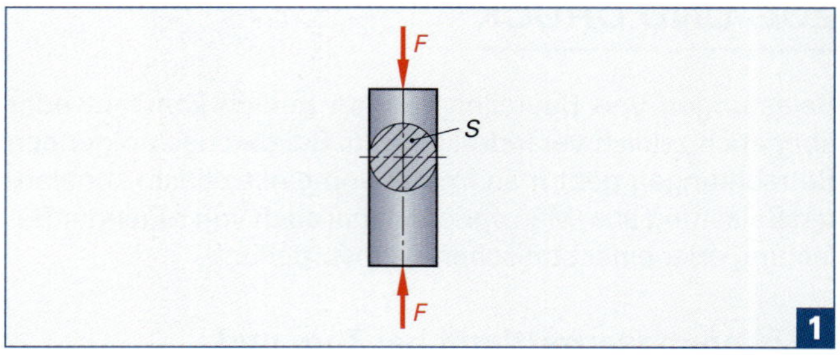

Druckstab

Aus dem bisher über Zug- und Druckspannungen Gesagten ergibt sich, dass der kleinste Bauteilquerschnitt S_{min} der **gefährdete Querschnitt** S_{gef} ist.

AUFGABEN ZUR WIEDERHOLUNG

1. Die Schubstange einer Kolbenpumpe überträgt eine Kraft $F = 10{,}8$ kN. Welche Druckspannung in N/mm^2 herrscht in ihr, wenn sie einen rechteckigen Vollquerschnitt von 20 mm x 40 mm hat?
2. Eine Zugstange überträgt eine Kraft von $F = 58$ kN. Welche Maße muss der Rechteckquerschnitt der Zugstange erhalten, wenn sich Höhe h und Breite b des Rechteckquerschnittes wie $h/b = 2/1$ verhalten sollen und wenn $\sigma_{zul} = 100\ N/mm^2$ ist?
3. Was versteht man unter dem gefährdeten Querschnitt eines Bauteils?
4. Ein Zuganker mit kreisförmigem Querschnitt überträgt eine Kraft von $F = 25$ kN. Welchen Durchmesser muss er erhalten, wenn eine Spannung von $\sigma_{zul} = 160\ N/mm^2$ zugelassen wird?
5. Eine Säule aus Stahlrohr wird mit $F = 300$ kN belastet. Der Außendurchmesser ist $d_a = 180$ mm. Wie groß ist der Innendurchmesser d_i zu wählen, wenn die zulässige Druckspannung 40 N/mm^2 beträgt?

Werkstoffkennwerte und Spannungs-, Dehnungs-Diagramm

Im Zusammenhang mit dem **Hooke'schen Gesetz** wurden bereits Aussagen über das **Verformungsverhalten der Werkstoffe** gemacht. In der Festigkeitslehre wird grundsätzlich eine **elastische Verformung** vorausgesetzt, und deshalb wird oftmals auch von der **Festigkeits- und Elastizitätslehre** gesprochen. Das elastische Verhalten wird im **Kraft, Weg-Diagramm** (F, s-Diagramm) beschrieben. Dabei wird auf der senkrechten Achse die Kraft und auf der waagerechten Achse der Weg dargestellt.

Die Einheiten lassen sich an beiden Achsen verändern. Senkrecht wird die Kraft F auf den Querschnitt S bezogen und ergibt so die **Spannung** R und an der waagerechten Achse wird die **Längenänderung** Δl auf die **Ausgangslänge** l_0 bezogen. Dieser Quotient heißt **Dehnung** e (Bild 2).

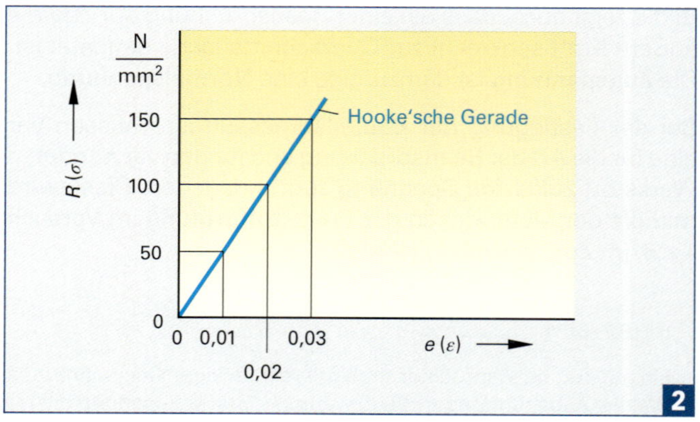

Spannungs-, Dehnungs-Diagramm

Die elastische Dehnung ist der vorhandenen Spannung im Bauteil proportional.

Die verbal beschriebenen Sachverhalte können mithilfe von Gleichungen folgendermaßen beschrieben werden:

DEHNUNG

$$e = \frac{\Delta l}{l_0}$$

e	Δl	l_0
1	mm	mm

$$\Delta l = l - l_0$$

DEHNUNG

$$e = \alpha \cdot \sigma$$

e	α	σ
1	$\frac{mm^2}{N}$	$\frac{N}{mm^2}$

α = Proportionalitätsfaktor
σ = Spannung

Der durch die Gleichung beschriebene Zusammenhang lässt sich in einem Diagramm, dem **Spannungs-, Dehnungs-Diagramm** (**σ, e-Diagramm**) gemäß Bild 2 darstellen. Daraus geht hervor, dass z. B. bei einer Spannung $\sigma = 50\ N/mm^2$ die Dehnung $e = 0{,}01$ beträgt. Wird die Spannung verdoppelt ($\sigma = 100\ N/mm^2$), dann verdoppelt sich auch die Dehnung ($e = 0{,}02$) etc.

Erst ca. 100 Jahre nach der Formulierung dieser Gesetzmäßigkeit durch Robert **Hooke** machte der englische Arzt und Naturforscher Thomas **Young** (1773...1829) Angaben über den Proportionalitätsfaktor α, und zwar mit dem nach ihm benannten (Young'schen) **Elastizitätsmodul** E, kurz **E-Modul**. Nach Young ist $\alpha = 1/E$

Somit ergibt sich in Verbindung mit der Definition der Dehnung das

Dehnung in %:
Quotient $e \times 100$

HOOKE'SCHE GESETZ

$$e = \frac{1}{E} \cdot \sigma = \frac{\sigma}{E}$$

e	E	σ
1	$\frac{\text{N}}{\text{mm}^2}$	$\frac{\text{N}}{\text{mm}^2}$

Der Elastizitätsmodul ist die Spannung, die in einem Zugstab herrschen würde, wenn sich seine Länge unter dem Einfluss einer Zugkraft verdoppeln würde.

Werte für den *E*-Modul werden vom Werkstoffhersteller im Versuch ermittelt. In der nachfolgenden Tabelle sind einige Durchschnittswerte angegeben. Sie beziehen sich auf eine **Temperatur von 20 °C**.

WERTE FÜR DEN *E*-MODUL EINIGER METALLE

Werkstoff	*E*-Modul in N/mm²	Werkstoff	*E*-Modul in N/mm²
Al, rein	64000 ... 70000	Mg, rein	39000 ... 40000
Al-Legierungen	66000 ... 83000	Mg-Legierungen	42000 ... 44000
Blei	14000 ... 17000	Messing	78000 ... 98000
Bronze	107000 ... 113000	Neusilber	122000 ... 125000
Federstahl	205000 ... 215000	Nickelin	127000 ... 130000
Flussstahl	196000 ... 215000	Rotguss	88000 ... 90000
Gusseisen	73000 ... 102000	Stahlguss, unlegiert	196000 ... 210000
Kupfer	122000 ... 123000	Tombak	98000 ... 100000

Der **Elastizitätsmodul *E*** eines Werkstoffes nimmt bei zunehmender Temperatur (bezogen auf Raumtemperatur) in der Regel ab.

BEISPIEL

Ein Stahlstab von 22 cm Länge und einer Querschnittsfläche von 6 cm² zeigte bei einer Belastung von 60 kN eine Verlängerung von 0,01 cm. Berechnen Sie

a) die Zugspannung $\sigma_{z\,vorh}$,
b) die Dehnung e,
c) den Elastizitätsmodul E.

Lösung a) $\sigma_{zvorh} = \frac{F}{S} = \frac{60000\ \text{N}}{600\ \text{mm}^2} = \mathbf{100\ \frac{N}{mm^2}}$

b) $e = \frac{\Delta l}{l_0} \frac{0{,}01\ \text{cm}}{22\ \text{cm}} = \mathbf{0{,}0004545 = 0{,}04545\ \%}$

c) $e = \frac{\sigma}{E} \rightarrow E = \frac{\sigma}{e} = \frac{100\ \frac{\text{N}}{\text{mm}^2}}{0{,}0004545} = \mathbf{220022\ \frac{N}{mm^2}}$

Jeder Werkstoff hat sein „eigenes" Spannungs-, Dehnungs-Diagramm. Dieses wird auf einer Zerreißmaschine im Zugversuch an genormten Probestäben ermittelt.

Beim Zugversuch werden mehrere Festigkeits- und Verformungskenngrößen bestimmt. Dazu wird eine Zugprobe gedehnt, im Allgemeinen bis zum Bruch, und die dabei erforderliche Zugkraft wird gemessen.

Die Abhängigkeit dieser Kenngrößen voneinander wird dabei in einem Diagramm, dem R, e-Diagramm automatisch aufgezeichnet.

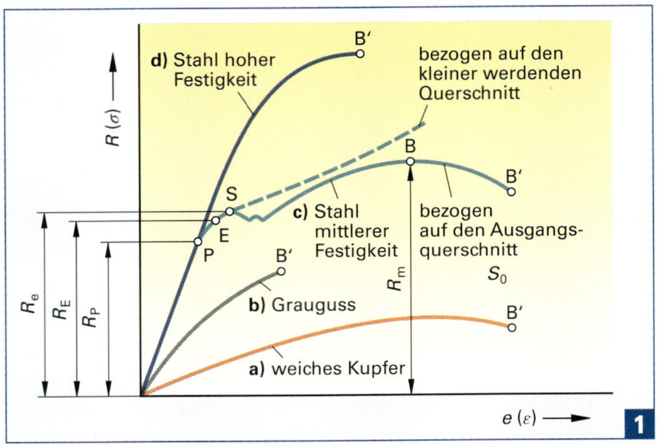

Verschiedene Spannungs-, Dehnungs-Diagramme

Die wichtigste Kenngröße aus dem Zugversuch ist die

ZUGFESTIGKEIT

$$R_m = \frac{F_m}{S_0}$$

R_m	F_m	S_0
$\frac{N}{mm^2}$	N	mm^2

F_m = Höchstzugkraft
S_0 = Anfangsquerschnitt

Das Bild 1, Seite 105, zeigt 4 *R*, *e*-Diagramme a, b, c und d, die werkstofftypisch sind. Da sich der Werkstoff während des Zugversuches zusammenzieht, müsste eigentlich auch während des Versuches in jedem Zeitaugenblick die gerade wirkende Zugkraft *F* auf den momentanen Querschnitt *S* bezogen werden. Da dies aber die Versuchsauswertung zu sehr verkomplizieren würde, bezieht man die momentane Zugkraft *F* auf den Anfangsquerschnitt S_0. Diese grundsätzliche Festlegung erklärt die ab einer bestimmten Stelle im *R*, *e*-Diagramm mit wachsender Dehnung *e* abnehmende Spannung *R*. Die im Zerreißversuch ermittelte Kennlinie steigt somit immer weniger an. Beim Erreichen des Punktes B′ tritt schließlich Bruch ein.

Im Zugversuch wird die momentane Zugkraft *F* auf den Ausgangsquerschnitt (Anfangsquerschnitt) S_0 bezogen.

Zur weiteren Erklärung des *R*, e-Diagrammes soll ein solches für Stahl mittlerer Festigkeit herangezogen werden. Dieses wird von Kurve c) im Bild 1, Seite 105 dargestellt. Darin sind 4 **charakteristische Punkte** zu erkennen. Beim Erreichen der diesen Punkten entsprechenden Zugspannung ändert der Werkstoff sein Verhalten, und diese Spannungen werden auch als **Grenzspannungen** bezeichnet. Näheren Aufschluss gibt die folgende Tabelle:

WERKSTOFFVERHALTEN UND GRENZSPANNUNGEN

charakteristischer Punkt	Werkstoffverhalten	Bezeichnung der Grenzspannung
P = Proportionalitätsgrenze	Bis zu diesem Punkt ist die Zugspannung der Dehnung proportional, d. h., dass das Hooke'sche Gesetz Gültigkeit hat.	R_p in $\frac{N}{mm^2}$
E = Elastizitätsgrenze	Bis zu diesem Punkt verhält sich der Werkstoff elastisch. Er nimmt nach seiner Entlastung wieder die ursprüngliche Länge l_0 ein.	R_E in $\frac{N}{mm^2}$
S = Streckgrenze	Wird bis zur Streckgrenze vom Punkt E ausgehend weiterbelastet, „streckt" sich der Werkstoff. Bei Entlastung ist eine „bleibende Dehnung" feststellbar, d. h., der Werkstoff nimmt nicht mehr seine Ausgangslänge l_0 ein. Er hat sich bleibend verformt.	R_e in $\frac{N}{mm^2}$ Die frühere Bezeichnung war σ_s.
B = Zugfestigkeit	Ab dem Punkt S dehnt sich der Werkstoff zunächst ohne Belastungssteigerung sehr stark. Der Werkstoff „fließt" und man spricht deshalb auch von der Fließgrenze. **Streckgrenze = Fließgrenze** Wird der Punkt B′ erreicht, bricht der Probestab.	R_m in $\frac{N}{mm^2}$ Die frühere Bezeichnung war σ_B = Bruchspannung.

Für viele Werkstoffe, z.B. hochfeste Stähle (Kurve *d* im Bild 1), ist eine ausgeprägte Streckgrenze (Fließgrenze) im Zugversuch nicht feststellbar, da der Fließvorgang sehr gering ist. Bei einem solchen Werkstoffverhalten wird anstelle der Elastizitätsgrenze der charakteristische Punkt D ermittelt:

$$\textbf{D = 0,2\,\%-Dehngrenze} = R_{p0,2}$$

Beim Erreichen der 0,2 %-Dehngrenze herrscht im Bauteil (beim Zugversuch im Probestab) eine Spannung $R_{p0,2}$, die bei anschließender Entlastung des Bauteils eine bleibende Dehnung von 0,2 % hinterlässt (Bild 1). Es hat also bereits eine geringfügige plastische Verformung stattgefunden.

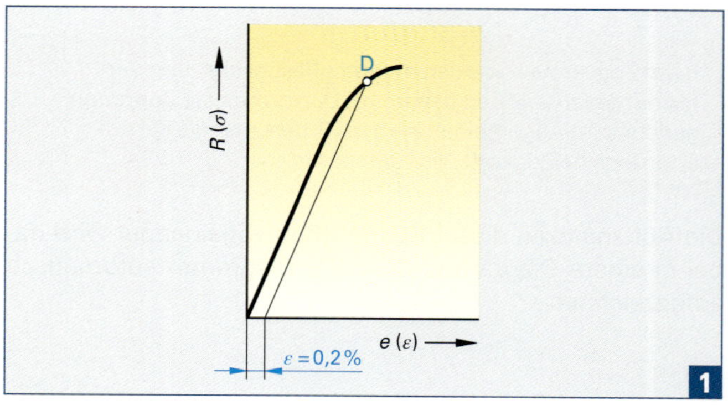

Dehngrenze

SICHERHEITSBEGRIFF

Würden bei der Bauteildimensionierung die Grenzspannungen R_e oder R_m zugrunde gelegt, dann würde der Werkstoff des Bauteils unter Betriebsbedingungen fließen, u. U. würde sogar das Bauteil zu Bruch gehen. In beiden Fällen wäre die Funktionsfähigkeit nicht mehr gegeben.

Die Bauteile behalten nur unterhalb der Elastizitätsgrenze ihre volle Funktionsfähigkeit.

Beim Dimensionieren ist also grundsätzlich mit kleineren Spannungen als R_e bzw. R_m zu rechnen. Der beim Dimensionieren zugrunde gelegte Spannungswert wird als

Zulässige Spannung σ_{zul}

bezeichnet.

Die zulässige Spannung berechnet sich, indem die entsprechende Grenzspannung R_m, R_e oder $R_{p0,2}$ durch die jeweilige Sicherheitszahl υ (nü) dividiert wird. Der Bezug auf eine bestimmte Grenzspannung richtet sich ausschließlich nach dem Verwendungszweck des zu verwendenden Werkstoffes:

zulässige Spannung bei zähem Werkstoff mit ausgeprägter Fließgrenze:

$$\sigma_{zul} = \frac{R_e}{\upsilon}$$

zulässige Spannung bei zähem Werkstoff ohne ausgeprägte Fließgrenze:

$$\sigma_{zul} = \frac{R_{p0,2}}{\upsilon}$$

→ υ zwischen 1,2 und 2,2

zulässige Spannung bei sprödem Werkstoff:

$$\sigma_{zul} = \frac{R_m}{\upsilon}$$

→ υ zwischen 2,0 und 5,0

Mit der Wahl der Sicherheitszahl werden zahlenmäßig nicht zu erfassende Nebenumstände berücksichtigt.

Wird die Zahl zu klein gewählt, besteht die Gefahr eines Bruches. Ist sie zu groß gewählt, werden die Bauteilabmessungen zu groß, und damit ist eine Konstruktion unwirtschaftlich.

Wichtige Einflussgrößen für das Festlegen von υ sind z. B.:

Wichtigkeit des Bauteils (Funktion),
Einfluss des Bauteils auf Gesundheit und Leben,
Genauigkeit der Belastungsermittlung,
Genauigkeit in der Fertigung,
Werkstoffzusammensetzung.

Die Sicherheit υ eines Bauteiles wird hoch gewählt, wenn die Folgen eines Bauteilbruches sehr gewichtig sind.

Einige wichtige Zusammenhänge zwischen verschiedenen Spannungen und Sicherheiten:

Als grober **Richtwert für zähe Werkstoffe** (Stähle) kann **bei Belastungsfall I** gesetzt werden:

$$\sigma_{z\,zul} = (0{,}4 \ldots 0{,}6) \cdot R_m$$

Für **Stahl und NE-Metalle** gilt:

$$\sigma_{d\,zul} = \sigma_{z\,zul}$$

Die **Bruchscherfestigkeit** beträgt für **Stahl**:

$$\tau_{aB} = 0{,}85 \cdot R_m$$

für **Grauguss**:

$$\tau_{aB} = 1{,}1 \cdot R_m$$

Bezogen auf die verschiedenen Grenzspannungen bezeichnet man mit

υ_{Rm} = Sicherheit gegen das Erreichen der Bruchspannung

υ_{Re} = Sicherheit gegen das Erreichen der Streckgrenze (Fließgrenze)

$\upsilon_{Rp0,2}$ = Sicherheit gegen das Erreichen der 0,2 %-Dehngrenze

υ_E = Sicherheit gegen das Erreichen der Elastizitätsgrenze

υ_P = Sicherheit gegen das Erreichen der Proportionalitätsgrenze

BEISPIEL

Eine Zugstange mit Kreisringquerschnitt hat die Abmessungen $D = 55$ mm und $d = 49$ mm (Außen- und Innendurchmesser). Sie hat eine ruhende Last von $F = 60$ kN zu übertragen und es ist $R_m = 600\ \text{N/mm}^2$ und $R_e = 320\ \text{N/mm}^2$. Berechnen Sie υ_{Rm} und υ_{Re}.

BEISPIEL (FORTSETZUNG)

Lösung $\sigma_{z\,vorh} = \frac{F}{S} = \frac{F}{\frac{\pi}{4} \cdot (D^2 - d^2)} = \frac{60000\ N}{\frac{\pi}{4} \cdot (55^2 - 49^2)\ mm^2} = \frac{60.000\ N}{\frac{\pi}{4} \cdot (3025 - 2401)\ mm^2} = \frac{60000\ N}{\frac{\pi}{4} \cdot 624\ mm^2}$

$\boldsymbol{\sigma_{z\,vorh} = 122{,}43\ \frac{N}{mm^2}}$

Somit: $\upsilon_{Rm} = \frac{R_m}{\sigma_{z\,vorh}} = \frac{600\ \frac{N}{mm^2}}{122{,}43\ \frac{N}{mm^2}} = \boldsymbol{\upsilon_{Rm} = 4{,}9}$ $\upsilon_{Re} = \frac{R_e}{\sigma_{z\,vorh}} = \frac{320\ \frac{N}{mm^2}}{122{,}43\ \frac{N}{mm^2}} = \boldsymbol{\upsilon_{Re} = 2{,}61}$

AUFGABEN ZUR WIEDERHOLUNG

1. Beschreiben Sie verbal den Begriff der Dehnung.

2. Was wird unter dem Elastizitätsmodul verstanden?

3. Erklären Sie verbal das Hooke'sche Gesetz. In welchem Dehnungsbereich hat es nur Gültigkeit?

4. Ein Messingdraht mit quadratischem Querschnitt 1,5 mm x 1,5 mm und einer Länge von 7 m verlängert sich bei Beanspruchung auf Zug um 5 mm. Wie hoch ist die Belastung in N bei einem *E*-Modul von 85000 N/mm²?

5. Ein Maschinenfuß aus Stahl mit $E = 210000\ N/mm^2$ hat einen Durchmesser von $d = 100$ mm und eine Höhe $h = 100$ mm. Er verkürzt sich unter dem Einfluss der auf ihn wirkenden Kraft um 0,01 mm. Berechnen Sie
a) die negative Dehnung (Stauchung) in %,
b) die auf den Maschinenfuß wirkende Last in kN.

6. Bei einem Zugversuch wird in einem Probestab eine Zugspannung von 42 N/mm² erzeugt. Die gemessene Verlängerung beträgt $\Delta l = 0{,}2$ mm, was einer Dehnung $\varepsilon = 0{,}02$ % entspricht.
a) Aus welchem Werkstoff könnte der Probestab bestehen?
b) Wie groß ist seine Ausgangslänge l_0 (Länge vor dem Versuch)?

7. Warum ist es umgangssprachlich falsch, wenn gesagt wird „der Stab hat sich um 10 mm gedehnt"?

8. Ein Rundstab mit dem Durchmesser $d = 5$ mm und der Länge $l = 6$ m hat sich bei Beanspruchung auf Zug um 6 mm verlängert. Wie groß ist die Belastung in N bei $E = 210000\ N/mm^2$?

9. Eine Gummischnur von 1 m Länge und einem Durchmesser von 2,5 mm wird durch das Gewicht einer Masse von 1,2 kg um 0,5 m verlängert. Berechnen Sie
a) die Zugspannung,
b) die elastische Dehnung in %,
c) den Elastizitätsmodul der verwendeten Gummisorte.

10. Nennen Sie Beispiele aus Technik und/oder Alltag für Verformungen bei Zug und/oder Druck.

11. Ein hochfester zäher Stahlstab (keine ausgeprägte Fließgrenze) von $l = 800$ mm Länge wird auf Zug beansprucht. Um wie viele mm hat sich der Stab bleibend verformt, wenn die 0,2 %-Dehngrenze erreicht wurde?

12. Eine Säule hat eine Querschnittsfläche von 80 mm x 80 mm. Auf ihr ruht eine Last von $F = 800$ kN. Berechnen Sie die Sicherheit gegen Bruch, wenn $R_m = 480\ N/mm^2$ ist.

13. Was wird unter einer statischen Beanspruchung verstanden?

14. Ein Zuganker aus Rundstahl mit dem Durchmesser $d = 80$ mm wird durch eine Zugkraft $F = 1120$ kN beansprucht. Es sind $\sigma_P = 260\ N/mm^2$, $R_e = 340\ N/mm^2$, $R_m = 620\ N/mm^2$.
a) Nennen Sie die Spannungsbezeichnungen (verbal).
b) Zeichnen Sie das ungefähre Aussehen des Spannungs-, Dehnungs-Diagrammes bei von Ihnen frei gewählten Dehnungen.

FLÄCHENPRESSUNG UND LOCHLEIBUNG

Eine **Druckspannung** kann immer nur **in einem Bauteil** auftreten. In der im Bild 1 abgebildeten Stütze jedoch aber auch nur dann, wenn das Bauteil von beiden Seiten durch eine Kraft *F* belastet wird.

Dies bedeutet, dass aus dem Gegenlager, z.B. einem Fundament, eine entsprechende Reaktionskraft wirken muss. Diese stellt das erforderliche Kräftegleichgewicht – hier in senkrechter Richtung – her. Dadurch wird **an den sich berührenden Flächen** – hier der Stützenfläche und der Fundamentfläche – eine Spannung aufgebaut.

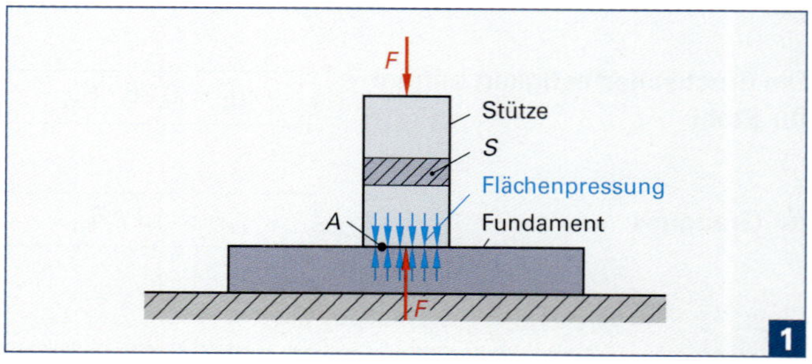

Ebene Flächenpressung

Die Druckspannung an den Berührungsflächen zweier Bauteile heißt **Flächenpressung.** Formelzeichen ist σ_p.

Sind die Berührungsflächen eben, dann wird von der **ebenen Flächenpressung** gesprochen. Sie errechnet sich **analog der Druckspannung**. Dabei ist nach **der Norm** darauf zu achten, dass **Schnittflächen** den Formelbuchstaben ***S*** (z. B. bei der Druckspannung) und **Oberflächen** den Formelbuchstaben ***A*** (z. B. bei der Flächenpressung) erhalten. Wird dies berücksichtigt, dann ergibt sich als Berechnungsformel für die

FLÄCHENPRESSUNG AN EBENEN FLÄCHEN

$$\sigma_p = \frac{F}{A}$$

σ_p	F	A
$\frac{N}{mm^2}$	N	mm^2

Für die Flächenpressung wird der Formelbuchstabe *p* verwendet. Da immer zwei – meist verschiedene – Werkstoffe in Wechselwirkung stehen, gilt:

Werden zwei Bauteile gegeneinander gedrückt, dann ist stets die kleinste zulässige Flächenpressung, d. h., die zulässige Flächenpressung des pressempfindlichsten Werkstoffes, einzusetzen.

BEISPIEL 1

Eine Stahlplatte ($\sigma_{p\,zul\,St}$ = 120 N/mm²) wird durch Krafteinwirkung gegen eine Messingplatte ($\sigma_{p\,zul\,Ms}$ = 90 N/mm²) gedrückt. Was ist bei der Berechnung der Verbindung auf Flächenpressung zu beachten?

Lösung Der kleinste Wert, d. h., $\sigma_{p\,zul\,Ms}$ = 90 N/mm² ist einzusetzen.

BEISPIEL 2

Eine Stütze (Bild 1) wirkt mit einer Kraft F_S = 200 kN auf eine Fundamentplatte.
Wie groß muss die Seitenlänge der quadratischen Platte bei $\sigma_{p\,zul}$ = 10 N/mm² sein?

Lösung $\sigma_{p\,zul} = \frac{F}{A} \rightarrow A_{erf} = \frac{F_{vorh}}{\sigma_{p\,zul}} = \frac{200000\ N}{10\ \frac{N}{mm^2}} = 20000\ mm^2 = l^2$

$l_{erf} = \sqrt{l^2} = \sqrt{20000\ mm^2} = \mathbf{141{,}42\ mm} \rightarrow l_{gew} = \mathbf{150\ mm}$

Spannungsnachweis: $\sigma_{p\,vorh} = \frac{F_{vorh}}{A_{vorh}} = \frac{F_{vorh}}{(l_{gew})^2} = \frac{200000\ N}{(150\ mm)^2} = \mathbf{8{,}89\ \frac{N}{mm^2}}$

Bild 1 zeigt die Lagerung einer Welle in einem **Stehlager**. Die sich berührenden Flächen von Welle und Stehlager sind nicht eben. In einem solchen Fall wird von **Flächenpressung an einer gewölbten Fläche** gesprochen. In Bild 1 ist dies eine Zylindermantelfläche. Die Fläche kann aber auch nach anderen geometrischen Gegebenheiten gekrümmt bzw. gewölbt sein.

Unter der Vorderansicht des Bildes 1 ist die Verteilung der Flächenpressung dargestellt. Sie nimmt von einem maximalen Wert $\sigma_{p\,max}$ in der Mitte bis zum Wert Null an den Seiten ab. **Bei nicht sehr hohen Beanspruchungen**, d. h., bei Beanspruchungen, die gewährleisten, dass kaum eine Deformation eintritt, ist es üblich, mit der **mittleren Flächenpressung** σ_{pm} zu rechnen. Diese wird erhalten, indem die wirkende Kraft durch die **senkrechte Projektion der gepressten Fläche** A_{proj} geteilt wird.

Im Beispiel errechnet sich die projizierte Fläche aus dem Produkt des Wellendurchmessers *d* und der Lagerlänge *s* (Bild 1). Sie ist unter der Seitenansicht als schraffierte Fläche dargestellt. Einige **Anwendungsfälle:** Gleitlager, Passschraubenverbindungen, Bolzenverbindungen, Nietverbindungen. In den genannten Fällen „trägt" die gepresste Fläche so gleichmäßig und es sind die Kraftanteile pro Flächeneinheit so klein, dass die auftretenden Verformungen keine Rolle spielen. Man kann somit sagen

Die Berechnung auf mittlere Flächenpressung σ_{pm} ist bei gewölbten Flächen dann üblich, wenn die auftretenden Verformungen vernachlässigbar klein sind.

Mit der senkrechten Projektion A_{proj} der gewölbten Fläche ergibt sich die

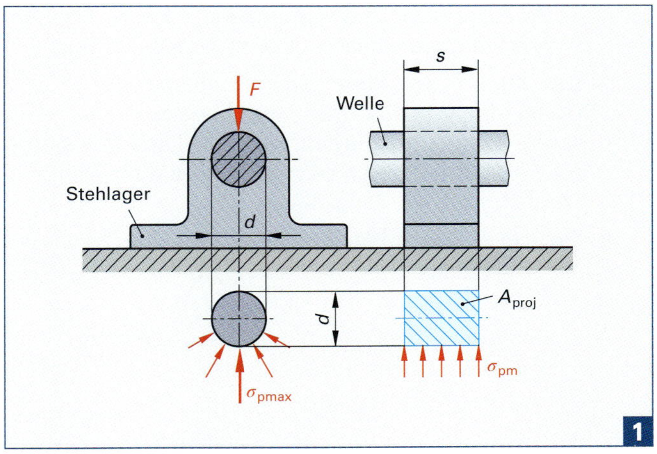

Steh- und Augenlager

MITTLERE FLÄCHENPRESSUNG BEI GEWÖLBTEN FLÄCHEN

$$\sigma_{pm} = \frac{F}{A_{proj}}$$

MITTLERE FLÄCHENPRESSUNG BEI ZYLINDERN

$$\sigma_{pm} = \frac{F}{d \cdot s}$$

σ_{pm}	F	A_{proj}
$\frac{N}{mm^2}$	N	mm^2

▶ **Anmerkungen:**

1. Eine Besonderheit in der Bezeichnungsweise der mittleren Flächenpressung ergibt sich bei **Passschraubenverbindungen** (genau eingepasste Schrauben, im Gegensatz dazu: Durchsteckschrauben) und bei **Nietverbindungen**. Die mittlere Flächenpressung wird dort häufig als **Lochleibung**, **Lochleibungsdruck** oder als **Lochleibungsspannung** bezeichnet.
2. **Bei extremer Belastung** – z.B. bei Kugellagern oder bei Zahnrädern – verwendet man die **Hertz'schen Gleichungen**. Diese werden in diesem Buch nicht besprochen.

BEISPIEL

Eine Welle mit dem Durchmesser $d = 500$ mm ist in einem Stehlager von $b = 30$ mm Breite gelagert. Die radiale Lagerkraft beträgt $F = 50$ kN. Berechnen Sie die dabei auftretende mittlere Flächenpressung.

Lösung $\sigma_{pm} = \frac{F}{A_{proj}} = \frac{F}{d \cdot s} = \frac{50000\text{ N}}{50\text{ mm} \cdot 30\text{ mm}} = \frac{50000\text{ N}}{1500\text{ mm}^2} = \mathbf{33{,}33\ \frac{N}{mm^2}}$

AUFGABEN ZUR WIEDERHOLUNG

1. Eine Säule besteht aus einem Stahlrohr mit angeschweißtem Flansch (Bild 1). Die axiale Säulenkraft ist $F = 270$ kN. Berechnen Sie für die Abmessungen $D = 200$ mm und $d = 150$ mm
   a) die vorhandene Druckspannung im Säulenquerschnitt,
   b) den erforderlichen Außendurchmesser D_F des Säulenfußes, wenn die zulässige Flächenpressung zwischen dem Säulenfuß und dem Fundament $\sigma_{pm\ zul} = 1{,}5$ N/mm² betragen darf.

2. Die Kugelspindel ($A_S = 2030$ mm²) einer Exzenterpresse überträgt bei 90 mm Kugeldurchmesser eine Druckkraft von $F = 250$ kN (Bild 2).
   a) Berechnen Sie die größte Spannung in der Spindel.
   b) Welche Form hat A_{proj} der Kugel?
   c) Berechnen Sie die vorhandene mittlere Flächenpressung zwischen Kugel und Kugelhalterung.

3. Der Durchmesser einer Lagerschale beträgt $d = 65$ mm. Wie groß muss die Länge der Lagerschale ausgeführt werden, wenn die Lagerbelastung $F = 7$ kN beträgt und wenn $\sigma_{p\ zul} = 25$ N/mm² nicht überschritten werden soll?

4. Eine Doppellaschennietung überträgt eine Kraft von $F = 32$ kN (Bild 3).
   Es ist $d = 16$ mm, $s = 15$ mm, $s_1 = 10$ mm.
   a) An welchen Stellen tritt in dieser Verbindung die größte Flächenpressung auf?
   b) Wie groß ist die größte Flächenpressung $\sigma_{pm\ max}$?

5. Was bedeutet „senkrechte Projektion"?

6. Wann spricht man von Lochleibungsdruck oder von Lochleibungsspannung?

7. Wie unterscheidet sich Druckspannung von Flächenpressung?

8. Welche geometrische Form hat die senkrechte Projektion eines konischen Bauteils (mit großem und kleinem Durchmesser)?

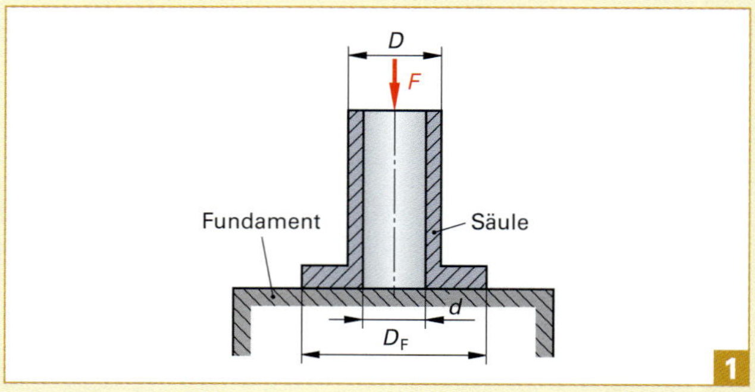

Säule

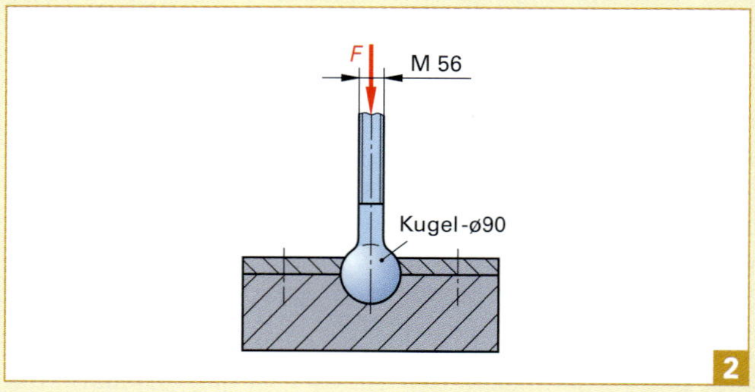

Kugelspindel

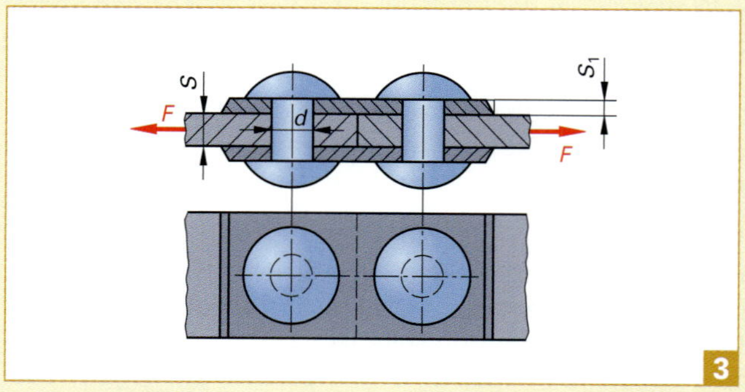

Doppellaschennietung

QUERKONTRAKTION

Im Gegensatz zu den gasförmigen Körpern lassen sich flüssige und feste Körper durch Druckänderung in ihrer Dichte, d.h., in ihrem Volumen nur sehr geringfügig verändern. Die Eigenschaft, das Volumen bei Druckänderung nicht zu verändern, bezeichnet man als **Inkompressibilität**. Die meisten Konstruktionswerkstoffe, vor allem die Metalle, verhalten sich so.

Setzt man Inkompressibilität voraus, bedeutet dies, dass die Verformungen das Volumen des Bauteiles praktisch nicht verändern – das Volumen ist konstant. Damit verkleinert ein Stab bei einer axialen Verlängerung (Dehnung) seinen Querschnitt bzw. vergrößert er diesen bei einer Stauchung (axiale Verkürzung).

Mit der Dehnung eines auf Zug beanspruchten Stabes ist zwangsläufig eine Querkürzung, d.h., eine Verkleinerung der Querschnittsmaße, verbunden.

In diesem Zusammenhang wird auch von der **Querzusammenziehung** oder von der **Querkontraktion** gesprochen.

Bild 1 zeigt diesen Vorgang an einem Zugstab mit kreisförmigem Querschnitt. In Analogie zur

DEHNUNG

$$\varepsilon = \frac{\Delta l}{l_0} = \frac{l - l_0}{l_0}$$

ist die Querkürzung definiert. Es ist

QUERKÜRZUNG

$$\varepsilon_q = \frac{\Delta d}{d_0} = \frac{d_0 - d}{d_0}$$

ε_q	d_0, d
1	mm

Für **nicht kreisförmige Querschnitte**, z.B. einem Rechteckquerschnitt, gilt diese Gesetzmäßigkeit in gleicher Weise.

Nach dem Französischen Physiker und Mathematiker **Poisson** (1781...1840) besteht zwischen Dehnung und Querkürzung der folgende Zusammenhang:

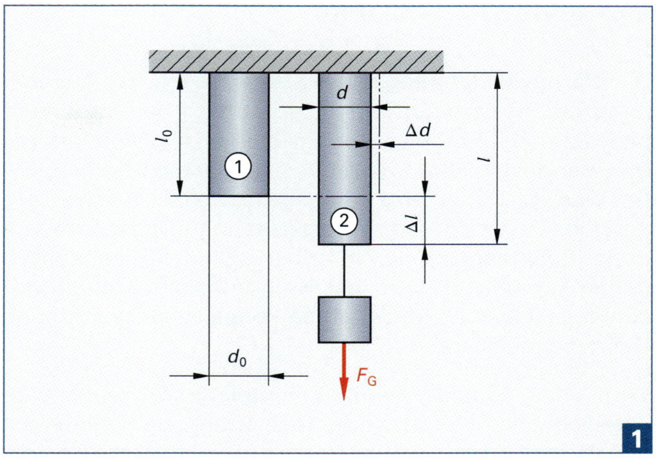

1 Querkontraktion

POISSON'SCHE ZAHL

$$\mu = \frac{\varepsilon_q}{\varepsilon}$$

μ	ε_q, ε
1	1

$$\varepsilon_q = \mu \cdot \varepsilon = \mu \cdot \frac{\Delta l}{l_0}$$

Die Poisson'sche Zahl wird auch als **Querzahl** bezeichnet und sie beträgt bei den meisten Metallen 0,3. Für andere Werkstoffe erhalten wir aus der Fachliteratur die erforderlichen Werte.

BEISPIEL

Ein zylindrischer Körper mit einer Länge l_0 = 150 mm und dem Durchmesser d_0 = 10 mm wird in Längsrichtung durch eine Kraft F = 12 kN auf Zug beansprucht und zwar im Hooke'schen Bereich. Werkstoff ist Stahl mit μ = 0,3 und E = 215000 N/mm².
Zu berechnen sind

a) die vorhandene Zugspannung $\sigma_{z\,vorh}$,
b) die Verlängerung in mm,
c) die Querdehnung ε_q in %,
d) der Durchmesser d des Körpers in gezogenem Zustand.

Lösung

a) $\boldsymbol{\sigma_{z\,vorh}} = \frac{F_{vorh}}{S_{vorh}} = \frac{F_{vorh}}{\frac{\pi}{4} \cdot d^2} = \frac{4 \cdot F_{vorh}}{\pi \cdot d^2} = \frac{4 \cdot 12000\ \text{N}}{\pi \cdot (10\ \text{mm})^2} = \mathbf{152{,}79\ N/mm^2}$

b) $\boldsymbol{\varepsilon} = \frac{\Delta l}{l_0} = \frac{1}{E} \cdot \sigma \quad \rightarrow \quad \Delta l = l_0 \cdot \frac{\sigma}{E} = 150\ \text{mm} \cdot \frac{152{,}79\ \text{N/mm}^2}{2{,}15 \cdot 10^5\ \text{N/mm}^2} = \mathbf{0{,}1066\ mm}$

c) $\boldsymbol{\varepsilon_q} = \mu \cdot \varepsilon = \mu \cdot \frac{\Delta l}{l_0} = 0{,}3 \cdot \frac{0{,}1066\ \text{mm}}{150\ \text{mm}} = 0{,}0002132 = \mathbf{0{,}02132\ \%}$

d) $\varepsilon_q = \frac{\Delta d}{d_0} \quad \rightarrow \quad \Delta d = \varepsilon_q \cdot d_0 = 0{,}0002132\ \text{mm} \cdot 10\ \text{mm} = 0{,}002132\ \text{mm}$

$\boldsymbol{d} = d_0 - \Delta d = 10\ \text{mm} - 0{,}002132\ \text{mm} = \mathbf{9{,}9979\ mm}$

AUFGABEN ZUR WIEDERHOLUNG

1. Drücken Sie die Querkürzung ε_q mithilfe des Hooke'schen Gesetzes aus.

2. Ein Rundstahl (E = 210000 N/mm²) mit dem Durchmesser d = 10 mm und der Ausgangslänge l_0 = 120 mm wird mit F = 500 N auf Zug beansprucht. Berechnen Sie bei μ = 0,3 die Querkürzung in %.

3. Um wie viele mm verlängert sich eine 1200 mm lange Zugstange, wenn

a) darin eine Zugspannung $\sigma_{z\,vorh}$ = 90 N/mm² bei E = 215000 N/mm² wirksam ist?

b) Wie groß ist die Durchmesseränderung in mm bei d_0 = 20 mm und μ = 0,3?

WÄRMESPANNUNG

Die **Wärmeausdehnung fester Körper,** also deren Ausdehnung bei Erwärmung und Schrumpfung bei Abkühlung und die damit verbundenen Probleme ist besonders bei Metallen feststellbar und muss bei Bauteilen berücksichtigt werden. Dabei wird vorausgesetzt, dass solche Dehnungen – es wird von Wärmedehnungen gesprochen – ohne Behinderung durch andere Bauteile vonstatten gehen können. So wird bei Brückenkonstruktionen mit einem **Loslager** die konstruktive Voraussetzung zur freien Dehnung realisiert.

Wird einem Bauteil, welches Temperaturschwankungen unterliegt, die Möglichkeit der freien Dehnung genommen, entstehen in diesem Bauteil Spannungen.

Diese werden als **Wärmespannungen** bezeichnet. Je nach Ausdehnungsrichtung und Art der Behinderung sind es meist Zug- oder Druckspannungen. Dieser Sachverhalt wird an dem stabförmigen Körper im Bild 1 dargestellt.

a) Der Stab hat bei der Temperatur ϑ_0 die Länge l_0.

b) Bei einer Temperaturerhöhung von ϑ_0 auf ϑ_1 um $\Delta\vartheta = \vartheta_1 - \vartheta_0$ verlängert sich der Stab von l_0 auf die Länge l_1.

c) Die Temperatur wurde ebenfalls von ϑ_0 auf ϑ_1 erhöht. Da sich der Stab nicht frei dehnen kann, entstehen im Stabquerschnitt Wärmespannungen.

Fügt man die Erkenntnisse über die **Dehnung ε** und das **Hooke'sche Gesetz** zusammen, so kann man folgende mathematische Beziehung für die entstehenden inneren Spannungen eingespannter Bauteile unter Temperaturänderung herleiten:

$$\varepsilon = \frac{\Delta l}{l_0} = \frac{\sigma}{E} \rightarrow \sigma = E \cdot \frac{\Delta l}{l_0} \rightarrow \sigma = E \cdot \frac{l_0 \cdot \alpha \cdot \Delta\vartheta}{l_0}$$

WÄRMESPANNUNG

$$\sigma = E \cdot \alpha \cdot \Delta\vartheta$$

σ	E	α	$\Delta\vartheta$
$\frac{N}{mm^2}$	$\frac{N}{mm^2}$	$\frac{1}{K}$	K bzw. °C

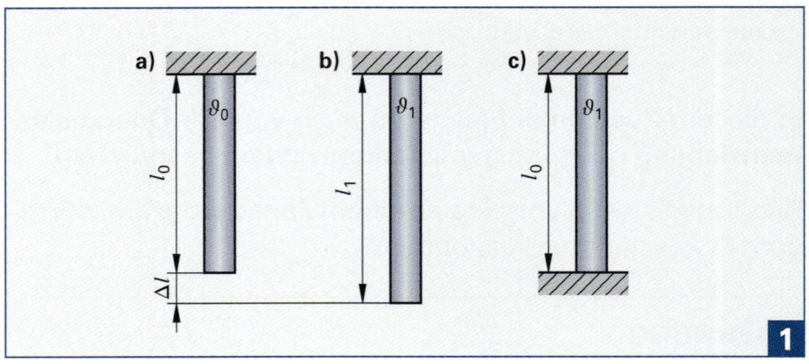

Staberwärmung

In der Verknüpfung findet sich auch das **Gesetz der linearen Wärmedehnung**

$$\Delta l = l_0 \cdot \alpha \cdot \Delta\vartheta$$

Es ist: E = Elastizitätsmodul
α = Wärmedehnzahl (linearer Wärmeausdehnungskoeffizient)
$\Delta\vartheta$ = Temperaturdifferenz

Die Gleichungen zeigen:

Die Wärmespannung ist nur von den Stoffkonstanten E und α sowie der Temperaturdifferenz $\Delta\vartheta$, **nicht** aber von den Bauteilabmessungen abhängig.

Wird noch in die Formel zur Berechnung der Wärmespannung für $\sigma = F/S$ eingesetzt, so ergibt sich für die

ZUG- ODER DRUCKKRAFT IM BAUTEIL

$$F = E \cdot \alpha \cdot \Delta\vartheta \cdot S \quad \text{in N}$$

Dabei ist S die auf Zug oder Druck beanspruchte Querschnittsfläche.

BEISPIEL

Bild 2 zeigt zwei Behälter, die mit einer Stahlrohrleitung verbunden sind. Die Montage erfolgte bei einer Temperatur von 20 °C in spannungsfreiem Zustand. Welche Zugspannung herrscht in der Rohrleitung bei einer Abkühlung auf $\vartheta_1 = -15$ °C, wenn angenommen wird, dass die Behälter mit ihrem Unterbau absolut fest, d.h., unnachgiebig, verbunden sind und wenn $\alpha = 0{,}000012$ m/(m · K) ist?

Welche Kraft wirkt in der Leitung mit dem Außendurchmesser $D = 60$ mm und dem Innendurchmesser $d = 50$ mm, wenn für $E = 210000$ N/mm² angenommen werden kann?

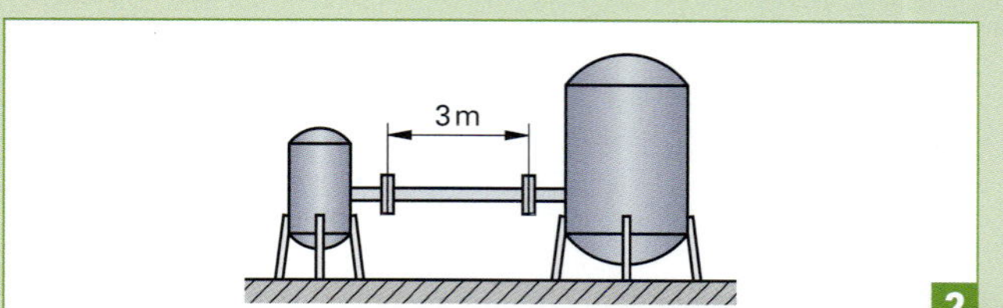

Stahlrohrleitung

Lösung $\sigma_{\text{z vorh}} = E \cdot \alpha \cdot \Delta\vartheta = 210000 \frac{N}{mm^2} \cdot 0{,}000012 \frac{m}{m \cdot K} \cdot 35\,K = \mathbf{88{,}2 \frac{N}{mm_2}}$

$\sigma_{\text{z vorh}} = \frac{F_{\text{vorh}}}{S_{\text{vorh}}} \rightarrow F_{\text{vorh}} = \sigma_{\text{z vorh}} \cdot S_{\text{vorh}} = \sigma_{\text{z vorh}} \cdot \frac{\pi}{4} \cdot (D^2 - d^2)$

$F_{\text{vorh}} = 88{,}2 \frac{N}{mm^2} \cdot \frac{\pi}{4} \cdot (60^2 - 50^2)\,mm^2 = \mathbf{76199\,N}$

Das Ergebnis des durchgerechneten Beispiels zeigt, dass bereits bei einer relativ kleinen Temperaturdifferenz Spannungen entstehen können, die in den Bereich der zulässigen Spannungen kommen. Auch die errechnete Kraft zeigt eine Größenordnung, die von einer solchen Baugruppe nicht mehr aufgenommen werden kann. Schäden können nur durch konstruktive Maßnahmen verhindert werden. In diesem Zusammenhang wird vom **Dehnungsausgleich** gesprochen.

AUFGABEN ZUR WIEDERHOLUNG

1. Relativ kurze Brücken werden an beiden Brückenenden gelagert. Auf einer Seite wird ein unbewegliches **Festlager,** auf der anderen Seite ein **Loslager** verwendet. Dieses Loslager ist entweder auf Rollen gelagert oder es wird von Gleitschienen getragen. Begründen Sie die beschriebene Lagerung einer solchen Brücke.
2. Bild 1 zeigt die Anordnung eines Stahlträgers IPB 120 mit einer Querschnittsfläche von $S = 34{,}0 \text{ cm}^2$ zwischen zwei starren Lagern (Wänden).
Der Träger ist fest mit diesen Lagern verbunden (Verschraubung). Bei der Montage, die in spannungsfreiem Zustand bei einer Temperatur von +30 °C erfolgte, wurde eine eventuelle Temperaturänderung nicht berücksichtigt. Welche Spannung tritt bei den bisher verwendeten Werten für α und E bei einer Temperaturabsenkung auf –15 °C auf?

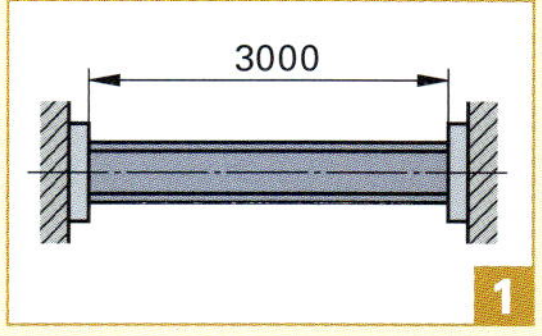

1

3. Auf einer Drehmaschine wird ein Stahlrohr mit $E = 210000 \text{ N/mm}^2$ und $\alpha = 0{,}000012 \text{ m/(m} \cdot \text{K)}$ überdreht. Die Einspannung auf der Drehmaschine erfolgt in spannungsfreiem Zustand. In Folge der Reibung steigt beim Drehen die Temperatur von 20 °C auf durchschnittlich 78 °C in diesem Rohr an. Berechnen Sie
a) Δl bei einer Ausgangslänge von $l_0 = 580$ mm,
b) die auftretende Druckspannung, wenn das Werkstück fest eingespannt ist,
c) die dabei auf den Reitstock und das Arbeitslager wirkende Kraft.
Rohraußendurchmesser $D = 100$ mm und Rohrinnendurchmesser $d = 80$ mm.

ABSCHERUNG

Bei der Beanspruchung auf Abscherung wird neben der ausreichenden Dimensionierung von Bauteilen auch die gewollte Zerstörung (Trennung) betrachtet, dies wird vor allem in der Blechverarbeitung beim Stanzen zum Ausschneiden von Werkstücken eingesetzt.

Abscherspannung

Aufgabe 4 zur Flächenpressung befasste sich mit der Berechnung einer Doppellaschennietung (Seite 110). Dabei musste der Nietbolzen aufgrund seiner Beanspruchung durch Scherung dimensioniert werden. Dies trifft auch für den Gelenkbolzen in Bild 2 zu, denn in den Stellen 1 und 2 erfolgt der Kraftfluss vom Gelenkinnenteil über den Bolzen auf die Gelenkgabel.

Bei zu großen Scherkräften würde der Nietbolzen an den Stellen 1 und 2 abgeschert. Der gefährdete Querschnitt ist also der Bolzenquerschnitt S, und zwar an zwei Stellen (1 und 2). Da die Kräfte parallel zum beanspruchten Querschnitt S sind, herrscht in S eine **Schubspannung** τ, die als **Abscherspannung** τ_a bezeichnet wird. Die beanspruchte Fläche heißt **Scherfläche** S. Somit berechnet sich

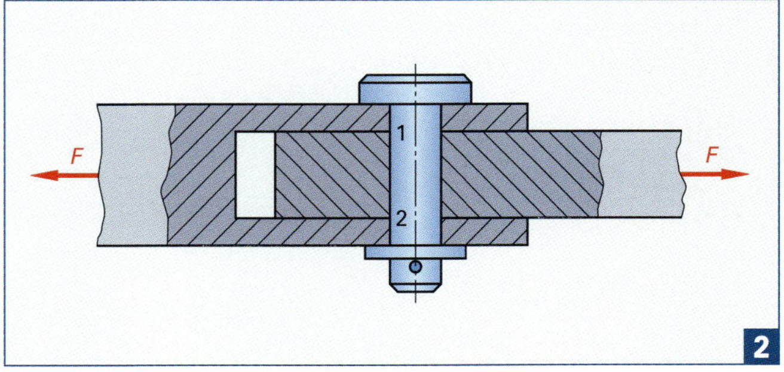

2

Bolzengelenk

ABSCHERSPANNUNG

$$\tau_a = \frac{F}{S}$$

τ_a	F	S
N/mm²	N	mm²

Unter der **Scherspannung** (Abscherspannung) τ verstehen wir den Quotienten aus äußerer Scherkraft F und dem beanspruchten Scherquerschnitt S.

Auch bei der Berechnung auf Abscherung kommt es entscheidend darauf an, dass der **gefährdete Querschnitt** S_{gef} richtig erkannt wird. Es gilt:

Scherquerschnitt, d. h., der gefährdete Querschnitt, ist der Bauteilquerschnitt, der im Zerstörungsfall durchtrennt wird.

Im Beispiel einer Nietung darf nicht übersehen werden, dass der Niet auch auf Biegung beansprucht wird. In der Festigkeitslehre wird jedoch wie folgt verfahren:

Liegen die Wirkungslinien der Schubkräfte relativ eng beieinander, so ist die auftretende Biegespannung vernachlässigbar klein, und das Bauteil wird nur auf Scherung berechnet.

Die Bestimmung des gefährdeten Querschnittes muss auch hier vor der Berechnung erfolgen.

Während z. B. bei der Berechnung eines Nietes der Nietquerschnitt einzusetzen ist, muss beim Ausstanzen einer Platine (Bild 1) die durchtrennte Zylinder-Mantelfläche $\boldsymbol{S_{gef} = \pi \cdot d \cdot s}$ in die Rechnung eingesetzt werden. Diese ist im Bild als Abwicklung neben der Draufsicht dargestellt.

Dieses Beispiel soll auf den großen Anwendungsbereich der Scherung hinweisen – der **Stanzereitechnik.** Dabei ist zu beachten, dass es sich beim **Ausschneiden** um einen **„gewollten Zerstörungsfall"** handelt. In diesem Fall muss mit der **Bruchscherfestigkeit** $\boldsymbol{\tau_{aB}}$ gerechnet werden.

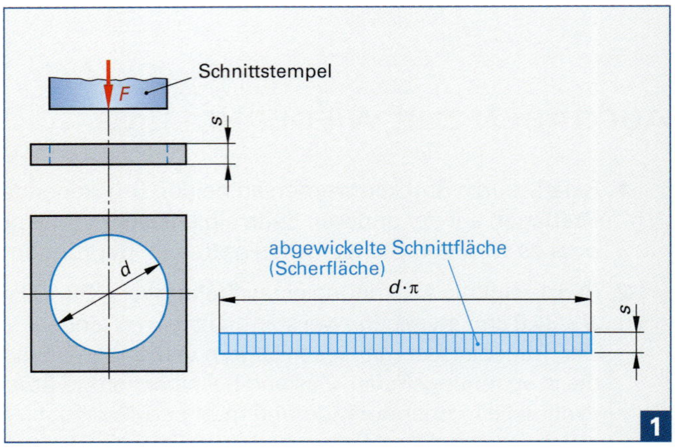

Stanzteil (Platine)

BEISPIEL 1

Berechnen Sie mit den Daten der Aufgabe 4 Doppellaschennietung auf Flächenpressung (Seite 110) die vorhandene Scherspannung in den Nieten.

Lösung Es ist darauf zu achten, dass die Anzahl der Schnittflächen berücksichtigt wird. Diese ergibt sich aus dem Produkt der Anzahl der Schnittflächen pro Niet *i*, die auch als **Schnittzahl** oder als **Schnittigkeit** bezeichnet wird und der **Anzahl der Niete *n*.**

$$\tau_{a\,vorh} = \frac{F_{vorh}}{S_{vorh}} = \frac{F_{vorh}}{\frac{\pi}{4} \cdot d^2 \cdot n \cdot i} = \frac{4 \cdot F_{vorh}}{\pi \cdot d^2 \cdot n \cdot i}$$

$$\boldsymbol{\tau_{a\,vorh}} = \frac{4 \cdot 32000\ \text{N}}{\pi \cdot (16\ \text{mm})^2 \cdot 1 \cdot 2} = \mathbf{79{,}58\ \frac{N}{mm^2}}$$

BEISPIEL 2

Für das Bolzengelenk (Bild 2, vorherige Seite) ist der Bolzendurchmesser zu berechnen.
Die Stangenkraft ist $F = 50$ kN und $\tau_{a\,zul} = 60\ \text{N/mm}^2$. Wie groß ist die Schnittzahl?

Lösung $\tau_{a\,zul} = \frac{F_{vorh}}{S_{erf}} \rightarrow S_{erf} = \frac{F_{vorh}}{\tau_{a\,zul}} = \frac{50000\ \text{N}}{60\ \text{N/mm}^2} = 833{,}33\ \text{mm}^2 = 2 \cdot \frac{\pi}{4} \cdot d^2$

$$d_{erf} = \sqrt{\frac{4 \cdot 833{,}33\ \text{mm}^2}{2 \cdot \pi}} = \sqrt{133530{,}51\ \text{mm}^2} = 23{,}03\ \text{mm} \rightarrow \boldsymbol{d_{gew}} = \mathbf{25\ mm}$$

Die Schnittzahl ist $n = 2$

BEISPIEL 3

Die Platine (Bild 1) mit $d = 50$ mm und $s = 3$ mm wird aus Messing-Blech mit $\tau_{aB} = 320\ \text{N/mm}^2$ ausgeschnitten.
Wie groß ist die für diesen Fertigungsvorgang erforderliche Schnittkraft F_S?

Lösung $\tau_{aB}\ \frac{F_S}{S_{vorh}} \rightarrow F_S = \tau_{aB} \cdot S_{vorh} = \tau_{aB} \cdot d \cdot \pi \cdot s = 320\ \frac{\text{N}}{\text{mm}^2} \cdot 50\ \text{mm} \cdot \pi \cdot 3\ \text{mm}$

$$\boldsymbol{F_S} = 150.796\ \text{N} \approx \mathbf{151\ kN}$$

▶ **Anmerkung:**

In der Praxis setzt man eine Presse mit etwa 200 kN Schnittkraft für diesen Fertigungsvorgang ein.

AUFGABEN ZUR WIEDERHOLUNG

1. Nennen Sie Maschinenteile, für die eine Beanspruchung auf Scherung typisch ist.

2. Mit einer speziellen Schere sollen Winkelstähle nach DIN 10056 bis zu einer Profilgröße 70 x 7 abgeschnitten werden, und zwar bei Schmiedetemperatur. In diesem Fall ist die Bruchscherfestigkeit mit $\tau_{aB} = 200\ \text{N/mm}^2$ anzusetzen. Berechnen Sie die erforderliche Scherkraft F, wenn angenommen wird, dass der gesamte Querschnitt gleichzeitig abgeschert wird und dieser für das Profil 70 x 7 mit $9{,}4\ \text{cm}^2$ in der Stahlbautabelle steht.

3. Ein Stanzteil (Bild 1) wird in einem Arbeitsgang (Innen- **und** Außenkontur) ausgeschnitten. Es wird ein 3 mm starkes Blech der Legierung CuZn 40 mit einer Bruchscherfestigkeit von $480\ \text{N/mm}^2$ verwendet. Welche Stanzkraft ist erforderlich?

4. Das Bild 2 zeigt eine als Nietverbindung ausgebildete Aufhängung. Es wird eine Kraft $F = 120$ kN übertragen. Die Abmessungen betragen $d = 19$ mm, $s_1 = 10$ mm, $s_2 = 6$ mm.
Berechnen Sie

a) die im Niet auftretende Scherspannung $\tau_{a\ vorh}$,

b) den maximalen Lochleibungsdruck (mittlere Flächenpressung) $\sigma_{pm\ max}$.

5. Um hochwertige Maschinenteile (z. B. Leitspindel einer Drehbank) vor zu großen Drehmomenten zu schützen werden Scherstifte gemäß Bild 3 eingebaut. Wie groß ist die Scherspannung im Scherstift, wenn ein Drehmoment $M_d = 12$ Nm bei einem Scherstiftdurchmesser $d_S = 4{,}2$ mm und einem Wellendurchmesser $d_W = 16$ mm übertragen wird?

6. Aus Bild 4 ist ersichtlich, dass eine Kraft über einen Bolzen bzw. Niet oder dergleichen versucht, den Werkstoff des Flachmaterials auszureißen.

Um dies zu verhindern, darf der **Randabstand e_1** ein bestimmtes Maß nicht unterschreiten. Deswegen gibt es diesbezügliche **behördliche Vorschriften,** die beim Berechnen von Nietverbindungen (z. B. im Druckbehälterbau oder Stahlbau) einzuhalten sind. Gemäß nebenstehendem Bild 4 darf z. B. entsprechend dieser Vorschriften die **Seitenlänge der Scherfläche** (im Zerstörungsfall) nur mit $(e_1 - d_1/2)$ gerechnet werden. Das Maß $d_1/2$ geht also nicht in die Berechnung ein. Berechnen Sie unter Beachtung dieser Regel den erforderlichen Randabstand e_1 für die folgenden Daten:

$d = 15$ mm, $d_1 = 20$ mm, $\tau_{a\ zul} = 100\ \text{N/mm}^2$, $F = 10{,}5$ kN

7. Eine Klebenaht (Bild 5) überträgt eine Kraft $F = 8$ kN. Das Maß b beträgt 150 mm. Wie groß muss die Länge l der Klebestelle ausgeführt werden, wenn die zulässige Schubspannung $\tau_{a\ zul} = 35\ \text{N/mm}^2$ ist?

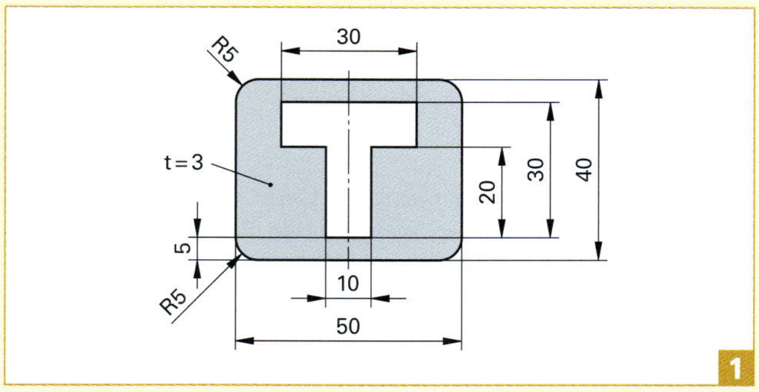

Stanzteil

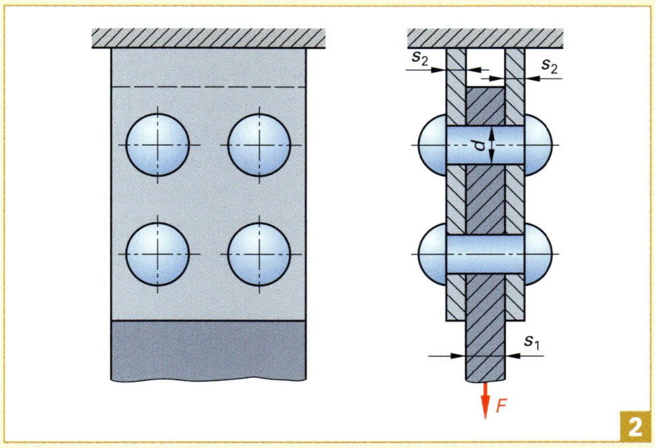

Nietverbindung

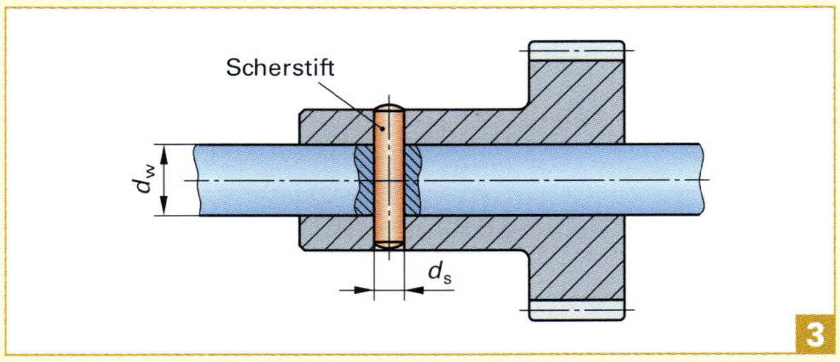

Stiftverbindung

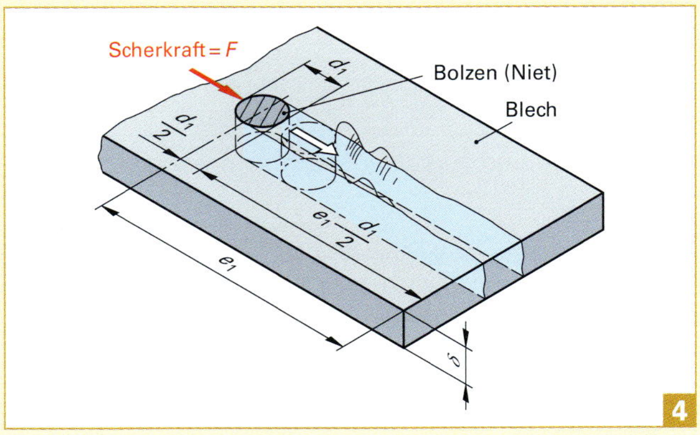

Scherflächen

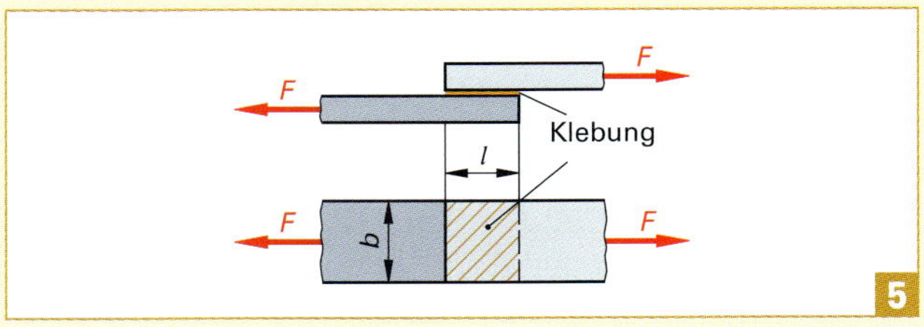

Klebenaht

BIEGUNG

Neben den Elementarbeanspruchungen Zug, Druck, Flächenpressung und Scherung und deren Berechnung bei statischer Beanspruchung, ist die Beanspruchung auf Biegung eine weitere, sehr häufig vorkommende Elementarbeanspruchung.

Reine Biegung

Viele Bauteile sind **zusammengesetzten Beanspruchungen** ausgesetzt, d.h., dass auf ein solches Bauteil gleichzeitig mehrere Elementarbeanspruchungen wirken. Bei den einfachen statischen Beanspruchungen wurde stets davon ausgegangen, dass im untersuchten Querschnitt nur **eine** Beanspruchungsart gegeben war. Das ist jedoch in vielen Fällen nicht gegeben und in diesem Zusammenhang soll auf den Querschnitt A–A des im Bild 1 abgebildeten Lasthakens beispielhaft eingegangen werden.

Grundsätzlich bietet die sogenannte **Schnittmethode** eine gute Möglichkeit zum Erkennen der Beanspruchungsarten in einem bestimmten Bauteilquerschnitt. Denken wir uns das Bauteil in diesem Querschnitt (z.B. dem Querschnitt A–A) durchgeschnitten und überlegen uns dabei, wie sich das abgeschnittene Teil danach verhalten würde, dann ist in den meisten Fällen eine sichere Beurteilung bezüglich der Beanspruchungsart(en) möglich.

Im Beispiel des Lasthakens ist zu erkennen, dass im Querschnitt A–A neben einer Zugbeanspruchung eine Biegebeanspruchung gegeben ist. Demzufolge handelt es sich hier um eine zusammengesetzte Beanspruchung. Allgemein gilt, dass Biegung sehr oft in Verbindung mit anderen Elementarbeanspruchungen auftritt. Meistens überwiegt jedoch die Biegebeanspruchung, und deswegen können die anderen Elementarbeanspruchungen – ohne einen großen Fehler zu begehen – meist idealisierend vernachlässigt werden.

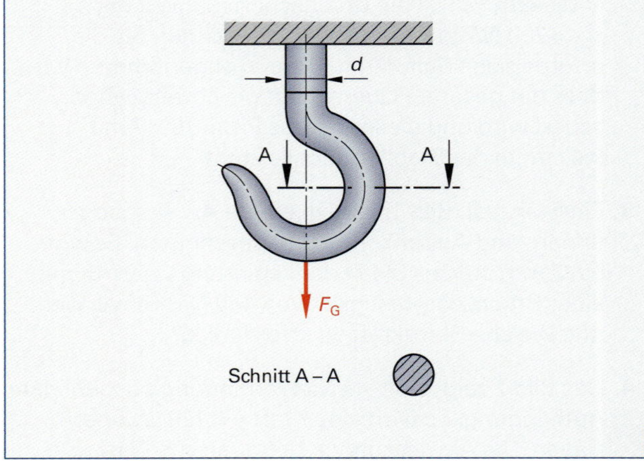

1

Zug und Biegung

Überwiegt die Biegebeanspruchung, so können in vielen Fällen die übrigen Elementarbeanspruchungen vernachlässigt werden.

Bild 2 zeigt, wie ein Bauteil im Querschnitt A – in Abhängigkeit vom Angriffspunkt der Kraft – entweder nur auf Biegung, dies ist dann eine **reine Biegung**, oder auf Biegung und gleichzeitig durch eine oder mehrere andere Beanspruchungsarten beansprucht wird:

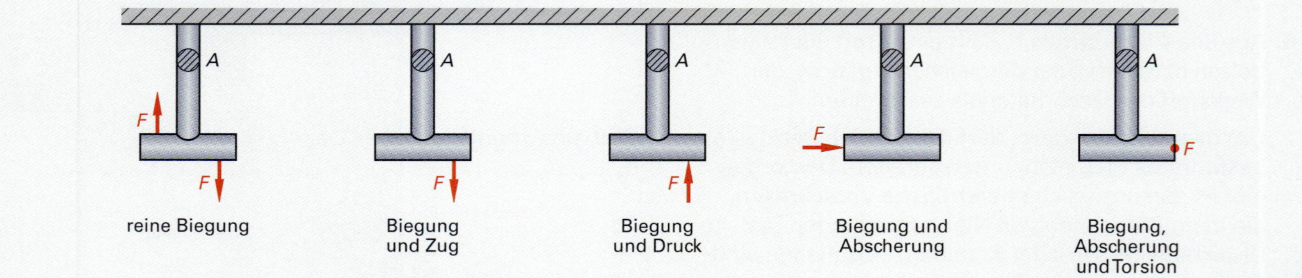

2

Reine Biegung und verschiedene zusammengesetzte Beanspruchungen

Hinweis In der **Biegelehre** ist es an vielen Stellen erforderlich, den Schwerpunkt von Flächen zu berechnen. Dieser wird mit *S* bezeichnet. Um Verwechslungen auszuschließen, wird in der Biegelehre meist für die Querschnittsfläche der Formelbuchstabe *A* verwendet.

DIE BIEGESPANNUNG

Bei einem drehbaren Bauteil (z.B. bei einer Riemenscheibe) haben wir das statische Moment als **Drehmoment** bezeichnet. In vielen Fällen ist es aber so, dass ein statisches Moment an einem Körper wirkt, ohne dass sich dieser Körper drehen kann. Im Bild 1, Seite 117 ist ein solcher Fall dargestellt, die fest in der Wand eingespannten **Frei-** oder auch **Kragträger** können sich nicht drehen. Sie werden gebogen und das statische Moment wird als **Biegemoment** bezeichnet.

Wirkt ein statisches Moment dergestalt auf einen Körper, dass die Wirkung eine Biegung (Durchbiegung) ist, dann wird es als Biegemoment bezeichnet.

Als **Formelbuchstabe** wird – im Unterschied zum Drehmoment M_d – $\boldsymbol{M_b}$ verwendet.

Aus dem Bild 1 geht hervor:

Die Größe der Verformung eines auf Biegung beanspruchten Bauteils ist von der Größe des Biegemomentes abhängig.

BIEGEMOMENT

$M_b = F \cdot l$

M_b	F	l
Nmm	N	mm

Das Bild lässt weiterhin erkennen, dass sich bei einem größeren Biegemoment ($F \cdot l_2$) eine größere Verformung einstellt als bei einem kleineren Biegemoment ($F \cdot l_1$). Durch das Hooke'sche Gesetz ist aber bekannt, dass bei größeren Verformungen größere Spannungen auftreten als bei kleineren Verformungen. Daraus kann geschlossen werden:

Die Biegespannung ist direkt proportional dem auf das Bauteil wirkenden Biegemoment.

$$\sigma_b \sim M_b$$

Beim Bild 2 wird vorausgesetzt, dass beide Träger den gleichen Querschnitt haben. Dies ist offensichtlich im Bild 2 nicht der Fall. Die Fläche hat dort zwar bei beiden Trägern die gleiche Größe A, beim Vergleich ist jedoch zu erkennen, dass die gleichen Rechteckquerschnitte um 90° versetzt sind. Die unterschiedliche Wirkung der gleichen Biegemomente ist deutlich zu erkennen und mit einem Lineal als Versuchskörper leicht nachzuvollziehen (deutlicher Unterschied der Durchbiegung bei gleichem Biegemoment, aber unterschiedlicher Lage der Querschnittsfläche A). Es ist zu erkennen:

σ_b ~ Größe, Form und Lage des Querschnittes

Diese Proportionalität wird bei der Berechnung der Biegespannung durch das sogenannte **Widerstandsmoment** W berücksichtigt. Auf diese Größe wird noch eingegangen. Vorher soll aber noch etwas über die **Verformungsverteilung** gesagt werden. Diese zeigt Bild 3 am Beispiel eines Freiträgers. Es ist zu ersehen, dass sich ein auf Biegung beanspruchter Rechteckquerschnitt an der oberen und der unteren Begrenzung am meisten verlängert bzw. verkürzt. Nach Hooke müssen also auch dort die größten Biegespannungen auftreten. Bewegen wir uns in Richtung Mittelachse, werden die Verformungen immer kleiner, bis sie den Wert Null erreichen. Die Mittelachse ist also verformungsneutral und wird deshalb als **neutrale Faser** bezeichnet. An dieser Stelle soll nochmals Hooke herausgestellt werden:

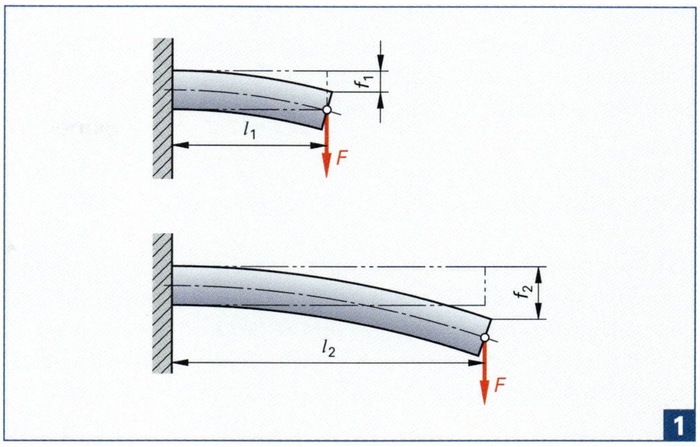

Verschieden lange Träger

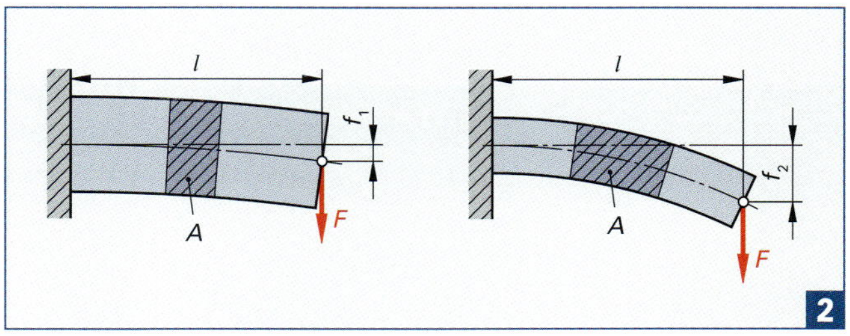

Verschiedene Flächenlagen

Die Spannungen sind den Verformungen proportional.

Diese Erkenntnis bestätigt auch der Übergang auf das Bild 4. Dieses zeigt die **Spannungsverteilung** im Querschnitt:

An den Rändern maximale Biegespannung, in der neutralen Faser ist die Biegespannung Null.

Im Bild 4 gilt:

Oberkante	→	$+\Delta l$	→	Dehnung	→	**Zug**
Unterkante	→	$-\Delta l$	→	Stauchung	→	**Druck**

Bei einem auf Biegung beanspruchten Bauteil gibt es Orte im Querschnitt, in denen Zugspannungen, und Orte im Querschnitt, in denen Druckspannungen auftreten.

Deshalb ist die Biegespannung eine **Normalspannung** mit der Bezeichnung σ_b.

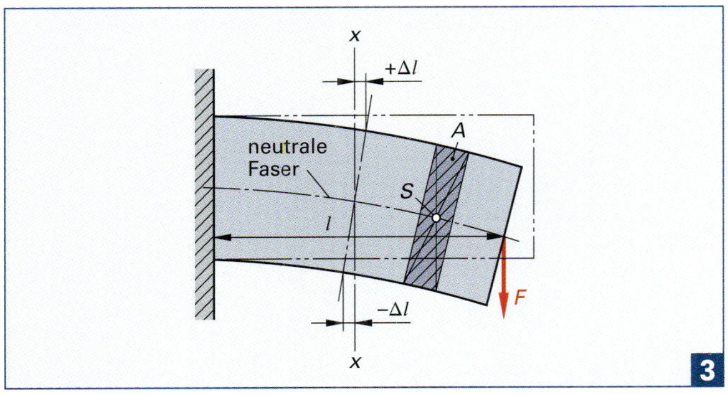

Verformungsverteilung

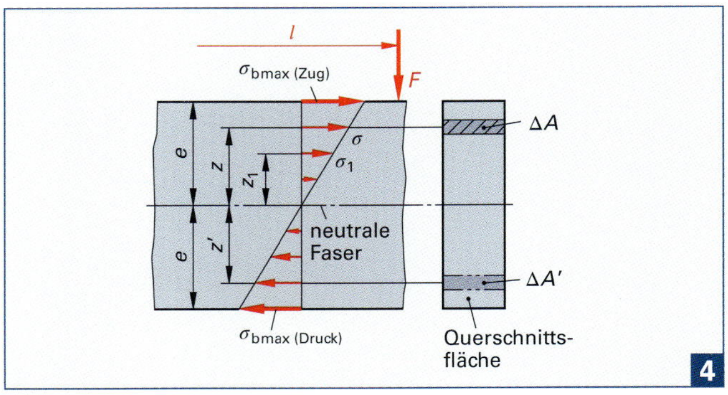

Spannungsverteilung

Die Ermittlung des Widerstandsmomentes erfordert bei komplexen Querschnitten eine mathematisch aufwendige Herleitung und wird heute meist mit geeigneten CAD- bzw. Statikprogrammen durchgeführt.

Berechnungen dieser Art sind auch nicht Aufgabe eines Industriemeisters und auch nicht Inhalt des Rahmenlehrplanes.

Die Ermittlung einfacher, prismatischer Querschnitte kann jedoch mithilfe von Tabellen erfolgen. Zur Anwendung wird der passende Querschnitt und das Widerstandsmoment aus den Maßen berechnet – Fasen und Rundungen werden dabei meist vernachlässigt und die Biegespannung abgeschätzt.

Es ist noch festzustellen, dass das **Widerstandsmoment *W*** mit einer Rechengröße verknüpft ist, welche als **Flächenmoment 2. Grades** oder als **Flächenträgheitsmoment *I*** bezeichnet wird.

▶ **Hinweis zu der Tabelle:**

Die mit 1–1, 2–2, 3–3, x–x, y–y gekennzeichneten Achsen sind mögliche **Biegeachsen**.

Diese Biegeachsen sind immer **Schwerachsen**.

I = Flächenmoment 2. Grades (Flächenträgheitsmoment) in cm^4 oder mm^4

W = Widerstandsmoment in cm^3 oder mm^3

FLÄCHENMOMENTE 2. GRADES UND WIDERSTANDSMOMENTE

axiales Flächenmoment 2. Grades I	axiales Widerstandsmoment W	Abmessungen der zu berechnenden Querschnitte
$I_x = \frac{b}{12} \cdot (H^3 - h^3)$ $I_y = \frac{b^3}{12} \cdot (H - h)$	$W_x = \frac{b}{6 \cdot H} \cdot (H^3 - h^3)$ $W_y = \frac{b^2}{6} \cdot (H - h)$	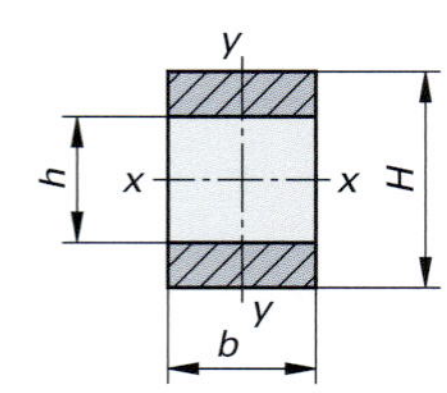
$I_x = I_y = I_1 = I_2 = \frac{h^4}{12}$ $I_3 = \frac{h^4}{3}$	$W_x = W_y = \frac{h^3}{6}$ $W_1 = W_2 = \sqrt{2} \cdot \frac{h^3}{12}$	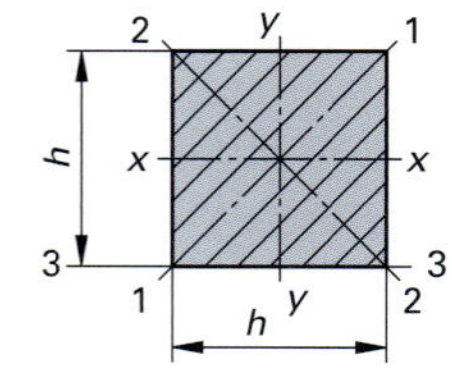
$I_x = I_y = I_1 = I_2 = \frac{H^4 - h^4}{12}$	$W_x = W_y = \frac{H^4 - h^4}{6 \cdot H}$ $W_1 = W_2 = \sqrt{2} \cdot \frac{H^4 - h^4}{12 \cdot H}$	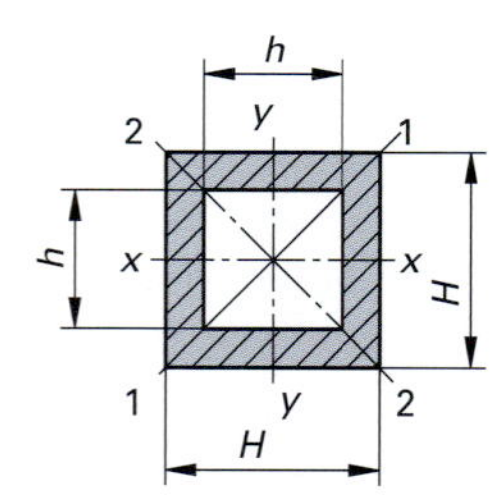
$I_x = \frac{1}{12} \cdot (B \cdot H^3 - b \cdot h^3)$	$W_x = \frac{1}{6 \cdot H} \cdot (B \cdot H^3 - b \cdot h^3)$	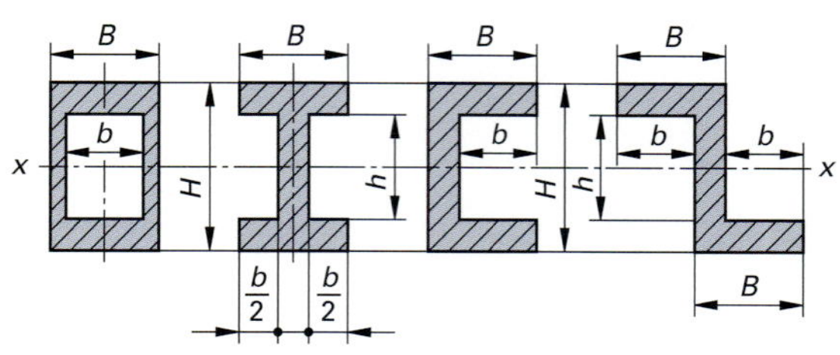
$I_x = \frac{1}{12} \cdot (B \cdot H^3 + b \cdot h^3)$	$W_x = \frac{1}{6 \cdot H} \cdot (B \cdot H^3 - b \cdot h^3)$	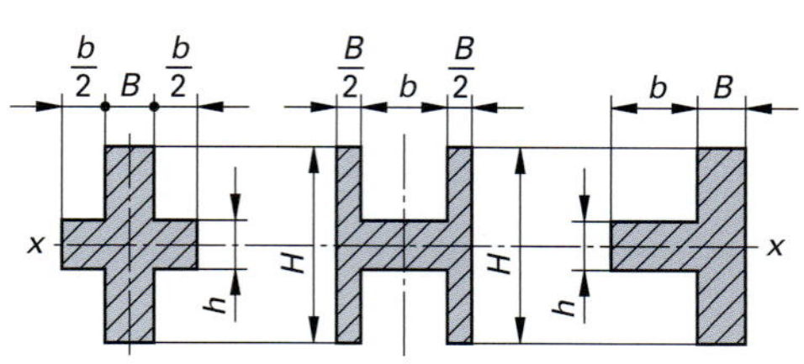

FLÄCHENMOMENTE 2. GRADES UND WIDERSTANDSMOMENTE

axiales Flächenmoment 2. Grades I	axiales Widerstandsmoment *W*	Abmessungen der zu berechnenden Querschnitte
$I_x = I_y = \frac{\pi}{64} \cdot d^4 \approx \frac{d^4}{20}$	$W_x = W_y = \frac{\pi}{32} \cdot d^3 \approx \frac{d^3}{10}$	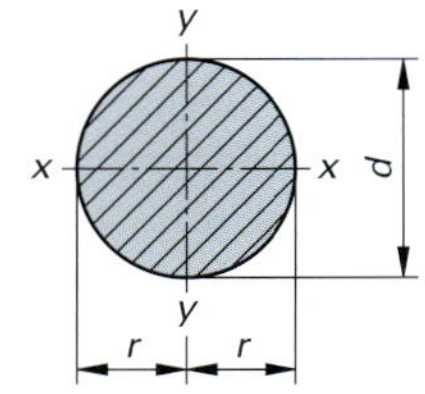
$I_x = I_y = \pi \cdot \frac{D^4 - d^4}{64}$ $I_x = I_y \approx \frac{D^4 - d^4}{20}$	$W_x = W_y = \pi \cdot \frac{D^4 - d^4}{32 \cdot D}$ $W_x = W_y \approx \frac{D^4 - d^4}{10 \cdot D}$	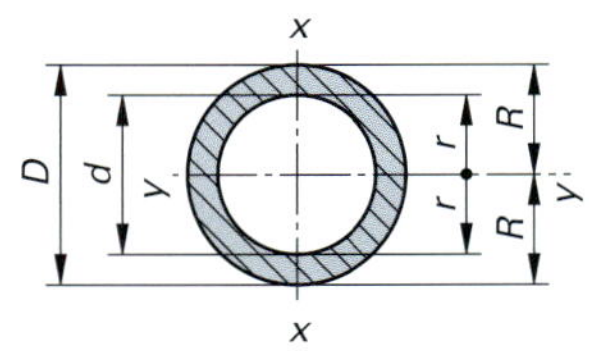
$I_x = \frac{\pi}{4} \cdot a^3 \cdot b$ $I_y = \frac{\pi}{4} \cdot a \cdot b^3$	$W_x = \frac{\pi}{4} \cdot a^2 \cdot b$ $W_y = \frac{\pi}{4} \cdot a \cdot b^2$	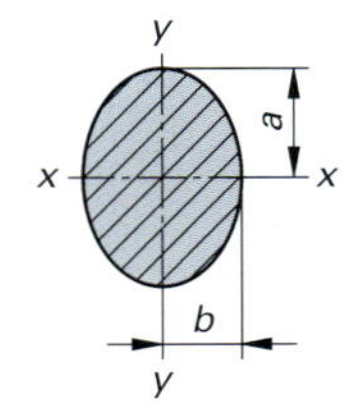
$I_x = I_y$ $I_x = \frac{5 \cdot \sqrt{3}}{16} \cdot R^4 \approx 0{,}0^6 \cdot d^3$	$W_x \approx 0{,}5413 \cdot R^3$ $W_x \approx 0{,}104 \cdot d^3$ $W_y \approx 0{,}625 \cdot R^3$ $W_y \approx 0{,}12 \cdot d^3$	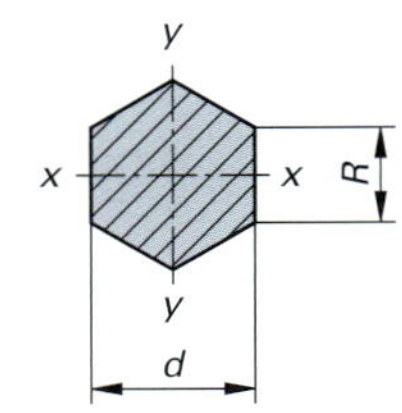

Die folgenden Formeln zeigen die Zusammenhänge der genannten Größen. Das **Maß *e*** ist dabei der Abstand von der Biegeachse zur äußersten Faser des biegebeanspruchten Bauteils (Seite 117). Liegt keine Achsensymmetrie vor, dann gibt es zwei unterschiedliche Randfaserabstände. Dies ist z.B. so bei den U-Stählen (Seite 120) oder auch bei vielen anderen Profilen der Fall.

WIDERSTANDSMOMENT

$W = \frac{I}{e}$

W	*I*	*e*
mm^3	mm^4	mm

e = Randfaserabstand

BIEGEHAUPTGLEICHUNG

$\sigma_b = \frac{M_b}{W}$

σ_b	M_b	*W*
N/mm^2	Nmm	mm^3

Die vorstehende Gleichung zeigt den Zusammenhang zwischen *W*, *I* und *e*. Auf den **Rechteckquerschnitt** angewendet, führt mit b = Breite und h = Höhe der Rechteckfläche (bezogen auf die waagerechte Biegeachse x–x) zu dem Folgenden:

TRÄGHEITSMOMENT DER RECHTECKFLÄCHE

$I_x = \frac{b \cdot h^3}{12}$

I_x	*b*	*h*
mm^4, cm^4	mm, cm	mm, cm

Dies ist das Eigenträgheitsmoment bezogen auf die Schwerachse = neutrale Faser = Biegeachse.

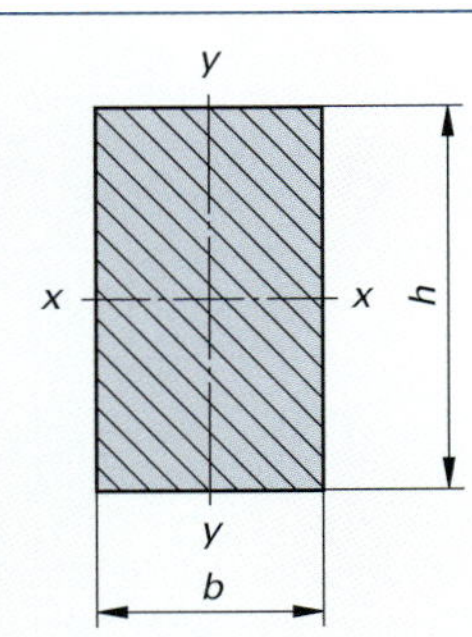

1

Mit $W_x = \frac{I_x}{e}$ ergibt sich mit $e = \frac{h}{2}$:

$W_x = \frac{I_x}{\frac{h}{2}} = I_x \cdot \frac{2}{h} = \frac{b \cdot h^3}{12} \cdot \frac{2}{h}$ Somit:

WIDERSTANDSMOMENT DER RECHTECKFLÄCHE

$$W_x = \frac{b \cdot h^2}{6}$$

W_x	b	h
mm^3, cm^3	mm, cm	mm, cm

Speziell für die Übertragung von Biegemomenten hergestellte Bauelemente sind die Profilstähle, z. B. der bereits erwähnte U-Stahl. Dieses häufig verwendete Profil wird in der Tabelle – stellvertretend für alle Profilstähle – gezeigt, und zwar als Auszug aus der **DIN 1026**. x- und y-Achse sind dort jeweils Biegeachsen, wobei die x-Achse auch gleichzeitig Symmetrieachse ist.

Bei den genormten Profilquerschnitten sind die Abmessungen und die für die Berechnung der Biegespannung erforderlichen Werte (I und W) als Zahlenwerte in der entsprechenden Tabelle ablesbar!

BEISPIEL FÜR EINE PROFILSTAHLTABELLE

U-Stahl → DIN 1026 vom Oktober 1963
(Auszug)

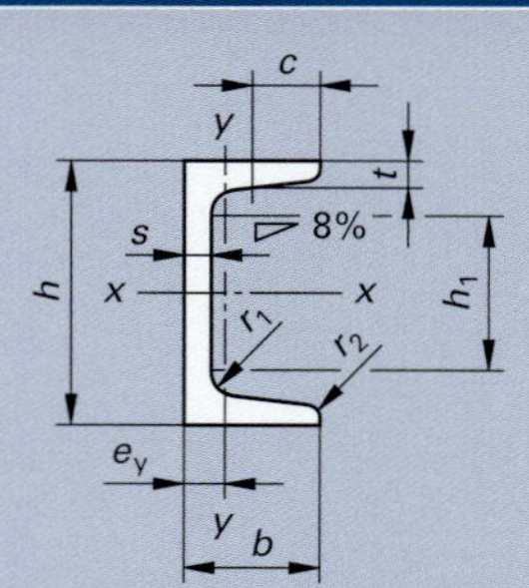

$r_1 = t$

$r_2 \approx \frac{t}{2}$

$c \approx \frac{b}{2}$

Kurzzeichen	Abmessungen in mm						Querschnitt	Metermasse	Für die Biegeachse					
									x–x				y–y	
	h	b	s	t	r_1	r_2	A, S cm^2	m' kg/m	e_y cm	I_x cm^4	W_x cm^3	i_x cm	I_y cm^4	W_y cm^3	i_y cm
U 40	40	35	5	7	7	3,5	6,21	4,87	1,33	14,1	7,05	1,50	6,68	3,08	1,04
U 50 x 25	50	25	5	6	6	3	4,92	3,86	0,81	16,8	6,73	1,85	2,49	1,48	0,71
U 50	50	38	5	7	7	3,5	7,12	5,59	1,37	26,4	10,6	1,92	9,12	3,75	1,13
U 60	60	30	6	6	6	3	6,46	5,07	0,91	31,6	10,5	2,21	4,51	2,16	0,84
U 65	65	42	5,5	7,5	7,5	4	9,03	7,09	1,42	57,5	17,7	2,52	14,1	5,07	1,25
U 80	80	45	6	8	8	4	11,0	8,64	1,45	106	26,5	3,10	19,4	6,36	1,33
U100	100	50	6	8,5	8,5	4,5	13,5	10,6	1,55	206	41,2	3,91	29,3	8,49	1,47
U120	120	55	7	9	9	4,5	17,0	13,4	1,60	364	60,7	4,62	43,2	11,1	1,59
U 140	140	60	7	10	10	5	20,4	16,0	1,75	605	86,4	5,45	62,7	14,8	1,75
U 160	160	65	7,5	10,5	10,5	5,5	24,0	18,8	1,84	925	116	6,21	85,3	18,3	1,89
U 180	180	70	8	11	11	5,5	28,0	22,0	1,92	1350	150	6,95	114	22,4	2,02
U 200	200	75	8,5	11,5	11,5	6	32,2	25,3	2,01	1910	191	7,70	148	27,0	2,14
U 220	220	80	9	12,5	12,5	6,5	37,4	29,4	2,14	2690	245	8,48	197	33,6	2,30
U 240	240	85	9,5	13	13	6,5	42,3	33,2	2,23	3600	300	9,22	248	39,6	2,42
U 260	260	90	10	14	14	7	48,3	37,9	2,36	4820	371	9,99	317	47,7	2,56
U 280	280	95	10	15	15	7,5	53,3	41,8	2,53	6280	448	10,9	399	57,2	2,74
U 300	300	100	10	16	16	8	58,8	46,2	2,70	8030	535	11,7	495	67,8	2,90
U 320	320	100	14	17,5	17,5	8,75	75,8	59,5	2,60	10870	679	12,1	597	80,6	2,81

BEISPIEL

Bild 1 zeigt eine Kreisringfläche mit den Abmessungen $d = 65$ mm und $D = 100$ mm. Bestimmen Sie die Flächenträgheitsmomente I_x und I_y sowie die Widerstandsmomente W_x und W_y.

Lösung Um das Gesamtträgheitsmoment I zu ermitteln, muss vom Trägheitsmoment der Kreisfläche mit dem Durchmesser D das Trägheitsmoment der Kreisfläche mit dem Durchmesser d abgezogen werden.

$$I = I_D - I_d = \frac{D^4}{20} - \frac{d^4}{20} = \frac{(100\ mm)^4 - (65\ mm)^4}{20}$$

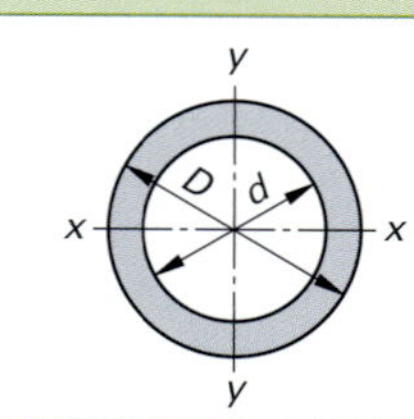

1

▶ **Anmerkung:**

Werden die Maße in mm eingesetzt – so wie im Maschinenbau üblich – entstehen durch das Potenzieren sehr große Zahlen. Es empfiehlt sich deshalb, die Maße in cm einzusetzen. Wir erhalten dann das Ergebnis des Trägheitsmomentes in cm^4, so wie es auch in den Stahlbautabellen angegeben ist. Die Einheit lässt sich dann leicht in mm^4 umwandeln.

Somit: $I = \frac{(10\text{ cm})^4 - (6{,}5\text{ cm})^4}{20} = \frac{10000\text{ cm}^4 - 1785\text{ cm}^4}{20} = \frac{8215^4}{20} = 410{,}75\text{ cm}^4$

Aus Symmetriegründen ist $\boldsymbol{I_x = I_y = 410{,}75\text{ cm}^4}$

$$\boldsymbol{W_x = W_y} = \frac{I}{e} = \frac{I}{\frac{D}{2}} = \frac{2 \cdot I}{D} = \frac{2 \cdot 410{,}75\text{ cm}^4}{10\text{ cm}} = \mathbf{82{,}15\text{ cm}^3}$$

▶ **Anmerkung:**

Die Berechnungsformel für das Widerstandsmoment der Kreisringfläche wird wie folgt ermittelt:

$$\boldsymbol{W_x = W_y} = \frac{I}{e} = \frac{\frac{D^4 - d^4}{20}}{\frac{D}{2}} = \frac{D^4 - d^4}{20} \cdot \frac{2}{D} = \frac{D^4 - d^4}{10 \cdot D}$$

BEISPIEL 1

Um das Wievielfache vergrößert sich das Trägheitsmoment einer Rechteckfläche bei Verdreifachung ihrer Höhe?

Lösung $I_x = \frac{b \cdot h^3}{12}$ → bei $3 \cdot h$ → $I_x = \frac{b \cdot (3\,h)^3}{12}$ → $I_x = 27 \cdot \frac{b \cdot h^3}{12}$

Bei Verdreifachung der Rechteckhöhe vergrößert sich das Trägheitsmoment um das 27-fache!

BEISPIEL 2

Bild 1 zeigt einen U-Stahl entsprechend Tabelle U 100 **DIN 1026,** der durch $F = 800$ N bei einer Trägerlänge $l = 1{,}2$ m auf Biegung über die Achse y–y beansprucht wird.

a) An welcher Stelle des Freiträgers tritt die maximale Biegespannung $\sigma_{b\,max}$ auf?

b) Wie groß ist $\sigma_{b\,max}$?

Lösung a) $\sigma_{b\,max}$ liegt im Einspannquerschnitt, da hier das maximale Biegemoment $M_b = F \cdot l$ wirkt. Weiter kann gesagt werden, dass $\sigma_{b\,max}$ im Einspannquerschnitt ganz unten liegen muss, da hier der Abstand von der Biegeachse e_u am größten ist.

b) Bild 2 zeigt den Querschnitt mit den Bezeichnungen der DIN 1026.

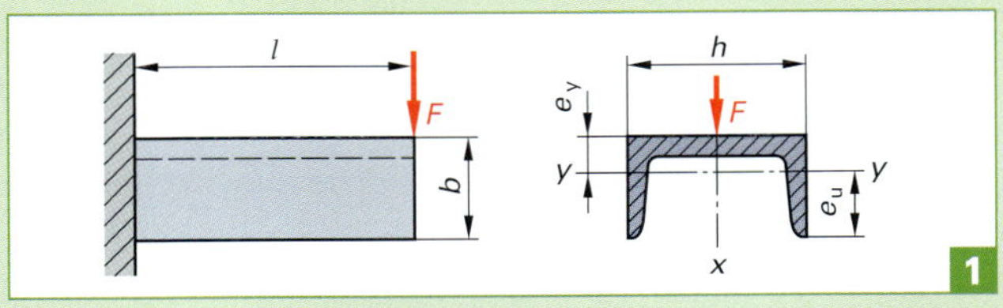

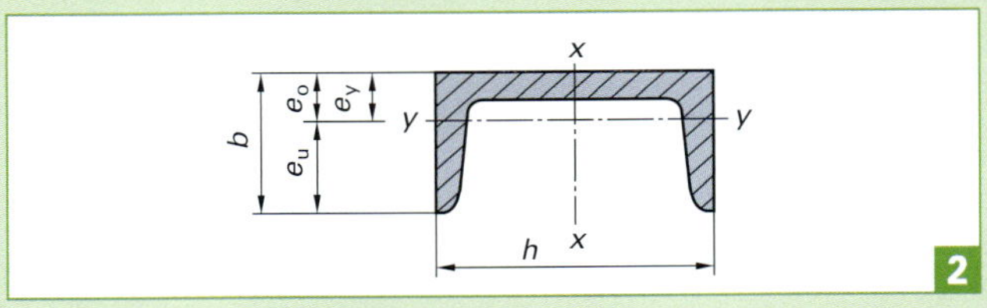

Darüber hinaus: e_o = oberer Randfaserabstand und e_u = unterer Randfaserabstand. Die Achsen x–x und y–y sind die beiden senkrecht aufeinander stehenden Schwerachsen der Querschnittsfläche. Diese Schwerachsen entsprechen den neutralen Fasern. Die Beanspruchung erfolgt über die Achse y–y, und aus der Stahlbautabelle (DIN 1026) werden die folgenden Werte abgelesen:

$h = 100$ mm; $b = 50$ mm; $e_y = 1{,}55$ cm; $I_y = 29{,}3\text{ cm}^4$; $W_y = 8{,}49\text{ cm}^3$.

▶ **Anmerkung:**

In der Stahlbautabelle sind I_y **und** W_y angegeben. Wir hätten W_y aber auch aus I_y und dem Randfaserabstand ermitteln können. Dabei ist darauf zu achten, dass der Randfaserabstand e_u eingesetzt wird, da an der unteren Faser die maximale Biegespannung auftritt. Nach dieser Rechnung ist:

$$\boldsymbol{W_y} = \frac{I_y}{e_u} = \frac{I_y}{b - e_y} = \frac{29{,}3\text{ cm}^4}{5\text{ cm} - 1{,}55\text{ cm}} = \frac{29{,}3\text{ cm}^4}{3{,}45\text{ cm}} = \mathbf{8{,}49\text{ cm}^3}$$

Es ergibt sich also die folgende Regel:

In der Stahlbautabelle ist stets das Widerstandsmoment angegeben, welches zu dem größtmöglichen Spannungswert führt.

Mit der Biegehauptgleichung ergibt sich:

$$\boldsymbol{\sigma_{b\,max}} = \frac{M_b}{W_y} = \frac{F \cdot l}{W_y} = \frac{800\text{ N} \cdot 120\text{ cm}}{8{,}49\text{ cm}^3} = 11\,307{,}42\,\frac{\text{N}}{\text{cm}^2} = \mathbf{113{,}07\,\frac{N}{mm^2}}$$

Zum Vergleich wird noch die Biegespannung im Einspannquerschnitt ganz oben berechnet:

$$\sigma_{b\,max\,o} = \frac{M_b}{W_{yo}} = \frac{M_b}{\frac{I_y}{e_o}} = \frac{M_b}{\frac{I_y}{e_y}} = \frac{M_b \cdot e_y}{I_y} = \frac{F \cdot l \cdot e_y}{I_y} = \frac{800\text{ N} \cdot 120\text{ cm} \cdot 1{,}55\text{ cm}}{29{,}3\text{ cm}^4}$$

$$\boldsymbol{\sigma_{b\,max\,o}} = 5078{,}5\text{ N/cm}^2 = \mathbf{50{,}785\ N/mm^2}$$

AUFGABEN ZUR WIEDERHOLUNG

1. Was versteht man unter einer „reinen Biegung“?

2. Wie lautet die Biegehauptgleichung?

3. Ein Holzbalken mit einem Rechteckquerschnitt hat eine Höhe von 200 mm und eine Breite von 100 mm. Welches größte Biegemoment kann er hochkant und flachkant liegend aufnehmen, wenn 10 N/mm² Biegespannung nicht überschritten werden soll?

4. Ein Lagerzapfen (Freiträger) mit 80 mm Länge soll am Zapfenende eine Kraft $F = 25$ kN bei einer zulässigen Biegespannung von 100 N/mm² aufnehmen. Berechnen Sie den erforderlichen Zapfendurchmesser *d*.

5. Ein Mast aus Rohr mit 5 m Höhe, einem Innendurchmesser von 280 mm, einem Außendurchmesser von 300 mm wird am Mastende mit einer waagerechten Kraft *F* belastet. Wie groß darf diese Kraft bei einer zulässigen Biegespannung von 120 N/mm² höchstens sein?

6. Welche weiteren Bezeichnungen sind in der Biegelehre für das Wort Schwerachse üblich?

7. a) Welche Faser eines auf Biegung beanspruchten Balkens wird am wenigsten beansprucht?
b) Wo liegt diese Faser?
c) Wie groß ist dort die Biegespannung?

8. Wie hängen das axiale Flächenmoment und das axiale Widerstandsmoment voneinander ab?

9. Üblicherweise haben Drehmeißel einen rechteckigen Querschnitt. Im vorliegenden Fall ist $b = 12$ mm und $h = 20$ mm. Die senkrecht auf den Drehmeißel wirkende Schnittkraft beträgt 12 kN und die zulässige Biegespannung ist mit 250 N/mm² angegeben.
Wie weit darf der Drehmeißel höchstens aus dem Spannkopf herausragen?

10. Ermitteln Sie aus der abgedruckten Tabelle die beiden Trägheitsmomente und die beiden Widerstandsmomente sowie die beiden Randfaserabstände, und zwar für einen Profilstahl U 120.

TORSION

Ein Bauteil wird auf Torsion beansprucht, wenn auf dieses ein statisches Moment M_d wirkt. Dies ist z.B. bei Schraubendrehern, Gewindebohrern oder Wellen der Fall. In Analogie zu der Biegung – wo das statische Moment mit M_b bezeichnet wird – wird bei der Torsion das wirkende Moment mit M_t bezeichnet und heißt Torsionsmoment.

Ermittlung des Torsionsmomentes

Das Bild 1 zeigt ein aus einer Welle herausgeschnittenes Stück mit der Länge *l*, und zwar einmal unbeansprucht und zum anderen **torsionsbeansprucht**.

Betrachten wir einmal eine Mantellinie dieses zylindrischen Bauteils, dann kann festgestellt werden, dass sich diese in der Art einer Schraubenlinie bei der Wirkung eines Drehmomentes M_d, nun Torsionsmomentes M_t, verformt hat, das Bauteil ist tordiert. In diesem Zusammenhang wird auch von einer **Drillung**, **Verdrehung** oder **Verwindung** gesprochen.

Die hergeleiteten Formeln für das Drehmoment werden hier noch einmal zusammengefasst:

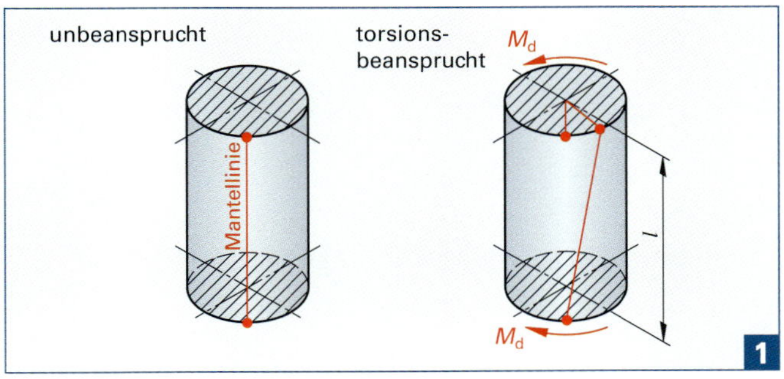

Torsionsbeanspruchung

TORSIONSMOMENT

	M_t	F	r	
$M_t = F \cdot r$	Nm	N	m	F = Umfangskraft r = Radius

ZAHLENWERTGLEICHUNG

	M_t	P	n	
$M_t = 9550 \cdot \frac{P}{n}$	Nm	kW	min^{-1}	P = Leistung n = Drehzahl

GRÖSSENGLEICHUNG

	M_t	P	ω	
$M_t = \frac{P}{\omega}$	Nm	W	$\frac{rad}{s} = s^{-1}$	P = Leistung ω = Winkelgeschwindigkeit

DIE TORSIONSSPANNUNG

Die Herleitungen zur Ermittlung der Torsionsspannung sollen analog zu den Herleitungen der Biegespannungen erfolgen.

Die **Spannung τ_t** wird als Torsionsspannung bezeichnet. Somit ist nur die **Größe W_p** in den vorstehenden Formeln unbekannt. Diese wird mit der **Torsionshauptgleichung** ermittelt.

W_p = polares Widerstandsmoment

Da es sich bei einer Torsionsbeanspruchung in der Praxis meist um einen **Kreisquerschnitt** oder einen **Kreisringquerschnitt** handelt, genügt es für diese beiden Querschnitte die Berechnungsformeln für W_p anzugeben.

Analogie zwischen Biegung und Torsion

Biegung	$\sigma_b = \frac{M_b}{W}$	→ **Biegehauptgleichung**
Torsion	$\tau_t = \frac{M_t}{W_p}$	→ **Torsionshauptgleichung**

Kreisquerschnitt

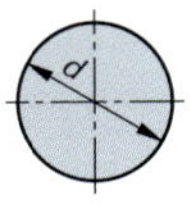

$$W_p = \frac{\pi}{16} \cdot d^3 = \frac{d^3}{5}$$

Kreisringquerschnitt

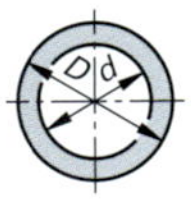

$$W_p = \frac{\pi}{16} \cdot \frac{D^4 \cdot d^4}{D} = \frac{D^4 \cdot d^4}{5 \cdot D}$$

BEISPIEL 1

Eine Welle wird auf Torsion beansprucht. Sie hat einen Durchmesser $d = 100$ mm.
Es wird ein Torsionsmoment $M_t = 10.000$ Nm übertragen. Wie groß ist die Torsionsspannung?

Lösung $\tau_{t\,vorh} = \frac{M_{t\,vorh}}{W_{p\,vorh}}$ $\quad W_{p\,vorh} \approx \frac{d^3}{5} = \frac{(10\ cm)^3}{5} = 200\ cm^3$

$$\tau_{t\,vorh} = \frac{1000000\ Ncm}{200\ cm^3} = 5000\,\frac{N}{cm^2} \rightarrow \boldsymbol{\tau_{t\,vorh} = 50\,\frac{N}{mm^2}}$$

BEISPIEL 2

Eine Welle überträgt bei $n = 105\ \text{min}^{-1}$ eine Leistung von $P = 64$ kW.
Die Welle ist als Hohlwelle mit den Durchmessern $D = 100$ mm und $d = 80$ mm ausgebildet. Berechnen Sie

a) das polare Widerstandsmoment,
b) die Verdrehspannung.

Lösung a) $W_p \approx \frac{D^4 - d^4}{5 \cdot D} = \frac{(10\ \text{cm})^4 - (8\ \text{cm})^4}{5 \cdot 10\ \text{cm}} = \frac{10000\ \text{cm}^4 - 4096\ \text{cm}^4}{50\ \text{cm}} = \frac{5904\ \text{cm}^4}{50\ \text{cm}}$

$\mathbf{W_p = 118{,}08\ cm^3}$

b) $\tau_{\text{t vorh}} = \frac{M_{\text{t vorh}}}{W_{\text{p vorh}}}$ $\qquad M_{\text{t vorh}} = 9550 \cdot \frac{P}{n} = 9550 \cdot \frac{64}{105}\ \text{Nm}$

$\tau_{\text{t vorh}} = \frac{582095\ \text{Ncm}}{118{,}08\ \text{cm}^3}$ $\qquad \mathbf{M_{t\ vorh} = 5820{,}95\ Nm}$

$\mathbf{\tau_{t\ vorh}} = 4929{,}67\ \frac{\text{N}}{\text{cm}^2} = \mathbf{49{,}3\ \frac{N}{mm^2}}$

AUFGABEN ZUR WIEDERHOLUNG

1. Eine Triebwerkswelle (Bild 1) überträgt bei $n = 160\ \text{min}^{-1}$ eine Leistung $P = 105$ kW. Die Welle ist als Hohlwelle ausgebildet und hat die Abmessungen $D = 80$ mm und $d = 70$ mm. Berechnen Sie die Torsionsspannung $T_{\text{t vorh}}$.

2. Bild 1 stellt die Spannungsverteilung in der Triebwerkswelle von Aufgabe 1 dar. Interpretieren Sie diese Spannungsverteilung.

3. Bild 2 zeigt einen zweiarmigen Schraubensteckschlüssel. Er ist für ein maximales Anzugsmoment $M_t = 300$ Nm ausgelegt. Als zulässige Torsionsspannung wird $T_{\text{t zul}} = 100\ \text{Nmm}^2$ zugrunde gelegt. Berechnen Sie

a) das zulässige Hebelmaß r bei einer Handkraft $F = 350$ N,

b) den erforderlichen Schaftdurchmesser d.

4. Die Wellen des Anbaugetriebes (Bild 3) sollen berechnet werden. Folgende Werte sind bekannt:

Geradverzahnte Zahnräder:

$z_1 = 38$; $z_2 = 50$; $z_3 = 11$; $z_4 = 47$

Antriebsleistung 1,5 kW mit $n = 1400\ \text{min}^{-1}$

Der Abtrieb erfolgt über das Kettenrad. Aufgrund der Einsatzbedingungen soll mit einem Betriebsfaktor von 1,25 gerechnet werden.

Für die Wellen soll der Werkstoff C45E mit einer Streckgrenze $R_{p0,2} = 650\ \text{N/mm}^2$ und einer zulässigen Scherspannung von $340\ \text{N/mm}^2$ verwendet werden.

a) Berechnen Sie die Torsionsmomente in der Antriebswelle, Zwischenwelle und der Abtriebswelle.

b) Berechnen Sie die Mindestdurchmesser der 3 Wellen.

c) Welche Verlustleistung wird bei einem Wirkungsgrad von 85% (vereinfacht) in das Öl abgegeben?

d) Bestimmen Sie die Drehzahl des Kettenrades am Abtrieb.

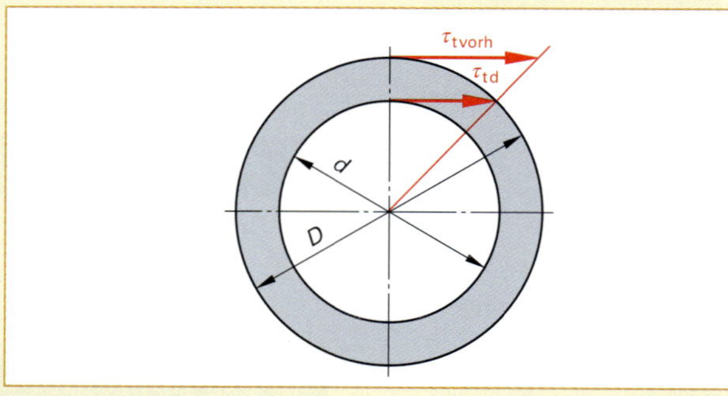

1
Triebwerkswelle

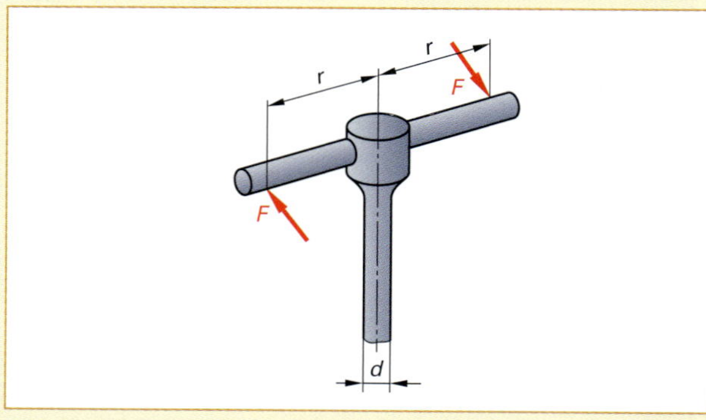

2
Schraubensteckschlüssel

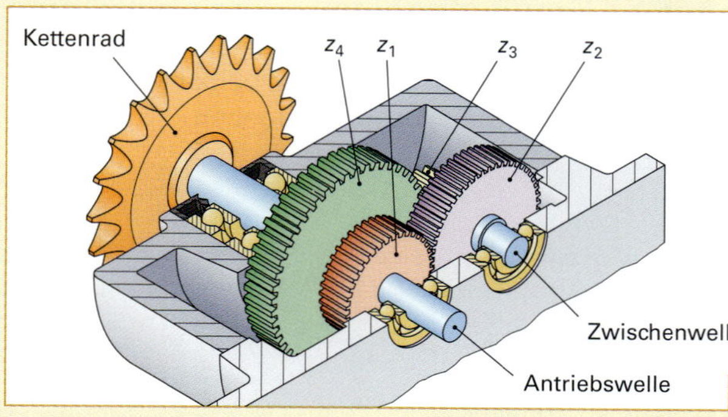

3
Anbaugetriebe

AUFGABEN ZUR PRÜFUNGSVORBEREITUNG

1. Ein Zugstab aus S235JR wird mit 150 kN auf Zug beansprucht. Die zulässige Zugspannung ist bei der vorliegenden schwellenden Beanspruchung auf 1/3 der Streckgrenze begrenzt. Der Stab soll einen rechteckigen Querschnitt mit einem Querschnittsverhältnis Höhe : Breite von 1 : 5 haben.

a) Berechnen Sie den erforderlichen Querschnitt des Zugstabes.

b) Welche Mindestbreite *B* muss der Stab haben?

c) Welches Halbzeug würden Sie wählen?

d) Welche Auswirkung hätte der Einsatz eines S335JR auf den Querschnitt?

2. Ein Stahlband 50 x 3 soll durch mehrere Niete mit Durchmesser 4 mm verbunden werden. Das Band wird mit einer Kraft von 14 kN auf Zug beansprucht. Die Niete werden 2-reihig angeordnet.

a) Berechnen Sie die erforderliche Anzahl an Niete, für eine zulässige Scherspannung von 120 N/mm².

b) Welche maximale Zugspannung wirkt in dem Band?

c) Welche Lochleibung stellt sich bei gleichmäßiger Lastverteilung an den 10 Nieten ein?

3. Der nebenstehende Zuschnitt (Bild 1) eines Biegeteiles soll durch Stanzen aus einem Blech mit der Dicke 1,5 mm ausgeschnitten werden.

a) Berechnen Sie die Scherfläche *S* in mm² für das Stanzteil.

b) Ermitteln Sie die notwendige Stanzkraft *F* für das Ausschneiden, wenn der Werkstoff DC4 ist.

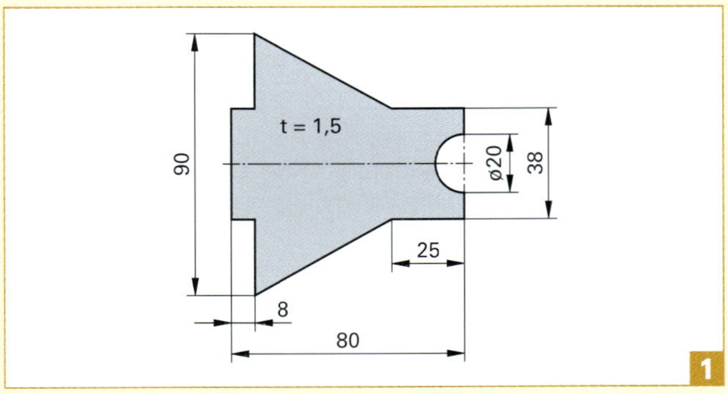

1 *Zuschnitt*

4. Die Augenschraube in Bild 2 wird auf Zug durch die dargestellte Kraft *F* = 65 kN belastet. Die Belastung wird über die Hutmutter über die Scheibe auf das angrenzende Bauteil übertragen.

a) Berechnen Sie den Mindestdurchmesser der Schraube für eine zulässige Zugspannung von 280 N/mm².

b) Reicht dafür der Kerndurchmesser des M20-Gewindes bei einem Spannungsquerschnitt von 245 mm² aus?

c) Welche Flächenpressung stellt sich unter der Scheibe und dem angrenzenden Bauteil ein?

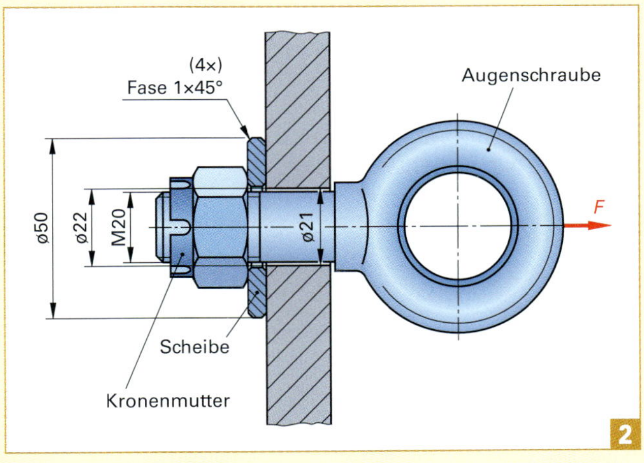

2 *Augenschraube*

5. Ein Stahlseil besteht aus 35 Litzen mit jeweils 7 Drähten. Die Mindestbruchkraft ist mit 250 kN angegeben. Der Lieferant bietet das Seil mit einer Seilfestigkeit von 1960 N/mm² an.

a) Berechnen Sie den Durchmesser der einzelnen Drähte im Stahlseil, wenn die Seilfestigkeit bei der Mindestbruchkraft auftritt.

b) Bei einer Anwendung wird das Seil auf einer Länge von 50 mit einer Betriebslast von 50 kN belastet. Um welchen Wert dehnt sich das Seil dabei theoretisch aus?

6. Ein defekter Lkw muss eine Böschung mit 15-%-Steigung hinaufgezogen werden. Der Lkw wiegt 12 t und hat eine Ladung mit 15 t. Da seine Räder noch belastbar sind, kann die Reibung vernachlässigt werden. Zum Hochziehen wird eine Seiltrommel mit einem Stahlseil eingesetzt.

a) Berechnen Sie die Anzahl an Drähten im Stahlseil, wenn sie einen Durchmesser von 1,5 mm und eine Streckgrenze von $R_{p0,2}$ = 560 N/mm² haben. Die Sicherheitszahl soll dabei 2,8 betragen.

b) Beim Bergen blockieren kurzfristig die Räder und die dabei auftretende Gleitreibung belastet das Seil zusätzlich.
Welche Spannung stellt sich im Seilquerschnitt bei 120 Drähten und einem Reibwert μ = 0,3 ein?

ELEKTRIZITÄTSLEHRE

ELEKTRISCHE LADUNG UND ELEKTRISCHES FELD

Die **Lehre der Elektrizität** befasst sich mit Erscheinungen der Natur, die nicht direkt mit unseren menschlichen Sinnesorganen erfahrbar sind. Die **Wärmewirkung** eines stromdurchflossenen Drahtes ist ein Beispiel dafür, dass die Elektrizität nur an ihren Wirkungen zu erkennen ist, das Gleiche gilt auch für die **elektrischen** und **magnetischen Kräfte** und die **Lichtwirkung**. Alle Wirkungen sind auf Ursachen zurückzuführen. Mithilfe von Modellvorstellungen kann das Verständnis für diese Ursache-Wirkungszusammenhänge erleichtert werden.

Elektrische Ladung

Beim Ausziehen eines trockenen Pullovers kann man ein „Knistern" oder beim Kämmen ein Spreizen der trockenen Haare feststellen. Ein physikalischer Grundlagenversuch zeigt:

Nach dem Reiben eines Hartgummistabes mit einem Wolllappen zieht der Hartgummistab kleine Papierschnitzel an (Bild 1). Dieser Vorgang ist eine Wirkung der **Reibungselektrizität.**

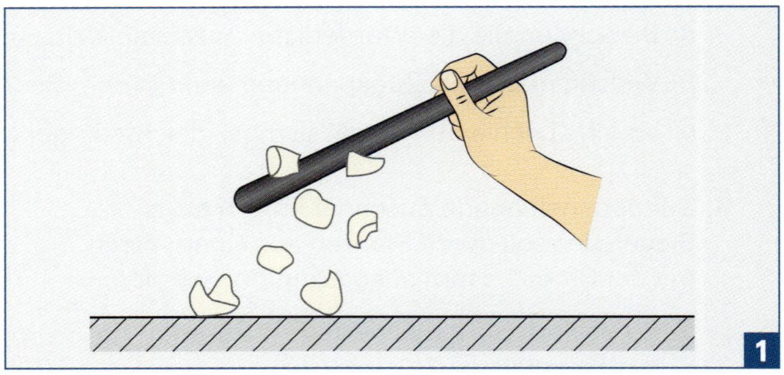

1

Geriebener Hartgummistab

> Reibungselektrizität entsteht, wenn zwei verschiedene, trockene und isolierende Stoffe aneinander gerieben werden.

Mithilfe eines anderen Versuchs kann man ebenfalls reibungselektrische Wirkungen nachweisen:

Wenn man einen vorher abgeriebenen Hartgummistab in die Nähe eines drehbar gelagerten und ebenfalls abgeriebenen Hartgummistabes bringt, dann **stoßen sich** beide Hartgummistäbe **ab** (Bild 2). Führt man diesen Versuch mit Stäben aus unterschiedlichen Stoffen durch, z. B. Glas und Hartgummi, entsteht eine anziehende Kraft. Der französische Physiker **Coulomb** (1736...1806) entdeckte diese unterschiedlichen und vom Werkstoff abhängigen Kraftwirkungen. Er formulierte dieses Naturgesetz wie folgt:

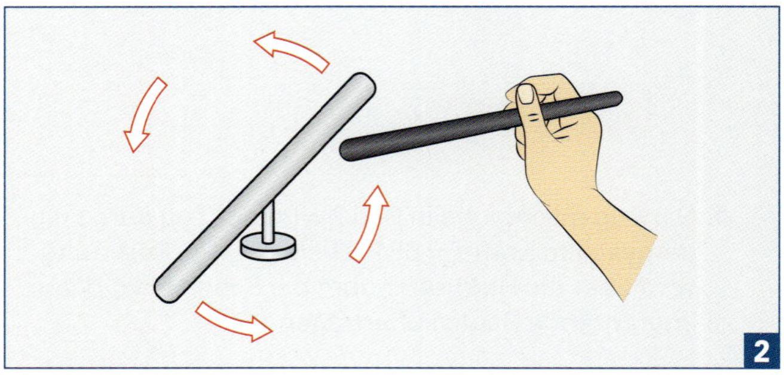

2

Abstoßende Kräfte

> Elektrisch gleichnamig geladene Körper (++, – –) stoßen sich ab.
> Elektrisch ungleichnamig geladene Körper (+ –, – +) ziehen sich an.

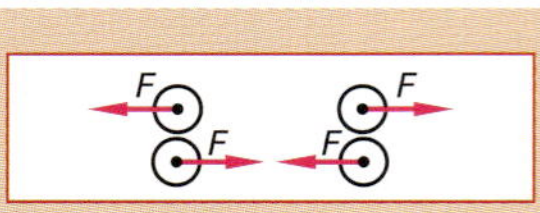

Dieser Versuch zeigt auch:

> Die Kräfte zwischen den elektrischen Ladungen sind umso größer, je kleiner der Abstand zwischen ihnen ist.

Diese zwei Arten der Elektrizität heißen positive und negative Ladung. Glas wird z. B. beim Reiben mit einem trockenen Stück Leder positiv aufgeladen, negativ beim Reiben mit Katzenfell. Eine Erklärung für diese Naturerscheinungen ist im Atomaufbau begründet.

Nach dem **Bohr'schen Atommodell** (nach Niels **Bohr,** 1885...1962) ist das Atom wie folgt aufgebaut:

> Das Atom besteht aus der **Elektronenhülle** und dem **Atomkern.** Das Atom ist elektrisch neutral, wenn es genauso viele Elektronen wie Protonen hat.
>
> Der Atomkern besteht aus den Nukleonen. Diese sind die **Protonen** und **Neutronen.** Die Anzahl der Protonen – also die Anzahl der positiven Ladungen – ist abhängig von der Größe des Atoms.

Im **SI-System** wird das Proton als ein Teilchen mit Elementarladung betrachtet. Die Elementarladung hat die Einheit Coulomb (kurz: C).

Elementarladung eines Protons $e = +1{,}602 \cdot 10^{-19}\ \text{C}$ +: positive Ladung

Elementarladung eines Elektrons $e = -1{,}602 \cdot 10^{-19}\ \text{C}$ –: negative Ladung

Das Bild 1 zeigt das Bohr'sche Atommodell am Beispiel von drei verschiedenen Atomen.

Die Kernladungszahl Z gibt die Anzahl der Protonen im Atomkern an. Das Proton hat betragsmäßig die gleiche elektrische Ladung wie das Elektron, nur mit entgegengesetztem Vorzeichen. Für die Einheit der elektrischen Ladung gilt:

1 Coulomb enthält $6{,}242 \cdot 10^{18}$ Elektronen. Wird z.B. dem Wasserstoffatom das elektrisch negative Elektron in der Elektronenhülle entrissen, so ist es elektrisch nicht mehr neutral, sondern ein einfach positiv geladenes Ion. Sinngemäß gilt dieser Zusammenhang nicht nur für Atome, sondern auch für Moleküle. Deshalb gilt allgemein:

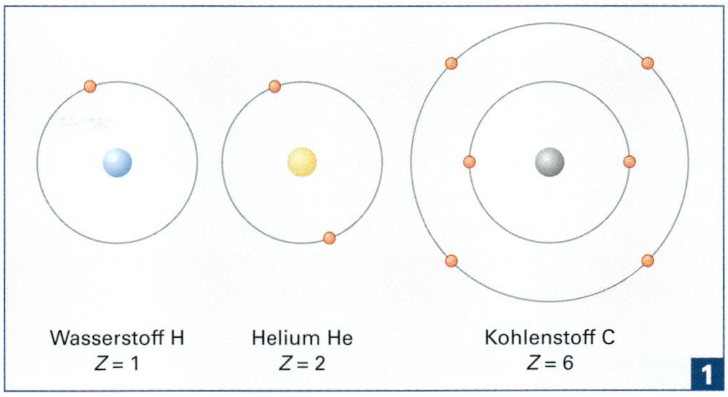

Bohr'sches Atommodell

Hat ein Atom oder Molekül ein Elektron weniger als im elektrisch neutralen Zustand, ist es ein positiv geladenes Ion. Es ist elektrisch einfach positiv geladen.

Hat ein Atom oder Molekül ein Elektron mehr als im elektrisch neutralen Zustand, ist es ein negativ geladenes Ion. Es ist elektrisch einfach negativ geladen.

NACHWEIS VON ELEKTRISCHEN LADUNGEN

Elektrische Ladungen können mit folgenden nichtelektronischen Ladungsmessgeräten nachgewiesen werden:

Glimmlampe

Bild 2 zeigt den Aufbau einer **Glimmlampe,** die auch in den Phasenprüfern zum Nachweis elektrischer Spannung in Schukosteckdosen enthalten ist. Sie besteht aus einem Glaskörper, der zwei **Elektroden** und ein geeignetes **Füllgas** enthält. Eine der zwei Elektroden leuchtet kurz auf, wenn man die Glimmlampe mit einem vorher sehr stark abgeriebenen Hartgummistab berührt.

Wird eine **Glimmlampe** an eine **Gleichspannungsquelle** angeschlossen (Bild 3), **leuchtet** diejenige **Elektrode** auf, die mit dem **Minus-Pol** (Kathode) verbunden ist. Da dieser Elektronenüberschuss hat, zeigt die Glimmlampe somit die **negative Ladungsart** an. Aufgrund der äußeren Bestrahlung sind im Füllgas immer ein paar Gasatome positiv ionisiert. Diese **positiven Gasionen** beschleunigt man durch die zwischen den Elektroden vorhandene elektrische Feldstärke zur Kathode hin.

An der Oberfläche der Kathode schlagen die positiven Gasionen Elektronen heraus. Diese so frei gewordenen Elektronen regen weitere in der Nähe der Kathode befindliche Gasatome zum Leuchten an.

Mit **Glimmlampen** können elektrische Ladungen und ihre Polarität nachgewiesen werden (d.h. positive oder negative Ladung).

Die Gasionen werden erst ab einer bestimmten angelegten Spannung zum Leuchten angeregt, wenn die erforderliche Mindestspannung (Zündspannung) anliegt.

Diese Zündspannung hat je nach Lampentyp bei Glimmlampen einen Wert zwischen 80 V und 100 V.

Bei **Leuchtstofflampen,** auch Gasentladungslampen genannt, werden die Gasatome ebenfalls zum Leuchten angeregt. Jedoch ist bei den Leuchtstofflampen die erforderliche Zündspannung deutlich höher. Sie hat einen Wert von ca. 1000 V. Nach dem Zündvorgang hat die an der Lampe angelegte Spannung bei den Glimmlampen ebenfalls einen Wert zwischen 80 V und 100 V.

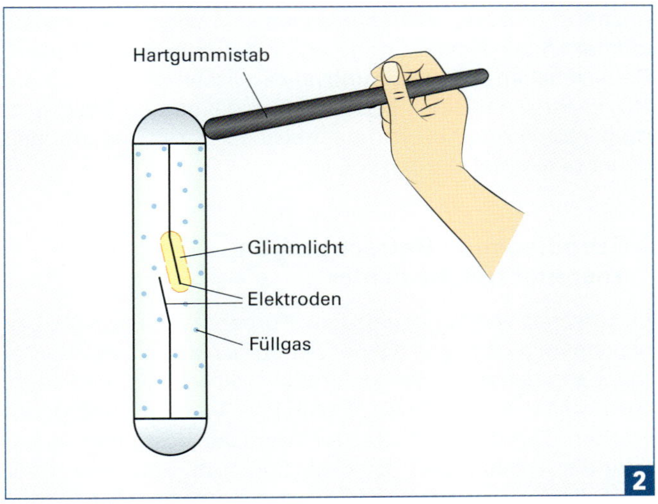

Glimmlampe

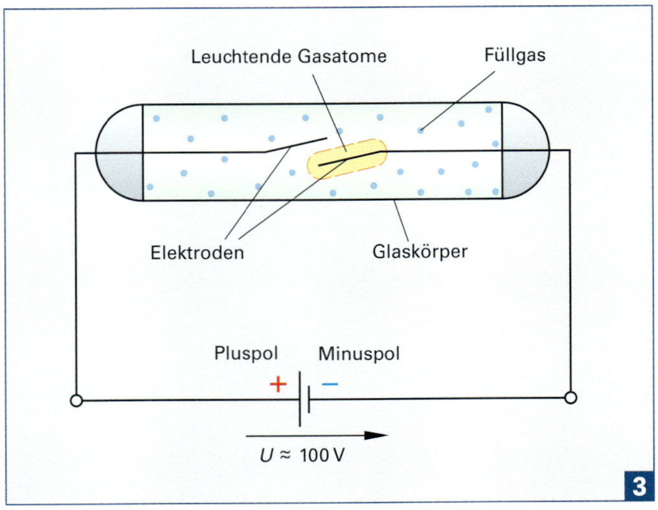

Nachweis des Minuspols

PHYSIK CHEMIE STATISTIK

Elektroskop

Sehr häufig wird zum Nachweis von elektrischen Ladungen das Elektroskop verwendet (Bild 1). Wird beispielsweise mit einem geriebenen Glasstab der **Metallteller** des **Elektroskops** berührt, ist eine Auslenkung des beweglichen Teils festzustellen. Berührt man einen Glasstab, treten positive Ladungen auf den **festen und beweglichen Teil** über. Durch die beobachtete **Auslenkung** wird auch das von **Coulomb** bereits formulierte Naturgesetz bestätigt:

Gleichnamige Ladungen stoßen sich ab.

Die **Stärke der Auslenkung** ist dabei ein **Maß** für die vom Elektroskop gespeicherte **Ladungsmenge.** Für exakte Ladungsmessungen ist das Elektroskop jedoch ungeeignet. Man benötigt deswegen entsprechende elektronische Ladungsmessgeräte. Eine Feststellung der Ladungsart ist auch nicht möglich.

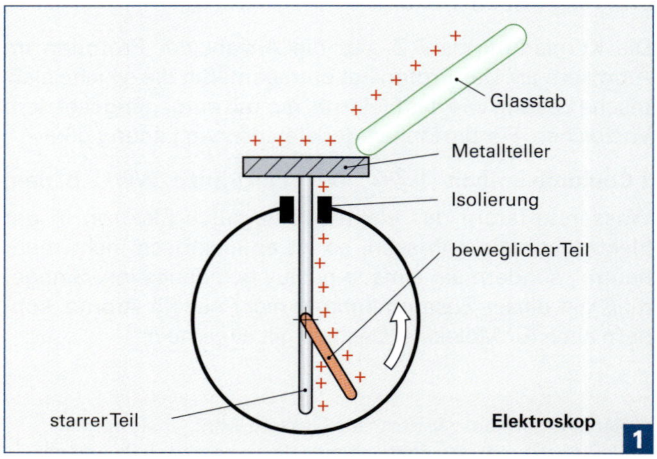

Nachweis von elektrischen Ladungen mit dem Elektroskop

ELEKTRISCHES FELD

Das drahtlose Telefon ist in unserer modernen Industriegesellschaft nicht mehr wegzudenken. Immer mehr Mobilfunkmasten werden zur Erweiterung bestehender Kommunikationsnetze errichtet. Viele Menschen sind wegen des daraus entstehenden Elektrosmogs um ihre Gesundheit besorgt. Dabei tauchen technische und physikalische Begriffe auf wie z.B. elektrische Felder, Leistungsflussdichte und Abschirmmöglichkeiten vor elektromagnetischer Strahlung, die hier näher betrachtet werden sollen.

Grundlegende Betrachtungen über elektrische Felder

Elektrisch gleichnamig geladene Körper stoßen sich ab. Ungleichnamig geladene Körper ziehen sich an. Dieser Zusammenhang gehört zu den elektrophysikalischen Grundlagen, die bereits im Abschnitt „Elektrische Ladung" begründet wurden. Die darin erläuterten Versuche bestätigen qualitativ die Abhängigkeit der nach Coulomb genannten **Coulomb-Kräfte von der Ladungsart** (positive oder negative Ladung), von der **Größe der Ladungen** und dem **Abstand zwischen den elektrischen Ladungen**. Der englische Physiker Michael **Faraday** (1791...1867) untersuchte im Experiment diese Zusammenhänge und führte das abstrakte Modell eines **elektrischen Feldes** (Bild 2) ein. Darunter ist Folgendes zu verstehen:

Den Raum um eine felderzeugende Ladung Q, indem andere elektrische Ladungen Kräfte F erfahren, nennt man **elektrisches Feld.**

Das elektrische Feld hat keinen materiellen Träger, es existiert also auch im Vakuum. Der schottische Mathematiker und Physiker James Clerk **Maxwell** (1831...1879) ergänzte und bestätigte mit seinen mathematischen Formulierungen die Vorstellungen von Michael Faraday. Z.B. veranschaulichen die Bilder 2 und 3 (nächste Seite) mit **Feldlinien** die **Eigenschaft eines Raumes in der Nähe von elektrischen Punktladungen**. An der Oberfläche einer Punktladung sind die Feldlinien **räumlich radial** angeordnet. Bild 3 zeigt ein radialsymmetrisches elektrisches Feldlinienbild einer positiven Punktladung.

Die Feldlinien verlassen radial die Oberfläche und enden an der elektrisch negativ geladenen Körperoberfläche der Umgebung.

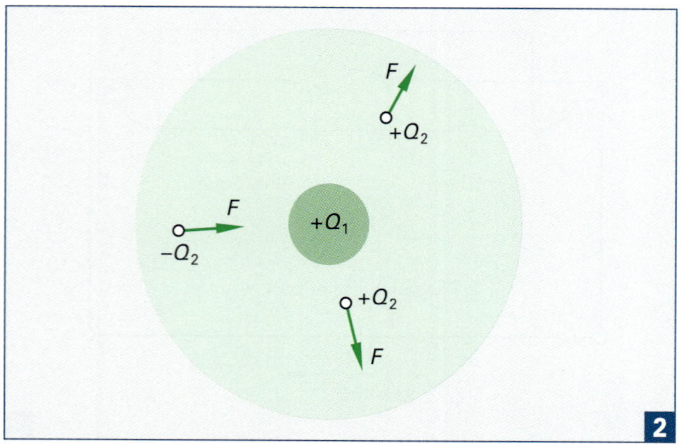

Abstoßende und anziehende Coulomb-Kräfte

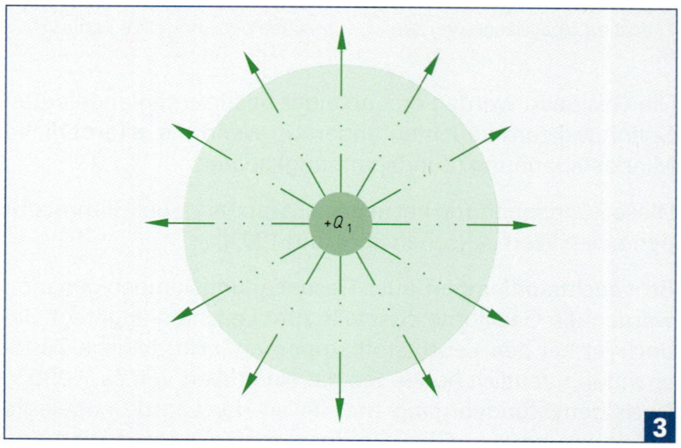

Elektrisches Feld

Bild 1 zeigt das Feldlinienbild eines **Plattenkondensators**. Zwischen den Platten sind die Feldlinien parallel zueinander angeordnet. Solche elektrischen Felder mit parallelen Feldlinien werden **homogene** (gleichmäßige) **Felder** genannt. In einem homogenen Feld erfährt eine Probeladung überall die gleiche Kraftwirkung. Außerhalb der Platten (Bild 1) ist das elektrische Feld inhomogen wie das gesamte in Bild 2 dargestellte elektrische Feld.

Grundsätzlich haben die elektrischen Feldlinien dabei folgende Merkmale:

1. Die **elektrischen Feldlinien** beginnen und verlassen senkrecht die Oberfläche eines elektrisch positiv geladenen Körpers. Sie enden senkrecht auf der Oberfläche eines elektrisch negativ geladenen Körpers.
2. In der **Elektrostatik** gibt es keine in sich geschlossenen Feldlinien.
3. Es gibt keine Überschneidung der Feldlinien.
4. Die Feldliniendichte ist an jeder Stelle des Feldes ein Maß für die Stärke der elektrischen Kraft auf eine Probeladung.

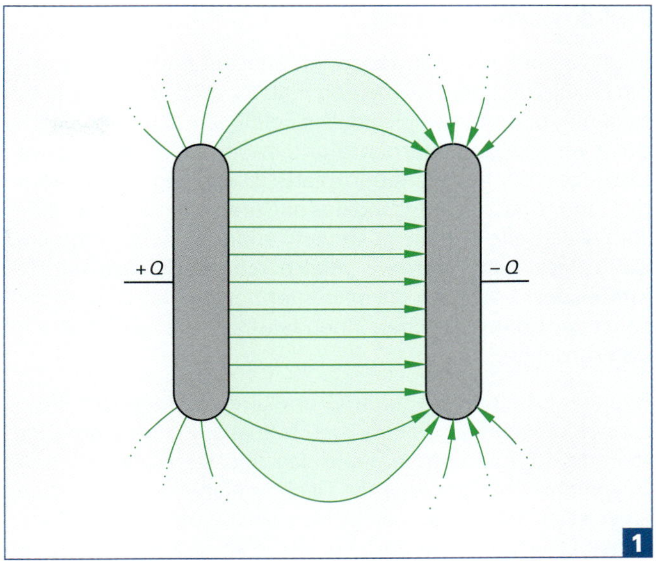

1 *Elektrisches Feld*

Die Feldlinienrichtung (durch einen Pfeil dargestellt) wurde willkürlich festgelegt. **Probeladungen** sind elektrische Ladungen. Sie sind so klein, dass ihre Ladung das äußere elektrische Feld durch elektrische Influenz, z. B. auf die elektrischen Ladungen der Metallplatten (Bild 3), nicht verzerrt. Die Kraftwirkung auf eine im **elektrostatischen Feld** (elektrisches Feld ruhender elektrischer Ladungen) vorhandene Probeladung kann in jedem Punkt der Feldlinien (Feldpunkt) eine Tangente konstruiert werden. Sie hat grundsätzlich die Richtung der **resultierenden Coulomb-Kraft F_{res}**.

Mit dem **Superpositionsprinzip** kann diese resultierende Coulomb-Kraft bestimmt werden. Bild 2 verdeutlicht anhand von zwei Kräfteparallelogrammen, einer positiven Probeladung an zwei verschiedenen Feldpunkten (1 und 2), die Ermittlung der resultierenden Coulomb-Kraft. Da z. B. im Feldpunkt 1 die Probeladung +Q näher ($r_1 < r_2$) an der positiven Ladung +Q1 ist, ist auch die abstoßende Coulomb-Kraft F_1 größer als die anziehende Kraft F_2. Mithilfe des Kräfteparallelogramms ist es möglich, die **resultierende Kraft** F_{res} zeichnerisch und rechnerisch durch **vektorielle Addition** zu ermitteln.

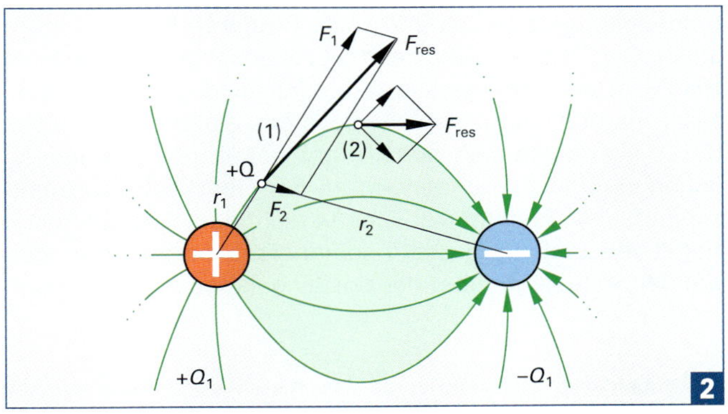

2 *Bestimmung der resultierenden Kraft auf eine Probeladung*

In Bild 2 ist auch zu erkennen, dass die Richtung der resultierenden Kraft mit der Tangente an die elektrische Feldlinie übereinstimmt.

Ein anderer Grundlagenversuch der Physik zeigt, wie in einem metallischen Körper elektrische Ladungen nachgewiesen werden können, wenn er in ein elektrisches Feld gebracht wird. Zwei Kondensatorplatten werden an einen Hochspannungsgenerator angeschlossen (Bild 3).

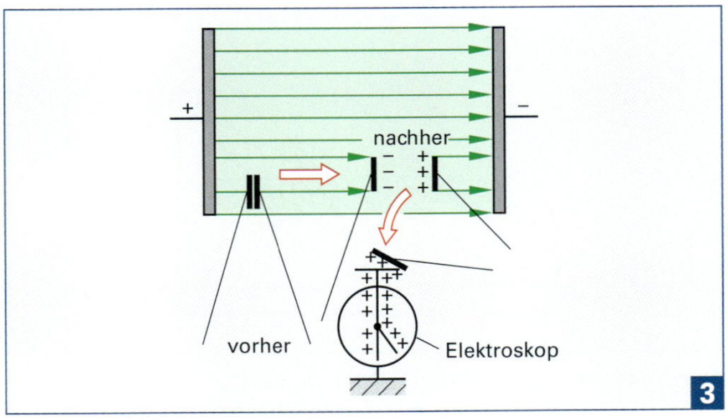

3 *Nachweis einer influenzierten elektrischen Ladung*

Bringt man senkrecht zu den Feldlinien zwei sich zunächst berührende und elektrisch neutrale Metallplatten in das homogene elektrische Feld, trennt anschließend die Platten wieder, dann kann man mithilfe eines Elektroskops bei beiden Platten elektrische Ladungen nachweisen. Berührt man zunächst mit der einen Metallplatte das Elektroskop, so beweist der Ausschlag des beweglichen Teils, dass elektrische Ladungen in der Metallplatte vorhanden waren. Berührt man anschließend mit der anderen Metallplatte das Elektroskop, so geht der Ausschlag des beweglichen Teils wieder auf Null zurück. Somit sind die betragsmäßig gleich großen positiven und negativen Ladungen in der einen bzw. in der anderen Metallplatte nachgewiesen.

1. Elektrische Feldlinien geben die Richtung der resultierenden Coulomb-Kräfte F_{res} an.
   Durch Anlegen einer Tangente erhält man in jedem Punkt der Feldlinie die Richtung der elektrischen Kraft auf eine positive Probeladung.
2. Positive Ladungen erfahren in Feldlinienrichtung resultierende Kräfte F_{res}, negative Ladungen in entgegengesetzter Richtung.

Elektrische Influenz

In Bild 3 auf der vorhergehenden Seite ist zu erkennen, dass die Feldlinien durch die beiden Platten, auch Influenzplatten genannt, unterbrochen sind. Die Feldlinien beginnen bei der positiven Kondensatorplatte und enden bei den negativen Ladungen der linken Influenzplatte. Diese negativen Ladungen sind zunächst aufgrund des äußeren elektrischen Feldes zur linken Seite und die positiven Ladungen sind zur rechten Seite „gezogen" worden: „**Elektrische Ladungen** wurden **influenziert**". Werden die so influenzierten Platten getrennt, so ist der Raum zwischen ihnen feldfrei – die Feldlinien sind unterbrochen.

Bild 1 zeigt einen weiteren Grundlagenversuch der Physik zum Nachweis der elektrischen Influenz. Ein an einem Perlonfaden aufgehängter, elektrisch neutraler und mit einer Graphitschicht überzogener Tischtennisball ist in der Nähe einer starr befestigten, elektrisch positiv geladenen Metallkugel. Er erfährt eine umso größere Anziehungskraft F (erkennbar am größeren Auslenkungswinkel α), je kleiner der Mittelpunktsabstand l der Kugeln ist. Zunächst ist diese Beobachtung erstaunlich, da doch der Tischtennisball elektrisch nicht geladen ist und keine **Coulomb-Kraft** erfahren sollte. Der Tischtennisball enthält zunächst gleich viele elektrisch positive wie negative Ladungen. Insgesamt ist er elektrisch neutral. Unter dem Einfluss des elektrischen Feldes der positiv geladenen Metallkugel werden die frei beweglichen elektrischen Ladungen an der Oberfläche (Graphitschicht) des Tischtennisballes verschoben. Die elektrisch negativen Ladungen des Tischtennisballes befinden sich auf der Seite gegenüber der positiv geladenen Metallkugel. Die positiven Ladungen des Tischtennisballes befinden sich auf der gegenüberliegenden Seite, von der Metallkugel abgewandten Seite. Folglich stehen sich ungleichnamige Ladungen gegenüber; anziehende Coulomb-Kräfte sind die Folge. Die abstoßenden Kräfte zwischen den gleichnamigen Ladungen sind auch vorhanden. Sie sind aber wegen des größeren Abstandes geringer. Diesen Vorgang nennt man elektrische Influenz.

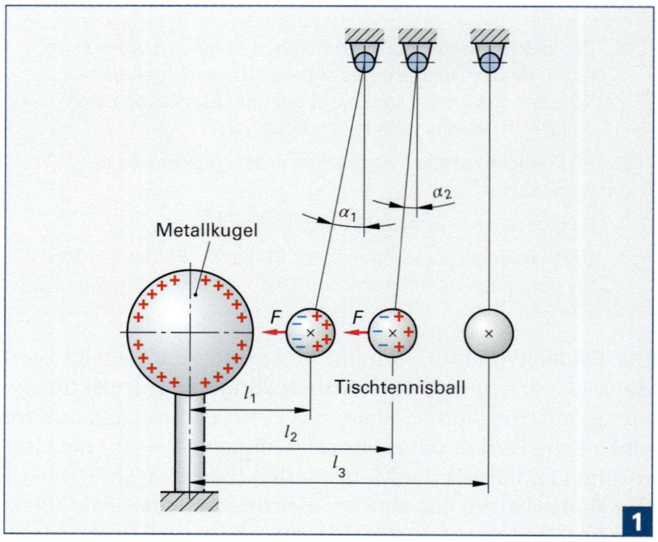

1

Anziehende Coulomb-Kräfte durch influenzierte elektrische Ladungen

> Die **elektrische Influenz** ist die Verschiebung und Trennung von elektrischen Ladungen unter dem Einfluss eines äußeren elektrischen Feldes.

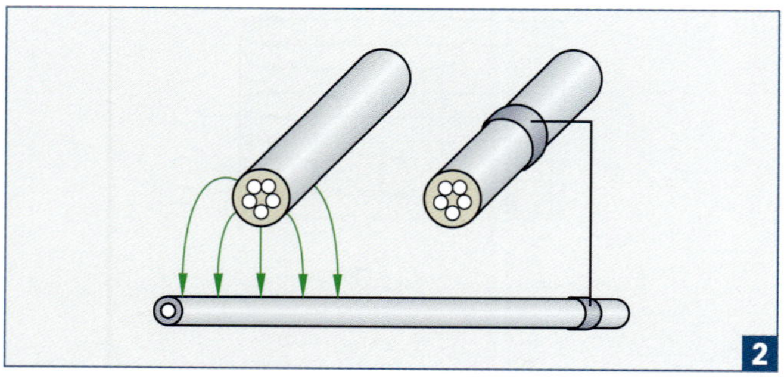

2

Vermeidung elektrischer Felder durch Erdung der Metallhülle

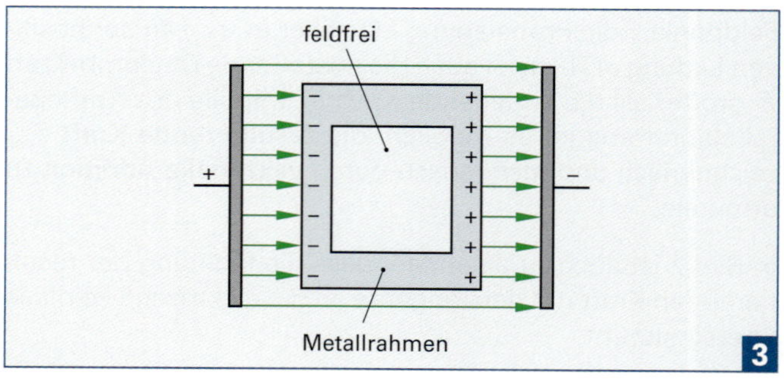

3

Feldfreiheit durch einen abschirmenden Metallrahmen

In der Praxis kommt es sehr häufig vor, dass **störende elektrische Felder** abgeschirmt werden müssen. Die zur Abschirmung von elektrischen Leitungen nötige Metallhülle muss nicht sehr stark sein. So dient z.B. das **engmaschige Drahtnetz** einer Fernmeldeleitung nicht nur der höheren **Zugfestigkeit**, sondern auch zur **Abschirmung** gegen störende Felder benachbarter elektrischer Leitungen. Die **abschirmende Metallhülle** muss jedoch geerdet sein (Bild 2), um das entstehende elektrische Feld zwischen der influenzierten Ladung in der Metallhülle und der elektrischen Ladung in der Erde verschwinden zu lassen. Die Metallhülle wird mit der Erde elektrisch leitend verbunden. Wasserrohrnetze oder Metallmäntel von Kabeln können als Erder verwendet werden.

Bringt man einen Metallrahmen in ein homogenes elektrisches Feld (Bild 3), so werden im Metallrahmen ebenso elektrische Ladungen influenziert.

Diese **influenzierten Ladungen** auf der Innenseite des Metallrahmens sind zum äußeren Feld entgegengesetzt gerichtet. Dadurch hebt das innerhalb des **Metallrahmens** entstandene elektrische Feld die Wirkung des äußeren Feldes auf. Somit ist die für die Technik wichtige **Abschirmung** begründet:

> Der Raum innerhalb des **Metallrahmens** ist elektrisch feldfrei.

> Den von einem engmaschigen Netz aus Leitermaterial oder Metallhülle umgebenen Raum nennt man **Faraday-Käfig.**

Die elektrische Feldstärke

Die bisherigen Erläuterungen der elektrischen Felder waren qualitativer Art. Auch in der Technik ist es jedoch erforderlich, die Gesetzmäßigkeiten in mathematischen Formeln auszudrücken, um z. B. bei Auftragsanfragen konkrete Angebote machen zu können. Physikalische und technische Begriffe sind dabei von erheblicher Bedeutung. Der Begriff „Elektrische Feldstärke" ist immer dann bei den technischen Daten erforderlich, wenn beim Betrieb von elektrischen Anlagen elektromagnetische Felder auftreten. Auch spielt die Gesundheitsfürsorge beim Betrieb von solchen Anlagen eine immer wichtigere Rolle. Das wird z. B. bei den Telekommunikationsanlagen in Form von Grenzwertfestlegungen für den Strahlenschutz berücksichtigt.

Die in Bild 1 dargestellte Versuchsanordnung soll dazu dienen, den Begriff der „elektrischen Feldstärke" genau zu definieren. Diese physikalische Größe muss unabhängig sein von der Kraft F, die auf eine Probeladung im elektrischen Feld wirkt. Außerdem muss sie auch von der Größe der **Probeladung Q** selbst unabhängig sein, denn das elektrische Feld wird durch die getrennten elektrischen Ladungen auf den Kondensatorplatten verursacht und definitionsgemäß nicht durch die Probeladung beeinflusst.

Im homogenen elektrischen Feld eines **Plattenkondensators** mit dem **Plattenabstand d** ist an einem dünnen Perlonfaden der **Länge l** eine kleine Kugel mit der negativen Probeladung $-Q$ angebracht. Ursache ist die anziehende Kraft zwischen der negativen Probeladung und der positiven Kondensatorplatte bzw. der abstoßenden Kraft, die zwischen der negativen Probeladung und der negativen Kondensatorplatte ist. Eine kleine Auslenkung ist nach links festzustellen. Es wird vorausgesetzt, dass die Kugel die Metallplatte nicht berührt. Auf die Probeladung wirken zwei Kräfte: Wegen der negativen Ladung gibt es eine zu den elektrischen Feldlinien entgegengesetzt gerichtete elektrische Feldkraft F und die im Schwerpunkt der Kugel angreifende und zum Massenmittelpunkt der Erde gerichtete Gewichtskraft F_G. Der Perlonfaden stellt sich in Richtung der resultierenden Kraft dieser zwei Kräfte ein, die man mithilfe des Kräfteparallelogramms (vektorielle Addition) ermitteln kann.

In Bild 1 sind rechtwinklige Dreiecke zu erkennen. Gemäß den Winkelfunktionen gilt:

$$\tan\alpha = \frac{F}{F_G} \text{ und } \sin\alpha = \frac{x}{l}$$

Bei hinreichend kleinen Winkeln ($\alpha \leq 10°$) gilt ferner:

$$\tan\alpha \approx \sin\alpha$$

Daraus leitet sich folgender mathematischer Zusammenhang ab:

KRAFT AUF DIE PROBELADUNG Q

$$F = \frac{F_G \cdot x}{l}$$

F, F_G	x, l
N	m

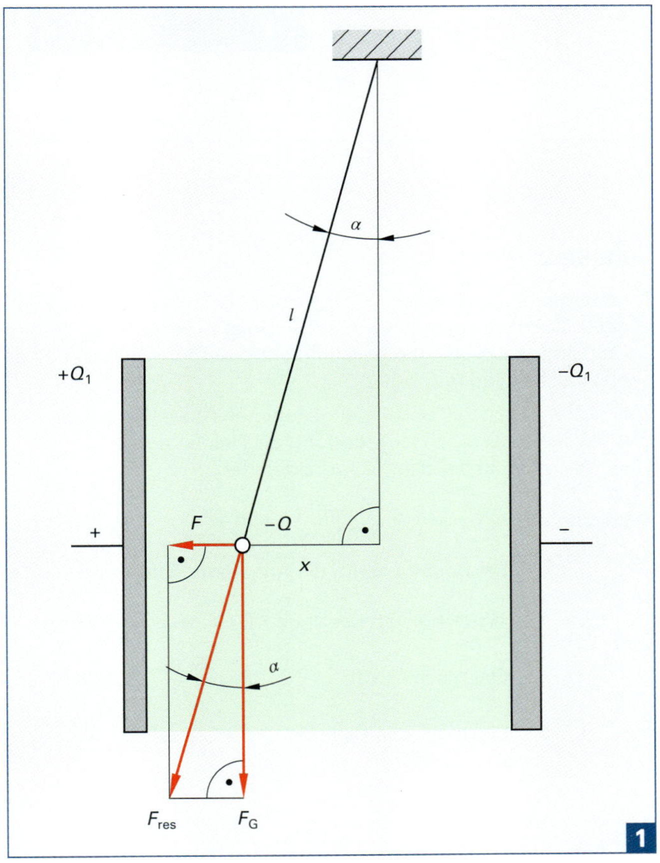

Versuchsanordnung zur Messung der Kraft auf eine elektrische Ladung

Nach dem **Coulomb'schen Gesetz** gilt:

Die **Ablenkkraft F** auf die **Probeladung Q** ist umso größer, je größer die Ladung Q ist.

Das heißt, auf eine doppelte elektrische Ladungsmenge wirkt die doppelte Kraft. Vorausgesetzt wird ein konstantes elektrisches Feld. Es gilt:

$$\frac{F}{Q} = \frac{2 \cdot F}{2 \cdot Q} = \frac{3 \cdot F}{3 \cdot Q} = \ldots = \text{konstant}$$

Die so hergeleitete konstante Größe ist unabhängig von der Probeladung Q und der auf sie wirkenden Kraft F. Dieser Quotient ist ein Maß für die Stärke des elektrischen Feldes in einem bestimmten Feldpunkt. Ihn nennt man deshalb **elektrische Feldstärke**. Die elektrische Feldstärke hat das Formelzeichen E. Es gilt:

ELEKTRISCHE FELDSTÄRKE

$$E = \frac{F}{Q} = \frac{U}{d}$$

E	F	Q	U	d
$\frac{\mathrm{N}}{\mathrm{C}}, \frac{\mathrm{V}}{\mathrm{m}}$	N	C	V	m

Die **elektrische Feldstärke *E*** ist der Quotient aus der elektrischen Kraft F und der zugehörigen elektrischen Ladung Q.

Aus der Definition für die elektrische Feldstärke ergibt sich auch:

KRAFT AUF DIE ELEKTRISCHE LADUNG

$$F = E \cdot Q$$

BEISPIEL 1

Im homogenen elektrischen Feld eines Plattenkondensators wird eine an einem 30 cm langen dünnen Faden hängende Kugel, deren Durchmesser man vernachlässigen kann, befestigt. Die Kugel wird um $x = 5$ mm abgelenkt (Bild 1, vorhergehende Seite). Der Faden kann als masselos betrachtet werden. Die kleine Kugel hat eine Masse von $m = 3$ g und trägt die elektrische Ladung $Q = 10^{-8}$ C.

a) Überprüfen Sie, ob bei der gegebenen Auslenkung x die Annäherungsformel $\tan \alpha \approx \sin \alpha$ angenommen werden kann.
b) Welche elektrische Kraft erfährt die kleine Kugel?
c) Wie groß ist die elektrische Feldstärke E?

Lösung a) $\sin \alpha = \frac{x}{l} = \frac{5\ \mathrm{mm}}{300\ \mathrm{mm}} = 0{,}0167 \rightarrow \alpha = 0{,}95°$

Die Bedingung für die Annäherungsformel $\alpha \leq 10°$ ist also gegeben.

b) Gewichtskraft der Kugel: $F_G = m \cdot g = 0{,}003\ \mathrm{kg} \cdot 9{,}81\ \frac{\mathrm{m}}{\mathrm{s}^2} = 0{,}029\ \mathrm{N}$

Elektrische Kraft: $F = \frac{F_G \cdot x}{l} = 0{,}029\ \mathrm{N} \cdot 0{,}0167 = 4{,}843 \cdot 10^{-4}\ \mathrm{N}$

Elektrische Feldstärke: $E = \frac{F}{Q} = \frac{4{,}843 \cdot 10^{-4}\ \mathrm{N}}{10^{-8}\ \mathrm{C}} = 4{,}885 \cdot 10^{+4}\ \frac{\mathrm{N}}{\mathrm{C}}$

BEISPIEL 2

Zwei Kondensatorplatten, die einen Abstand von $d = 4$ mm haben, werden an eine Gleichspannung von $U = 1{,}2$ kV angeschlossen. Berechnen Sie

a) die elektrische Feldstärke E in $\left[\frac{V}{m}\right]$ zwischen den Kondensatorplatten,
b) die Kraft F auf eine im elektrischen Feld vorhandene elektrische Ladung $Q = 0{,}15$ nC.
c) Welche Kraft erfährt die elektrische Ladung von $Q = 0{,}15$ nC, wenn bei $U = 1{,}2$ kV der Plattenabstand d verdoppelt wird?

Lösung a) Elektrische Stärke: $E = \frac{U}{d} = \frac{1200\ \mathrm{V}}{4 \cdot 10^{-3}\ \mathrm{m}} = 0{,}3 \cdot 10^6\ \frac{\mathrm{V}}{\mathrm{m}}$

b) Elektrische Kraft: $F = E \cdot Q = 0{,}3 \cdot 10^6\ \frac{\mathrm{V}}{\mathrm{m}} \cdot 0{,}15 \cdot 10^{-9}\ \mathrm{C} = 0{,}045 \cdot 10^{-3}\ \mathrm{N} = 45 \cdot 10^{-6}\ \mathrm{N}$

c) Elektrische Stärke: $E = \frac{U}{d} = \frac{1200\ \mathrm{V}}{8 \cdot 10^{-3}\ \mathrm{m}} = 0{,}15 \cdot 10^6\ \frac{\mathrm{V}}{\mathrm{m}}$

Elektrische Kraft: $F = 0{,}15 \cdot 10^6\ \frac{\mathrm{V}}{\mathrm{m}} \cdot 0{,}15 \cdot 10^{-9}\ \mathrm{C} = 22{,}5 \cdot 10^{-6}\ \mathrm{N}$

MAGNETISCHES FELD

Bei der drahtlosen Kommunikation treten nicht nur elektrische Felder auf. Die elektrischen Felder sind auch von magnetischen Feldern begleitet. Für ein physikalisches Verständnis elektromagnetischer Strahlung ist es deshalb unbedingt erforderlich, die physikalischen Grundbegriffe zur Beschreibung der Magnetfelder näher zu untersuchen. So gehört es zu den elektrophysikalischen Grundtatsachen, dass der in der Natur vorkommende Magneteisenstein, auch Magnet genannt, Kräfte auf andere magnetische Körper ausüben kann: „Ein Körper in der Nähe eines Magneten wird angezogen, weil er magnetisiert worden ist." Solche Beobachtungen von elektrophysikalischen Erscheinungen können mit physikalischen Begriffen und Modellen erklärt werden.

Grundlegende Betrachtungen über magnetische Felder

Ein Magneteisenstein, auch **Magnet** genannt, übt Kräfte auf andere magnetische Körper aus.

Wird ein stabförmiger Magnet (Bild 1) mit Eisenfeilspänen bestreut, ziehen besonders die zwei Enden des Stabes viele Eisenfeilspäne an. Legt man einen Magneten unter eine Glasscheibe und bestreut die Glasscheibe mit Eisenfeilspänen, so entstehen Kettenbildungen der Eisenfeilspäne. Eine formale Ähnlichkeit mit den elektrischen Feldlinien ist nicht zu übersehen. Die Stellen des Magneten, die eine besonders starke Kraftwirkung bzw. magnetische Wirkung auf Eisenteile ausüben, werden als **magnetische Pole** bezeichnet. Die Mitte des Magneten ist magnetisch neutral und zieht keine Eisenteile an. Ein weiteres Experiment zeigt: Teilt man einen Magneten in mehrere kleinere, treten bei den Teilstücken wieder jeweils zwei magnetische Pole auf. Es ist also festzustellen:

> Die **magnetischen Pole** treten immer paarweise auf:
> Deshalb werden Magnete auch **magnetische Dipole** genannt.

Die Teilung der Magnete bedeutet, dass schließlich die kleinsten Magnete in der molekularen Größenordnung zu finden sind. Sinngemäß nennt man diese Magnete auch **Elementarmagnete**.

Bild 2 zeigt das Modell eines Werkstoffes, dessen Elementarmagnete ungeordnet sind. Dies hat zur Folge, dass der Werkstoff unmagnetisch ist.

Bild 3 zeigt das Modell eines Werkstoffes, dessen Elementarmagnete geordnet sind. Der Werkstoff ist dann magnetisch und kann in der unmittelbaren Umgebung mit seiner magnetischen Wirkung die vorhandenen Elementarmagnete anderer Werkstoffe parallel ausrichten.

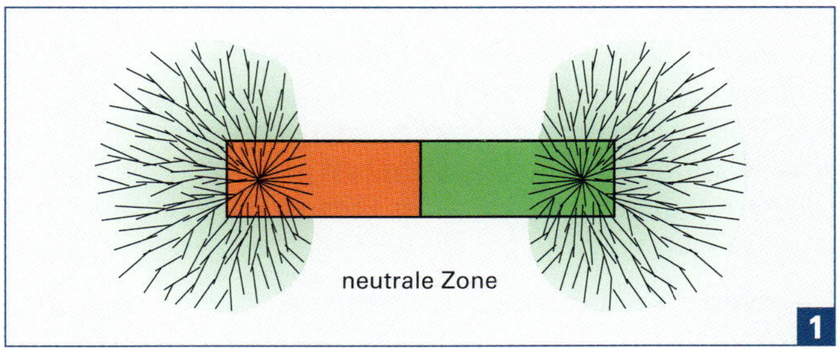

1

Magnetische Pole

2

Ungeordnete Elementarmagnete, unmagnetischer Werkstoff

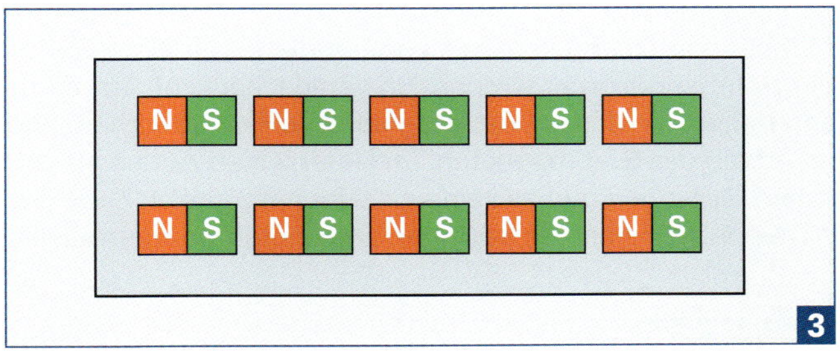

3

Geordnete Elementarmagnete, magnetischer Werkstoff

> Das Ausrichten der **Elementarmagnete** eines Werkstoffes unter dem Einfluss eines äußeren Magnetfeldes nennt man **magnetische Influenz**.

Sind alle Elementarmagnete eines Werkstoffes ausgerichtet, so hat er seine maximal mögliche magnetische Wirkung erreicht. Der magnetische Werkstoff ist gesättigt. Das Ausrichten der Elementarmagnete unter dem Einfluss eines äußeren Magnetfeldes nennt man magnetisieren. Die Werkstoffe, bei denen die parallele Ausrichtung der Elementarmagnete infolge der inneren Reibung beibehalten wird, werden hartmagnetisch genannt. Die in der Natur vorkommenden Dauermagnete sind hartmagnetisch. Der nach dem Magnetisierungsvorgang zurückbleibende Magnetismus nennt man Restmagnetismus oder Remanenz (lat. remanere = zurückbleiben). Werkstoffe, bei denen die Elementarmagnete nach dem Entfernen aus dem äußeren Magnetfeld wieder in den ungeordneten Zustand übergehen, sind weichmagnetisch.

ANWENDUNGSBEISPIELE FÜR FERROMAGNETISCHE BZW. MAGNETISCHE WERKSTOFFE

Magnetische Werkstoffe	Anwendungsbeispiele
weichmagnetische	Transformatorkerne, Elektromagnetische Schalter, Ferrit-Antennenstäbe, Spulenkerne für Hochfrequenz- und Fernmeldetechnik
hartmagnetische	Dauermagnete, Magnetplatten, Magnetfolien, Fahrraddynamo, Kleinstmotoren, elektrische Messgeräte

PHYSIK CHEMIE STATISTIK

Ende des 11. Jahrhunderts haben europäische Seefahrer eisenhaltige Erze in Form einer Nadel als Kompass benutzt (Bild 1). Es war schon damals bekannt, dass sich ein um eine vertikale Achse drehbar gelagerter Magnet ungefähr in geografische Nord-Süd-Richtung ausrichtet. Der französische Gelehrte Petrus **Peregrinus** (13. Jahrhundert) zeigte, wie der Nord- und Südpol eines Magneten festgelegt werden kann:

Der magnetische Pol, der zum geografischen Nordpol zeigt, heißt **magnetischer Nordpol**.
Der magnetische Pol, der zum geografischen Südpol zeigt, heißt **magnetischer Südpol**.

1
Das Festlegen des Nord- und Südpols eines Magneten

Da aber nur entgegengesetzt gerichtete magnetische Pole sich anziehen, muss folglich der geomagnetische Südpol des Erdmagnetfeldes im Norden sein und der geomagnetische Nordpol der Erde liegt somit im geografischen Süden. Die geomagnetische Achse der Erde ist in Wirklichkeit um etwa 9,6° (Stand 2015) gegenüber Erdachse geneigt.

Elementare Versuche mit zwei Magneten bestätigen:

Gleichnamige magnetische Pole stoßen sich ab, ungleichnamige ziehen sich an.

Werkstoffe, die **Eisen** (die meisten Stähle, Gusseisen), **Nickel, Kobalt** oder deren Legierungen enthalten, erfahren bei Raumtemperatur in der Nähe eines Magneten die beschriebenen Kräfte. Diese Werkstoffe werden **ferromagnetisch** genannt.

MERKMALE DER MAGNETISCHEN FELDER

Wenn **ferromagnetische Werkstoffe** in der Nähe eines Magneten Kräfte erfahren, gibt es auch hier, analog zum elektrischen Feld, ein Kraftfeld und somit gilt:

Der Raum, in dem ferromagnetische Körper Kräfte erfahren, nennt man **magnetisches Feld**.

Mithilfe von Eisenfeilspänen können die magnetischen Felder sichtbar gemacht werden. So veranschaulicht das Bild 2 anhand von Feldlinien, das magnetische Feld außerhalb und innerhalb des Stabmagneten. Im Unterschied zu den elektrischen Ladungen gibt es keine einzelnen magnetischen Pole, an denen die Feldlinien beginnen bzw. enden, sondern es gilt:

Die **magnetischen Feldlinien** sind in sich geschlossen.

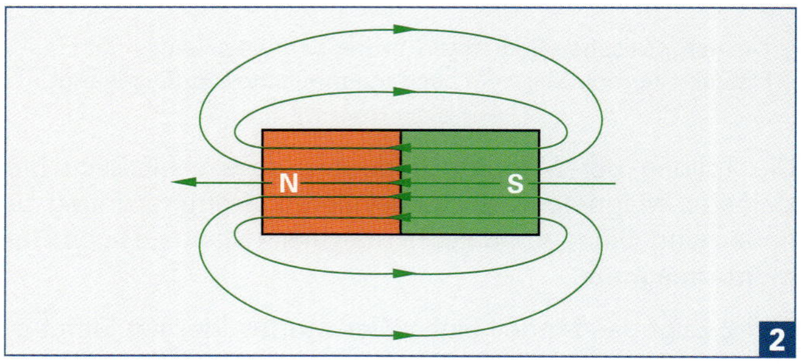

2
Stabmagnet

Bild 3 zeigt das Feldlinienbild eines **Hufeisenmagneten**. Zwischen den ungleichnamigen Polen ist das Magnetfeld homogen, außerhalb inhomogen. Der Feldlinienverlauf innerhalb des Dauermagneten ist nicht dargestellt. Das inhomogene Magnetfeld außerhalb des Magneten nennt man auch **Streufeld**. In Bezug auf die **Feldliniendichte** gilt für die Darstellung des magnetischen Feldes dasselbe wie für das elektrische Feld.

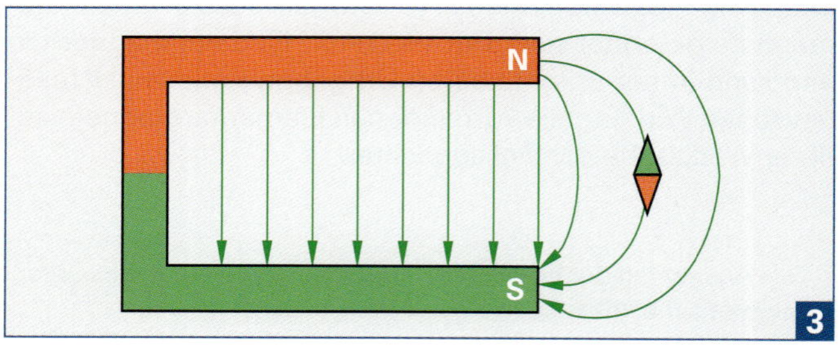

3
Hufeisenmagnet

Die **magnetische Feldliniendichte** ist ein Maß für die Stärke des Magnetfeldes.

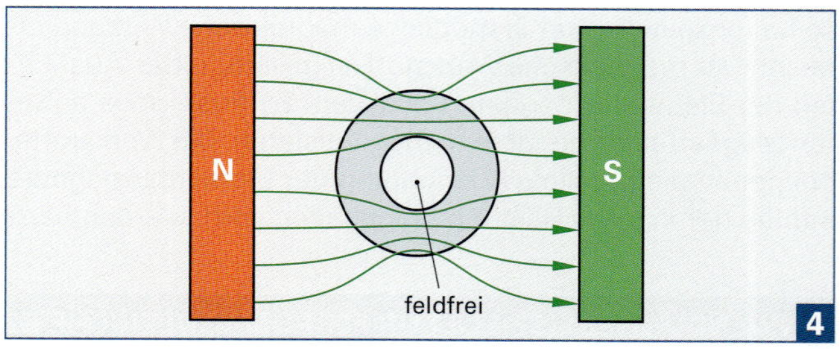

4
Abschirmender Metallring

Beim elektrischen Feld ist die elektrische Feldstärke E ein Maß für die Stärke in einem bestimmten Feldpunkt. Die magnetische Flussdichte ist ein Maß für die Stärke des magnetischen Feldes. Es gilt:

Die **magnetische Flussdichte** hat das Formelzeichen B und die nach dem kroatischen Ingenieur Nikola **Tesla** (1856...1943) genannte Einheit Tesla (kurz: T).

Eine Abschirmung von störenden Magnetfeldern erfolgt durch weichmagnetische Werkstoffe. So zeigt das Bild 4 einen eisenhaltigen Metallring im Magnetfeld ungleichnamiger Pole.

Der Raum innerhalb des Metallrings ist fast feldfrei, weil die magnetischen Feldlinien aufgrund des geringeren **magnetischen Widerstandes** durch den Eisenring gehen und sich dort verdichten. Feldfreie Räume werden z. B. in der Messtechnik oder zum Abschirmen vor Elektrosmog in Wohnräumen benötigt. In der Praxis werden zur Abschirmung von magnetischen Feldern häufig engmaschige Netze aus Leitermaterial oder Metallhüllen verwendet.

ELEKTROMAGNETISCHE STRAHLUNG

Die elektrischen und magnetischen Felder kann man begrifflich vereinen, um so die physikalischen Zusammenhänge der „Elektromagnetischen Strahlung" zu verstehen. Jedoch muss darauf hingewiesen werden, dass eine vertiefende Betrachtung hier nicht möglich und der entsprechenden Fachliteratur zu entnehmen ist.

Wie aus Abschnitt „Merkmale der magnetischen Felder" bekannt ist, wird ein Raum, in dem ferromagnetische (eisenhaltige) Körper oder Magnete Kräfte erfahren, **magnetisches Feld** genannt. Diese Kräfte werden sinngemäß auch als **„magnetische Kräfte"** bezeichnet. Ein anderer Grundlagenversuch (Bild 1) zeigt, dass in der Nähe eines **stromdurchflossenen, elektrischen Leiters** eine Magnetnadel abgelenkt wird. Obwohl der elektrische Leiter nicht magnetisch ist, gibt es eine Ablenkkraft. Gemäß der Definition des Feldbegriffes kann man also auch diesen Raum mit dem Begriff **Magnetfeld** beschreiben. Da jeder stromdurchflossene Leiter von einem Magnetfeld begleitet ist, entstehen auch von einem Wechselstrom durchflossenen Leiter magnetische Feldlinien. Im Raum zwischen zwei Metallplatten (Bild 2) kann zwar kein elektrischer Strom I_0 fließen, trotzdem ist in diesem Raum zwischen den Platten – um das sich ändernde elektrische Feld – ein sich änderndes magnetisches Feld nachweisbar. Der Wechselstrom I_0 ist eine Stromart, bei der elektrischer Strom zeitlich sehr schnell und periodisch sich ändert. Ein sich **zeitlich ändemdes elektrisches Feld** erzeugt gleichzeitig ein sich **zeitlich ändemdes magnetisches Feld.** Dieses elektrische Feld wird als **Verschiebungsstrom** interpretiert. Er hat die gleiche Größe wie der Strom I_0. Dieser Verschiebungsstrom erzeugt um sich herum ein Magnetfeld mit geschlossenen magnetischen Feldlinien.

In Bild 2 ist auch zu erkennen, wie sich innerhalb des Plattenpaares die zwei Felder überlagern. Für das elektrische und das magnetische Feld gilt grundsätzlich:

> Die **elektrischen** und **magnetischen** Felder sind räumlich nicht getrennt. Sie überlagern sich und sind senkrecht zueinander gerichtet.

Bild 3 zeigt, wie man sich die Ausbreitung elektromagnetischer Wellen im Raum vorstellen kann. Wird das Metallplattenpaar (Bild 2) gedanklich so lange verringert, bis nur noch ein unterbrochener kleiner Stab übrig bleibt. Dieser Stab ist nach dem deutschen Physiker Heinrich Rudolph **Hertz** (1857...1894) der **Hertz'sche Dipol**. Er ist die **Quelle für die Ausbreitung elektromagnetischer Wellen.** Angenommen, zum Zeitpunkt $t = 0$ s hat der Dipol die Stromstärke null, dann ist an dem einen Ende des Dipols die größte positive und an dem anderen Ende die größte negative Ladung feststellbar. Das um den Dipol vorhandene Feldlinienbild ist dann dem Feldlinienbild zwischen einer positiven und einer negativen Ladung vergleichbar (Bild 2, Seite 129).

Dabei ist allerdings das **elektrische Feld** nicht stationär, sondern **wird ständig im Takte der Schwingungsfrequenz auf- und abgebaut.** Da die elektrischen Feldlinien unendlich weit in den Raum vordringen, müssten sie sich bei sehr hohen Frequenzen sehr schnell wieder ab- und in umgekehrter Richtung wieder aufbauen. Wenn sich die elektromagnetischen Wellen mit endlicher Geschwindigkeit (Lichtgeschwindigkeit) ausbreiten, können die Feldlinien bei sehr schnellen Feldänderungen nicht mehr zum Dipol zurückkehren, sie schnüren sich ab. Die in sich geschlossenen Feldlinien entfernen sich, wie im Bild 3 dargestellt.

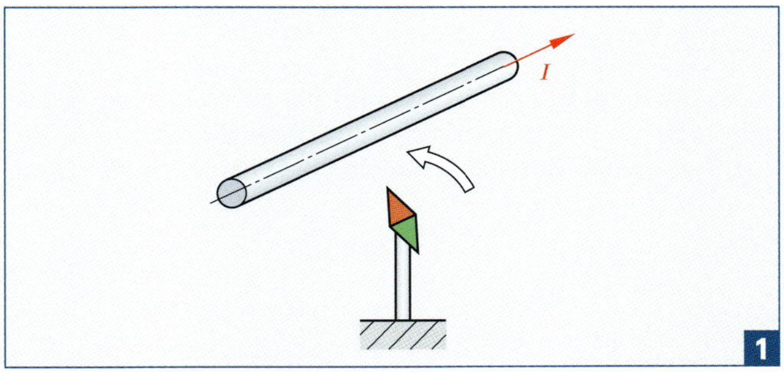

Ablenkung einer Magnetnadel

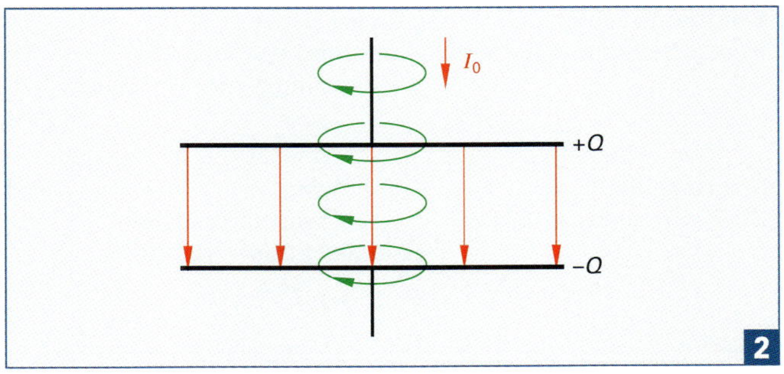

Verschiebungsstrom

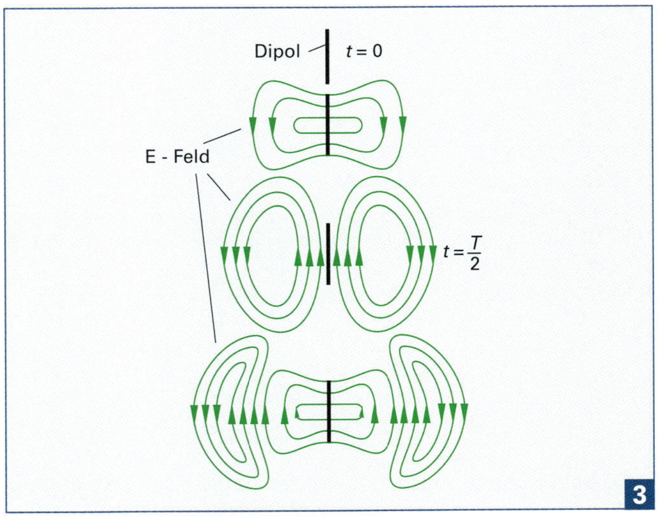

Ausbreitung elektromagnetischer Wellen

Es gilt:

> Die elektromagnetischen Wellen breiten sich mit Lichtgeschwindigkeit aus.

Die im Raum sich ausbreitenden elektromagnetischen Wellen werden auch **elektromagnetische Strahlung** genannt. Diese wirkt sich je nach ihrer Frequenz höchst unterschiedlich aus (Tabelle unten). Dabei sind zwei Frequenzbereiche zu unterscheiden: **Nieder-** (< 100 kHz) und **Hochfrequenz** (100 kHz...100 GHz).

Im niederfrequenten Bereich sind die Felder an die Quelle gebunden und nehmen mit zunehmender Entfernung ab. Im hochfrequenten Bereich lösen sich die Felder von der Quelle ab und breiten sich mit Lichtgeschwindigkeit im Raum aus. Für den Menschen gehen besondere Gefahren von der energiereichen Röntgen- und Gammastrahlung aus. Das gilt auch für die UV-Strahlung und die Mikrowellen. Welche **gesundheitlichen Schäden** durch die hochfrequenten elektromagnetischen Strahlen ausgehen, wird im Zusammenhang mit **Mobilfunk** zunehmend diskutiert. Der in Deutschland festgelegte **Grenzwert** von **10000000 μW/m²** berücksichtigt nur die Wärmewirkung auf das menschliche Gewebe und nicht die biologische Wirkung. Dieser Grenzwert wird immer stärker von Fachleuten infrage gestellt.

Im internationalen Vergleich werden die Grenzwerte recht unterschiedlich umgesetzt, sind nicht immer vergleichbar und haben nur Empfehlungscharakter für regionale oder nationale Behörden.

GRENZWERTE FÜR DIE ELEKTROMAGNETISCHE STRAHLUNG

Feldart	Quellen	Grenzwerte und Richtwerte	
Elektrische Felder (Niederfrequenz, < 100 kHz)	Energienetze, elektrische Verbraucher (unabhängig vom Verbrauch)	**Elektrische Feldstärke *E* in Volt pro Meter (V/m)**	
		DIN/VDE 0848 (Arbeitsplatz)	20000
		26. BImSchV (Öffentlichkeit)	5000
		NCRP Empfehlung (USA)	10
Magnetfelder (Niederfrequenz, < 100 kHz)	Energienetze, elektrische Verbraucher nur bei Stromverbrauch	**Magnetische Flussdichte *B* in Mikrotesla (μT)**	
		DIN/VDE 0848 (Arbeitsplatz)	5000
		26. BImSchV[1] (Öffentlichkeit)	100
		Basisgrenzwert in der Schweiz	100
		NCRP Empfehlung (USA)	0,2
Elektromagnetische Felder bzw. Strahlen (Hochfrequenz, 100 kHz...100 GHz)	Radio-/Fernsehsender, Mikrowellengeräte, WLAN u.a., Mobilfunk	**Leistungsdichte[2] in μW/m² gemessen**	
		Deutscher Grenzwert UMTS[3]	10000000
		Ehem. DDR	200000
		DNA-Schäden (Verschabe 1994, Lai 1996, Phillios 1998)	10000
		Grenzwert Toscana	660
		Grenzwertempfehlung 2002 der Landesdirektion Salzburg (Schlafbereich)	1
		Einwandfreier Empfang D-Netz	0,000084

1) Bundes-Immissionsschutzverordnung

2) Die Leistungsdichte ist die Energie, die eine Fläche senkrecht zur Ausbreitungsrichtung der Welle durchdringt.
In Publikationen wird im Zusammenhang mit elektromagnetischen Feldern häufig der Begriff Leistungsflussdichte verwendet, der jedoch nicht korrekt ist.

3) UMTS = Universal Mobile Telecommunications System

Der beste **Schutz gegen die elektromagnetische Strahlung** von außen ist beispielsweise, private **Wohnräume** komplett mit einem **Faraday-Käfig** (s. Abschnitt „Elektrische Influenz") zu umhüllen. Eine nachträgliche Abschirmung von Wohnbereichen ist technisch machbar, aber teuer. So können alle Wände in einem Raum mit einem möglichst engmaschigen Drahtgeflecht (Maschendraht) versehen werden, die man elektrisch leitend miteinander verbindet und an die Erdungsschiene im Keller anschließt. Mit Rigipsplatten werden die mit dem Maschendraht verkleideten Wände anschließend abgedeckt. Welche Baumaßnahmen im Einzelfall jedoch sinnvoll sind, hängt von vielen Einzelfaktoren ab. Nur eine unabhängige, fachkundige Beratung vor Ort kann vor unnötigen Investitionen schützen.

Auch beim Kauf eines Handys sollte man als Verbraucher auf den SAR-Wert achten. Entscheidend für die biologische Wirkung von hochfrequenten Feldern ist die vom Körper aufgenommene bzw. absorbierte Energie. Basisgröße für diese absorbierte Energie ist der SAR-Wert (Maßeinheit: Watt pro Kilogramm – W/kg). SAR ist die Abkürzung für **Spezifische Absorptionsrate.** Strahlungsarme Handys weisen **SAR-Werte unter 0,6 W/kg** auf. Bei Verbraucher-Initiativen und Verbraucherberatungsstellen kann man weitere Informationen zum Thema **„Elektrosmog"** erhalten.

AUFGABEN ZUR WIEDERHOLUNG

1. Unter welchen Voraussetzungen entsteht Reibungselektrizität?

2. Welche Erkenntnisse hatte der französische Physiker Coulomb bezüglich der Kraftwirkungen elektrisch geladener Körper?

3. a) Beschreiben Sie mithilfe des Bohr'schen Atommodells, wie elektrisch neutrale Atome elektrisch positiv und wie sie elektrisch negativ werden können?

b) Mit welchen Geräten lassen sich elektrische Ladungen nachweisen?

4. a) Erklären Sie den Begriff „Elektrisches Feld".

b) Formulieren Sie mit eigenen Worten die vier verschiedenen Merkmale elektrischer Feldlinien.

c) Begründen und erklären Sie, wie störende elektrische Felder abgeschirmt werden können.

5. a) Nennen Sie die vier verschiedenen Merkmale magnetischer Feldlinien.

b) Beschreiben Sie, wie Sie in der Technik störende elektromagnetische Strahlen abschirmen können.

c) Erläutern Sie den Faraday-Käfig.

6. Erläutern Sie mithilfe einer Modellvorstellung die Magnetisierbarkeit von Werkstoffen.

7. Nennen Sie den prinzipiellen Unterschied zwischen den hartmagnetischen und den weichmagnetischen Werkstoffen und geben Sie jeweils ein Anwendungsbeispiel in der Technik an.

8. Welche physikalische Erscheinung erklärt man mit dem Begriff „Magnetische Flussdichte"?

9. a) Wie überlagern sich die elektrischen und die magnetischen Felder bei der elektromagnetischen Strahlung?

b) Wodurch unterscheiden sich bei der räumlichen Ausbreitung die hochfrequenten Strahlen von den niederfrequenten Strahlen?

10. Durch einen Leiterquerschnitt fließen nacheinander folgende Stromstärken: $I_1 = 0{,}12$ A; $I_2 = 226$ mA.

a) Welche Ladungsmengen Q_1 und Q_2 werden jeweils durch den Leitungsquerschnitt A innerhalb einer Millisekunde bewegt? Ermitteln Sie Q_1 und Q_2 in mC und in nC.

b) Wie viele Elektronen n sind jeweils durch den Leiterquerschnitt bewegt worden?

c) Wie ist die elektrische Stromstärke definiert?

11. In einer Versuchsanordnung, wie in Bild 1, Seite 131 dargestellt, erfährt eine kleine Kugel mit der Masse $m = 5$ mg eine Auslenkung von $x = 0{,}6$ cm. Der Faden hat die Länge $l = 30$ cm und der Plattenabstand beträgt $d = 10$ cm ($g = 9{,}81$ m/s^2).

a) Wie groß ist der Auslenkungswinkel α?

b) Welche elektrische Kraft wirkt auf die Kugel?

c) Wie groß ist die elektrische Spannung U am Plattenkondensator, damit die Kugel mit einer elektrischen Ladung von $Q = 1{,}226 \ 10^{-9}$ C um $x = 0{,}6$ cm ausgelenkt wird?

12. Durch einen Leiterquerschnitt fließen nacheinander folgende Stromstärken: $I_1 = 1{,}6$ A; $I_2 = 6{,}7$ A.

a) Welche Ladungsmengen Q_1 und Q_2 werden jeweils durch den Leitungsquerschnitt A innerhalb einer Millisekunde bewegt? Ermitteln Sie Q_1 und Q_2 in mC und in nC.

b) Wie viele Elektronen n sind jeweils durch den Leiterquerschnitt bewegt worden?

13. In einer Versuchsanordnung, wie in Bild 1, Seite 131 dargestellt, erfährt eine kleine Kugel mit der Masse $m = 5$ mg eine Auslenkung von $x = 1{,}5$ cm. Der Faden hat die Länge $l = 30$ cm und der Plattenabstand beträgt $d = 10$ cm.
Für die Fallbeschleunigung wird der Wert $g = 9{,}81$ m/s^2 verwendet.
An den Platten liegt eine elektrische Gleichspannung von 5 kV an.

a) Wie groß ist der Auslenkungswinkel α?

b) Welche elektrische Kraft wirkt auf die Kugel?

c) Wie groß ist die elektrische Ladung Q in nC der kleinen Kugel m?

14. a) Nennen Sie drei verschiedene Feldarten und geben Sie jeweils zwei verschiedene Quellen für diese Feldarten an.

b) Nennen und erklären Sie zwei verschiedene Beispiele, wie man sich vor elektromagnetischer Strahlung schützen kann.

c) Warum sollte man beim Kauf von Handys auf den SAR-Wert achten?

15. Erklären Sie den Begriff SAR-Wert.

DIE ELEKTRISCHEN GRUNDGRÖSSEN

ELEKTRISCHE STROMSTÄRKE

Definition und Messung der elektrischen Stromstärke

Bild 1 zeigt einen elektrischen Leiter, in dem Elektronen von links nach rechts durch einen bestimmten Leiterquerschnitt *A* bewegt werden. Bewegen sich Elektronen innerhalb einer bestimmten Zeit durch den Leiterquerschnitt, so wird dieser Sachverhalt mit dem Begriff Stromdichte beschrieben und erhält das Formelzeichen *J*. Diese bezieht den Strom *I* auf den zur Verfügung stehenden Leiterquerschnitt *A*.

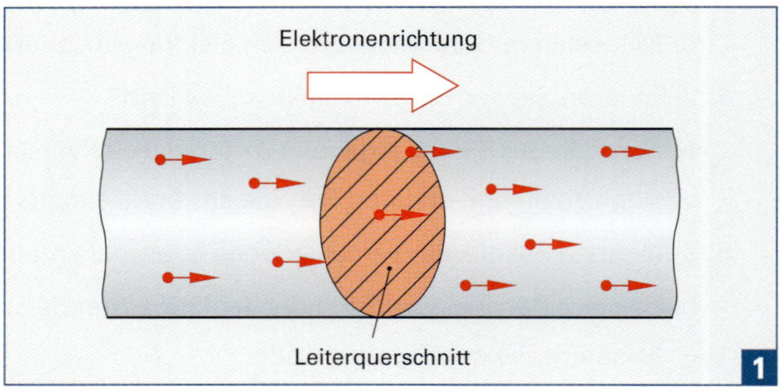

Elektrische Stromdichte

ELEKTRISCHE STROMDICHTE

$$J = \frac{I}{A}$$

I	A
A	mm^2

Je höher die Stromdichte *J* ist, desto wärmer wird der elektrische Leiter. Bewegen sich sehr viele Elektronen durch einen solchen elektrischen Leiter, ist die **elektrische Stromstärke *I*** groß.

> Der **elektrische Strom *I*** besteht aus der gerichteten Bewegung frei beweglicher Elektronen.
> Ein elektrischer Strom hat die Stromstärke **1 Ampere**, wenn in 1 Sekunde durch einen Leiterquerschnitt die Ladungsmenge 1 Coulomb fließt.

Je mehr Elektronen (Ladungsmenge) durch den Leiter in einer bestimmten Zeit *t* bewegt werden, desto stärker sind die Wärme- und die Lichtwirkung.

> Als **elektrische Stromstärke** bezeichnet man den Quotienten aus der durch den Querschnitt *A* des Leiters hindurchgeflossenen Ladungsmenge *Q* und der Zeit *t*.

ELEKTRISCHE STROMSTÄRKE

$$I = \frac{Q}{t}$$

I	Q	t
A	C, As	s

Die Einheit der elektrischen Stromstärke wird nach dem französischen Mathematiker und Physiker Andre Marie **Ampere** (1775...1836) benannt. Er wandte als Erster die Methoden der höheren Mathematik auf elektrische und magnetische Erscheinungen an. Es war aber Wilhelm Eduard **Weber** (1804...1891), der zuerst die Stärke des elektrischen Stromes experimentell umfassend untersuchte und zahlenmäßig mit den Einheiten der Länge, der Masse und der Zeit angeben konnte.

> Die **elektrische Stromstärke** erhält das Formelzeichen *I*.
> Die Einheit ist das Ampere (A).

Im SI-System übliche Vielfache und Teile der Einheit Ampere:

FÜR KLEINE STRÖME	FÜR GROSSE STRÖME
1 Milliampere = 1mA = 0,001 A = 10^{-3} A	1 Kiloampere = 1 kA = 1000 A = 10^3 A
1 Mikroampere = 1 μA = 0,000001 A = 10^{-6} A	1 Megaampere = 1 MA = 1000000 A = 10^6 A

Die Elektrizität ist an ihren Wirkungen indirekt zu erkennen. Diese Wirkungen können in fünf Bereiche eingeteilt werden.

ANWENDUNGEN DES ELEKTRISCHEN STROMES

Wirkungen des elektrischen Stromes	Anwendungsbeispiele
Lichtwirkung	Glühlampe, Gasentladungslampe
Wärmewirkung	Elektroheizung, elektrischer Lötkolben
Elektromagnetische Wirkung	Elektromotor, Relais
Elektrochemische Wirkung	Elektrolyse, Galvanotechnik
Physiologische Wirkung (Wirkungen auf Lebewesen)	Elektromedizin, Elektroweidezäune

Die Wirkungen des elektrischen Stromes sind also technisch vielseitig nutzbar. Die elektromagnetische Wirkung eines stromdurchflossenen Leiters wird auch dazu benutzt, die **Basiseinheit** der **elektrischen Stromstärke** I zu definieren. Die früher üblichen Methoden, die **Stromstärke** über eine abgeschiedene Stoffmenge zu definieren erwiesen sich als zu ungenau, Silber in einer Silbernitratlösung oder Knallgas in einer Kalilaugelösung ausscheiden zu lassen. Deshalb wurde auf der 9. Generalkonferenz (1948) für Maße und Gewichte die Basiseinheit der elektrischen Stromstärke neu festgelegt:

Das **Ampere** ist die Stärke eines konstanten elektrischen Stromes, der durch zwei parallele, geradlinige, unendlich lange und im Vakuum im Abstand von 1 Meter voneinander angeordnete Leiter von vernachlässigbar kleinem, kreisförmigem Querschnitt fließend, zwischen diesen Leitern je 1 Meter Leiterlänge die Kraft $2 \cdot 10^{-7}$ Newton hervorrufen würde.

Bild 1 zeigt **zwei stromdurchflossene Leiter,** die eine **elektromagnetische** (abstoßende) **Kraft** aufeinander ausüben. Diese Definition hat auch ihren Niederschlag in der DIN 1301, Teil 1, im Anhang gefunden.

Zur Messung der elektrischen Stromstärke verwendet man **Strommesser**. Diese werden auch als **Amperemeter** bezeichnet. Bild 2 zeigt einen solchen in schematischer Darstellung als Schaltbild. Um die elektrische Stromstärke zu messen, muss man den Stromkreis auftrennen und den Strommesser dazwischenschalten. Weil es keine Stromverzweigung gibt, ist der gemessene Strom in jedem Punkt des Stromkreises gleich groß. Im Kapitel „Gesetzmäßigkeiten im elektrischen Stromkreis" wird dies noch ausführlich erläutert. Bild 2 zeigt auch, dass die technischen Sachverhalte der Elektrotechnik mit Schaltzeichen bzw. Symbolen übersichtlich dargestellt werden können. Dabei sind für die folgenden Bauteile Schaltzeichen verwendet worden:

Galvanisches Element (Primärelement), **Strommesser** (Ampéremeter), elektrischer **Verbraucher.** Elektrische Verbraucher zeichnet man in den Schaltbildern häufig allgemein auch als Widerstand mit dem Formelzeichen *R*. Widerstände und elektrische Messgeräte werden in Reihe oder parallel geschaltet (s. Kapitel „Gesetzmäßigkeiten im elektrischen Stromkreis"). Im Zusammenhang mit dem Strommesser ist gemäß Bild 2 festzustellen:

Der Strommesser ist in Reihe zum Verbraucher und zur Stromquelle zu schalten.

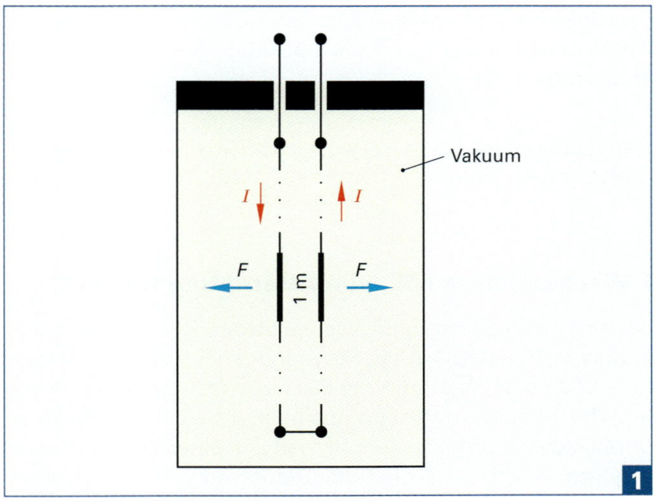

Definition der Einheit Ampere

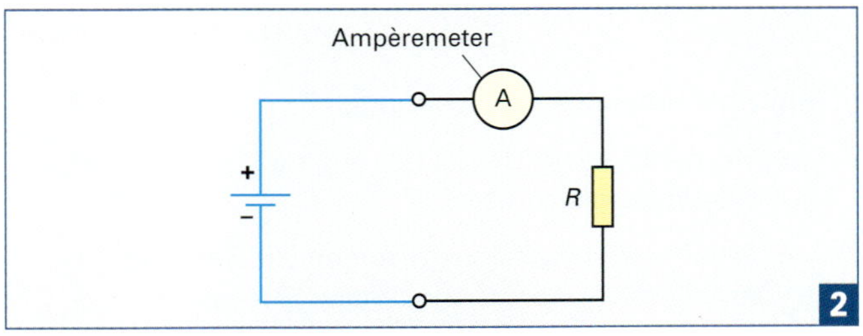

Messung der elektrischen Stromstärke

Der elektrische Strom fließt nur, wenn der Stromkreis geschlossen ist. Der geschlossene elektrische Stromkreis besteht dabei mindestens aus der Stromquelle, dem Verbraucher und aus der Hin- und Rückleitung. Strommesser sind oft empfindliche Mehrbereichsmessgeräte. Die folgenden **Hinweise für die Praxis** sind zu beachten:

1. Messbereichsschalter schaltet man immer von „oben" nach „unten".
2. Beim Anschließen des Messgerätes muss auf die Polarität (+, –) geachtet werden.
3. Die Messung ist genauer, wenn sich der Zeiger im letzten Drittel des Skalenbereichs befindet.

Als technische Stromrichtung gilt nicht die Bewegungsrichtung der Elektronen, sondern die entgegengesetzte Richtung, **vom Plus-Pol** (Elektronenmangel) **zum Minus-Pol** (Elektronenüberschuss). Diese Richtung wurde zu einer Zeit festgelegt, als die Existenz der Elektronen noch nicht bekannt war. Es galt das **Franklin**-Konzept (18. Jh.), das nach Benjamin **Franklin** (1706...1790) besagt: Der positive Pol enthält einen Überschuss des „elektrischen Fluidums", sodass folgerichtig der elektrische Strom vom positiven zum negativen Pol fließen muss. Diese Vereinbarung ist bis heute gültig. Demzufolge wird in den Stromlaufplänen immer die technische Richtung (Strompfeil) angegeben. Außerhalb der Stromquelle gilt:

Der **technische Strom** ist vom Plus- zum Minus-Pol gerichtet. + Pol → – Pol
Die Elektronen bewegen sich vom Minus-Pol zum Plus-Pol. – Pol → + Pol

STROMARTEN

Je nach Verwendungszweck werden verschiedene Stromarten benötigt. Zum Beispiel wird für eine Taschenlampe eine Glühlampe eingesetzt und als Stromquelle eine Batterie verwendet. Oder für eine Förderbandanlage wird ein Wechselstrommotor eingesetzt, der eine Wechselstromquelle benötigt. Das heißt, je nach Art der angeschlossenen Stromquelle fließen entsprechende Ströme durch den geschlossenen Stromkreis. Dabei sind prinzipiell drei verschiedene Stromarten zu unterscheiden: der Gleichstrom, der Wechselstrom und der Mischstrom. Zum besseren Verständnis werden diese drei Stromarten mit Kennlinien (Strom, Zeit-Diagramm, kurz: *I*, *t*-Diagramm) dargestellt.

Gleichstrom (DC, von Direct Current)

Bei **Gleichstrom** (Bild 1, Zeichen: –) fließen die beweglichen **Elektronen nur in eine Richtung.** Da der Gleichstrom von der Zeit unabhängig ist, entsteht im ***I*, *t*-Diagramm** eine Parallele zur Zeitachse *t*. Der Wert des Gleichstromes in Ampere ist konstant und wird auf der senkrechten Achse eingetragen.

Bei **Gleichstrom *I*** hat der elektrische Strom immer die gleiche Richtung und Stärke.

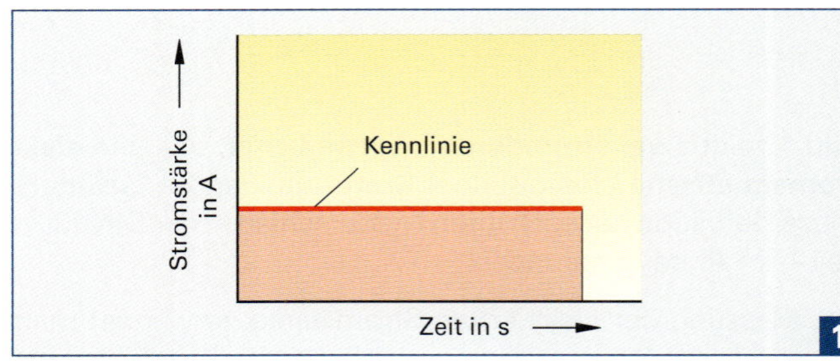

Gleichstrom

Wechselstrom (AC, von Alternating Current)

Bei einem **sinusförmigen Wechselstrom** (Bild 2, Zeichen: ~) ändert sich periodisch die Bewegungsrichtung der Elektronen. Ist im *I*, *t*-Diagramm die Fläche zwischen der Kennlinie und der *t*-Achse sowohl im positiven als auch im negativen Bereich gleich groß, so spricht man von einem reinen Wechselstrom. Während der Periodendauer *T* gibt es eine positive und eine negative Halbwelle.

Bei **Wechselstrom** (Formelzeichen *i*) ändert der Strom periodisch seine Richtung und Stärke.

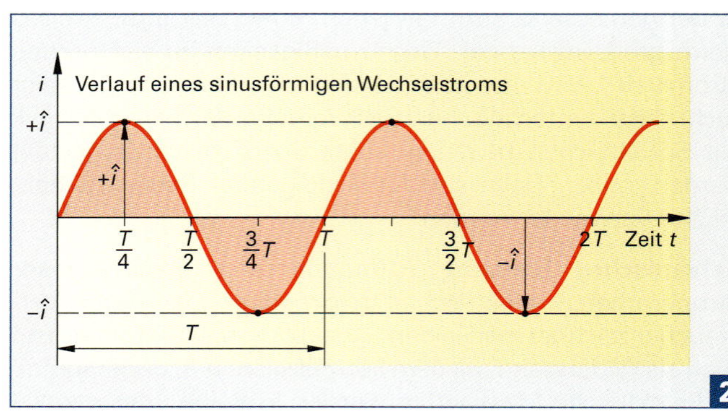

Sinusförmiger Wechselstrom

In Bild 2 bedeuten die Bezeichnungen:

i = Momentanwert, das ist der augenblickliche Wert des Wechselstroms

$\hat{i}$ = Scheitelwert (bei sinusförmigen Größen auch Amplitude genannt), maximaler Stromwert

$+\hat{i}$, $\hat{i}$ = positiver bzw. negativer Scheitelwert des Wechselstroms

T = Periodendauer in s bzw. Zeit für eine positive und negative Halbwelle

Wenn ein Gleichstrom in einer Glühlampe Wärmewirkung verursachen kann, so kann Wechselstrom ebenfalls die gleiche Wärmewirkung hervorrufen. Dabei gilt:

Der **Effektivwert I_{eff}** eines sinusförmigen Wechselstroms hat die gleiche Wärmewirkung in einem elektrischen Verbraucher (Widerstand *R*) wie ein betragsmäßig gleich großer Gleichstrom *I*.

Zur Kennzeichnung sinusförmiger Kennlinie und elektromagnetischer Wellen verwendet man den Begriff **Frequenz.**

Die **Frequenz *f*** gibt die Anzahl der Perioden pro Sekunde an. Je höher die Frequenz z. B. einer elektromagnetischen Schwingung ist, desto größer ist die **Energie**.

Drehstrom

Bei der **Energieübertragung** von den Energieversorgungsunternehmen zu den einzelnen Haushalten wird die Drehstromtechnik eingesetzt. Der Drehstrom ist keine andere Stromart, sondern es werden drei sinusförmige Wechselspannungen bzw. Wechselströme so überlagert, dass sie eine Phasenverschiebung von jeweils 120° zueinander haben. Bild 3 zeigt das Kennlinienbild von drei übereinandergelagerten Wechselströmen, auch Dreiphasen-Wechselstrom genannt. Der sinusförmige Wechselstrom i_1 beginnt im Zeitpunkt t_1 ($t = 0$ s), beendet die positive Halbwelle beim nächsten Nullpunkt t_4 und ist auch gleichzeitig der Beginn der negativen Halbwelle von i_1. Nullpunkte sind dadurch gekennzeichnet,

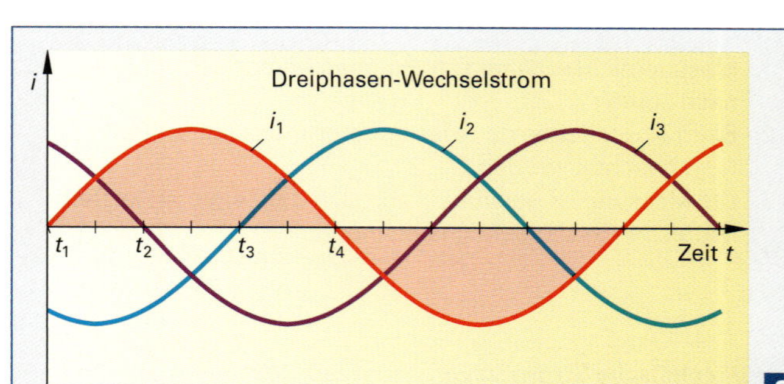

Drei um 120° phasenverschobene Wechselströme

dass die Momentanwerte den Wert Null haben. Dieser zeitlich periodische Vorgang wiederholt sich bei den anderen zwei sinusförmigen Wechselströmen i_2 und i_3, nur um 120° phasenverschoben. Entsprechend beginnt die positive Halbwelle von i_2 zum Zeitpunkt t_3.

Das Bild 1 zeigt ein **Vierleiter-Drehstromnetz** mit drei verschiedenen elektrischen Verbrauchern, die für normale Haushalte typisch sind (Elektroheizung, elektrische Beleuchtung und Elektroherd). Das **Drehstromnetz** besteht aus den drei Außenleitern L1 bis L3 und dem N-Leiter. Der Schutzleiter PE ist nicht Teil des Betriebsstromkreises. Jeder der drei Verbraucher ist hier mit einem anderen Außenleiter und mit dem gemeinsam benutzten **Neutralleiter** (N) verbunden. Den Außenleiter nennt man auch Phase. Die Verbraucher besitzen hier jeweils ein Gehäuse **(Körper)**, das mit einer Strich-Punkt-Linie dargestellt ist.

Diese Gehäuse sind mit dem **Schutzleiter** (kurz: **PE = Erde**) elektrisch verbunden.

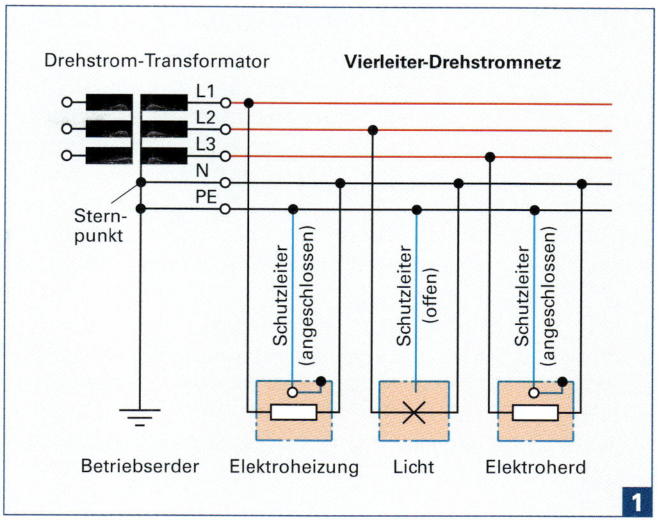

Vierleiter-Drehstromnetz

Drehstromtransformator	Der Drehstromtransformator transformiert die Dreiphasen-Wechselspannung auf die benötigte **Niederspannung** (400 V/230 V).
Sternpunkt	Der Sternpunkt ist der gemeinsame Verbindungspunkt der drei Transformatorspulen (Niederspannungsseite). Er wird mit dem Betriebserder, Neutralleiter und Schutzleiter verbunden.
Betriebserder	In der Elektrotechnik ist die **„Erde"** das elektrisch leitende Erdreich, dessen elektrisches Potenzial mit Null gleichgesetzt werden kann. Ein **Erder** ist ein leitfähiges Teil, das mit der Erde eine gute elektrische Verbindung herstellt (z.B. **Fundamenterder**).
Schutzleiter	Der Schutzleiter ist ein Leiter, den man für Schutzmaßnahmen gegen gefährliche Körperströme und Spannungen benötigt. Er wird mit dem Metallgehäuse eines elektrischen Gerätes elektrisch verbunden.

ELEKTRISCHE SPANNUNG

Aus der Mechanik der festen Körper ist bekannt, dass in einem abgeschlossenen System Energie nicht verloren gehen kann und dass unter bestimmten Voraussetzungen eine **Energieform in** eine **andere Energieform umwandelbar** ist. In elektrischen Anlagen werden ebenfalls Energien umgewandelt.

Bild 2 zeigt den **Energiefluss** einer **elektrischen Anlage.** Es zeigt auch, welche Energieformen dabei ineinander umgewandelt werden.

Der Aufbau einer solchen elektrischen Anlage ist anhand eines einfachen Beispiels im Bild 3 veranschaulicht. Als **Stromquelle** dient ein **Drehkurbelgenerator** und als **Verbraucher** eine **Glühlampe.** Der Generator wandelt die von der Kurbel aufgenommene mechanische Energie in elektrische Energie um. Die **Lampe** stellt ebenso einen **Energiewandler** dar, denn sie wandelt die elektrische Energie in Licht- und Wärmeenergie um. Der Zusammenhang zwischen der Spannung und der Stromstärke wird im Experiment schnell verständlich. Sobald an der Kurbel gedreht wird, entsteht zwischen den Anschlussklemmen des Generators ein elektrischer Ladungsunterschied und damit eine Spannung. Diese Spannung ist die Voraussetzung dafür, dass auf die Elektronen eine elektrische Kraft wirkt, die sie durch den elektrischen Leiter bewegt. In Abhängigkeit von der Spannung fließt dann ein Strom von bestimmter Größe bzw. „Stärke".

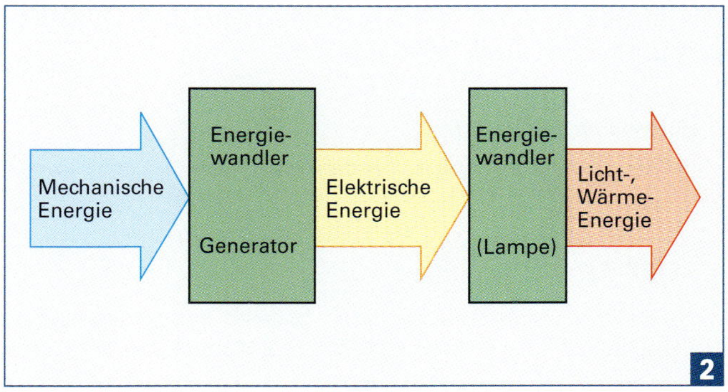

Energieumwandlung

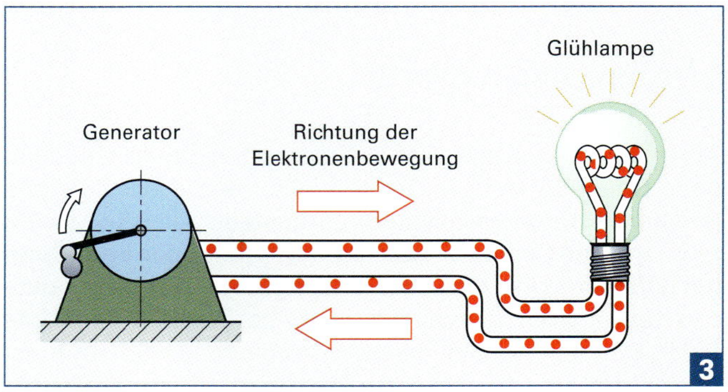

Spannungserzeugung

DEFINITION UND MESSUNG DER ELEKTRISCHEN SPANNUNG

Wenn Energie gespeicherte Arbeit ist, wird diese Arbeit durch den Generator so umgesetzt, dass die elektrischen Ladungen getrennt und die Elektronen in eine bestimmte Richtung bewegt werden. Erfährt der Generator (Bild 3, vorhergehende Seite) von außen eine größer werdende antreibende Kraft, so entsteht an den Klemmen ebenfalls ein größerer Ladungsunterschied bzw. eine größere elektrische Spannung. Diese ist umso größer, je größer die dabei „verrichtete Arbeit W an den Elektronen" ist. Bei Anschluss einer Glühlampe werden (bei konstanter Drehzahl) die Ladungen kontinuierlich über die Glühlampe von einem Pol zum anderen transportiert. Aus diesen Überlegungen lassen sich die folgenden Schlussfolgerungen ziehen:

Um eine bestimmte Ladungsmenge von einem Pol zum anderen zu transportieren, benötigt man eine bestimmte Menge Arbeit (auch Überführungsarbeit genannt). Für die doppelte Ladungsmenge ist die doppelte Arbeit nötig. Das heißt, der Quotient aus Arbeit und Ladung ist konstant. Diese Konstante wird elektrische Spannung genannt.

Die **elektrische Spannung *U*** ist der Quotient aus der benötigten **Überführungsarbeit *W*** und der transportierten **elektrischen Ladungsmenge *Q*.**

ELEKTRISCHE SPANNUNG

$$U = \frac{W}{Q}$$

U	*W*	*Q*
V, $\frac{J}{C}$	Ws, J, Nm	C, As

Die elektrische Spannung erhält das Formelzeichen *U* und die Einheit Volt (V).

▶ **Anmerkung:** Die Einheit V ist nach dem italienischen Physiker Alessandro **Volta** (1745...1827) benannt. Für die Energieeinheiten gilt bekanntlich: **1 Ws = 1 Nm = 1 J**

Messung der elektrischen Spannung

Aus dem vorhergehenden Abschnitt ist bekannt, dass die elektrische Spannung zwischen den Polen einer Spannungsquelle anliegt. Bild 1 zeigt, wie man die beiden Anschlüsse des Spannungsmessers (Voltmeter) mit den Klemmen (bzw. Polen) der Spannungsquelle verbindet:

Der Spannungsmesser ist parallel zur Spannungsquelle zu schalten.

Der gleiche technische Sachverhalt (Generator und Lampe) wie in Bild 3, Seite 141 dargestellt, ist in Bild 1 mit den genormten Schaltzeichen dargestellt.

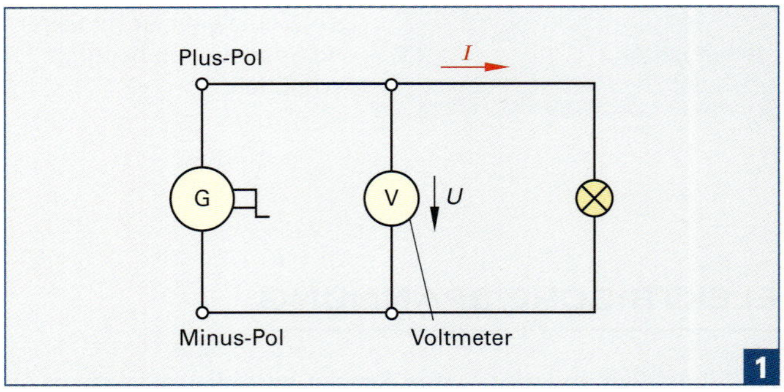

Messung der elektrischen Spannung

Hinweis für den Praktiker
Bei der Spannungsmessung hat der Praktiker die gleichen Hinweise zu beachten wie bei der Strommessung (s. Hinweise für die „Praxis").

BEISPIEL

Ein elektrischer Verbraucher nimmt bei einer konstanten Spannung von $U = 24$ V die Stromstärke $I = 1{,}2$ A auf.
Berechnen Sie die während der Zeit $t = 5$ Minuten bewegte Ladungsmenge *Q* und die dazu erforderliche Arbeit *W* in Ws.

Lösung $Q = I \cdot t = 1{,}2\,\text{A} \cdot 5 \cdot 60\,\text{s} = 360\,\text{As}$ $W = U \cdot Q = 24\,\text{V} \cdot 360\,\text{As} = 8.640\,\text{Ws}$

SPANNUNGSARTEN

Analog zu den verschiedenen Stromarten gibt es verschiedene Spannungsarten. Der zeitliche Verlauf wird ebenso in einem Koordinatensystem dargestellt. Allerdings trägt man auf der **Ordinate** (senkrechte Achse) die **Spannung** auf. Oft ist es günstiger, verschiedene Kennlinien ins gleiche Koordinatensystem einzuzeichnen. Das Bild 1, nächste Seite, zeigt die Kennlinien der verschiedenen Spannungsarten, und zwar im gleichen Koordinatensystem (**Gleichspannung u_1** und **Wechselspannung u_2** sind gestrichelt gezeichnet). Die Gleichspannung hat hier einen konstanten Spannungswert z.B. $U = 1$ V. Die Wechselspannung u_2 hat einen sinusförmigen Verlauf zwischen +1,5 V und –1,5 V und hat dabei eine Periodendauer T von 2 s. Wird der Wechselspannung u_2 die Gleichspannung u_1 überlagert, so wird im Koordinatensystem die Wechselspannung um den Betrag von 1 V nach oben verschoben. Die so aus zwei Spannungsarten entstandene Spannung u_3 ist somit eine **Mischspannung.**

So wie die Mischspannung aus einer Überlagerung von einem Gleich- und einem Wechselspannungsanteil entsteht, kann man einen **Mischstrom** sich aus einem **Gleich-** und einem **Wechselstromanteil** zusammengesetzt denken, d.h., durch **Superposition.**

Bild 1 verdeutlicht diese Konstruktion der Mischspannung. Addiert man zu den Momentanwerten der Wechselspannung u_2 z.B. bei $t = 0$ s und $t = 0{,}5$ s den entsprechenden Gleichspannungswert $u_1 = 1{,}0$ V, bei der Gleichspannung ist zu jedem Zeitpunkt der Wert der Spannung gleich groß, so erhält man die Momentanwerte der Mischspannung bei $t = 0$ s und bei $t = 0{,}5$ s: $u_3 = 1$ V und $u_3 = 2{,}5$ V.

Mit weiteren Momentanwerten, die ebenso ermittelt werden, ist es einfach, die Kennlinie der Mischspannung zu vervollständigen (in Bild 2 als Volllinie dargestellt). Dieses Verfahren heißt **Superpositionsprinzip.** Analog zum Drehstrom, der aus drei phasenverschobenen Wechselströmen besteht, bezeichnet man drei um 120° phasenverschobene sinusförmige Wechselspannungen **Dreiphasenwechselspannung.**

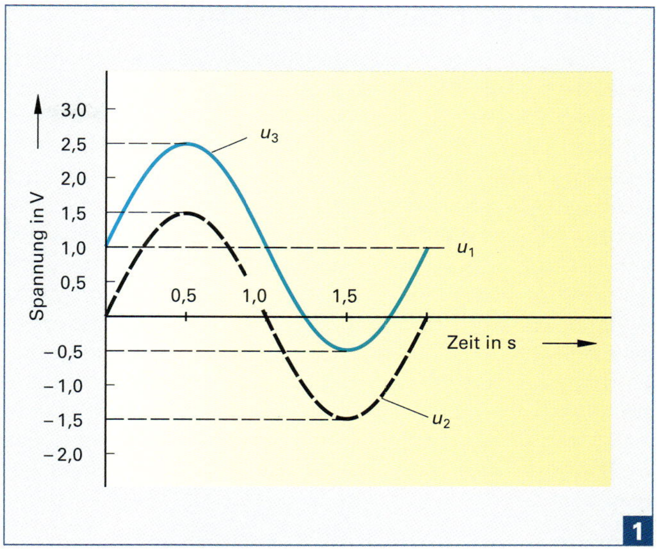

Spannungsarten

Zusammenfassend gilt:

Die **Gleichspannung** hat einen zeitlich konstanten Spannungswert und ändert ihre Polarität nicht.

Die **sinusförmige Wechselspannung *u*** ändert periodisch ihren Spannungswert und ihre Polarität (positive und negative Halbwelle). Sie hat einen konstanten positiven und einen konstanten negativen Scheitelwert ($+\hat{u}$, $\hat{u}$). Die Periodendauer T ist ebenfalls konstant.

Die **Mischspannung** hat einen Gleichspannungs- und einen Wechselspannungsanteil.

Die **Dreiphasenwechselspannung** besteht aus drei um jeweils 120° phasenverschobene sinusförmige Wechselspannungen.

SPANNUNGSERZEUGUNG

Reibungselektrizität entsteht, wenn man zwei verschiedene, trockene und isolierende Stoffe aneinander reibt. Dabei entstehen ungleichnamige elektrische Ladungen, die getrennt werden. Mit Glimmlampen lassen sich diese Ladungen nachweisen. Nach der **Trennung** oder **Verschiebung der elektrischen Ladungen** gibt es auf der einen Seite Elektronenmangel (Pluspol) und auf der anderen Elektronenüberschuss (Minuspol). Zwischen dem Pluspol und dem Minuspol gibt es folglich einen **Ladungsunterschied.** Zwischen diesen zwei Polen ist eine **elektrische Spannung.**

METHODEN DER SPANNUNGSERZEUGUNG

Spannungserzeugung durch	Anwendungsbeispiele
Reibung	Hochspannungsversuche
Licht	Photovoltaikanlagen, Belichtungsmesser, Stromquelle für elektrische Anlagen, als Sensor für Mess- und Steuerungsaufgaben
Wärme	Thermoelemente für Temperaturfernmessung, Temperaturmessung in Metallschmelzen und Bädern, Thermoumformer.
Induktion	Kraftwerks-Generatoren, Fahrraddynamo, Kfz-Lichtmaschinen, dynamische Mikrofone
chemische Wirkung	Akkumulatoren, galvanische Elemente: Monozellen, Batterien (Kombination aus mehreren Zellen) für kleine elektrische und elektronische Geräte
Kristallverformung	Druckfühler für elektroakustische Geräte: Kristallmikrofone, Tonabnehmer; Piezozünder

Spannungserzeugung durch Reibung

Wie bereits bekannt, werden in der Reibungselektrizität Ladungen getrennt, bei der auch die elektrische Influenz eine Rolle spielt. Dieses physikalische Prinzip hat **van de Graaff** (1901...1967) bei seinem Bandgenerator 1931 angewandt. Weiterentwickelte Hochspannungsgeneratoren sind heute in der Lage Spannungen über 10 MV zu erzeugen.

Spannungserzeugung durch Licht

Bild 1 zeigt den prinzipiellen Aufbau eines sehr häufig verwendeten **Fotoelements,** die Solarzelle. Der wichtigste Teil einer solchen Zelle sind die zwei **Halbleiterschichten** (p-Schicht und n-Schicht). Halbleiter haben grundsätzlich die Eigenschaft, dass ihre Leitfähigkeit sehr leicht durch Energiezufuhr (z.B. Licht) beeinflussbar ist. Bei Fotoelementen lässt sich mit Licht nicht nur die Leitfähigkeit der Halbleiterschichten beeinflussen, sondern mit den Fotoelementen lässt sich Lichtenergie unmittelbar auch in elektrische Energie umwandeln. Solche Anlagen, die auf diesem Prinzip beruhen, werden **fotovoltaische Anlagen** genannt. Die physikalische Ursache der direkten Umwandlung in elektrische Energie (EDU = Energiedirektumwandlung) liegt darin, dass durch die Sonneneinstrahlung im Halbleitermaterial Ladungsträger freigesetzt werden. Diese Erscheinung wird auch innerer **fotoelektrischer Effekt** genannt.

▶ **Anmerkung:** Solarzellen mit einer Fläche von 100 cm^2 können ca. 0,5 V Gleichspannung und einen Photostrom bis zu 2 A erzeugen.

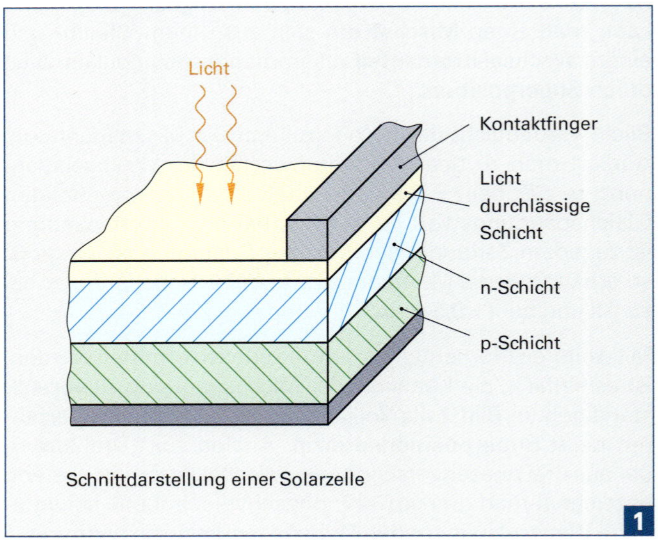

Solarzelle

Spannungserzeugung durch Wärme

Ein Thermoelement (Bild 2) besteht aus zwei verschiedenen Metall- oder Metalllegierungsdrähten (z.B. Kupfer und Konstantan). Ein Leiterendenpaar ist miteinander verdrillt und verlötet. Durch die Erwärmung der Verbindungsstelle tritt an den freien Leiterenden eine Gleichspannung auf. Das Auftreten einer solchen Gleichspannung wird nach dem deutschrussischen Physiker **Seebeck** (1770...1831) auch **Seebeck-Effekt** genannt. Er entdeckte als Erster im Jahre 1821 diese „Thermoelektrizität". Die Größe der so erzeugten Gleichspannung, auch **Thermospannung** genannt, ist proportional zur Temperaturdifferenz zwischen der Verbindungsstelle M (Messstelle) und der Verbindungsstelle U, bei der man eine konstante Umgebungstemperatur annehmen kann.

Die **Thermospannung** ist ein Maß für die Temperaturdifferenz zwischen zwei verschiedenen Verbindungsstellen.

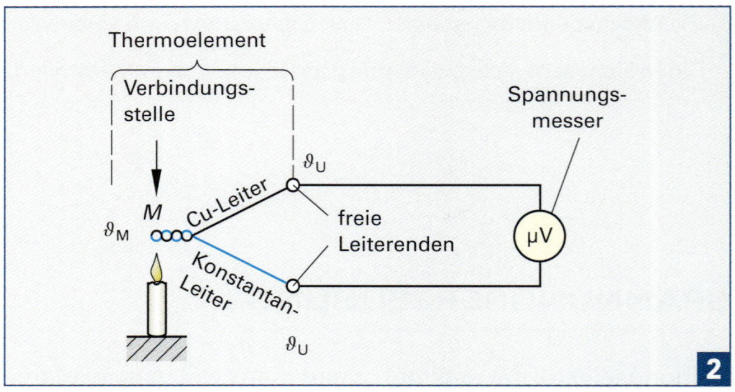

Thermoelement

▶ **Anmerkung:** Je nach Leiterkombination und Temperatur hat die Thermospannung eine Größenordnung im mV-Bereich. Die messbaren Temperaturen bewegen sich zwischen –200°C und +3000°C.

Spannungserzeugung durch Induktion

Bild 3 zeigt einen Hufeisenmagneten, der in einer Spule hin- und herbewegt wird. Dabei wird in der Spule eine Spannung erzeugt (induziert). Die an der Spule elektromagnetisch entstandene Wechselspannung kann auch als induzierte Spannung bezeichnet werden, die von Michael **Faraday** (1791...1867) zum ersten Mal 1831 beobachtet worden ist. Diese so erzeugte induzierte elektrische Spannung U_{ind} beruht auf der Gesetzmäßigkeit:

In einer **ruhenden Spule** wird eine **Spannung induziert,** wenn sie mit einem sich ändernden Magnetfeld einer felderzeugenden, stromdurchflossenen Spule oder mit dem Magnetfeld eines bewegten Dauermagneten magnetisch gekoppelt ist.

Die Höhe der induzierten Spannung hängt von der Stärke des Dauermagneten, der Geschwindigkeit der Bewegung und von der Anzahl der Windungen der Spule ab.

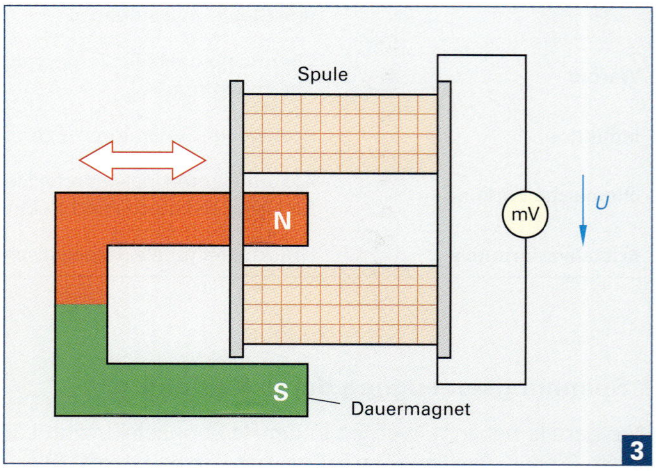

Induzierte Spannung

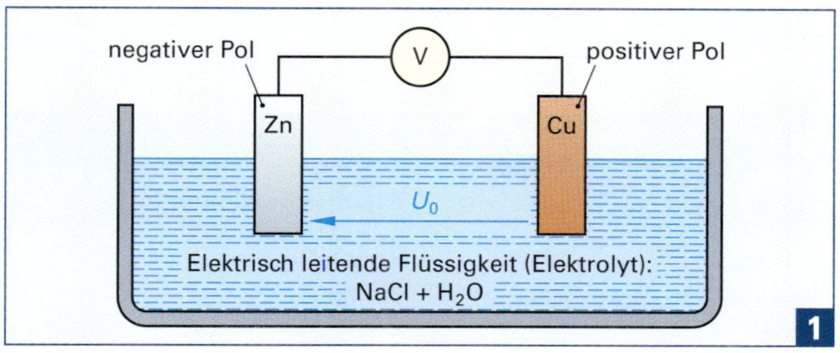

Galvanisches Element

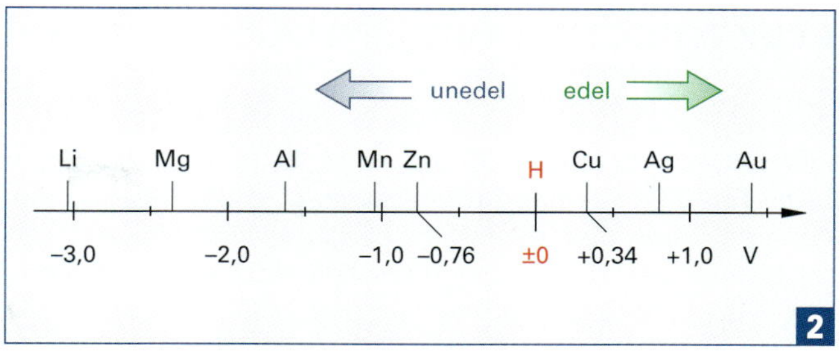

Elektrochemische Spannungsreihe

Spannungserzeugung durch chemische Vorgänge

Eines der ältesten galvanischen Elemente (benannt nach dem italienischen Physiker Luigi **Galvani** (1737...1798) ist das von John F. **Daniell** (1790...1845) entwickelte **Kupfer-Zink-Element.** Im Prinzip besteht ein **galvanisches Element** aus zwei **verschiedenen, metallischen Werkstoffen** und einer elektrisch leitenden Flüssigkeit (Elektrolyt). Bei einem physikalischen Experiment kann beispielsweise als Elektrolyt eine **Natriumchloridlösung** (NaCl) verwendet werden (Bild 1). Die dabei entstehende Spannung zwischen den Platten beträgt maximal 1,1 V. Die Spannungen für andere Plattenkombinationen können mithilfe der **elektrochemischen Spannungsreihe** (Bild 2) (auch **Voltaische Spannungsreihe** genannt) ermittelt werden. Ein galvanisches Element wird oft kurz „Zelle" genannt, und deswegen wird die Spannung zwischen der Anode und der Kathode auch als **Zellenspannung** bezeichnet.

Ein **galvanisches Element** besteht aus zwei verschiedenen, metallischen Werkstoffen, die über einen Elektrolyten elektrisch verbunden sind.

Die elektrische Spannung bei der Plattenkombination Kupfer und Zink wird wie folgt ermittelt:

$$U = +0{,}34\ \text{V} - (-0{,}76\ \text{V}) = 1{,}1\ \text{V}$$

Sind mehrere galvanische Elemente in Reihenschaltung oder in Parallelschaltung miteinander verbunden, nennt man diese Spannungsquelle **Batterie.** Man unterscheidet je nach Aufbau, zwei Arten von spannungserzeugenden Elementen, die auf dem elektrochemischen Prinzip beruhen: die Primärelemente und die Sekundärelemente.

Primärelemente

sind galvanische Elemente und stellen nur für eine begrenzte Zeit elektrische Energie zur Verfügung. Sie müssen nach Gebrauch entsorgt werden.

Sekundärelemente (auch Akkumulatoren genannt)

sind im Gegensatz zu den Primärelementen **wieder aufladbar.** Nachdem die chemische Energie bis auf einen bestimmten Mindestwert in elektrische Energie umgewandelt worden ist, können diese Elemente wieder aufgeladen werden. Die Umwandlung der Energien ist mit einer chemischen Veränderung der Plattenoberflächen verbunden. Die **Wiederaufladung eines Akkumulators** geschieht dadurch, dass man den Akkumulator mit einer Gleichstromquelle verbindet, wobei unbedingt auf die richtige **Polung** zu achten ist (Bild 3).

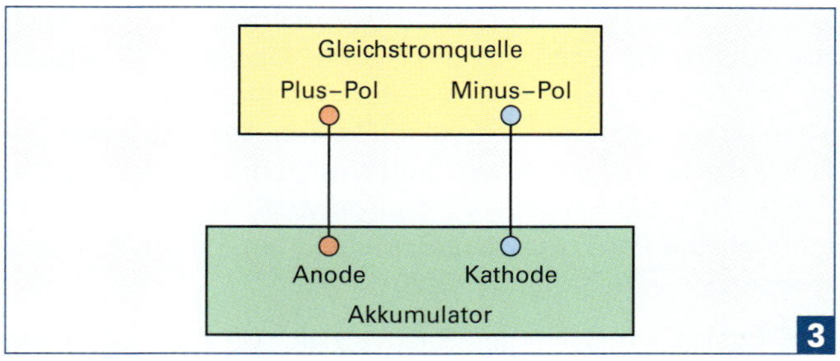

Richtige Polung bei der Aufladung

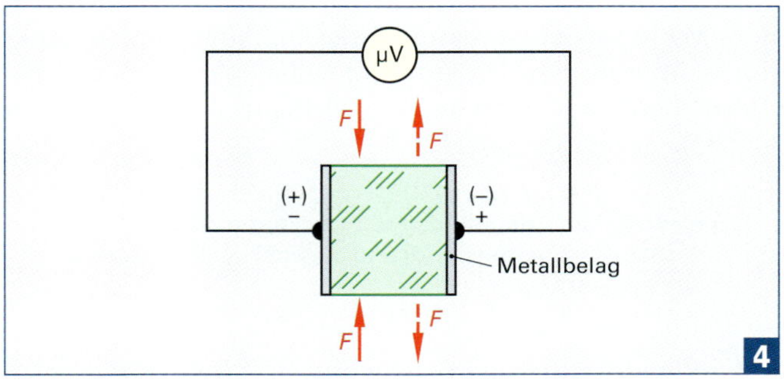

Piezokristall

Akkumulatoren werden überall dort eingesetzt, wo man unabhängig vom Energienetz sein möchte: Kfz, Elektroautos, für elektrische und elektronische Geräte und für die Stromversorgung im Notfall.

Spannungserzeugung durch Kristallverformung

Pierre **Curie** (1859...1906) beobachtete immer dann eine elektrische **Spannung zwischen den Oberflächen bestimmter Ionen-Kristalle,** wenn diese in einer bestimmten Richtung mechanisch beansprucht, d.h., gezogen (gedehnt) oder gedrückt (gestaucht) werden. Solche Kristalle sind z.B. Quarz (Si02), Zinksulfid, Turmalin, Seignettesalz (Natriumkaliumtartrat). Sie nennt man **Piezokristalle.** Piezokristalle werden z.B. für Feuerzeuge verwendet.

Bild 4 veranschaulicht die Spannungserzeugung durch Kristallverformung. Der Druck oder der Zug bewirkt, dass ein aus Ionen aufgebauter Kristall verformt wird. Dabei werden die negativen und positiven Ladungen gegeneinander verschoben. Eine elektrische Spannung an der Oberfläche ist die Folge.

Legt man eine Wechselspannung an einen Piezokristall, so schwingt er mit der gleichen Frequenz der Wechselspannung. Diese Erscheinung wird als umgekehrter Piezoeffekt bezeichnet. Damit kann man **piezoelektrische Schallquellen** zur Erzeugung von Ultraschall bauen (piezo von piedein (griech.) = drücken).

ELEKTRISCHER WIDERSTAND UND LEITWERT

Je nachdem, ob die verschiedenen Werkstoffe den Strom leiten oder nicht leiten, werden sie als Leiter oder Nichtleiter bezeichnet. Es ist manchmal schwierig, die Werkstoffe eindeutig einzuordnen, denn die Übergänge sind fließend. Unter bestimmten Bedingungen werden Nichtleiter zu Leitern, z.B. Gase in Gasentladungslampen. Halbleiterwerkstoffe sind bezüglich ihrer Leitfähigkeit leicht zu beeinflussen. In der Elektrotechnik werden messbare elektrische Eigenschaften zur eindeutigen Zuordnung von Werkstoffen benötigt. Eine solche Zuordnung ist mit Widerstandswerten und Leitwerten möglich.

Der ital. Physiker **Volta** (1745...1827) teilte bereits um 1800 die elektrischen Leiter in **Leiter der 1. Klasse** und **2. Klasse** ein. Alle Leiter der 1. Klasse leiten den elektrischen Strom ohne eine chemische Zersetzung (s. Tabelle). Alle Leiter der 2. Klasse leiten den Strom unter Begleitung einer chemischen Zersetzung. Strömen frei bewegliche Elektronen in einem Leiter der 1. Klasse (z.B. Metalldraht) hindurch. Dabei müssen sie „Widerstände" überwinden.

Bild 1 veranschaulicht den Sachverhalt, wie zwei Arten von Widerständen überwunden werden müssen. Erstens bremst die Elektronenhülle der Metalldrahtatome die Bewegung der „freien" Elektronen ab. Zweitens finden diese Elektronen in dem Maße kleiner werdende Zwischenräume vor, je höher die Temperatur ist. Die um ihre Ruhelage schwingenden Atome benötigen dann auch mehr Raum (im Bild 1 als gestrichelte Kreise dargestellt).

> Der **elektrische Widerstand** erhält das Formelzeichen ***R*** (resistentia, lat. = Widerstand) und die Einheit Ohm (griech. Großbuchstabe Ω Omega).

Mit anderen Worten: Ein Leiterwerkstoff leitet den elektrischen Strom umso besser, je kleiner sein elektrischer Widerstand ist. Die Fähigkeit eines Leiterwerkstoffes, den elektrischen Strom zu leiten, wird in der Elektrizitätslehre mit dem Begriff „elektrischer Leitwert" (kurz: Leitwert) beschrieben.

> Der **elektrische Leitwert** erhält das Formelzeichen *G* und die Einheit Siemens (S).

ELEKTRISCHE LEITER

Leiter	Nichtleiter (Isolierstoffe)
1. Klasse:	Kunststoffe
Metalle	Textilien
Kohle	Glas
	Porzellan
2. Klasse:	Bernstein
Säuren	Dest. Wasser
Basen	Öl
Salzlösung	Vakuum
Gase (nur bedingt)	Gase

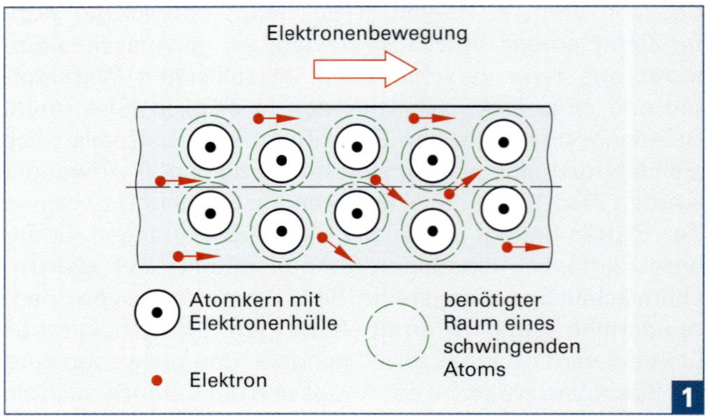

Leiterwiderstand

Der elektrische Leitwert ist der reziproke Wert des elektrischen Widerstandswertes *R* und somit gilt:

> Der **Leitwert** ist der Kehrwert des Widerstandes *R*.

LEITWERT

$G = \frac{1}{R}$

G	*R*
S	Ω

$1\,S = \frac{1}{1\Omega}$

VIELFACHE DER EINHEIT OHM

Für kleine Widerstandswerte	Für große Widerstandswerte
1 Milliohm $= 1\text{m}\Omega = \frac{1}{1000}\Omega = 10^{-3}\,\Omega$	1 Kiloohm $= 1\text{k}\Omega = 1000\,\Omega = 10^{3}\,\Omega$
1 Mikroohm $= 1\mu\Omega = \frac{1}{1000000}\Omega = 10^{-6}\,\Omega$	1 Megaohm $= 1\text{M}\Omega = 1000000\,\Omega = 10^{6}\,\Omega$

AUFGABEN ZUR WIEDERHOLUNG

1. Geben Sie den Widerstandswert $R = 2{,}7\ \Omega$ in folgende Einheiten an: kΩ, mΩ und μΩ.
2. Wie groß ist der Leitwert in Siemens und Milli-Siemens eines Widerstandes von 120 Ω?
3. Wodurch unterscheiden sich prinzipiell elektrische Leiter der 1. Klasse von denen der 2. Klasse?
4. Wie wirkt sich die Temperatur auf den elektrischen Widerstand eines Leiters der 1. Klasse aus?
5. Erklären Sie den Begriff „elektrischer Leitwert".

GESETZMÄSSIGKEITEN IM ELEKTRISCHEN STROMKREIS

Der deutsche Physiker Simon **Ohm** (1787...1854) hat 1827 eine einfache und wichtige Beziehung zwischen den Begriffen Widerstand, Stromstärke und Spannung aufgestellt. Nach ihm wurde auch das Gesetz als „Ohm'sches Gesetz" benannt.

DAS OHM'SCHE GESETZ

Bild 1 zeigt eine **Versuchsanordnung,** mit der der Zusammenhang zwischen **Spannung, Stromstärke** und **Widerstand** nachgewiesen werden kann. Die Schaltung besteht aus einem Netzanschlussgerät, das die Größe der Netzwechselspannung verändert und in eine Gleichspannung umwandelt, ferner aus zwei Messgeräten für die Strom- und Spannungsmessung. Ein Widerstand *R* wird mithilfe von Steckverbindungen angeschlossen.

Der **Strompfeil** wird in der Regel parallel zum Leiter gezeichnet, und zwar in Richtung vom Plus- zum Minuspol. Der **Spannungspfeil** ist parallel zum Verbraucher oder zur Spannungsquelle zu zeichnen, ebenfalls in **Richtung vom Plus- zum Minuspol.** Mit der in Bild 1 dargestellten Versuchsanordnung stellt man fest, dass bei gleichbleibendem Widerstandswert *R* die gemessene Stromstärke umso größer ist, je größer die angelegte Spannung ist. Dies ist leicht einzusehen. Schon in Kapitel „Elektrische Ladung und elektrisches Feld" wurde erklärt, dass mit einem Ladungsunterschied zwischen den Klemmen Elektronen in einer bestimmten Zeit durch einen Leiterquerschnitt fließen. Die Zahlenbeispiele in der Tabelle sollen den Zusammenhang zwischen den elektrischen Größen verdeutlichen. Verdoppelt oder verdreifacht man die Spannung, so verdoppelt oder verdreifacht sich die Stromstärke, wenn der Widerstandswert konstant bleibt. Die Berechnung des Quotienten mit den gemessenen Werten von

U und *I* zeigt die folgende Formel: $\frac{U}{I} = 2\frac{\text{V}}{\text{A}} = \text{konstant}$.

Dieser konstante Wert wird als **elektrischer Widerstandswert *R*** bezeichnet.

$U = R \cdot I$ zeigt den proportionalen Zusammenhang zwischen *U* und *I*, auch **Ohm'sches Gesetz** genannt. *R* hat dabei die Funktion einer Proportionalitätskonstante und wird auch **Ohm'scher Widerstand** genannt. Die Beziehung zwischen *I*, *U* und *R* wird im Koordinatensystem dargestellt (Bild 2). In ihm ist die Spannung *U* (Abszisse) die Variable und die Stromstärke *I* (Ordinate), die von *U* abhängige Größe.

Die aus der Tabelle entnommenen Zahlenbeispiele für $R = 2\,\Omega$ und die Widerstandsgerade für $R = 4\,\Omega$ veranschaulichen folgende Aspekte:

- Die Kennlinie ist eine Ursprungsgerade und zeigt deutlich den linearen Zusammenhang zwischen *I* und *U* (allgemein wird diese Gerade als Widerstandsgerade bezeichnet).
- Je steiler die Gerade, desto größer ist der Leitwert *G* bzw. desto kleiner ist der Widerstandswert *R*.

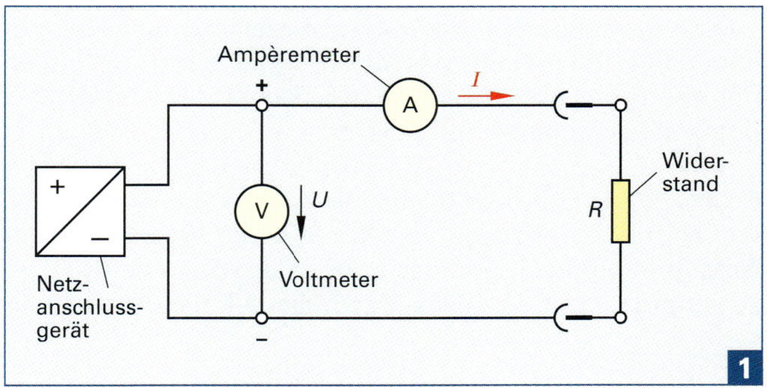

Nachweis des Ohm'schen Gesetzes

MESSWERTE

Widerstand	*U* gemessen in V	*I* gemessen in A	*U/I* berechnet in V/A
	1	0,5	2
R	2	1,0	2
	3	1,5	2

WIDERSTANDSWERT

$R = \frac{U}{I}$

U	*I*	*R*
V	A	$\frac{\text{V}}{\text{A}}$, Ω

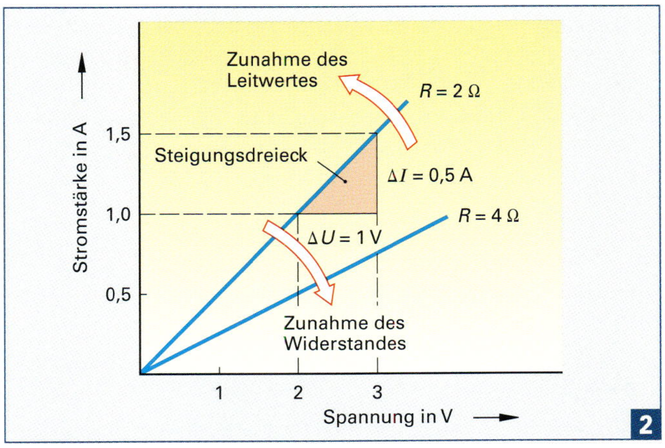

Widerstandsgerade

BEISPIEL

Zwei verschiedene Glühlampen werden nacheinander an eine Spannung von $U = 24$ V angeschlossen. Folgende Ströme werden dabei gemessen: $I = 4{,}0$ A und 50 mA. Berechnen Sie die jeweiligen Widerstände und Leitwerte der zwei Glühlampen in Ω, mΩ, kΩ und in S, mS.

Lösung a) $R_1 = \frac{U}{I} = \frac{24\,\text{V}}{4{,}0\,\text{A}} = 6\,\Omega = 6000\,\text{m}\Omega = 0{,}0064\,\text{k}\Omega$; $R_2 = \frac{U}{I} = \frac{24\,\text{V}}{0{,}1\,\text{A}} = 240\,\Omega = 240000\,\text{m}\Omega = 0{,}24\,\text{k}\Omega$;

b) $G_1 = \frac{1}{R_1} = \frac{1}{6{,}0\,\Omega} = 0{,}1\overline{6}\,\text{S} = 166{,}\overline{6}\,\text{m}\Omega$; $G_2 = \frac{1}{R_2} = \frac{1}{240{,}0\,\Omega} = 4{,}1\overline{6} \cdot 10^{-3}\,\text{S} = 4166{,}\overline{6}\,\text{mS}$

REIHENSCHALTUNG VON WIDERSTÄNDEN

Bild 1 zeigt eine Schaltung von drei Widerständen (Verbrauchern), die in Reihe geschaltet sind. Normgerecht werden die **Spannungspfeile** parallel zu den Verbrauchern bzw. zu den Spannungsquellen gezeichnet. Die **Strompfeile** sind parallel zu den Verbrauchern oder parallel zu den Leitungen zu zeichnen. Die **Indizes der elektrischen Größen** kennzeichnen die unterschiedlichen Spannungen und Ströme in Abhängigkeit von den **zugehörigen Widerstandsbezeichnungen.** Die Widerstände sind in **Reihe** geschaltet, wenn jeweils die Enden mit den jeweiligen Anfängen des nächsten Widerstandes direkt miteinander verbunden sind.

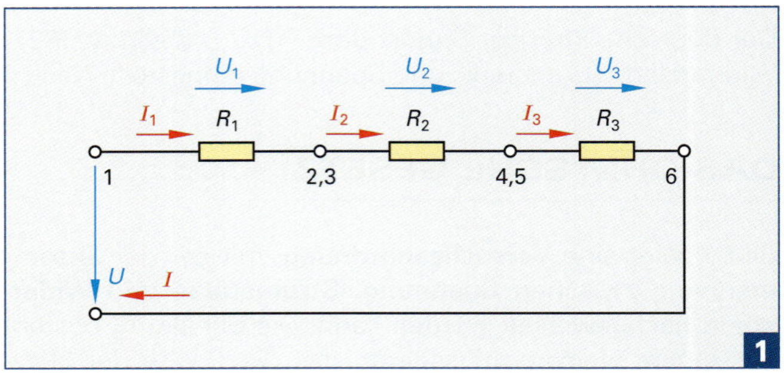

Reihenschaltung

So ist z. B. das Ende von R_1 mit dem Anfang von R_2, das Ende von R_2 mit dem Anfang von R_3 elektrisch verbunden. Der Anfang (Klemme 1) und das Ende (Klemme 6) der Reihenschaltung ist mit dem Plus- bzw. Minus-Pol elektrisch verbunden. Der elektrische Stromkreis ist somit geschlossen. Eine Reihenschaltung kann auch Hintereinanderschaltung oder Serienschaltung genannt werden.

GESETZMÄSSIGKEITEN IN DER REIHENSCHALTUNG

Regel	Mathematische Gesetzmäßigkeit	Allgemein formuliert
1	$I = I_1 = I_2 = I_3 = \ldots$	Der elektrische Strom ist an jeder Stelle des Stromkreises gleich groß.
2	$U = U_1 + U_2 + U_3 + \ldots$	Die Gesamtspannung ist so groß wie die Summe der Teilspannungen **(2. Kirchhoff'sches Gesetz).**
3	$R = R_1 + R_2 + R_3 + \ldots$ Bei n-gleichen Widerständen: $R = n \cdot R_1$	Der Gesamtwiderstand ist so groß wie die Summe der Teilwiderstände.
4	$\frac{U_1}{U_2} = \frac{R_1}{R_2}$; $\frac{U_1}{U} = \frac{R_1}{R}$; $\frac{U_2}{U} = \frac{R_2}{R}$	Die Teilspannungen verhalten sich wie die zugehörigen Widerstände.

1. REGEL:
Gesetzmäßigkeit der elektrischen Ströme in der Reihenschaltung

In Analogie zu strömenden Flüssigkeiten ist leicht einzusehen, dass die elektrischen Ströme I_1, I_2 und I_3 usw. durch die jeweiligen Widerstände gleich groß sein müssen.

Wenn es keine Stromabzweigung gibt, werden die Widerstände überall vom gleichen Strom durchflossen.

2. REGEL:
Gesetzmäßigkeit der elektrischen Spannungen in der Reihenschaltung

Die an der Reihenschaltung (Bild 1) anliegende Gesamtspannung U teilt sich auf die einzelnen Widerstände je nach Widerstandswert auf. Da der Strom überall gleich groß ist, ist nach dem Ohm'schen Gesetz die jeweilige Teilspannung proportional zum zugehörigen Widerstandswert. Somit entstehen in der in Bild 1 dargestellten Reihenschaltung drei Teilspannungen ($U_1 = R_1 \cdot I$; $U_2 = R_2 \cdot I$ und $U_3 = R_3 \cdot I$). Da sich die an der Reihenschaltung anliegende Gesamtspannung U in die Teilspannungen der Teilwiderstände aufteilt, gilt: $U = U_1 + U_2 + U_3 + \ldots$.

BEISPIEL

An drei in Reihe geschalteten Widerständen treten folgende Teilspannungen auf: $U_1 = 50$ V; $U_2 = 100$ V und $U_3 = 24$ V. Die Reihenschaltung wird von einem elektrischen Strom $I = 2{,}5$ A durchflossen.
Berechnen Sie

a) die Gesamtspannung U,
b) die Teilwiderstände R_1, R_2 und R_3 in Ohm Ω,
c) die Teilleitwerte G_1, G_2 und G_3 in Siemens S.

Lösung a) $U = U_1 + U_2 + U_3 = 50\,\text{V} + 100\,\text{V} + 24\,\text{V} = 174\,\text{V}$

b) $R_1 = \frac{U_1}{I} = \frac{50\,\text{V}}{2{,}5\,\text{A}} = 20\,\Omega$; $R_2 = \frac{U_2}{I} = \frac{100\,\text{V}}{2{,}5\,\text{A}} = 40\,\Omega$; $R_3 = \frac{U_3}{I} = \frac{24\,\text{V}}{2{,}5\,\text{A}} = 9{,}6\,\Omega$

c) $G_1 = \frac{1}{R_1} = \frac{1}{20\,\Omega} = 0{,}05\,\text{S}$; $G_2 = \frac{1}{R_2} = \frac{1}{40\,\Omega} = 0{,}025\,\text{S}$; $G_3 = \frac{1}{R_3} = \frac{1}{9{,}6\,\Omega} = 0{,}104\,\text{S}$

3. REGEL:
Gesetzmäßigkeit der elektrischen Widerstände in der Reihenschaltung

Werden in der Gleichung $U = U_1 + U_2 + U_3 + \dots$ die Spannungen durch die entsprechenden Produkte ersetzt, so kann aus dem zweiten Kirchhoff'schen Gesetz die 3. Regel direkt abgeleitet werden. Mit $R \cdot I = R_1 \cdot I + R_2 \cdot I + R_3 \cdot I$ und somit $R \cdot I = I \cdot (R_1 + R_2 + R_3)$ entsteht die 3. Regel, nachdem der Strom I in der Gleichung gekürzt wurde: $R = R_1 + R_2 + R_3 + \dots$

BEISPIEL 1

Eine Reihenschaltung, bestehend aus drei Widerständen $R_1 = 10\,\Omega$, $R_2 = 20\,\Omega$, $R_3 = 30\,\Omega$. Sie liegt an der Gesamtspannung $U = 100$ V. Berechnen Sie den Gesamtwiderstand R und den Gesamtsrom I.

Lösung $R = R_1 + R_2 + R_3 = 10\,\Omega + 20\,\Omega + 30\,\Omega = 60\,\Omega$

$$I = \frac{U}{R} = \frac{100\text{ V}}{60\,\Omega} = 1{,}67\text{ A}$$

BEISPIEL 2

Eine Lampenkette besteht aus 10 in Reihe geschalteten 3,5-V-Glühlampen. Jede hat im Betriebsfall einen elektrischen Widerstandswert von $R_1 = 4\,\Omega$. Berechnen Sie den Gesamtwiderstand dieser Lampenkette und die gesamte anliegende Nennspannung U.

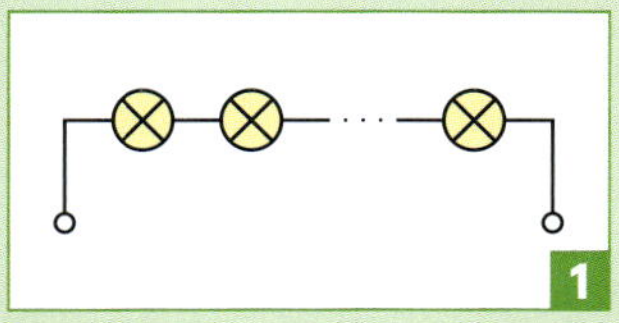

1 *Lampenkette*

Lösung $R = n \cdot R_1 = 10 \cdot 4\,\Omega = 40\,\Omega$

$U = n \cdot U_{Lampe} = 10 \cdot 3{,}5\text{ V} = 35\text{ V}$

4. REGEL:
Gesetzmäßigkeit der Spannungen und Widerstände in der Reihenschaltung

Ersetzt man in der Gleichung $I = I_1 = I_2 = I_3 = \dots$ die elektrischen Ströme durch die entsprechenden Quotienten $\frac{U}{R}, \frac{U_1}{R_1}$ usw., so ergibt sich die Beziehung zwischen den Teilspannungen und ihren zugehörigen Teilwiderständen: $\frac{U_1}{U} = \frac{R_1}{R}; \frac{U_2}{U} = \frac{R_2}{R}; \frac{U_3}{U} = \frac{R_3}{R}$

BEISPIEL

Eine Reihenschaltung besteht aus drei Widerständen $R_1 = 560\,\Omega$, $R_2 = 1{,}1\text{ k}\Omega$ und $R_3 = 250\,\Omega$.
Berechnen Sie die Teilspannungen U_1, U_2 und U_3, wenn die Schaltung an einer Spannung von $U = 230$ V anliegt.

Lösung Gesamtwiderstand $R = R_1 + R_2 + R_3 = 560\,\Omega + 1100\,\Omega + 250\,\Omega = 1910\,\Omega$

Teilspannungen

$$\frac{U_1}{U} = \frac{R_1}{R} \rightarrow U_1 = \frac{R_1}{R} \cdot U = \frac{560\,\Omega}{1910\,\Omega} \cdot 230\text{ V} = 67{,}44\text{ V}$$

$$\frac{U_2}{U} = \frac{R_2}{R} \rightarrow U_2 = \frac{R_2}{R} \cdot U = \frac{1100\,\Omega}{1910\,\Omega} \cdot 230\text{ V} = 132{,}46\text{ V}$$

$$\frac{U_3}{U} = \frac{R_3}{R} \rightarrow U_3 = \frac{R_3}{R} \cdot U = \frac{250\,\Omega}{1910\,\Omega} \cdot 230\text{ V} = 30{,}1\text{ V}$$

AUFGABEN ZUR WIEDERHOLUNG

1. Eine speziell für die Beleuchtung von Skalen entwickelte Glühlampe trägt auf dem Sockel die Aufschrift 15 V/0,13 A. Als Spannungsquellen stehen 3-V- und 9-V-Zink-Kohle-Batterien zur Verfügung. Welche und wie viele Batterien müssen davon in Reihe geschaltet werden, um die nötige Lampenspannung zu erreichen?

2. Ein Spannungsteiler besteht aus einer Reihenschaltung von zwei Teilwiderständen $R_1 = 510\,\Omega$ und $R_2 = 1\text{ k}\Omega$. Am Spannungsteiler liegt eine Spannung von $U = 100$ V an. Berechnen Sie:

a) den Gesamtwiderstandswert R des Spannungsteilers,

b) den Gesamtstrom I des Spannungsteilers,

c) die am Teilwiderstand anliegende Teilspannung U_2.

PARALLELSCHALTUNG VON WIDERSTÄNDEN

Bild 1 zeigt eine Parallelschaltung von drei Widerständen. Als Stromquelle wird ein **Netzanschlussgerät** verwendet. Entsprechend der Vereinbarung werden die elektrischen Größen – Spannungen und Ströme – mit Spannungs- und Strompfeilen dargestellt.

Die **Verbraucher** (Widerstände) sind **parallelgeschaltet,** wenn jeweils deren Anfänge (1, 3, 5) und deren Enden (2, 4, 6) elektrisch miteinander verbunden sind.

Als **Knotenpunkte** sind die Stellen der elektrischen Schaltung zu betrachten, an denen eine **Stromverzweigung** auftritt. Für die Praxis hat die Parallelschaltung den großen Vorteil, dass viele verschiedene Verbraucher gleichzeitig und unabhängig voneinander an dasselbe Energienetz angeschlossen werden können. Dabei erhält man immer die gleiche Spannung.

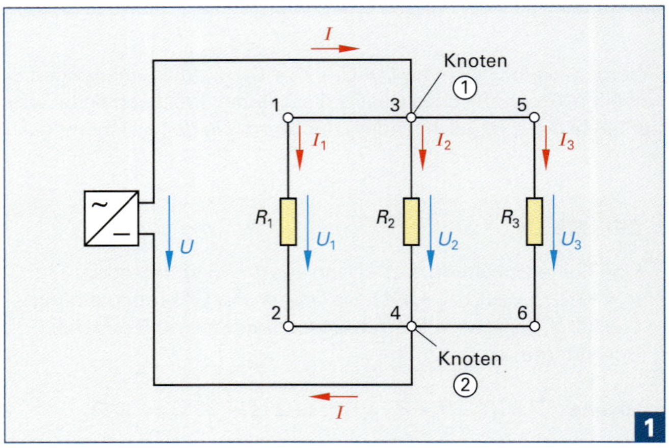

Parallelschaltung von Widerständen

GESETZMÄSSIGKEITEN IN DER PARALLELSCHALTUNG		
Regel	**Mathematische Gesetzmäßigkeit**	**Allgemein formuliert**
1	$U = U_1 = U_2 = U_3 = \ldots$	Die elektrische Spannung ist an jedem Teilwiderstand gleich groß.
2	$I + I_1 + I_2 + I_3 + \ldots$	Der Gesamtstrom ist so groß wie die Summe der Teilströme **(1. Kirchhoff´sches Gesetz).**
3	$G = G_1 + G_2 + G_3 + \ldots$ oder mit den Kehrwerten formuliert: $\frac{1}{R} = \frac{1}{R_1} + \frac{1}{R_2} + \frac{1}{R_3}$	Der Gesamtleitwert ist so groß wie die Summe der Teilleitwerte. Bei n-gleichen Teilwiderständen gilt: $R = n \cdot R_1$, bei nur zwei verschiedenen Widerständen gilt: $R = \frac{R_1 \cdot R_2}{R_1 + R_2}$
4	$\frac{I_1}{I_2} = \frac{R_2}{R_1}$; $\frac{I_1}{I} = \frac{R}{R_1}$; $\frac{I_2}{I} = \frac{R}{R_2}$	Die Teilströme verhalten sich umgekehrt wie ihre zugehörigen Widerstände.

1. REGEL:
Gesetzmäßigkeit der elektrischen Spannungen in der Parallelschaltung

Die Parallelschaltung ist dadurch gekennzeichnet, dass die elektrischen Potenziale an den Klemmen gleich groß sind. Dies gilt z.B. für die Klemmen 1, 3 und 5 bzw. 2, 4 und 6 (auch Knoten 1 und 2 genannt). Deshalb ist der Potenzialunterschied (auch Spannungsfall genannt) an den parallel geschalteten Widerständen überall gleich groß.

Mit der Beschreibung „**elektrisches Potenzial** an einer Klemme" ist die auftretende elektrische Spannung zwischen der Klemme und einer in Bild 1 nicht eingezeichneten Bezugserde gemeint. Die **Bezugserde** würde in der Praxis z.B. mit dem Knoten 2 elektrisch verbunden werden. Als Bezugserde (kurz: Erder) können alle elektrisch leitfähigen Teile verwendet werden, die mit einer Blitzschutzanlage verbunden sind. Das gilt auch für alle elektrisch spannungsfreien und geerdeten Teile, die wiederum eine elektrische Verbindung mit dem leitfähigen Erdreich besitzen. Bei der Bezugserde ist kein elektrisches Potenzial (U = 0 V) vorhanden.

2. REGEL:
Gesetzmäßigkeit der elektrischen Ströme in der Parallelschaltung

Die vom Netzanschlussgerät (Spannungsquelle) wegfließende und zugleich zu den Verbrauchern hinfließende Gesamtstrom I_1 zweigt sich im Knotenpunkt 1 in die einzelnen Teilströme I_1, I_2 und I_3 auf.

Die jeweiligen Ströme werden Teilströme oder auch Zweigströme genannt. Entsprechend kommen die drei Teilströme (Bild 1) im Knotenpunkt 2 als Gesamtstrom wieder zusammen. Dieser fließt zur Spannungsquelle zurück und somit ist die 2. Regel leicht nachvollziehbar:

Der Gesamtstrom ist so groß wie die Summe der Teilströme. Dieser Sachverhalt kann allgemein formuliert werden und ist als **Knotenregel** bekannt:

An jedem **Knotenpunkt** ist die Summe der hinfließenden Teilströme so groß wie die Summe der wegfließenden.

BEISPIEL

Es sind drei verschiedene Widerstände R_1, R_2 und R_3 parallel geschaltet. Insgesamt nimmt die Schaltung eine Stromstärke von I = 20 A auf. Berechnen Sie den Teilstrom I_3, wenn für die anderen Teilströme folgende Werte gemessen werden: I_1 = 10 A und I_2 = 5,5 A.

Lösung $I + I_1 + I_2 + I_3 \rightarrow I_3 = I - I_1 - I_2 = 20\text{ A} - 10\text{ A} - 5{,}5\text{ A} = 4{,}5\text{ A}$

3. REGEL:
Gesetzmäßigkeit der elektrischen Leitwerte in der Parallelschaltung

Mithilfe des Ohm'schen Gesetzes sowie der 1. und der 2. Regel lässt sich die 3. Regel für den Gesamtleitwert ($G = \frac{1}{R}$) ableiten.

Mit $I = \frac{U}{R}$ und $I + I_1 + I_2 + I_3 + \ldots$ wird $\frac{U}{R} = \frac{U_1}{R_1} + \frac{U_2}{R_2} + \frac{U_3}{R_3}$

Somit gilt für die 3. Regel:

KEHRWERT DES GESAMTWIDERSTANDES

$$\frac{1}{R} = \frac{1}{R_1} + \frac{1}{R_2} + \frac{1}{R_3} \qquad G = G_1 + G_2 + G_3 + \ldots$$

▶ **Anmerkung:** Der Gesamtwiderstand kann auch durch den Begriff **Ersatzwiderstand** ersetzt werden. Bei rechnerischen Lösungen ist es sinnvoll komplexe Widerstandsschaltungen dadurch zu vereinfachen, indem zusammengehörige Teilwiderstände durch Ersatzwiderstände ersetzt werden.

BEISPIEL 1

Berechnen Sie den Gesamtleitwert G und den Gesamtwiderstand R einer Parallelschaltung mit den Teilwiderständen: $R_1 = 560\ \Omega$, $R_2 = 1{,}1\ \text{k}\Omega$ und $R_3 = 250\ \Omega$.

Lösung

Gesamtleitwert $G = \frac{1}{R} = \frac{1}{R_1} + \frac{1}{R_2} + \frac{1}{R_3}$

$= \frac{1}{560\ \Omega} + \frac{1}{1\,100\ \Omega} + \frac{1}{250\ \Omega} = 0{,}006695\ \frac{1}{\Omega}$

Gesamtwiderstand $R = \frac{1}{G} = \frac{1}{0{,}00669\ \frac{1}{\Omega}} = 149{,}37\ \Omega$

BEISPIEL 2

Berechnen Sie den Ersatzwiderstand R und den Ersatzleitwert G von den parallel geschalteten Widerständen $R_2 = 1{,}1\ \text{k}\Omega$ und $R_3 = 250\ \Omega$.

Lösung $R_{2,3} = \frac{R_2 \cdot R_3}{R_2 + R_3} = \frac{1\,100\ \Omega \cdot 250\ \Omega}{1\,100\ \Omega + 250\ \Omega} = 203{,}7\ \Omega$

$G_{2,3} = \frac{1}{R_{2,3}} = \frac{1}{203{,}7\ \Omega} = 0{,}00491\ \frac{1}{\Omega}$

▶ **Anmerkung:** Der Gesamtwiderstand ist kleiner als der kleinste Teilwiderstand.

4. REGEL:
Gesetzmäßigkeit der elektrischen Ströme und Widerstände in der Parallelschaltung

Mithilfe des Ohm'schen Gesetzes $U = R \cdot I$, der 1. Regel $U_1 = U_2 \rightarrow R_1 \cdot I_1 = R_2 \cdot I_2$ und einer algebraischen Umformung erhält man die 4. Regel:

$\frac{I_1}{I_2} = \frac{R_2}{R_1};\ \frac{I_1}{I} = \frac{R}{R_1};\ \frac{I_2}{I} = \frac{R}{R_2}$

BEISPIEL

Die zwei Widerstände $R_1 = 560\ \Omega$ und $R_2 = 1{,}1\ \text{k}\Omega$ sind parallelgeschaltet und nehmen eine Gesamtstromstärke von $I = 1{,}2$ A auf. Berechnen Sie den Ersatzwiderstand $R_{1,2}$, die Spannung U, die Teilströme I_1, I_2 und überprüfen Sie mithilfe der 4. Regel Ihr rechnerisches Ergebnis.

Lösung $R_{1,2} = \frac{R_1 \cdot R_2}{R_1 + R_2} = \frac{560\ \Omega \cdot 1\,100\ \Omega}{560\ \Omega + 1\,100\ \Omega} = 371{,}08\ \Omega$; $\quad U = R_{1,2} \cdot I = 371{,}08\ \Omega \cdot 1{,}2\ \text{A} = 445{,}3\ \text{V}$

$I_1 = \frac{U}{R_1} = \frac{445{,}3\ \text{V}}{560\ \Omega} = 0{,}795\ \text{A}$ und $I_2 = \frac{U}{R_2} = \frac{445{,}3\ \text{V}}{1\,100\ \Omega} = 0{,}4048\ \text{A}$

Die Berechnung der Teilverhältnisse ergeben für die Teilströme $\frac{I_1}{I_2} = \frac{0{,}795\ \text{A}}{0{,}4048\ \text{A}} = 1{,}964$ und für die Teilwiderstände $\frac{R_2}{R_1} = \frac{1\,100\ \Omega}{560\ \Omega}$. Sie bestätigen somit die Richtigkeit des Lösungsweges.

KOMBINIERTE SCHALTUNGEN

Eine kombinierte Schaltung (auch gemischte Schaltung oder Gruppenschaltung genannt), besteht aus mindestens drei Teilwiderständen. Mit schrittweisem Ersetzen von Parallel- und Reihenschaltungen in gemischten Widerstandsschaltungen durch Ersatzwiderstände, lassen sich selbst komplizierte Schaltungen auf einfache reduzieren. Gruppenschaltungen, die aus drei Teilwiderständen bestehen, lassen sich grundsätzlich in zwei Untergruppen einteilen: in die erweiterte Reihen- und in die erweiterte Parallelschaltung.

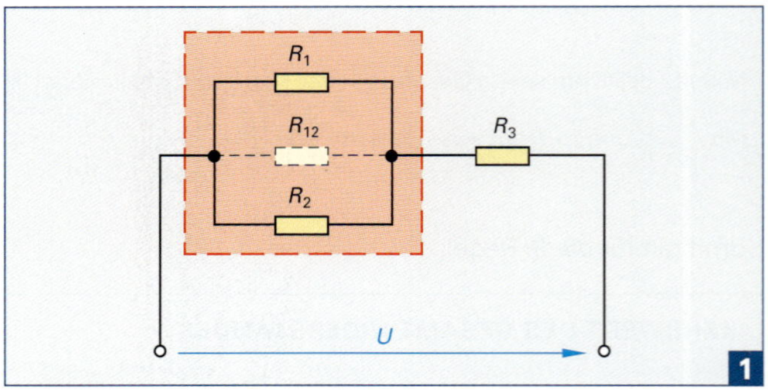

Erweiterte Reihenschaltung

Erweiterte Reihenschaltung

Bild 1 zeigt eine erweiterte Reihenschaltung mit drei Teilwiderständen. Dabei ist zu sehen, dass ein Teil dieser gemischten Schaltung eine Parallelschaltung enthält, die durch einen **Ersatzwiderstand $R_{1,2}$** ersetzt werden kann. Da der Ersatzwiderstand die gleiche Widerstandswirkung auf den elektrischen Strom hat wie die zwei parallel geschalteten Teilwiderstände (R_1 und R_2), nennen man ihn auch **Ersatzwiderstand.** Bei komplizierten Schaltungen ist die rechnerische Analyse oft einfacher, wenn zwei oder weitere Teilwiderstände theoretisch durch einen Widerstand ersetzt werden.

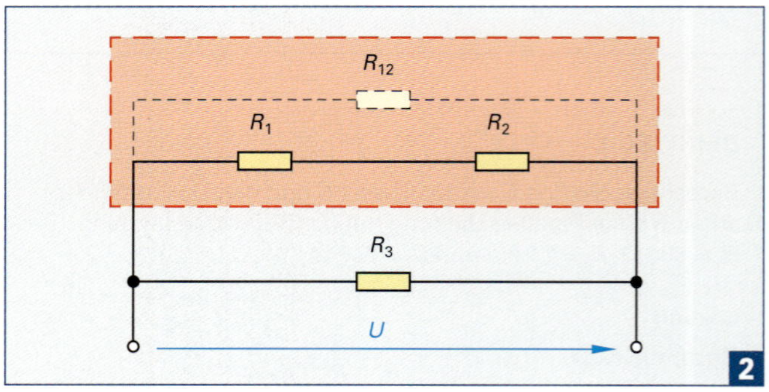

Erweiterte Parallelschaltung

Erweiterte Parallelschaltung

Bild 2 zeigt eine erweiterte Parallelschaltung von drei Teilwiderständen. Die Reihenschaltung von R_1 und R_2 ist mit dem Widerstand R_3 parallelgeschaltet. Analog zur erweiterten Reihenschaltung zeigt dieses Bild, dass hier die Reihenschaltung (R_1 und R_2) durch den Widerstand $R_{1,2}$ (gestrichelt gezeichnet) ersetzt werden kann (Bild 3). Die Widerstandsschaltung kann schaltungstechnisch zu einer einfachen Parallelschaltung von zwei Widerständen (Ersatzwiderstand und Teilwiderstand) reduziert werden.

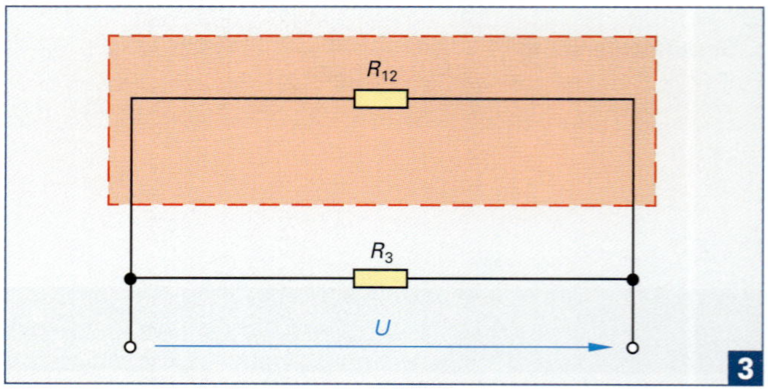

Ersatzschaltung der erweiterten Parallelschaltung

Bei konsequenter Anwendung der Gesetzmäßigkeiten der Reihen- und Parallelschaltung kann der jeweilige Gesamtwiderstand R für die im Bild 1 bzw. 2 dargestellte Widerstandsschaltung wie folgt berechnet werden:

GESAMTWIDERSTAND DER ERWEITERTEN

REIHENSCHALTUNG

$$R = \frac{R_1 \cdot R_2}{R_1 + R_2} + R_3$$

PARALLELSCHALTUNG

$$R = \frac{(R_1 + R_2) \cdot R_3}{R_1 + R_2 + R_3}$$

BEISPIEL 1

Die Widerstände einer **erweiterten Reihenschaltung** (Bild 1) haben folgende Widerstandswerte: $R_1 = 270\ \Omega$, $R_2 = 3{,}3\ \text{k}\Omega$ und $R_3 = 2{,}7\ \text{k}\Omega$. Berechnen Sie

a) den Gesamtwiderstand R und
b) alle Teilspannungen und Teilströme bei einer Gesamtspannung von $U = 100\ \text{V}$.

Lösung a) Gesamtwiderstand $R = \frac{R_1 \cdot R_2}{R_1 + R_2} + R_3 = \frac{270\ \Omega \cdot 3300\ \Omega}{270\ \Omega + 3300\ \Omega} + 2700\ \Omega = 24958\ \Omega + 2700\ \Omega = 294958\ \Omega$

b) Gesamtstromstärke $I = \frac{U}{R} = \frac{100\ \text{V}}{2949{,}58\ \Omega} = 0{,}0339\ \text{A}$

Teilspannungen $U_3 = R_3 \cdot I = 2700\ \Omega \cdot 0{,}0339\ \text{A} = 91{,}53\ \text{V}$; $U_1 = U_2 = U - U_3 = 100\ \text{V} - 91{,}53\ \text{V} = 8{,}47\ \text{V}$

Teilströme $I_2 = \frac{U_2}{R_2} = \frac{8{,}47\ \text{V}}{3300\ \Omega} = 0{,}002567\ \text{A}$ und $I = I_3 = 0{,}0339\ \text{A}$

Probe $I_3 = \frac{U_3}{R_3} = \frac{91{,}53\ \text{V}}{2700\ \Omega} = 0{,}0339\ \text{A}$

BEISPIEL 2

Die Widerstände einer **erweiterten Parallelschaltung** (Bild 2 auf der vorhergehenden Seite) haben folgende Widerstandswerte: $R_1 = 270\ \Omega$, $R_2 = 3{,}3\ \text{k}\Omega$ und $R_3 = 2{,}7\ \text{k}\Omega$. Berechnen Sie

a) den Gesamtwiderstand R und
b) alle Teilströme, Gesamtstrom und alle Teilspannungen bei einer Gesamtspannung von $U = 100$ V.

Lösung a) Gesamtwiderstand $R = \frac{(R_1 + R_2) \cdot R_3}{R_1 + R_2 + R_3} = \frac{(270\ \Omega + 3300\ \Omega) \cdot 2700\ \Omega}{270\ \Omega + 3300\ \Omega + 2700\ \Omega} = 1537{,}32\ \Omega$

b) Teilströme $I_1 = I_2 = \frac{U}{R_1 + R_2} = \frac{100\ \text{V}}{270\ \Omega + 3300\ \Omega} = 0{,}028\ \text{A}$

$I_3 = \frac{U}{R_3} = \frac{100\ \text{V}}{2700\ \Omega} = 0{,}037\ \text{A}$

Gesamtstromstärke $I = \frac{U}{R} = \frac{100\ \text{V}}{1537{,}32\ \Omega} = 0{,}065\ \text{A}$

Teilspannungen $U_1 = R_1 \cdot I_1 = 270\ \Omega \cdot 0{,}028\ \text{A} = 7{,}56\ \text{V}$; $U_2 = R_2 \cdot I_2 = 3300\ \Omega \cdot 0{,}028\ \text{A} = 92{,}4\ \text{V}$

Probe $U_3 = R_3 \cdot I = 2700\ \Omega \cdot 0{,}037\ \text{A} = 100\ \text{V}$

WHEATSTONE´SCHE MESSBRÜCKE

Bild 1 stellt eine von vielen Arten der Widerstandsmessbrücken dar. Widerstandsmessbrücken können auch einfach als **Messbrücken** bezeichnet werden. Sie werden in der elektrischen Messtechnik sehr häufig eingesetzt.

Die nach dem englischen Physiker Charles **Wheatstone** (1802...1875) benannte **Wheatstone-Messbrücke** besteht im Prinzip aus zwei parallel geschalteten Reihenschaltungen mit jeweils zwei Widerständen (**R_1**, **R_2** bzw. **R_x**, **R_N**), einer Stromquelle (z.B. Batterie) und einem Galvanometer (hochempfindliches Messgerät). Die verwendeten Widerstände haben folgende Bedeutung:

R_x = unbekannter Widerstand
R_N = einstellbarer Vergleichswiderstand
R_1, R_2 = Teilwiderstände

Nach den Gesetzmäßigkeiten der Reihenschaltung teilen die zwei Reihenschaltungen die anliegende Gesamtspannung im gleichen Verhältnis $\frac{U_x}{U_N} = \frac{U_1}{U_2}$, wenn die Brückenschaltung abgeglichen ist.

Abgleichbedingung $\frac{R_X}{R_N} = \frac{R_1}{R_2}$

Die elektrischen Potenziale in A und B sind gleich groß, wenn diese Abgleichbedingung vorliegt. In der Messpraxis ist die Abgleichbedingung daran zu erkennen, dass das Messgerät keinen Ausschlag zeigt, die Spannung zwischen den Klemmen A und B also Null ist. Als Messgerät wird ein Spannungsmesser verwendet. Allgemein gilt:

Die **Brückenschaltung** ist abgeglichen, wenn keine **Brückenspannung U_{AB}** und kein elektrischer Strom I_{AB} vorhanden ist. Zur Berechnung des unbekannten Widerstandes genügt es, diese Abgleichbedingung nach der unbekannten Größe **R_x** aufzulösen.

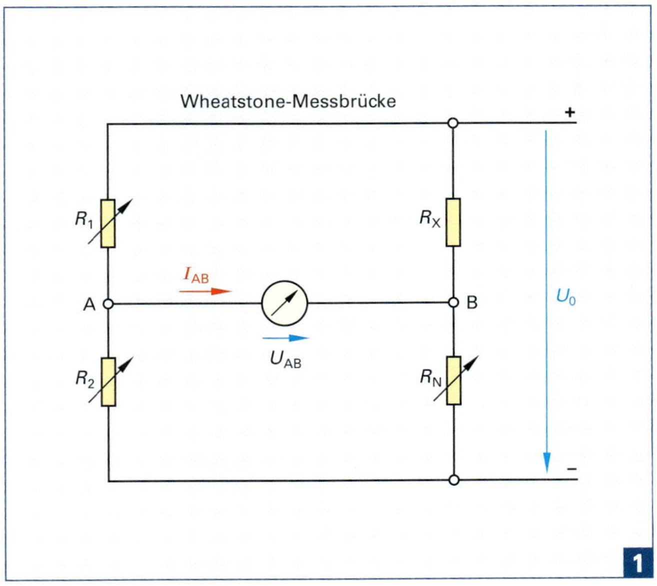

Wheatstone-Messbrücke

Unbekannter Widerstand $R_X = \frac{R_1}{R_2} \cdot R_N$

In Bild 1 auf der vorhergehenden Seite sind die Widerstände **R_1**, **R_2** und **R_N** als einstellbare Widerstände eingezeichnet. Der Vergleichswiderstand R_N darf nicht zu stark von dem zu messenden unbekannten Widerstandswert R_x abweichen. Ferner hängt die Messgenauigkeit nicht nur von der Galvanometerempfindlichkeit ab, sondern auch von der Genauigkeit der Vergleichswiderstände. In der Regel werden die Widerstände **R_1** und **R_2** hochohmig gewählt. Ist die Brückenschaltung jedoch nur Teil einer komplexen Elektronikschaltung, müssen die Widerstandswerte **R_1** und **R_2** nach den technischen Erfordernissen der übrigen Schaltung genau dimensioniert werden.

PHYSIK CHEMIE STATISTIK

▶ **Anmerkung:** Wheatstone-Messbrücken werden in der Technik wie folgt angewandt:

- Messung von Leitungswiderständen
- Wird für $\boldsymbol{R_x}$ ein Dehnungsmessstreifen (kurz: DMS-Streifen) eingesetzt, so kann die Messbrücke auch zur Messung nichtelektrischer Größen wie Zug-, Druck- und Biegungskräften und zur indirekten Messung von Füllstandshöhen eingesetzt werden. Ein DMS-Streifen besteht oft aus einem in einer Kunststofffolie eingebetteten mäanderförmigen Konstantandraht (Bild 1). Bei Belastung wird der Leiter gedehnt. Der Widerstandswert ändert sich proportional zur Dehnung des Leiters.

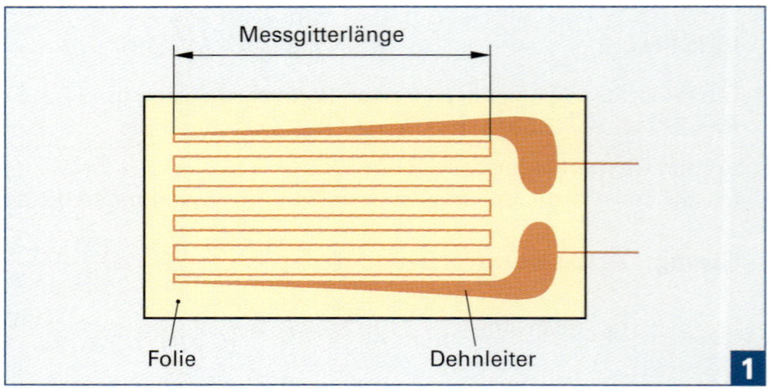

Dehnungsmessstreifen

BEISPIEL

Mit einer Messbrücke werden nacheinander drei unbekannte Widerstände R_x geprüft und folgende Widerstandsverhältnisse R_1/R_2 festgestellt: 0,56; 1,2 und 3,6. Als Vergleichswiderstand wird ein Widerstand mit $R_N = 100\ \Omega$ benötigt. Berechnen Sie die drei unbekannten Widerstandswerte.

Lösung $R_x = \frac{R_1}{R_2} \cdot R_N \;\rightarrow\; R_{x1} = 0{,}56 \cdot 100\ \Omega = 56\ \Omega;\quad R_{x2} = 1{,}2 \cdot 100\ \Omega = 120\ \Omega;\quad R_{x3} = 3{,}6 \cdot 100\ \Omega = 360\ \Omega$

AUFGABEN ZUR WIEDERHOLUNG

1. Drei Teilwiderstände sind in Reihe geschaltet. Sie haben folgende Widerstandswerte: $R_1 = 1{,}5\ \text{k}\Omega$, $R_2 = 800\ \Omega$ und $R_3 = 1200\ \Omega$. Der Gesamtstrom hat einen Wert von $I = 10$ mA.
a) Skizzieren Sie die elektrische Schaltung und geben Sie dabei alle elektrischen Größen normgerecht an.
b) Berechnen Sie den Gesamtwiderstand R_{ges}.
c) Berechnen Sie die Spannungen U_1, U_2, U_3 und U.
d) Ermitteln Sie die Teilströme I_1, I_2 und I_3.

2. Drei Widerstände sind parallelgeschaltet. Sie haben folgende Widerstandswerte: $R_1 = 45{,}0\ \Omega$, $R_2 = 10{,}0\ \Omega$, $R_3 = 50{,}0\ \Omega$. Durch den Widerstand R_2 fließt ein Strom von $I_2 = 9$ A. Die Gesamtspannung der Parallelschaltung wird einem Netzanschlussgerät direkt entnommen.
a) Skizzieren Sie die elektrische Schaltung und geben Sie dabei alle elektrischen Größen normgerecht an.
b) Berechnen Sie die Spannungen U_1, U_2, U_3 und U.
c) Berechnen Sie die Teilströme I_1, I_3 und den Gesamtstrom I.

3. Die Widerstände einer erweiterten Parallelschaltung R_1 und R_2 sind in Reihe geschaltet, zu dieser Reihenschaltung wird R_3 parallel geschaltet. Die Widerstände haben die folgenden Werte: $R_1 = 15\ \Omega$, $R_2 = 35\ \Omega$ und $R_3 = 50\ \Omega$.
a) Skizzieren Sie die Schaltung.
b) Berechnen Sie den Gesamtwiderstand R_{ges} dieser gemischten Schaltung.
c) Berechnen Sie alle Teilspannungen und Teilströme bei einer Gesamtspannung von $U = 100$ V.

4. Eine Reihenschaltung besteht aus vier Widerständen. Entnehmen Sie die Werte aller elektrischen Größen der Widerstandsschaltung, die in Bild 2 gezeigt wird und berechnen Sie unter der Voraussetzung, dass die gesamte Spannung konstant sei:
a) Die Teilspannungen U_1 bis U_4, wenn alle Schalter offen sind,
b) die aufgenommenen elektrischen Stromstärken, wenn die Schalter nacheinander geschlossen werden (d.h., Q_1, Q_2 und dann Q_3).
c) Um wie viel Prozent hat sich bei jeder Schaltstufe der aufgenommene elektrische Strom vergrößert? Die Stromstärke $I = 0{,}29$ A ist die Bezugsgröße.

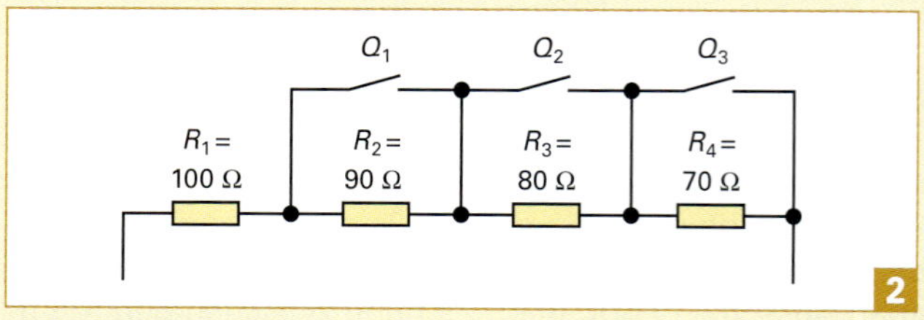

Reihenschaltung

5. Es ist die in Bild 3 gezeigte gemischte Widerstandsschaltung zu berechnen. Die gesuchten elektrischen Größen sind in der Schaltung mit einem Fragezeichen versehen. Folgende elektrische Größen sind bekannt: $R_4 = 700\ \Omega$; $R_5 = 16{,}67\ \Omega$; $U_1 = 50{,}0$ V; $U_2 = 75{,}0$ V; $U_4 = 150$ V, $U = 230$ V; $I = 1{,}8$ A.
Berechnen Sie a) U_3, U_5; b) I_4, I_{23} und c) R_1, R_2, R_3, R_5 und R.

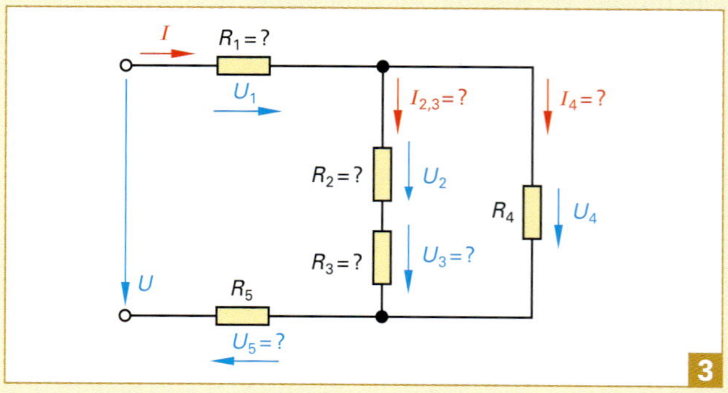

Gemischte Widerstandsschaltung

ELEKTRISCHE ARBEIT, LEISTUNG UND WIRKUNGSGRAD

Ein Drehstrommotor treibt beispielsweise ein Förderband an und verrichtet dabei mechanische Arbeit. Der Motor nimmt im Betriebsfall elektrische Energie auf. Dabei wandelt der Motor die aufgenommene elektrische Energie in andere Energieformen um.

ELEKTRISCHE ARBEIT

Die Energie-Versorgungs-Unternehmen wandeln mechanische Energie mithilfe ihrer Generatoren in elektrische Energie. Die Haushalte wandeln diese wiederum mit ihren elektrischen Geräten in andere Energieformen (z.B. Licht- und Wärmeenergie) um. Bei der Umwandlung von elektrischer Energie in Licht- und Wärmeenergie wird elektrische Arbeit verrichtet. Diese erhält das Formelzeichen *W* und hat die SI-Einheit Joule (J, sprich „dschul"). Der Engländer James Prescott **Joule** (1818...1889) war Physiker und fand im Experiment den Zusammenhang zwischen Arbeit und Wärme, der sich mit dem Begriff „Mechanisches Wärmeäquivalent" mathematisch wie folgt ausdrücken lässt:

1 Nm = 1 J (Joule); 4,187 Nm = 1 cal (Kalorie, alte Einheit)

Mithilfe einer Strom-, Spannungs- und Zeitmessung oder mit einem geeichten **Elektrizitätszähler** (kurz: **Zähler**), der alle drei physikalischen Größen (*U*, *I* und *t*) zusammenfasst, kann man die verrichtete elektrische Arbeit direkt ermitteln.

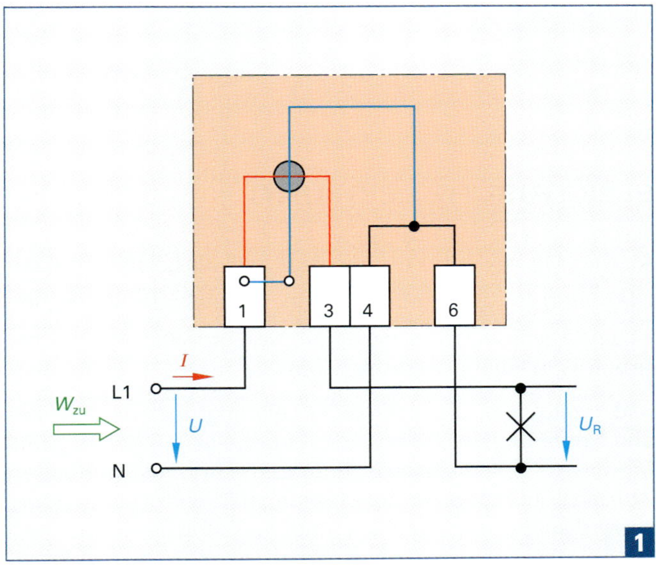

Messung der elektrischen Arbeit

Dieser Zähler enthält eine **Strom-** und eine **Spannungsspule.** Die Stromspule (Strompfad) wird wie ein Strommesser und die Spannungsspule (Spannungspfad) wie ein Spannungsmesser geschaltet. Die elektromagnetische Wirkung der stromdurchflossenen Spulen bewirkt die Drehung einer Zählerscheibe. Ein **Zählwerk** erfasst die Anzahl der Umdrehungen dieser Zählerscheibe und zeigt die verbrauchte Arbeit direkt in **Kilowattstunden** (kWh) an.

Wie in der Mechanik, so ist auch im elektrischen Stromkreis Energie die Voraussetzung dafür, dass Arbeit verrichtet werden kann.

Mithilfe einer **Strom-, Spannungs- und Zeitmessung** lässt sich die verbrauchte elektrische Arbeit **indirekt** und mit einem Elektrizitätszähler **direkt** ermitteln.

Bezeichnungen in Bild 1

L1	=	Spannung führender Leiter (Phase)
N	=	Neutralleiter (Rückleiter)
W_{zu}	=	zugeführte bzw. aufgenommene elektrische Arbeit des Verbrauchers
U	=	anliegende Spannung (Netzspannung)
U_R	=	Spannung am Verbraucher R
I	=	aufgenommene Stromstärke

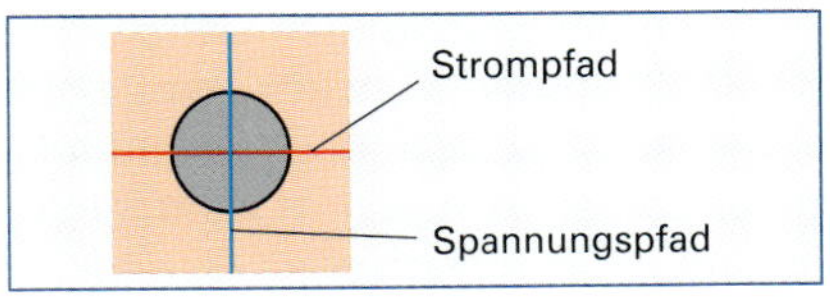

Die elektrische Spannung *U* ist der Quotient aus der verrichteten Arbeit *W* und der transportierten elektrischen Ladungsmenge *Q*.

ELEKTRISCHE ARBEIT

$$W = U \cdot Q$$

Die geflossene Ladungsmenge *Q* kann durch das Produkt $I \cdot t$ ersetzt werden. Daraus ergibt sich:

ELEKTRISCHE ARBEIT

$$W = U \cdot I \cdot t$$

W	*U*	*Q*	*I*	*t*
J, Ws, V, As	V	As, C	A	s, h

Nach Norm kann das Produkt ***V · A*** durch die SI-Einheit W (Watt) ersetzt werden. Diese Einheit wurde nach dem englischen Ingenieur James **Watt** (1736...1819) benannt. Mithilfe des „Mechanischen Wärmeäquivalents" ist im SI-System die Beziehung zwischen den verschiedenen Einheiten der Arbeit somit:

1 Nm = 1 Ws = 1 J

In der Praxis ist aber auch **Kilowattstunde** (kWh) gebräuchlich. Für die Einheiten kWh, Wh und Ws gilt folgende Umrechnungsbeziehung:

$1\ \text{kWh} = 1000\ \text{Wh} = 3{,}6 \cdot 10^6\ \text{Ws}$

BEISPIEL

Herr Maier ist für 14 Tage in den Winterurlaub gefahren und hat vergessen seinen elektrischen Heizkörper im Arbeitszimmer auszuschalten. Dieser 230-V-Heizkörper (einphasig) nimmt im Betriebsfall eine Stromstärke von 4,6 A auf und ist temperaturgeregelt täglich insgesamt 12 Stunden eingeschaltet. Berechnen Sie die Stromkosten, die Herr Maier für seine Vergesslichkeit der EVU zahlen muss, wenn für 1 kWh 25 Ct bezahlt werden muss. Evtl. Zusatzkosten bleiben unberücksichtigt.

Lösung Verbrauchte elektrische Arbeit $W = U \cdot I \cdot t = 230\ \text{V} \cdot 4{,}6\ \text{A} \cdot 14 \cdot 12\ \text{h} = 177744\ \text{Wh} = 177{,}744\ \text{kWh}$

Stromkosten $K = \frac{0{,}25\ €}{1\ \text{kWh}} \cdot 177{,}744\ \text{kWh} = 44{,}43\ €$

ELEKTRISCHE LEISTUNG

Aus der Mechanik ist bekannt, dass man die Leistung mit der Gleichung $P = \frac{W}{t}$ berechnen kann. Die elektrische Leistung ist eine analoge Größe, die angibt, wie groß die verbrauchte Arbeit W in einer bestimmten Zeit t ist.

Bild 1 zeigt, wie die elektrische Leistung über eine Strom- und Spannungsmessung indirekt gemessen werden kann. Mit einem Leistungsmessgerät kann sie direkt gemessen werden (Bild 2). Wie bei der Messung der elektrischen Arbeit, so wird auch hier bei der Leistungsmessung der Strom- und Spannungspfad wie die entsprechenden Strom- und Spannungsmesser angeschlossen. Aus der Gleichung $W = U \cdot I \cdot t$ und der Definition der elektrischen Leistung $P = \frac{W}{t}$ ergibt sich die Berechnungsformel für die

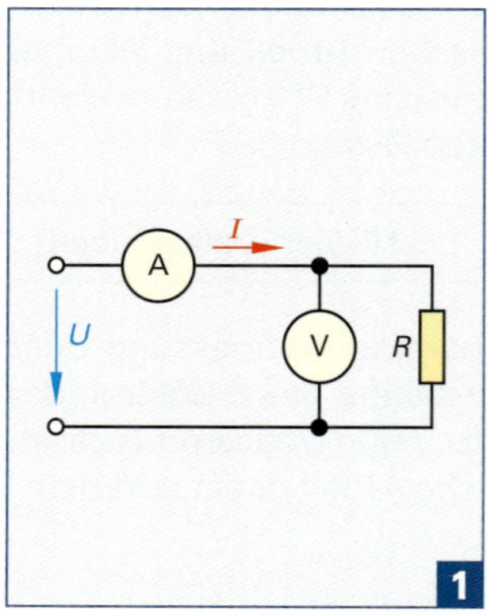

Indirekte Leistungsmessung

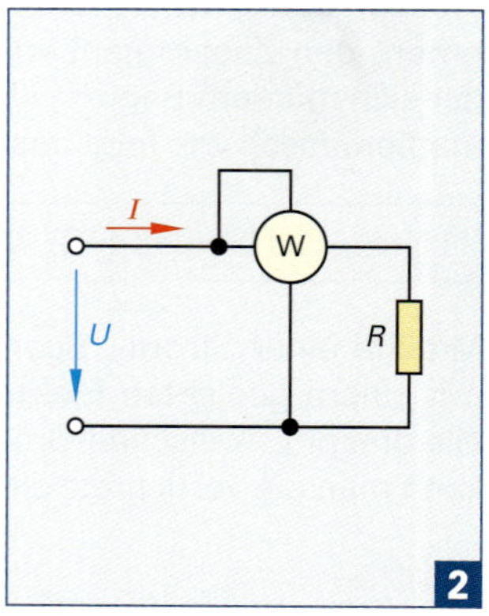

Direkte Leistungsmessung

ELEKTRISCHE LEISTUNG

$$P = U \cdot I$$

Die **elektrische Leistung** ist das Produkt aus Spannung U und Stromstärke I. Sie erhält das Formelzeichen P und die Einheit Watt (W).

In der Tabelle sind stellvertretend für andere elektrische Verbraucher die Nennleistungen P_n, die aufgenommenen Stromstärken I und die zugehörigen Lichtströme Φ_v aufgeführt (Φ_v, SI-Einheit: Lumen, kurz lm). Der Lichtstrom ist ein Maß für die in alle Richtungen ausgestrahlte Lichtleistung einer Lichtquelle. Unter dem Begriff **Nennleistung** versteht man die Leistung eines elektrischen Gerätes, die es unter normalen Betriebsbedingungen aufnimmt. Sie richten sich nach den Angaben des Herstellers. Aus den Zahlenwerten entnimmt man, dass beim gleichen Lampentyp der aufgenommene Strom I und der Lichtstrom umso größer ist, je größer die Nennleistung P_n ist.

TECHNISCHE DATEN VON LICHTQUELLEN

Lichtquelle	Nennleistung P_n in W	Stromstärke I in A	Lichtstrom Φ_v in lm
230-Volt-Halogen Energy Saver (E27 Fassung)	18 52 105	0,078 0,226 0,456	220 840 1900
12-Volt-Halogen-Glühlampen	50 100	4,2 8,3	1400 1800
230-Volt-Leuchtstofflampen	18 36 58	0,370 0,430 0,670	1450 3450 5400
230-Volt-LED-Lampen (E27)	3 10 13	0,026 0,086 0,113	220 800 1521

Die **elektrische Leistung** P einer Glühlampe ist ein Maß für die Lichtwirkung des elektrischen Stromes.

Die Nennwerte haben als Index für Formelzeichen national (DIN 1304) und international (DIN IEC 27-1) den Buchstaben **„n"** oder **„nom"** (nominal value).

Der **Nennwert** ist ein geeigneter gerundeter Wert einer Größe zur Bezeichnung oder Identifizierung eines Elements, einer Gruppe oder einer Einrichtung, z. B. Nennspannung, Nennstrom, Nennleistung, Nennfrequenz und dergleichen.

Weitere mathematische Beziehungen zwischen Leistung, Spannung, Stromstärke und Widerstand sind dadurch erhältlich, dass entsprechend dem Ohm'schen Gesetz in der Gleichung $P = U \cdot I$ entweder die Stromstärke durch $\frac{U}{R}$ oder die Spannung durch $R \cdot I$ ersetzt wird. Damit leitet sich die elektrische Leistung in Abhängigkeit von der Spannung und dem Widerstand ab:

ELEKTRISCHE LEISTUNG

$$P = \frac{U^2}{R} \quad \text{bzw.} \quad P = R \cdot I^2$$

BEISPIEL

Ein Verbraucher hat einen konstanten Widerstandswert R. Der Hersteller gibt folgende Nenndaten an:
$P_n = 100$ W; $U_n = 230$ V (kurz: 230 V/100 W)

a) Berechnen Sie die am Verbraucher auftretende Leistung bei den Spannungen $U = 100$ V, 200 V und 230 V. Die Temperaturabhängigkeit des Widerstandes wird vernachlässigt.
b) Berechnen Sie die Stromstärke bei 230 V.

Lösung a) Um die Leistung in Abhängigkeit von der Spannung und dem Widerstand R ($P_n = \frac{U_n^2}{R}$) berechnen zu können, muss man zuerst den Widerstand mithilfe der Nenndaten ermitteln.

Widerstandswert $R = \frac{U_n^2}{P_n} = \frac{(230\ \text{V})^2}{100\ \text{W}} = 529\ \Omega$ → **Elektrische Leistungen** $P = \frac{U^2}{R}$

U in V	100	200	230
P in W	18,9	75,6	100

b) Berechnung der maximalen Stromstärke $P = R \cdot I^2$ → $I_{max} = \sqrt{\frac{P}{R}} = \sqrt{\frac{100\ \text{W}}{529\ \Omega}} = 0{,}4348$ A

WIRKUNGSGRAD

Aus der Mechanik der festen Körper ist bekannt:

Energie kann nicht erzeugt, sondern nur umgewandelt werden. Bei der Umwandlung von einer Energieform in eine andere wird Arbeit verrichtet.

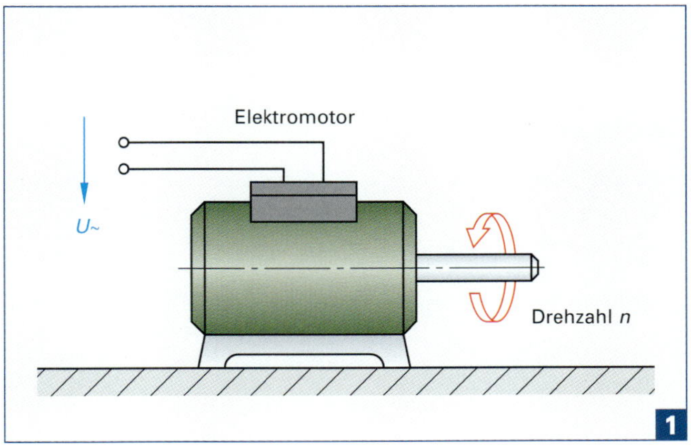

Energieumwandlung

Bild 1 zeigt stellvertretend für andere Verbraucher am Beispiel eines Elektromotors den Vorgang einer solchen Energieumwandlung. Die Energie, die der Verbraucher vom Energienetz aufnimmt, heißt **aufgenommene oder zugeführte Energie** (W_{auf} oder W_{zu}). **Die Energie, die nutzbar gemacht werden kann** (Nutzenergie), ist die **abgegebene Arbeit** W_{ab}. Sie wird in der Mechanik mit W_n bezeichnet. Im Unterschied zu den Verbrauchern nehmen die Generatoren mechanische Energie auf und geben elektrische ab.

Wirkungsgrad

Leider wird die zugeführte Energie von den Verbrauchern nicht vollständig in nutzbare umgewandelt. Ein Teil der Energie geht beim Umwandlungsvorgang verloren. So gehen z.B. bei der Glühlampe ca. 98,5%, bei den Wechselstrommotoren ca. 50% der aufgenommenen Energie in Form von Wärme verloren. In Bild 2 ist der **Energiefluss** allgemein mit der abgegebenen Energie W_{ab} und dem Energieverlust W_v dargestellt. Der dargestellte Zusammenhang lautet:

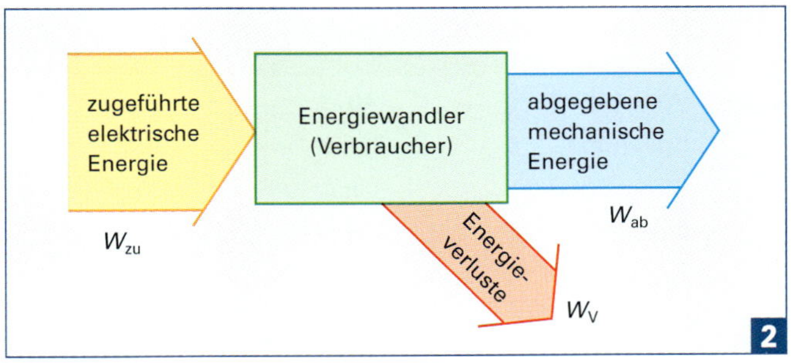

Energiefluss

Zugeführte Energie $W_{zu} = W_{ab} + W_v$

Der nebenstehenden Tabelle 1 sind Angaben über die **Nennleistung P_n** und **Wirkungsgrad η** von 230-V-Geräten zu entnehmen. Für den Anwender von elektrischen Geräten ist es wichtig, genaue technische Angaben vom Hersteller zu erhalten, damit die im Betriebsfall auftretenden elektrischen Größen berechnet und eingehalten werden können. Generell gibt der Begriff **Wirkungsgrad** an, wie gut oder wie schlecht die elektrischen Verbraucher die Energien umwandeln. Dieser Begriff ist damit eine qualitative Vergleichsgröße und wird wie folgt definiert:

NENNLEISTUNG UND WIRKUNGSGRADE

Verbraucher	P_n	η
Drehstrommotor	40 kW	0,8
Wechselstrommotor	120 W	0,5
Tauchsieder	100 W	0,95
Kochplatte	1000 W	0,56
Glühlampe	40 W	0,015

Der **Wirkungsgrad** eines Verbrauchers ist der Quotient aus der abgegebenen und der zugeführten Energie. Er erhält das Formelzeichen η.

Wirkungsgrad $\eta = \frac{W_{ab}}{W_{zu}} = \frac{W_n}{W_a}$

η ist dimensionslos und kann nie größer als 1 sein. Z.B. bedeutet bei der Glühlampe mit einem Wirkungsgrad von $\eta = 0{,}015$, dass 1,5% der aufgenommenen Energie oder elektrische Leistung in Licht umgewandelt wird. 98,5% der Energie ist nicht nutzbar. Ersetzt man die Energien durch die entsprechenden Produkte $P_{ab} \cdot t$ und $P_{zu} \cdot t$, so lässt sich die Zeit t kürzen und es gilt:

Wirkungsgrad $\eta = \frac{P_{ab}}{P_{zu}} = \frac{P_n}{P_a}$

▶ **Anmerkung:** Bei Motoren ist unter dem Begriff Nennleistung nicht die aufgenommene, sondern die abgegebene mechanische Leistung zu verstehen.

BEISPIEL 1

Ein Tauchsieder mit einer Nennleistung von $P_n = 100$ W hat einen Wirkungsgrad von $\eta = 0{,}95$.
Berechnen Sie

a) die an das Wasser im Nennbetrieb abgegebene Energie in kWh, wenn der Tauchsieder 10 Minuten eingeschaltet bleibt.
b) die vom Tauchsieder bei $U_n = 230$ V aufgenommene Stromstärke.

Lösung a) $W_{ab} = P_n \cdot \eta \cdot t = 100\,\text{W} \cdot 0{,}95 \cdot 10 \cdot 60\,\text{s} = 57000\,\text{Ws} = 57\,\text{kWs} \cdot \frac{\text{h}}{3600\,\text{s}} = 0{,}01583\,\text{kWh}$

b) $P_{zu} = U \cdot I_n \rightarrow I_n = \frac{P_{zu}}{U_n} = \frac{100\,\text{W}}{230\,\text{V}} = 0{,}435\,\text{A}$

BEISPIEL 2

Ein Drehstrommotor mit $P_n = 40$ kW hat eine Leistungsaufnahme von $P_{zu} = 47$ kW.

a) Welchen Wirkungsgrad hat der Motor?
b) Wie groß ist der prozentuale Verlustanteil P_v?

Lösung a) $\eta = \frac{P_{ab}}{P_{zu}} = \frac{40\,\text{kW}}{47\,\text{kW}} = 0{,}851 = 85{,}1\,\%$

b) $\frac{P_v}{P_{zu}} = \frac{P_{zu} - P_{ab}}{P_{zu}} = \frac{7\,\text{kW}}{47\,\text{kW}} = 14{,}89\,\%$

AUFGABEN ZUR WIEDERHOLUNG

1. Berechnen Sie in der Tabelle die fehlenden Werte.

TEILAUFGABEN	a)	b)	c)	d)	e)	f)
Widerstand R	40 Ω	1,2 kΩ	? in Ω	? in Ω	? in Ω	559,5 Ω
Spannung U	100 V	10 V	12 V	235 V	3,5 V	? in V
Stromstärke I	? in A	? in mA	100 mA	? in A	200 mA	? in A
Leistung P	? in W	? in W	? in W	75 W	? in mW	? in W
Arbeit W	? in Wh	? in Ws	10 kWh	? in Wh	500 Ws	10,7 kWh
Einschaltdauer t	2 h	24 s	? in h	3,2 h	? in min	107 h

2. Ein elektrischer Heizkörper hat eine Nennleistung von 2000 W. Die Nennspannung beträgt $U_n = 240$ V.

a) Wie groß ist der vom Heizkörper aufgenommene elektrische Strom?
b) Wie groß ist die an die Umgebung abgegebene Energie nach 2 Stunden, wenn der Heizkörper einen Wirkungsgrad von $\eta = 85\%$ hat? Geben Sie das Ergebnis in Wh und in Ws an.

3. An einem Widerstand mit $R = 33\,\Omega$ wird ein Spannungsfall von $U = 7{,}8$ V gemessen. Berechnen Sie die elektrische Stromstärke I, die dabei durch den Widerstand R fließt.

4. Warum kann der Wirkungsgrad eines elektrischen Verbrauchers nicht größer als 1 sein?

5. Erklären Sie die Energieumwandlung am Beispiel eines elektrischen Motors.

6. Für eine Bühnenbeleuchtung ist zusätzlich eine 230 V/1000 W-Glühlampe nötig geworden.

a) Berechnen Sie den Lampenwiderstand R und Ihren Energieverbrauch innerhalb von 2 Stunden. Geben Sie den Wert in kWh an.
b) Aus technischen Gründen sinkt die Spannung von 230 V auf 215 V. Berechnen Sie für diesen Fall den Energieverbrauch der Lampe innerhalb von zwei Stunden. Der Lampenwiderstand verändert sich nicht.

7. Berechnen Sie die Energiekosten einer 230 V/75 W-Glühlampe, wenn sie an 365 Tagen täglich 5 Stunden eingeschaltet ist. Der Preis für eine kWh beträgt 0,15 €.

8. Wie groß ist der Widerstand unter Nennbedingungen und wie groß ist der Nennstrom bei folgenden Glühlampen:

a) 5 V/0,58 W,

b) 24 V/3 W und

c) 230 V/ 40 W?

9. Ein elektrischer Lötkolben hat eine Nenn-Heizleistung von $P_n = 30$ W und eine Nennspannung von $U_n = 220$ V. Es wird angenommen, dass der Heizwiderstand konstant bleibt.

a) Wie groß ist die aufgenommene Stromstärke I bei einer Anschlussspannung von $U = 220$ V?

b) Berechnen Sie den Widerstandswert (Betriebswiderstand) des Lötkolbens.

c) Wie viel % mehr an Leistung gibt der Lötkolben bei einer Anschlussspannung von $U = 230$ V ab?

10. Ein Kohleschichtwiderstand mit $R = 231\ \Omega$ wird an eine Spannung von $U = 24$ V für einen Zeitraum von $t = 70$ min angeschlossen. Berechnen Sie

a) die aufgenommene Stromstärke I,

b) die dabei auftretende elektrische Leistung P,

c) die elektrische Arbeit W in Ws und Wh.

AUFGABEN ZUR PRÜFUNGSVORBEREITUNG

1. Ein 12 V-Gleichstrommotor hat eine Nennleistung von $P_n = 4$ W und einen Wirkungsgrad von $\eta = 60\ \%$. Wie groß ist a) die Leistungsaufnahme P_{auf} und b) die Verlustleistung P_v?

2. Berechnen Sie in der folgenden Tabelle die fehlenden Werte. Verwenden Sie dabei für die elektrische Arbeit W die Einheit Wh, für die Einschaltdauer t_E die Einheit h und für die übrigen Größen die SI-Einheiten (Ω, A, W).

TEILAUFGABEN		a)	b)	c)	d)	e)	f)
Widerstand	R	35 Ω	10,2 Ω				559,5 Ω
Spannung	U	12 V	110 V	24 V	235 V	10 V	
Stromstärke	I			2,5 A		5,9 mA	2,438 A
Leistung	P				40 W		1367 W
Arbeit	W			3 kWh		3400 Ws	
Einschaltdauer	t	5 h	2 min		21 h		24 h

3. Ein Wärmespeicher hat vier baugleiche Heizwiderstände (Bild 1). Wenn alle Schalter geschlossen sind (Schaltstufe 3) nimmt die Widerstandsschaltung bei einer Netzspannung von $U_n = 230$ V eine Stromstärke von $I = 14{,}0$ A auf. Berechnen Sie

a) den Widerstandswert eines Heizwiderstandes,

b) die jeweiligen Ersatzwiderstände R_{12}, R_{123}, R_{1234}, wenn die Schalter Q_1 bis Q_3 nacheinander geschlossen werden (Schaltstufen 1 bis 3),

c) die Heizleistungen der Schaltstufen 1 bis 3.

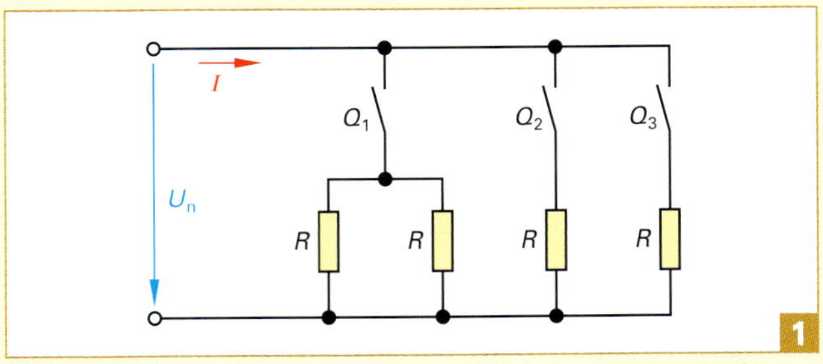

Wärmespeicher

4. An einer Reihenschaltung mit vier Widerständen liegt eine Spannung von $U = 24{,}0$ V an (Bild 2). Folgende elektrische Größen sind bekannt: $R_1 = 90{,}0\ \Omega$, $R_2 = 180{,}0\ \Omega$, $R_4 = 210\ \Omega$, $U_3 = 10{,}0$ V, $U_4 = 6{,}126$ V. Berechnen Sie

a) den Widerstandswert R_3,

b) den Gesamtwiderstand R,

c) den Gesamtstrom I und

d) die gesamte Leistungsaufnahme der Reihenschaltung und

e) die gesamte Leistungsaufnahme, wenn der Wert von R_3 verdoppelt wird und angenommen werden kann, dass die anliegende Gesamtspannung sich nicht verändert.

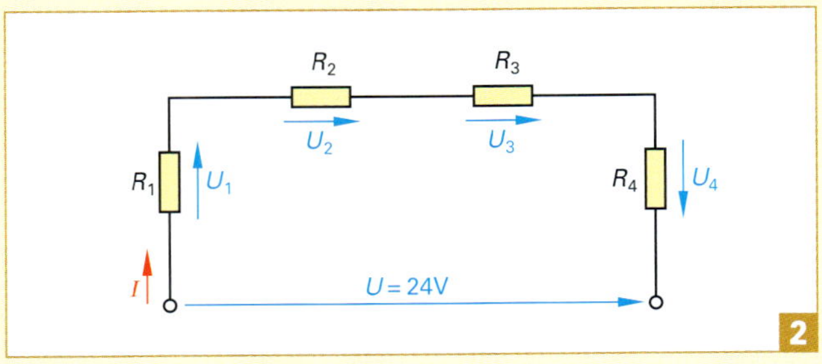

Reihenschaltung

5. Die Widerstände einer erweiterten Parallelschaltung (R_1 und R_2 sind in Reihe und zu dieser Reihenschaltung wird R_3 parallel geschaltet) haben die folgenden Werte: $R_1 = 10\ \Omega$, $R_2 = 20\ \Omega$, $R_3 = 30\ \Omega$. An der Schaltung liegt die Gesamtspannung von $U = 100$ V an.

a) Skizzieren Sie die Schaltung!

b) Berechnen Sie den Gesamtwiderstand R_{ges} dieser gemischten Schaltung.

c) Berechnen Sie alle Teilspannungen und Teilströme.

d) Berechnen Sie die von der erweiterten Parallelschaltung aufgenommene elektrische Leistung.

6. a) Warum wird für die öffentliche Energieversorgung die Parallelschaltung verwendet?

b) Erklären Sie den Begriff „Ersatzwiderstand".

c) Zwei gleich große Teilwiderstände sind zunächst in Reihe geschaltet. Wie ändert sich prozentual die gesamte Leistungsaufnahme, wenn sie parallelgeschaltet werden und die Gesamtspannung konstant bleibt?

7. Bekannt sind die Widerstandswerte von zwei parallel geschalteten Widerständen R_1 und R_2 (Bild 1) und der von ihnen aufgenommene Gesamtstrom $I = 10$ A. Entnehmen Sie die gegebenen Widerstandswerte der im Bild gezeigten Schaltung.
Berechnen Sie

a) die Teilströme I_1 und I_2,

b) die elektrischen Spannungen U_1 und U_2,

c) den Gesamtwiderstand R der Schaltung.

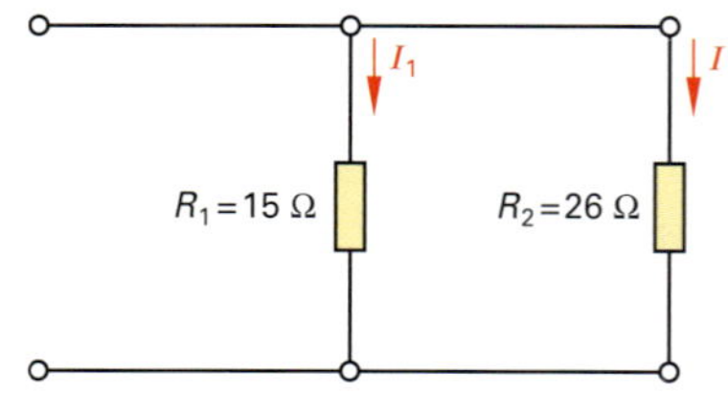

1

8. Eine gemischte Widerstandsschaltung (Bild 2) ist mit den Widerständen $R_1 = 12\ \Omega$, $R_2 = 16\ \Omega$ und $R_3 = 48\ \Omega$ aufgebaut und an eine Gleichspannungsquelle mit einer konstanten Spannung $U = 24$ V angeschlossen.

a) Berechnen Sie den Ersatzwiderstand R_{12}.

b) Berechnen Sie den Gesamtwiderstand R_{ges} der Schaltung.

c) Welche Stromstärke wird der Spannungsquelle entnommen?

d) Welche Teilspannung liegt an R_2 an?

e) Welche elektrische Leistung tritt bei R_2 auf?

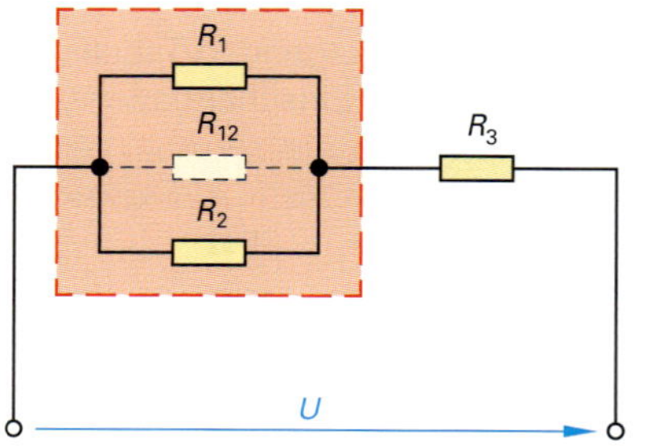

2

Eine Reihenschaltung (Bild 3) besteht aus zwei Teilwiderständen $R_1 = 2\ \text{k}\Omega$ und $R_2 = 3\ \text{k}\Omega$. Mithilfe eines Schalters S kann zum Teilwiderstand R_2 ein weiterer Widerstand $R_L = 50\ \text{k}\Omega$ parallel dazu geschaltet werden. Ohne angeschlossenen Widerstand R_L tritt an R_2 die Teilspannung U_{20} auf. Mit angeschlossenem Widerstand R_L verändert sich die Teilspannung an R_2 und wird dann U_2 genannt. Die gesamte Spannung U an der Schaltung hat den konstanten Wert von $U = 12$ V.
Berechnen Sie

f) die Teilspannung U_{20} und

g) die Teilspannung U_2, wenn der Schalter S geschlossen wird.

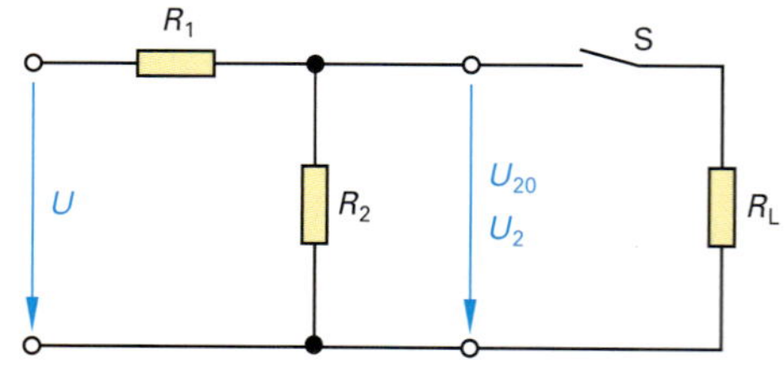

3

Reihenschaltung mit Lastwiderstand R_L

9. Es ist die in Bild 4 gezeigte gemischte Widerstandsschaltung zu untersuchen. Die gesuchten elektrischen Größen sind in der Schaltung mit einem Fragezeichen versehen. Folgende elektrische Größen sind bekannt: $R_4 = 500{,}0\ \Omega$; $U_1 = 50{,}0$ V; $U_2 = 50{,}0$ V; $U_4 = 100{,}0$ V; U = 230 V; $I = 2{,}5$ A.
Berechnen Sie

a) U_3 und U_5;

b) I_4, I_{23};

c) R_1, R_2 und R_{ges}.

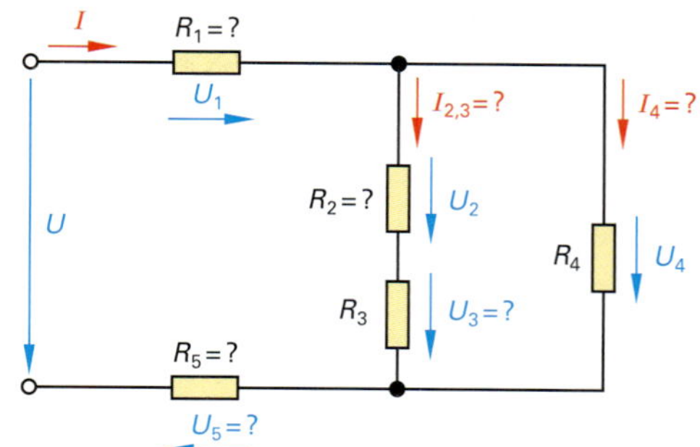

4

Gemischte Schaltung

TEIL B I CHEMIE

THEMENGEBIETE DER CHEMIE

Bei der Herstellung von Bauteilen, beim Betrieb von Maschinen und Anlagen sowie bei der Handhabung und Entsorgung von Hilfsstoffen laufen vielfältige chemische Vorgänge wie z.B. Korrosionsprozesse ab. Es ist wichtig, grundlegende Zusammenhänge zu kennen, um mögliche Gefahren oder Schäden an Bauteilen, Werkzeugen, Maschinen und Anlagen abzuwenden und Fertigungsprozesse zu optimieren.

Im beruflichen Alltag kommt man weiterhin häufig mit Arbeitsstoffen in Berührung, die toxisch (giftig), ätzend, explosiv oder brennbar sein können. Der sachgerechte und sichere Umgang mit diesen Stoffen erfordert chemisches Basiswissen, welches in den nachfogenden Kapiteln beschrieben ist.

Es wird erklärt, weshalb Stähle rosten und welche sinnvollen Schutzmaßnahmen man ergreifen kann, auf welche Weise Wasserstoff, der wichtigste Energieträger der Zukunft, wirtschaftlich erzeugt und in einer Brennstoffzelle gemeinsam mit Sauerstoff in elektrischen Strom umgewandelt werden kann.

Die **Chemie** ist ein Teilgebiet der Naturwissenschaften. Sie befasst sich im Wesentlichen mit folgenden Themen:

- Eigenschaften der Materie,
- Veränderungen der Materie beim Ablauf einer chemischen Reaktion,
- Kräften, die Atome und Moleküle zusammenhalten,
- Gestalt von Molekülen,
- Weg und Geschwindigkeit einer chemischen Reaktion.

Die Abgrenzung der Chemie zu anderen Teilgebieten der Naturwissenschaften, wie etwa zur Physik oder zur Biologie, ist unscharf und unterliegt Kriterien, die sich im Laufe der Zeit oder mit dem Standpunkt des Wissenschaftlers ändern.

Die wichtigsten **Teilgebiete der Chemie** sind:

- **Anorganische Chemie** (z.B. analytische Chemie)
  Ist die Chemie aller Elemente und Verbindungen, die keine Kohlenstoffverbindungen enthalten.
- **Organische Chemie** (z.B. Polymerchemie)
  Ist ein Teilgebiet der Chemie indem alle chemischen Verbindungen behandelt werden, die auf Kohlenstoff basieren.
- **Technische Chemie** (z.B. Verfahrenstechnik)
  Beschäftigt sich mit der Überführung chemischer Reaktionen und Prozesse in technische Verfahren.
- **Physikalische Chemie** (z.B. Elektrochemie)
  Hat das Ziel allgemein gültige mathematische Formeln für chemische Vorgänge aufzustellen

Chemie ist die Lehre von Stoffen und Stoffveränderungen.
Chemische Vorgänge bzw. chemische Reaktionen erzeugen aus Ausgangsstoffen neue Stoffe, die sich von den Ausgangsstoffen unterscheiden.

CHEMIE

Anorganische Chemie	Organische Chemie	Technische Chemie	Physikalische Chemie
Chemie der kohlenstofffreien Verbindungen	Chemische Verbindungen, die auf Kohenstoff basieren (Erdöl, Erdgas, Kohle)	Überführung chemischer Reaktionen in technische Verfahren und Endprodukte der chemischen Industrieverfahrendtechnik.	Mathematische und physikalische Grundlagen für die Chemie und Verfahrenstechnik
Metalle Salze Mineralien Säuren, Basen Gase	Chemiefasern Kunststoffe Farbmittel Lösemittel Tenside	Polymere Waschmittel Pharmaka Farbstoffe	Thermodynamik Kinetik Spektroskopie Elektrochemie

GRUNDBEGRIFFE DER CHEMIE

In der Praxis werden häufig Begriffe wie „Gemisch“, „Reinstoff“, „Phase“, „Verbindung“ oder „Element“ verwendet. Es werden die Bedeutung dieser Begriffe geklärt und anhand von Beispielen deren Unterschiede dargestellt. Außerdem werden die Begriffe „Aggregatzustand“, „Synthese“ und „Analyse“ definiert. Elementsymbole und chemische Formeln werden erklärt sowie atomare Masseneinheit, die Stoffmenge „Mol“, die molare Masse und das ideale Gasgesetz erklärt.

DER STOFFBEGRIFF

Stoffe bestehen aus Teilchen. Diese unterscheiden sich durch ihre physikalischen (z. B. Festigkeit, Schmelztemperatur usw.) sowie durch ihre chemischen Eigenschaften. Die Anzahl der Stoffe ist nahezu unendlich groß, da ständig neue entdeckt oder künstlich erzeugt werden. Die Aufstellung zeigt die übliche Einteilung der Stoffe aus Sicht der Chemie.

STOFF

Gemisch
Besteht aus zwei oder mehreren Reinstoffen. Durch pysikalische Methoden in Reinstoffen zerlegbar. Bei der Trennung werden die unterschiedlichen pysikalischen Eigenschaften der Bestandteile ausgenutzt.

homogen
Besteht aus einer Phase, d. h. selbst unter dem stärksten Mikroskop völlig einheitliches Erscheinungsbild.

Teilchengrößen unter 1 nm[1] und gleichmäßg verteilt.

BEISPIELE
- Wasser-Alkohol-Gemisch
- Zuckerwasser

heterogen
Besteht aus zwei oder mehreren Phasen.

Teilchengrößen über 1 nm.

BEISPIELE
- Wasser-Öl-Gemisch
- Eisen-Schwefel-Gemisch

kolloiddispers
Teilchengröße
1 nm … 100 nm

grobdispers
Teilchengröße
über 100 nm

Reinstoff
Jede Probe hat die gleichen Eigenschaften und die gleiche chemische Zusammensetzung. Durch physikalische Methode nicht weiter trennbar.

Verbindung
Besteht aus zwei oder mehreren Elementen.

Auf chemischem bzw. elektrochemischem Wege weiter zerlegbar.

Durch chemische Methoden (Analyse) in die Elemente zerlegbar.

BEISPIELE
- H_2O, O_2, CO_2, FeS, SO_2

Element
Elemente bestehen aus Atomen.

Auf chemischem bzw. elektrochemischem Wege nicht weiter zerlegbar.

BEISPIELE
- H, O, C, Fe, S, Al, Cu, Ag, Au, Cl, F

Nichtmetalle
- keine elektrische Leitfähigkeit
- kein metallischer Glanz

Halbmetalle
- teilweise elektrische Leitfähigkeit
- meist metallischer Glanz

Metalle
- elektrische Leitfähigkeit
- metallischer Glanz
- plastische Verformbarkeit

[1] 1 nm = 10^{-9} m (nm = Nanometer)

GEMISCHE (MISCHUNGEN)

Ein Gemisch ist **homogen**, falls die Teilchengrößen seiner Komponenten kleiner als 1 nm (10^{-9} m) und gleichmäßig verteilt sind. Ein Gemisch ist **heterogen**, falls die Teilchengrößen seiner Komponenten größer als 1 nm sind. Bei heterogenen Gemischen und Teilchengrößen zwischen 1 nm und 100 nm sprechen wir von **kolloiddispersen Gemischen**, bei Teilchengrößen über 100 nm von **grobdispersen Gemischen**. Gemische von großer technischer Bedeutung sind Legierungen und Lösungen.

Eine Mischung aus zwei oder mehreren Stoffen (Komponenten), die nicht miteinander reagieren, wird **Gemisch** genannt.

Die Eigenschaften der einzelnen Komponenten ändern sich nicht, wohl aber die physikalischen Eigenschaften des Gemisches.

Die Trennung von Gemischen erfolgt in der Regel auf physikalischem Weg.

Eine **Legierung** ist ein homogenes Gemisch aus zwei oder mehreren Metallen bzw. einem oder mehreren Metallen und einem oder mehreren Nichtmetallen.

BEISPIELE

- Messing ist im Wesentlichen ein homogenes Gemisch aus den Metallen Kupfer und Zink (sofern der Zinkanteil unter 37 % bleibt).
- Stahl ist im Wesentlichen ein heterogenes Gemisch aus Eisen und Kohlenstoff. Die einzelnen Gefügebestandteile (Phasen) sind bereits mit dem Lichtmikroskop zu unterscheiden (Bild 1).

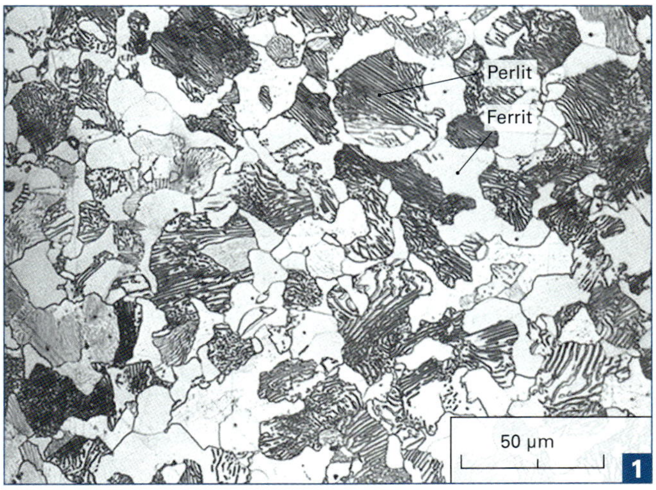

Gefüge von unlegiertem Stahl als Beispiel für ein heterogenes Gemisch

Lösungen sind homogene (einphasige) Gemische aus einem festen, flüssigen oder gasförmigen Stoff (Lösemittel) und mindestens einem Stoff, welcher darin gelöst ist (gelöster Stoff). Der gelöste Stoff kann ursprünglich fest, flüssig oder gasförmig gewesen sein.

BEISPIELE

- Salz (Feststoff) löst sich in Wasser (Lösemittel) zu einem homogenen (einphasigen) Gemisch.
- Alkoholische Getränke sind im Wesentlichen homogene Gemische aus Wasser (Lösemittel) und Ethanol (gelöster Stoff).
- Sauerstoff löst sich in Wasser und bildet ebenfalls ein homogenes Gemisch.

Reinstoffe, Elemente und Verbindungen

Reinstoffe können mithilfe physikalischer Verfahren nicht weiter zerlegt werden. Die Zerlegung eines Reinstoffes kann ggf. nur auf chemischem Weg (durch eine chemische Reaktion) oder auf elektrochemischem Weg (z. B. Elektrolyse) erfolgen.

Reinstoffe bestehen entweder aus **Elementen** (auf chemischem Weg nicht mehr in andere Stoffe zerlegbar) oder aus **chemischen Verbindungen**. Chemische Verbindungen können in die Elemente zerlegt werden. Aus den 118 heute bekannten chemischen Elementen (Seite 177) bestehen letztlich die mehr als 6 Millionen chemischen Verbindungen.

REINSTOFFE
Einheitliche Stoffe die keine Beimengungen enthalten

Verbindungen
Stoffe, die aus mindestens 2 Atomsorten bestehen

- **Sulfide** Schwefelverbindungen Eisensulfid (FeS)
- **Oxide** Sauerstoffverbindungen Eisenoxid (FeO)
- **Chloride** Eisenchlorid ($FeCl_2$)
- **Andere** Säuren, Laugen, …

Elemente
Bestehen aus einer Atomsorte und sind durch chemische Redukton nicht zu trennen

- **Metalle** Gold
- **Halbmetalle** Silizium
- **Nichtmetalle** Kohlenstoff

PHASEN

Als Phase wird ein homogener (einheitlicher) stofflicher Zustandsbereich (homogener Teil eines Systems) mit konstanten, vom Ort unabhängigen Eigenschaften bezeichnet. Unterschiedliche Phasen grenzen sich stets durch Trennflächen (Phasengrenzen) voneinander ab.

BEISPIELE

- Ein Wasser-Öl-Gemisch besteht aus zwei flüssigen Phasen, nämlich Öl und Wasser, die durch eine gut sichtbare Trennfläche (Phasengrenze) voneinander getrennt sind (Bild 1).
- Eiswasser besteht aus einer festen Phase (Eis) und einer flüssigen Phase (Wasser). Beide Phasen sind ebenfalls gut sichtbar voneinander zu unterscheiden (Bild 2).
- Ein Wasser-Alkohol-Gemisch (z. B. Bier) besteht aus einer flüssigen Phase, da selbst mit starken Mikroskopen keine unterschiedlichen Zustandsbereiche unterschieden werden können (Bild 3).

1 © dpa
Wasser-Öl-Gemisch

2 © Fotolia.com, Berlin
Eiswasser

3 © Fotolia.com, Berlin
Wasser-Alkohol-Gemisch (z. B. Bier)

Aggregatzustände von Stoffen

Jeder Stoff kommt in Abhängigkeit von Druck und Temperatur in unterschiedlichen Zustandsformen (**Aggregatzuständen**) vor. Ändern sich die Zustandsgrößen (Druck bzw. Temperatur), dann ändert sich auch der Aggregatzustand des Stoffes.

Die Aggregatzustände eines Stoffes unterscheiden sich makroskopisch durch unterschiedliche Volumen- und Formbeständigkeit (z. B. fest, flüssig, gasförmig) und mikroskopisch durch die Struktur (z. B. Kristallgitter oder Schmelze).

Es wird in vier Aggregatzuständen unterschieden, wobei das Plasma (ionisierter Zustand) nur bei sehr hohen Temperaturen auftritt:

- fest
- flüssig
- gasförmig
- Plasma (ionisierter Zustand)

Feste Stoffe (z. B. Metalle, Eis, keramische Werkstoffe usw.) gehen beim Erwärmen in der Regel zunächst in den flüssigen Zustand über (**Schmelzen**). Bei weiterer Erwärmung werden sie gasförmig (**Sieden** und **Verdampfen**). Geht ein Stoff direkt vom festen in den gasförmigen Zustand über, ohne erst zu schmelzen, dann spricht man von **Sublimation**. Der umgekehrte Vorgang wird als **Resublimation** bezeichnet.

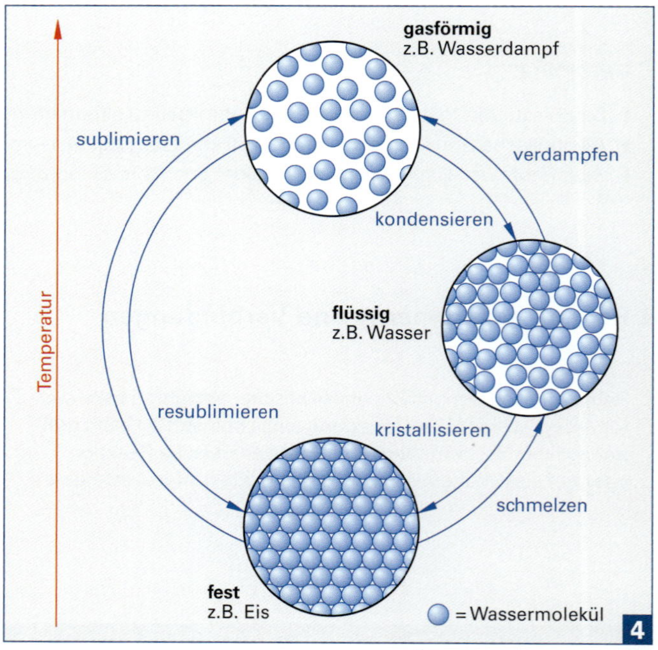

4
Aggregatzustände von Stoffen und Übergang zwischen den Aggregatzuständen am Beispiel des Wassers (schematisch)

Analyse und Synthese

Die Zerlegung einer chemischen Verbindung in seine stofflichen Bestandteile durch eine chemische Reaktion wird als **Analyse** bezeichnet (z. B. H_2O in H und O). Den umgekehrten Vorgang, also der Aufbau einer chemischen Verbindung aus einzelnen Bestandteilen durch eine chemische Reaktion, nennt man **Synthese**.

ATOME, MOLEKÜLE UND IONEN

Atome sind die kleinsten, mithilfe chemischer Methoden nicht weiter teilbare Bausteine der Materie. Jedes Element besteht aus einer Atomsorte. Atome sind elektrisch neutral.

Moleküle (*molecula*: kleine Masse) sind zwei- oder mehratomige Teilchen (Atomgruppierungen), die durch chemische Bindungen zusammengehalten werden.

Ionen sind elektrisch geladene Teilchen (Atome oder Moleküle). Positiv geladene Ionen nennen wir **Kationen**, da sie in einem elektrischen Feld zur **Katode (Minuspol)** wandern. Negativ geladene Ionen nennen wir **Anionen**, da sie in einem elektrischen Feld zur **Anode** (**Pluspol**) wandern.

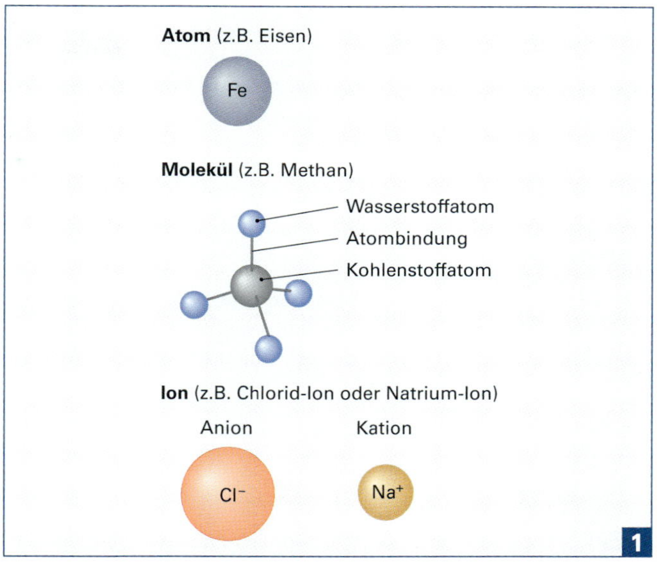

Veranschaulichung der Begriffe „Atom", „Molekül" und „Ion" (stark vereinfacht)

Elementsymbole

Chemische Elemente wie zum Beispiel Sauerstoff, Gold oder Kohlenstoff werden in der Chemie durch international festgelegte Buchstabensymbole gekennzeichnet. Das Zeichensystem wurde bereits 1811 von dem schwedischen Chemiker Jöns Jakob **Berzelius** (1779...1848, Bild 2) erarbeitet und veröffentlicht.

Nach diesem System werden die Elemente u.a. mit dem Anfangsbuchstaben ihres lateinischen oder griechischen Namens gekennzeichnet, neuere Elemente auch nach ihrer englischen Bezeichnung. Die Elementsymbole haben sich, von einigen Ausnahmen abgesehen, weltweit durchgesetzt. Das Bezeichnungssystem wird heute durch die **IUPAC-Nomenklatur** (***I**nternational **U**nion of **P**ure and **A**pplied **C**hemistry*) vereinheitlicht. Das Elementsymbol steht sowohl für das Atom als auch für das entsprechende Element.

BEISPIELE

- Sauerstoff O (*lat.:* **O**xygenium)
- Gold Au (*lat.:* **Au**rum)
- Kohlenstoff C (*lat.:* **C**arbonium)

Eine Zusammenstellung der Elementsymbole aller derzeit bekannten 118 chemischen Elemente ist im Periodensystem der Elemente (Seite 177) dargestellt.

Jöns Jakob Berzelius (1779...1848)

Chemische Formeln

Chemie ist die Lehre von den Stoffen und Stoffveränderungen. Um Stoffe und deren Veränderung durch chemische Reaktionen sinnvoll beschreiben zu können, sowie zur Darstellung chemischer Strukturen, bedarf es der Einführung von chemischen Formeln, sowie der Fähigkeit diese lesen und interpretieren zu können.

Um die Zusammensetzung und den strukturellen Aufbau einer chemischen Verbindung zum Ausdruck zu bringen, unterscheiden wir unterschiedliche Formeltypen. Wir wollen nachfolgend die **Summenformel** sowie die **Strukturformel** genauer kennenlernen. Auf weitere Darstellungsmöglichkeiten wie z.B. die **Verhältnisformel** oder die **Konstitutionsformel** wird nicht eingegangen.

Summenformel

Die **Summenformel** (mitunter auch als **Molekül**- oder **Bruttoformel** bezeichnet), beschreibt den allgemeinen Aufbau einer chemischen Verbindung nach Art und Zusammensetzung der Elemente in der Verbindung. Die tief gestellten Ziffern (Indices) hinter einem Elementsymbol kennzeichnen die Anzahl der gleichartigen Atome oder Atomgruppen. Die Summenformel liefert nur eine Aussage über die Stoffmengenverhältnisse, sie sagt jedoch nichts über die Struktur einer Verbindung aus. So ist beispielsweise im Kochsalzkristall das Mengenverhältnis von Natrium zu Chlor $n(\mathrm{Na}) : n(\mathrm{Cl}) = 1 : 1$. Die Summenformel lautet daher NaCl. Tatsächlich bildet diese Verbindung ein räumliches Ionengitter (Bild 1, Seite 166). Dies kann aus der Strukturformel nicht abgeleitet werden.

BEISPIELE

- H_2 Wasserstoff besteht aus zwei Wasserstoffatomen, die kovalent (Seite 181) gebunden sind (die kovalente Bindung ist aus der Summenformel nicht erkennbar).
- H_2O Wasser besteht aus zwei Wasserstoffatomen (H) und einem Sauerstoffatom (O), die chemisch gebunden sind. Analog zum Wasserstoff liegen hier kovalente Bindungen (aus der Summenformel nicht erkennbar) zwischen den Atomen vor.
- $Ca(OH)_2$ Calciumhydroxid besteht aus einem Calciumatom (Ca), zwei Sauerstoff- und zwei Wasserstoffatomen.

Bei Ionen (positiv oder negativ geladene Teilchen) wird in der Summenformel üblicherweise die Ladungszahl ergänzt.

BEISPIELE

- NH_4^+ Ammonium-Ion, bestehend aus einem Stickstoff-Atom (N) und vier Wasserstoff-Atomen (H). Das Ion ist insgesamt einfach positiv geladen.
- O^{2-} Sauerstoff-Ion mit einer zweifach negativen Ladung.

Die Summenformel darf angewandt werden, falls im Stoffaufbau keine molekularen Strukturen erkennbar sind.

BEISPIELE

NaCl Die Summenformel lässt nur erkennen, dass die Anzahl der Elemente Natrium und Chlor in der Verbindung gleich groß sind. Positive Natrium-Ionen (Na^+) und negative Chlorid-Ionen (Cl^-) bilden ein Kristallgitter. Aus der Summenformel (NaCl) kann der kristalline Aufbau sowie die Ladungszahl der Ionen (Wertigkeit) nicht erkannt bzw. abgeleitet werden.

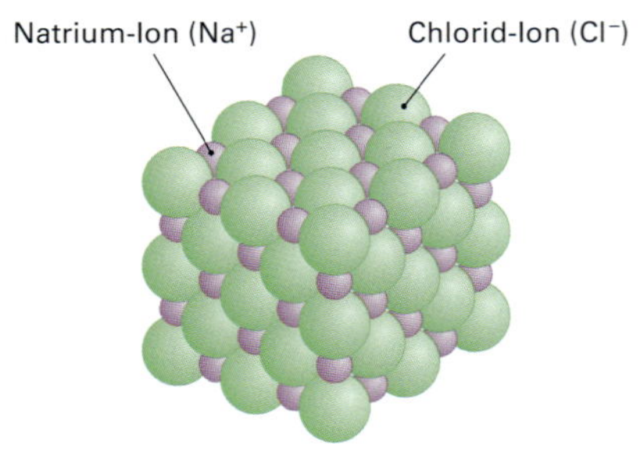

1 *Kristallgitter von NaCl*

SiO_2 Chemische Verbindung aus den Elementen Silicium (Si) und Sauerstoff (O). Tatsächlich handelt es sich hierbei ebenfalls um einen Ionenkristall mit vierfach positiv geladenen Silicium-Ionen (Si^{4+}) und zweifach negativ geladene Sauerstoff-Ionen (O^{2-}). Die Anzahl der Sauerstoff-Ionen im Kristallgitter ist doppelt so hoch im Vergleich zur Anzahl der Silicium-Ionen.

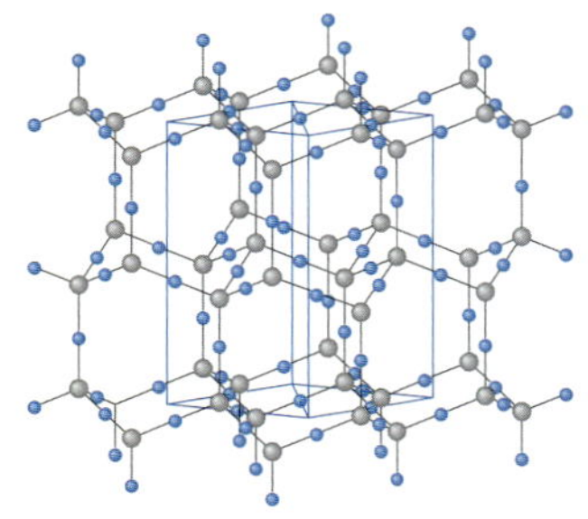

2 *Kristallgitter von SiO_2*

Strukturformel

Die Strukturformel stellt einen zweiten in der Chemie wichtigen Formeltyp dar. In der Strukturformel wird die Verknüpfung und die Orientierung der Atome bzw. Atomgruppen angegeben. Die Strukturformel ist die schematische Darstellung eines Moleküls, aus der die geometrische Anordnung der Atome ersichtlich wird. In der Strukturformel wird die chemische Bindung durch einen Bindestrich (Valenzstrich) als Symbol dargestellt. Aus der Strukturformel kann in der Regel jedoch nur begrenzt auf die räumliche Anordnung der Atome geschlossen werden. Sie stellt lediglich eine Reduzierung der Molekülstruktur auf die Zeichenebene dar.

BEISPIELE

CHEMISCHE FORMELTYPEN

Summenformel	Strukturformel	Erklärung
H_2O	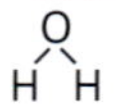	Die Strukturformel zeigt nicht nur, dass Wasser aus einem Sauerstoff- und zwei Wasserstoffatomen aufgebaut ist (auch aus der Summenformel ersichtlich), sondern darüber hinaus, dass zwischen den Atomen jeweils eine **Einfachbindung** vorliegt. Weiterhin erkennt man, dass ein Wassermolekül nicht symmetrisch aufgebaut ist (der genaue Bindungswinkel beträgt etwa 105°). Hieraus lassen sich einige charakteristische Eigenschaften des Wassers, wie z. B. sein Lösungsverhalten für andere Stoffe, erklären.
CO_2	O = C = O	Die Strukturformel zeigt den symmetrischen Aufbau des CO_2-Moleküls sowie das Vorhandensein relativ stabiler **Doppelbindungen** zwischen den einzelnen Atomen.
N2	N ≡ N	Die Strukturformel zeigt, dass zwischen den Stickstoffatomen eine äußerst stabile **Dreifachbindung** vorliegt. Diese Tatsache spielt z. B. beim Nitrieren von Stählen eine Rolle.

ATOMARE MASSENEINHEIT

Atome haben sehr kleine Massen. So hat ein Eisenatom beispielsweise eine **absolute Atommasse** *m* von $9,27 \cdot 10^{-26}$ kg, ein Sauerstoffatom $2,66 \cdot 10^{-26}$ kg. Da diese Zahlen sehr „unhandlich" sind, hat man in der Chemie die **atomare Masseneinheit u**[1] eingeführt. Es wurde 1961 von der IUPAC (*International Union of Pure and Applied Chemistry*) festgelegt, dass eine atomare Masseneinheit (1 u) 1/12 der Masse des Kohlenstoffatoms ($1,660540 \cdot 10^{-27}$ kg) entspricht.

Es gilt also:

$$1 \text{ u} = 1,660540 \cdot 10^{-27} \text{ kg}$$

ATOMMASSE					
Element	**H**	**He**	**C**	**N**	**O**
rel. Atommasse	1,008	4,002	12,011	14,007	15,999
abs. Atommasse [u]	1,008	4,002	12,011	14,007	15,999
abs. Atommasse [kg]	$1,67 \cdot 10^{-27}$	$6,65 \cdot 10^{-27}$	$1,99 \cdot 10^{-26}$	$2,33 \cdot 10^{-26}$	$2,66 \cdot 10^{-26}$
Element	**S**	**Cl**	**Al**	**Cr**	**Ni**
rel. Atommasse	32,066	35,453	26,982	51,996	58,690
abs. Atommasse [u]	32,066	35,453	26,982	51,996	58,690
abs. Atommasse [kg]	$5,33 \cdot 10^{-26}$	$5,89 \cdot 10^{-26}$	$4,48 \cdot 10^{-26}$	$8,63 \cdot 10^{-26}$	$9,75 \cdot 10^{-26}$
Element	**Fe**	**Cu**	**Ag**	**Au**	**U**
rel. Atommasse	55,847	63,564	107,868	196,967	238,029
abs. Atommasse [u]	55,847	63,564	107,868	196,967	238,029
abs. Atommasse [kg]	$9,27 \cdot 10^{-26}$	$1,06 \cdot 10^{-25}$	$1,79 \cdot 10^{-25}$	$3,27 \cdot 10^{-25}$	$3,95 \cdot 10^{-25}$

Relative Atommasse

Die **relative Atommasse** (A_r) gibt an, wie viel mal schwerer ein Atom im Vergleich zur atomaren Masseneinheit (u) ist:

RELATIVE ATOMMASSE

$$A_r = \frac{m}{u}$$

A_r = relative Atommasse
m = absolute Atommasse (kg)
u = atomare Masseneinheit ($1 \text{ u} = 1,660540 \cdot 10^{-27}$ kg)

Die relative Atommasse (A_r) ist eine dimensionslose Verhältniszahl. Die Zahlenwerte der relativen Atommassen können dem Periodensystem der Elemente (Seite 177) entnommen werden. Die absolute Atommasse in u entspricht zahlenmäßig der relativen Atommasse A_r.

BEISPIEL – NICKEL (Ni)

Relative Atommasse (aus dem Periodensystem der Elemente) $A_r = 58,690$
Absolute Atommasse (in u) $m = 58,690$ u
Absolute Atommasse (in kg) $m = 58,690 \cdot 1,660540 \cdot 10^{-27}$ kg $= 9,75 \cdot 10^{-26}$ kg

Relative Molekülmasse

Die **relative Molekülmasse** (M_r) ergibt sich aus der Summe der relativen Atommassen (A_r) der im Molekül enthaltenen Atome.

RELATIVE MOLEKÜLMASSE

$$M_r = \frac{m}{u}$$

M_r = relative Molekülmasse
m = absolute Molekülmasse (kg)
u = atomare Masseneinheit ($1 \text{ u} = 1,660540 \cdot 10^{-27}$ kg)

BEISPIEL – WASSER (H_2O)

Relative Molekülmasse (aus dem Periodensystem der Elemente) $M_r = 2 \cdot 1,008 + 15,999 = 18,015$
Absolute Molekülmasse (in u) $m = 18,015$ u
Absolute Molekülmasse (in kg) $m = 18,015 \cdot 1,660540 \cdot 10^{-27}$ kg $= 2,99 \cdot 10^{-26}$ kg

[1] u = atomic mass unit (engl.: Atommasseneinheit).

PHYSIK
CHEMIE
STATISTIK

DIE STOFFMENGE „MOL"

Das **Mol** (Einheitenzeichen: mol; Formelzeichen: N_A) ist eine in der Chemie häufig benutzte Stoffmenge. So, wie sich hinter der Stoffmenge „Dutzend" die Zahl 12 verbirgt, wird das Mol durch die Zahl $6{,}0221415...10^{23}$ repräsentiert. Hierbei handelt es sich um Atome, Moleküle, Ionen, Elektronen, Protonen, Neutronen usw.

Das Mol gehört zu den 7 Basiseinheiten des internationalen Einheitensystems (SI-System). Die Stoffmenge N_A ist in der Chemie in Deutschland auch unter dem Begriff ***Loschmidt'sche***[1] ***Zahl*** und international als ***Avogadro'sche***[2] ***Zahl*** bekannt.

$$N_A = 6{,}0221415 \cdot 10^{23}\ 1/\text{mol}$$

Die Stoffmenge mol, also die Zahl $N_A = 6{,}0221415 \cdot 10^{23}$ 1/mol wird wie folgt verdeutlicht:
Auf einem (sehr großen) Blatt Papier sind etwa $6{,}022 \cdot 10^{23}$ Striche zu zeichnen. Sofern jede Sekunde ein Strich gezeichnet und ohne Pause gearbeitet würde (also 24 Stunden am Tag, 7 Tage je Woche und 52 Wochen im Jahr), würde die Aufgabe nach etwa $19 \cdot 10^{16}$ Jahren (also 19 Millionen mal eine Milliarde Jahre) beendet sein.

Die Aufgabe kann eine einzelne Person niemals zu Ende führen.

Unter der Voraussetzung, dass mehrere Personen pro Sekunde einen Strich zeichnen und 80 Jahre ohne Pause durchgearbeitet wird, benötigen diese für die Bewältigung der Aufgabe etwa $2{,}4 \cdot 10^{14}$ Personen, dies entspricht in etwa der 40000-fachen Weltbevölkerung!

MOLARE MASSE (MOLMASSE)

Die **molare Masse** ***M*** (auch als **Molmasse** bezeichnet) ist definiert als der Quotient aus der Masse *m* und der Stoffmenge *n* der Substanz.

MOLARE MASSE

$$M = \frac{m}{n}$$

M = Molare Masse (g/mol)
m = absolute Masse (g)
n = Stoffmenge (mol)

Zur praktischen Ermittlung der molaren Masse (Molmasse) eines Stoffes bedienen wir uns der folgenden wichtigen Tatsache:

Ein Mol (also $N_A = 6{,}0221415 \cdot 10^{23}$ 1/mol) eines Stoffs (z.B. Atome oder Moleküle) hat eine Masse, die zahlenmäßig der relativen Atommasse (A_r) bzw. der relativen Molekülmasse (M_r) entspricht, aber in Gramm ausgedrückt wird. Dementsprechend hat die molare Masse (in g/mol) denselben Zahlenwert wie die relative Atommasse (A_r) bzw. die relative Molekülmasse (M_r).

BEISPIELE

- Ein einzelnes Eisenatom hat eine relative Atommasse (A_r) von 55,847 (siehe Periodensystem der Elemente. Ein Mol Eisenatome (also etwa $N_A = 6{,}022 \cdot 10^{23}$ 1/mol) haben dementsprechend eine molare Masse (Molmasse) von $M_{Fe} = 55{,}847$ g/mol.

  Dieses Ergebnis wird berechnet indem die absolute Masse eines Eisenatoms ($m_{FE} = 9{,}2736 \cdot 10^{-23}$ g; Tabelle, Seite 167) mit der Stoffmenge 1 Mol ($N_A = 6{,}022 \cdot 10^{23}$ 1/mol) multipliziert wird:

  $$M_{Fe} = m_{Fe} \cdot N_A = 9{,}2736 \cdot 10^{-23}\ \text{g} \cdot 6{,}022 \cdot 10^{23}\ 1/\text{mol} = 55{,}847\ \text{g/mol}$$

- Die molare Masse (Molmasse) von Wasser (H_2O) berechnet sich wie folgt:

  $$M_{H_2O} = 2 \cdot 1{,}008\ \text{g/mol} + 1 \cdot 15{,}999\ \text{g/mol} = 18{,}015\ \text{g/mol}$$

  Ist die molare Masse *M* eines Stoffes sowie seine absolute Masse *m* bekannt, dann ist es umgekehrt auch möglich, die Stoffmenge *n* und damit die Anzahl der enthaltenen Teilchen (Atome, Moleküle oder Ionen) zu berechnen.

BEISPIELE

- Wasser hat eine molare Masse (Molmasse) von 18,015 g/mol. Die Stoffmenge *n* von $m = 1000$ g Wasser beträgt somit:

  $$n = \frac{m}{M} = \frac{1000\ \text{g}}{18{,}015\ \text{g/mol}} = 55{,}51\ \text{mol}$$

  Diese Stoffmenge *n* entspricht $55{,}51\ \text{mol} \cdot 6{,}022 \cdot 10^{23}\ 1/\text{mol} = 3{,}34 \cdot 10^{25}$ Wassermolekülen.

- Bier hat einen durchschnittlichen Gehalt von 5 Vol.-% Ethanol (Trinkalkohol). Eine 0,5-Liter-Flasche enthält dementsprechend etwa 21 g Ethanol (C_2H_5OH). Das Ethanol-Molekül C_2H_5OH hat eine Molmasse von 46 g/mol (Wasserstoff: 1,008 g/mol, Sauerstoff: 15,999 g/mol, Kohlenstoff: 12,011 g/mol, Ethanol: $2 \cdot 12{,}011$ g/mol + $5 \cdot 1{,}008$ g/mol + $1 \cdot 15{,}999$ g/mol + $1 \cdot 1{,}008$ g/mol = 46,069 g/mol).

  Die Stoffmenge von $m = 21$ g Ethanol (C_2H_5OH) berechnet sich dementsprechend zu:

  $$n = \frac{m}{M} = \frac{21\ \text{g}}{46{,}069\ \text{g/mol}} = 0{,}456\ \text{mol}$$

  Diese Stoffmenge *n* entspricht $0{,}456\ \text{mol} \cdot 6{,}022 \cdot 10^{23}\ 1/\text{mol} = 2{,}75 \cdot 10^{23}$ C_2H_5OH-Molekülen.

---

1) Josef **Loschmidt** (1821...1895), Professor für Physik in Wien.

2) Amedeo **Avogadro** (1776...1856), Professor für mathematische Physik in Turin. Mitbegründer der modernen Molekulartheorie. Mit seinem „Gesetz von Avogadro" (Seite 169) schuf er die Voraussetzung zur Berechnung der Avogadro'schen Zahl.

GESETZ VON AVOGADRO, MOLARES VOLUMEN UND IDEALES GASGESETZ

Die Betrachtungen in den vorangegangenen Kapiteln haben sich stets auf die Masse der betrachteten Substanz bezogen (z. B. g/mol). Handelt es sich jedoch um einen gasförmigen Stoff, dann ist es wichtig zu wissen, welches Volumen das Gas bei gegebenem Druck und gegebener Temperatur annimmt.

Gesetz von Avogadro

Bereits im Jahre 1811 erkannte Amedeo **Avogadro** (Bild 1), dass bei gleicher Temperatur und gleichem Druck, gleiche Volumina eines idealen Gases die gleiche Anzahl von Teilchen (z. B. Atome oder Moleküle) haben. Diese Beobachtung führte auf das Gesetz von Avogadro.

Gesetz von Avogadro

Bei gleicher Temperatur und gleichem Druck haben gleiche Volumina eines idealen Gases die gleiche Anzahl von Teilchen (z. B. Atome oder Moleküle).

Ideale Gase sind Stoffe, bei denen die Wechselwirkungen (Anziehungs- und Abstoßungskräfte) zwischen den Gasmolekülen vernachlässigbar klein sind. Nahezu ideal verhalten sich Gase mit niedrigen Siedetemperaturen wie z. B. Helium (He), Argon (Ar), Stickstoff (N_2), Sauerstoff (O_2) oder Wasserstoff (H_2).

1 © dpa

Lorenzo Romano Amedeo Carlo Avogadro, Graf von Quarenga und Ceretto (1776...1856)

BEISPIEL

Eine bestimmte Menge Sauerstoff (O_2) nimmt bei 30 °C und 1020 hPa ein Volumen von 1 m³ ein. Betrachtet man bei gleichem Druck und gleicher Temperatur das gleiche Volumen (1 m³) eines anderen idealen Gases wie z. B. Wasserstoff (H_2), so enthalten beide Gasvolumina die gleiche Anzahl an Gasmolekülen.

Molares Volumen

Aus dem Gesetz von Avogadro sowie experimentellen Daten folgt, dass 1 Mol (also $N_A = 6{,}022 \cdot 10^{23}$ 1/mol) eines idealen Gases unter Normbedingungen (0 °C und 1013,25 hPa) ein Volumen von 22,414 Liter einnimmt (molares Normvolumen).

Ideale Gase nehmen unter Normbedingungen (0 °C und 1013,25 hPa) das **molare Normvolumen** von $V_{nm} = 22{,}414$ Liter/mol ein.

Ideales Gasgesetz

In den Jahren 1661 und 1679 erkannten Robert **Boyle** (1627...1691) und R. **Townley** durch experimentelle Untersuchungen, dass bei konstanter Temperatur (T) und konstanter Stoffmenge n eines idealen Gases, das Produkt aus Druck (p) und Volumen (V) konstant ist, also gilt $p \cdot V =$ konstant. Dieser Zusammenhang wurde als Gesetz von Boyle-Mariotte[1)] bekannt.

GESETZ VON BOYLE-MARIOTTE

$p \cdot V =$ konstant	gültig für $T =$ konstant, $n =$ konstant, ideales Gas

Im Jahre 1787 erkannte der französische Physiker Jacques Alexandre César **Charles** (1746...1823) und 1802 auch der französische Chemiker und Physiker Joseph Louis **Gay-Lussac** (1778...1850), dass bei gleichbleibendem Druck p und gleichbleibender Stoffmenge n das Volumen idealer Gase proportional zur Temperatur ist ($V \sim T$) und damit gilt:

GESETZ VON CHARLES

$\frac{V}{T} =$ konstant	gültig für $p =$ konstant, $n =$ konstant und ideales Gas

Guillaume **Amontons** (1663...1705) entdeckte, dass bei konstantem Volumen die Zustandsgrößen Druck und Temperatur eines idealen Gases zueinander proportional sind ($p \sim T$ oder $p/T =$ konstant).

GESETZ VON AMONTONS

$\frac{p}{T} =$ konstant	gültig für $V =$ konstant, $n =$ konstant und ideales Gas

1) Die Gesetzmäßigkeit $p \cdot V =$ konstant wurde von Robert **Boyle** 1662 veröffentlicht und unabhängig davon auch 1676 von dem französischen Physiker Edme **Mariotte**.

Durch entsprechende Kombination der genannten Gesetze erhalten wir eine der wichtigsten Gleichungen der allgemeinen Chemie, das **ideale Gasgesetz**:

IDEALES GASGESETZ

$$\frac{p_1 \cdot V_1}{T_1} = \frac{p_2 \cdot V_2}{T_2}$$

p_1 = Druck im Zustand 1 in Pa (Pascal) oder N/m^2 (1 Pa = 1 N/m^2)
p_2 = Druck im Zustand 2 in Pa
V_1 = Volumen im Zustand 1 in m^3
V_2 = Volumen im Zustand 2 in m^3
T_1 = Temperatur im Zustand 1 in K (Temperatur in K = Temperatur in °C +273,15)
T_2 = Temperatur im Zustand 2 in K

Sind jeweils 5 Zustandsgrößen bekannt, so kann mithilfe des idealen Gasgesetzes die sechste Größe berechnet werden. Unter Berücksichtigung des Gesetzes von Avogadro (Seite 169) erhält man hieraus die **allgemeine Zustandsgleichung für ideale Gase (allgemeine Gasgleichung)**:

ALLGEMEINE GASGLEICHUNG

$$\frac{p \cdot V}{T} = n \cdot R$$

p = Druck in Pa (Pascal) oder N/m^2 (1 Pa = 1 N/m^2)
V = Volumen in m^3
T = Temperatur in K (Temperatur in K = Temperatur in °C +273,15)
n = Stoffmenge in mol
R = allgemeine Gaskonstante. Es gilt: $R = 8{,}3145$ J/(mol · K)

Für **reale Gase** gelten diese Gleichungen nur näherungsweise bzw. sie dürfen nicht angewandt werden.

AUFGABEN ZUR WIEDERHOLUNG

1. Materie kommt in unterschiedlichen Aggregatzuständen vor.
   a) Benennen Sie die vier Aggregatzustände.
   b) Nennen Sie drei typische Aggregatzustände von Wasser und bezeichnen Sie die Übergänge zwischen diesen Zuständen.

2. Erläutern Sie, weshalb die Änderung des Aggregatzustandes eines Stoffes keine chemische Reaktion darstellt.

3. Nennen Sie jeweils drei Beispiele für:
   a) heterogene Gemische
   b) homogene Gemische
   c) Reinstoffe
   d) chemische Verbindungen
   e) chemische Elemente
   f) Nichtmetalle
   g) Halbmetalle
   h) Metalle

4. Erläutern Sie den Unterschied zwischen einem Reinstoff und einem Gemisch und nennen Sie jeweils ein Beispiel.

5. Erläutern Sie den Unterschied zwischen einem homogenen und einem heterogenen Gemisch und nennen Sie jeweils ein Beispiel.

6. Gemische können durch physikalische Methoden in Reinstoffe zerlegt werden.
Nennen Sie jeweils ein typisches physikalisches Verfahren zur Trennung der folgenden Gemische:
   a) Eisenspäne aus Kühlemulsionen
   b) Schmutzwasser (Sandpartikel in Wasser)
   c) Fett und Wasser in Milch
   d) Sand und Goldpartikel (beim Goldwaschen)
   e) Ethanol (Trinkalkohol) aus einem Wasser-Ethanol-Gemisch

7. Definieren Sie den Begriff „Phase“ und nennen Sie drei Beispiele für mehrphasige Gemische.

8. Erläutern Sie den Unterschied zwischen der relativen Molekülmasse (M_r) und der molaren Masse (M) eines Stoffes und berechnen Sie die relative Molekülmasse sowie die molare Masse von Schwefelsäure (H_2SO_4).

9. Ermitteln Sie für die nachfolgenden Elemente die relative Atommasse (A_r) sowie die absolute Atommasse (m) in u und in kg.

a) Kupfer (Cu)
b) Blei (Pb)
c) Aluminium (Al)
d) Stickstoff (N)
e) Kohlenstoff (C)
f) Wasserstoff (H)

10. Informieren Sie sich, soweit nicht bekannt, über die nachfolgenden physikalischen Trennverfahren und vervollständigen Sie die Tabelle.

PHYSIKALISCHE TRENNVERFAHREN		
Verfahren	**Kurzbeschreibung des Verfahrens**	**Beispiel**[1)]
Aufschlämmen		
Absorption		
Dekantieren		
Destillation		
Extraktion		
Filtration		
Flotation		
Magnetabscheidung		
Sedimentation		
Sublimation		
Zentrifugieren		

[1)] Für ein mit diesem Verfahren trennbares Gemisch

11. Berechnen Sie für die nachfolgenden chemischen Verbindungen die relativen Molekülmassen (M_r) sowie die absoluten Molekülmassen in u und in kg.

a) Kohlendioxid (CO_2)
b) Schwefelsäure (H_2SO_4)
c) Essigsäure (CH_3COOH)
d) Calciumhydroxid ($Ca(OH)_2$)

12. Berechnen Sie die molare Masse (Molmasse) von Saccharose (Rohrzucker). Die Summenformel von Saccharose lautet $C_{12}H_{22}O_{11}$.

13. Welches Volumen (in m^3) nimmt eine Tonne CO_2-Gas unter Normalbedingungen ein? Betrachten Sie das CO_2-Gas näherungsweise als ein ideales Gas.

14. Ein Wetterballon wird vor dem Start bei einer Temperatur von 20 °C und einem Luftdruck von 1004,20 hPa mit 10 m^3 Helium-Gas befüllt.

a) Berechnen Sie die Anzahl der Helium-Atome (in mol), die sich innerhalb der Ballonhülle befinden.
b) Welches Volumen nimmt das Helium-Gas in einer Höhe von 14000 m bei einem Druck von 325 hPa und einer Temperatur von –57 °C ein? Die Ballonhülle soll der freien Ausdehnung des Gases keinen nennenswerten Widerstand entgegensetzen.

15. In einer Gasflasche mit einem Fassungsvermögen von 100 Litern befindet sich Heliumgas unter einem Druck von 5 MPa und einer Temperatur von 20 °C.

Berechnen Sie die Anzahl der Luftballons, die mit dieser Gasmenge befüllt werden können. Der Außendruck beträgt 1012 hPa und die Außentemperatur 20 °C. Die Luftballons können als kugelförmig mit einem Durchmesser von 30 cm angesehen werden. Die Ballonhülle setzt der freien Ausdehnung des Gases keinen nennenswerten Widerstand entgegen.

16. Ethanol (Trinkalkohol) hat die Summenformel C_2H_5OH. 100 g Trinkalkohol verdampfen (Siedetemperatur 78,3 °C) bei einem Druck von 1020 hPa. Welches Volumen (in Liter) nimmt das gasförmige Ethanol unmittelbar nach dem Verdampfen ein?

ATOMBAU UND PERIODENSYSTEM DER ELEMENTE

Der innere Aufbau eines Werkstoffs bestimmt seine Eigenschaften. Um die Werkstoffeigenschaften sowie die Vorgänge bei einer gezielten Veränderung der Werkstoffeigenschaften zu verstehen und zu beurteilen, ist es erforderlich, bei den kleinsten beständigen Teilen der Materie, den Atomen, zu beginnen.

ATOMMODELLE UND ELEMENTARTEILCHEN

Der griechische Philosoph **Demokrit** (460...371 v. Chr.) begründete bereits die Vorstellung, dass Materie nicht beliebig teilbar sei, sondern dass man bei fortgesetzter Teilung schließlich auf nicht mehr zerlegbare „Urbestandteile“ stoßen würde. Diese unteilbaren Einheiten nannte Demokrit **Atome** (atomos, *griech:* unteilbar). Nach Demokrit existierten nur Atome und leerer Raum. Die verschiedenen Körper bilden sich dadurch, dass Atome in verschiedener Zahl und Lage zusammentreten.

Atomvorstellung von Demokrit

Materie besteht aus sehr kleinen, nicht mehr weiter teilbaren Teilchen, den Atomen. Zwischen den Atomen ist leerer Raum.

Erst im Jahre 1808 erfolgte durch John **Dalton** (1766...1844) die Wiederentdeckung des alten Prinzips des Demokrit und damit die Begründung der modernen Atomtheorie. Dalton verknüpfte die Atomvorstellung mit dem Elementbegriff und gelangte dadurch zu folgenden Aussagen, die er allerdings zu seiner Zeit noch nicht beweisen konnte:

- Materie besteht aus sehr kleinen Atomen, die nicht weiter zerlegt und weder erschaffen noch zerstört werden können.
- Jedes Element besteht aus einer bestimmten Atomart. Alle Atome eines Elementes sind unter sich gleich. Die Atome der verschiedenen Elemente unterscheiden sich voneinander durch ihre Größe und Masse.
- Da sich bei chemischen Vorgängen die Gesamtmasse aller Reaktionsteilnehmer nicht ändert, müssen auch die Atome unveränderlich sein.
- Bei der Bildung einer Verbindung vereinigen sich die Atome der Elemente in einem bestimmten Zahlenverhältnis. Dies erklärt die konstante Zusammensetzung einer Verbindung.

Atomhypothese von Dalton

Dalton postulierte, dass Atome unteilbar sind und eine bestimmte unveränderte Masse haben. Er hielt diese Massen für unvorstellbar klein und glaubte, sie seien niemals zu bestimmen.

Während Demokrit und Dalton die Auffassung vertraten, dass die Atome unteilbare Materieteilchen sind, entdeckte der englische Physiker Joseph John **Thomson** im Jahre 1897 Teilchen, die kleiner waren als das kleinste Atom, das Wasserstoffatom. Diese negativ geladenen Elektrizitätsteilchen wurden **Elektronen** genannt (elektron, *griech:* Bernstein). Zunächst meinten die Wissenschaftler, dass die Atome kleine, gleichmäßig mit positiver Ladung ausgefüllte Kugeln seien, in welche die kleineren Elektronen eingebettet wären (**„Thomson'sches Atommodell“**, 1897).

Die Vorstellung vom kompakten Atomaufbau konnte jedoch wenig später von Ernest **Rutherford** (1871...1957) widerlegt werden. Rutherford und seinen Mitarbeitern gelang 1911 ein Versuch, der als **„Rutherford'scher Blattgoldversuch“** bekannt wurde (Bild 1). Hierbei wird eine dünne Metallfolie (etwa 0,002 mm) mit Helium-Atomkernen (α-Teilchen) beschossen. Ringförmig um die Goldfolie ist ein Filmstreifen angebracht, der von den auftreffenden α-Teilchen geschwärzt wird.

Der Versuch erbrachte ein überraschendes Ergebnis: Die überwiegende Zahl der α-Teilchen durchdringt die Goldfolie ungehindert („es war als schieße man gegen einen Geist“). Daraus erkennet man, dass die Atome zum größten Teil aus „masseleerem Raum“ bestehen. Da das bereits entdeckte Elektron ein fast masseloses Elementarteilchen ist, lag es nahe zu vermuten, dass die Elektronen den größten Teil des Atoms, die Atomhülle also, ausfüllen müssten. Nur etwa jedes 100000ste α-Teilchen wird abgelenkt oder prallt zurück und zwar derart, dass die Teilchen auf dem Filmstreifen „verstreut“ sind.

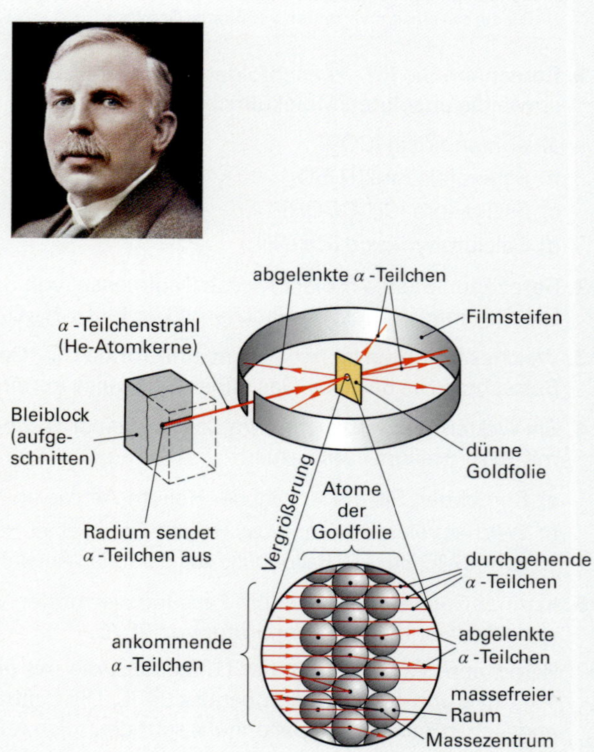

1

Blattgoldversuch von Rutherford (1911)

Atommodell nach Rutherford

Die Atome bestehen aus einem Atomkern und einer Atomhülle. Der Atomkern ist positiv geladen und sehr klein. Die Atomhülle ist relativ ausgedehnt und fast masselos. Sie enthält die negativ geladenen Elektronen. Das Atommodell nach Rutherford wird daher auch als „Kern-Hülle-Modell" bezeichnet.

Die Experimente wurden auch an anderen Metallfolien (z. B. Aluminium, Kupfer, Silber und Platin) durchgeführt und erbrachten ähnliche Ergebnisse. Aus den Experimenten schloss Rutherford, dass der größte Teil des Atomvolumens „leer" ist, denn die α-Teilchen „fliegen" nahezu ungehindert durch viele Atomlagen hindurch. Die Masse des Atoms muss also in einem verschwindend kleinen „Zentrum" konzentriert sein. Dieses „Zentrum" ist der **Atomkern**, der außerdem, aufgrund der Ablenkung der positiven α-Teilchen, positiv geladen sein muss. Die räumliche Ausdehnung des Atoms wird durch die **Atomhülle** bewirkt. Sie enthält die **Elektronen.** Während die Atome bisher als unteilbar angesehen wurden, führten die Versuche von Rutherford zum **„Kern-Hülle-Modell"** des Atoms.

In den bereits 1886 entdeckten „Kanalstrahlen" einer mit Wasserstoffgas gefüllten Entladungsröhre erkannte Rutherford im Jahre 1913 die lange gesuchten positiven Gegenpartner der Elektronen. Er bezeichnete diese kleinste, als Bestandteil in Atomen auftretende Materieeinheit der positiven Elektrizität **„Proton"** (proton, *griech:* Ur-(Teilchen)).

Damit war auch das zweite am Atomaufbau beteiligte Elementarteilchen entdeckt.

Das **Neutron** wurde erst im Jahre 1930 von den deutschen Physikern W. **Bothe** und H. **Becker** entdeckt, jedoch von ihnen als energiereiche g-Strahlung angesehen. Erst der englische Physiker J. **Chadwick** bewies dann im Jahre 1932, dass es sich um neutrale Teilchen von etwa der Masse eines Protons handelte. Die Existenz der Neutronen wurde allerdings bereits 1920 von Rutherford postuliert. Von W. D. **Harkins** wurde hierfür 1921 der Name „Neutron" vorgeschlagen.

Elektronen, Protonen und Neutronen sind **Elementarteilchen,** die am Atomaufbau beteiligt sind. Aus den Atomen der Elemente ergeben sich schließlich die mehr als 6 Millionen chemischen Verbindungen und aus diesen schließlich die unendlich vielseitigen Erscheinungsformen der belebten und unbelebten Natur.

Heute kennt man einige hundert am Atomaufbau jedoch nicht beteiligte Elementarteilchen.

ELEMENTARTEILCHEN

	Elektron (e)	Proton (p)	Neutron (n)
Ladung	negativ (e^-) $-1{,}602 \cdot 10^{-19}$ As	positiv (e^+) $+1{,}602 \cdot 10^{-19}$ As	neutral 0
Ruhemasse[1)]	$9{,}11 \cdot 10^{-31}$ kg = 0,00055 u	$1{,}6725 \cdot 10^{-27}$ kg = 1,00728 u	$1{,}6748^{-27}$ kg = 1,00867 u

[1)] 1 u = atomare Masseneinheit. Sie ist festgelegt als 1/12 der absoluten Masse des Kohlenstoffisotops ^{12}C (1 u = $1{,}660540 \cdot 10^{-27}$ kg)

Atomaufbau

1. Das Atom besteht aus einem sehr kleinen **Atomkern** (∅ $10^{-14}...10^{-15}$ m) und einer den Kern umgebenden **Atom-** oder **Elektronenhülle** (∅ 10^{-10} m).

2. Der sehr kleine Atomkern besteht aus positiv geladenen Teilchen, den **Protonen** und (mit Ausnahme des Wasserstoffatoms) ungeladenen Teilchen, den **Neutronen**. Die Atomhülle wird ausschließlich von negativ geladenen **Elektronen** besetzt. Die Anzahl der Protonen im Kern **(Kernladungszahl)** dient außerdem als **Ordnungszahl** im **Periodensystem der Elemente** (**PSE**, Seite 176). Protonen und Neutronen werden bisweilen auch als **Nukleonen** (= Kernbausteine) bezeichnet.

3. Die Atome der 118 bislang bekannten Elemente unterscheiden sich in der Anzahl der Protonen und Neutronen im Kern. Da ein Atom elektrisch neutral ist, muss die Anzahl der (negativen) Elektronen in der Hülle gleich der Anzahl der (positiven) Protonen im Kern sein. Verliert jedoch ein neutrales Atom eines oder mehrere Elektronen, dann wird es zu einem ein- oder mehrfach positiv geladenen **Ion (Kation)**. Treten hingegen zu einem neutralen Atom ein oder mehrere Elektronen hinzu, dann entsteht ein ein- oder mehrfach negativ geladenes **Ion (Anion)**.

4. Der weitaus größte Teil der Masse eines Atoms ist im Atomkern konzentriert. Die Masse der Kernteilchen (Proton und Neutron) sind etwa gleich groß, während die Masse des Elektrons nur 1/1836 der Masse des Protons beträgt (Tabelle Elementarteilchen).

Ein Würfel aus Eisen (Fe) mit einer Kantenlänge von 10 m und dementsprechend einem Volumen von 1000 m³, hat eine Masse von etwa 7600 Tonnen.

Das gesamte von den Fe-Atomkernen beanspruchte Volumen beträgt jedoch weniger als 1 mm³. Das restliche Volumen ist praktisch masseleer und nur von Kraftfeldern erfüllt.

Die Packungsdichte in einem Atom ist damit geringer als in unserem Planetensystem, falls man den Atomkern mit der Sonne und die umgebenden Planeten mit den Elektronen vergleicht.

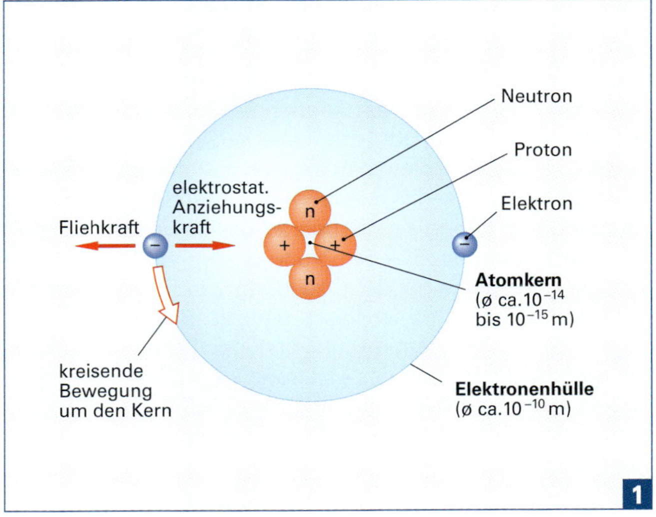

Atommodell nach Rutherford (um 1913)

PHYSIK CHEMIE STATISTIK

ELEKTRONENHÜLLE

Bei chemischen Vorgängen treten nur Veränderungen in der Elektronenhülle der Atome auf, während die Atomkerne völlig unverändert bleiben. Der Bau und das Verhalten der Elektronenhülle ist daher für die Chemie und somit auch für die Werkstoffkunde von besonderer Bedeutung. Der Feinbau der Elektronenhülle kann durch das einfache **Bohr'sche Atommodell** als auch durch das moderne und leitungsfähigere **wellenmechanische Modell** oder **Orbitalmodell** beschrieben werden.

Bohr'sches Atommodell

Die positiven Ladungen (Protonen) des Atomkerns werden durch eine entsprechende Anzahl negativer Ladungen (Elektronen) in der Elektronenhülle kompensiert. Die Elektronen der Elektronenhülle umgeben den Atomkern dabei nicht regellos, sondern sie verteilen sich gesetzmäßig.

Für den Feinbau der Elektronenhülle wurde im Jahre 1913 von dem dänischen Physiker Niels **Bohr** (1885...1962) das nach ihm benannte **„Bohr'sche Atommodell"** entwickelt. Nach dieser Modellvorstellung bewegen sich die Elektronen auf **räumlichen Schalen** um den Atomkern, ähnlich wie die Planeten unseres Sonnensystems um die Sonne. Das Modell wird daher mitunter auch als **„Planetenmodell"** bezeichnet.

Bei Atomen mit mehreren Elektronen „rotieren" die Elektronen auf bestimmten, festgelegten Schalen um den Atomkern (Bild 1). Als Folge ihrer Bewegung haben die Elektronen kinetische Energie (Bewegungsenergie) und aufgrund der Anziehungskraft durch den positiven Atomkern auch potenzielle Energie (Lageenergie). Jedes Elektron hat deshalb einen ganz bestimmten **Energiezustand**, abhängig von der Schale auf dem es sich befindet. Die einzelnen Schalen des Bohr'schen Atommodells können daher auch mit verschiedenen Energieniveaus verglichen werden.

Die Atomhülle kann in maximal 7 Schalen unterteilt sein, die von innen nach außen mit den Ziffern 1 bis 7, den **Hauptquantenzahlen** bzw. den Großbuchstaben K, L, M, N usw. gekennzeichnet werden. Die 1. Schale (K-Schale) ist die dem Atomkern am nächsten liegende Schale, die 7. Schale (Q-Schale) ist dagegen vom Atomkern am weitesten entfernt.

Die Schalen sind (mit Ausnahme der ersten Schale) ihrerseits wieder in maximal *n* Unterschalen aufgeteilt, die mit den Buchstaben s, p, d, f usw. gekennzeichnet werden (Tabelle, Seite 175, Schalen der Elektronenhülle). Die Unterschalen kennzeichnen den **Nebenquantenzustand** des jeweiligen Elektrons, wobei wir uns in der Chemie normalerweise nur mit den s-, p-, d- und f-Unterschalen befassen (s = sharp; p = principal; d = diffuse; f = fundamental).

Durch Zufuhr von Energie (z. B. Wärme) oder durch den Aufprall von Fremdelektronen können einzelne Elektronen eines Atoms kurzfristig auf eine weiter außen liegende Schale und damit auf ein höheres Energieniveau gelangen. Sobald diese Elektronen jedoch wieder in ihre ursprüngliche Schale „zurückfallen", geben sie die überschüssige Energie in Form von elektromagnetischer Strahlung wieder ab. Dieser Effekt wird beispielsweise bei der Erzeugung von Röntgenstrahlen in einer Röntgenröhre technisch genutzt (Bild 2 und Bild 1, Seite 175). Ist die Energiezufuhr genügend groß, dann kann die potenzielle Energie des Elektrons so groß werden, dass es sich aus dem Atom löst und „frei" wird. Dem Atom geht dadurch ein Elektron verloren. Es wird zu einem positiven Ion (Kation).

Die Anordnung und Besetzung der einzelnen Schalen mit Elektronen unterliegt Gesetzmäßigkeiten:

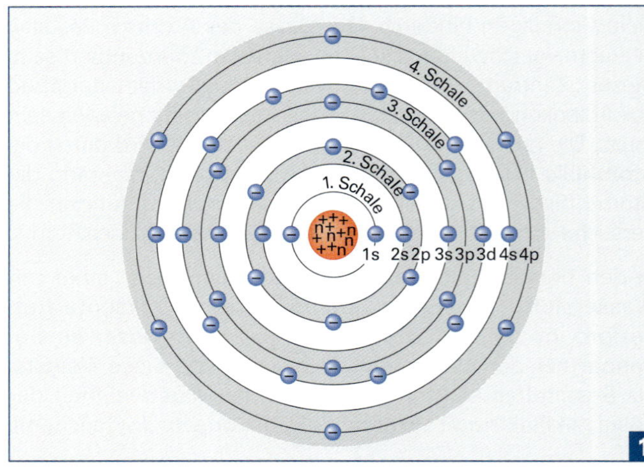

1

Bohr'sches Modell der Elektronenhülle (bis zur 4p-Unterschale dargestellt)

In der Elektronenhülle verteilen sich die Elektronen auf verschiedene Energiestufen, die wir anschaulich den Elektronenschalen des Bohr'schen Atommodells gleichsetzen können.

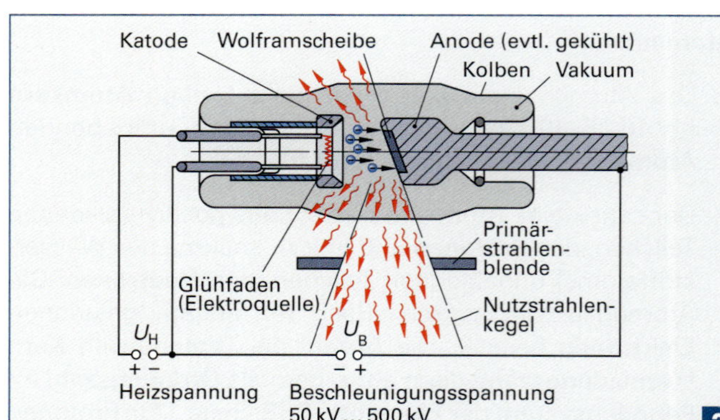

2

Prinzip der Erzeugung von Röntgenstrahlen in einer Röntgenröhre

1. Die Besetzung der Schalen mit Elektronen erfolgt grundsätzlich so, dass Zustände geringerer Energie zuerst besetzt werden. Dementsprechend wird zuerst die 1. Schale, dann die 2. Schale usw. besetzt. Sobald die äußerste Schale mit 8 Elektronen besetzt ist, wird eine stabile Zwischenstufe erreicht. Obwohl in der betreffenden Schale noch weitere Elektronen aufgenommen werden könnten, wird die nächsthöhere Schale mit Elektronen besetzt. Erst nachdem diese („höhere") Schale mit zwei Elektronen besetzt wurde, erfolgt in der Regel die weitere Auffüllung der darunterliegenden, noch nicht vollständig besetzten Schalen. Aus diesem Grund sind beispielsweise beim Eisen (Bild 1, Seite 182) in der 3. Schale (3d-Schale) noch „Plätze" unbesetzt, während bereits die nächsthöhere 4s-Schale mit Elektronen besetzt wurde.

2. Jede Schale (Energiestufe) kann maximal $2 \cdot n^2$ (n = Hauptquantenzahl) Elektronen aufnehmen.

BEISPIELE

1. Schale (n = 1): $2 \cdot 1^2$ = 2 Elektronen
2. Schale (n = 2): $2 \cdot 2^2$ = 8 Elektronen
3. Schale (n = 3): $2 \cdot 3^2$ = 18 Elektronen

3. Die chemischen Eigenschaften eines Elements werden weitgehend von der Anzahl der Elektronen auf der äußersten Schale, den **Valenzelektronen**, bestimmt. Elemente mit gleicher Anzahl an Valenzelektronen haben ähnliche chemische Eigenschaften (z.B. Fluor, Chlor, Brom, Jod usw.).
4. Eine mit 8 Elektronen besetzte äußere Schale stellt einen besonders stabilen Zustand dar **(„Edelgaskonfiguration")**.

Nur die Elemente Neon (Ne), Argon (Ar), Krypton (Kr), Xenon (Xe) und Radon (Rn) haben diese besonders stabile Elektronenkonfiguration. Sie werden als **Edelgase** bezeichnet. Das ebenfalls stabile Edelgas Helium (He) bildet mit zwei Elektronen auf der 1. Schale eine Ausnahme. Edelgase gehen daher nur unter besonderen Bedingungen mit anderen Elementen chemische Verbindungen ein.

Vom Bohr'schen Atommodell ist man in der Wissenschaft zwischenzeitlich weitgehend abgekommen, da es mit vielen Beobachtungen, insbesondere mit den klassischen Theorien der Elektrodynamik in Widerspruch steht. So vermag das Modell beispielsweise die Bindung in Molekülen nicht zu erklären. Außerdem ist die Bewegung eines geladenen Teilchens auf einer Kreisbahn nach den Gesetzen der Physik mit der Abstrahlung von Energie in Form elektromagnetischer Strahlung verbunden. Die Elektronen müssten also auf ihrem Weg um den Kern Energie verlieren, langsamer werden und schließlich in den Kern stürzen. Zur Erklärung des Feinbaus der Elektronenhülle bedient man sich heute des weniger anschaulichen aber weitaus leistungsfähigeren **wellenmechanischen Modells („Orbitalmodell")**. Grundlage ist die um 1925 von Werner **Heisenberg,** Erwin **Schrödinger** und Paul Adrien **Dirac** entwickelte **„Quantenmechanik"**.

Zum Verständnis vieler Grundvorgänge in der Chemie und in der Werkstoffkunde kann das anschauliche Schalenmodell nach Bohr aber dennoch verwendet werden, sofern die Elektronenschalen lediglich bildliche Darstellungen der verschiedenen Energiezustände der Elektronen in der Atomhülle repräsentieren.

Wellenmechanisches Modell (Orbitalmodell)

Nach den Vorstellungen des heute allgemein akzeptierten **Orbitalmodells** „rotieren" die Elektronen nicht um den Atomkern, sondern die Elektronen bzw. ihre Ladung ist in einem Raum um den Atomkern anzutreffen. Dieser „Aufenthaltsraum" wird als **Elektronenwolke** oder **Orbital** (orbis, *lat.:* Kreis) bezeichnet. Da die räumlichen Bahnen der Elektronen weder experimentell noch mathematisch zu erfassen sind, kann dem jeweiligen Elektron nur eine **Aufenthaltswahrscheinlichkeit** (z.B. 90 %) in der Nähe des Atomkerns zugeordnet werden. Diese Aufenthaltswahrscheinlichkeit oder **Elektronendichteverteilung** wird mathematisch als Lösung der von **Schrödinger** aufgestellten Wellengleichungen **(„Schrödinger-Gleichungen")** beschrieben. Diese Lösungen, **Wellenfunktionen** genannt, beschreiben nicht mehr die Form einer „Flugbahn" der Elektronen, sondern sie können als Maß für die Wahrscheinlichkeit angesehen werden, mit der das Elektron an verschiedenen Orten des Atoms anzutreffen ist.

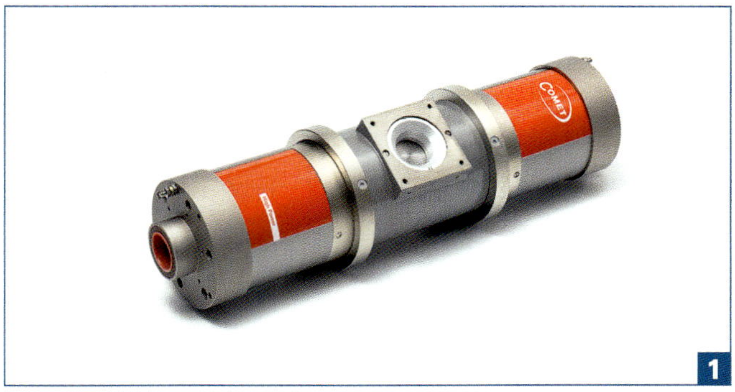

1

Handelsübliche Röntgenröhre

SCHALEN DER ELEKTRONENHÜLLE			
Schale	**Haupt-quantenzahl**	**Unterschalen**	**Zahl der Elektronen**
K-Schale	1	1 s	2
L-Schale	2	2 s 2 p	2 6
M-Schale	3	3 s 3 p 3 d	2 6 10
N-Schale	4	4 s 4 p 4 d 4 f	2 6 10 14
O-Schale	5	5 s 5 p 5 d 5 f	2 6 10 14
P-Schale	6	6 s 6 p 6 d	2 6 10
Q-Schale	7	7 s	2

s-**Orbitale** (2 Elektronen): werden in der 1. und 2. Hauptgruppe des Periodensystems aufgefüllt.

p-**Orbitale** (6 Elektronen in 3 Orbitalen): werden in der 3. bis 8. Hauptgruppe des PSE gefüllt.

d-**Orbitale** (10 Elektronen in 5 Orbitalen): bei den Übergangsmetallen (Nebengruppenelemente).

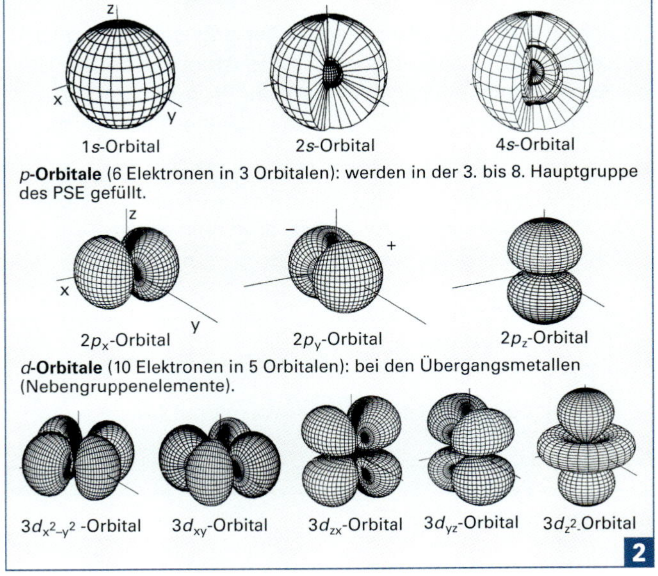

2

Orbitale

f-Orbitale (14 Elektronen in 7 Orbitalen): bei Lanthaniden und Actiniden

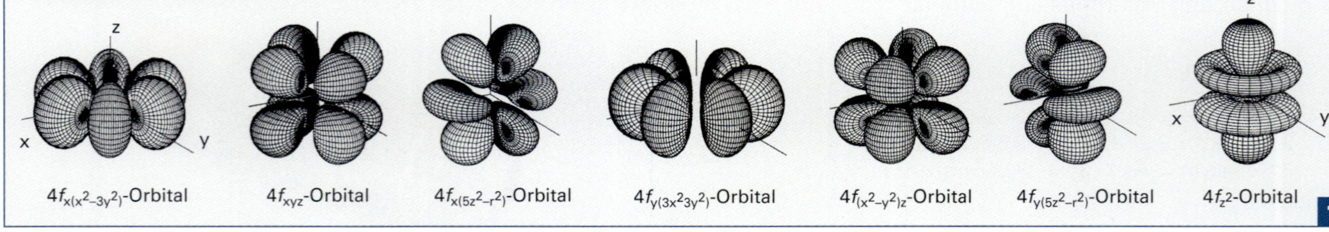

1

Form und räumliche Orientierung verschiedener Orbitale

Das Orbital eines Wasserstoffatoms ist beispielsweise eine Kugel mit einem Durchmesser von $1{,}4 \cdot 10^{-11}$ m (= 14 pm). Zur Veranschaulichung sind in Bild 1 wichtige Orbitalformen dargestellt.

PERIODENSYSTEM DER ELEMENTE (PSE)

Das **Periodensystem der Elemente**[1] **(PSE)** hat in der Chemie eine grundlegende Bedeutung.

Erste Versuche einer Ordnung der Elemente nach Gesetzmäßigkeiten gehen auf Johann Wolfgang **Döbereiner** (1780...1849, Professor für Chemie in Jena) zurück. Er wies bereits 1829 nach, dass sich die verschiedenen, damals bekannten Elemente in ihrem chemischen Verhalten zu Gruppen von jeweils drei Elementen (z.B. Chlor, Brom und Iod) zusammenfassen lassen („Triaden") und dass die Unterschiede der Atommassen dieser Elemente jeweils annähernd gleich sind **(„Triadenregel")**.

Der englische Chemiker John Alexander Reina **Newlands** (1838...1898) entdeckte im Jahre 1864, dass bei Anordnung der Elemente bei steigender Atommasse nach jeweils sieben Elementen ein Element folgt, das dem ersten der Reihe chemisch ähnlich ist. Im Jahre 1869 haben der russische Chemiker Dimitrij Iwanowitsch **Mendelejew** (1834...1907) und unabhängig davon der deutsche Forscher Lothar **Meyer** (1830...1895) diese Beziehungen zum **Periodensystem der Elemente (PSE)** zusammengefasst. Grundprinzip war zunächst die Ordnung der Elemente nach steigender Atommasse. Für einige damals noch nicht bekannten Elemente wurden Lücken gelassen. Das Ordnungssystem bewährte sich damit auch durch seine Voraussagen von chemisch-physikalischen Eigenschaften (Dichte, Schmelztemperatur, Löslichkeit usw.) seinerzeit noch nicht bekannter Elemente. Eine Erklärung für den Aufbau dieses Systems fanden **Mendelejew** und **Meyer** jedoch nicht, da eine genaue Vorstellung über den Bau der Atome noch nicht vorlag.

Im Jahre 1913 erkannte zunächst der englische Physiker H. **Moseley** (1887...1915), dass nicht die Atommasse, sondern die **Kernladungszahl**, also die Zahl der Protonen im Kern, die richtige Reihenfolge der Elemente im System bestimmt.

Die **Ordnungszahl** (OZ) eines Elementes im Periodensystem der Elemente entspricht seiner Anzahl an Protonen im Kern (Kernladungszahl).

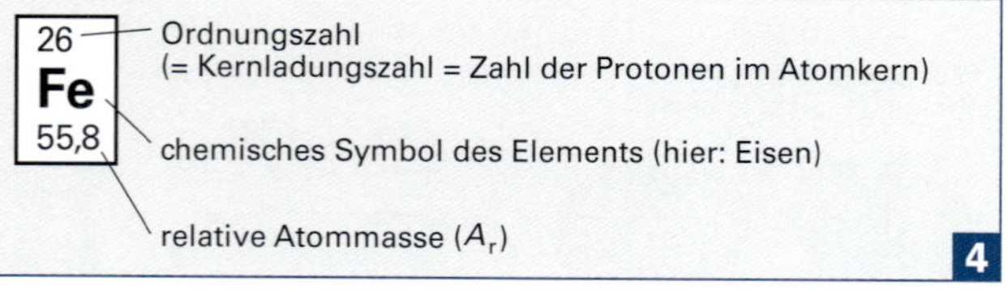

4

Mindestangaben im PSE

2

3

***D. I. Mendelejew** (Bild 2) und **L. Meyer** (Bild 3) entdeckten unabhängig voneinander das Ordnungsprinzip der Elemente im PSE*

Von Element zu Element nimmt die Kernladung jeweils um eine Einheit zu. Es kommt jeweils ein weiteres Proton im Kern (und damit auch ein Elektron in der Hülle) hinzu. Die Kernladungszahl erwies sich damit als identisch mit der **Ordnungszahl** („Platznummer") eines Elementes im PSE.

Die heute gebräuchlichste Darstellung der bekannten 118 Elemente besteht aus einem rechteckigen Schema der chemischen Symbole dieser Elemente (Bild 1, Seite 177). Die im Periodensystem der Elemente (PSE) in einer waagerechten Reihe stehenden Elemente bilden zusammen eine **Periode**. Elemente einer Periode haben die gleiche Anzahl an Schalen. Elemente in einer vertikalen Kolonne des Periodensystems bilden eine **Gruppe**. Elemente einer Gruppe haben die gleiche Anzahl an Elektronen auf der äußersten Schale **(Valenzelektronen)** und daher ähnliche chemische Eigenschaften.

HAUPTGRUPPENELEMENTE

Hauptgruppe	Elemente	Sammelname
I	H, Li, Na, K, Rb, Cs	Alkalimetalle
II	Be, Mg, Ca, Sr, Ba	Erdalkalimetalle
III	B, Al, Ga, In, Tl	Borgruppe
IV	C, Si, Ge, Sn, Pb	Kohlenstoffgruppe
V	N, P, As, Sb, Bi	Stickstoffgruppe
VI	O, S, Se, Te, Po	Chalkogene
VII	F, Cl, Br, J, At	Halogene
VIII	He, Ne, Ar, Xe, Ks, Rn	Edelgase

1) Sprachlich nicht korrekt wird das Periodensystem der Elemente häufig auch als **„Periodisches System der Elemente"** bezeichnet.

Ordnungszahl (= Protonenzahl) – 11 **Na** – Kurzzeichen

Natrium – Elementname; Zustand bei 273 K (0 °C) und 1,013 bar:

fest: Schwarze Schrift
flüssig: Braune Schrift
gasförmig: Blaue Schrift

Relative Atommasse – 22,989

Radioaktive Elemente in Rot, z. B. 222
künstlich hergestellte Elemente in Klammern, z. B. (261)

1) Leichtmetalle $\varrho \leq 5\ kg/dm^3$; Schwermetalle $\varrho > 5\ kg/dm^3$

Periode	Hauptgruppen 1 (I A)	2 (II A)	Nebengruppen 3 (III B)	4 (IV B)	5 (V B)	6 (VI B)	7 (VII B)	8	9 (VIII B)	10	11 (I B)	12 (II B)	Hauptgruppen 13 (III A)	14 (IV A)	15 (V A)	16 (VI A)	17 (VII A)	18 (VIII A)
1	1 **H** Wasserstoff 1,008																	2 **He** Helium 4,002
2	3 **Li** Lithium 6,941	4 **Be** Beryllium 9,012											5 **B** Bor 10,811	6 **C** Kohlenstoff 12,011	7 **N** Stickstoff 14,007	8 **O** Sauerstoff 15,999	9 **F** Fluor 18,998	10 **Ne** Neon 20,179
3	11 **Na** Natrium 22,989	12 **Mg** Magnesium 24,305											13 **Al** Aluminium 26,982	14 **Si** Silicium 28,086	15 **P** Phosphor 30,974	16 **S** Schwefel 32,066	17 **Cl** Chlor 35,453	18 **Ar** Argon 39,948
4	19 **K** Kalium 39,098	20 **Ca** Calcium 40,078	21 **Sc** Scandium 44,956	22 **Ti** Titan 47,867	23 **V** Vanadium 50,942	24 **Cr** Chrom 51,996	25 **Mn** Mangan 54,938	26 **Fe** Eisen 55,845	27 **Co** Cobalt 58,933	28 **Ni** Nickel 58,693	29 **Cu** Kupfer 63,546	30 **Zn** Zink 65,390	31 **Ga** Gallium 69,723	32 **Ge** Germanium 75,610	33 **As** Arsen 74,922	34 **Se** Selen 78,960	35 **Br** Brom 79,904	36 **Kr** Krypton 83,798
5	37 **Rb** Rubidium 85,468	38 **Sr** Strontium 87,620	39 **Y** Yttrium 88,906	40 **Zr** Zirconium 91,224	41 **Nb** Niob 92,906	42 **Mo** Molybdän 95,962	43 **Tc** Technetium (98)	44 **Ru** Ruthenium 101,070	45 **Rh** Rhodium 102,906	46 **Pd** Palladium 106,420	47 **Ag** Silber 107,868	48 **Cd** Cadmium 112,410	49 **In** Indium 114,820	50 **Sn** Zinn 118,710	51 **Sb** Antimon 121,760	52 **Te** Tellur 127,600	53 **I** Iod 126,905	54 **Xe** Xenon 131,290
6	55 **Cs** Cäsium 132,905	56 **Ba** Barium 137,330	57 … 71 Lanthanoide	72 **Hf** Hafnium 178,490	73 **Ta** Tantal 180,948	74 **W** Wolfram 183,850	75 **Re** Rhenium 186,207	76 **Os** Osmium 190,230	77 **Ir** Iridium 192,220	78 **Pt** Platin 195,080	79 **Au** Gold 196,967	80 **Hg** Quecksilber 200,590	81 **Tl** Thallium 204,383	82 **Pb** Blei 207,200	83 **Bi** Bismut 208,980	84 **Po** Polonium 210	85 **At** Astat 210	86 **Rn** Radon 222
7	87 **Fr** Francium 223	88 **Ra** Radium 226,025	89 … 103 Actinoide	104 **Rf** Rutherfordium (263)	105 **Db** Dubnium (263)	106 **Sg** Seaborgium (266)	107 **Bh** Bohrium (264)	108 **Hs** Hassium (269)	109 **Mt** Meitnerium (268)	110 **Ds** Darmstadtium (281)	111 **Rg** Roentgenium (280)	112 **Cn** Copernicium (277)	113 **Nh** Nihonium (287)	114 **Fl** Flerovium (289)	115 **Mc** Moscovium (288)	116 **Lv** Livermorium (293)	117 **Ts** Tennessin (292)	118 **Og** Oganesson (294)

57 **La** Lanthan 138,906	58 **Ce** Cer 140,120	59 **Pr** Praseodym 140,908	60 **Nd** Neodym 144,240	61 **Pm** Promethium 145	62 **Sm** Samarium 150,360	63 **Eu** Europium 151,960	64 **Gd** Gadolinium 157,250	65 **Tb** Terbium 158,925	66 **Dy** Dysprosium 162,500	67 **Ho** Holmium 164,930	68 **Er** Erbium 167,260	69 **Tm** Thulium 168,934	70 **Yb** Ytterbium 173,040	71 **Lu** Lutetium 174,967
89 **Ac** Actinium 227,028	90 **Th** Thorium 232,038	91 **Pa** Protactinium 231,036	92 **U** Uran 238,029	93 **Np** Neptunium 237	94 **Pu** Plutonium 244	95 **Am** Americum (243)	96 **Cm** Curium (247)	97 **Bk** Berkelium (247)	98 **Cf** Californium (251)	99 **Es** Einsteinium (252)	100 **Fm** Fermium (257)	101 **Md** Mendelevium (258)	102 **No** Nobelium (260)	103 **Lr** Lawrencium (262)

Nichtmetalle
Halbmetalle
Leichtmetalle[1)]
Schwermetalle[1)]
Edelmetalle
Halogene
Edelgase

1

Periodensystem der Elemente (PSE)

STATISTIK CHEMIE PHYSIK

So sind z. B. die Eigenschaften der im Periodensystem in der VIII. Hauptgruppe stehenden Elemente He, Ne, Ar, Kr, Xe und Rn ähnlich (Edelgase). Im Periodensystem kann der Name des Elements mit dem Kurzzeichen, die Ordnungszahl und die Atommasse abgelesen werden (Bild 1, Seite 177).

ISOTOPE

Die Atommasse setzt sich im Wesentlichen aus der Masse der Protonen und der Neutronen im Atomkern zusammen. Die Masse der Elektronen kann vernachlässigt werden. Da die Masse von Proton und Neutron jeweils etwa eine Atommasseneinheit ist (Proton: 1,00728 u; Neutron: 1,00867 u) ist zu erwarten, dass die Atommasse eines beliebigen Elementes (z. B. Fe) ebenfalls ein geradzahliges Vielfaches der Atommasseneinheit u darstellt. Das Periodensystem zeigt jedoch, dass dies häufig nicht der Fall ist. So hat Eisen (Fe) beispielsweise eine Atommasse von 55,847 u und Chlor 35,453 u. Die Ursache ist u. a. darin zu sehen, dass die natürlich vorkommenden Elemente häufig eine Mischung aus unterschiedlichen **Isotopen** desselben Elements sind.

Isotope sind Elemente, die sich nur durch die Anzahl der Neutronen im Atomkern unterscheiden. Die Anzahl der Protonen im Kern und auch die Anzahl der Elektronen in der Hülle sind bei den Isotopen eines Elements gleich (ein elektroneutrales Atom vorausgesetzt).
Aufgrund gleicher Kernladungszahl befinden sich die Isotope eines Elements an derselben Stelle im Periodensystem der Elemente. Hiervon ist auch der Name „Isotop" abgeleitet (isos topos, *griech.:* gleicher Ort).
Aufgrund gleicher Elektronenzahl in der Hülle haben die Isotope eines Elements weitgehend identische chemische Eigenschaften, aufgrund der unterschiedlichen Atommasse jedoch verschiedene physikalische Eigenschaften.

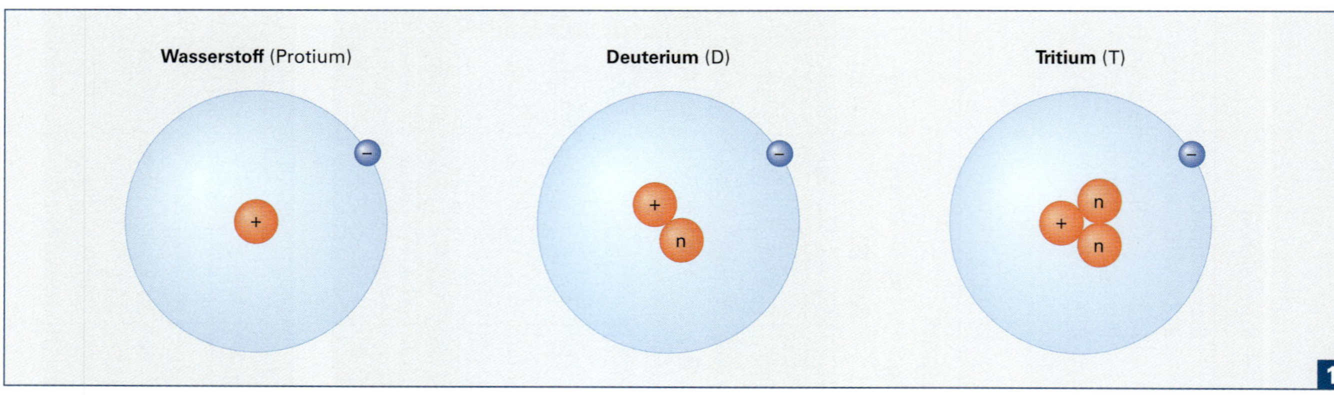

Bohr'sche Atommodelle der Wasserstoffisotope

Benennung der Isotope des Wasserstoffs

$^1_1$H normaler Wasserstoff oder **Protium** $^2_1$H **Deuterium** (D) $^3_1$H **Tritium** (T)

Da die verschiedenen Isotope eines Elements dasselbe Elementsymbol haben, ist eine besondere Kennzeichnung (Schreibweise) erforderlich. Eine vollständige Kennzeichnung erfolgt üblicherweise durch Nennung der Ordnungszahl sowie der Nukleonenzahl (= Protonenzahl + Neutronenzahl). So hat das Kohlenstoffisotop $^{14}_6$C insgesamt 6 Protonen und 14 – 6 = 8 Neutronen.

Eine eigenständige Bezeichnung der verschiedenen Isotope eines Elements gibt es, mit Ausnahme des Wasserstoffs, nicht (Bild 1 und Infokasten).

In der Natur gibt es nur 19 Elemente, die nicht als Isotopengemisch auftreten. Von den übrigen Elementen kennen wir 334 natürliche Isotope (72 davon sind instabil und zerfallen unter Freisetzung von Radioaktivität) sowie mehr als 1000 künstlich erzeugte Isotope (zerfallen alle radioaktiv). Die Anzahl der Isotope eines Elements kann dabei hoch sein. So sind beispielsweise beim Zinn (Sn) 10 Isotope bekannt.

Das Vorhandensein von Isotopen ist u. a. auch die Erklärung für nicht ganzzahlige, relative Atommassen.

BEISPIEL 1

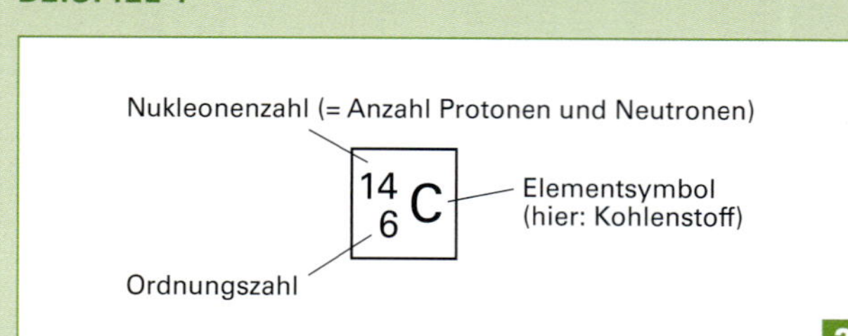

BEISPIEL 2

Vom Element Chlor (Cl) sind zwei Isotope mit der relativen Atommasse 35 u und 37 u bekannt. Da das Chlor zu 75,4 % aus dem Isotop mit der Massezahl 35 und zu 24,6 % aus dem Isotop mit der Massezahl 37 besteht, finden wir für Chlor (siehe Periodensystem) ein Atomgewicht von (gerundet) 35,5 u ($0{,}754 \cdot 35 + 0{,}246 \cdot 37 = 35{,}49\ u \approx 35{,}5\ u$).

Nutzung radioaktiver Isotope bei der Durchstrahlungsprüfung von Werkstücken

Radioaktive Isotope senden bei ihrem Zerfall α-Strahlung (Heliumkerne) oder β-Strahlung (schnelle Elektronen) aus. Der dabei entstehende Folgekern geht unter Aussendung von γ-Strahlung (Gammastrahlung) vom angeregten in einen metastabilen Zustand oder direkt in den Grundzustand über.

Beispiel: Cobalt-60-Isotop: ${}^{60}_{27}\text{Co} \rightarrow {}^{60}_{28}\text{Co} + {}^{0}_{-1}\text{e}^- + \Delta E$ (γ-Strahlung)

Die ausgesandte γ-Strahlung nutzen wir beispielsweise im Rahmen der zerstörungsfreien Werkstoffprüfung zur Durchstrahlungsprüfung von Bauteilen zum Nachweis innerer Fehlstellen. Die dabei verwendeten **Gammageräte** bestehen üblicherweise aus einer Strahlerkapsel, einem Quellenhalter zur Aufnahme der Strahlerkapsel sowie einem strahlendichten Behälter (Bild 1). Die Strahlenquelle ist in der Regel ein sehr kleiner Zylinder (im mm-Bereich), der fest in die Strahlerkapsel integriert ist. Das Öffnen und gegebenenfalls das Ausfahren der Strahlerkapsel kann, je nach Gerätetyp, manuell oder mittels Fernsteuerung erfolgen.

Die Durchstrahlungsprüfung mittels Gammastrahlung wird vorzugsweise an Stellen eingesetzt, bei denen der Aufbau einer Röntgenröhre schwer oder überhaupt nicht möglich ist.

1

Gammagerät zur Durchstrahlungsprüfung

AUFGABEN ZUR WIEDERHOLUNG

1. Erläutern Sie den Unterschied zwischen einem Atom, einem Molekül und einem Ion.
2. Zu welchem Ergebnis hätte der Rutherfordsche Blattgoldversuch geführt, falls Atome entsprechend dem Thomson'schen Atommodell aufgebaut wären?
3. Nennen Sie drei am Atomaufbau beteiligte Elementarteilchen und beschreiben Sie stichwortartig deren Eigenschaften.
4. Beschreiben Sie stichwortartig den kennzeichnenden Unterschied zwischen dem Bohr'schen Atommodell und dem neuzeitlichen wellenmechanischen Modell (Orbitalmodell).
5. Aluminium hat die Ordnungszahl 13. Erläutern Sie die Bedeutung dieser Zahl.
6. Erläutern Sie, weshalb Elemente, die im Periodensystem in einer Gruppe (also untereinander) stehen, ähnliche chemische Eigenschaften haben.
7. Edelgase gehen mit anderen Elementen nur sehr schwer chemische Verbindungen ein. Edelgase haben daher in der Technik eine große Bedeutung.
   a) Nennen Sie aufgrund dieser Eigenschaft drei typische technische Anwendungen von Edelgasen.
   b) Erläutern Sie mithilfe des Bohr'schen Atommodells, weshalb die Edelgase mit anderen Elementen nur sehr schwer chemische Verbindungen eingehen.
8. Sowohl in der Chemie als auch in der Physik taucht häufig der Begriff „Isotop" auf.
   a) Was verstehen Sie unter einem „Isotop". Begründen Sie, weshalb die Isotope der verschiedenen Elemente im Periodensystem der Elemente nicht in Erscheinung treten.
   b) Begründen Sie, weshalb die Isotope eines Elements weitgehend identische chemische Eigenschaften aufweisen.
   c) Erläutern Sie, weshalb die relativen Atommassen der Elemente in der Regel nicht ganzzahlig sind.
9. Listen Sie die Kurzformen von Magnesium, Chlor, Eisen und Schwefel auf.
10. Gehört Schwefel zu den Metallen?
11. Bestimmen Sie die Relative Atommasse von Sauerstoff, Wasserstoff, Kohlenstoff und Blei.
12. Erläutern Sie in Stichworten was die Gruppennummer im Periodensystem bedeutet.
13. Wie wird die dritte Hauptgruppe im Periodensystem genannt?
14. Nehmen Sie das Periodensystem zur Hand und versuchen Sie folgende Geheimbotschaft zu entschlüsseln.

19 8 9 9 68   7 89 1   5 8 7 7   35 49 32 7,   44 26   28 27

PHYSIK CHEMIE STATISTIK

CHEMISCHE BINDUNGEN

Die chemische Bindung ist für den Zusammenhalt von Atomen bzw. Ionen in Molekülen und Kristallgittern verantwortlich und bestimmt letztlich die Eigenschaften eines Stoffes. In der Natur treten die meisten Elemente in Form von Verbindungen auf. Nur sehr wenige Elemente wie z. B. Gold, Silber, Kupfer oder Schwefel finden sich in der Natur elementar (gediegen).

In der Chemie wird grundsätzlich zwischen primären und sekundären chemischen Bindungen unterschieden.

Zu den **primären chemischen Bindungen** gehören:

- **Ionenbindung** (auch als heteropolare Bindung bezeichnet)
- **Atombindung** (auch kovalente Bindung, Elektronenpaarbindung oder homöopolare Bindung)
- **Metallbindung**

Zu den **sekundären chemischen Bindungen** zählt man:

- **Ion-Ion- und Dipol-Ion-Bindung**
- **Dipol-Dipol-Bindung**
- **Induktionsbindung**
- **van-der-Waals-Bindung**
- **Wasserstoffbrückenbindung**

Das Zustandekommen primärer chemischer Bindungen erfolgt durch eine teilweise oder vollständige Abgabe von Elektronen bzw. durch einen Austausch von Elektronen. Die sekundären chemischen Bindungen sind elektrostatischer Natur.

PRIMÄRE CHEMISCHE BINDUNGEN

Mit Ausnahme der Edelgase (Elemente der 8. Hauptgruppe) finden sich unter allen übrigen Elementen keine einatomigen Substanzen. Hierfür gibt es eine einfache Erklärung: Die mit 8 Elektronen besetzte äußere Schale der Edelgase (**„Achterschale“** oder **„Oktettschale“** mit Ausnahme des Heliums) stellt einen energetisch sehr stabilen Zustand dar. Sie gehen daher untereinander keine und mit anderen Elementen nur unter besonderen Bedingungen chemische Verbindungen ein. Alle anderen Elemente, die nur mehr oder weniger voll besetzte äußere Elektronenschalen aufweisen, erreichen durch Ausbildung einer chemischen Bindung mit einem oder mehreren Atomen des gleichen Elements (z. B. H_2, O_2, O_3 usw.) oder anderer Elemente (z. B. CO_2, H_2SO_4, NaCl usw.) einen energieärmeren und damit stabileren Zustand. An einer (primären) chemischen Bindung nehmen nur die Elektronen auf der äußersten Schale (Valenzelektronen) teil. Damit ergibt sich eine für primäre chemische Bindungen sehr wichtige Tatsache:

> Allen **primären chemischen Bindungen** liegt das Bestreben zugrunde, durch Vereinigung mit anderen Atomen eine den Edelgasen ähnliche Elektronenstruktur (**„Edelgaskonfiguration“**) zu erlangen. Damit erhält das Gesamtsystem einen insgesamt energieärmeren und damit stabileren Zustand.

Ionenbindung

Eine Ionenbindung (auch als **heteropolare Bindung** bezeichnet) entsteht durch elektrostatische Anziehungskräfte entgegengesetzt geladener Ionen. Das erfordert zunächst Atome, die Elektronen abgeben oder aufnehmen können. Ionenbindungen entstehen daher immer zwischen Atomen mit nahezu vollständig besetzten äußeren Elektronenschalen (Nichtmetalle, wie zum Beispiel den Chalkogenen) und Atomen mit fast unbesetzten äußeren Schalen (Metallen, insbesondere den Alkali- und Erdalkalimetallen).

Zur Bildung abgeschlossener (vollbesetzter) Schalen gibt das Element mit der nahezu unbesetzten äußeren Schale (Metall) Elektronen ab. Das Element mit der nahezu vollbesetzten Schale (Nichtmetall) nimmt diese Elektronen auf.

Das Prinzip der Entstehung einer Ionenbindung lässt sich anschaulich am Beispiel des NaCl-Kristalls („Kochsalz“) zeigen (Bild 1, Seite 181). Die Elektronenkonfiguration des Natriumatoms zeigt, dass Natrium nur ein Elektron auf der äußeren Schale hat. Im Hinblick auf eine stabile „Achterschale“ ist dieser Zustand, energetisch gesehen, ungünstig. Der Elektronenbauplan des Chloratoms zeigt andererseits, dass gerade ein Elektron zum Erreichen einer „Achterschale“ fehlt. Dementsprechend liegt es nahe, dass zwischen beiden Elementen ein vollständiger Elektronenaustausch stattfindet.

Das Natriumatom gibt hierbei sein Valenzelektron an das Chloratom ab. Das Natriumatom nimmt durch Abgabe eines Elektrons die stabile Edelgaskonfiguration des Neons und das Chloratom durch Aufnahme eines Elektrons die des Argons an. Aus dem ursprünglich neutralen Natriumatom wird ein einfach positiv geladenes Natrium-Ion (Na^+). Das Chloratom wird zum einfach negativ geladenen Chlorid-Ion (Cl^-)[1]. Da zwischen diesen beiden gegensätzlich geladenen Ionen sehr hohe elektrostatische Anziehungs-

1) Positiv geladene Ionen (z. B. Na^+) werden als **Kationen** bezeichnet, da sie im geschmolzenen oder gelösten Zustand unter der Wirkung eines elektrischen Feldes zum negativen Pol einer Spannungsquelle, der **Katode** wandern. Negativ geladene Ionen (z. B. Cl^-) werden als **Anionen** bezeichnet, da sie entsprechend zum positiven Pol einer Spannungsquelle, der **Anode** wandern (Bild 1, Seite 165).

kräfte herrschen, ordnen sich beide Ionensorten (Na^+ und Cl^-) regelmäßig an, und zwar so, dass am einzelnen Ion ein Kräftegleichgewicht herrscht. Dies führt zum Aufbau eines **Ionengitters**. In einem Ionengitter sind jeweils Ionen von entgegengesetzter elektrischer Ladung benachbart. Nach außen hin ist die Summe der positiven und der negativen Ladungen gleich Null, der Ionenkristall verhält sich also elektrisch neutral. Die Ionenbindung stellt eine insgesamt ungerichtete Bindung dar.

Verbindungen mit Ionengitter werden als **Salze** bezeichnet. Bild 1 zeigt das Kristallgitter des NaCl (Kochsalz). Andere Salze weisen zum Teil andere räumliche Gitterstrukturen auf. Welcher Gittertyp letztlich ausgebildet wird, hängt von der Ladung der Ionen und vom Größenverhältnis der Ionenradien ab.

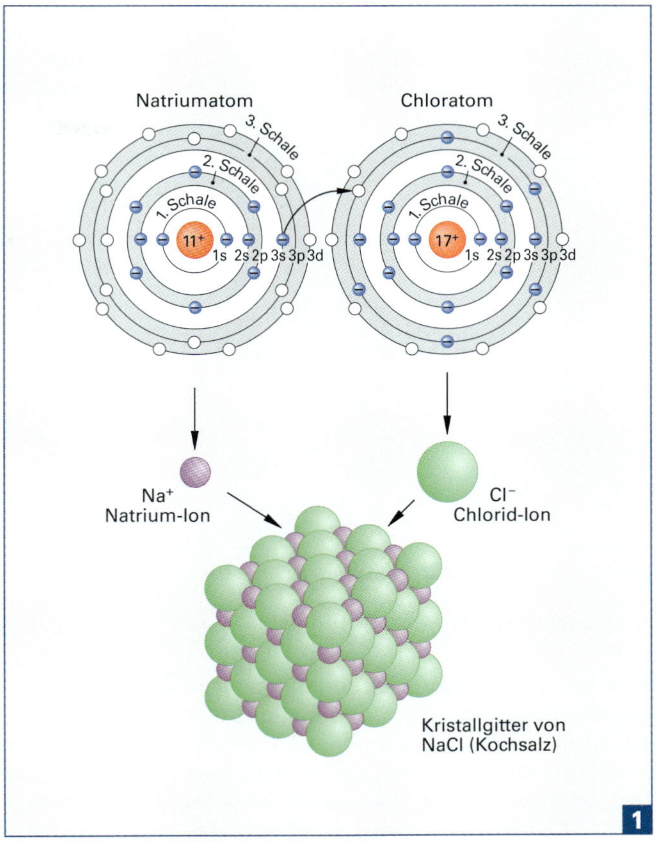

Entstehung einer Ionenbindung am Beispiel des NaCl-Kristalls

Atombindung (kovalente Bindung)

Eine Atombindung (auch als **kovalente Bindung**, **Elektronenpaarbindung** oder **homöopolare Bindung** bezeichnet), liegt ausschließlich zwischen Nichtmetallatomen vor, da diese Elemente in der Regel nur Elektronen aufnehmen können, um Edelgaskonfiguration zu erreichen (es fehlen 1 bis 4 Elektronen zur Edelgasschale). Bei den Nichtmetallatomen ist also das Bestreben nach einer Elektronenaufnahme wesentlich stärker ausgeprägt als nach einer Elektronenabgabe.

Nach der einfachen, auf **Lewis** zurückgehenden **Theorie der Elektronenpaarbindung**, ist unter dieser Voraussetzung das Erreichen einer den Edelgasen vergleichbaren Elektronenstruktur durch Bildung von Elektronenpaaren möglich. Verbindungen von mindestens zwei Nichtmetallatomen, die sich zwei oder mehrere Bindungselektronen teilen, werden als **Molekül** bezeichnet (Seite 165).

Für die Ausbildung einer Atombindung ist es dabei erforderlich, dass jedes der an der Bindung beteiligten Atome ein „Bindungselektron" zur Verfügung stellt. Diese Bindungselektronen gehen aus Elektronen hervor, die sich auf der äußeren Schale der an der Bindung beteiligten Atome befinden.

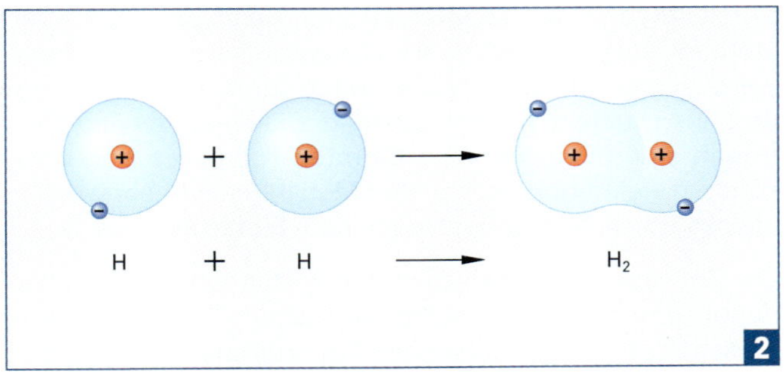

Entstehung einer kovalenten Bindung durch Bildung von Elektronenpaaren am Beispiel des Wasserstoff-Moleküls (H_2)

Schließen sich beispielsweise zwei Wasserstoffatome (H) zu einem Wasserstoffmolekül (H_2) zusammen, dann bilden die beiden Elektronen der H-Atome ein gemeinsames Bindungselektronenpaar (Bild 2). Die Wahrscheinlichkeit eines der Bindungselektronen anzutreffen, ist im Bereich zwischen den beiden Atomkernen größer als außerhalb. Zwischen den Atomkernen ist demzufolge die **negative Ladungsdichte** am größten. Elektrostatische Anziehungskräfte zwischen den positiven Atomkernen und dem sich dazwischen befindlichen negativen Ladungsschwerpunkt führen dabei zum Zusammenhalt der an der Bindung beteiligten H-Atome.

Durch Ausbildung einer kovalenten Bindung kommen die an der Bindung beteiligten Atome einer stabilen Elektronenkonfiguration näher („Achterschale" bzw. Elektronenkonfiguration des Heliums), da die Elektronen allen Atomen gleichermaßen angehören. Jedes Atom kann daher alle Bindungselektronen, zumindest temporär, als „zu sich gehörig" betrachten. Im Falle des Wasserstoffmoleküls hat also jedes der beiden Wasserstoffatome temporär die stabile Elektronenkonfiguration des Heliums.

In der Chemie wird heute zur Erklärung der kovalenten Bindung das wellenmechanische Modell auf Basis der Atomorbitale verwendet.

Metallbindung, Kristallgitter und Gefüge von Metallen

Metalle haben typische Eigenschaften, wie:

- gute elektrische Leitfähigkeit
- gute Wärmeleitfähigkeit
- plastische Verformbarkeit (Duktilität)
- kristalliner Aufbau
- metallischer Glanz

Elektronengasmodell

Für die Metalle ist es typisch, dass sie nur relativ wenige (maximal 4) und zudem locker gebundene Valenzelektronen (Elektronen auf der äußersten Schale) haben. So hat beispielsweise das Eisenatom zwei Elektronen auf der äußersten (vierten) Schale, das Kupferatom nur ein Valenzelektron (Bild 1).

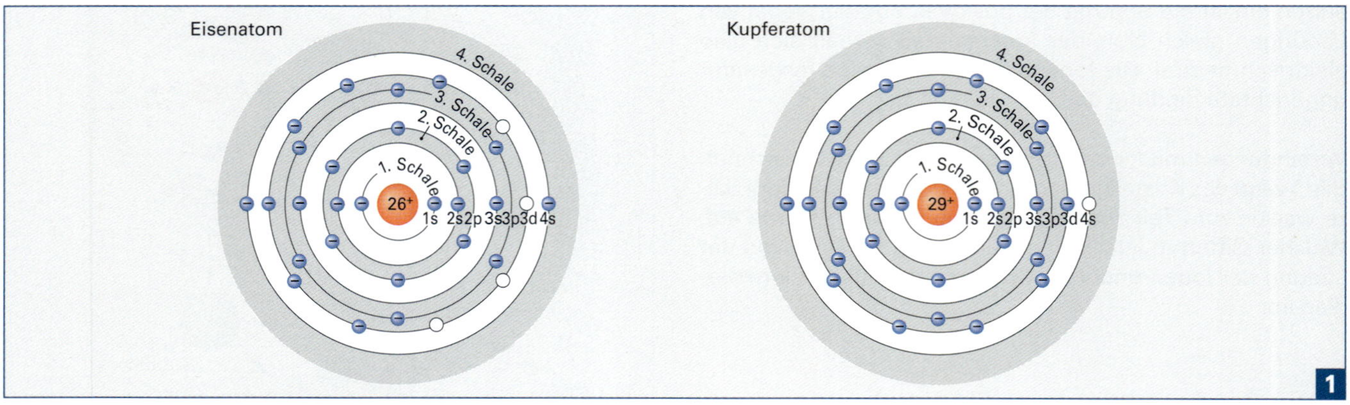

1

Bohr'sches Atommodell eines Eisen- und eines Kupferatoms

Eine nur mit wenigen Elektronen besetzte äußerste Schale ist energetisch gesehen ungünstig. Daher schließen sich die Metallatome zusammen, um einen energieärmeren und damit stabileren Zustand zu erreichen. Es entsteht eine Metallbindung. Nach einer einfachen Modellvorstellung, die auf **Drude** und **Lorentz** (1900) zurückgeht und als **Elektronengas-Modell** bekannt ist, gibt jedes der gleichartigen Metallatome seine wenigen Valenzelektronen ab. Dadurch entsteht jeweils ein positiv geladenes **Metall-Ion** (genauer: Metall-Kation).

Durch Abgabe der Valenzelektronen gelangen die Metallatome zu einer stabilen, weil voll besetzten bzw. weitgehend voll besetzten Elektronenhülle und dadurch in einen energetisch insgesamt stabileren Zustand. Die abgegebenen Elektronen sind nicht mehr bestimmten Atomen zugeordnet, sondern vielmehr zwischen den Metall-Ionen frei beweglich (delokalisiert). Man spricht von einem **Elektronengas**.

Der Zusammenhalt zwischen den Metall-Ionen (Metallbindung) kommt durch die elektrostatischen Anziehungskräfte zwischen den positiv geladenen Atomrümpfen und dem sich dazwischen befindlichen negativen Elektronengas zustande. Die positiven Atomrümpfe „schwimmen" sozusagen im negativen Elektronengas, das als „Kitt" wirkt (Bild 2).

Die Anziehungskräfte zwischen den positiven Atomrümpfen und dem negativen Elektronengas sind allseits gerichtet und bewirken, dass die Metall-Ionen nach allen Seiten von Nachbaratomen umgeben sind, zu denen jeweils der gleiche Abstand (Atomabstand) eingehalten wird. Auf diese Weise kommt es zur Ausbildung einer inneren Ordnung, dem **Raum-** oder **Kristallgitter.**

Das neuzeitliche **„Energiebänder-Modell"** erlaubt eine differenzierte Betrachtungsweise der Bindungsverhältnisse in Metallen. Dennoch können mit dem einfachen und anschaulichen Elektronengas-Modell viele typische Eigenschaften eines Metalls, wie die elektrische Leitfähigkeit, die Wärmeleitfähigkeit oder die plastische Verformbarkeit auf einfache Weise erklärt werden.

Elektrische Leitfähigkeit

Unter elektrischem Strom verstehen wir eine gerichtete Bewegung elektrischer Ladungen unter der Wirkung eines äußeren elektrischen Feldes (Bild 3). Bei den Ladungsträgern kann es sich um positive oder negative Ionen **(Ionenleitung)** handeln oder um eine gerichtete Bewegung von frei beweglichen Elektronen **(Elektronenleitung)**. Die Ionenleitung ist in einem Festkörper bei normaler Temperatur jedoch von untergeordneter Bedeutung.

Da im Elektronengas eines Metalls die Voraussetzung der Elektronenbeweglichkeit erfüllt ist, haben alle Metalle eine mehr oder weniger gute elektrische Leitfähigkeit.

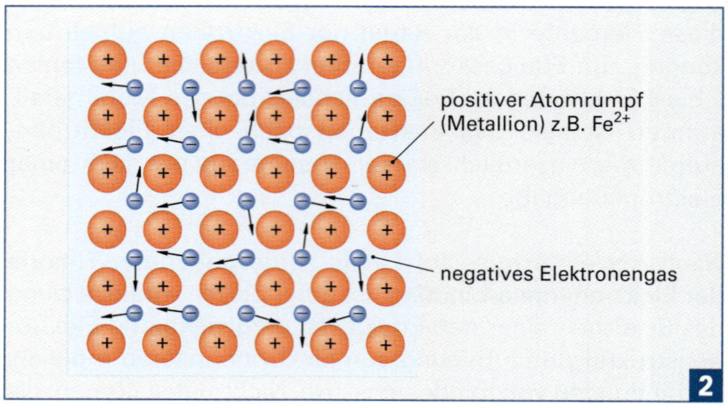

2

Metallbindung nach dem „Elektronengas-Modell"

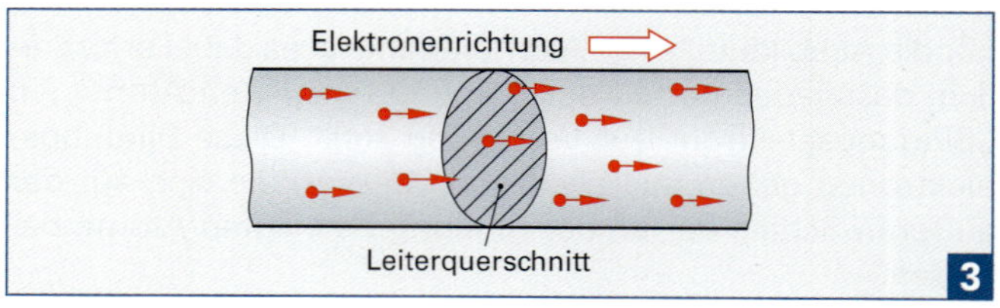

3

Elektronenleitung in einem Metall

Der **Ohm'sche Widerstand** R eines Stoffes (z.B. eines Metalldrahtes) ist proportional zu seiner Länge l und dem Kehrwert seiner Querschnittsfläche A.
Es gilt:

$$R = \varrho \cdot \frac{l}{A}$$

Der Proportionalitätsfaktor ϱ wird als **spezifischer elektrischer Widerstand,** sein Kehrwert $\gamma = 1/\varrho$ als **elektrische Leitfähigkeit** bezeichnet.

Hinsichtlich der Größenordnung der elektrischen Leitfähigkeit (γ) unterscheiden wir:

Isolatoren: $\gamma < 10^{-6}\ (\Omega \cdot m)^{-1}$

Halbleiter: $10^{-6}\ (\Omega \cdot m)^{-1} < \gamma < 10^{5}\ (\Omega \cdot m)^{-1}$

Leiter: $\gamma > 10^{5}\ (\Omega \cdot m)^{-1}$

Supraleiter: $\gamma \to \infty$

In Tabelle Elektrische Leitfähigkeit sind die elektrischen Leitfähigkeiten ausgewählter Stoffe zusammengestellt.

Wärmeleitfähigkeit

Der Transport von Wärmeenergie in einem Festkörper wird als Wärmeleitung bezeichnet. Wärmeleitung erfolgt sowohl durch freie Elektronen als auch durch Gitterschwingungen. Die gute Wärmeleitfähigkeit der Metalle ist auf die Anwesenheit freier Elektronen zurückzuführen.

Der Kennwert der Wärmeleitung ist die **Wärmeleitfähigkeit** λ. Sie wird üblicherweise in W/(m · K) angegeben. Die Wärmeleitfähigkeit ausgewählter Stoffe ist in Tabelle Wärmeleitfähigkeit bei 20°C zusammengestellt. Krypton hat hierbei die geringste Wärmeleitfähigkeit aller Stoffe, während Silber die höchste Wärmeleitfähigkeit hat.

Es ist zu beachten, dass die Wärmeleitfähigkeit mit steigender Temperatur, zunehmender Atommasse und zunehmendem Porenanteil im Gefüge sinkt. Zahlenangaben zur Wärmeleitfähigkeit sind daher nur in engen Temperaturintervallen hinreichend konstant.

Plastische Verformbarkeit

Werden die Gitterebenen eines Metalls infolge einer äußeren Beanspruchung gegeneinander verschoben, dann bleiben die Bindungskräfte erhalten. Metalle sind daher grundsätzlich plastisch verformbar **(duktil)**. Versuchen wir hingegen die Gitterebenen in einem Ionenkristall zu verschieben, dann kommen gleichnamige Ladungen einander gegenüber zu liegen. Die abstoßenden elektrostatischen Kräfte führen zu einem Bruch des Kristalls. Ionenkristalle, wie z.B. Kochsalz, verhalten sich daher grundsätzlich spröde (Bild 1).

Kristallgitter der Metalle

Ein fester Körper ist je nach Anordnung seiner Atome, amorph (morphé, *griech.:* gestaltlos) oder kristallin (krystallos, *griech.:* Eis) aufgebaut. Bei den Metallen findet man, sofern keine extrem hohen Abkühlgeschwindigkeiten aus dem schmelzflüssigen Zustand angewandt wurden, stets einen kristallinen Aufbau.

Elementarzelle und Kristallgitter

Zur Beschreibung eines Kristallgitters dienen einfache geometrische Körper, die **Elementarzellen**. Eine Elementarzelle ist das kleinste geometrische Raumelement, durch dessen Verschiebung um seine eigenen Kantenlängen wir uns das Kristallgitter aufgebaut denken können. Ein ganzer Kristall setzt sich demnach aus einer Vielzahl nach allen Raumrichtungen aneinander gesetzter Elementarzellen zusammen (Bild 2). Es ist dabei zweckmäßig, die Kristallstruktur als ein dreidimensionales Punktgitter aufzufassen, in dem jeder Gitterpunkt von einem Gitterbaustein (Atom, Ion oder Molekül) besetzt ist. Jeder Gitterbaustein hat identische Nachbarbausteine.

Eine Elementarzelle wird durch die Atomabstände *a*, *b* und *c* sowie durch die Winkel α, β und γ zwischen den Kristallachsen gekennzeichnet (Bild 2). Die Achsabschnitte *a*, *b* und *c*, also die Mittenabstände der Metall-Ionen, bezeichnen wir als **Gitterparameter** oder **Gitterkonstante**. Ihre Größe liegt für die Mehrzahl der Metalle bei 0,25...0,5 nm (1 nm = 1 Nanometer = 10^{-9} m). Auf einen Millimeter kommen also 2 bis 4 Mio. Atome.

ELEKTRISCHE LEITFÄHIGKEIT

Metall	elektr. Leitfähigkeit $10^{6}\ (\Omega \cdot m)^{-1}$
Silber (Ag)	67
Kupfer (Cu)	56
Gold (Au)	45,5
Aluminium (Al)	36
Magnesium (Mg)	22,5
Titan (Ti)	12,5
Nickel (Ni)	11
Platin (Pt)	10,2
Eisen (Fe)	7,7
Blei (Pb)	4,8

WÄRMELEITFÄHIGKEIT BEI 20 °C

Stoff	Wärmeleitfähigkeit W/(m · K)
Silber	407
Kupfer	384
Aluminium	207
Eisen	81
Stahl (unlegiert)	≈ 60
Cr-Ni-Stähle	48...58
Wasser (destilliert)	0,60
Holz (lufttrocken)	0,06...0,17
Luft (trocken)	0,026
Krypton	0,008

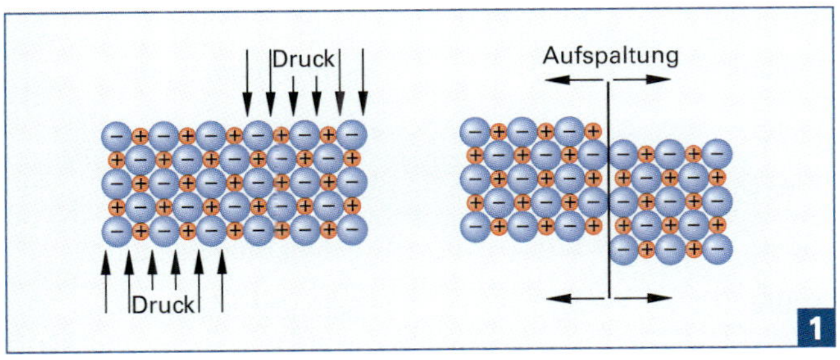

Sprödbruch eines Ionengitters (NaCl)

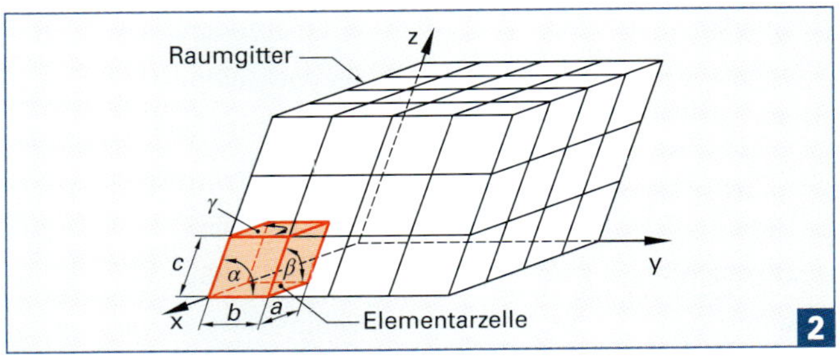

Elementarzelle und Raumgitter

Bei allen in der Natur vorkommenden Kristallarten können wir 14 Elementarzellen, die sogenannten **Bravais-Gitter** unterschieden. Sie lassen sich 7 verschiedenen Kristallsystemen zuordnen. Bei den Gebrauchsmetallen treten im Wesentlichen nur drei verschiedene Gitterarten auf:

- Kubisch-raumzentriertes Gitter
- Kubisch-flächenzentriertes Gitter
- Hexagonales Gitter dichtester Packung

Kubisch-raumzentriertes Kristallgitter

Beim kubisch-raumzentrierten Gitter (kurz: **krz-Gitter**) ordnen sich die Metallatome an den Ecken eines Würfels an. Zusätzlich ist auch die Würfelmitte mit einem Metallatom besetzt. Die Ionen berühren sich längs der Raumdiagonalen des Würfels (Bild 1).

Im kubisch-raumzentrierten Gitter ist jedes Atom von 8 nächsten Nachbarn in gleicher Entfernung umgeben (**Koordinationszahl** des Kristallgitters). Da jedes Ion an der Würfelecke nur zu 1/8, das Ion in der Raummitte jedoch vollständig einer Elementarzelle zugeordnet werden kann, enthält jede krz-Elementarzelle $8 \cdot 1/8 + 1 = 2$ Metall-Ionen. Die **Packungsdichte**, also die Anzahl der Metall-Ionen je Volumeneinheit (Raumnutzung), beträgt beim krz-Gitter 68 %. Wichtige Gebrauchsmetalle mit kubisch-raumzentriertem Kristallgitter sind in Tabelle Metalle mit krz-Gitter zusammengestellt.

Kubisch-flächenzentriertes Kristallgitter

Beim kubisch-flächenzentrierten Gitter (kurz: **kfz-Gitter**) sind nicht nur die Eckpunkte des Würfels, sondern auch die Mitten der Würfelflächen mit Metall-Ionen besetzt. Die Raummitte des Würfels bleibt bei dieser Gitterstruktur dagegen unbesetzt. Die Ionen berühren sich auf den Flächendiagonalen (Bild 2).

Im kfz-Gitter ist die Koordinationszahl 12, d.h., jedes Ion ist von 12 nächsten Nachbarn in gleicher Entfernung umgeben. Im kfz-Gitter gehören zu jeder Elementarzelle $8 \cdot 1/8 + 6 \cdot 1/2 = 4$ Metall-Ionen. Die Packungsdichte des kfz-Gitters ist mit 74 % höher als die des krz-Gitters. Eine bessere Raumnutzung als 74 % ist mit gleich großen als kugelförmig betrachteten Metall-Ionen nicht mehr möglich. Es ist daher das Kristallgitter dichtester Packung. Wichtige Gebrauchsmetalle mit kfz-Kristallgitter sind in Tabelle Metalle mit kfz-Gitter zusammengestellt.

Hexagonales Gitter dichtester Packung

Wenngleich die technisch wichtigsten Metalle in den kubischen Gittern (krz oder kfz) kristallisieren, so ist das hexagonale Gitter dichtester Packung (kurz: **hdP-Gitter**) dennoch für einige Metalle von Bedeutung.

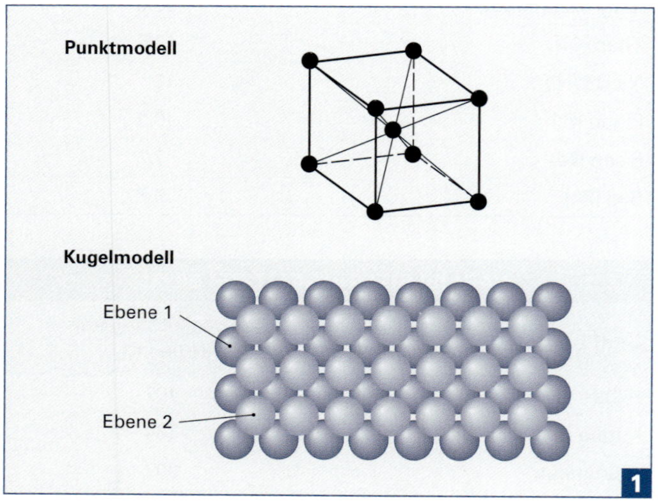

Kubisch-raumzentriertes Kristallgitter

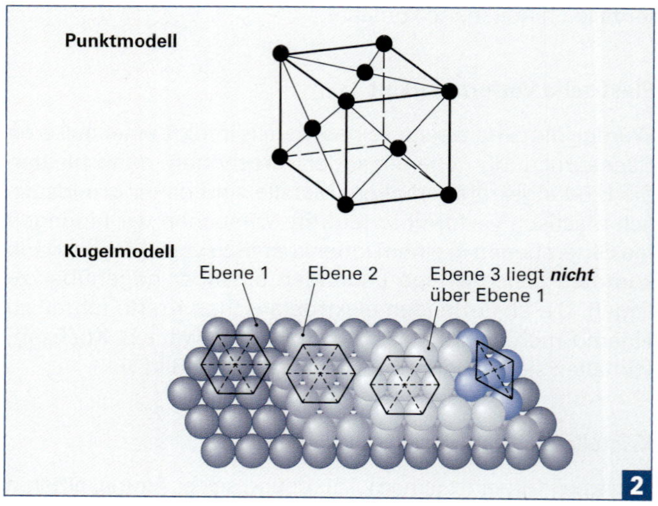

Kubisch-flächenzentriertes Kristallgitter

METALLE MIT KRZ-GITTER

Metall	Symbol	Temperaturbereich (°C)
α-Eisen	α-Fe	< 911
δ-Eisen	δ-Fe	1392...1536
Chrom	Cr	< Schmelztemperatur
Vanadium	V	< Schmelztemperatur
Molybdän	Mo	< Schmelztemperatur
Wolfram	W	< Schmelztemperatur
Niob	Nb	< Schmelztemperatur
Tantal	Ta	< Schmelztemperatur
β-Titan	β-Ti	882...1668
β-Zirkonium	β-Zr	882...1862
Natrium	Na	< Schmelztemperatur
Kalium	K	< Schmelztemperatur

METALLE MIT KFZ-GITTER

Metall	Symbol	Temperaturbereich (°C)
Nickel	Ni	< Schmelztemperatur
β-Cobalt	β-Co	417...1492
Kupfer	Cu	< Schmelztemperatur
γ-Eisen	γ-Fe	911...1392
Iridium	Ir	< Schmelztemperatur
Platin	Pt	< Schmelztemperatur
Aluminium	Al	< Schmelztemperatur
Gold	Au	< Schmelztemperatur
Silber	Ag	< Schmelztemperatur
Blei	Pb	< Schmelztemperatur

Im hexagonalen Gitter dichtester Packung sind die Metall-Ionen so angeordnet, dass sie eine regelmäßige, sechseckige Säule bilden, wobei sich zwischen der Deck- und der Grundfläche noch eine weitere Lage „auf Lücke" befindet (Bild 1).

Beim hdP-Gitter gehören zu jeder Elementarzelle $12 \cdot 1/6 + 2 \cdot 1/2 + 3 = 6$ Metall-Ionen. Analog zum kfz-Gitter ist die Koordinationszahl im hdP-Gitter 12. Die Packungsdichte beträgt 74 %. Wichtige Gebrauchsmetalle mit hdP-Kristallgitter sind in Tabelle Gebrauchsmetalle mit hdP-Gitter zusammengestellt.

Ein Vergleich der Kugelmodelle des kfz- und des hdP-Gitters zeigt, dass der Unterschied beider Raumgitter lediglich in der Stapelfolge der Gitterebenen liegt. Während beim hdP-Gitter die Metall-Ionen der 3. Ebene wieder über der ersten Ebene liegen und damit die Stapelfolge ABABAB vorliegt, befinden sich beim kfz-Gitter erst die Ionen der 4. Lage wieder über denen der 1. Lage. Die Stapelfolge im kfz-Gitter lautet demnach ABCABC.

Das Kristallgitter nimmt direkten Einfluss auf die plastische Verformbarkeit eines Metalles (Duktilität). Reine Metalle mit kfz-Gitter (z. B. Al, Cu), aber auch die austenitischen Cr-Ni-Stähle haben eine hervorragende plastische Verformbarkeit, während Metalle mit hdP-Gitter wie Mg oder Zn nur sehr schwer und meist erst bei höheren Temperaturen plastisch verformbar sind. Metalle mit krz-Gitter wie Fe oder Cr haben eine plastische Verformbarkeit, die zwischen derjenigen des kfz- und des krz-Gitters liegt.

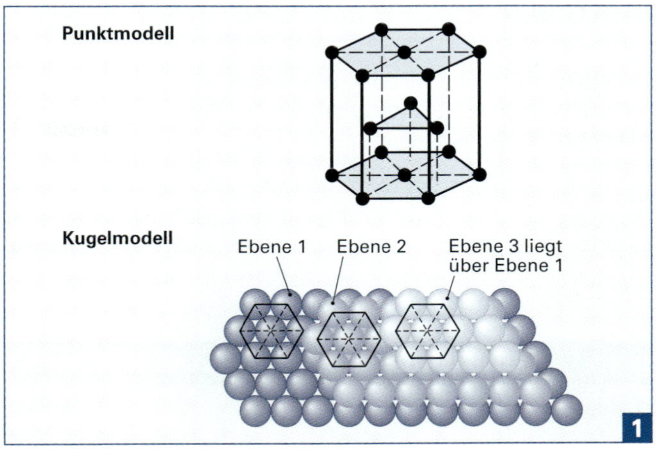

Punkt- und Kugelmodell des hexagonal dichtestgepackten Kristallgitters

METALLE MIT HDP-GITTER

Metall	Symbol	Temperaturbereich (°C)
Beryllium	Be	< Schmelztemperatur
α-Cobalt	α-Co	< 417
Zink	Zn	< Schmelztemperatur
Osmium	Os	< Schmelztemperatur
α-Titan	α-Ti	< 882
Cadmium	Cd	< Schmelztemperatur
Magnesium	Mg	< Schmelztemperatur
α-Zirkonium	α-Zr	< 862

Polymorphie

Eine Reihe von Metallen ist **polymorph** (vielgestaltig). Polymorphe Metalle treten abhängig von der Temperatur in unterschiedlichen Gitterstrukturen auf (wir sprechen von **allotropen Modifikationen**). Zu ihnen gehören z. B. Eisen, Titan, Cobalt, Mangan und Zinn (Bild 2).

Die verschiedenen Modifikationen eines Metalls werden durch kleine griechische Buchstaben (α, β, γ usw.) gekennzeichnet. Sie werden durch einen Bindestrich getrennt und dem Namen oder dem chemischen Symbol des betreffenden Elements vorangestellt, wie z. B. α-Eisen (bzw. α-Fe), β-Titan (bzw. β-Ti) usw.

Die Polymorphie eines Metalls wird technisch genutzt. So ist das Härten, Vergüten oder Normalglühen von Stählen (Eisen-Kohlenstoff-Legierungen) nur aufgrund der Polymorphie des Eisens möglich. Technische Anwendungen, vom Automobilbau (Getriebe, Lager usw.) bis hin zur Zerspanungstechnik (z. B. Werkzeuge), wären in der bekannten und gewohnten Weise ohne diese Eigenschaft des Eisens nicht möglich.

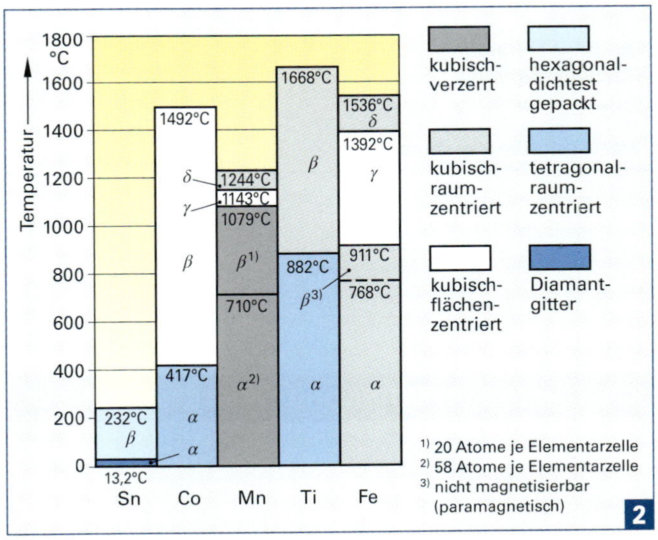

Polymorphie wichtiger Gebrauchsmetalle und deren Umwandlungstemperaturen

SEKUNDÄRE CHEMISCHE BINDUNGEN

Die sekundären chemischen Bindungen sind elektrostatischer Natur. Gegenüber den primären chemischen Bindungen sind die Anziehungskräfte zwischen den Teilchen deutlich schwächer (Tabelle Bindungsenergien und Bindungsabstände von chemischen Bindungen).

Sekundäre chemische Bindungen haben trotz ihrer relativ niedrigen Bindungsenergie eine große Bedeutung. So basiert beispielsweise der Zusammenhalt zwischen den Makromolekülen der Kunststoffe und damit ihre mechanisch-thermischen Eigenschaften auf der Wirkung von sekundären chemischen Bindungen. Auch der Übergang von Edelgasen sowie kovalent gebundener Gasmoleküle (O_2, H_2 usw.) in den flüssigen bzw. festen Zustand (Ausnahme: Helium) basiert auf der Wirkung dieser Bindungen.

BINDUNGSENERGIEN UND BINDUNGSABSTÄNDE VON CHEMISCHEN BINDUNGEN

Bindungsart[1)]	Bindungsenergie kJ/mol	Bindungsabstand pm[2)]
Ionenbindung	650…4000	150…250
z.B.: KCl	705	
NaCl	788	
NaF	909	
MgO	3931	
Kovalente Bindung	150…1000	100…240
z.B.: H – H	436	
O – H	464	
C – C	346	
C = C	611	
O = O	498	
C ≡ C	835	
N ≡ N	945	
Metallbindung	80…850	400…500
z.B.: Rb	81	
Mg	148	
Al	327	
Fe	416	
Mo	658	
W	849	
Dispersionsbindung	0,3…4	300…1000
Dipol-Dipol-Bindung **Dipol-Ion-Bindung** **Induktionsbindung**	2…12	300…1000
Wasserstoffbrückenbindungen	3…25	≈ 170

1) – = Symbol für eine Einfachbindung
= = Symbol für eine Doppelbindung
≡ = Symbol für eine Dreifachbindung

2) Abstand zwischen den Kernen der gebundenen Atome bzw. Ionen (1 pm = 10^{-12} m).

EINTEILUNGSMÖGLICHKEITEN DER SEKUNDÄREN CHEMISCHEN BINDUNGEN

Coulomb-Kräfte
- Ion-Ion-Kräfte (zwischen Ionen)
- Ion-Dipol-Kräfte (zwischen Ionen und permanenten Dipolen)

Keesom-Kräfte
- Dipol-Dipol-Kräfte (zwischen permanenten Dipolen)

Debye-Kräfte
- Ion-induzierter Dipol (zwischen Ionen und induzierten Dipolen)

van-der-Waals-Kräfte
- zwischen induzierten Dipolen in jeglicher Materie möglich

Wasserstoffbrückenbindungen

AUFGABEN ZUR WIEDERHOLUNG

1. Durch chemische Bindungen entstehen aus den Elementen viele Millionen unterschiedlicher Verbindungen. Wir unterscheiden hierbei zwischen primären und sekundären chemischen Bindungen. Zu den primären chemischen Bindungen gehören die Ionenbindung, die Atombindung und die Metallbindung.

a) Erläutern Sie, weshalb die meisten chemischen Elemente mit anderen Atomen überhaupt chemische Bindungen eingehen.

b) Beschreiben Sie ggf. anhand einer Skizze den prinzipiellen Aufbau einer

- Ionenbindung,
- Atombindung,
- Metallbindung.

c) Benennen Sie jeweils 2 konkrete Beispiele für
primäre chemische Bindungen

- Ionenbindungen,
- Atombindungen,
- Metallbindungen.

sekundäre chemische Verbindungen

- Ion-Ion und Dipol Ionenbindungen,
- Induktionsbindungen,
- Van-der-Waals-Bindungen,
- Wasserstofbrückenbindungen.

2. Metalle haben typische Eigenschaften, wie z.B. eine gute elektrische Leitfähigkeit und eine gute plastische Verformbarkeit. Erläutern Sie anhand der Metallbindung (Skizze) die Ursache für diese technisch wichtigen Eigenschaften.

3. Metalle haben einen kristallinen Aufbau.

a) Bei den Gebrauchsmetallen treten im Wesentlichen drei unterschiedliche Kristallarten auf. Nennen und beschreiben Sie diese Kristallarten.

b) Nennen Sie zu jeder Kristallart jeweils einen metallischen Werkstoff.

c) Reinaluminium hat eine hervorragende plastische Verformbarkeit. Magnesium lässt sich hingegen bei Raumtemperatur plastisch nicht verformen. Erläutern Sie hierfür die Ursache.

4. Einige Metalle sind polymorph.

a) Nennen Sie zwei Beispiele für polymorphe Metalle.

b) In welcher Weise wird die Polymorphie des Eisens technisch genutzt? Nennen Sie ein Beispiel.

5. Erläutern Sie den Unterschied zwischen einer primären und einer sekundären chemischen Bindung. Weshalb ist die Bindungsenergie einer sekundären chemischen Bindung deutlich geringer im Vergleich zu einer primären chemischen Bindung?

6. Ordnen Sie folgende Metalle nach ihrer

a) elektrischen Leitfähigkeit

b) Wärmeleitfähigkeit

c) Dichte

d) Schmelztemperatur

e) Ordnungszahl im Periodensystem – Aluminium, Zinn, Kupfer, Gold, Wolfram, Zink, Nickel und Platin

7. Nennen Sie jeweils zwei

a) Isolatoren

b) Halbleiter

c) Leiter

8. Nennen Sie jeweils ein Gebrauchsmetall welches in folgenden Gittern auftritt

a) Kubisch-raumzentriertes Gitter

b) Kubisch-flächenzentriertes Gitter

c) Hexagonales Gitter

CHEMISCHE REAKTIONSWÄRME

Chemische Reaktionen setzen Energie frei oder entziehen der Umgebung Energie. Insbesondere Reaktionen, bei denen Wärme freigesetzt wird, haben für technische Prozesse eine sehr große Bedeutung. So reagiert beispielsweise in einem Verbrennungsmotor der Kraftstoff mit dem zugeführten Luftsauerstoff. Die hierdurch frei werdende Energie wird zum Antrieb der Maschine genutzt. Chemische Reaktionen, die für ihren Ablauf Energie benötigen, entziehen diese in Form von Wärme ihrer Umgebung. Diese Vorgänge können dann zur Kühlung eingesetzt werden.

EXOTHERME UND ENDOTHERME REAKTIONEN

Alle Stoffe haben eine Energie, die wir als **chemische Energie** des Stoffes bezeichnen. Die Höhe des Energiebetrages ist dabei von der Art des Stoffes abhängig. Werden bei einer chemischen Reaktion neue Stoffe gebildet, dann verändert sich der Gehalt an chemischer Energie.

Ist der Energiegehalt der entstehenden Stoffe (der Reaktionsprodukte) insgesamt geringer als derjenige der Ausgangsstoffe, dann wird die Reaktion als **exotherm** (*griech.*: exo = außerhalb, heraus; therme = Wärme) bezeichnet. Die freiwerdende Energie wird an die Umgebung abgegeben und äußert sich beispielsweise in Form einer Erwärmung des Umgebungsmediums. Mitunter beobachten wir auch einen explosionsartigen Reaktionsverlauf. Bei exothermen Reaktionen wird also stets **Reaktionswärme** (ΔH) frei. Sie wird in der Regel in kJ (Kilojoule) angegeben.

Sind die Reaktionsprodukte hingegen energiereicher als die Ausgangsstoffe, dann wird die Reaktion als **endotherm** (*griech.*: endon = drinnen) bezeichnet. Endotherme Reaktionen laufen nur dann ab, wenn Energie von außen zugeführt (wie z. B. durch Erwärmung) oder der Umgebung Energie entzogen wird (z. B. durch Abkühlung des Umgebungsmediums).

Bild 1 verdeutlicht die energetischen Verhältnisse bei einer exothermen und bei einer endothermen Reaktion.

Soll bei einer chemischen Reaktion die Reaktionswärme mit angegeben werden, so folgt der chemischen Reaktionsgleichung die Bezeichnung (ΔH) mit Angabe des Energiebetrages (in der Regel in kJ/mol). Ein negativer Energiebetrag bedeutet dabei, dass bei der Reaktion Energie (zumeist Wärme) frei wird, d. h., dass es sich um eine exotherme Reaktion handelt. Ein positiver Energiebetrag bedeutet hingegen, dass zum Ablauf der Reaktion Energie zugeführt werden muss bzw. der Umgebung entzogen wird. In diesem Fall handelt es sich also um eine endotherme Reaktion.

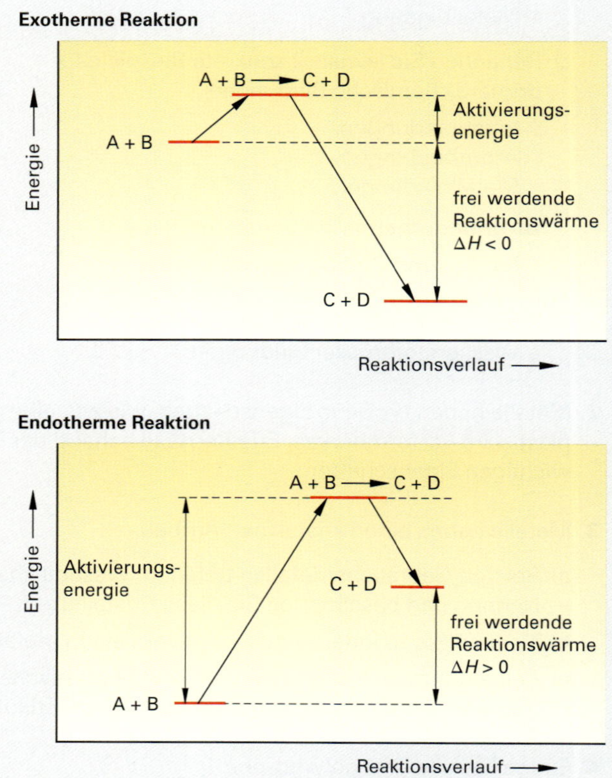

A = Chemische Energie des Ausgangsstoffes A
B = Chemische Energie des Ausgangsstoffes B
C = Chemische Energie des Reaktionsprodukts C
D = Chemische Energie des Reaktionsprodukts D

1

Energieschema einer exothermen Reaktion und einer endothermen Reaktion

BEISPIELE

$2\,Mg + O_2 \rightarrow 2\,MgO$	$\mid \Delta H = -1204$ kJ	exotherme Reaktion
$2\,H_2 + O_2 \rightarrow 2\,H_2O$	$\mid \Delta H = -285{,}9$ kJ	exotherme Reaktion
$2\,HgO \rightarrow 2\,Hg + O_2$	$\mid \Delta H = +181{,}5$ kJ	endotherme Reaktion

Die angegebenen Energiebeträge beziehen sich immer auf den Umsatz der in der Reaktionsgleichung auftretenden Stoffmenge (in mol), den **Formelumsatz**. Werden die stöchiometrischen Zahlen des jeweiligen Formelumsatzes geändert, dann ergibt sich eine andere Reaktionswärme.

BEISPIELE

$2\,Mg + O_2 \rightarrow 2\,MgO \quad \mid \Delta H = -1204$ kJ
$4\,Mg + 2\,O_2 \rightarrow 4\,MgO \quad \mid \Delta H = -2408$ kJ

Bei der Reaktion von Wasserstoff (H_2) und Sauerstoff (O_2) zu Wasser (H_2O) handelt es sich um eine exotherme Reaktion $2\,H_2 + O_2 \rightarrow 2\,H_2O \quad \mid \Delta H = -285{,}9$ kJ.

Werden die beiden Stoffe (H_2 und O_2) gemischt, dann hat das Gemisch **(Knallgas)** aus beiden Elementen einen höheren Energiebetrag als das Endprodukt Wasser. Damit jedoch beide Stoffe miteinander reagieren, muss ein kleiner Energiebetrag, die **Aktivierungsenergie**, zugeführt werden, um die Reaktion auszulösen. Dann verbinden sich beide Elemente in einer stark exothermen, explosionsartig verlaufenden Reaktion miteinander. Die freiwerdende Energie entspricht der Energiedifferenz zwischen dem Energiegehalt des Gemisches der Ausgangsstoffe und dem Energiegehalt des End- bzw. Reaktionsproduktes.

AUFGABEN ZUR WIEDERHOLUNG

1. Erläutern Sie die Begriffe „exotherme Reaktion“ und „endotherme Reaktion“ und nennen Sie jeweils ein Beispiel.

2. Mischen wir Sauerstoff-Gas und Wasserstoff-Gas im Verhältnis 1 : 1, dann entsteht ein hoch explosives Gasgemisch (Knallgas). Erläutern Sie, weshalb sich das Gasgemisch nicht von alleine entzündet, sondern ein Funke, wie er beispielsweise bei Betätigung eines Lichtschalters entstehen kann, erforderlich ist.

3. Erläutern Sie den Begriff „Aktivierungsenergie“.

4. Die folgende Reaktionsgleichung beschreibt die Umsetzung von Kohlenstoff und Sauerstoff zu Kohlendioxid:

$C + O_2 \rightarrow CO_2 \quad | \, \Delta H = -393 \text{ kJ}$

Handelt es sich hierbei um eine exotherme oder um eine endotherme Reaktion?
Begründen Sie Ihre Entscheidung.

5. Mit welchen Auswirkungen müssen Sie bei einer exothermen Reaktion rechnen, mit welchen Auswirkungen hingegen bei einer endothermen Reaktion?

6. Stellen Sie eine endotherme Reaktion in einem Energieschema dar.

7. Erläutern Sie, ob es sich bei den folgenden Reaktionen um eine exotherme oder endotherme Reaktion handelt.
Begründen Sie Ihre Entscheidung.

a) Brausepulver (Zitronensäure und Natriumhydrogencarbonat) wird in Wasser aufgelöst. Für diesen Vorgang wird die nötige Energie aus dem Wasser bezogen, welches sich daraufhin abkühlt.

b) Verbrennung von Spiritus zu CO_2 und H_2O.

8. Handelt es sich bei dem dargestellten Energieschema (Bild 1) um eine exotherme oder endotherme Reaktion?
Begründen Sie Ihre Entscheidung.

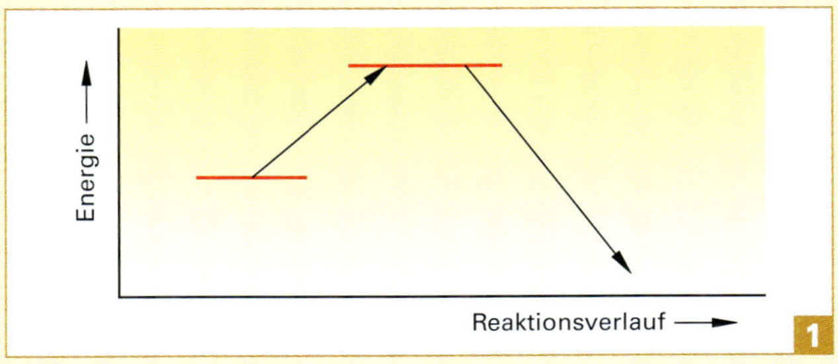

Energieschema

GRUNDLAGEN DER ELEKTROCHEMIE

Die Verfügbarkeit fossiler Brennstoffe ist begrenzt. In nahezu unbegrenzter Menge steht jedoch Wasser (H_2O) zur Verfügung. Durch elektrochemische Vorgänge (Elektrolyse) ist es möglich, Wasserstoff aus Wasser zu produzieren.

Elektrochemische Vorgänge sind nicht nur bei der Wasserstofferzeugung (Elektrolyse) von Bedeutung, sondern auch bei dessen Nutzung, insbesondere im Hinblick auf die Umweltverträglichkeit. Wird beispielsweise Wasserstoff (H_2) und Sauerstoff (O_2) in einer Brennstoffzelle umgesetzt, dann kann hierdurch elektrischer Strom zum Antrieb von Elektromotoren erzeugt werden. Als Verbrennungsprodukt fällt lediglich Wasserdampf an. Die in einer Brennstoffzelle ablaufenden Vorgänge sind ebenfalls elektrochemischer Natur.

OXIDATION UND REDUKTION

Eine chemische Reaktion bei der ein Stoff Sauerstoff (O) aufnimmt, wird als **Oxidation** bezeichnet. Oxidationsvorgänge können mit sehr unterschiedlichen Reaktionsgeschwindigkeiten ablaufen. Metallisches Magnesium (Mg) oxidiert (sofern es einmal entzündet wird) sehr rasch zu Magnesiumoxid (MgO). Wasserstoff und Sauerstoff reagieren gar explosionsartig zu Wasser. Eisen dagegen oxidiert an (feuchter) Luft nur langsam, in Anwesenheit von Wasser (H_2O) etwas schneller. Dabei entsteht als Oxidationsprodukt unter anderem **brauner Eisenrost**. Auch die Atmung von Menschen und Tieren ist ein Oxidationsvorgang. Die Nahrungsmittel werden im Körper unter Sauerstoffaufnahme langsam oxidiert. Dabei wird Energie frei, die zur Erhaltung des Lebens notwendig ist.

BEISPIEL 1

$$S + O_2 \rightarrow SO_2$$

Oxidation

Schwefel wird in dieser Reaktion zu Schwefeldioxid oxidiert.

Eine chemische Reaktion, bei der ein Stoff Sauerstoff abgibt, bezeichnet man als **Reduktion**.

BEISPIEL 2

Reduktion

$$2\,HgO \rightarrow 2\,Hg + O_2$$

Quecksilberoxid wird in dieser Reaktion zu elementarem Quecksilber reduziert.

Es gibt eine ganze Reihe von Stoffen, die Sauerstoff abspalten und auf diese Weise andere Stoffe oxidieren können. Solche Stoffe werden als **Oxidationsmittel** bezeichnet.

Umgekehrt gibt es auch Stoffe, die andere Stoffe reduzieren, indem sie ihnen Sauerstoff entziehen. Man bezeichnet sie als **Reduktionsmittel**.

BEISPIEL 3

Reduktion

$$2\,KNO_3 + C \rightarrow 2\,KNO_2 + CO_2$$

Oxidation

KNO_3 ist Oxidationsmittel, da es Sauerstoff abspaltet,
C ist Reduktionsmitel, da es Sauerstoff aufnimmt.

BEISPIEL 4

Reduktion

$$2\,PbO + C \rightarrow CO_2 + 2\,Pb$$

Oxidation

PbO ist Oxidationsmittel, da es Sauerstoff abspaltet,
C ist Reduktionsmittel, da es Sauerstoff aufnimmt.

BEISPIEL 5

In der Technik nutzt man das Thermitverfahren um Bahnschienen miteinander zu verschweißen. Eisenoxid (Fe_2O_3) wird hierbei in einer sehr exothermen Reaktion (über 2400 °C) zu flüssigem Eisen (Fe) reduziert.

Reduktion

$$Fe_2O_3 + 2\,Al \rightarrow Al_2O_3 + 2\,Fe$$

Oxidation

Fe_2O_3 ist Oxidationsmittel, da es Sauerstoff abspaltet,
Al ist Reduktionsmittel, da es Sauerstoff aufnimmt.

OXIDATION VON METALLEN

Der Oxidationsvorgang der **aktiven Metalle** wie der Alkalimetalle (Li, K, Na, Rb, Cs) und der Erdalkalimetalle (Be, Mg, Ca, Sr, Ba) verläuft in einer Sauerstoffatmosphäre stark exotherm. Die dabei entstehenden Oxide des jeweiligen Metalls reagieren mit Wasser unter Bildung von Hydroxiden (Basen), wie z.B. NaOH oder $Ba(OH)_2$. Diese Hydroxide dissoziieren in wässriger Lösung in das Metall-Ion (z.B. Na^+, Ba^{2+}) und das Hydroxid-Ion (OH^-). Infolge der Anwesenheit der OH^--Ionen steigt der pH-Wert der wässrigen Lösung, sie wird **alkalisch**. Eine Reihe von Metalloxiden können also zur Bildung **alkalischer (basischer) Lösungen** führen.

BEISPIELE

$2\,Na + O_2 \rightarrow Na_2O_2$

in wässriger Lösung:
$2\,Na_2O_2 + 2\,H_2O \rightarrow O_2 + 4\,NaOH$
$NaOH \leftrightarrow Na^+ + OH^-$

BEISPIELE (FORTSETZUNG)

$2\,Ba + O_2 \rightarrow 2\,BaO$

in wässriger Lösung:
$BaO + H_2O \rightarrow Ba(OH)_2$
$Ba(OH)_2 \leftrightarrow Ba^{2+} + 2\,OH^-$

Weniger aktive Metalle wie Eisen (Fe) oder Aluminium (Al) reagieren mit Sauerstoff erst, wenn sie auf hohe Temperaturen erhitzt und/oder lange Zeit einer sauerstoffhaltigen Atmosphäre (z.B. Luft) ausgesetzt werden. Auch dabei entsteht in einer Oxidationsreaktion das jeweilige Oxid des Metalls. Das Oxid ist in Wasser unlöslich.

BEISPIELE

$3\,Fe + 2\,O_2 \rightarrow Fe_3O_4$

$4\,Al + 3\,O_2 \rightarrow 2\,Al_2O_3$

OXIDATION VON NICHTMETALLEN

Zahlreiche Nichtmetalle wie C, S, P usw. werden durch Sauerstoff oxidiert. Die Oxide der Nichtmetalle sind mitunter ebenfalls in Wasser löslich und bilden dabei **Säuren**. Die Säuren dissoziieren in wässriger Lösung in das H^+- bzw. H_3O^+-Ion und das Säure-Anion (z.B. SO_4^{2-}). Durch die Anwesenheit der H_3O^+-Ionen sinkt der pH-Wert der wässrigen Lösung. Sie wird **sauer**. Nichtmetalloxide können also zur Bildung **saurer** Lösungen führen.

BEISPIELE

$C + O_2 \rightarrow CO_2$	in wässriger Lösung:	$CO_2 + H_2O \rightarrow H_2CO_3$ $H_2CO_3 \leftrightarrow 2\,H^+ + CO_3^{2-}$	**Kohlenstoffsäure**
$S + O_2 \rightarrow SO_2$	in wässriger Lösung:	$SO_2 + H_2O \rightarrow H_2SO_3$ $H_2SO_3 \leftrightarrow 2\,H^+ + SO_3^{2-}$	**schwefelige Säure**
$P_4 + 3\,O_2 \rightarrow P_4O_6$	in wässriger Lösung:	$P_4O_6 + 6\,H_2O \rightarrow 4\,H_3PO_3$ $H_3PO_3 \leftrightarrow 3\,H^+ + PO_3^{3-}$	**phosphorige Säure**
$P_4 + 5\,O_2 \rightarrow P_4O_{10}$	in wässriger Lösung:	$P_4O_{10} + 6\,H_2O \rightarrow 4\,H_3PO_4$ $H_3PO_4 \leftrightarrow 3\,H^+ + PO_4^{3-}$	**Phosphorsäure**

VERALLGEMEINERUNG DER BEGRIFFE „OXIDATION" UND „REDUKTION"

Unter **Oxidation** wurde bislang die Reaktion eines Stoffes mit Sauerstoff bzw. mit einem Stoff, der Sauerstoff abspalten kann, verstanden. Untersucht man jedoch die Oxidation genauer, so stellt man fest, dass bei einer Oxidationsreaktion immer Elektronen zwischen den Reaktionspartnern ausgetauscht werden.

BEISPIEL

$2\,e^-$

$2\,Mg + O_2 \rightarrow 2\,MgO$

$Mg^{2+}\,O^{2-}$

Das entstehende MgO hat ein Ionengitter mit positiven Mg^{2+}- und negativen O^{2-}-Ionen. Da die Reaktionspartner (Mg und O_2) vor der Reaktion jedoch elektrisch neutral waren, müssen bei der Oxidationsreaktion also Elektronen vom Magnesium auf den Sauerstoff übergegangen sein.

Bei einer Reihe chemischer Reaktionen findet dieser Elektronenaustausch von einem Reaktionspartner auf den anderen auch ohne Sauerstoff statt.

BEISPIEL

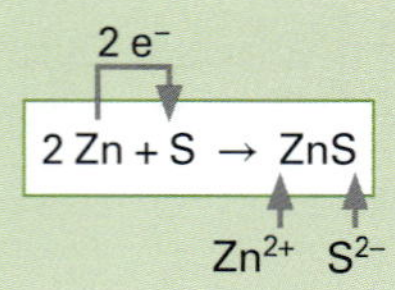

ZnS hat ebenfalls ein Ionengitter mit positiven Zn^{2+}-Ionen und negativen S^{2-}-Ionen. Ausgehend vom neutralen Zink (Zn) bzw. Schwefel (S) muss demnach auch bei dieser Reaktion ein Elektronenaustausch vom Zink auf den Schwefel stattgefunden haben. Zink hat Elektronen abgegeben, der Schwefel hat sie aufgenommen.

Der Schwefel verhält sich in dieser Reaktion also ähnlich wie der Sauerstoff bei der oben beschriebenen Oxidation des Magnesiums: Er entzieht dem Metall Elektronen. Auf diese Weise entstehen positiv geladene Metall-Ionen (Mg^{2+}, Zn^{2+} usw.) und negativ geladene Nichtmetall-Ionen (O^{2-}, S^{2-}, usw.). Daher bezeichnen wir die Reaktion von Zn mit S im weiteren Sinne ebenfalls als Oxidation.

Unter einer **Oxidation** versteht man allgemein die Elektronenabgabe eines Atoms, Ions oder Moleküls. An Oxidationsreaktionen müssen nicht zwangsläufig Sauerstoff oder Sauerstoff abspaltende Stoffe beteiligt sein.

Oxidationsmittel sind dementsprechend Stoffe (Atome, Ionen, Moleküle), die Elektronen aufnehmen und daher andere Stoffe oxidieren (z.B. O_2, Cl, KNO_3)

Als **Reduktion** wurde bislang eine chemische Reaktion bezeichnet, bei der einem Stoff Sauerstoff entzogen wurde. Betrachtet man eine Reduktionsreaktion genauer, dann stellt man auch hier fest, dass Elektronen von einem Element auf ein anderes übergehen. Als Beispiel mag die Reduktion von Quecksilberoxid (HgO) zu elementarem Quecksilber (Hg) dienen.

BEISPIEL

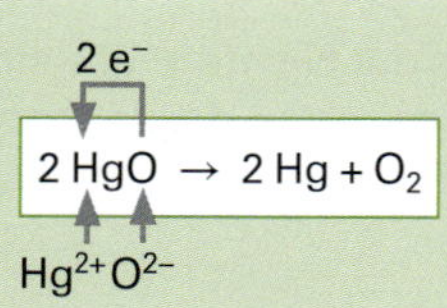

Im Kristallgitter des Quecksilberoxids (HgO) liegt das Quecksilber als zweifach positives Ion (Hg^{2+}), der Sauerstoff dagegen als zweifach negatives Ion (O^{2-}) vor. Als Reaktionsprodukt erhält man hingegen elementares Quecksilber (Hg) und elementaren Sauerstoff (O_2). Es muss also bei der Reduktionsreaktion ebenfalls ein Elektronenübergang vom Sauerstoff auf das Quecksilber stattgefunden haben. Eine Reduktion muss dementsprechend nicht zwangsläufig mit der Abspaltung (Entzug) von Sauerstoff verbunden sein. Analog des zur Oxidation Gesagten gilt für die Reduktion allgemein:

Unter einer **Reduktion** versteht man allgemein die Elektronenaufnahme eines Atoms, Ions oder Moleküls. Eine Reduktionsreaktion muss nicht unbedingt mit der Abspaltung von Sauerstoff einhergehen.

Reduktionsmittel sind dementsprechend Stoffe (Atome, Ionen, Moleküle), die Elektronen abgeben oder denen Elektronen entzogen werden können (z. B. Na, C, H, Br)

Abschließend soll beispielhaft noch eine komplexere Reaktion betrachtet werden:

BEISPIEL

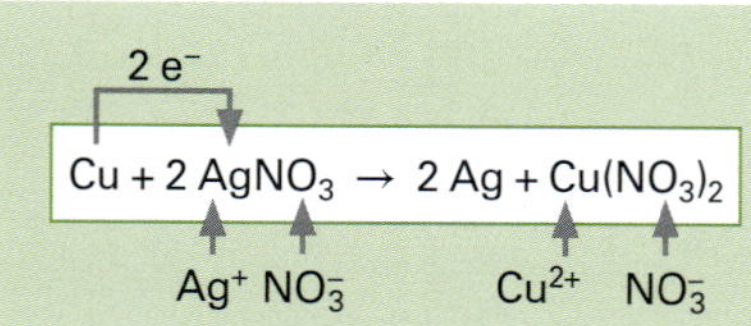

Im dargestellten Beispiel reagiert elementares Kupfer (Cu) mit Silbernitrat $AgNO_3$. Im Silbernitratkristall liegt das Silber als einfach positiv geladenes Ion (Ag^+), das Nitrat als einfach negativ geladenes Ion (NO_3^-) vor. Nach der Reaktion findet man hingegen das Silber (Ag) in elementarer Form, während das Kupfer als zweifach positiv geladenes Ion (Cu^{2+}) im Kupfernitratkristall ($Cu(NO_3)_2$) vorliegt. Das Nitrat-Ion (NO_3^-) hat seine Ladung bei dieser Reaktion nicht verändert.

Bei der Reaktion haben also zwei Silber-Ionen (Ag^+) jeweils ein Elektron vom Kupfer aufgenommen (siehe Reaktionsgleichung). Auf diese Weise entsteht aus dem neutralen Kupferatom das zweifach positiv geladene Kupfer-Ion (Cu^{2+}). Das Silber wurde reduziert, da es Elektronen aufgenommen hat, während das Kupfer Elektronen abgegeben hat und demzufolge oxidiert wurde.

Bei der beschriebenen Reaktion finden gleichzeitig eine Elektronenabgabe (Oxidation) und eine Elektronenaufnahme (Reduktion) statt. Dies ist bei allen Reaktionen bei denen Elektronen ausgetauscht werden, der Fall. Sie werden als **Redox-Reaktionen** bezeichnet.

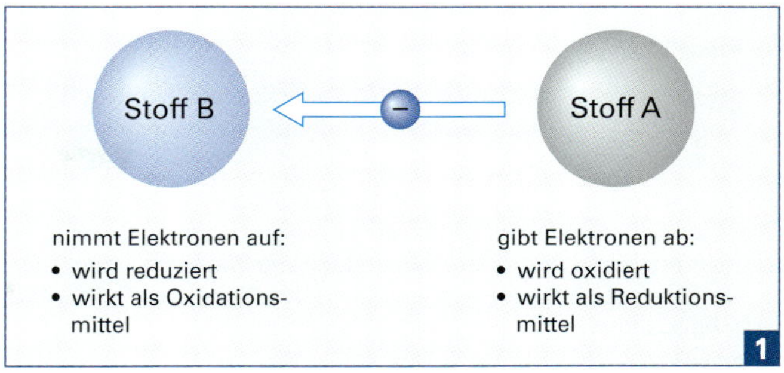

Veranschaulichung der Grundbegriffe zur Oxidation und zur Reduktion

Bei allen chemischen Reaktionen, bei denen ein Elektronenaustausch zwischen den Reaktionspartnern stattfindet, sind Elektronenabgabe (Oxidation) und Elektronenaufnahme (Reduktion) stets miteinander gekoppelt. Man bezeichnet solche Reaktionen als **Redox-Reaktionen.**

REDOXSYSTEME

Oxidation ist im weiteren Sinne eine Elektronenabgabe, Reduktion hingegen eine Elektronenaufnahme. Die Fähigkeit verschiedener Metalle und Nichtmetalle bzw. ihrer Ionen, Elektronen abzugeben bzw. aufzunehmen, ist sehr unterschiedlich.

Ordnet man die verschiedenen Metalle bzw. Nichtmetalle nach ihrer Fähigkeit Elektronen aufzunehmen bzw. abzugeben (d.h., nach ihrer Oxidierbarkeit bzw. Reduzierbarkeit) und beginnt mit dem am einfachsten zu oxidierenden Metall, dem Lithium (Li), dann entsteht die **Redox-Reihe** (elektrochemische Spannungsreihe).

Die praktische Bedeutung der Redox-Reihe liegt darin, dass bei Redox-Reaktionen (also Reaktionen, die mit einem Austausch von Elektronen verbunden sind) vorhersagt werden kann, in welcher Weise ein Elektronenaustausch stattfindet, d.h., welcher der Reaktionspartner oxidiert und welcher reduziert wird. So vermag beispielsweise metallisches Eisen die Ionen aller Elemente zu reduzieren (d.h., Elektronen an sie abzugeben), die in der Tabelle unterhalb des Eisens stehen (z.B. Cu^{2+}, Pb^{2+}). An die Ionen die oberhalb des Eisens stehen (z.B. Zn^{2+}, Al^{3+}) können dagegen keine Elektronen abgegeben werden. Eisen-Ionen (Fe^{2+}) werden ihrerseits nur Elektronen von Elementen erhalten, die in der Redox-Reihe oberhalb des Eisens stehen (z.B. Zn, Al, Mg).

Starke Reduktionsmittel finden sich daher im oberen Abschnitt der Tabelle, **starke Oxidationsmittel** hingegen im unteren Abschnitt der Tabelle.

BEISPIEL

Wird ein Eisennagel (Fe) in eine Kupfersulfatlösung ($CuSO_4$) gelegt, dann beobachtet man, dass sich metallisches Kupfer auf der Oberfläche abscheidet.

REDOX-REIHE (ELEKTROCHEM. SPANNUNGSREIHE)

Element	Reaktionsgleichung				Normalpotenzial $E°$ V[1]
Lithium	Li	⇌	Li^+	$+e^-$	–3,04
Cäsium	Cs	⇌	Cs^+	$+e^-$	–2,92
Barium	Ba	⇌	Ba^{2+}	$+2e^-$	–2,92
Calcium	Ca	⇌	Ca^{2+}	$+2e^-$	–2,90
Natrium	Na	⇌	Na^+	$+e^-$	–2,71
Magnesium	Mg	⇌	Mg^{2+}	$+2e^-$	–2,40
Aluminium	Al	⇌	Al^{3+}	$+3e^-$	–1,69
Titan	Ti	⇌	Ti^{2+}	$+2e^-$	–1,63
Mangan	Mn	⇌	Mn^{2+}	$+2e^-$	–1,18
Zink	Zn	⇌	Zn^{2+}	$+2e^-$	–0,76
Chrom	Cr	⇌	Cr^{2+}	$+2e^-$	–0,56
Eisen	Fe	⇌	Fe^{2+}	$+2e^-$	–0,44
Cadmium	Cd	⇌	Cd^{2+}	$+2e^-$	–0,40
Cobalt	Co	⇌	Co^{2+}	$+2e^-$	–0,28
Nickel	Ni	⇌	Ni^{2+}	$+2e^-$	–0,23
Zinn	Sn	⇌	Sn^{2+}	$+2e^-$	–0,14
Blei	Pb	⇌	Pb^{2+}	$+2e^-$	–0,13
Wasserstoff	H_2	⇌	$2H^+$	$+2e^-$	0,00
Kupfer	Cu	⇌	Cu^{2+}	$+2e^-$	+0,35
Silber	Ag	⇌	Ag^+	$+e^-$	+0,80
Quecksilber	Hg	⇌	Hg^{2+}	$+2e^-$	+0,81
Fe^{2+}/Fe^{3+}	Fe^{2+}	⇌	Fe^{3+}	$+e^-$	+0,77
Gold	Au	⇌	Au^{3+}	$+3e^-$	+1,38
Platin	Pt	⇌	Pt^{2+}	$+2e^-$	+1,60

[1] Gegen eine Normalwasserstoffelektrode gemessen

Zum Verständnis dieser Beobachtung muss man zunächst wissen, dass in einer Kupfersulfatlösung Kupferionen (Cu^{2+}) und Sulfationen (SO_4^{2-}) vorliegen. Im System Eisen-Kupfer gibt das Eisen Elektronen ab (da Eisen einfacher oxidierbar ist als Kupfer). Das Kupfer nimmt hingegen diese Elektronen auf (siehe Tabelle). Die Voraussetzungen für einen Elektronenaustausch in der Kupfersulfatlösung sind optimal, da das Kupfer bereits positiv geladene Kupfer-Ionen (Cu^{2+}) und das Eisen in metallischer Form vorliegt. Die Eisenatome des Nagels geben Elektronen an die Kupferionen der Lösung ab ($Fe \rightarrow Fe^{2+} + 2\,e^-$). Aus den Kupfer-Ionen werden elektroneutrale Kupferatome ($Cu^{2+} + 2\,e^- \rightarrow Cu$). Sie schlagen sich auf der Oberfläche des Eisennagels nieder.

BEISPIEL

Taucht man einen Silberdraht (Ag) in eine Kupfersulfatlösung ($CuSO_4$), dann beobachtet man keine Kupferabscheidung auf der Silberoberfläche. Taucht man jedoch ein Kupferblech in eine Silbernitratlösung ($AgNO_3$), dann scheidet sich auf der Kupferoberfläche metallisches Silber ab.

Im System Kupfer-Silber ist das Kupfer derjenige Reaktionspartner mit der einfacheren Oxidierbarkeit. Kupfer wird also Elektronen an das Silber abgeben. Die in der Kupfersulfatlösung ($CuSO_4$) vorliegenden, positiv geladenen Kupfer-Ionen können keine Elektronen mehr abgeben. Auch kann das metallische Silber keine Elektronen vom Kupfer aufnehmen. Dementsprechend findet kein Elektronenaustausch statt. Damit werden die Kupfer-Ionen nicht zu Kupferatomen reduziert und auf dem Silberdraht ist kein Kupferniederschlag zu beobachten.

Umgekehrte Verhältnisse herrschen in einer Silbernitratlösung ($AgNO_3$), in die man ein Kupferblech taucht. Die Silber-Ionen (Ag^+) der Silbernitrat-Lösung nehmen Elektronen auf, die von den Kupferatomen des Kupferblechs abgegeben werden ($Cu \rightarrow Cu^{2+} + 2\,e^-$). Die Silber-Ionen werden dabei zu elementarem Silber reduziert ($2\,Ag^+ + 2\,e^- \rightarrow 2\,Ag$) und schlagen sich auf dem Kupferblech nieder.

ELEKTROLYSE

Unter Elektrolyse versteht man die Zerlegung einer Verbindung unter der Wirkung von Elektrizität. Elektrolysen sind also chemische Reaktionen, die unter Aufwendung eines elektrischen Stroms ablaufen. Die Elektrolyse ist ein endothermer Vorgang. Die elektrische Energie des Stromes stellt die erforderliche Reaktionsenergie zur Verfügung.

Elektrolyse geschmolzener Salze

Salze haben ein Ionengitter. Der Zusammenhalt im Ionengitter kommt durch die elektrostatischen Anziehungskräfte zwischen den positiv geladenen Ionen (den Kationen) wie z.B. Na^+ und den negativ geladenen Ionen (den Anionen) wie z.B. Cl^- zustande.

Bei hohen Temperaturen können Salze schmelzen. Taucht man beispielsweise in eine Kochsalzschmelze zwei Elektroden und verbindet sie mit den Polen einer Gleichspannungsquelle, entsteht am positiven Pol (Anode) Chlorgas (Cl_2-Gas), während sich am negativen Pol (Katode) elementares Natrium (Na) abscheidet. Die Stromquelle „transportiert" Elektronen zur Katode (negativer Pol). An ihrer Oberfläche nehmen die positiv geladenen Ionen (im Falle der Kochsalzschmelze also die Natrium-Ionen) Elektronen auf und werden dadurch zu elektroneutralen Atomen reduziert ($Na^+ + e^- \rightarrow Na$). Das Natrium schlägt sich auf der Elektrodenoberfläche nieder. Am positiven Pol, der Anode, herrscht hingegen Elektronenmangel. Die negativ geladenen Ionen der Salzschmelze (im Fall der Kochsalzschmelze also Chlorid-Ionen) wandern unter der Wirkung der elektrischen Anziehungskraft zur Anode und geben dort ihre Elektronen ab. Sie werden also oxidiert ($2\,Cl^- + 2\,e^- \rightarrow 2\,Cl \rightarrow Cl_2$). Das entstehende Cl_2-Gas entweicht aus der Schmelze (Bild 1).

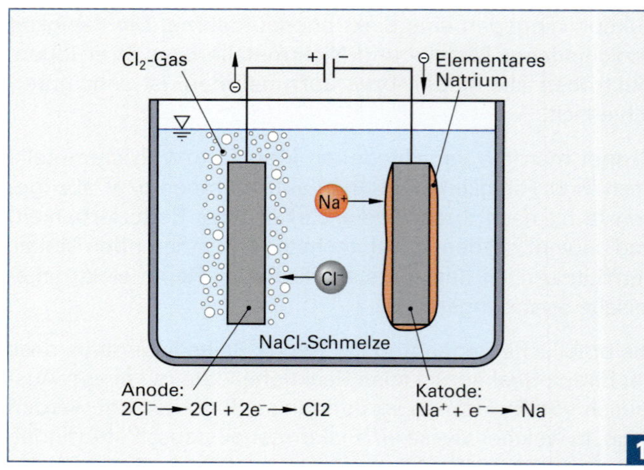

Elektrolyse einer Kochsalzschmelze (NaCl-Schmelze)

Die Gesamtreaktion der Elektrolyse einer Salzschmelze ist also nichts anderes als die durch den elektrischen Strom erzwungene Umkehrung einer freiwillig ablaufenden Reaktion (im Beispiel also die Reaktion zwischen Natrium und Chlor zu Natriumchlorid).

Elektrolyse von Salzlösungen

Die bei der Elektrolyse von wässrigen Salzlösungen ablaufenden Vorgänge sind häufig komplizierter, als die entsprechenden Vorgänge bei der Elektrolyse von Salzschmelzen. In wässrigen Lösungen sind die gelösten Ionen von einer Hydrathülle aus Wassermolekülen umgeben. Bevor eine Elektronenaufnahme bzw. -abgabe an der jeweiligen Elektrode stattfinden kann, müssen die hydratisierten Ionen zuerst ihre Hydrathülle verlieren. Insofern finden bei der Elektrolyse von wässrigen Salzlösungen mitunter andere Vorgänge statt. Bei der Elektrolyse einer wässrigen NaCl-Lösung entsteht am positiven Pol (der Anode) zwar das erwartete Chlorgas (Cl_2), am negativen Pol (der Katode) wird jedoch kein Natrium abgeschieden, sondern Wasserstoffgas (H_2) entsteht. Außerdem wird die (ursprünglich neutrale) Kochsalzlösung zunehmend alkalisch. Im Gegensatz zu einer Salzschmelze liegen in der Salzlösung mehrere Teilchenarten vor, die reduziert werden können:

Natrium-Ionen (Na^+) gemäß:

$$Na^+ + e^- \rightarrow Na$$

und Wassermoleküle (H_2O) gemäß:

$$2\,H_2O + 2\,e^- \rightarrow H_2 + 2\,OH^-$$

Wassermoleküle (H_2O) lassen sich einfacher reduzieren im Vergleich zu Natrium-Ionen. Sie haben also eine größere Bereitschaft, Elektronen aufzunehmen. Damit wird an der Katode (Minuspol) die Reduktion des Wassers ablaufen (Bild 1, Seite 195).

Die Reaktionsgleichung zeigt weiterhin, dass bei der Wasserreduktion an der Katode OH^--Ionen entstehen und dadurch der pH-Wert der Lösung steigt, d.h., die Lösung wird alkalisch.

Der Vollständigkeit halber sei erwähnt, dass bei einer Reihe von wässrigen Salzlösungen kein Wasserstoff an der Katode entsteht, sondern eine Metallabscheidung stattfindet. So entsteht beispielsweise bei der Elektrolyse einer Kupferchloridlösung ($CuCl_2$) an der Anode Chlorgas: $2\,Cl^- \rightarrow 2\,Cl + 2\,e^-$ und anschließend $2\,Cl \rightarrow Cl_2$. An der Katode scheidet sich dagegen metallisches Kupfer ab: $Cu^{2+} + 2\,e^- \rightarrow Cu$.

Die Erklärung, weshalb sich in einer $CuCl_2$-Lösung an der Katode kein Wasserstoff bildet, sondern metallisches Kupfer abscheidet, lässt sich mithilfe der Redox-Reihe erklären: Kupfer-Ionen (Cu^{2+}) sind einfacher reduzierbar als Wassermoleküle (H_2O). Sie haben eine größere Bereitschaft, Elektronen aufzunehmen.

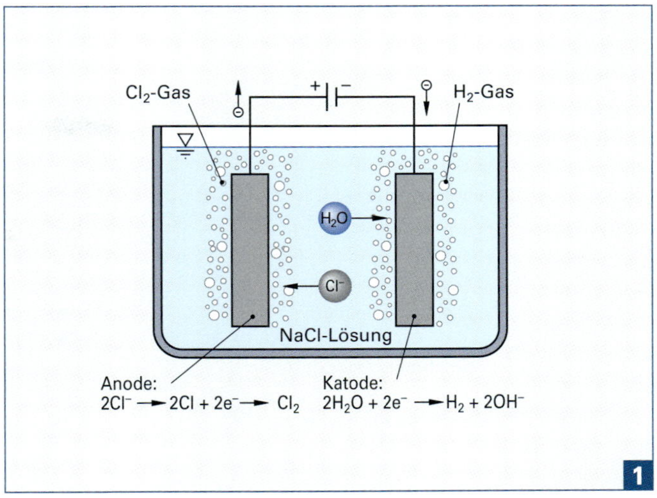

Elektrolyse einer Kochsalzlösung (NaCl-Lösung)

Elektrolyse von Wasser

Wasserstoff ist einer der wichtigen Energieträger der Zukunft. Sofern ausreichende Mengen an elektrischem Strom kostengünstig zur Verfügung stehen (z.B. aus Wasserkraft), kann Wasserstoff-Gas (H_2) in großen Mengen mithilfe der Elektrolyse aus Wasser (H_2O) gewonnen werden.

Bei der Wasserelektrolyse werden zwei Elektroden (z.B. aus Platin) mit einer Gleichspannungsquelle (3 V...10 V) verbunden. Da reines Wasser den elektrischen Strom nur schlecht leitet, müssen Stoffe, wie z.B. Schwefelsäure (H_2SO_4), zur Leitfähigkeitserhöhung zugesetzt werden.

An der Anode (Pluspol) entwickelt sich Sauerstoff-Gas (O_2), an der Katode (Minuspol) Wasserstoff-Gas (H_2), und zwar im Verhältnis $H_2 : O_2 = 2 : 1$ (Bild 2).

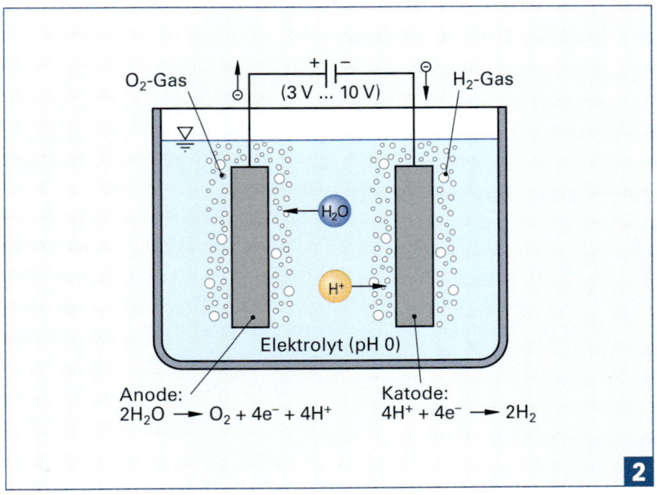

Elektrolyse von Wasser

Schmelzflusselektrolyse zur Aluminiumherstellung

Die Erzeugung von metallischem Aluminium aus Aluminiumoxid erfolgt mithilfe der **Schmelzflusselektrolyse** nach einem von **Hall** und **Héroult** (1886) gefundenen Prinzip.

Das aus dem Aluminiumerz (Bauxit) gewonnene reine Aluminiumoxid (Al_2O_3) wird dabei zuerst geschmolzen, in seine Ionen (Al^{3+} und O^{2-}) zerlegt und unter der Wirkung eines elektrischen Feldes getrennt. Da jedoch reines Aluminiumoxid einen sehr hohen Schmelzpunkt (2 050 °C) hat, wären für diese Art der Aluminiumgewinnung sehr große Energiemengen erforderlich. Es wird daher mit **Kryolith** (Na_3AlF_6) vermischt (etwa 10 % Aluminiumoxid und 90 % Kryolith). Kryolith schmilzt bereits bei 960 °C und löst darin das Aluminiumoxid. Aus diesem Kryolith-Aluminiumoxid-Gemisch kann dann mit einem erheblich geringeren Energieaufwand das elementare Aluminium gewonnen werden.

Bild 1 (Seite 196) zeigt vereinfacht eine Aluminium-Elektrolysezelle. Bei der elektrolytischen Zersetzung des Aluminiumoxids sinkt das abgeschiedene Reinaluminium auf den Boden des Schmelzgefäßes, da es eine höhere Dichte als das Kryolith-Aluminiumoxid-Gemisch hat. Dort wird es von Zeit zu Zeit abgezogen und der Gießerei zugeführt. Für das entnommene Reinaluminium muss Aluminiumoxid (mit etwa 7 % Kryolith) nachgefüllt werden.

An der Anode (Pluspol) werden die Sauerstoff-Ionen der Schmelze oxidiert (Elektronenabgabe):

$2\,O^{2-} \rightarrow 2\,O + 4\,e^-$ und anschließend folgt: $2\,O \rightarrow O_2$

An der Katode (Minuspol) werden die Aluminium-Ionen reduziert (Elektronenaufnahme):

$Al^{3+} + 3\,e^- \rightarrow Al$

Das aus einer Zweischichtelektrolyse gewonnene Aluminium hat einen Reinheitsgrad von 99 % bis 99,9 % und wird als **Hütten-** oder **Reinaluminium** bezeichnet. Die noch verbliebenen Verunreinigungen sind vorwiegend Eisen, Silicium und Titan. Um **Reinstaluminium** ($Al > 99{,}99$ %) zu gewinnen, wird das Reinaluminium einer **Dreischicht-Raffinationselektrolyse** unterzogen.

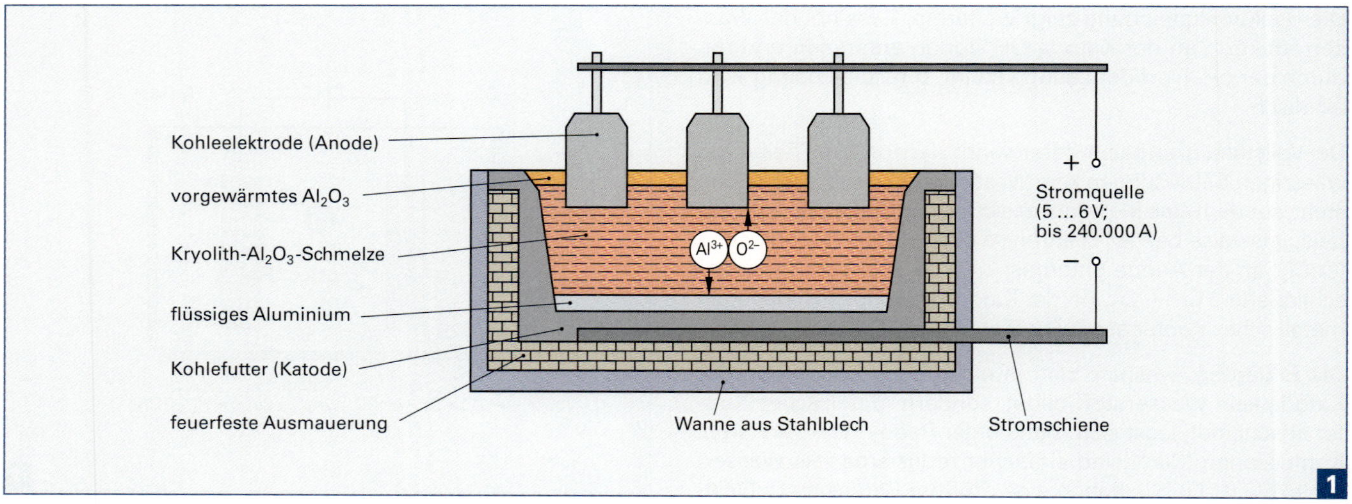

Schmelzflusselektrolyse einer Al_2O_3-Kryolith-Schmelze

Chloralkalielektrolyse

Zur Herstellung von Pflanzenschutzmitteln, chlorierten Lösungsmitteln oder bestimmten Kunststoffsorten wie z. B. PVC, werden große Mengen an Chlor benötigt. Die Chloralkalielektrolyse ist dabei ein wirtschaftliches Verfahren zur Herstellung dieses Rohstoffs.

Für die Chloralkalielektrolyse wird eine 31 %-ige Kochsalzlösung (NaCl) verwendet. Anoden- und Katodenraum sind durch eine Kationentauschermembran (nur für Kationen durchlässig) voneinander getrennt (Bild 2). Die Membran lässt dementsprechend Na^+-Ionen durch, nicht aber die negativen Anionen, wie z. B. Cl^- oder OH^-. Durch Anlegen einer Gleichspannung von 3 V bis 3,5 V werden an der Anode (Pluspol) die in der NaCl-Lösung vorhandenen Chlorid-Ionen zu Chloratomen oxidiert:

$$2\,Cl^- \rightarrow 2\,Cl + 2\,e^-$$

Die Chloratome rekombinieren anschließend zu Cl_2-Molekülen ($2\,Cl \rightarrow Cl_2$) und entweichen als Chlorgas aus der Lösung.

An der Katode (Minuspol) werden H^+- und OH^--Ionen gebildet:

$$2\,H_2O \rightarrow 2\,H^+ + 2\,OH^-$$

Die entstehenden H^+-Ionen nehmen jeweils ein Elektron auf und werden zum H-Atom reduziert. Die H-Atome rekombinieren schließlich zum H_2-Molekül und entweichen als Wasserstoffgas:

$$2\,H^+ + 2\,e^- \rightarrow 2\,H \rightarrow H_2$$

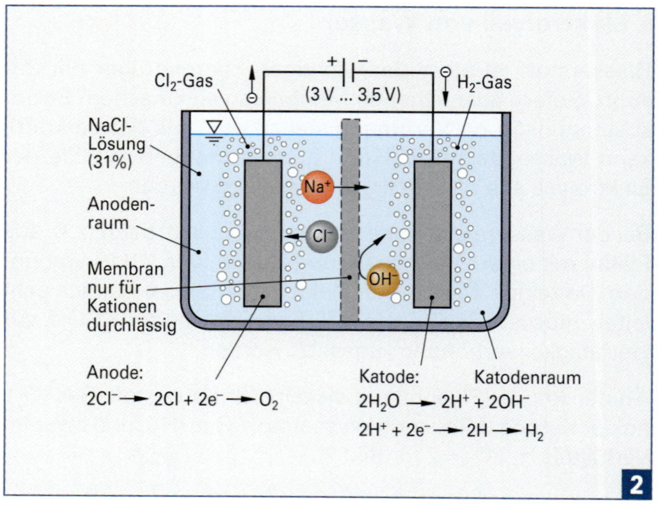

Chloralkalielektrolyse (Membran-Verfahren) von Wasser

Da die OH^--Ionen den Katodenraum nicht verlassen können, bilden sie dort mit den Na^+-Ionen Natronlauge (NaOH). Ein Teil der hierzu erforderlichen Na^+-Ionen gelangt aus dem Anodenraum durch die für Kationen (z. B. Na^+) durchlässige Membran in den Anodenraum.

Das Verfahren liefert neben Cl_2-Gas eine nahezu chloridfreie 35 %-ige NaOH-Lösung, die anschließend durch Wasserentzug auf 50 % konzentriert wird.

ELEKTROCHEMISCHE STROMERZEUGUNG

Die elektrochemische Stromerzeugung ist die Umkehrung der Elektrolyse. Durch Oxidations- und Reduktionsvorgänge (Redox-Reaktionen) lässt sich chemische Energie auf direktem Wege in elektrische Energie umwandeln. Einige technisch wichtige Beispiele sollen nachfolgend besprochen werden.

Elektrochemische Stromquellen werden üblicherweise in **Primärzellen** (keine Wiederaufladung) möglich und in **Sekundärzellen** oder **Akkumulatoren** unterschieden. Bei Letzteren sind die bei der Entladung ablaufenden elektrochemischen Vorgänge umkehrbar.

Die Bezeichnung „Batterie" für eine elektrochemische Stromquelle ist nicht korrekt, da diese Bezeichnung nur für mehrere elektrisch miteinander verbundene Zellen gilt.

Zink-Braunstein-Zelle (Leclanché-Element)

Die Zink-Braunstein-„Batterie", bisweilen auch als **Zink-Kohle-„Batterie"** bezeichnet, ist die älteste käufliche „Batterie" und wurde bereits 1867 von dem französischen Ingenieur Georges **Leclanché** (1839...1882) auf der Pariser Weltausstellung vorgestellt. Sie findet auch heute noch in vielen Bereichen z.B. als Taschenlampen„batterie" Anwendung (Bild 1).

Die Anode der Zink-Braunstein-Zelle (Pluspol) besteht aus einem Zinkbecher. Dieser steht in Verbindung mit einem Elektrolyten aus Ammoniumchlorid (NH_4Cl) oder Zinkchlorid ($ZnCl_2$). Der Elektrolyt wird mit Sägemehl oder Gelatine verfestigt, um ein Auslaufen zu vermeiden **(Trockenzelle)**.

Das elementare Zink wird an der Grenzfläche zum Elektrolyten zu Zn^{2+}-Ionen oxidiert:

$$Zn \rightarrow Zn^{2+} + 2\,e^-$$

Die Katode besteht aus einem von Braunstein (MnO_2) umgebenen Graphitstab (C). An der Grenzfläche zum Elektrolyten findet eine Reduktion des Mangans statt:

$$2\,MnO_2 + 2\,NH_4^+ + 2\,e \rightarrow Mn_2O_3 + H_2O + 2\,NH_3$$

Das MnO_2 (Braunstein) ist zur Bindung des entstehenden Wassers erforderlich, um eine Selbstentladung der Trockenbatterie zu vermeiden:

$$2\,H_2O + 2\,e^- \rightarrow H_2 + 2\,OH^-$$

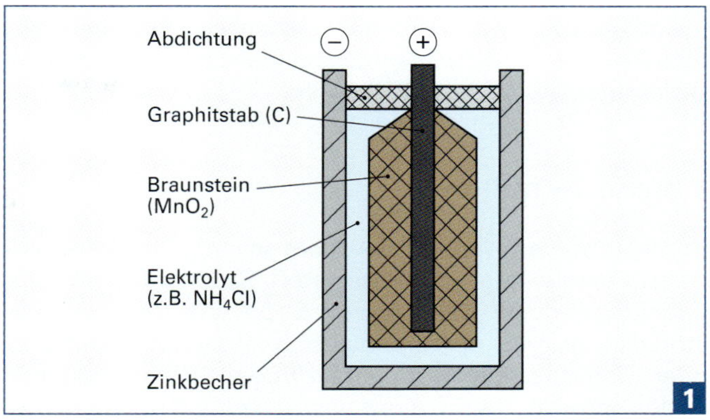

Aufbau einer Zink-Braunstein-Zelle (Leclanché-Element)

Dem Braunstein wird außerdem Acetylenruß zugesetzt, um die Leitfähigkeit zu erhöhen.

Die Potenzialdifferenz (Zellspannung) des Leclanché-Elementes beträgt etwa 1,5 V. Die beschriebene Redox-Reaktion ist nicht mehr umkehrbar, d.h., die „Batterie" kann nach Gebrauch nicht mehr verwendet werden.

Weitere „Batteriearten" sind:

- **Alkali-Mangan-Zelle**
- **Zink-Silberoxid-Zelle**
- **Zink-Luft-Zelle**
- **Lithium-Zelle**

Bleiakkumulator

Der Bleiakkumulator wurde bereits 1859 von Gaston **Planté** erfunden und besteht im Wesentlichen aus Pb-Gitterplatten, die durch Kunststoffseparatoren elektrisch voneinander getrennt sind (Bild 2). Als Elektrolyt dient eine 37 %-ige Schwefelsäure (H_2SO_4). Die Zellspannung beträgt 2,04 V.

Technisch werden bei Bleiakkumulatoren mehrere positive und negativen Platten abwechselnd parallel zu einer Einzelzelle geschaltet. Hierbei befindet sich der positive Plattensatz in den Lücken des negativen Plattensatzes. Dazwischen befindet sich der bereits erwähnte Separator, um eine Berührung der Platten zu vermeiden. Sechs dieser Einzelzellen werden in Serie geschaltet, dadurch entsteht eine **„12-V-Batterie."**

Beim geladenen Bleiakkumulator besteht die Katode (Minuspol) aus Blei (Pb). Die Anode (Pluspol) ist ein mit Bleioxid (PbO_2) überzogenes Bleigitter.

Beim **Entladevorgang** (Bild 1, folgende Seite) findet an der Katode (Minuspol) eine Oxidation des Bleis zu Bleisulfat statt:

$$Pb + SO_4^{2-} \rightarrow PbSO_4 + 2\,e^-$$

An der Anode (Pluspol) beobachten wir hingegen eine Reduktion des Bleioxids zu Bleisulfat:

$$PbO_2 + SO_4^{2-} + 4\,H^+ + 2\,e^- \rightarrow PbSO_4 + 2\,H_2O$$

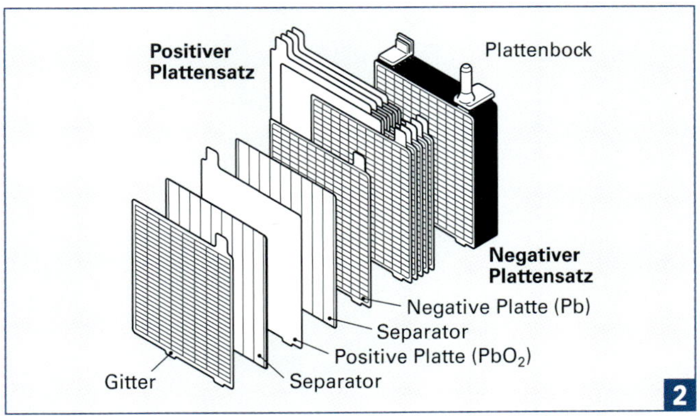

Aufbau eines Bleiakkumulators

Beim **Ladevorgang** laufen die genannten Reaktionen in umgekehrter Reihenfolge ab. An der Katode (Minuspol) wird das Bleisulfat reduziert:

$$PbSO_4 + 2\,e^- \rightarrow Pb + SO_4^{2-}$$

An der Anode (Pluspol) findet hingegen eine Oxidationsreaktion statt:

$$PbSO_4 + 2\,H_2O \rightarrow PbO_2 + SO_4^{2-} + 4\,H^+ + 2\,e^-$$

PHYSIK

CHEMIE

STATISTIK

Da bei der Entladung Wasser (H_2O) entsteht und Schwefelsäure „verbraucht" wird, sinkt die Dichte von 1,28 kg/dm^3 (geladen) auf etwa 1,18 kg/dm^3 (entladen) ab. Über eine Dichtemessung kann dementsprechend der Ladezustand eines Bleiakkumulators überprüft werden.

Brennstoffzelle

Brennstoffzellen wandeln die chemische Energie verschiedener Energieträger wie Wasserstoff, Sauerstoff, Methanol oder Erdgas direkt in elektrischen Strom um. In einer Brennstoffzelle gelangt der Brennstoff (Wasserstoff, Methanol oder Erdgas) sowie der Sauerstoff über Strömungskanäle zu den porösen Gasdiffusionselektroden. Dort finden an den Grenzflächen zum Elektrolyten die Strom erzeugenden Reaktionen statt. An der Katode (Minuspol) wird das Brenngas (z. B. H_2) oxidiert, an der Anode (Pluspol) wird der Sauerstoff reduziert.

In der Praxis finden verschiedene Brennstoffzellentypen Anwendung, die sich insbesondere im Hinblick auf Elektrolyt und Brenngas unterscheiden. Bild 2 zeigt beispielhaft den prinzipiellen Aufbau einer Brennstoffzelle sowie die wesentlichen chemischen Vorgänge. Bild 3 zeigt eine Brennstoffzelle.

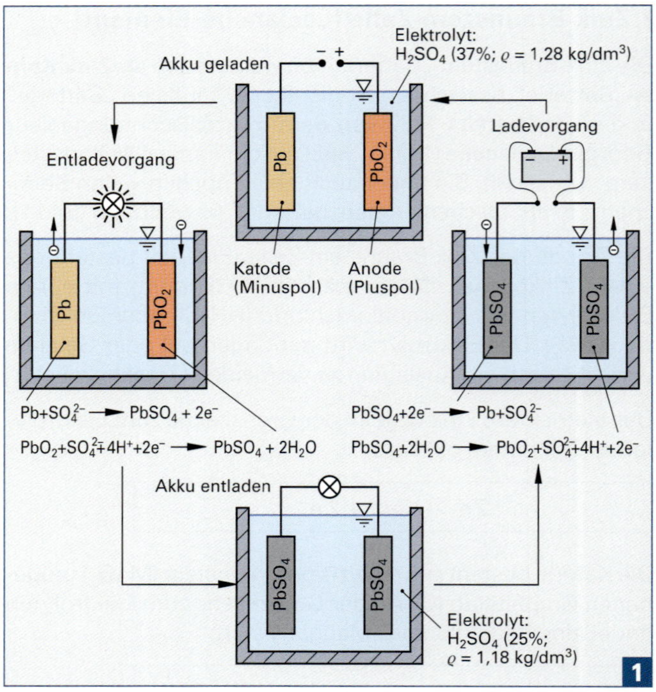

1
Elektrodenvorgänge beim Laden und Entladen eines Bleiakkumulators

Zur Anwendung kommen heute insbesondere die folgenden Brennstoffzellentypen:

- **Alkalische Brennstoffzelle** (*Alkaline Fuel Cell*; **AFC**)
- **Phosphorsaure Brennstoffzelle** (*Phosphoric Acid Fuel Cell*; **PAFC**)
- **Polymerelektrolyt Brennstoffzelle** (*Polymer Electrolyte Fuel Cell*; **PEFC**)
- **Schmelzcarbonatbrennstoffzelle** (*Molten Carbonate Fuel Cell*; **MCFC**)
- **Festoxidbrennstoffzelle** (*Solid Oxide Fuel Cell*; **SOFC**)
- **Direktmethanol Brennstoffzelle** (*Direct Methanol Fuel Cell*; **DMFC**)

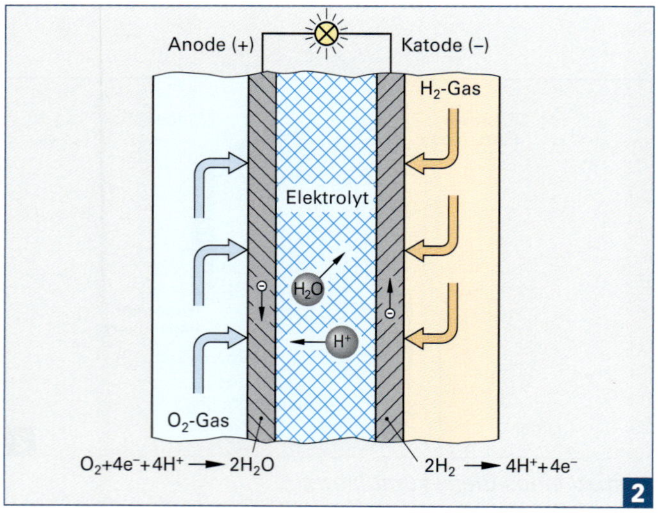

2
Chemische Vorgänge in einer Brennstoffzelle

3
Brennstoffzelle

GALVANOTECHNIK

Anodische Oxidation

Unter **anodischer Oxidation** (Kurz- bzw. Praxisbezeichnungen: **Anodisieren** oder **Eloxieren** bzw. **elektrolytisches Oxidieren**) wird eine Verstärkung der natürlichen Passivschicht des Aluminiums auf elektrochemischem Wege verstanden.

Die anodische Oxidation wird bei Aluminiumwerkstoffen aus folgenden Gründen angewandt:

- Erhöhung der Korrosionsbeständigkeit
- Verbesserung der Verschleißbeständigkeit **(Hartanodisation)**
- Einfärben der Oberfläche **(Tauchfärbung, Farbanodisation oder elektrolytische Einfärbung)**

Bei der anodischen Oxidation wird das Werkstück in eine saure Lösung von 10 °C...25 °C (Chrom-, Schwefel- oder Oxalsäure und deren Mischungen) eingetaucht (Bild 1).

An der Anode (Pluspol) wird das Aluminium oxidiert:

$$2\,Al \rightarrow Al^{3+} + 6\,e^-$$

An der Katode (Minuspol) findet hingegen die Sauerstoffreduktion statt:

$$1{,}5\,O_2 + 3\,H_2O + 6\,e^- \rightarrow 6\,OH^-$$

Die an der Katode gebildeten OH^--Ionen reagieren an der Anode (Al-Werkstück) mit den Al^{3+}-Ionen zum Schicht bildenden Aluminiumoxid (Al_2O_3):

$$2\,Al^{3+} + 6\,OH^- \rightarrow Al_2O_3 + 3\,H_2O$$

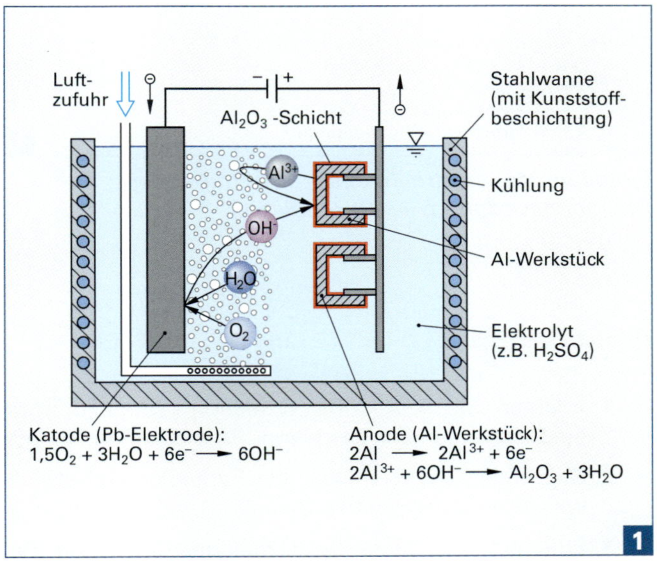

1

Prinzip der anodischen Oxidation

Galvanische Metallüberzüge

Beim **galvanischen Beschichten** oder **Galvanisieren** (z.B. **Verchromen**, **Verkupfern**, **Vernickeln**, **Versilbern** oder **Vergolden**) wird das Werkstück in einen Elektrolyten getaucht, in dem sich die Kationen des gewünschten Überzugsmetalls (z.B. Cu^{2+}, Ni^{2+}) sowie das Überzugsmetall selbst (z.B. Cu, Ni) befinden.

Das Werkstück wird mit der Katode (Minuspol), das Überzugsmetall mit der Anode (Pluspol) einer Gleichspannungsquelle verbunden (Bild 2).

An der Anode (Pluspol) wird das Überzugsmetall oxidiert. Die Metall-Ionen gehen dabei in Lösung:

$$Me \rightarrow Me^{z+} + z \cdot e^- \qquad (z.B.\ Cu \rightarrow Cu^{2+} + 2\,e^-)$$

An der Katode (Bauteil) werden die Metall-Ionen reduziert und scheiden sich auf der Bauteiloberfläche als metallische Schicht ab:

$$Me^{z+} + z \cdot e^- \rightarrow Me \qquad (z.B.\ Cu^{2+} + 2\,e^- \rightarrow Cu)$$

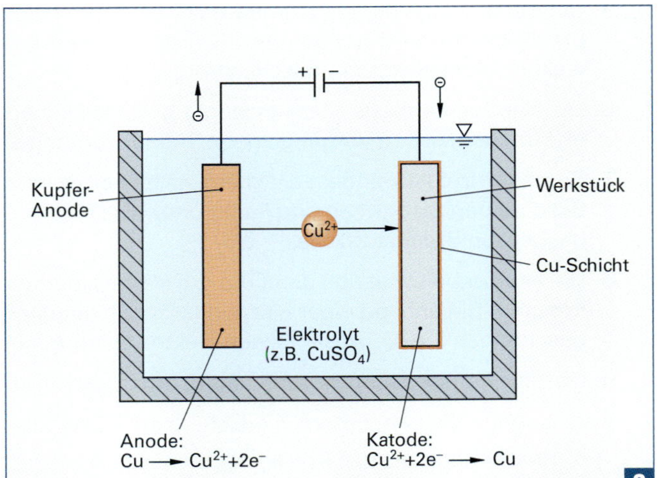

2

Prinzip des Galvanisierens

Elektrochemisches Abtragen

Beim elektrochemischen Abtragen wird das zu bearbeitende Werkstück als Anode (Pluspol) und das Form gebende Werkzeug als Katode (Minuspol) in einen elektrischen Gleichstromkreis geschaltet. Zwischen Werkstück und Werkzeug befindet sich der Elektrolyt (z.B. NaCl oder $NaNO_3$). Der Stromfluss kann hierbei durch eine äußere (5 V...20 V) oder durch eine innere Spannungsquelle (Lokalelement) erzeugt werden. Bild 1 (Seite 200) zeigt die Einteilung der elektrochemisch abtragenden Fertigungsverfahren.

Am anodisch geschalteten Werkstück gehen die Metall-Ionen in Lösung und bewirken den erwünschten Materialabtrag:

$$Me \rightarrow Me^{z+} + z \cdot e^- \qquad (z.B.\ Fe \rightarrow Fe^{2+} + 2\,e^-)$$

An der Katode (Minuspol) finden die korrespondierenden Reduktionsreaktionen statt. Bild 2 (Seite 200) zeigt das Prinzip des elektrochemischen Abtragens am Beispiel des **elektrochemischen Senkens**.

PHYSIK
CHEMIE
STATISTIK

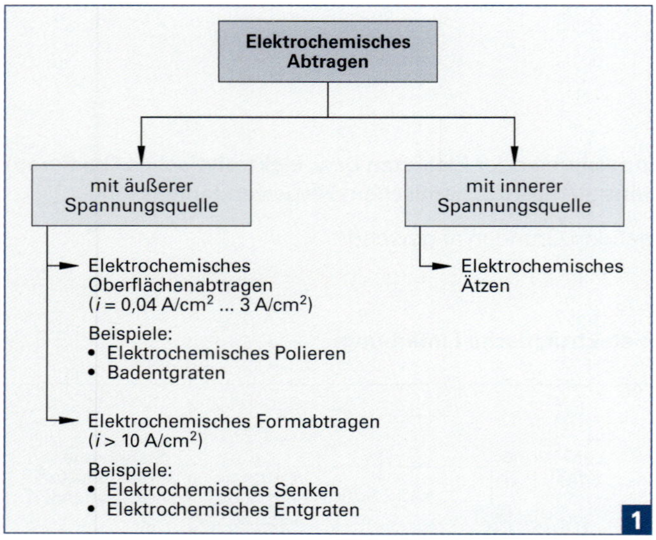

Einteilung der elektrochemischen abtragenden Fertigungsverfahren (i = Stromdichte)

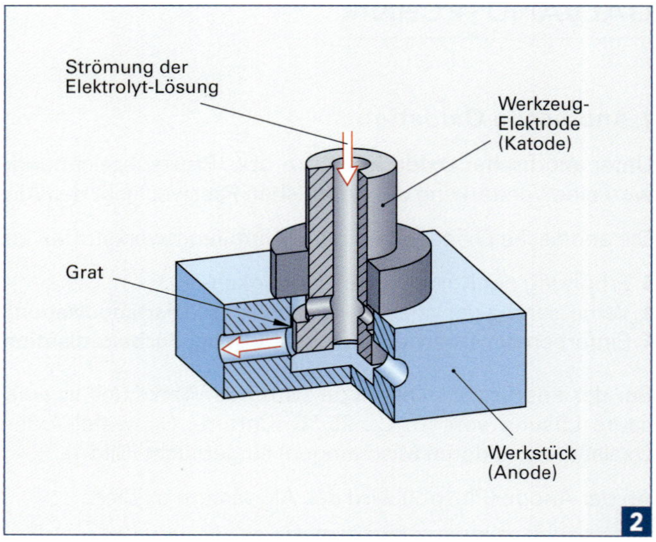

Elektrochemisches Abtragen am Beispiel des elektrochemischen Senkens

AUFGABEN ZUR WIEDERHOLUNG

1. Erläutern Sie die Begriffe „Oxidation", „Reduktion" und „Redox-Reaktion" und nennen Sie jeweils ein Beispiel für eine Oxidations- und eine Reduktionsreaktion.

2. Begründen Sie, weshalb starke Reduktionsmittel in der elektrochemischen Spannungsreihe (Tabelle , Seite 193) weit oben stehen, starke Oxidationsmittel hingegen weit unten.

3. Erläutern Sie die Begriffe „Oxidationsmittel" und „Reduktionsmittel".

4. Wasserstoff ist ein wichtiger Energieträger der Zukunft. Die großtechnische Erzeugung von Wasserstoff-Gas erfolgt durch Elektrolyse des Wassers. Erläutern Sie die Wasserelektrolyse und beschreiben Sie die wesentlichen elektrochemischen Vorgänge.

5. Die Herstellung von Reinaluminium erfolgt mithilfe der Schmelzflusselektrolyse. Beschreiben Sie den prinzipiellen Ablauf der Schmelzflusselektrolyse zur Herstellung von Aluminium (einschließlich der wesentlichen elektrochemischen Vorgänge).

6. Die elektrochemische Stromerzeugung ist die Umkehrung der Elektrolyse. Beschreiben Sie die wichtigsten elektrochemischen Vorgänge beim Entladevorgang sowie beim Ladevorgang eines Bleiakkumulators.

7. Brennstoffzellen wandeln die chemische Energie verschiedener Energieträger in elektrischen Strom um. Beschreiben Sie Aufbau und Funktionsweise einer mit Sauerstoffgas und Wasserstoffgas gespeisten Brennstoffzelle.

8. Die anodische Oxidation dient u. a. zur Verbesserung der Korrosionsbeständigkeit von Aluminiumwerkstoffen. Erläutern Sie anhand einer Skizze das Prinzip der anodischen Oxidation von Aluminiumwerkstoffen und beschreiben Sie die wesentlichen Elektrodenvorgänge.

9. Oberflächenschichten werden häufig durch galvanisches Beschichten (Galvanisieren) aufgebracht.

a) Nennen Sie zwei unterschiedliche metallische Schichten sowie den jeweiligen Zweck des Beschichtens.

b) Beschreiben Sie das Prinzip des Galvanisierens (einschließlich der elektrochemischen Vorgänge) am Beispiel eines in Aufgabenteil a) genannten Beschichtungsmetalls.

10. Die Thermitreaktion wird beim Verschweißen von Eisenbahnschienen genutzt. Die Reaktion liefert nach der Zündung flüssiges Eisen, dass nach dem Erstarren die Bahnschienen verbindet:
$Fe_2O_3 + 2\,Al \rightarrow 2\,Fe + Al_2O_3$

a) Warum handelt es sich hierbei um eine Redox-Reaktion?

b) Welcher Stoff wirkt als Reduktionsmittel?

c) Wie lautet die Fachbezeichnung einer chemischen Reaktion, bei der Energie freigesetzt wird?

11. In einem Hochofen zur Stahlherstellung finden u. a. folgende Reaktionen statt:
1. $Fe_3O_4 + CO \rightarrow 3\,FeO + CO_2$, 2. $FeO + C \rightarrow Fe + CO$

a) Erläutern Sie den Begriff „Reduktion".

b) Geben Sie die chemischen Bezeichnungen und die Namen der Reduktionsmittel in den beiden Reaktionsgleichungen an.

SÄUREN, BASEN UND PH-WERT

In der Praxis versteht man unter einer **Säure** einen Stoff, der in wässriger Lösung einen sauren Geschmack hat und bestimmte Stoffe, **Indikatoren,** auf charakteristische Weise färben kann. Säuren zeigen saure Reaktionen.

Unter einer **Base** versteht man in der Praxis einen Stoff, der in wässriger Lösung einen seifigen, scharfen Geschmack hat. Basen können ebenso, wie die Säuren, bestimmte Indikatoren auf charakteristische Weise färben. Wässrige Lösungen starker Basen bezeichnen wir als **Laugen** (z.B. Natronlauge oder Kalilauge).

Für das chemische Grundverständnis der Natur von Säuren und Basen sind diese „Definitionen" jedoch völlig unzureichend, sodass nachfolgend erörtert wird, welche Merkmale einen Stoff zu einer Säure oder zu einer Base machen.

Die Begriffe **„Säure"** und **„Base"** sind aus Untersuchungen an Pflanzen hervorgegangen. Der Begriff „sauer" wurde aus dem Geschmack mancher Pflanzensäfte abgeleitet, da bis Ende des 13. Jahrhunderts neben Essig nur verschiedene Pflanzensäfte als saure Lösungen (Säuren) bekannt waren.

Vermischt man Pflanzenasche (besteht im Wesentlichen aus Kalium- oder Natriumcarbonat) mit dem (sauren) Pflanzensaft, dann beobachtet man eine heftige Reaktion. Aufgrund dieser Tatsache vermutete man im 17. Jahrhundert, dass der saure Pflanzensaft in der Pflanzenasche seine Ergänzung (man sagte seinerzeit hierzu „Basis") gefunden hat. Dies stellt den Ursprung des heutigen Begriffs „Base" dar.

SÄURE-BASE-THEORIEN

Bereits im 17. Jahrhundert wurde der Begriff „Säure" und „Base" benutzt, wenngleich man noch lange Zeit nicht wusste, welche Besonderheiten eine Säure und eine Base aufweisen. 1660 wurden von Otto **Tacke (Tachenius)** Stoffe, die einen sauren Geschmack haben und mit unedlen Metallen unter Gasentwicklung reagieren, als Säuren bezeichnet. Als Basen bezeichnete er Stoffe, die mit Säuren Salze bilden.

Säure-Base-Theorie von Arrhenius

Die erste umfassende Säure-Base-Theorie von 1883 geht auf den schwedischen Physikchemiker Svante **Arrhenius** (1859...1927) zurück.

Nach **Arrhenius** sind **Säuren** Verbindungen, die in wässriger Lösung dissoziieren (zerfallen) und dabei H^+-Ionen (Wasserstoffionen bzw. Protonen) abgeben.

Säure-Base-Theorie von Arrhenius

Säuren sind Verbindungen, die in wässriger Lösung dissoziieren (zerfallen) und dabei H^+-Ionen (Wasserstoffionen bzw. Protonen) abgeben. Basen sind Verbindungen, die beim Auflösen in Wasser OH^--Ionen liefern.

BEISPIELE

$$HCl + H_2O \leftrightarrow \mathbf{H_3O^+} + Cl^-$$

H^+

DISSOZIATION VON SÄUREN							
Salzsäure	HCl	→		H^+	+	Cl^-	Chloridion
Schwefelsäure	H_2SO_4	→	2	H^+	+	SO_4^{2-}	Sulfation
Salpetersäure	HNO_3	→		H^+	+	NO_3^-	Nitration
Phosphorsäure	H_3PO_4	→	3	H^+	+	PO_4^{3-}	Phosphation
Kohlensäure	H_2CO_3	→	2	H^+	+	CO_3^{2-}	Carbonation

Basen sind nach der Theorie von Arrhenius Verbindungen, die beim Auflösen in Wasser OH^--Ionen liefern.

BEISPIELE

$$NH_3 + H_2O \leftrightarrow NH_4^+ + \mathbf{OH^-}$$

H^+

DISSOZIATION VON HYDROXIDEN								
Natriumhydroxid	$NaOH$	→	Na^+	+		$(OH)^-$	⇒	Natronlauge
Kaliumhydroxid	KOH	→	K^+	+		$(OH)^-$	⇒	Kalilauge
Calciumhydroxid	$Ca(OH)_2$	→	Ca^{2+}	+	2	$(OH)^-$	⇒	Kalkwasser

Die Säure-Base-Theorie von Arrhenius hat u.a. den Nachteil, dass sie sich auf das Lösungsmittel Wasser beschränkt.

Säure-Base-Theorie von Brønsted

Die Säure-Base-Theorie von **Arrhenius** wurde 1923 von dem dänischen Chemiker Johannes Nicolaus **Brønsted** (1879...1947) wie folgt erweitert:

> **Säure-Base-Theorie von Brønsted**
> Säuren sind Stoffe, die H^+-Ionen (Wasserstoffionen bzw. Protonen) abgeben **(Protonendonatoren).** Basen sind Stoffe, die Protonen aufnehmen können **(Protonenakzeptoren).**

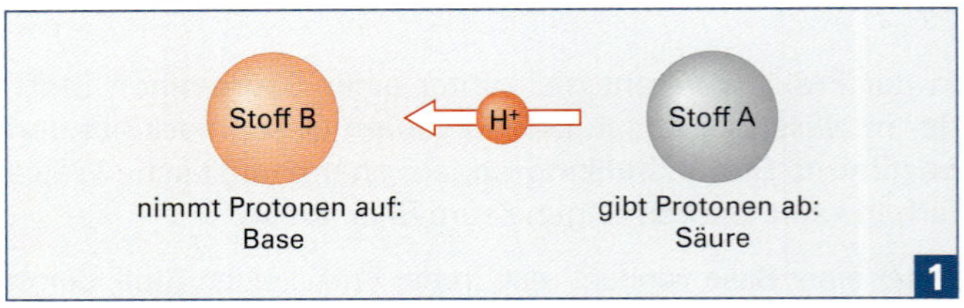

*Veranschaulichung der Begriffe Säure und Base und nach der Theorie von **Brønsted***

Eine **Säure** ist ein Stoff, der H^+-Ionen (Wasserstoffionen bzw. Protonen) abgeben kann **(Protonendonator).** In wässriger Lösung können freie Protonen (H^+-Ionen) allerdings nicht existieren. Wie **Fajans** und **Joos** bereits 1924 zeigten, findet mit einem Wassermolekül sofort eine Reaktion **(Protolyse)** unter Bildung eines H_3O^+-Ions **(Hydronium-Ion)** statt.

Eine **Base** ist ein Stoff, der Protonen aufnehmen kann **(Protonenakzeptor).**

BEISPIEL

HCl-Gas (Chlorwasserstoffgas) bildet in wässriger Lösung eine Säure **(Salzsäure),** da HCl ein Proton (H^+-Ion) abspalten kann.
Die Gesamtreaktion in wässriger Lösung lautet:

$$HCl + H_2O \leftrightarrow H_3O^+ + Cl^-$$

H^+

Die Säure-Base-Theorie nach **Brønsted** beschränkt sich nicht auf die Anwesenheit von Wasser als Lösungsmittel. Dies soll am Beispiel der nachfolgenden Reaktion erläutert werden.

BEISPIEL

Bei der Reaktion von Ammoniak (NH_3) mit Chlorwasserstoff (HCl) gibt das Chlorwasserstoffmolekül ein Proton (H^+) an das Ammoniakmolekül ab:

$$HCl + NH_3 \leftrightarrow NH_4^+ + Cl^-$$

H^+

Das Chlorwasserstoffmolekül (HCl) reagiert dementsprechend als Säure, das Ammoniak (NH_3) hingegen ist eine Base, da es ein Proton aufnehmen kann.

Gegenüber der Säure-Base-Theorie von **Arrhenius** ist die Brønsted'sche Säure-Base-Theorie von der Art des Lösungsmittels unabhängig. Sofern bei der Reaktion Protonen ausgetauscht werden, kann sie sogar auf gasförmige Stoffe angewandt werden.

Diese verallgemeinerte Säure-Base-Theorie nach **Brønsted** gilt noch heute in der Chemie, obwohl zwischenzeitlich Erweiterungen vorgenommen wurden. Insbesondere ist hierbei auf die **Elektronentheorie der Säuren und Basen** nach G. N. **Lewis** hinzuweisen. Nach **Lewis** ist es nicht mehr erforderlich, dass eine Säure eine Verbindung mit Wasserstoff ist. Eine Säure muss lediglich die Eigenschaft haben, mit einem Elektronenpaar einer Base zu reagieren.

SÄURE-BASE-REAKTIONEN IN WÄSSRIGEN LÖSUNGEN

Wasser ist das wichtigste Lösungsmittel. Nachfolgend sollen zwei Säure-Base-Reaktionen betrachtet werden, an denen Wasser beteiligt ist. Im ersten Beispiel die Reaktion von Chlorwasserstoff (HCl) mit Wasser (H_2O):

$$HCl + H_2O \rightarrow H_3O^+ + Cl^-$$

H^+

Chlorwasserstoff gibt bei dieser Reaktion ein Proton (H^+-Ion) an das Wasser ab und ist nach der Brønsted-Definition dementsprechend eine Säure. Wasser nimmt das Proton auf und ist daher Base. Die entstehende wässrige Lösung ist die Salzsäure. Im zweiten Beispiel wird die Reaktion von Ammoniak (NH_3) mit Wasser (H_2O) betrachtet:

$$NH_3 + H_2O \leftrightarrow NH_4^+ + OH^-$$

H^+

Nach der Brønsted'schen Säure-Base-Definition ist in diesem Fall das Wassermolekül (H_2O) die Säure (da es ein Proton abgibt), das Ammoniakmolekül (NH_3) hingegen Base (da es ein Proton aufnimmt).

Die beiden Beispiele zeigen:

Säuren geben in wässrigen Lösungen H^+-Ionen (Wasserstoffionen bzw. Protonen) an das Wassermolekül ab. Saure wässrige Lösungen enthalten dementsprechend H_3O^+-Ionen **(Hydroniumionen).**

Basen produzieren in Wasser OH^--Ionen. Die dabei entstehenden **alkalischen Lösungen** enthalten dementsprechend das OH^--Ion.

Die nachfolgenden Betrachtungen sollen sich, aufgrund der großen Bedeutung in der technischen Praxis, auf wässrige Lösungen beschränken.

pH-WERT

Als Messgröße für die Eigenschaft „sauer" oder „alkalisch" („basisch") einer wässrigen Lösung dient ihre H_3O^+- bzw. OH^--Ionenkonzentration. Wie Messungen zeigen, enthält neutrales Wasser OH^--Ionen von 10^{-7} mol/l und ebenso viele H_3O^+-Ionen. Außerdem ist das Produkt der H^+- und OH^--Ionenkonzentration, das **Ionenprodukt des Wassers**, konstant. Es beträgt bei 25 °C: $K_W = 10^{-14}$ mol²/l².

Wässrige Lösungen, die mehr als 10^{-7} mol/l H_3O^+-Ionen enthalten, werden als **sauer** bezeichnet. Wässrige Lösungen mit mehr als 10^{-7} mol/l OH^--Ionen bezeichnen wir hingegen als **alkalisch** (oder **basisch**).

Wird in neutralem Wasser ein Stoff gelöst, der H^+-Ionen freisetzt, dann steigt die H_3O^+-Ionenkonzentration der Lösung. Da jedoch das Ionenprodukt konstant bleibt ($K_W = 10^{-14}$ mol²/l²), muss zwangsläufig die OH^--Ionenkonzentration sinken.

Befinden sich beispielsweise 10^{-5} mol/l H_3O^+-Ionen in der Lösung, dann beträgt die OH^--Ionenkonzentration folglich 10^{-9} mol/l. Umgekehrt sinkt die H_3O^+-Ionenkonzentration des Wassers, sobald ein Hydroxid (Base) darin gelöst wird, da durch dessen Dissoziation die OH^--Ionenkonzentration des Wassers steigt.

Da in wässrigen Lösungen also die Konzentration der H_3O^+-Ionen sowie der OH^--Ionen über das Ionenprodukt K_W miteinander verknüpft sind, genügt es, eine der beiden Konzentrationen anzugeben. Man hat sich auf die Angabe der H_3O^+-Ionenkonzentration geeinigt. Allerdings gibt man, der Übersichtlichkeit halber, nicht den gesamten Zahlenwert (also z. B. 10^{-3} oder 10^{-7}) an, sondern nur den mit –1 multiplizierten Exponenten (also z. B. 3 oder 7). Dieser wird als **pH-Wert** (*lat.:* potentia hydrogenii = Wasserstoffwirksamkeit) bezeichnet. Bild 1 (Seite 204) zeigt typische pH-Werte einiger bekannter Flüssigkeiten.

Der pH-Wert (pH) ist der negative dekadische Logarithmus (Zehnerlogarithmus) der Hydroniumionenkonzentration $c(H_3O^+)$[1].

$$pH = -\lg c(H_3O^+)$$

Der pH-Wert ist ein Maß für die H_3O^+-Ionenkonzentration. Er sagt nichts über die **Säurestärke** einer Verbindung.

Unter der Säurestärke verstehen wir die Fähigkeit einer Verbindung, H^+-Ionen abzugeben.

[1] Streng genommen müssten wir von der Hydroniumionen*aktivität* ***a***(H_3O^+) sprechen. In verdünnten wässrigen Lösungen kann jedoch anstelle der Aktivität (*a*) die Konzentration (*c*) treten.

BEISPIELE

- H_3O^+-Ionenkonzentration = 10^{-4} mol/l:
  › pH-Wert: $-\lg 10^{-4}$ = 4 (sauer)
- H_3O^+-Ionenkonzentration = $10^{-9,4}$ mol/l:
  › pH-Wert: $-\lg 10^{-9,4}$ = 9,4 (alkalisch oder basisch)
- H_3O^+-Ionenkonzentration = 10^{-7} mol/l:
  › pH-Wert: $-\lg 10^{-7}$ = 7 (neutral)

SKALA DER PH-WERTE

				sauer				neutral				alkalisch			
pH-Wert	0	1	2	3	4	5	6	7	8	9	10	11	12	13	14
H_3O^+-Ionen-konzentration (mol/l)	10^0 = 1	10^{-1}	10^{-2}	10^{-3}	10^{-4}	10^{-5}	10^{-6}	10^{-7}	10^{-8}	10^{-9}	10^{-10}	10^{-11}	10^{-12}	10^{-13}	10^{-14}
OH^--Ionen-konzentration (mol/l)	10^{14}	10^{-13}	10^{-12}	10^{-11}	10^{-10}	10^{-9}	10^{-8}	10^{-7}	10^{-6}	10^{-5}	10^{-4}	10^{-3}	10^{-2}	10^{-1}	10^0 = 1

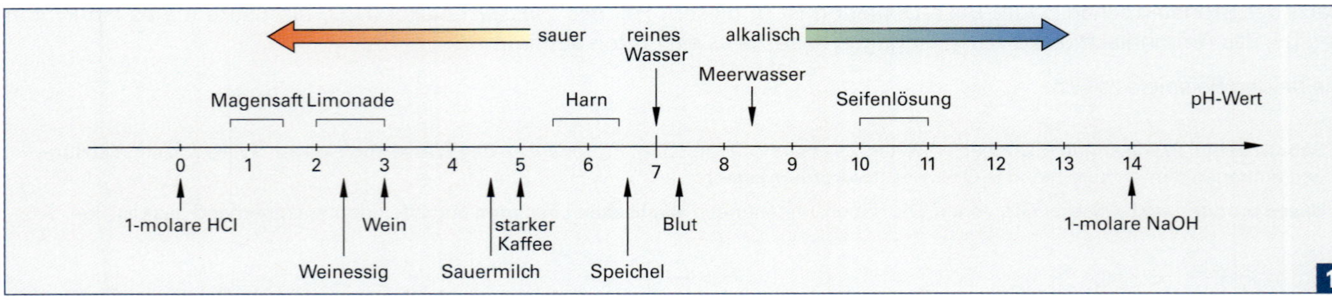

Typische pH-Werte einiger bekannter Flüssigkeiten

TECHNISCH WICHTIGE SÄUREN – ERZEUGUNG, EIGENSCHAFTEN UND ANWENDUNGEN

Säuren haben nicht nur in der Technik, sondern auch im täglichen Leben eine sehr große Bedeutung. Es werden grundsätzlich zwei Gruppen von Säuren unterschieden:

- **Anorganische Säuren (Mineralsäuren)**, wie die Salz-, Schwefel- oder Phosphorsäure. Sie stellen die am häufigsten verwendeten Säuren dar.
- **Organische Säuren** wie die Essig-, Ameisen- oder Benzoesäure.

Nachfolgend werden die Eigenschaften, Herstellung und Verwendung der wichtigsten Säuren genauer beschrieben.

Salzsäure (HCl)

Salzsäure (auch **Chlorwasserstoffsäure** genannt) ist eine wässrige Lösung des Chlorwasserstoff-Gases. In wässrigen Lösungen spaltet das gesamte HCl seine Protonen ab, sodass kein undissoziertes HCl mehr vorliegt. Salzsäure ist daher eine sehr starke (anorganische) Säure, die wir zu den Mineralsäuren zählen. Der Säurecharakter der wässrigen Lösung wird dabei durch die Anwesenheit der H_3O^+-Ionen bewirkt.

$$HCl + H_2O \rightarrow H_3O^+ + Cl^-$$

H^+

Strukturformel:	Summenformel:	HCl
H—Cl	Aggregatzustand:	flüssig
	Dichte:[1]	1,10 g/cm³ bis 1,19 g/cm³
	Schmelzpunkt:[2]	–25 °C
	Siedepunkt:[2]	83 °C ... 90 °C

2

[1] Abhängig von der Konzentration
[2] Für 32 %-ige Salzsäure

Eigenschaften von Salzsäure (HCl)

Herstellung

Im Labormaßstab wird Salzsäure bei etwa 800 °C aus konzentrierter Schwefelsäure (H_2SO_4) und Kochsalz (NaCl) hergestellt (daher auch der Name „Salz"säure):

$$2\,NaCl + H_2SO_4 \rightarrow Na_2SO_4 + 2\,HCl$$

In industriellem Maßstab wird Salzsäure durch Verbrennung eines Gemisches aus Wasserstoff-Gas (H_2) und Chlorgas (Cl_2) erzeugt:

$$Cl_2 + H_2 \rightarrow 2\,HCl$$

Die Säure (wässrige Lösung) erhält man schließlich durch Einleiten des HCl-Gases in Wasser:

$$HCl + H_2O \rightarrow H_3O^+ + Cl^-$$

In einem Liter Wasser sind bei 25 °C etwa 825 g HCl-Gas löslich.

BEZEICHNUNG VERSCHIEDENER HCl-LÖSUNGEN

Bezeichnung	Konzentration Masse-%	Dichte kg/dm³
azeotrop[1]	20,17	1,10
verdünnt	25...32	1,12...1,16
konzentriert	> 36	> 1,18
rauchend	37	1,19
gesättigt[2]	40,4	1,20

[1] Azeotropes Gemisch: Gemisch, welches sich durch Sieden nicht trennen lässt.
[2] Bei 20 °C. Entspricht 485 g HCl pro Liter Wasser.

Vorkommen

- Der Magensaft von Wirbeltieren enthält Salzsäure mit einer Konzentration von etwa 0,1...0,5 Masse-% (pH 1 bis pH 2). Sie dient dort der Hydrolyse von Fetten und zum Abtöten von Keimen.
- HCl-Gas ist Bestandteil von Vulkangasen und kommt daher in stark verdünnter Konzentration in Kraterseen vor.

Salzsäure ist eine farblose Flüssigkeit. Die gelbe Farbe der technischen Salzsäure hat ihre Ursache in Eisenverunreinigungen (z. B. $FeCl_3$).

ANWENDUNGSBEISPIELE

- In der Metallverarbeitung wird Salzsäure zum **Beizen** (Ablösung von Oxidschichten) eingesetzt (z.B. $CuO + 2\,HCl \rightarrow CuCl_2 + H_2O$).
- Als Lebensmittelzusatzstoff (E507).
- Synthese von VinylcHlorid (Monomer zur Herstellung von Polyvinylchlorid) aus Ethin (technische Bezeichnung: Acetylen; C_2H_2) und Chlorwasserstoffgas (HCl): $C_2H_2 + HCl \rightarrow H_2C + CHCl$
- Neutralisation von Basen wie z.B. NaOH: $HCl + NaOH \rightarrow NaCl + H_2O$

Schwefelsäure (H_2SO_4)

Schwefelsäure (nach IUPAC: **Dihydrogensulfat**) ist eine farblose, viskose (zähflüssige) Flüssigkeit. Schwefelsäure ist ebenso wie die Salzsäure eine starke anorganische Säure, die ebenfalls zu den Mineralsäuren gehört. Schwefelsäure ist die stärkste technisch genutzte Säure und eine der am häufigsten genutzten Chemikalien überhaupt. Weltweit werden mehr als 140 Mio. Tonnen pro Jahr verarbeitet.

Schwefelsäure ist eine **zweiwertige Säure**, da in wässriger Lösung beide H^+-Ionen abgespaltet werden können. Allerdings läuft nur die erste Dissoziationsstufe vollständig ab:

$$H_2SO_4 + H_2O \rightarrow H_3O^+ + H_2SO_4^-$$

H^+

Die zweite Dissoziationsstufe findet in Wasser in einem nicht nennenswerten Umfang statt, da Wasser als Base zu schwach ist:

$$H_2SO_4^- + H_2O \rightarrow H_3C^+ + SO_4^{2-}$$

H^+

Der Säurecharakter der wässrigen Lösung wird durch die Anwesenheit der H_3O^+-Ionen bestimmt.

Strukturformel:

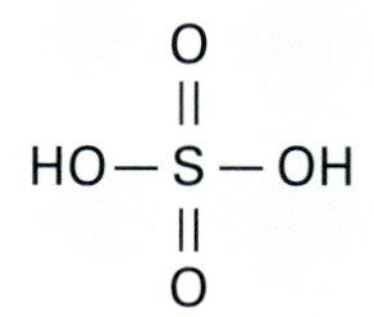

Summenformel:	H_2SO_4
Aggregatzustand:	flüssig
Dichte:[1]	1,84 g/cm³
Schmelzpunkt:	10,4 °C
Siedepunkt:	280 °C

1

[1] Konzentrierte Schwefelsäure (98,3 Masse-%)

Eigenschaften von Schwefelsäure

BEZEICHNUNGEN HANDELSÜBLICHER SCHWEFELSÄUREN

Bezeichnung	Konzentration Masse-%
Konzentrierte Schwefelsäure[1]	98,3
Akkumulatorschwefelsäure	37
verdünnte Schwefelsäure	16

[1] azeotrop

Wird konzentrierte Schwefelsäure mit Wasser verdünnt, dann wird sehr viel Wärme freigesetzt. Um eine explosionsartige Verdampfung zu vermeiden, muss immer die Säure dem Wasser zugesetzt werden und niemals umgekehrt!

Merke:

Erst das Wasser, dann die Säure, sonst geschieht das Ungeheure!

Herstellung

In technischem Maßstab wird Schwefelsäure nach dem **Kontaktverfahren** in drei Schritten hergestellt.

1. Schritt: Herstellung von Schwefeldioxid (SO_2) z.B. durch Zerstäubung von verflüssigtem Schwefel (S) und Verbrennung (Oxidation) mit getrockneter Luft: $S + O_2 \rightarrow SO_2$

2. Schritt: Herstellung von Schwefeltrioxid (SO_3) mit Vanadiumpentoxid (V_2O_5) als Katalysator durch Oxidation von SO_2 bei 400 °C...600 °C.

3. Schritt: Das Schwefeltrioxid (SO_3) wird bei 60 °C...80 °C in Schwefelsäure gelöst. Hierbei entsteht Dischwefelsäure ($H_2S_2O_7$), die dann durch Zumischen von Wasser in Schwefelsäure (H_2SO_4) zerfällt.
$SO_3 + H_2SO_4 \rightarrow H_2S_2O_7$
$H_2S_2O_7 + H_2O \rightarrow 2\,H_2SO_4$

ANWENDUNGSBEISPIELE

- Elektrolyt in Autobatterien. Eingesetzt wird eine verdünnte Schwefelsäure mit einer Konzentration von 37 % (Akkumulatorschwefelsäure).
- Ätzen von Halbleitern bei der Herstellung elektronischer Schaltungen.
- Durch Aufschluss von wasserunlöslichem Calciumphosphat ($Ca_3(PO_4)_2$ = Apatit) mit Schwefelsäure (H_2SO_4) entsteht eine Mischung aus Calciumdihydrogenphosphat ($Ca(H_2PO_4)$) und Calciumsulfat ($CaSO_4$ = Gips), ein als **Superphosphat** bekanntes Düngemittel (Phosphate sind Pflanzennährstoffe):
$Ca_3(PO_4)_2 + 2\,H_2SO_4 \rightarrow Ca(H_2PO_4)_2 + 2\,CaSO_4$
- Für die Düngemittelherstellung wird der größte Anteil an Schwefelsäure verbraucht.
- Konzentrierte Schwefelsäure wirkt hygroskopisch (wasseranziehend) und kann daher als Trockenmittel für Gase und Flüssigkeiten eingesetzt werden.

ANWENDUNGSBEISPIELE (FORTSETZUNG)

- Schwefelsäure wird aufgrund ihrer guten elektrischen Leitfähigkeit bei der (Wasser-)Elektrolyse dem Wasser zugesetzt.
- Herstellung von Titandioxid (TiO_2). TiO_2 ist ein wichtiges, weißes Farbpigment und findet außerdem Anwendung in Kosmetika und Pharmazeutika. Es wird u.a. nach dem Sulfat-Verfahren (soll nicht näher beschrieben werden) aus dem natürlichen Mineral Ilmenit ($FeTiO_3$) erzeugt.
- Als Lebensmittelzusatzstoff (E517).

Phosphorsäure (H_3PO_4)

Phosphorsäure (genauer: **Orthophosphorsäure**) ist bei einer Konzentration von 100 % ein farb- und geruchloser Feststoff, der bei 42,35 °C schmilzt und stark hygroskopisch wirkt. In Wasser gelöst ist die Phosphorsäure eine mittelstarke Säure. Handelsüblich sind wässrige Lösungen mit einer Konzentration von 85 Masse-% (ϱ = 1,687 g/cm³).

Phosphorsäure ist eine dreiwertige Säure, da sie in wässriger Lösung in Abhängigkeit des pH-Wertes alle drei H-Atome abspalten und daher im Sinne der Brønsted'schen Säure-Base-Definition als Säure wirken kann.

$$H_3PO_4 + H_2O \leftrightarrow H_3O^+ + H_2PO_4^-$$

H^+ Dihydrogenphosphat-Ion

$$H_2PO_4^- + H_2O \leftrightarrow H_3O^+ + HPO_4^{2-}$$

H^+ Hydrogenphosphat-Ion

$$H_2PO_4^{2-} + H_2O \leftrightarrow H_3O^+ + PO_4^{3-}$$

H^+ Phosphat-Ion

Herstellung

Phosphorsäure wird im industriellen Maßstab durch Aufschluss des natürlichen Minerals Apatit ($Ca_3(PO_4)_2$) mit Schwefelsäure (H_2SO_4) hergestellt. Vereinfacht lautet die Reaktionsgleichung:

$$Ca_3(PO_4)_2 + 3\,H_2SO_4 \rightarrow 2\,H_3PO_4 + 3\,CaSO_4$$

Strukturformel:

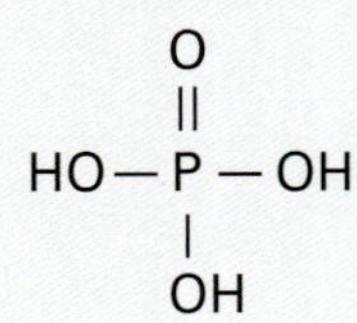

Summenformel:	H_3PO_4
Aggregatzustand:	fest bzw. wässrige Lösung
Dichte:[1]	1,834 g/cm³
Schmelzpunkt:	42,35 °C
Siedepunkt:	280 °C

1

[1] Bei 18 °C

Eigenschaften von Phosphorsäure

ANWENDUNGSBEISPIELE

- **Passivierung** nicht rostender Stähle. Durch eine Passivierung wird die Bildung der natürlichen Passivschicht auf nicht rostenden Stählen beschleunigt und damit die Korrosionsbeständigkeit verbessert.
- Phosphatierung von Stählen.
- In der Düngemittelherstellung. Durch Aufschluss von wasserunlöslichem Calciumphosphat ($Ca_3(PO_4)_2$) mit Phosphorsäure (H_3PO_4) entsteht ein als **Doppelsuperphosphat** bezeichnetes Düngemittel. Im Gegensatz zum Aufschluss mit Schwefelsäure fällt kein Calciumsulfat ($CaSO_4$ = Gips) an.

  $$Ca_3(PO_4)_2 + 4\,H_3PO_4 \rightarrow 3\,Ca(H_2PO_4)_2$$

- Phosphorsäure dient als Säuerungsmittel in Lebensmitteln (Zusatzstoff E338). Wir finden es beispielsweise in Colagetränken (bis 700 mg/l), Limonaden und Malzbieren. Phosphate wie z.B. das Kaliumphosphat (K_3PO_4; E340c) verhindern die Verfärbung von Wurst oder das Ranzigwerden von Fetten.

Salpetersäure (HNO_3)

Salpetersäure (nach IUPAC: **Hydrogennitrat**) ist eine technisch wichtige Säure. In reinem Zustand ist sie eine farblose Flüssigkeit, sofern sie gelöstes Stickstoffdioxid (NO_2) enthält, hat sie einen gelblichen bis rötlichen Farbton. Salpetersäure ist eine starke anorganische Säure. Man zählt sie zu den Mineralsäuren. Handelsübliche Salpetersäure hat eine Konzentration von 92 Masse-%.

Salpetersäure dissoziiert in Wasser praktisch vollständig und wird durch Bildung von H_3O^+-Ionen im Sinne der Brønsted'schen Säure-Base-Definition zur Säure:

$$HNO_3 + H_2O \leftrightarrow H_3O^+ + NO_3^-$$

H^+

Strukturformel:

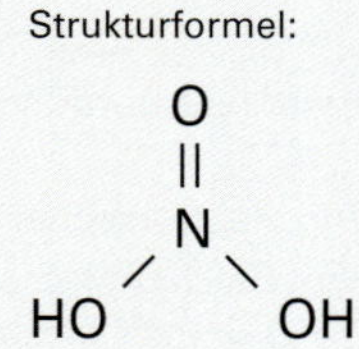

Summenformel:	HNO_3
Aggregatzustand:	flüssig
Dichte:[1]	1,52 g/cm³
Schmelzpunkt:	– 42 °C
Siedepunkt:	82,6 °C

2

[1] Bei 20 °C

Eigenschaften von Salpetersäure

Herstellung

Die technische Herstellung von Salpetersäure erfolgt seit 1908 durch katalytische Ammoniakverbrennung (NH_3) nach dem **Ostwald-Verfahren**. Ein Ammoniak-Luft-Gemisch strömt hierbei durch heiße (900 °C) Platin-Rhodium-Netze, die als Katalysator für die Bildung von Stickstoffmonoxid (NO) dienen:

$$4\,NH_3 + 5\,O_2 \rightarrow 4\,NO + 6\,H_2O$$

Das entstehende Stickstoffmonoxid (NO) wird in Wärmetauschern auf 30 °C abgekühlt. Hierbei entsteht Stickstoffdioxid (NO_2), welches zu N_2O_4 dimerisiert:

$$2\,NO + O_2 \rightarrow 2\,NO_2$$

$$2\,NO_2 \rightarrow N_2O_4$$

N_2O_4 reagiert letztlich mit Wasser (H_2O) zu Salpetersäure:

$$2\,N_2O_4 + O_2 + 2\,H_2O \rightarrow 4\,HNO_3$$

BEZEICHNUNGEN VON SALPETERSÄUREN

Bezeichnung	**Konzentration** Masse-%
azeotrop	69,2
rauchend[1)]	100

1) Zersetzt sich bei Temperaturen über 0 °C

In Felsspalten beobachtet man mitunter weiße Ausblühungen. Es handelt sich hierbei in der Regel um Natrium- oder Kaliumnitrate, den Salzen der Salpetersäure. Dieses „Salz des Felsens" (*lat.:* sal petrae) gab dem „Salpeter" und damit der gleichnamigen Säure ihren Namen.

Eine Lösung aus 3 Teilen Salzsäure (HCl) und einem Teil Salpetersäure (HNO_3) wird als **Königswasser** (*lat.:* aqua regis) bezeichnet, da die Lösung auch „königliche" Metalle wie Gold oder Platin auflösen kann.

Eine 50 %-ige HNO_3-Lösung wird als **Scheidewasser** bezeichnet, da es Metalle wie Kupfer oder Silber auflöst, Gold oder Platin hingegen nicht.

ANWENDUNGSBEISPIELE

- Die Salze der Salpetersäure (Nitrate) dienen als Düngemittel und Ausgangsstoff für die Herstellung von Sprengstoffen.
- Reine Salpetersäure wirkt stark oxidierend. Metalle wie Aluminium, Eisen oder Chrom bilden bei Kontakt mit Salpetersäure eine vor Korrosion schützende Schicht. Salpetersäure ist daher Bestandteil von Passivierlösungen.
- Silbernitrat ($AgNO_3$), ein Salz der Salpetersäure, findet in der Fotoindustrie sowie in der Galvanik (zur Versilberung) Anwendung.

Essigsäure (CH_3–COOH)

Essigsäure (nach IUPAC: **Ethansäure**) ist eine farblose Flüssigkeit, die einen typischen Essiggeruch hat und zur Gruppe der Monocarbonsäuren gehört. Essigsäure ist eine wichtige organische Säure.

In wässriger Lösung spaltet die Essigsäure ein Proton (H^+-Ion) ab und wirkt daher im Sinne der Brønsted'schen Säure-Base-Definition als Säure:

Essigsäure — Acetat-Ion

$$CH_3\text{–}COOH + H_2O \rightarrow H_3O^+ + CH_3 + COO^-$$

H^+

Da nur jedes 100. Essigsäure-Molekül ein Proton abspaltet, ist die Essigsäure eine schwache Säure.

Eine verdünnte Lösung der Essigsäure (5...15 g/100 ml Wasser) wird als **Essigessenz** bezeichnet. Die Salze der Essigsäure heißen **Acetate**.

Strukturformel:

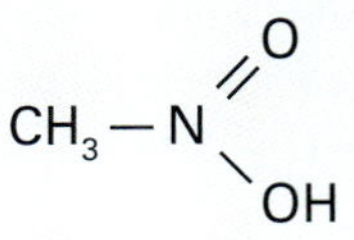

Summenformel:	CH_3-COOH
Aggregatzustand:	flüssig
Dichte:[1)]	1,049 g/cm³
Schmelzpunkt:	16,2 °C
Siedepunkt:	118,2 °C

1

1) Bei einer Konzentration von 100 %

Eigenschaften von Essigsäure

Kupfer (Cu) reagiert in Anwesenheit von Essigsäure und (Luft-)Sauerstoff zu Kupferacetat. Kupferacetat ist ein grünes, giftiges Kupfersalz, das auch unter der Bezeichnung **„Grünspan"** bekannt ist.

Herstellung

Essigsäure kann auf unterschiedliche Weise hergestellt werden. Ein bekanntes Verfahren ist der **Monsanto-Prozess**. Hierbei wird Methanol (CH_3OH) unter Druck und mithilfe eines Katalysators zu Essigsäure umgesetzt.

ANWENDUNGSBEISPIELE

- Essigsäure hat in der Lebensmitteltechnik als Geschmackstoff (E260) eine große Bedeutung. Ihre Salze, wie z. B. das Kaliumacetat (E261), das Natriumacetat (E262) und das Calciumacetat (E263) werden als Säuerungsmittel beispielweise für Dosenobst verwendet.
- Essigsäure kann in verdünnter Form als Reinigungsmittel zum Kalklösen verwendet werden:
- Wird Salicylsäure mit Essigsäure verestert, dann entsteht die **Acetylsalicylsäure,** die unter anderem als Wirkstoff in Aspirin® enthalten ist.

Fluorwasserstoffsäure (HF)

Fluorwasserstoffsäure ist eine farblose, stechend riechende Flüssigkeit. Reines (wasserfreies) HF ist eine der stärksten Säuren, die bekannt ist. Die wasserfreie Lösung von HF wird als **Flusssäure** bezeichnet. Handelsüblich sind Konzentrationen von 40 Masse-%, 50 Masse-% und 72 Masse-%.

In wässriger Lösung wird das H^+-Ion abgespalten und dadurch der Säurecharakter verursacht (Brønsted'sche Säure-Base-Definition):

$$HF + H_2O \rightarrow H_3O^+ + F^-$$

H^+

Strukturformel:	Summenformel:	HF
H—F	Dichte:[1]	1,0 g/cm³
	Schmelzpunkt:[1]	−83 °C
	Siedepunkt:[1]	19,5 °C

1

[1] Bei einer Konzentration von 100 %

Eigenschaften von Fluorwasserstoffsäure

Flusssäure ist ein sehr starkes Kontaktgift. Bei Berührung mit der Haut findet eine sofortige Resorption statt, sodass auch tiefere Gewebeschichten und sogar die Knochen verätzt werden, ohne dass äußerliche Verletzungen auf der Haut sichtbar sind! Bereits eine handtellergroße Verätzung kann tödlich sein.

Ein besonderes Problem hierbei ist, dass eine warnend wirkende Schmerzwirkung erst nach einigen Stunden eintritt. Da Flusssäure auch das Nervensystem schädigt, sind schmerzstillende Mittel fast wirkungslos!

Herstellung

Flusssäure wird durch Erhitzen von Calciumfluorid (CaF_2) mit Schwefelsäure (H_2SO_4) gewonnen:

$$CaF_2 + H_2SO_4 \rightarrow 2\,HF + CaSO_4$$

ANWENDUNGSBEISPIELE

- Flusssäure ist die einzige Säure, die Quarz (SiO_2) auflösen kann. Sie wird daher beispielsweise zum Ätzen von Glas (Blindätzen) eingesetzt.
- **Achtung:** Flusssäure **nicht** in Glasbehältern aufbewahren!
- Flusssäure wird als Ätzmittel in der Produktion von Computerchips eingesetzt.
- Bei der Herstellung hochoktaniger Kraftstoffe wird HF als Katalysator verwendet.

Kohlenstoffsäure (H_2CO_3)

Kohlenstoffsäure (H_2CO_3) existiert nicht als Reinsubstanz, da es sich in technischem Maßstab nicht isolieren lässt, sondern nur in gelöster Form. Unter Kohlenstoffsäure (im Sprachgebrauch als **„Kohlensäure"** bezeichnet) versteht man daher in Wasser gelöstes Kohlendioxid (CO_2). Hierbei spielt sich zunächst die folgende Reaktion ab:

$$CO_2 + H_2O \rightarrow H_2CO_3$$

H_2CO_3 spaltet in wässriger Lösung in Abhängigkeit des pH-Wertes ein oder zwei Protonen ab:

$$H_2CO_3 + H_2O \rightarrow H_3O^+ + HCO_3^-$$

H^+

$$HCO_3^- + H_2O \rightarrow H_3O^+ + CO_3^{2-}$$

H^+

Es bleibt noch anzumerken, dass das in Wasser eingeleitete CO_2-Gas überwiegend (etwa 99,8 %) physikalisch gelöst bleibt.

ANWENDUNGSBEISPIELE

- Kohlenstoffsäure findet sich in vielen Erfrischungsgetränken. Bereits im späten 18. Jahrhundert entwickelte Johann Jacob **Schweppe** ein Verfahren, mit dessen Hilfe sich Wasser mit Kohlenstoffdioxid (CO_2) versetzen lässt. Ab dem 19. Jahrhundert diente die Kohlensäure dazu, Mineralwasser haltbar zu machen.

TECHNISCH WICHTIGE BASEN – ERZEUGUNG, EIGENSCHAFTEN UND ANWENDUNGEN

Natriumhydroxid (NaOH)

Natriumhydroxid (NaOH), auch als **Ätznatron** bezeichnet, ist eine technisch wichtige, anorganische Base. Natriumhydroxid ist ein weißer, stark hygroskopischer Stoff (Schmelztemperatur 318 °C).

Natriumhydroxid löst sich unter Wärmeentwicklung sehr gut in Wasser. Die hierbei entstehende wässrige Lösung wird auch als **Natronlauge** bezeichnet. In wässriger Lösung ist Natriumhydroxid in das Na^+-Ion und das OH^--Ion dissoziiert.

$$NaOH \xrightarrow{\text{dissoziiert}} NA^+ + OH^-$$

ANWENDUNGSBEISPIELE

- Natriumhydroxid ist ein wichtiges Ausgangsprodukt für die Herstellung von Seifen, Farbstoffen, Reinigungsmitteln und für Glas.
- Natriumhydroxid wird bei der Aluminiumgewinnung zum Aufschluss des Aluminiumerzes Bauxit eingesetzt **(Bayer-Verfahren).**

Kaliumhydroxid (KOH)

Kaliumhydroxid (KOH), auch als **Ätzkali** bezeichnet, ist ein weißer, hygroskopischer Stoff mit einer Schmelztemperatur von 360 °C.

In wässriger Lösung wird das Kaliumhydroxid als **Kalilauge** bezeichnet. Kaliumhydroxid dissoziiert in wässriger Lösung in das K^+-Ion und das OH^--Ion:

$$KOH \xrightarrow{\text{dissoziiert}} K^+ + OH^-$$

ANWENDUNGSBEISPIELE

- Kaliumhydroxid findet unter anderem Verwendung für die Herstellung von Waschmitteln, Schmierseifen und Wasserenthärter.
- Kaliumhydroxid dient als Elektrolyt in Ni/Cd-Batterien.
- Kaliumhydroxid wird aufgrund seiner stark hygroskopischen Eigenschaften als Trocknungsmittel eingesetzt.

Calciumoxid (CaO)

Calciumoxid, auch als **Ätzkalk** oder **gebrannter Kalk** bezeichnet, ist in Wasser unter Bildung von Calciumhydroxid ($Ca(OH)_2$) löslich. Calciumoxid wird hierbei im Sinne der Brønsted'schen Säure-Base-Theorie als Base wirksam, da es ein Proton aufnehmen kann. Eine wässrige Lösung von Calciumhydroxid wird als **Kalkwasser** bezeichnet.

$$CaO + H_2O \rightarrow Ca(OH)_2$$

H^+

$$Ca(OH)_2 \rightarrow Ca^{2+} + 2\,OH^-$$

ANWENDUNGSBEISPIELE

- Calciumoxid wird hauptsächlich bei der Stahlherstellung zur Entfernung von Schwefel und Phosphor aus der Stahlschmelze eingesetzt.
- Calciumoxid dient in der Baustoffindustrie zur Herstellung von Mörtel oder Kalksandsteinen.
- In der Zuckerindustrie dient das Calciumoxid zur Entfernung von Oxal- bzw. Zitronensäure aus dem Rohsaft.

Ammoniak (NH_3)

Ammoniak ist ein farbloses, stechend riechendes Gas. NH_3-Gas löst sich sehr gut in Wasser unter Bildung schwach basischer Ammoniak-Lösungen (früher als „Salmiakgeist" bezeichnet).

$$NH_3 + H_2O \leftrightarrow NH_4^+ + OH^-$$

H^+

Da das NH_3 ein Proton aufzunehmen vermag, wirkt es im Sinne der Brønsted'schen Säure-Base-Theorie als Base.

ANWENDUNGSBEISPIELE

- Ammoniak wird als Ausgangsstoff für Stickstoffdünger verwendet.
- Ammoniak wird in der Metall-Industrie zur Nitrierhärtung und als Schutzgas zur Wärmebehandlung verwendet.
- Ammoniak wird bei der Abgasreinigung von Dieselmotoren zur Entstickung eingesetzt (SCR-Verfahren)

INDIKATOREN

Indikatoren sind Stoffe, die mit Hydronium-Ionen (H_3O^+) bzw. mit Hydroxid-Ionen (OH^-) unter charakteristischer Farbänderung reagieren. Mit ihrer Hilfe können saure oder alkalische Lösungen nachgewiesen werden. Einige wichtige Indikatoren und ihre typischen Färbungen in neutraler, saurer und alkalischer Umgebung sind in der folgenden Tabelle zusammengestellt.

INDIKATOREN UND IHRE CHARAKTERISTISCHE FÄRBUNG IN UNTERSCHIEDLICHEN LÖSUNGEN (AUSWAHL)

Indikator \ pH-Wert	0	1	2	3	4	5	6	7	8	9	10	11	12	13	14
Lackmus	rot	rot	rot	rot	rot	rot	violett	violett	blau	blau	blau	blau	blau	blau	blau
Thymolblau	rot	rot	gelb	gelb	gelb	gelb	gelb	gelb	blau	blau	blau	blau	blau	blau	blau
Bromthymolblau	gelb	gelb	gelb	gelb	gelb	gelb	gelb/grün	grün	blau	blau	blau	blau	blau	blau	blau
Methylorange	rot	rot	rot	rot	gelb	gelb	gelb	gelb	gelb	gelb	gelb	gelb	gelb	gelb	gelb
Phenolphthalein	farblos	farblos	farblos	farblos	farblos	farblos	farblos	farblos	farblos	rosa	rosa	rosa	rosa	rosa	rosa
	Farben in den entsprechenden pH-Bereichen														

NEUTRALISATION

Werden die wässrigen Lösungen einer Säure und eines Hydroxids miteinander vermischt, dann entstehen in einer exothermen Reaktion zwei neue Stoffe, nämlich Wasser und Salze.

BEISPIELE

$HCl + NaOH \rightarrow NaCl + H_2O$
$HNO_3 + KOH \rightarrow KNO_3 + H_2O$

Die Reaktionen sind einfach zu verstehen: In wässrigen Lösungen ist die Säure in ihre Ionen dissoziiert. Im Falle der Salzsäure (HCl) also in H_3O^+- und Cl^--Ionen. Ebenso findet man das Hydroxid in wässriger Lösung in seine Ionen dissoziiert. Natriumhydroxid (NaOH) beispielsweise in Na^+- und OH^--Ionen.

Beim Zusammengießen der wässrigen Lösungen einer Säure und eines Hydroxids laufen die folgenden Reaktionen ab:

1. Die für die sauren Eigenschaften einer Säure verantwortlichen H_3O^+-Ionen sowie die für die alkalischen Eigenschaften einer Base verantwortlichen OH^--Ionen reagieren zu neutralem Wasser:

   $$H_3O^+ + OH^- \rightarrow 2\,H_2O$$

   Diese Reaktion wird als **Neutralisation** bezeichnet.

2. Die negativen Nichtmetall-Ionen der Säure verbinden sich mit den positiven Metall-Ionen des Hydroxids zu Salzen.

BEISPIELE

$Cl^- + Na^+ \rightarrow NaCl$ (Natriumchlorid)
$NO_3^- + K^+ \rightarrow KNO_3$ (Kaliumnitrat)

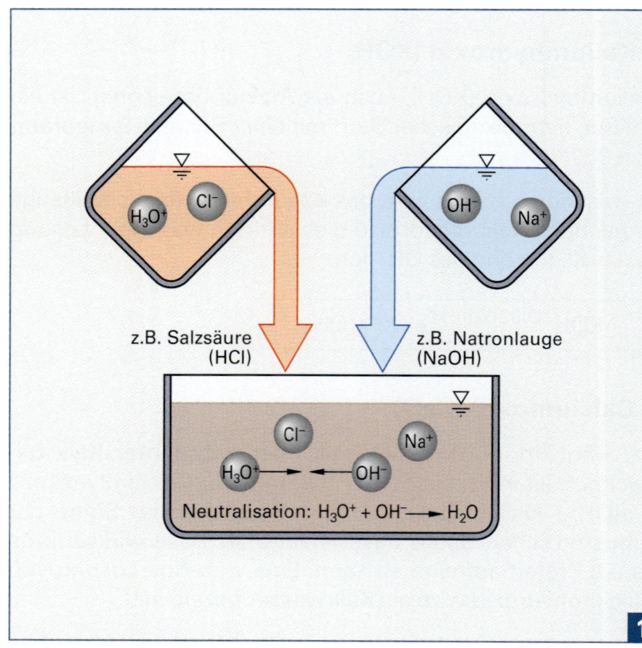

1 *Prinzip einer Neutralisationsreaktion*

Die auf diese Weise entstandenen Salze können leicht oder auch schwer löslich sein. Die schwer löslichen Salze werden ausgefällt.

Unter **Neutralisation** versteht man eine chemische Reaktion von Säuren und Basen zu Salzen und Wasser. Die eigentliche chemische Reaktion bei einer Neutralisation ist die Verbindung von H_3O^+-Ionen und OH^--Ionen zu zwei Wassermolekülen (H_2O).

Säure + Base (Lauge) → Wasser + Salz

REGELN ZUM SICHEREN UMGANG MIT SÄUREN UND LAUGEN

Säuren und Laugen sind zumeist giftige Stoffe. Bei Kontakt können sie zu schweren Schädigungen von Haut und Schleimhäuten oder zur Verätzung innerer Organe führen. Sie zerstören Textilien und können zur Beschädigung von Werkzeugen, Werkstücken und Maschinen führen.

Bevor man mit derartigen Stoffen umgeht, muss man sich unbedingt mit den einschlägigen Sicherheitsvorschriften und Sicherheitsdatenblättern vertraut machen, insbesondere den Unfallverhütungsvorschriften (UVV). Diese erhält man unter anderem von der Berufsgenossenschaft.

Auf jeden Fall müssen die nachfolgenden Regeln beachtet werden:

- Tragen einer Schutzausrüstung. Hierzu zählen unter anderem Schutzbrille und Handschuhe.
- Behälterinhalte gut leserlich beschriften (Name der Säure bzw. Lauge, Konzentration usw.) und nur die für den jeweiligen Stoff zugelassenen Behälter verwenden.
- Zugriff für Unbefugte, insbesondere Kinder, unterbinden.
- Beim Verdünnen von Säuren und Laugen stets die Säure bzw. die Lauge ins Wasser geben, nie umgekehrt.

Merke: Erst das Wasser, dann die Säure, sonst geschieht das Ungeheure!

- Beachtung einschlägiger Vorschriften zur sachgerechten Entsorgung oder Wiederverwertung der jeweiligen Stoffe.

AUFGABEN ZUR WIEDERHOLUNG

1. Erläutern Sie die Begriffe „Säure" und „Base". Geben Sie jeweils ein Beispiel für eine Säure und eine Base an und begründen Sie, weshalb diese Stoffe als Säure bzw. als Base wirken.

2. Als Messgröße für die Eigenschaft „sauer" oder „alkalisch" dient der pH-Wert.

a) Erläutern Sie den Begriff „pH-Wert".

b) Eine wässrige Lösung hat eine H_3O^+-Ionenkonzentration von 10^{-5} mol/l. Ermitteln Sie den pH-Wert der Lösung.

c) Handelt es sich bei der gegebenen Lösung um eine Säure oder um eine Base? Begründen Sie Ihre Entscheidung.

3. Eine saure Lösung hat einen pH-Wert von 2,5. Ermitteln Sie die H_3O^+- sowie die OH^--Ionenkonzentration der Lösung.

4. Säuren können auf unterschiedliche Weise entstehen bzw. erzeugt werden. Nennen Sie zwei unterschiedliche technische Säuren und beschreiben Sie ihre Entstehung bzw. Erzeugung anhand geeigneter chemischer Reaktionsgleichungen.

5. Der pH-Wert wird häufig mit der „Stärke" einer Säure bzw. Base in Verbindung gebracht. Ist diese Aussage richtig?

6. Was verstehen Sie unter einer schwachen und einer starken Säure?
Nennen Sie jeweils ein Beispiel für eine schwache und für eine starke Säure.

7. Nennen Sie für die nachfolgend genannten Säuren jeweils zwei typische Anwendungen:

- Salzsäure
- Schwefelsäure
- Phosphorsäure
- Salpetersäure
- Essigsäure
- Flusssäure

8. Basen sind nach **Brønsted** Stoffe, die in wässriger Lösung Protonen aufnehmen können (Protonenakzeptoren).

a) Begründen Sie, weshalb eine Base in wässriger Lösung eine Erhöhung des pH-Wertes bewirkt.

b) Nennen Sie für die nachfolgend genannten Basen (Laugen) jeweils eine typische Anwendung.

- Natriumhydroxid
- Kaliumhydroxid
- Calciumoxid

9. Nennen Sie eine einfache Möglichkeit den pH-Wert einer Lösung näherungsweise zu ermitteln, und beschreiben Sie das Messprinzip stichwortartig.

10. Saure Lösungen (Säuren) sollten nicht in die Umwelt (z.B. über das Abwasser) gelangen. Nennen Sie eine geeignete Möglichkeit eine saure Lösung „unschädlich" zu machen und beschreiben Sie das Verfahren anhand eines Beispiels.

11. Industrielle Abwässer müssen vor der Einleitung in die öffentliche Kanalisation neutralisiert werden.
Bei dem folgenden Beispiel handelt es sich um eine solche Neutralisationsreaktion

$$HCl + NaOH \rightarrow NaCl + H_2O$$

a) Erläutern Sie den Begriff Neutralisationsreaktion.

b) Nennen Sie die allgemeinen Reaktionsprodukte einer Neutralisation.

c) Nennen Sie die Ausgangsstoffe der Reaktionsgleichung.

12. Wird HCl-Gas in Wasser gelöst, dann geben alle HCl-Moleküle ihr Proton (H^+-Ion) an das Wasser ab.
Wird hingegen Essigsäure in Wasser gelöst, dann spaltet nur etwa jedes 100. Essigsäuremolekül ein Proton ab.
Begründen Sie, welche der beiden Lösungen die stärkere Säure darstellt.

13. Nennen Sie vier Maßnahmen zum sicheren Umgang mit Säuren und Laugen.

14. „Saurer Regen" führt in der Umwelt zu erheblichen Schäden. Ein Bestandteil des sauren Regens ist u.a. die Schwefelsäure. Beschreiben Sie die Entstehung von Schwefelsäure anhand einer chemischen Reaktionsgleichung.

LUFT, SAUERSTOFF UND WASSERSTOFF

LUFT

Luft ist ein Gemisch aus verschiedenen Gasen. Die ungefähre Zusammensetzung der Luft ist in der Tabelle zusammengestellt.

Luft bzw. der Sauerstoff der Luft ist an sehr vielen chemischen Reaktionen beteiligt (Verbrennungsvorgänge, Oxidationsvorgänge usw.).

ZUSAMMENSETZUNG VON LUFT

Gas	Summenformel	Konzentration Vol.-%	Siedetemperatur °C
Stickstoff	N_2	78,09	–195,8
Sauerstoff	O_2	20,98	–182,9
Edelgase:			
Argon	Ar	0,93	–185,8
Neon	Ne	0,0018	–245,9
Helium	He	0,0005	–268,9
Kohlendioxid	CO_2	0,03[1]	–78,5[2]
Wasserdampf	H_2O	[3]	

[1] Mittlerer Gehalt

[2] Sublimiert bei dieser Temperatur (Sublimation = direkter Übergang vom festen in den gasförmigen Zustand, keine Verflüssigung)

[3] Der Wasserdampfgehalt der Luft ist nicht konstant, sondern von den klimatischen Bedingungen abhängig.

SAUERSTOFF

Es wird angenommen, dass Joseph **Priestley** erstmals im Jahre 1774 Sauerstoff herstellte, als er mit einem Brennglas Quecksilberoxid (HgO) erhitzte:

$$2\,HgO \rightarrow 2\,Hg + O_2$$

Er testete das Gas mit einer brennenden Kerze und fand, dass sie in dem neu gewonnenen Gas (Sauerstoff) heller als in Luft brannte. Kurze Zeit danach hat Antoine Laurent **Lavoisier** die Bedeutung des Sauerstoffs für Verbrennungs- und Atmungsvorgänge erkannt. Von ihm stammt auch der Name **„Oxygenium"** für das Element Sauerstoff.

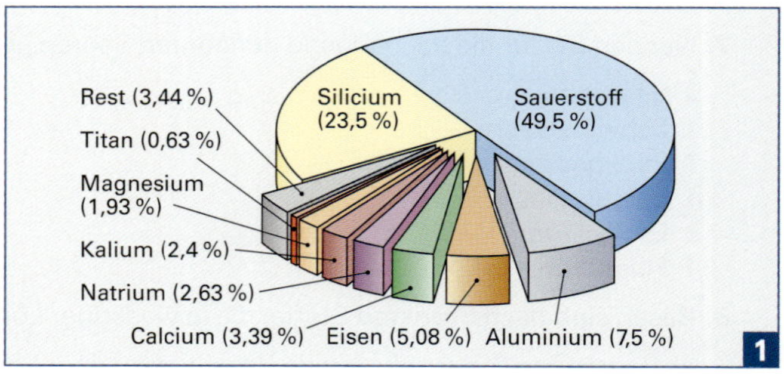

1

Anteile wichtiger Elemente in der Erdrinde (Angaben in Masse-%)

Vorkommen

Sauerstoff ist das häufigste unter den natürlich vorkommenden Elementen. In der Lufthülle befinden sich 23,16 Masse-% (entspricht 20,98 Vol.-%) Sauerstoff in elementarer Form (also nicht an andere Elemente gebunden).

89 Masse-% des Wassers bestehen aus Sauerstoff. Dort ist der Sauerstoff an zwei Wasserstoffatome gebunden (H_2O).

Auch die Erdrinde (oberste, einer chemischen Untersuchung zugängliche Schicht der Erde) besteht zu 49,5 Masse-% aus Sauerstoff (Bild 1). In der Erdrinde finden wir den Sauerstoff an andere Elemente gebunden (z. B. Quarze wie SiO_2, Oxide wie Fe_2O_3, Al_2O_3 usw.).

Chemische Struktur

Sauerstoff gehört zu den Elementen. Sauerstoff hat das chemische Symbol „O", abgeleitet von seinem lateinischen Namen „Oxygenium". Bei Zimmertemperatur ist Sauerstoff gasförmig. Seine Atome sind paarweise aneinander gebunden. Der elementare, gasförmige Sauerstoff besteht also aus zweiatomigen Molekülen und erhält daher die Summenformel O_2.

Neben dem zweiatomigen Sauerstoffmolekül gibt es noch eine andere Form, in der jeweils drei Atome aneinander gebunden sind, das **Ozon** mit der Summenformel O_3. Ozon hat einen intensiven, stechenden Geruch und ist noch erheblich reaktionsfreudiger als der gewöhnliche Sauerstoff. Ozon findet sich in den höheren Schichten der Stratosphäre.

Physikalische Eigenschaften

Sauerstoff ist ein farbloses, geruchloses und geschmackloses Gas. Die wichtigsten physikalischen Eigenschaften sind in der Tabelle zusammengestellt.

PHYSIKALISCHE DATEN VON SAUERSTOFF

Atommasse[1]	15,999 u
Siedetemperatur	–182,0 °C
Schmelztemperatur	–218,4 °C
Dichte[2]	1,429 g/dm^3
Löslichkeit in Wasser	49 ml in 1 l Wasser

[1] 1 u = 1,660540 · 10^{-27} kg

[2] Bei 0 °C und 1010 hPa

Chemische Eigenschaften

Sauerstoff reagiert direkt oder indirekt mit fast allen anderen Elementen. Die entsprechenden chemischen Reaktionen werden als **Oxidation** bezeichnet. Chemische Verbindungen mit Sauerstoff nennt man **Oxide**.

Reaktion von Sauerstoff mit Metallen

Die Reaktionen der **aktiven Metalle** (Alkalimetalle wie Li, K, Na, Rb, Cs und Erdalkalimetalle wie Be, Mg, Ca, Sr, Ba) mit Sauerstoff verlaufen stark exotherm. Dabei entstehen die Oxide des jeweiligen Metalls. Diese Metalloxide reagieren mit Wasser unter Bildung von **Hydroxiden** (auch **Basen** genannt).

Hydroxide sind in wässriger Lösung in das Metall-Ion (z. B. Na^+, Ba^{2+}) und das Hydroxid-Ion (OH^-) dissoziiert. Infolge der Anwesenheit von OH^--Ionen steigt der pH-Wert der wässrigen Lösung: Sie wird **alkalisch**. Eine Reihe von Metalloxiden können also zur Bildung **alkalischer Lösungen** führen.

BEISPIELE

$2\,Na + O_2 \rightarrow Na_2O_2$ in wässriger Lösung: $2\,Na_2O_2 + 2\,H_2O \rightarrow O_2 + 4\,NaOH$
$NaOH \leftrightarrow Na^+ + OH^-$

$2\,Ba + O_2 \rightarrow 2\,BaO$ in wässriger Lösung: $BaO + H_2O \rightarrow Ba(OH)_2$
$Ba(OH)_2 \leftrightarrow Ba^{2+} + 2\,OH^-$

Allgemein gilt:

Metalloxid (sofern löslich) + Wasser → Metallhydroxid bzw. Base (bilden in Wasser alkalische Lösungen).

Weniger aktive Metalle wie Eisen (Fe) oder Aluminium (Al) reagieren mit Sauerstoff erst, wenn sie auf hohe Temperaturen erhitzt und/oder lange Zeit einer sauerstoffhaltigen Atmosphäre (z. B. Luft) ausgesetzt werden. Auch dabei entsteht in einer Oxidationsreaktion das jeweilige Oxid des Metalls. Es ist allerdings in Wasser unlöslich.

BEISPIELE

$4\,Al + 3\,O_2 \rightarrow 2\,Al_2O_3$
$3\,Fe + 2\,O_2 \rightarrow Fe_3O_4$ (Bestandteil des braunen Eisenrosts)

Reaktion von Sauerstoff mit Nichtmetallen

Zahlreiche Nichtmetalle wie C, S, P usw. werden durch Sauerstoff oxidiert. Die Oxide der Nichtmetalle sind mitunter ebenfalls in Wasser löslich und bilden dabei **Säuren**. Die Säuren sind in wässriger Lösung in das H_3O^+-Ion und das Säure-Anion (z. B. SO_4^{2-}) dissoziiert. Durch die Anwesenheit der H_3O^+-Ionen sinkt der pH-Wert der wässrigen Lösung, sie wird **sauer**. Nichtmetalloxide können also zur Bildung **saurer Lösungen** führen.

BEISPIELE

$C + O_2 \rightarrow CO_2$ in wässriger Lösung: $CO_2 + H_2O \rightarrow H_2CO_3$ **Kohlensäure**
$H_2CO_3 + 2\,H_2O \leftrightarrow 2\,H_3O^+ + CO_3^{2-}$

$2\,SO_2 + O_2 \rightarrow 2\,SO_3$ in wässriger Lösung: $SO_3 + H_2O \rightarrow H_2SO_4$ **Schwefelsäure**
$H_2SO_4 + 2\,H_2O \leftrightarrow 2\,H_3O^+ + SO_4^{2-}$

$P_4 + 5\,O_2 \rightarrow P_4O_{10}$ in wässriger Lösung: $P_4O_{10} + 6\,H_2O \rightarrow 4\,H_3PO_4$ **Phosphorsäure**
$2\,H_3PO_4 + 6\,H_2O \rightarrow 6\,H_3O^+ + 2\,PO_4^{3-}$

Allgemein gilt:

Nichtmetalloxid + Wasser → Säure (bilden in Wasser saure Lösungen).

Bei beschränkter Sauerstoffzufuhr entstehen oft „niedrigere" Oxide des betreffenden Elements.

BEISPIELE

$2\,C + O_2$ (beschränkte O_2-Zufuhr) → $2\,CO$ **(Kohlenmonoxid)**
$P_4 + 3\,O_2$ (beschränkte O_2-Zufuhr) → P_4O_6

PHYSIK CHEMIE STATISTIK

Reaktion von Sauerstoff mit Verbindungen

Im Allgemeinen reagieren Verbindungen (z. B. CS_2, CH_4 usw.) mit Sauerstoff zu den Oxiden der Elemente, aus denen sie bestehen.

BEISPIELE

$CS_2 + 3\,O_2 \rightarrow CO_2 + 2\,SO_2$
$CH_4 + 2\,O_2 \rightarrow CO_2 + 2\,H_2O$

Oxide der Elemente, die nicht die maximale Oxidationszahl haben („niedrige" Oxide), vereinigen sich mit Sauerstoff unter Bildung „höherer" Oxide.

BEISPIELE

$2\,CO + O_2 \rightarrow 2\,CO_2$
$P_4O_6 + 2\,O_2 \rightarrow P_4O_{10}$

Verwendung von Sauerstoff

- Sauerstoff wird von Menschen und Tieren für den Atmungsprozess benötigt. Im täglichen Leben wird der Sauerstoff der Luft für die Verbrennung aller Arten von Brennstoffen benutzt.
- Luft, die mit Sauerstoff angereichert ist, dient in der Medizin zur Unterstützung der Atmung, z. B. bei Lungenentzündung, Tuberkulose oder Herzkrankheiten.
- Große Mengen reinen Sauerstoffs werden in der Stahlproduktion zur Entfernung des Kohlenstoffs und der Eisenbegleiter (S, P, Si usw.) aus der Roheisenschmelze verwendet. Der Prozess wird als **„Frischen"** bezeichnet.
- Bei der Verbrennung von Wasserstoff und Ethin (technische Bezeichnung: Acetylen) mit reinem Sauerstoff werden sehr hohe Temperaturen erzeugt, die zum Schweißen und Schneiden von Metallen genutzt werden.
- Flüssiger Sauerstoff wird in Raketenmotoren als Oxidationsmittel eingesetzt.

Sauerstoffgewinnung nach dem Linde-Verfahren

Die Verflüssigung von Luft und damit die Herstellung von Stickstoff und Sauerstoff erfolgt heute in großen Mengen nach dem **Linde-Verfahren** (1895 von Carl **Linde** entwickelt).

Beim Linde-Verfahren (Bild 1) wird Frischluft in einem Kompressor auf etwa 20 MPa (200 bar) komprimiert und erhitzt sich dabei stark (Kompressionswärme). Die verdichtete Luft gelangt anschließend in einen Wasserkühler, wo ihr die Kompressionswärme entzogen und auf etwa 25 °C abgekühlt wird. Die Luft strömt dann durch einen Gegenstromkühler und wird dort weiter abgekühlt. In einem Entspannungsventil wird die komprimierte und vorgekühlte Luft entspannt.

Bei einer Entspannung von 20 MPa (200 bar) auf 2 MPa (20 bar) sinkt die Temperatur dabei um 45 K. Diese vorgekühlte Luft wird nun im Gegenstromprinzip zurückgeleitet und dient zum Vorkühlen weiterer komprimierter Luft bereits vor ihrer Entspannung im Gegenluftkühler. Durch ihre Entspannung erniedrigt sich die Temperatur abermals. Ist schließlich die Kondensationstemperatur erreicht, dann verflüssigt sich ein Teil der Luft. Der im Gegenluftkühler nicht verflüssigte, jedoch stark abgekühlte Teil der Luft, gelangt als vorgekühlte Kreislaufluft wieder in den Kompressor.

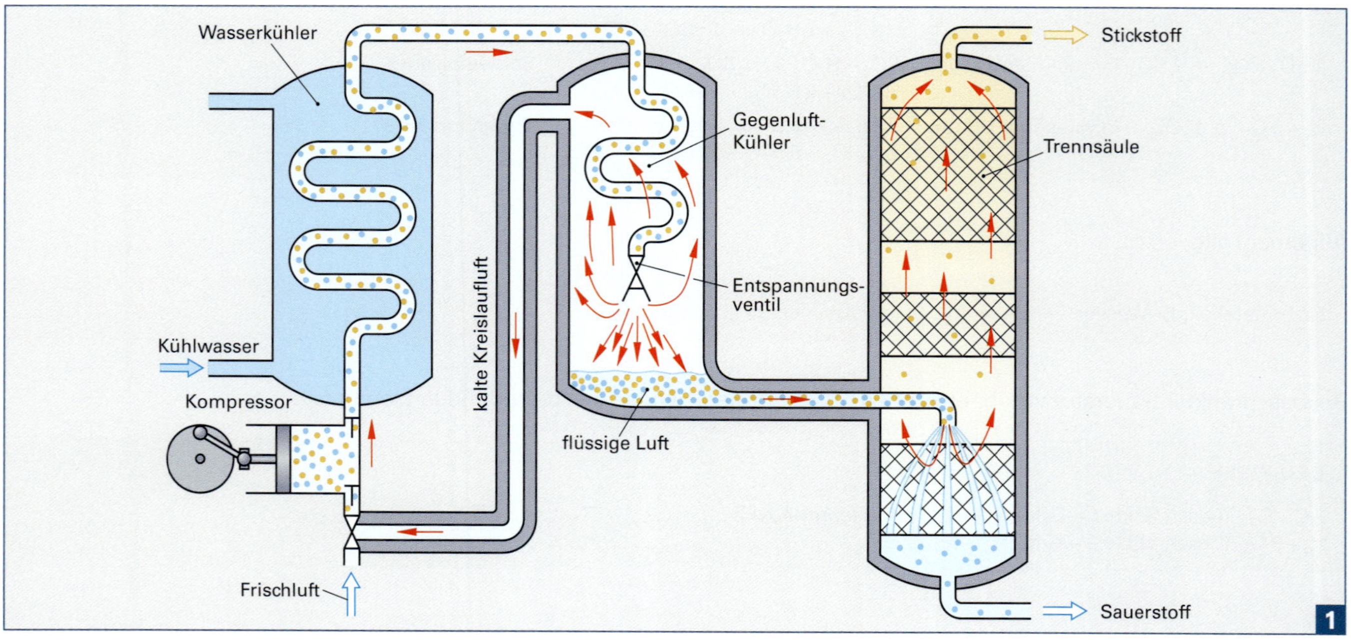

Luftverflüssigung zur Sauerstoff- und Stickstoffgewinnung nach dem Linde-Verfahren

Die verflüssigte Luft (eine blassblaue, leicht bewegliche Flüssigkeit) trifft in eine Trennsäule und läuft über eine Füllkörperschüttung nach unten. Dabei trennen sich die Bestandteile nach ihrer Siedetemperatur (fraktioniertes Verdampfen). Der tiefer siedende Stickstoff (–195,8 °C) sowie das Argon (–185,9 °C) verdampfen und können oben als Gas abgezogen werden, während unten flüssiger Sauerstoff (–182,9 °C) sowie die Edelgase Krypton (–153,4 °C) und Xenon (–108,1 °C) austreten.

WASSERSTOFF

Im frühen 16. Jahrhundert entdeckte T. B. **von Hohenheim (Paracelsus),** dass bei der Reaktion von Schwefelsäure mit Eisen ein entzündliches Gas gebildet wird. Erst 1766 erkannte jedoch **Cavendish** die elementare Natur des dabei entstehenden Wasserstoffs. Der Name des Elements geht auf A. L. **Lavoisier** zurück, der es **„Hydrogenium"** („Wasserbildner") nannte, weil bei seiner Verbrennung Wasser entsteht.

Vorkommen

Wasserstoff findet sich in der Atmosphäre nur in geringen Mengen, da es zu den chemisch aktiven Elementen gehört und seiner geringen Dichte wegen aus der Atmosphäre entweichen kann. Manchmal enthalten vulkanische Gase, Gase in Kohleminen und Meteoriten Wasserstoff. Die Spektren der Sterne lassen erkennen, dass die Atmosphären größtenteils ebenfalls aus Wasserstoff bestehen.

Die häufigste Wasserstoffverbindung ist das **Wasser**. In Verbindung mit Kohlenstoff, Sauerstoff und Stickstoff ist Wasserstoff ein wichtiger Bestandteil pflanzlicher und tierischer Gewebe.

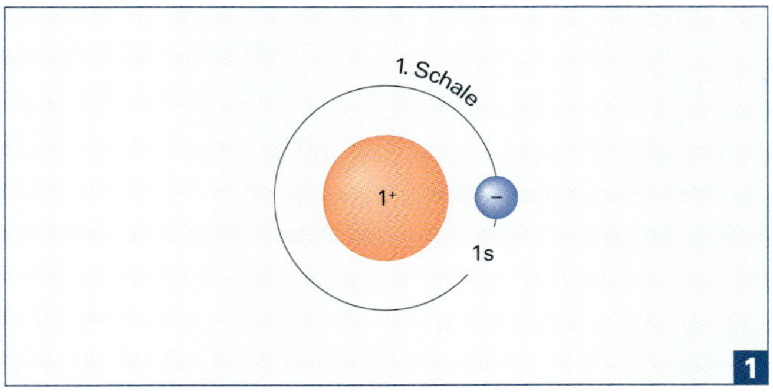

Wasserstoffatom

Struktur und physikalische Eigenschaften

Wasserstoff gehört zu den Elementen. Das chemische Symbol von Wasserstoff ist „H", abgeleitet von seinem lateinischen Namen „Hydrogenium".

Das Wasserstoffatom ist das kleinste Atom überhaupt. Es besteht lediglich aus einem Proton und einem Elektron (Bild 1). Die Diffusionsgeschwindigkeit[1] des Wasserstoffs ist daher bedeutend größer als die anderer Atome. In Stählen kann dies zur gefürchteten **Wasserstoffversprödung** mit katastrophalen Folgen führen.

Bei Zimmertemperatur ist Wasserstoff gasförmig. Seine Atome sind, ebenso wie die des Sauerstoffs, paarweise aneinander gebunden. Der elementare, gasförmige Wasserstoff besteht also aus zweiatomigen Molekülen und erhält daher die Summenformel H_2.

Wasserstoffgas ist ein farbloses, geruchloses und geschmackloses Gas. Die wichtigsten physikalischen Eigenschaften des Wasserstoffs sind in der Tabelle zusammengestellt.

Wasserstoff kommt in rot gekennzeichneten Stahlzylindern mit einem Druck von bis zu 15 MPa (150 bar) in den Handel.

PHYSIKALISCHE DATEN VON WASSERSTOFF

Atommasse[1]	1,0079 u
Siedetemperatur	–252,2 °C
Schmelztemperatur	–259,14 °C
Dichte[2]	0,08987 g/dm^3

[1] 1 u = 1,660540 · 10^{-27} kg
[2] Bei 0 °C und 1010 hPa

Reaktionen von Wasserstoff mit Metallen

Die Alkalimetalle (Li, K, Na, Rb, Cs), aber auch Calcium, bilden mit Wasserstoff bei höheren Temperaturen in exotherm verlaufenden Reaktionen **Hydride** (kristalline Ionenverbindungen), in denen Wasserstoff das Anion bildet.

BEISPIELE

$2\,Li + H_2 \rightarrow 2\,LiH$
$2\,Na + H_2 \rightarrow 2\,NaH$
$Ca + H_2 \rightarrow CaH_2$

[1] Diffusion ist die selbstständige thermische Bewegung von Materieteilchen aus Bereichen hoher Konzentration in Bereiche mit niedriger Teilchenkonzentration.

PHYSIK CHEMIE STATISTIK

Reaktionen von Wasserstoff mit Nichtmetallen

Eine Mischung aus Wasserstoff (H_2) und Sauerstoff (O_2) reagiert beim Entzünden explosionsartig zu Wasser:

$$2\,H_2 + O_2 \rightarrow 2\,H_2O$$

Die gleiche Reaktion wird im **Schweiß-** oder **Schneidbrenner** kontrolliert durchgeführt und erlaubt Temperaturen bis 2800 °C zu erreichen.

Große technische Bedeutung hat die Umsetzung von Wasserstoff (H_2) mit Stickstoff (N_2) zu **Ammoniak** (NH_3) nach dem **Haber-Bosch-Verfahren**:

$$3\,H_2 + N_2 \rightarrow 2\,NH_3$$

Ammoniak ist eine der wichtigsten Stickstoffverbindungen. Große Mengen werden als **Düngemittel** verwendet.

Reaktionen von Wasserstoff mit Verbindungen

Besondere Bedeutung haben die Reaktionen von Wasserstoff mit erhitzten Metalloxiden. Wird beispielsweise Wasserstoff (H_2) über erhitztes Kupferoxid (CuO) geleitet, dann erhält man als Reaktionsprodukte elementares Kupfer (Cu) und Wasser (H_2O):

$$CuO + H_2 \rightarrow Cu + H_2O$$

Manche Metalloxide werden nicht bis zur Stufe des Metalls reduziert, sondern nur in „niedrigere" Metalloxide überführt, wie z.B. das Manganoxid MgO_2.

$$MnO_2 + H_2 \rightarrow MnO + H_2O$$

Verwendung von Wasserstoff

- Wasserstoff wurde, seiner geringen Dichte wegen, zur Füllung von Luftschiffen und Ballonen benutzt. Für diesen Zweck wird heute allerdings das unbrennbare (aber wesentlich teurere) Helium verwendet.
- In der Düngemittelindustrie wird Wasserstoff in großem Maßstab mit Stickstoff zu Ammoniak (NH_3) umgesetzt. Bei der Herstellung von Salzsäure wird Wasserstoff mit Chlor zu Chlorwasserstoff (HCl) umgesetzt.
- Pflanzenöle werden durch Behandlung mit Wasserstoff unter Druck und in Gegenwart von Nickelpulver als Katalysator in feste Fette (Margarine) umgewandelt.
- **Wassergas**, eine Mischung aus Wasserstoff und Kohlenmonoxid, ist ein wichtiges industrielles Heizgas.

AUFGABEN ZUR WIEDERHOLUNG

1. Sauerstoff ist das häufigste unter den natürlich vorkommenden Elementen.

a) Nennen Sie einige physikalische sowie einige chemische Eigenschaften von Sauerstoff.

b) Sauerstoff reagiert mit vielen Metallen unter Bildung von Metalloxiden. Wie nennen wir allgemein diese Reaktion?

Auch Eisen reagiert mit Sauerstoff. Das hierbei entstehende Eisenoxid ist u.a. Bestandteil des braunen Eisenrosts.

c) Formulieren Sie die entsprechende chemische Reaktionsgleichung.

d) Nennen Sie drei unterschiedliche technische Verwendungsmöglichkeiten für Sauerstoff.

e) Die großtechnische Sauerstoffgewinnung erfolgt mithilfe des Linde-Verfahrens. Beschreiben Sie das Verfahren stichwortartig.

2. Luft ist ein Gemisch aus verschiedenen Gasen. Benennen Sie die wesentlichen Bestandteile der Luft, einschließlich ihres Volumengehaltes.

3. Wasserstoff ist ein wichtiger Energieträger der Zukunft.

a) Nennen Sie einige chemische und physikalische Eigenschaften von Wasserstoff.

Eine Reihe von Metallen, insbesondere die höherfesten Stähle, versagen mitunter infolge Wasserstoffversprödung, falls sie mit Wasserstoff in Kontakt kommen.

b) Nennen Sie drei verschiedene Ursachen für die Entstehung von Wasserstoff bei der Verarbeitung von Werkstücken sowie während ihres betrieblichen Einsatzes.

c) Nennen Sie drei unterschiedliche Verwendungsmöglichkeiten für Wasserstoff.

SALZE UND SALZBILDUNG

Salze sind chemische Verbindungen mit überwiegender Ionenbindung. Salze können sich auf unterschiedliche Weisen bilden:

1. Reaktion eines Metalls mit einem Nichtmetall

Metall + Nichtmetall → Salz

Bei der Reaktion eines Metalls mit einem Nichtmetall können nur **binäre Salze** entstehen. Das sind Salze, an deren Aufbau nur zwei verschiedene Elemente beteiligt sind.

BEISPIELE

$Hg + I_2 \rightarrow HgI_2$
$Fe + S \rightarrow FeS$

2. Reaktion eines Metalls mit einer Säure

Metall + Säure → Salz + Wasserstoff

BEISPIELE

$Zn + 2\,HCl \rightarrow ZnCl_2 + H_2$
$3\,Fe + 2\,H_3PO_4 \rightarrow Fe_3(PO_4)_2 + 3\,H_2$

3. Reaktion eines Hydroxids (Base) mit einer Säure

Bei diesen Reaktionen handelt es sich um eine Neutralisationsreaktion zwischen einer Säure und einem Hydroxid.

Hydroxid + Säure → Salz + Wasser

BEISPIELE

$NaOH + HCl \rightarrow NaCl + H_2O$
$Ba(OH)_2 + H_2SO_4 \rightarrow BaSO_4 + 2\,H_2O$

4. Reaktion eines Salzes mit einer Säure

Die Entstehung eines Salzes durch Reaktion einer Säure mit einem anderen Salz ist nur dann möglich, wenn das neu entstandene Salz schwerer löslich ist als die Ausgangsstoffe.

Salz I + Säure I → Salz II + Säure II

BEISPIELE

$BaCl_2 + H_2SO_4 \rightarrow BaSO_4 + 2\,HCl$
$CuO + H_2SO_4 \rightarrow CuSO_4 + H_2O$

5. Reaktion eines Salzes mit einem Hydroxid (Base)

Die Entstehung eines Salzes durch Reaktion eines Hydroxids mit einem anderen Salz ist nur dann möglich, wenn das neu entstandene Salz schwerer löslich ist als die Ausgangsstoffe.

Salz I + Hydroxid I → Salz II + Hydroxid II

BEISPIELE

$Na_2CO_3 + Ca(OH)_2 \rightarrow CaCO_3 + 2\,NaOH$
$K_2SO_4 + Ba(OH)_2 \rightarrow BaSO_4 + 2\,KOH$

6. Reaktion zweier verschiedener Salze

Salz I + Salz II → Salz III + Salz IV

BEISPIELE

$NaCl + AgNO_3 \rightarrow AgCl + NaNO_3$
$NiSO_4 + BaCl_2 \rightarrow BaSO_4 + NiCl_2$

VERWENDUNG, BEDEUTUNG UND VORKOMMEN WICHTIGER SALZE (AUSWAHL)

Name des Salzes	chemische Formel	Verwendung, Bedeutung	Vorkommen
Kaliumsulfat	K_2SO_4	Kalidünger	Kalisalzlager
Natriumsulfat	Na_2SO_4	–	Mineralwasser
Glaubersalz	$Na_2SO_4 \cdot 10\,H_2O$	Abführmittel	–
Calciumsulfat (Anhydrit)	$CaSO_4$	Stuck, Gipsverband	–
Gips	$CaSO_4 \cdot 2\,H_2O$	–	Gipslagerstätten
Magnesiumsulfat	$MgSO_4$	–	Mineralwasser
Bittersalz	$MgSO_4 \cdot 7\,H_2O$	Abführmittel	–
Bariumsulfat	$BaSO_4$	Malerfarbe, Röntgenkontrastmittel	Schwerspat (Mineral)
Kaliumchlorid	KCl	Kalidünger	Kalisalzlager
Natriumchlorid (Kochsalz)	$NaCl$	Speisesalz, Streusalz Gewinnung von Na und Cl	Steinsalz Meerwasser
Calciumchlorid	$CaCl_2$	Trocknungsmittel für Gase	–
Silberchlorid	$AgCl$	Fotografie	Hornsilber (Mineral)
Natriumcarbonat	Na_2CO_3	Glasindustrie, Reinigungsmittel in Seifenpulver	–
Soda	$Na_2CO_3 \cdot H_2O$	–	–
Kaliumcarbonat (Pottasche)	K_2CO_3	Glasindustrie, Seifenindustrie	–
Calciumcarbonat	$CaCO_3$	Herstellung von Brannt- und Löschkalk; Zementherstellung	Kalkstein, Marmor
Calciumhydrogencarbonat	$Ca(HCO_3)_2$	Härtebildner in Leitungswasser (temporäre Härte)	Lösen von $CaCO_3$ durch Regenwasser

AUFGABEN ZUR WIEDERHOLUNG

Salze haben in der Technik sowie in nahezu allen Bereichen des täglichen Lebens eine große Bedeutung.

a) Was verstehen Sie, im chemischen Sinne, unter dem Begriff „Salz"?

b) Nennen Sie zwei technisch wichtige Salze und beschreiben Sie ihre Entstehung anhand geeigneter chemischer Reaktionsgleichungen.

c) Nennen Sie für die im Aufgabenteil b) genannten Salze jeweils eine typische Anwendung.

WASSER ALS LÖSUNGSMITTEL

Wasser ist das wichtigste Lösungsmittel. Ohne die Fähigkeit des Wassers, andere Stoffe zu lösen, wären viele Vorgänge in Technik und Natur nicht möglich. Andererseits führt die Lösungsfähigkeit des Wassers auch zu unerwünschten Vorgängen wie der Korrosion von Metallen (z.B. das Rosten von Eisen und Stahl).

Die Ionengitter vieler Salze sind sehr stabil (hohe Gitterenergie). Dennoch ist es kennzeichnend für viele Salze, dass sie sich in Wasser mehr oder weniger gut lösen lassen. Um den Lösungsvorgang besser zu verstehen, soll zunächst der strukturelle Aufbau eines Wassermoleküls besprochen werden.

Wasser (H_2O) besteht aus einem Sauerstoff- und zwei Wasserstoffatomen. Das Sauerstoffatom und die Wasserstoffatome sind kovalent gebunden. Da das Wassermolekül nicht symmetrisch aufgebaut ist, sondern einen Bindungswinkel von rund 105° hat (Bild 1), fallen die positiven und negativen Ladungsschwerpunkte im Molekül nicht zusammen. Das Wassermolekül wird zu einem permanenten (elektrischen) **Dipol**. Die Molekülseite mit den Wasserstoffatomen hat hierbei eine positive Teilladung, das „Sauerstoffende" des Moleküls hingegen eine negative.

Der Lösungsvorgang eines Salzkristalls lässt sich damit wie folgt erklären: Nähert sich ein Wassermolekül der Oberfläche eines Ionengitters (z.B. Salzkristall), dann kommt es zur elektrostatischen Anziehung zwischen den Wassermolekülen und den Ionen des Salzkristalls. Das Wassermolekül bewegt sich dabei beschleunigt auf das Ion zu, das gleichzeitig aus dem Gitterverband herausgelöst wird. An das so isolierte Ion lagern sich weitere Wassermoleküle an und bilden eine **Hydrathülle**. Der beschriebene Anlagerungsvorgang wird als **Hydratation** bezeichnet.

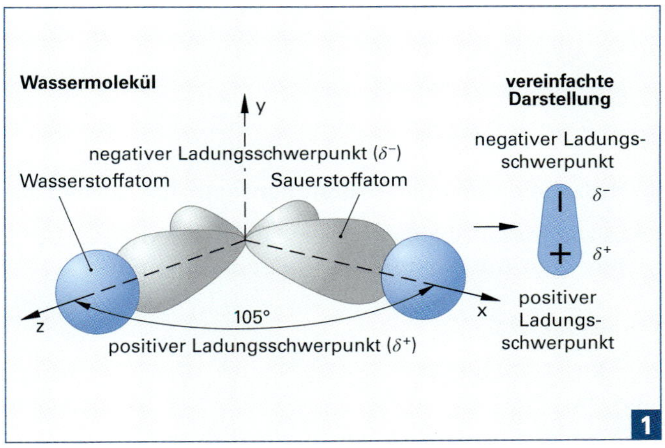

1

Aufbau eines Wassermoleküls nach dem Orbitalmodell. Die grau gezeichneten Bereiche kennzeichnen die Atomorbitale (Bereiche mit hoher Aufenthaltswahrscheinlichkeit der Elektronen)

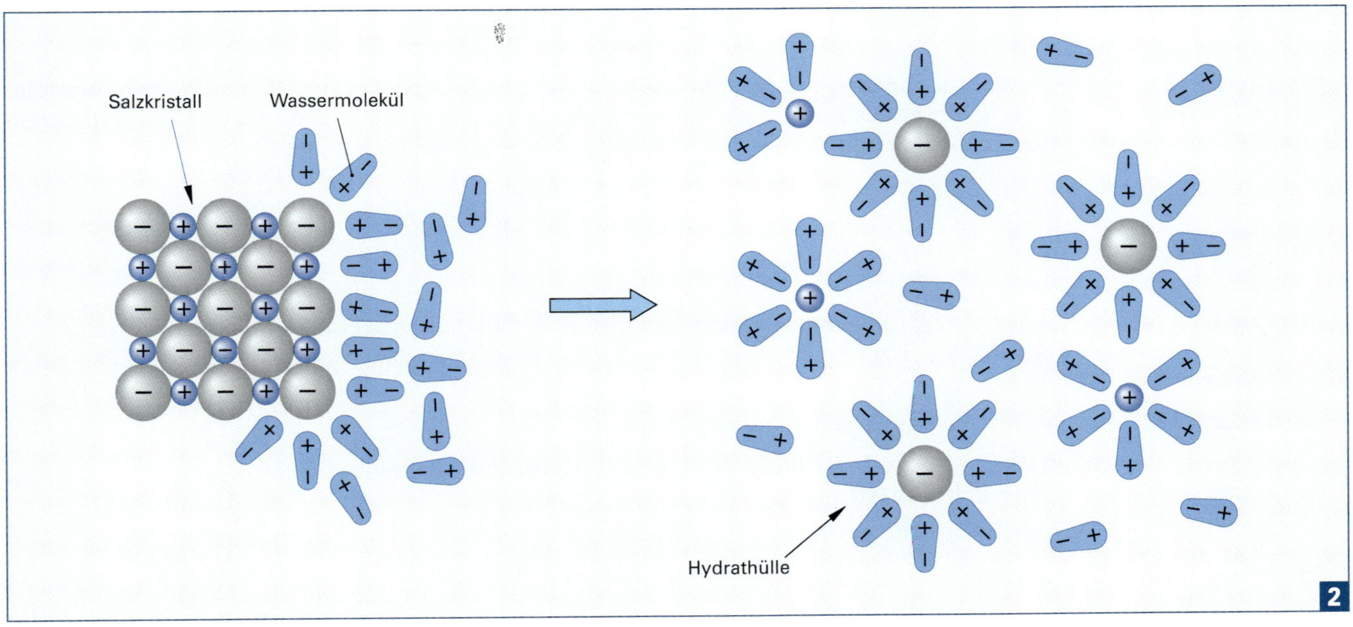

2

Lösen eines Salzkristalls in Wasser (Hydratation)

Bei der Anlagerung der Wassermoleküle an die Ionen des Salzkristalls wird Energie frei **(Hydratationsenergie** bzw. genauer **Hydratationsenthalpie)**.

Beim Lösungsvorgang von Salzen lassen sich vier Fälle unterscheiden. Sie sind abhängig vom Betrag, der bei der Anlagerung der Wassermoleküle an die Ionen des Salzkristalls freiwerdenden Energie (Reaktionswärme) sowie der **Gitterenergie** (Energiebetrag, der erforderlich ist, um ein Ion aus dem Gitterverband herauszutrennen) des Kristalls.

1. **Hydratationsenergie (Hydratationsenthalpie) größer als die Gitterenergie**

   Beim Lösungsvorgang beobachtet man eine Erwärmung.

   BEISPIELE

   NaOH, Na_2CO_3

2. **Hydratationsenergie (Hydratationsenthalpie) entspricht etwa der Gitterenergie**

   Der Lösungsvorgang verläuft ohne wesentliche Temperaturänderung.

   BEISPIELE

   NaCl, KCl

3. **Hydratationsenergie (Hydratationsenthalpie) kleiner als die Gitterenergie**

   Es kommt zur Abkühlung beim Lösen des Kristalls. Der zur Überwindung der Gitterenergie noch fehlende Energiebetrag wird dem Wärmevorrat des Wassers entnommen.

   BEISPIELE

   NH_4Cl, $KHCO_3$

4. **Hydratationsenergie (Hydratationsenthalpie) sehr viel kleiner als Gitterenergie**

   In diesem Fall lässt sich das Salz nur zu einem Teil oder überhaupt nicht lösen, da die fehlende Energiedifferenz nicht aufgebracht werden kann (weitgehend unlösliche Salze).

   BEISPIELE

   AgCl, $BaSO_4$

Kristallisiert ein Salz aus einer wässrigen Lösung aus, so laufen die für den Lösungsvorgang beschriebenen Prozesse in umgekehrter Reihenfolge ab. Beim Verdampfen des Wassers wird zunächst die Hydrathülle von den Ionen entfernt. Dann schließen sich die nunmehr isolierten Ionen unter Energieabgabe zum Ionengitter das Salzkristalls zusammen.

AUFGABEN ZUR WIEDERHOLUNG

1. Salze sind chemisch sehr stabile Verbindungen. Dies zeigt sich u.a. an ihrer hohen Schmelztemperatur. Dennoch sind viele Salze in Wasser gut löslich. Beschreiben Sie den Lösungsvorgang eines Salzes (z.B. NaCl) in Wasser (ggf. Skizze).
2. Die Löslichkeit von Salzen in Wasser ist sehr unterschiedlich.
   a) Wovon hängt es im Wesentlichen ab, ob ein Salz eine sehr gute Löslichkeit hat oder aber in wässriger Lösung völlig unlöslich ist?
   b) Nennen Sie jeweils ein Beispiel für ein in Wasser gut lösliches Salz sowie für ein unlösliches Salz.
3. Im folgenden Diagramm (Bild 1) ist die Löslichkeit der drei Salze NaCl (Kochsalz), KCl (Kaliumchlorid) und KNO_3 (Kaliumnitrat) in Abhängigkeit von der Temperatur im Lösungsmittel Wasser dargestellt.
   a) Bei 20 °C lösen sich in 100g Wasser 36g NaCl (Kochsalz). Wieviel Gramm NaCl lösen sich bei 80 °C in 100g Wasser?
   b) Welches der drei genannten Salze hat bei 10 °C die größte Löslichkeit in Wasser?
   c) Welches der drei genannten Salze hat bei 70 °C die größte Löslichkeit in Wasser?
   d) Wieviel Gramm Kaliumnitrat muss man in 50g Wasser geben, um bei 40 °C und bei 60 °C eine gesättigte Lösung herzustellen?

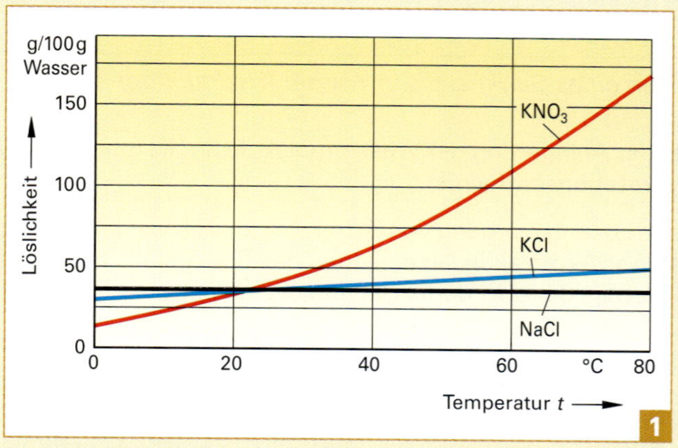

Löslichkeitsdiagramm dreier Salze

WASSERHÄRTE UND WASSERENTHÄRTUNG

Die Wasserhärte wird durch bestimmte gelöste Salze im Quell-, Fluss- und Grundwasser verursacht. Hartes Wasser ist unerwünscht, da es sich beispielsweise an der Innenoberfläche von Rohrleitungen, Kesseln oder Boilern unter Bildung von **„Kesselstein"** ablagert. Beim Waschvorgang mit „hartem" Wasser wird unnötig viel Seife bzw. Waschmittel nutzlos verbraucht. Zur Vermeidung der nachteiligen Wirkungsweisen kann Wasser enthärtet werden. Für die Wasserenthärtung stehen vielfältige Möglichkeiten zur Verfügung.

WASSERHÄRTE

Das in der Natur vorkommende Wasser ist nie ganz rein. Bereits das Regenwasser enthält gelöste Gase. Im Boden lösen sich dann noch eine ganze Reihe verschiedener Salze, insbesondere Calcium- oder Magnesiumsalze wie $MgCl_2$, $MgSO_4$, $CaSO_4$, $Ca(HCO_3)_2$:

$$MgCl_2 \leftrightarrow Mg^{2+} + 2\,Cl^-$$

$$CaSO_4 \leftrightarrow Ca^{2+} + SO_4^{2-}$$

$$MgSO_4 \leftrightarrow Mg^{2+} + SO_4^{2-}$$

$$Ca(HCO_3)_2 \leftrightarrow Ca^{2+} + 2\,HCO_3^-$$

Die **Gesamthärte (GH)** des Wassers ist die Summe der Konzentration der Erdalkali-Ionen im Wasser, im Wesentlichen also Ca^{2+} und Mg^{2+} sowie geringe Anteile von Sr^{2+} und Be^{2+}. Aufgrund ihrer unterschiedlichen Wirkungsweise ist es üblich, die Gesamtwasserhärte wie folgt zu unterteilen:

- **temporäre Härte** (auch als **vorübergehende Härte** oder **Carbonathärte (CH)** bezeichnet)
- **permanente Härte** (auch als **bleibende Härte** oder **Nichtcarbonathärte (NCH)** bezeichnet)

Temporäre Härte (Carbonathärte)

Die **temporäre** (vorübergehende) **Härte** oder **Carbonathärte (CH)** gibt den Anteil der Erdalkali-Ionen (vorwiegend Ca^{2+} und Mg^{2+}) an, der den vorhandenen Hydrogencarbonat-Ionen äquivalent ist.
Die temporäre Härte kann durch Erhitzen des Wassers entfernt werden. Der Vorgang beruht darauf, dass Hydrogencarbonat-Ionen HCO_3^- in der Hitze unter Verlust von CO_2, Carbonat-Ionen (CO_3^{2-}) bilden:

$$2\,HCO_3^- \xrightarrow{\text{Wärme} > 62\,°C} CO_2 + H_2O + CO_3^{2-}$$

Diese Carbonat-Ionen (CO_3^{2-}) bilden dann mit den im Wasser gelösten Calcium-Ionen (Ca^{2+}) bzw. Magnesium-Ionen (Mg^{2+}) schwerlösliche Carbonatsalze, die sich auf der Oberfläche von Rohrleitungen, in Boilern, Kesseln usw. als unerwünschte Ablagerungen (**„Kesselstein"**) abscheiden:

$$CO_3^{2-} + Ca^{2+} \rightarrow CaCO_3$$

$$CO_3^{2-} + Mg^{2+} \rightarrow MgCO_3$$

Der Name „temporäre Härte" (temporär = vorübergehend) rührt also daher, dass sich der den HCO_3^--Ionen äquivalente Anteil der Ca^{2+}- und Mg^{2+}-Ionen durch Erwärmung (kochen) ausfällen lässt und damit die Wasserhärte vermindert.

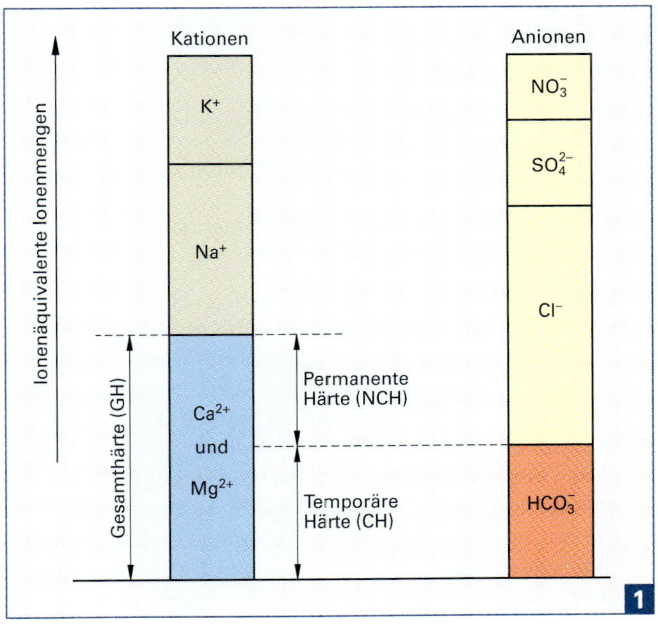

1

Veranschaulichung der Begriffe „Gesamthärte", „temporäre Härte" und „Permanente Härte"

Permanente Härte (Nichtcarbonathärte)

Die **permanente** (bleibende) **Härte** oder **Nichtcarbonathärte (NCH)** ist der Anteil der Erdalkali-Ionen (vorwiegend Ca^{2+} und Mg^{2+}), der über der HCO_3^--äquivalenten Erdalkali-Ionenkonzentration liegt. Dieser Anteil lässt sich durch Erwärmung nicht entfernen, daher auch der Name „bleibende Härte".

Ist die Konzentration der HCO_3^--Ionen größer als die äquivalente Konzentration der Erdalkali-Ionen, dann entspricht die Carbonathärte (CH) der Gesamthärte (GH) des Wassers.

NACHTEILE VON HARTEM WASSER

Hartes Wasser hat eine Reihe entscheidender Nachteile:

1. Bei Erwärmung von hartem Wasser bilden sich die bereits erwähnten unerwünschten Ablagerungen („Kesselstein") auf der Oberfläche von Rohrleitungen, in Boilern, Kesseln usw. Diese Kalkschicht ist ein schlechter Wärmeleiter und isoliert daher das Wasser von der Heizquelle.

   Folgen:
   - steigender Brennstoffverbrauch
   - Überhitzung der Kesselbleche und damit Gefahr von Kesselexplosionen
   - Verstopfung von Rohren durch Kalkablagerungen

2. Beim Waschen mit hartem Wasser wird viel Seife bzw. Waschmittel nutzlos verbraucht. Je härter das Wasser, desto mehr Waschmittel muss zugegeben werden (siehe z. B. Dosierungsanleitungen auf Waschmittelpackungen).
   Reinigungs- und Waschmittel enthalten **waschaktive Substanzen**, die man als **Tenside** bezeichnet. Die Reinigungswirkung dieser Tenside beruht auf ihrem besonderen molekularen Aufbau. Tensid-Moleküle sind Fettsäure-Anionen. Sie bestehen aus zwei Bereichen mit unterschiedlichen Eigenschaften (Bild 1):

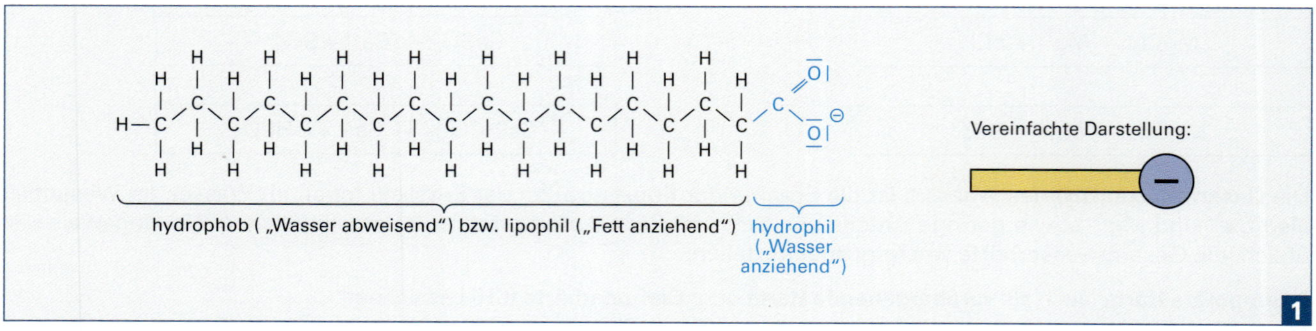

Aufbau eines Fettsäure-Anions (Tensid oder waschaktive Subtanz) am Beispiel der Oktadecansäure (Stearinsäure)

- **Hydrophiler** („wasseranziehender") **Bereich**: Er besteht aus elektrisch geladenen COO^--Gruppen (Carboxylatgruppen) oder SO_3^--Gruppen.
- **Hydrophober** („wasserabstoßender") **Bereich**: Er besteht meist aus einem langkettigen (fettähnlichen) Rest aus CH_3- bzw. CH_2-Gruppen. Dieser Bereich ist **lipophil** („fettanziehend").

Typische Tenside (Fettsäure-Anionen) sind:

- Hexadecansäure (Trivialname: Palmitinsäure): $C_{15}H_{31}COO^-$
- Oktadecansäure (Trivialname: Stearinsäure): $C_{17}H_{35}COO^-$ (siehe Bild 1)

Schmutz auf der Haut oder auf Textilien ist meist von Fett durchdrungen (fetthaltige Schmutzteilchen). Mit Wasser allein kann dieser Schmutz nicht entfernt werden, da die fetthaltigen Schmutzteilchen das Wasser abstoßen (das Wasser perlt ab). Demgegenüber können sich die Fettsäure-Anionen der waschaktiven Substanzen mit ihrer lipophilen (fettanziehenden) Seite an die fetthaltigen Schmutzteilchen anlagern. Die hydrophile Seite ist dagegen zum Wasser hin ausgerichtet. Dort können sich dann Wassermoleküle anlagern (Bild 2). Die Fettsäure-Anionen bilden auf diese Weise also ein Bindeglied zwischen den fetthaltigen Schmutzteilchen und den Wassermolekülen. Durch die Bewegung des Wassers beim Waschvorgang wird der somit „benetzte" Schmutz aus den Geweben herausgespült.

Ohne Fettsäure-Anionen (Tenside) würden sich die Fettteilchen wieder zu größeren Klümpchen vereinigen (in ähnlicher Weise, wie in Wasser gerührte Öltröpfchen sich wieder zu großen Tropfen vereinigen). Die Fettsäure-Anionen hüllen jedoch den fetthaltigen Schmutz von allen Seiten ein und umgeben ihn mit einer elektrisch negativ geladenen „Schicht". Derart umhüllte Fettteilchen stoßen sich gegenseitig ab, d. h., sie können sich nicht vereinigen. Es entsteht eine Emulsion. Die emulgierten Fettteilchen werden mit dem Waschwasser fortgespült.

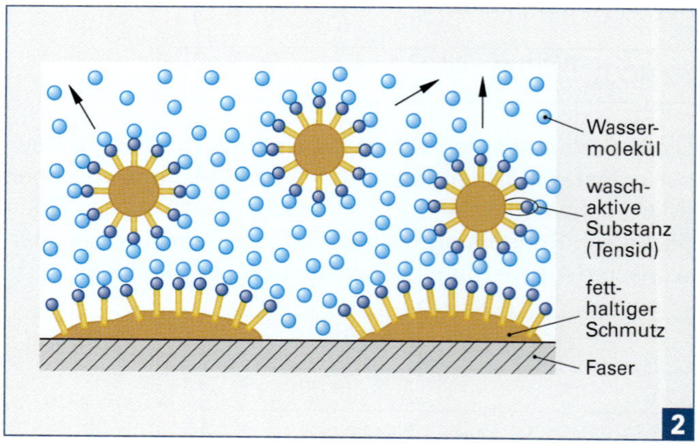

Prinzip des Ablösens von fetthaltigem Schmutz auf einer Faser durch Fettsäure-Anionen

NACHTEILE VON WEICHEM WASSER

In hartem Wasser führen die Härtebildner dazu, dass im Wasser auch Silikate (z. B. $MgSO_4$, $CaSO_4$) und Phosphate gelöst werden. Sie dienen gewissermaßen als chemischer Ausgleich für die im Wasser gelösten Härtebildner. Bei weichem Wasser fallen diese Stoffe weg, die eine Art Schutzschicht auf Metallen bilden.

Der im Wasser gelöste Sauerstoff und die vorhandene Kohlensäure wirken korrosiv und verursachen Lochfraß.

EINHEIT DER WASSERHÄRTE UND WASSERHÄRTEBEREICHE

Die Wasserhärte wird in der Einheit **mol Calciumcarbonat pro 1 m^3 Wasser** (kurz: **mol/m^3**) oder gleichbedeutend: **Millimol Calciumcarbonat pro 1 Liter Wasser (mmol/l)** angegeben.

Die früher gebräuchliche Härteeinheit **„Deutscher Härtegrad (°dH)"** ist nicht mehr zulässig. Es gilt die Umrechnungsbeziehung:

1 °dH = 0,179 mmol/l

Von den Wasserwerken wird für den allgemeinen Gebrauch die Härte des Wassers in **Härtebereiche** eingeteilt. Die Wasserhärtebereiche heißen jetzt: weich, mittel und hart. Die Unterteilung in drei Härtebereiche entspricht den Anforderungen der Praxis, wie sie z. B. zur Dosierung von Waschmitteln erforderlich ist.

HÄRTEBEREICH	GESAMTHÄRTE	
	MMOL/L	°DH[1]
weich Härtebereich 1	≤ 1,5	≤ 8,4
mittel Härtebereich 2	1,5	8,4
hart Härtebereich 3	≥ 2,5	≥ 14

[1] nicht mehr gebräuchliche Einheit

MÖGLICHKEITEN DER WASSERENTHÄRTUNG

Unter „Enthärtung" des Wassers versteht man die Beseitigung der im Wasser gelösten Erdalkali-Ionen (überwiegend Ca^{2+} und Mg^{2+}). Hierfür stehen unterschiedlich wirksame Methoden zur Verfügung.

1. **Erwärmen des Wassers** auf eine Temperatur über 62 °C. Dabei zerfallen die Hydrogencarbonat-Ionen (HCO_3^-) in Carbonat-Ionen CO_3^{2-}. Diese Carbonat-Ionen bilden mit einem Teil der Calcium- und Magnesium-Ionen schwerlösliche Carbonatsalze wie $CaCO_3$ und $MgCO_3$. Die Carbonatsalze bilden allerdings unerwünschte Ablagerungen („Kesselstein") auf der Oberfläche von Rohrleitungen, in Boilern, Kesseln usw.

2. **Zugabe von Komplexbildnern.** Hierbei handelt es sich vorwiegend um **Polyphosphate**, wie das in Bild 1 dargestellte **Pentanatriumtriphosphat**. Diese Stoffe beseitigen die Wasserhärte durch Überführung der Ca^{2+}- und Mg^{2+}-Ionen in wasserlösliche Komplexverbindungen. In handelsüblichen Waschmitteln ist das Pentanatriumtriphosphat zu maximal 5 % enthalten.

   Polyphosphate haben den Nachteil, dass sie in normalen Kläranlagen (ohne chemische Reinigungsstufe) nicht ausgefällt werden. Sie stellen dementsprechend eine Belastung des Wassers dar. Dies führt zu einer **Überdüngung (Eutrophierung)** des Wassers und damit zu einem starken Algenwachstum. Da die Verrottung dieser Algen mit einem starken Sauerstoffverbrauch verbunden ist, kann der O_2-Gehalt des Wassers so weit absinken, dass das Leben im Gewässer abstirbt. Wir nennen diesen Vorgang „Umkippen des Gewässers".

   Heute sind diese Polyphosphate in Waschmitteln teilweise oder vollständig durch **Alkalizeolithe** (Natrium-Aluminium-Silikat; $Na_2O \cdot Al_2O_3 \cdot 2\ SiO_2$) ersetzt **(phosphatfreie Waschmittel)**.

3. **Zugabe von Soda.** Soda (Na_2CO_3) bildet mit den Calcium- und Magnesium-Ionen schwerlösliche Carbonate (z. B. $CaCO_3$), die als (unerwünschter) Niederschlag ausgefällt werden. Diese Methode ist allerdings heute nicht mehr üblich.

4. **Einsatz von Ionenaustauschern.** Ionenaustauscher-Substanzen sind oberflächenaktive Kunststoffe, meist Kügelchen mit einem Durchmesser von 1 mm bis 3 mm beispielsweise aus Polystyrol oder Polyacrylat (Austauscherharze), Bild 2. Sie geben locker an ihre Oberfläche gebundene Ionen in die Lösung ab und nehmen dafür äquivalente Mengen anderer Ionen aus der Lösung auf. Bei Ionentauschern erfolgt ein Austausch nur zwischen Ionen mit gleichsinniger Ladung. **Kationenaustauscher** tauschen nur Kationen (positiv geladene Ionen), **Anionenaustauscher** nur Anionen (negativ geladene Ionen) aus.

   Zur Wasserenthärtung mittels Kationentauscher verwenden wir H^+-beladene Ionentauscherkugeln (Bild 1 auf folgender Seite, oberes Teilbild). Werden sie von „hartem" Wasser durchspült, dann geben sie ihre H^+-Ionen an das Wasser ab und binden demgegenüber Ca^{2+}-Ionen und Mg^{2+}-Ionen des Wassers. Nach dem Durchlauf enthält

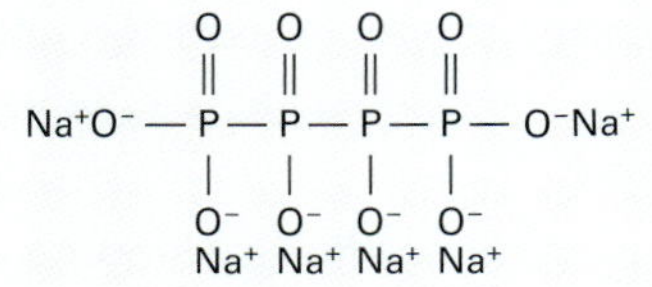

1

Pentanatriumtriphosphat

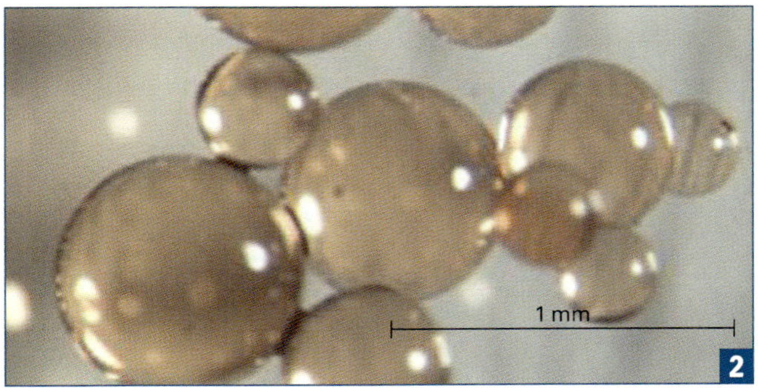

2

Ionenaustauscher-Kügelchen

das Wasser H^+-Ionen sowie verschiedene Anionen (z.B. Cl^-, HCO_3^-, SO_3^{2-}). Sind alle H^+-Ionen der Kunststoffkugeln ausgetauscht, dann ist der Ionentauscher „erschöpft“. Durch eine Regenerierung können die beladenen Kugeln jedoch wieder in den austauschfähigen Zustand zurückgeführt werden. Bei einem Anionentauscher werden in analoger Weise OH^--Ionen durch HCO_3^--Ionen ausgetauscht (Bild 1, unteres Teilbild).

In ähnlicher Weise wie die oberflächenaktiven Kunststoffe (Austauscherharze) wirken auch bestimmte Silikate, die sogenannten **Permutite**. Sie enthalten locker an ein Gerüst aus Anionen gebundene Metall-Ionen, die gegen andere Metall-Ionen ausgetauscht werden können. So können die Natrium-Permutite zur Wasserenthärtung beitragen, da sie Natrium-Ionen abgeben und Calcium- oder Magnesium-Ionen binden.

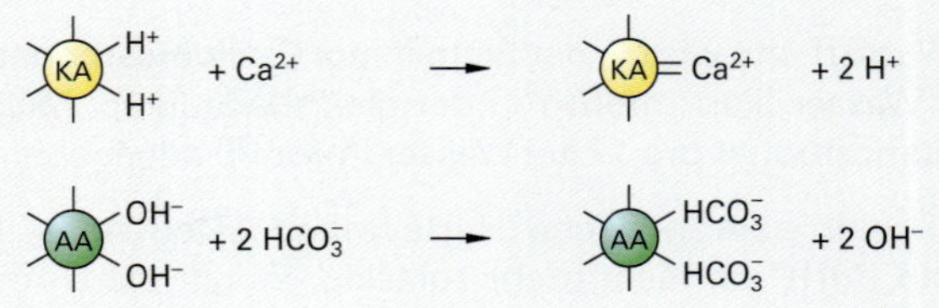

Funktionsweise eines Kationenaustauschers (oberes Teilbild) und eines Anionenaustauschers (unteres Teilbild), schematisch

ANWENDUNGSBEISPIELE FÜR IONENAUSTAUSCHER SIND:

- **Herstellung von demineralisiertem Wasser** (Deionat oder VE-Wasser (**v**oll **e**ntsalzt)
- **Geschirrspülmaschinen:** Ca^{2+}- und Mg^{2+}-Ionen werden durch Na^+-Ionen ersetzt. Ist der Ionenaustauscher mit Ca^{2+}- und Mg^{2+}-Ionen voll, muss dieser wieder regeneriert werden. Hierzu wird ein spezielles Regenerierungssalz verwendet.
- **Wasserfilter:** z.B. bei Kaffeevollautomaten

AUFGABEN ZUR WIEDERHOLUNG

1. Hartes Wasser ist unerwünscht. Erläutern Sie den Begriff „Wasserhärte“.
2. Erläutern Sie die Unterschiede zwischen „Gesamthärte“, „temporärer Härte“ und „permanenter Härte“ des Wassers.
3. Weshalb kann durch eine Erwärmung nur die „temporäre“ Wasserhärte beseitigt werden? Mit welchem Problem müssen Sie hierbei insbesondere rechnen?
4. Nennen Sie die wesentliche Ursache für hartes Wasser.
5. Weshalb ist hartes Wasser unerwünscht? Nennen Sie zwei unterschiedliche Gründe.
6. In welcher Einheit wird die Wasserhärte heute angegeben?
7. Nennen und beschreiben Sie vier unterschiedliche Möglichkeiten der Wasserenthärtung.
8. Erläutern Sie, weshalb das Waschen von Textilien mit hartem Wasser zu einem unnötig hohen Waschmittelverbrauch führt.
9. Gegeben sei die folgende Wasseranalyse:

KATIONEN			ANIONEN		
Ca^{2+}	100	mg/l	Cl^-	16	mg/l
Mg^{2+}	12	mg/l	SO_4^{2-}	60	mg/l
Na^+	8	mg/l	HCO_3^-	280	mg/l
K^+	2	mg/l	NO_3^-	6	mg/l

Berechnen Sie aus den Analysedaten die Gesamthärte, die temporäre und die permanente Härte des Wassers (schwierige Aufgabe!).

10. Das Wasserwerk gibt folgende Auskunft: „Die Wasserhärte beträgt 2,0 mmol/l.“ Entscheiden Sie, welchem Härtebereich das Wasser entspricht.

KORROSION UND KORROSIONSSCHUTZ

Mit Ausnahme der Edelmetalle sind alle Metalle gegenüber den in der Luft enthaltenen Bestandteilen, wie z.B. Sauerstoff, Kohlendioxid und Wasserdampf, aber auch gegenüber Wasser bzw. wässrigen Lösungen instabil. Sie unterliegen der **Korrosion** (*lat.:* corrodere = zerfressen).

Unter Korrosion versteht man die Reaktion eines Werkstoffs mit seiner Umgebung, die eine messbare Eigenschaftsveränderung des Werkstoffs bewirkt und zu einem Korrosionsschaden, d.h., zu einer Beeinträchtigung der Funktion des Bauteils führen kann. Diese Reaktion ist in den meisten Fällen elektrochemischer Art. Mitunter handelt es sich aber auch um eine chemische oder physikalische Korrosion.

ELEKTROCHEMISCHE SPANNUNGSREIHE

Taucht ein Metall (z.B. Eisen) in eine wässrige Lösung (**Elektrolyt**[1]), dann haben die Metall-Ionen (Me) das Bestreben, das Metallgitter zu verlassen und in Lösung zu gehen (Bild 1):

$$Me \rightarrow Me^{z+} + z \cdot e^-$$

BEISPIEL

$Fe \rightarrow Fe^{2+} + 2\,e^-$

Dieser Metallauflösungsprozess wird auch als **anodische Teilreaktion** der Korrosion bezeichnet.

Durch das Entsenden positiver Ionen aus der Metalloberfläche in die Lösung bleibt eine bestimmte Anzahl Elektronen im Metallgitter zurück. Das Metall lädt sich negativ auf. Je größer die Anzahl der gelösten Metall-Ionen ist, umso stärker lädt sich das Metall negativ auf. Für die positiv geladenen Metall-Ionen wird es dabei zunehmend schwieriger, das Kristallgitter zu verlassen, da die elektrostatische Anziehungskraft zunimmt. Der Auflösungsvorgang kommt dadurch letztlich zum Stillstand[2].

Die Ionen verschiedener Metalle haben eine unterschiedliche Tendenz in Lösung zu gehen. Wir nennen diese Eigenschaft **Lösungstension**. So haben beispielsweise Zink-Ionen im Kristallgitter des Zinks gegenüber Kupfer-Ionen im Kristallgitter des Kupfers eine deutlich höhere Lösungstension (Bild 2).

Durch das Entsenden positiver Ionen aus der Metalloberfläche in die Lösung lädt sich das Metall negativ auf. Dieses **Elektrodenpotenzial** lässt sich messen. Hierzu verbinden wir das Metallstück über ein Voltmeter mit einem Prüfnormal. Als Prüfnormal verwenden wir häufig eine **Normalwasserstoffelektrode** (mit Wasserstoffgas umspültes Platinblech) (Bild 3). Die Potenzialdifferenz (elektrische Spannung) zwischen Metall und Prüfnormal wird als **Standard-** oder **Normalpotenzial**[3] des betreffenden Metalls bezeichnet.

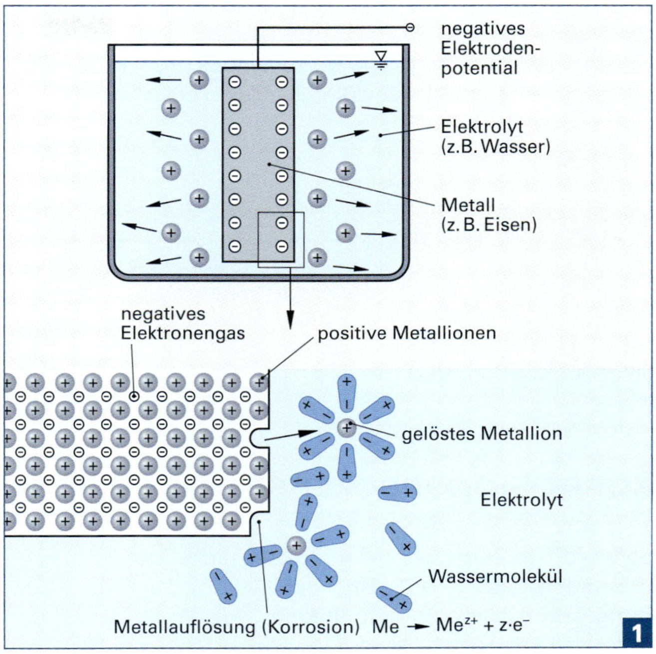

Übergang von Metall-Ionen aus dem Kristallgitter der Elektrolytlösung

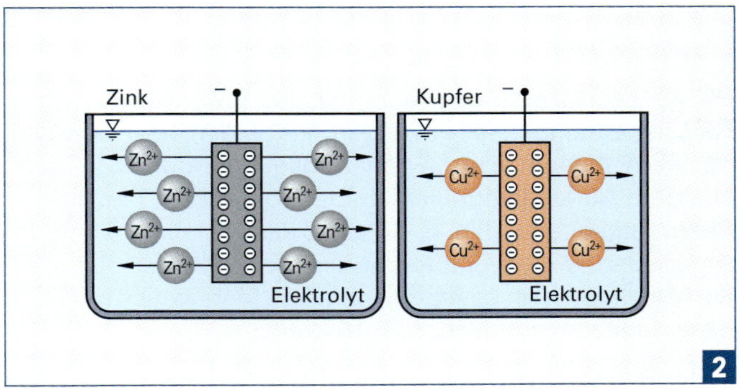

Lösungstension am Beispiel von Zink und Kupfer

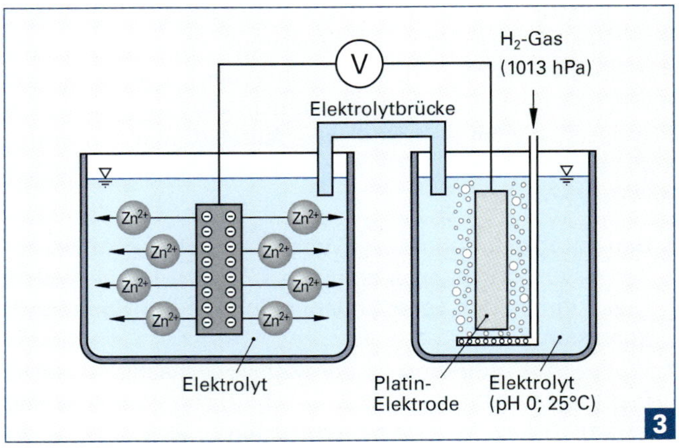

Prinzip der Messung von Elektrodenpotenzialen mithilfe einer Normalwasserstoffelektrode

1) Unter einem Elektrolyten versteht man eine elektrisch leitende Flüssigkeit (z.B. Gebrauchswasser, Salzwasser, saure und alkalische Lösungen).

2) Der Metallauflösungsprozess kommt streng genommen nicht zum Stillstand, sondern es stellt sich ein dynamisches Gleichgewicht ein: je Zeiteinheit gehen ebenso viele Metall-Ionen in Lösung (z.B. $Fe \rightarrow Fe^{2+} + 2e^-$) wie sich auf der Oberfläche wieder abscheiden (z.B.: $Fe^{2+} + 2\,e^- \rightarrow Fe$). Je mehr Metall-Ionen in Lösung gehen bzw. sich wieder abscheiden (je mehr Metall-Ionen also in der Elektrolytlösung „unterwegs" sind), desto mehr Elektronen werden im Kristallgitter zurückgelassen, desto niedriger ist das Elektrodenpotenzial des entsprechenden Metalls.

3) Sofern sich das Metallstück in einer 1-molaren Lösung seines Salzes (z.B. Cu in $CuSO_4$-Lösung) befindet. In anderen Medien (z.B. Wasser) erhält man veränderte Spannungswerte **(praktische Spannungsreihe)**.

Führen wir die beschriebene Messung des Normalpotenzials mit vielen Metallen durch und ordnen die gegen Normalwasserstoffelektrode ermittelten Spannungen der Größe nach, dann erhalten wir die **elektrochemische Spannungsreihe der Metalle**. Sie hat eine große Bedeutung für das Verständnis und die Vorhersage von Korrosionsprozessen. Je höher das Normalpotenzial eines Metalls, desto edler ist es.

BEISPIELE

- Aluminium (Al) hat ein Normalpotenzial von –1,67 V, Cäsium hingegen von –2,92 V. Aluminium ist daher edler als Cäsium.
- Silber (Ag) hat ein Normalpotenzial von +0,80 V, Eisen (Fe) hingegen –0,44 V. Silber ist daher edler als Eisen.
- Gold (Au) hat ein Normalpotenzial von +1,42 V, Silber (Ag) hingegen von +0,80 V. Gold ist also edler als Silber.

KORROSIONSPROZESSE

Es wurde gezeigt, dass die Auflösung eines Metalls in einer wässrigen Lösung aufgrund der elektrostatischen Anziehungskräfte zwischen dem (negativ geladenen) Metall und den positiven Metall-Ionen nach einiger Zeit zum Stillstand kommt (Einstellung eines dynamischen Gleichgewichts). Würden wir die im Metall zurückgebliebenen Elektronen „verbrauchen", dann könnten aufgrund der verminderten elektrostatischen Anziehungskräfte weitere Metall-Ionen in Lösung gehen.

Dieser „Elektronenverbrauch" kann z.B. mithilfe einer Gleichspannungsquelle erfolgen. Verbinden wir das Metall mit dem Pluspol einer Spannungsquelle, dann „fließen" aus dem Metall kontinuierlich Elektronen zum Pluspol der Spannungsquelle (Bild 1). Solange das Metallstück mit der Gleichspannungsquelle verbunden bleibt, werden also ständig Metall-Ionen in Lösung gehen. Das Metallstück wird sich daher langsam auflösen, es korrodiert.

In der Praxis ist ein Metallstück, das sich in einer wässrigen Lösung befindet, in der Regel nicht mit einer Spannungsquelle verbunden. Dennoch können Vorgänge an der Metalloberfläche stattfinden, die, ähnlich einer Gleichspannungsquelle, ständig Elektronen aus dem Metallstück „verbrauchen" und auf diese Weise das in-Lösung-gehen der Metall-Ionen und damit den Korrosionsprozess aufrecht erhalten. Bei diesen Prozessen, die wir als **katodische Teilreaktionen** der Korrosion bezeichnen, handelt es sich im Wesentlichen um folgende Vorgänge:

- **Sauerstoffreduktion** an der Metalloberfläche bei Anwesenheit sauerstoffhaltiger Medien ($O_2 + 2\,H_2O + 4\,e^- \rightarrow 4\,OH^-$). Dies führt zu den verschiedenen Formen der **Sauerstoffkorrosion.**
- **Wasserstoffreduktion** an der Metalloberfläche in sauren Elektrolyten ($H^+ + 2\,e^- \rightarrow 2\,H \rightarrow H_2$). Diese Vorgänge sind verantwortlich für die **Säurekorrosion**.
- **Elektrischer Kontakt mit einem edleren Metall**, d. h., Ausbildung eines galvanischen Elements. In diesem Fall handelt es sich um die **Kontaktkorrosion**.

Da die genannten Vorgänge eine große Bedeutung bei der Korrosion metallischer Werkstoffe haben, werden sie nachfolgend detaillierter besprochen.

ELEKTROCHEMISCHE SPANNUNGSREIHE DER METALLE (1 BAR 25 °C, 1-MOLARE LÖSUNG DES SALZES DES ENTSPRECHENDEN METALLS)

Element	Reaktionsgleichung				Normalpotenzial $E°$ V[1)]
Lithium	Li	⇌	Li^+	$+ e^-$	– 3,04
Cäsium	Cs	⇌	Cs^+	$+ e^-$	– 2,92
Barium	Ba	⇌	Ba^{2+}	$+ 2e^-$	– 2,92
Calcium	Ca	⇌	Ca^{2+}	$+ 2e^-$	– 2,90
Natrium	Na	⇌	Na^+	$+ e^-$	– 2,71
Magnesium	Mg	⇌	Mg^{2+}	$+ 2e^-$	– 2,40
Aluminium	Al	⇌	Al^{3+}	$+ 3e^-$	– 1,67
Titan	Ti	⇌	Ti^{2+}	$+ 2e^-$	– 1,63
Mangan	Mn	⇌	Mn^{2+}	$+ 2e^-$	– 1,18
Zink	Zn	⇌	Zn^{2+}	$+ 2e^-$	– 0,76
Chrom	Cr	⇌	Cr^{2+}	$+ 2e^-$	– 0,56
Eisen	Fe	⇌	Fe^{2+}	$+ 2e^-$	– 0,44
Cadmium	Cd	⇌	Cd^{2+}	$+ 2e^-$	– 0,40
Cobalt	Co	⇌	Co^{2+}	$+ 2e^-$	– 0,28
Nickel	Ni	⇌	Ni^{2+}	$+ 2e^-$	– 0,23
Zinn	Sn	⇌	Sn^{2+}	$+ 2e^-$	– 0,14
Blei	Pb	⇌	Pb^{2+}	$+ 2e^-$	– 0,13
Wasserstoff	H_2	⇌	$2\,H^+$	$+ 2e^-$	0,00
Kupfer	Cu	⇌	Cu^{2+}	$+ 2e^-$	+ 0,35
Silber	Ag	⇌	Ag^+	$+ e^-$	+ 0,80
Quecksilber	Hg	⇌	Hg^{2+}	$+ 2e^-$	+ 0,81
Fe^{2+}/Fe^{3+}	Fe^{2+}	⇌	Fe^{3+}	$+ e^-$	+ 0,77
Platin	Pt	⇌	Pt^{2+}	$+ 2e^-$	+ 1,20
Gold	Au	⇌	Au^{3+}	$+ 3e^-$	+ 1,42

1) Gegen eine Normalwasserstoffelektrode gemessen

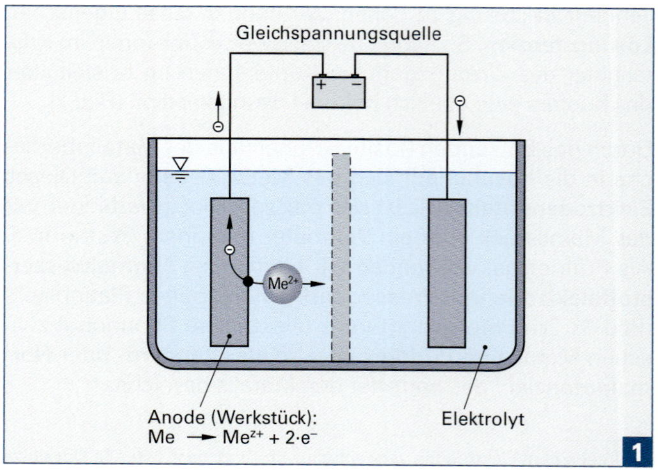

1 *Veränderung des Elektrodenpotenzials mittels Gleichspannungsquelle (Polarisierung)*

Sauerstoffkorrosion

Elektrodenreaktionen

In allen wässrigen Medien, die mit der Atmosphäre in Verbindung stehen, löst sich Sauerstoff aus der Luft. Gelangen diese Sauerstoffmoleküle an eine Metalloberfläche, dann werden sie dort unter Aufnahme von Elektronen zu OH^--Ionen reduziert:

$$O_2 + 2\,H_2O + 4\,e^- \rightarrow 4\,OH^- \quad \text{(für pH} \geq 7\text{)}$$

$$O_2 + 4\,H^+ + 4\,e^- \rightarrow 2\,H_2O \quad \text{(für pH} < 7\text{)}$$

Diese Sauerstoffreduktion an der Metalloberfläche kommt der Wirkung der oben beschriebenen Spannungsquelle gleich. Durch den fortwährenden „Verbrauch" von Elektronen wird das in-Lösung-gehen der Metall-Ionen und damit der Korrosionsprozess ständig aufrecht erhalten.

Je höher der Sauerstoffgehalt in einem wässrigen Medium ist, desto größer ist die Korrosionsgeschwindigkeit. Aus diesen Gründen werden beispielsweise Kraftwerke mit einem möglichst sauerstoffarmen Prozesswasser betrieben.

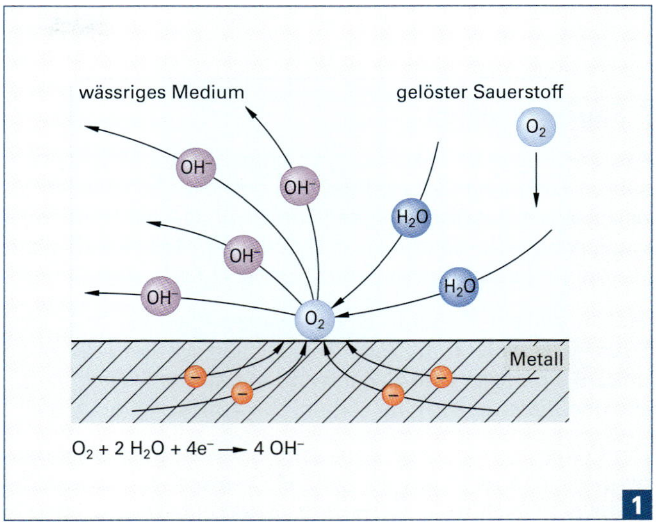

1 *Prinzip der Sauerstoffkorrosion (für pH ≥ 7)*

Erscheinungsformen der Sauerstoffkorrosion

Für die Auswirkungen der Sauerstoffkorrosion gibt es eine Reihe bekannter Erscheinungsformen.

a) Korrosion von Eisen oder Stahl unter einem Wassertropfen oder unter einer Schmutzschicht

Wird ein Wassertropfen auf ein Stück blankes Eisenblech oder auf ein blankes Stahlblech gegeben, dann stellt man nach einiger Zeit fest, dass sich im Innern des Tropfens das Metall auflöst, während die Randbezirke praktisch unverändert bleiben (Bild 2). Die Erklärung ist mit Kenntnis der Sauerstoffkorrosion relativ einfach.

In den Randzonen des Tropfens ist die Sauerstoffkonzentration größer als in seinem Innern. Es besteht also ein Konzentrationsgefälle des Sauerstoffs zur Tropfenmitte hin. Am Tropfenrand wird daher sehr viel mehr Sauerstoff reduziert, d. h., Elektronen „verbraucht", als in der Tropfenmitte, wo der Reduktionsvorgang aufgrund des fehlenden Sauerstoffs kaum stattfindet.

Die Elektronen werden aus Bereichen unter der Tropfenmitte zu den Bereichen unter dem Tropfenrand wandern. In den Metallbereichen unter der Tropfenmitte werden auf diese Weise ständig Elektronen „verbraucht", sodass dort eine beschleunigte Metallauflösung stattfindet, die letztlich als **Korrosionsgrübchen** sichtbar wird. Metallbereiche unter der Tropfenmitte sind, obwohl es sich um denselben Werkstoff handelt, also unedler als die Randbezirke. Die in der Tropfenmitte in Lösung gehenden Eisen-Ionen bilden mit den aus der Sauerstoffreduktion stammenden OH^--Ionen zunächst Eisenhydroxid $Fe(OH)_2$ und werden dann in einem weiteren Reaktionsschritt zu Eisen(III)-oxidhydrat (FeOOH), dem bekannten braunen **Eisenrost**, oxidiert. Der Eisenrost lagert sich etwa in der Mitte des Tropfens ab (Bild 2).

Der beschriebene Korrosionsprozess läuft aufgrund der Sauerstoffarmut sinngemäß auch unter einer Schmutzschicht ab. Erfahrungsgemäß rostet daher verschmutztes Gartengerät deutlich schneller.

Abhilfe: Verschmutzungen, Lackreste, Wasser- oder sonstige Flüssigkeitstropfen, insbesondere auf ungeschützten Metalloberflächen vermeiden bzw. schnellstmöglich entfernen!

b) Spaltkorrosion

Eine beschleunigte Metallauflösung wird nicht nur unter einem Wassertropfen oder unter einer Schmutzschicht beobachtet. Auch in engen, konstruktiv bedingten Spalten in die ein Elektrolyt, wie z. B. Wasser, eindringen kann, beobachtet man einen verstärkten Korrosionsangriff (Bild 3). Die Erklärung ist auch hier einfach: der Elektrolyt im Spalt ist deutlich sauerstoffärmer als am Rand oder außerhalb des Spaltes. In den Außenbereichen findet daher eine verstärkte Sauerstoffreduktion statt. Im Spaltinnern bleibt dieser Prozess aufgrund des fehlenden Sauerstoffs hingegen aus. Die Elektronen werden also aus den sauerstoffarmen Innenbereichen in die Randbereiche wandern. Aus den o. g. Gründen beobachtet man daher im Spaltinnern eine verstärkte Metallauflösung (Korrosion).

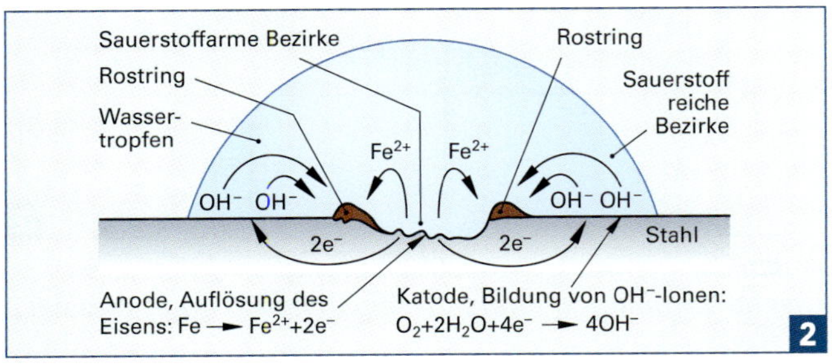

2 *Beispiel für die Sauerstoffkorrosion: beschleunigte Metallauflösung unter einem Wassertropfen (oder einer Schmutzschicht)*

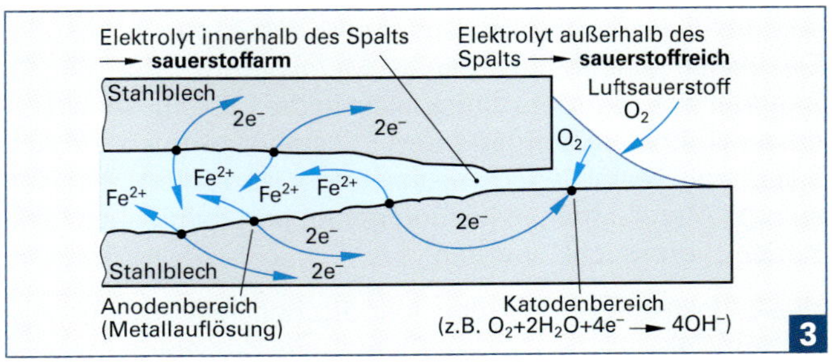

3 *Beispiel für die Sauerstoffkorrosion: beschleunigte Metallauflösung in einem engen Spalt (Spaltkorrosion)*

Abhilfe: Enge Spalte, in die ein Elektrolyt, wie z. B. Wasser, eindringen kann, sollten, sofern konstruktiv möglich, vermieden werden. Gegebenenfalls sind Abdichtungsmaßnahmen, wie z. B. Dichtverschweißen oder Kunststoffbeschichtungen anzustreben.

Säurekorrosion

Aus der Praxis ist bekannt, dass ungeschützte Metallteile in sauren Lösungen (Säuren) deutlich schneller korrodieren als beispielsweise in Wasser. Jede Säure beinhaltet eine mehr oder weniger hohe Konzentration an H_3O^+-Ionen. Mit sinkendem pH-Wert nimmt dabei die Konzentration der H_3O^+-Ionen zu.

Stellen wir ein Metall (z. B. ein blankes Eisenblech) in eine Säure (z. B. Salzsäure), dann beobachten wir bei pH-Werten unter 5 einerseits eine Gasentwicklung an der Metalloberfläche und andererseits eine allmähliche Auflösung des Metalls.

Die Erklärung für diese Beobachtungen ist auch hier relativ einfach: sobald ein H^+- bzw. H_3O^+-Ion der Säure an die Metalloberfläche gelangt, nimmt es dort ein Elektron auf und wird zu elementarem Wasserstoff reduziert:

$$H^+ + e^- \rightarrow H \quad \text{für pH} < 5$$

Diese Elektronenaufnahme aus der Metalloberfläche hat dieselbe Wirkung wie die oben beschriebene Sauerstoffreduktion oder das Verbinden des Metallstücks mit dem Pluspol einer Gleichspannungsquelle. In beiden Fällen werden fortwährend Elektronen „verbraucht" und dadurch das in-Lösung-gehen der Metall-Ionen, d. h., der Korrosionsprozess aufrecht erhalten (Bild 1). Mit sinkendem pH-Wert und damit zunehmender H_3O^+-Ionenkonzentration nimmt die Korrosionsgeschwindigkeit dementsprechend zu.

Abhilfe: Ungeschützte Metalloberfläche keinen sauren Lösungen aussetzen.

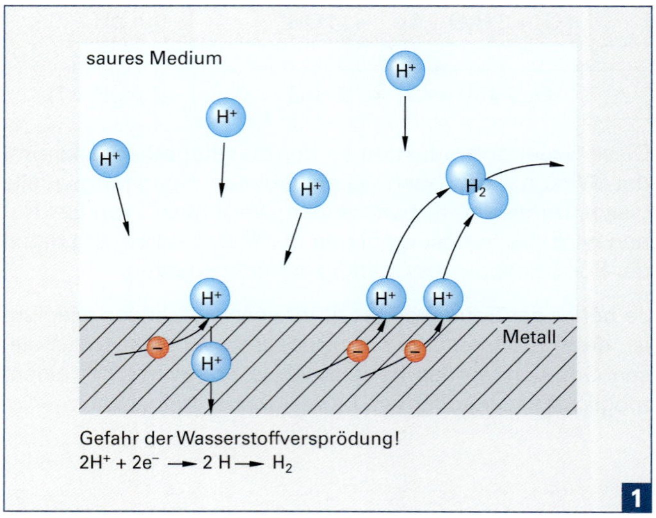

1

Prinzip der Säurekorrosion

Die Säurekorrosion birgt insbesondere bei Stählen hoher Festigkeit eine weitere Gefahr. Die durch die Elektronenaufnahme an der Metalloberfläche gebildeten Wasserstoffatome (H) vereinigen sich teilweise zu Wasserstoffgas ($2H \rightarrow H_2$) und entweichen als Gasblasen aus der Flüssigkeit. Ein Teil der Wasserstoffatome dringt jedoch (in elementarer Form, d. h., als H-Atom) in das Metallgitter ein und verursacht dort die gefährliche **Wasserstoffversprödung**. Sie kann katastrophale Folgen nach sich ziehen und ist schwer vorhersagbar.

Kontaktkorrosion

Elektrochemische Vorgänge bei der Kontaktkorrosion

Wird ein unedles Metall, wie z. B. ein Zinkblech, und ein edles Metall, wie z. B. ein Kupferblech, in eine gut leitende Flüssigkeit getaucht (z. B. Kupfersulfatlösung oder Salzwasser) und beide Metalle elektrisch leitend miteinander verbunden, dann beobachtet man eine relativ rasche Auflösung des unedlen Metalls, während das edle Metall praktisch unverändert bleibt. Es unterliegt keinem Korrosionsangriff. Zudem löst sich das unedle Metall schneller auf, als ohne Kontakt mit dem edlen Metall. Es bildet sich ein **galvanisches Element**.

Durch das Eintauchen des Zinkblechs in den Elektrolyten gehen positive Metall-Ionen aus dem Kristallgitter in Lösung, Elektronen bleiben hingegen im Metallgitter zurück (Bild 2). Befindet sich das Metallstück allein in der Lösung, dann würde der Auflösungsvorgang zum Stillstand kommen. Da sich das unedle Metall jedoch rasch auflöst (korrodiert), müssen ständig Metall-Ionen in Lösung gehen und damit auch Elektronen „verbraucht" werden.

Diese Elektronen zehrenden, katodischen Teilvorgänge laufen im Wesentlichen an der Oberfläche des edlen Metalls, hier also am Kupferblech ab (Bild 2). Da das (unedle) Metall mit dem edlen Metall elektrisch in Verbindung steht, können

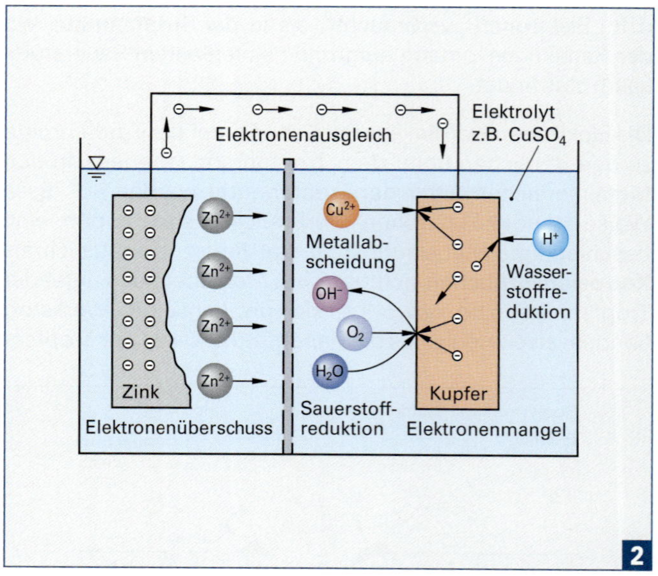

2

Ausbildung eines galvanischen Elements durch elektrische Verbindung zweier unterschiedlich edler Metalle

die Elektronen ständig vom unedlen Metall (hier: Zink) zum edlen Metall (hier: Kupfer) wandern.

Bei diesen katodischen Teilvorgängen handelt es sich insbesondere um:

- Sauerstoffreduktion, falls Sauerstoff im Elektrolyten vorhanden ist.
- Abscheidung von Kupfer-Ionen (Cu^{2+}) an der Oberfläche des Kupferblechs ($Cu^{2+} + 2\,e^- \rightarrow Cu$).
- Wasserstoffreduktion im Falle eines sauren Elektrolyten.

Verbindet man zwei verschiedene Metalle elektrisch leitend miteinander, dann ist mit **Kontaktkorrosion** zu rechnen, sobald die Verbindung einer feuchten oder wässrigen Umgebung ausgesetzt wird.

Tritt Kontaktkorrosion ein, dann korrodiert das unedle Metall relativ schnell, während hingegen das edle Metall (siehe elektrochemische Spannungsreihe) nur noch sehr langsam oder überhaupt nicht mehr korrodiert. Es wird **katodisch geschützt.**

Die Kontaktkorrosion ist umso ausgeprägter, je weiter die elektrisch miteinander verbundenen Metalle in der elektrochemischen Spannungsreihe auseinander stehen.

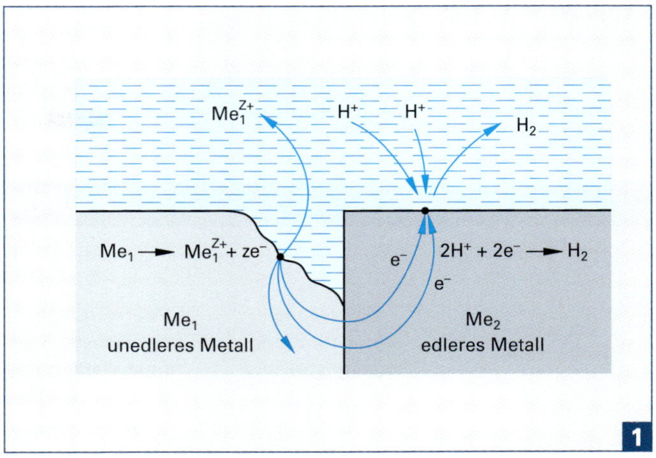

1

Beispiel für Kontaktkorrosion: das (unedle) Metall löst sich aufgrund des elektrischen Kontaktes mit dem (edlen) Metall relativ rasch auf, sobald ein Elektrolyt (z. B. Wasser) hinzutritt

Kontaktkorrosion kann auf folgende Weise vermieden werden:

- Nur gleiche Metalle (oder wenigstens Metalle, die in der elektrochemischen Spannungsreihe dicht beieinander stehen) elektrisch leitend miteinander verbinden.
- Falls aus funktionstechnischen Gründen ungleiche Metalle miteinander verbunden werden müssen, sollte folgendes beachtet werden:
  - zu verbindende Teile elektrisch gegeneinander isolieren (z. B. durch Kunststoffscheiben),
  - Bauteile vor dem Zutritt eines Elektrolyten (z. B. Wasser) schützen (z. B. Dichtverschweißen, Lackierung, Kunststoffbeschichtung usw.).

Technische Nutzung der Kontaktkorrosion

Kontaktkorrosion kann auch technisch genutzt werden. So werden beispielsweise Rohrleitungen (z. B. Gasleitungen) und Tanks aus Stahl sowie Stahlrümpfe von Schiffen durch Kontakt mit einem relativ unedlen Metall (z. B. angeschraubte Magnesium-, Aluminium- oder Zinkplatten) vor Korrosion geschützt.

Die elektrochemische Spannungsreihe zeigt, dass die genannten Metalle gegenüber dem Eisen erheblich unedler sind. Durch elektrischen Kontakt mit der Rohrleitung, dem Tank oder dem Schiffsrumpf und der Anwesenheit eines Elektrolyten (z. B. Meerwasser oder Bodenfeuchtigkeit) werden diese als **Opferanoden** bezeichneten Platten aufgelöst und müssen von Zeit zu Zeit ausgetauscht werden. Die Rohrleitung, der Tank oder der Schiffsrumpf bleiben dagegen vor Korrosionsschäden weitgehend geschützt. Man spricht von einem **katodischen Schutz**.

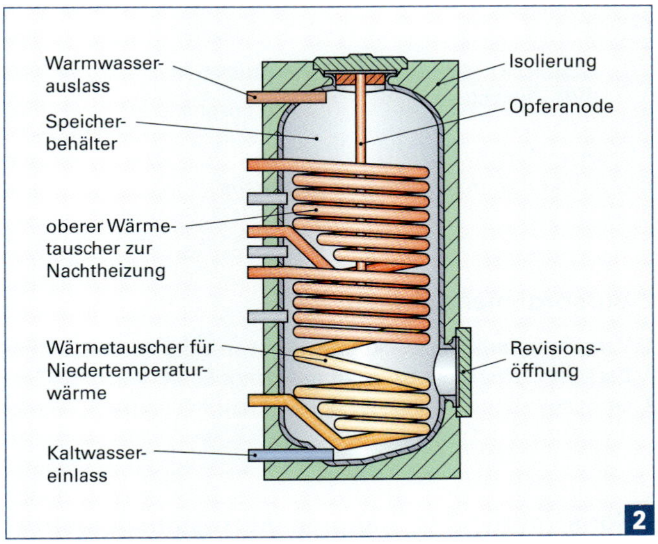

2

Warmwasserspeicher mit Opferanode

PHYSIK CHEMIE STATISTIK

KORROSIONSSCHUTZ

Die Vermeidung von Korrosion und der damit verbundenen Korrosionsschäden kann auf sehr unterschiedliche Weise erfolgen. Die wichtigsten Maßnahmen werden in den nachfolgenden Abschnitten besprochen. Bild 1 gibt zunächst einen Überblick.

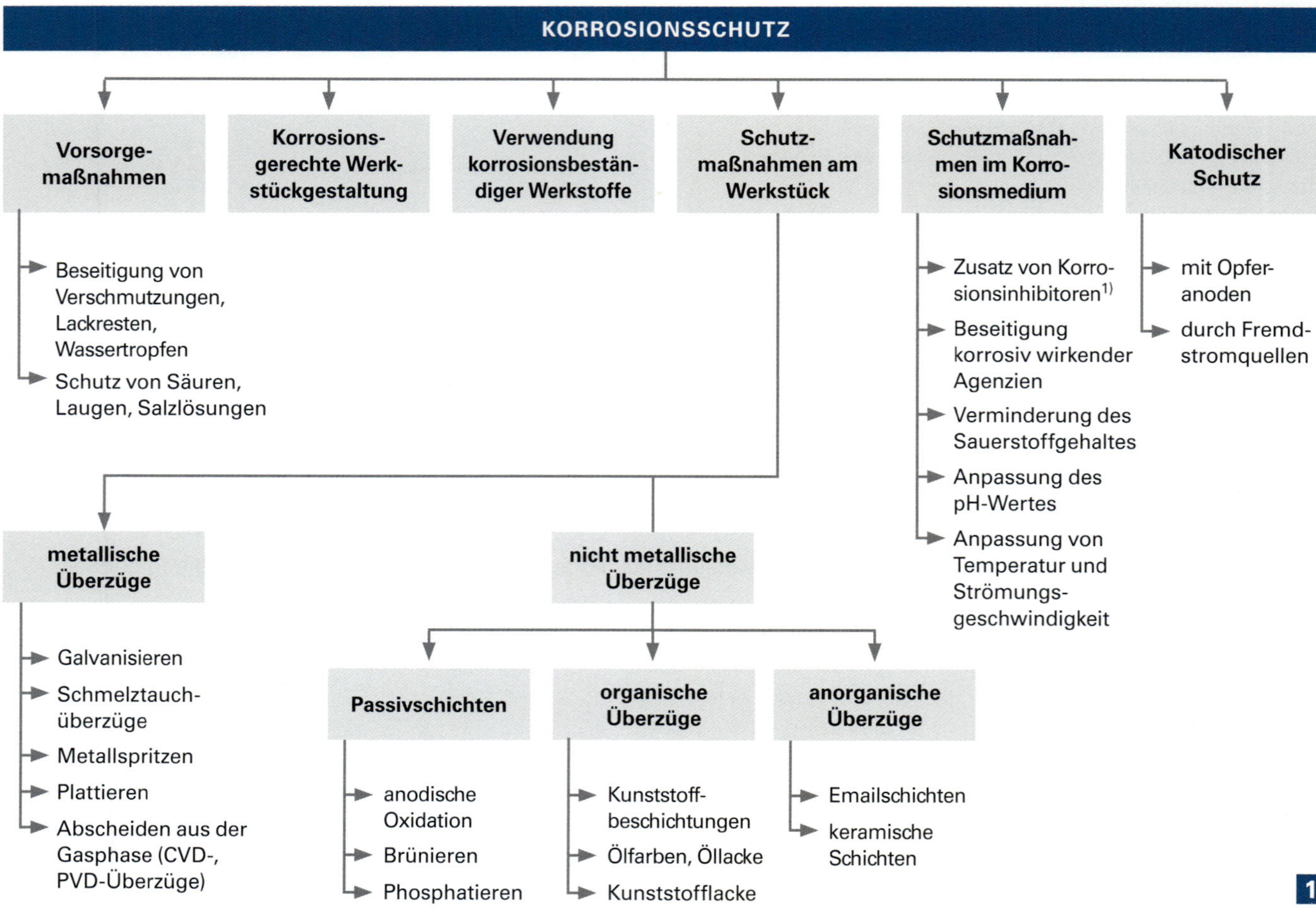

1

[1)] Inhibitor = Hemmstoff

Möglichkeiten des Korrosionsschutzes

Vorsorgemaßnahmen

- Verschmutzungen, Lackreste, Wasser- oder sonstige Flüssigkeitstropfen insbesondere auf ungeschützten Metalloberflächen vermeiden, bzw. schnellstmöglich entfernen (Gefahr der Sauerstoffkorrosion),
- Ungeschützte Metalloberflächen nicht mit sauren Lösungen (Säuren) in Verbindung bringen (Gefahr der Säurekorrosion)

Konstruktive Maßnahmen (korrosionsgerechte Werkstückgestaltung)

Korrosionsschäden lassen sich durch geeignete konstruktive Maßnahmen vermeiden. Hierzu gehören unter anderem:

- Vermeidung enger Spalte in die ein Elektrolyt wie z. B. Wasser eindringen kann (→ Gefahr der **Spaltkorrosion**). Gegebenenfalls sind Abdichtungsmaßnahmen wie z. B. Dichtverschweißen oder Kunststoffbeschichtung anzustreben (Bild 2).
- Keine unterschiedlichen Metalle, die zudem noch einer feuchten Umgebung oder gar einer wässrigen Lösung ausgesetzt sind, elektrisch miteinander verbinden (→ Gefahr der **Kontaktkorrosion**). Gegebenenfalls sollten die Teile elektrisch gegeneinander isoliert werden (Bild 1, folgende Seite).
- Profile möglichst so anordnen, dass eine Wasseransammlung vermieden wird (Bild 2, folgende Seite).

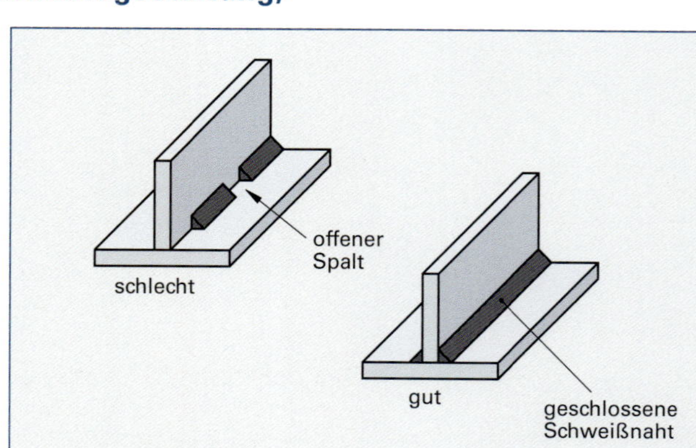

2

Vermeidung von Spaltkorrosion beispielsweise aufgrund durchgehend geschweißter Nähte

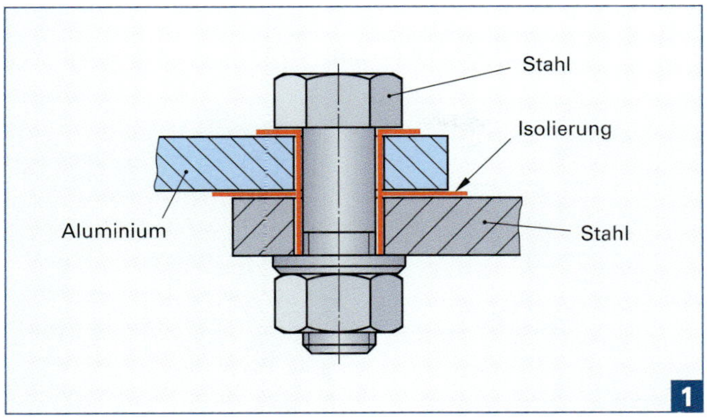

Elektrisch isolierte Schraubverbindung zwischen einem Stahl- und einem Aluminiumteil

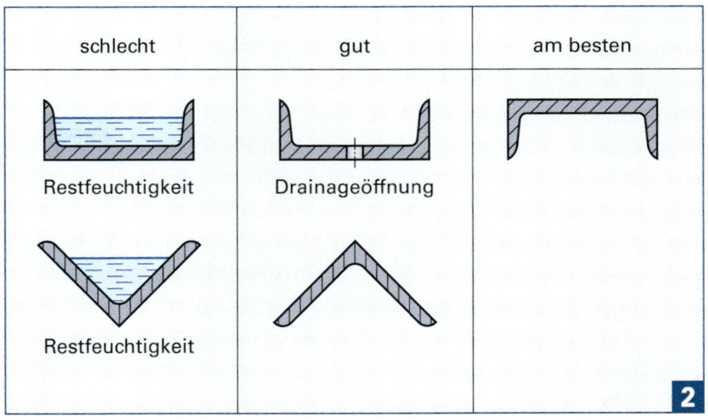

Geeignete und ungeeignete Anordnungen von Profilen im Hinblick auf Korrosionsbeanspruchung (Beispiele)

Verwendung korrosionsbeständiger Metalle oder Legierungen

Eine Reihe von Metallen und Metalllegierungen bilden bei Anwesenheit von Luft, Wasser oder anderer wässriger Medien an der Oberfläche eine sehr dünne, meist oxidische Schutzschicht (Dicke nur wenige Atomlagen bis maximal einiger Nanometer), die das Metall vor Korrosion weitgehend schützt. Wir bezeichnen diese Schutzschichten als **Passivschichten**.

Passivschichten haben den entscheidenden Vorteil, dass sie sich nach einer Verletzung (z. B. infolge Bearbeitung oder Gebrauch) innerhalb kürzester Zeit selbstständig nachbilden. Wir sprechen von **Selbstheilung** oder **Repassivierung**.

Zu den technisch wichtigen Metallen, die eine Passivschicht ausbilden, gehören beispielsweise Aluminium oder Chrom:

- Aluminium ist ein sehr unedles Metall, es würde sehr viel schneller korrodieren als Eisen bzw. Stahl. Die Erfahrung zeigt jedoch, dass Aluminium, zumindest unter normalen Witterungsbedingungen, eine deutlich höhere Korrosionsresistenz aufweist. Die Ursache hierfür ist die sich auf der Aluminiumoberfläche ausbildende Passivschicht aus Aluminiumoxiden (Bild 3).
- Die Passivität des Chroms wird technisch in großem Maßstab zur Herstellung von rostfreien Stählen genutzt, da das Chrom die Eigenschaft der Passivität als Legierungselement auch auf andere Metalle überträgt. Wird ein Stahl mit mindestens 10,5 % Chrom legiert, dann bildet sich auf der Stahloberfläche eine selbstheilende Chromoxidschicht, die den Stahl vor Korrosionsangriff durch vielerlei Medien schützt. Die verfügbaren nicht rostenden Cr- und CrNi-Stähle haben daher Chromgehalte zwischen 10,5 % und 26 %.

Die Schutzschichten auf Aluminium, Chrom sowie auf den Cr- und CrNi-Stählen sind gegenüber einer Reihe von Medien, allen voran Salzwassern, sehr unbeständig. Die Chlorid-Ionen des Salzwassers zerstören dabei die Schutzschicht örtlich und verhindern eine nachfolgende Selbstheilung (Repassivierung).

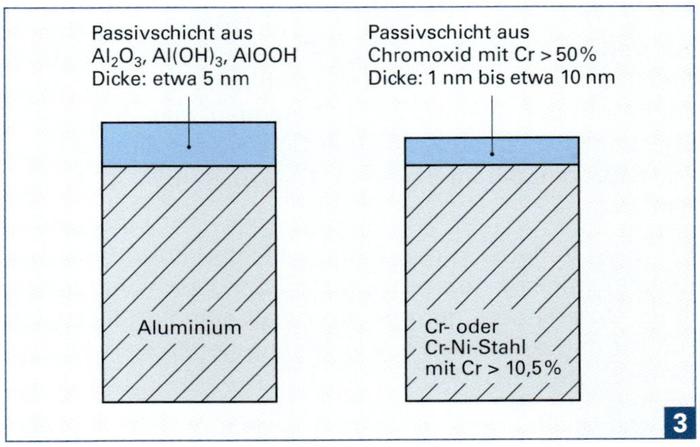

Durch Ausbildung einer Passivschicht auf der Oberfläche bleibt das Metall vor einem Korrosionsangriff weitgehend geschützt

In Anwesenheit von Salzwasser zeigen sowohl das Aluminium als auch die nicht rostenden Cr- und CrNi-Stähle eine unter dem Begriff **„Lochkorrosion"** bekannte und gefürchtete Korrosionsform. Diese besondere Erscheinungsart der Korrosion vermag selbst dicke Bleche innerhalb kurzer Zeit zu durchlöchern.

Eine andere sehr gefährliche Art der Korrosion passiver Metalle ist die **Spannungsrisskorrosion**. In Anwesenheit chloridhaltiger Medien beobachtet man beispielsweise bei Bauteilen aus Aluminium bzw. Aluminiumlegierungen sowie Cr- und CrNi-Stählen, sofern sie einer Zugbeanspruchung ausgesetzt sind, ein den tragenden Querschnitt schwächendes Risswachstum, das meist lange Zeit unbemerkt bleibt. Wird der Riss nicht rechtzeitig entdeckt (mit bloßem Auge nicht möglich!), dann kann dies, wie in der Vergangenheit bereits mehrfach geschehen, zu katastrophalen Schäden führen.

Schutzmaßnahmen am Werkstück

Metallische Schutzschichten

Beschichten mit einem gegenüber dem Grundwerkstoff edlen Metall

Korrosionsschutz durch Beschichten mit einem gegenüber dem Grundwerkstoff edleren Metall ist eine technisch wichtige Korrosionsschutzmaßnahme. So werden beispielsweise für die Herstellung von Konservendosen große Mengen von Stahlblechen mit Zinn beschichtet **(Weißblech)**, um sie vor den häufig korrosiv wirkenden Doseninhalten (z. B. Fruchtsäuren, Salzlösungen usw.) zu schützen. Auch das Verchromen oder Vernickeln von Stahlteilen stellt eine edlere Schutzschicht dar.

Wird die gegenüber dem Grundmetall edle Schutzschicht jedoch verletzt, sodass ein Elektrolyt (z. B. der saure Doseninhalt) Zutritt zur Metalloberfläche hat, dann ist eine starke Kontaktkorrosion zu beobachten, da dem unedlen Grundmetall (hier: Stahlblech) durch die edle Schutzschicht (hier: Zinn) Elektronen entzogen und somit der Korrosionsprozess ständig aufrecht erhalten wird. Handelt es sich zudem noch um einen gut leitenden Elektrolyten (z. B. Salzlösung), dann wird die Korrosion des Grundmetalls an der verletzten Stelle zusätzlich begünstigt. Die Schutzschicht selbst wird durch das sich auflösende Grundmetall katodisch geschützt und unterliegt daher keinem Korrosionsangriff. Derart wirkende Schutzschichten sind beispielsweise Cu, Ni und Sn auf Stahl. Man spricht von einem **unechten Schutzmetall**.

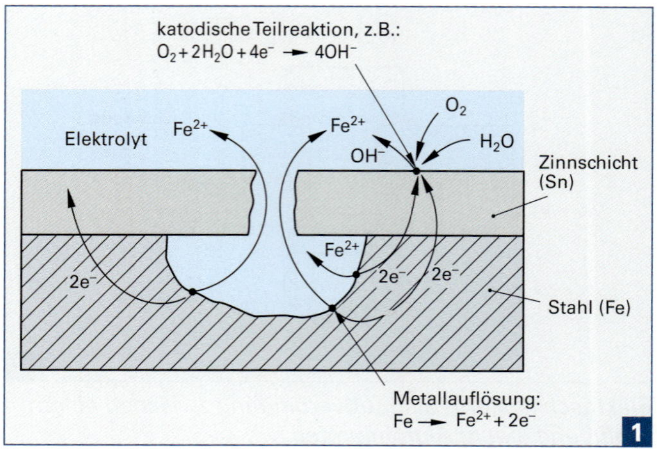

*Kontaktkorrosion eines mit einem **edlen** Metall beschichteten Grundmetalls: bei Verletzung der Schutzschicht beobachtet man eine beschleunigte Auflösung des Grundwerkstoffs*

Beschichten mit einem gegenüber dem Grundwerkstoff unedlen Metall

Auch unedle Metalle können als Korrosionsschutzschicht eingesetzt werden. Ein bekanntes Beispiel ist das **Verzinken von Stahl**. Bei diesem Verfahren wird in der Regel das Stahlteil in ein flüssiges Zinkbad eingetaucht und auf diese Weise mit der Schutzschicht überzogen. Das Zink selbst überzieht sich an Luft mit einer Schicht aus Zinkoxid und Zinkcarbonat, die ihrerseits eine Korrosion des Zinks verhindert.

Bei einer Verletzung der Schutzschicht bleibt das Grundmetall katodisch geschützt, da die Schutzschicht, analog einer Opferanode, dem Grundmetall ständig Elektronen zuführt und damit sich das in-Lösung-gehen seiner Ionen unterdrückt.

Bei Beschichtungen mit einem gegenüber dem Grundwerkstoff unedleren Metall beobachtet man daher eine (erwünschte) verstärkte Auflösung der Schutzschicht, während das Grundmetall in der Regel keinem Korrosionsangriff unterliegt (Bild 2). Man spricht von einem **echten Schutzmetall**.

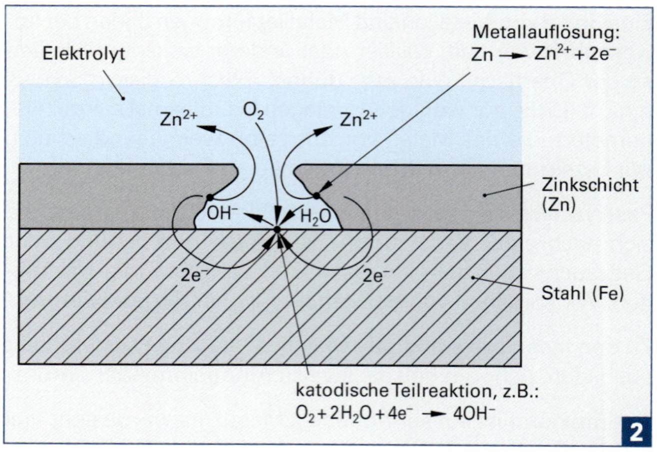

*Kontaktkorrosion eines mit einem **unedlen** Metall beschichteten Grundmetalls: bei Verletzung der unedlen Schutzschicht löst sich diese schnell auf, während das Grundmetall katodisch geschützt bleibt*

Nur metallische Deckschichten die unedler sind als das Werkstück (z. B. Zink auf Stahl), stellen nach einer Verletzung der Schicht auch einen echten Korrosionsschutz des Grundmetalls dar.

Beschichtungsarten

Galvanisches Beschichten (Galvanisieren)

Beim **galvanischen Beschichten** oder **Galvanisieren** (z. B. **Verchromen**, **Verkupfern**, **Vernickeln**, **Versilbern** oder **Vergolden**) wird das Werkstück in einen Elektrolyten getaucht, in dem sich die Kationen des gewünschten Überzugsmetalls (z. B. $CuSO_4$, $NiSO_4$) sowie das Überzugsmetall selbst (z. B. Cu, Ni) befindet.

Das Werkstück wird mit der Katode, das Überzugsmetall mit der Anode einer Gleichspannungsquelle verbunden. Die Metall-Ionen des Überzugsmetalls (z. B. Cu^{2+}; Ni^{2+}) gehen dann verstärkt in Lösung (z. B. $Cu \rightarrow Cu^{2+} + 2\,e^-$) und scheiden sich anschließend auf der negativen Werkstückoberfläche wieder ab (z. B. $Cu^{2+} + 2\,e^- \rightarrow Cu$). Das Galvanisierbad (z. B. $CuSO_4$-Lösung) erneuert sich stetig, während sich das als Anode gepolte Überzugsmetall (z. B. Cu) auflöst (Bild 3).

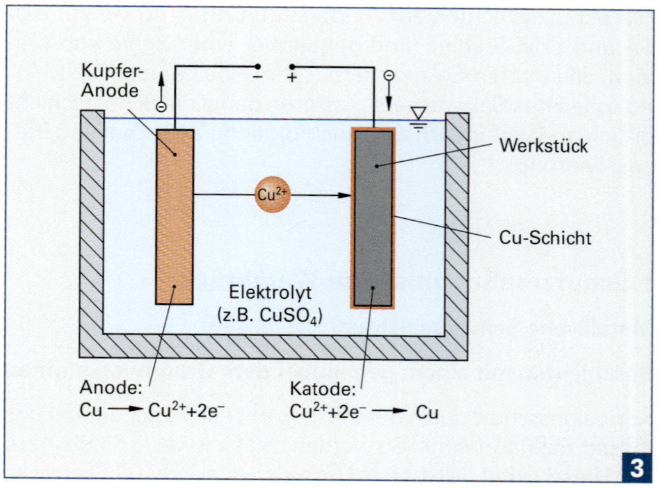

Prinzip des Galvanisierens am Beispiel des Verkupferns

Auftragen einer Schutzschicht durch Eintauchen in flüssige Metalle

Das am häufigsten angewandte Verfahren zum Aufbringen einer metallischen Schutzschicht ist das Eintauchen des Werkstücks in das flüssige Überzugsmetall. Ein bekanntes Verfahren ist das Verzinken von Stahlteilen.

Im Zinkbad diffundiert ein Teil des Zinks in die Oberfläche des zu behandelnden Bauteils ein und bildet dort eine Zink-Eisen-Legierungsschicht, auf der sich beim Herausziehen aus dem Zinkbad die Reinzinkschicht ablagert (Bild 1). Auch andere Metalle, vor allem solche mit niedriger Schmelztemperatur, wie z. B. Blei und Zinn, können auf diese Weise aufgebracht werden.

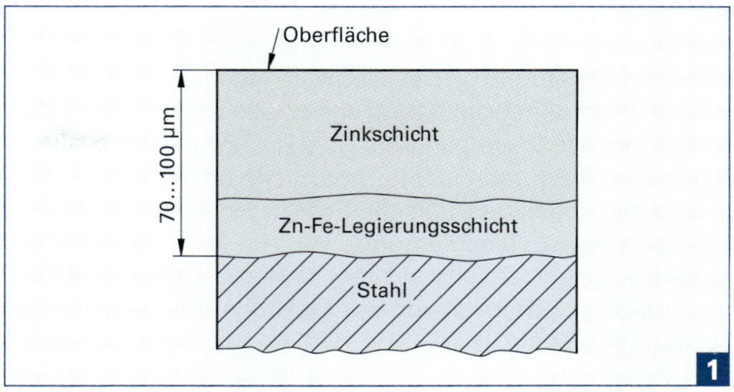

Aufbau einer Zinkschicht

Auftragen einer Schutzschicht durch Metallspritzen

Beim Metallspritzen wird das Deckmetall einer Spritzpistole meist als Draht zugeführt, in einer Acetylen-Sauerstoff-Flamme geschmolzen, mittels eines starken Luftstroms zerstäubt und auf die Werkstückoberfläche aufgeschleudert (Bild 2).

Metalle werden vor allem aus zwei Gründen aufgespritzt:

- Abgenutzte Teile können durch das Metallspritzen wieder auf ihre Gebrauchsmaße gebracht werden.
- Laufflächen und Verschleißflächen werden mit besonders verschleißbeständigen Metallen beschichtet.

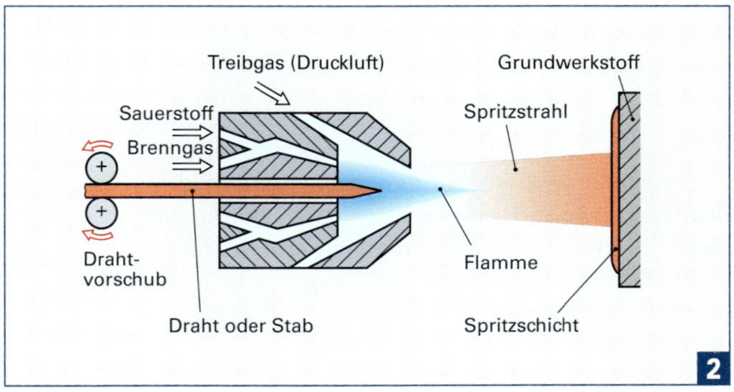

Drahtflammspritzen

Auftragen einer Schutzschicht durch Plattieren

Werden verschiedene Metalle in der Walzhitze zusammen durch ein Walzenpaar geführt, dann verschweißen beide Metalle miteinander. Auf diese Art werden häufig Bleche aus festen, aber nicht besonders korrosionsbeständigen Aluminium-Kupfer-Legierungen mit einer dünnen Schicht aus reinem Aluminium plattiert. Das plattierte Blech hat dann die Festigkeit des Grundmetalls und die Oberflächeneigenschaften (z. B. Korrosionsresistenz) der Deckschicht.

Auch verschiedene Metalle lassen sich auf diese Weise verbinden. So wird beispielsweise Stahl durch Walzplattieren mit Aluminium, Kupfer, Titan und vielen Kupferlegierungen beschichtet. Bekannte Beispiele hierfür waren Ein- und Zweipfennigstücke, die einen Kern aus Stahl und eine aufgewalzte Schicht aus Kupfer hatten. Neben dem Aufwalzen **(Walzplattieren)** kann eine Oberflächenschutzschicht auch aufgeschweißt werden **(Schweißplattierung)**. So werden beispielsweise Druckbehälter aus un- und niedrig legierten, nicht korrosionsbeständigen Stählen an ihrer Innenoberfläche durch eine dünne, aufgeschweißte Schicht aus nicht rostendem CrNi-Stahl geschützt.

Nichtmetallische Schutzschichten

a) Anodische Oxidation

Anodische Oxidation (auch als **Anodisieren** oder **elektrolytisches Oxidieren** bezeichnet) ist eine Verstärkung der natürlichen Passivschicht eines Metalls wie z. B. Aluminium auf elektrochemischem Wege. Eine besondere Bedeutung hat das Verfahren bei Aluminium-Werkstoffen und wird dort auch als **„Eloxieren“**[1)] bezeichnet. Die Schichten sind nach der anodischen Oxidation mit 10 µm...30 µm durchschnittlich etwa 1000-mal dicker als die natürliche Oxidschicht und haben dementsprechend einen deutlich verbesserten Korrosionsschutz, eine relativ hohe Härte sowie ein gutes elektrisches Isolationsvermögen.

Bei der anodischen Oxidation von Aluminium wird das Werkstück in eine saure Lösung von 10 °C...25 °C (Chrom-, Schwefel- oder Oxalsäure und deren Mischungen) eingetaucht (Bild 3). Beim Einschalten des elektrischen Stromes werden dem Aluminium-Bauteil Elektronen entzogen. Die dabei entstehenden Al^{3+}-Ionen wandern durch die bereits vorhandene Oxidschicht.

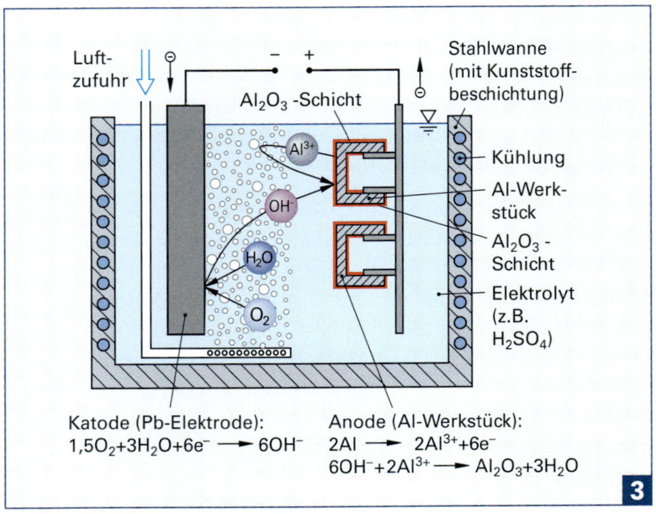

Prinzip der anodischen Oxidation beim Aluminium

[1)] Der Begriff „Eloxal“ (und davon abgeleitete Begriffe wie z. B. „Eloxieren“) ist eine Abkürzung für „**el**ektrolytische **Ox**idation von **Al**uminium“.

PHYSIK CHEMIE STATISTIK

An der Grenzfläche zum Elektrolyten reagieren die Aluminium-Ionen mit dem Sauerstoff zu Aluminiumoxid (Al_2O_3). Die dabei auf der Aluminiumoberfläche entstehende Sperrschicht wird im Elektrolyten gelöst und anschließend als poröse Deckschicht wieder ausgefällt (Bild 1). In den Porenraum können durch eine Nachbehandlung organische oder anorganische Farbstoffe eingelagert und die Schicht auf diese Weise eingefärbt werden **(Tauchfärbung)**. Weitere Möglichkeiten der Einfärbung von Eloxalschichten sind die **Farbanodisation** (Farbton wird bestimmt von der Elektrolyt- und Legierungszusammensetzung sowie von den Anodisierbedingungen) und die **elektrolytische Einfärbung** (Metallabscheidung aus wässriger Metallsalzlösung in den Poren der Schicht).

Die Umwandlung des Aluminiums zu Aluminiumoxid ist mit einer Gewichts- und Dickenzunahme verbunden. Etwa 30 %...50 % der Schichtdicke wächst daher nach außen. Dies muss bei Bauteilen mit hoher Maßgenauigkeit berücksichtigt werden.

Besonders harte und verschleißbeständige Oberflächen für technische Anwendungen wie Hydraulikzylinder, Gleitlager, Fahrgestelle von Flugzeugen usw. werden durch **Hartanodisation** erzeugt. Harte Oxidschichten bilden sich durch Anwendung geeigneter Elektrolytlösungen (Schwefelsäure bzw. Schwefel- und Oxalsäure) und angepasste Arbeitsbedingungen (höhere Stromdichte, niedrigere Elektrolyttemperatur).

b) Brünieren

Beim Brünieren werden Eisenwerkstoffe in eine siedende, alkalische und oxidierend wirkende Lösung getaucht. Dabei bildet sich auf der Bauteiloberfläche eine schwarze Eisenoxidschicht, deren Korrosionsschutz jedoch gering ist.

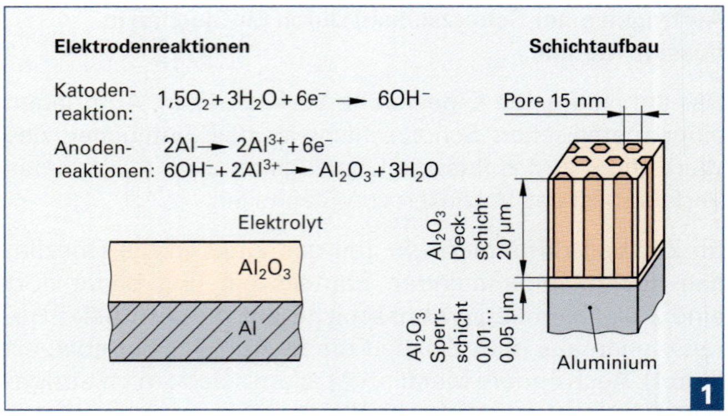

1

Entstehung und Aufbau einer Aluminiumoxidschicht bei der anodischen Oxidation

c) Phosphatieren

Zum Phosphatieren wird das Werkstück in eine saure, phosphathaltige Lösung gebracht (z.B. saures Zink- oder Manganphosphat). Die Lösung reagiert dabei mit der Oberfläche des Metalls. Bei Stahl wird eine Eisenphosphatschicht gebildet, die bis zu 15 µm dick sein kann. Da die Schicht feine, kapillarartige Zwischenräume aufweist, stellt sie eine ausgezeichnete Speicherschicht für Schmier- und Feststoffe dar.

Eine Phosphatschicht kann verschiedenen Zwecken dienen:

- getränkt mit Öl als Korrosionsschutz und zur Vermeidung von Verschleiß bei gleitenden Teilen,
- getränkt mit Farbe als Grundierung für Lack- und Farbanstriche,
- trocken, als Isolierschicht.

Eloxieren

Der Begriff **Eloxieren** ist eine Abkürzung für elektrolytische Oxidation von Aluminium und als **Eloxalverfahren** gesetzlich geschützt. **Eloxal** und die davon abgeleiteten Begriffe sind aber inzwischen in der Literatur soweit verbreitet, dass **Eloxalqualität** ein feststehender Begriff für Aluminiumhalbzeug geworden ist, das für eine anodische Oxidation geeignet ist.

Nichtmetallische Überzüge

a) Emailüberzüge

Zur Erzeugung von dauerhaften, witterungsbeständigen Schutzschichten (z.B. für Fassadenelemente) eignet sich das Emaillieren.

Eine Emailschicht ist eine glasartige, sehr harte und feste Masse, die einen guten Schutz gegenüber Korrosion bietet. Emailschichten sind jedoch spröde und dementsprechend empfindlich gegenüber Stöße und Schläge. Abgeplatzte Stellen lassen sich nicht ausbessern.

Zum Emaillieren wird die Grundmasse (im Wesentlichen eine Mischung aus Quarz, Feldspat, Flussspat, Borax, Soda und ähnlichen Stoffen) in Breiform auf die fertig bearbeitete, sauber gebeizte oder sandgestrahlte Oberfläche aufgetragen und bei 800 °C...900 °C etwa 10 min eingebrannt. Dabei fließen die Stoffe zur Grundglasur zusammen und brennen in das Grundmetall ein. Darauf werden auf die gleiche Weise noch ein oder zwei Deckemailschichten aufgebracht, die in den gewünschten Farben eingefärbt werden können.

b) Kunststoffbeschichtungen

Kunststoffe ergeben chemisch sehr beständige Überzüge, die sich zudem beliebig einfärben lassen. Um an beschädigten Stellen ein Unterwandern der Schicht durch Feuchtigkeit zu verhindern, muss der Untergrund vorbehandelt werden. Mit Kunststoffschichten lassen sich Bauteile von außen gegen Witterungseinflüsse und von innen gegen aggressive Substanzen schützen.

c) Ölfarben und Öllacke

Ölfarben und Öllacke schützen das Grundmetall nur, wenn die Gesamtschicht so dick ist, dass das Werkstück völlig eingehüllt ist und die Schicht an keiner Ecke oder Kante unterbrochen oder so dünn ist, dass sie leicht beschädigt werden kann.

d) Kunststofflacke

Kunststofflacke verwittern nicht so schnell wie Öllacke. Man unterscheidet thermoplastische und duroplastische Kunststofflacke.

Die Thermoplaste werden durch ein Lösungsmittel flüssig gehalten. Ist dieses verdunstet, so härtet der Lack an der Luft aus, bleibt aber dabei immer etwas elastisch.

Die Duroplaste bestehen aus zwei Komponenten, die erst bei erhöhter Temperatur (80 °C...120 °C) miteinander reagieren und dadurch hart werden. Diese Lacke müssen „eingebrannt" werden.

Schutz durch Fremdströme (katodischer Schutz)

Metallische Bauteile können durch Beaufschlagung mit Fremdströmen vor Korrosion geschützt werden. Hierfür stehen prinzipiell zwei Möglichkeiten zur Verfügung:

Katodischer Schutz mit Opferanoden

Opferanoden haben ein geringeres Normalpotenzial, sie sind also unedler als das Metall des zu schützenden Bauteils. Eine Opferanode löst sich daher bei Kontakt mit einem Elektrolyten schneller auf, als das zu schützende Metall. Durch das in-Lösung-gehen der positiven Metall-Ionen der Opferanode bleiben Elektronen in ihrem Metallgitter zurück und führen aufgrund der elektrisch leitenden Verbindung zu einer negativen Aufladung (Polarisierung) des zu schützenden Metalls. Positive Metall-Ionen, die das Gitter des zu schützenden Metalls verlassen wollen, werden aufgrund der hohen elektrostatischen Anziehungskräfte gehindert. Das zu schützende Metall korrodiert nur noch sehr langsam oder überhaupt nicht mehr.

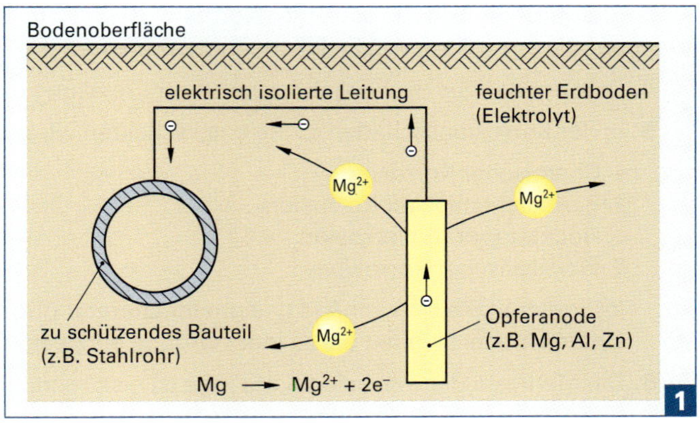

1 *Katodischer Schutz von Erdleitungen oder Erdtanks aus Stahl durch Opferanoden aus Mg, Al oder Zn*

BEISPIELE

- Stahlleitungen und Stahlbehälter für Flüssigkeiten sind in der Nähe der oft edleren Armaturen korrosionsgefährdet. Man bringt daher an diesen Stellen Zinkplatten als Opferanoden an.
- Schiffsschrauben sind häufig aus edlem Sondermessing (Cu-Zn-Legierung) oder Bronze (Cu-Sn-Legierung), Schiffsrumpf und Ruderblatt dagegen aus unedlem Stahl. Zink- oder Magnesiumplatten schützen Rumpf und Ruder vor Korrosion.
- Warmwasserspeicher von Heizungsanlagen, Gas- und Elektrogeräten enthalten häufig Magnesiumblöcke, die als Opferanoden das Wassergefäß vor Korrosion schützen sollen.

Katodischer Schutz mit Fremdstromquelle

Anstelle einer elektrischen Verbindung des zu schützenden Bauteils mit einer Opferanode, kann das Bauteil auch mit dem Minuspol einer Gleichspannungsquelle verbunden werden. Die elektrochemischen Vorgänge sind in beiden Fällen identisch: das zu schützende Metall wird mit einer negativen Spannung beaufschlagt (polarisiert). Das in-Lösung-gehen seiner positiven Metall-Ionen wird aufgrund der starken elektrostatischen Anziehungskräfte verhindert bzw. stark gehemmt. Das Grundmetall bleibt vor Korrosion geschützt.

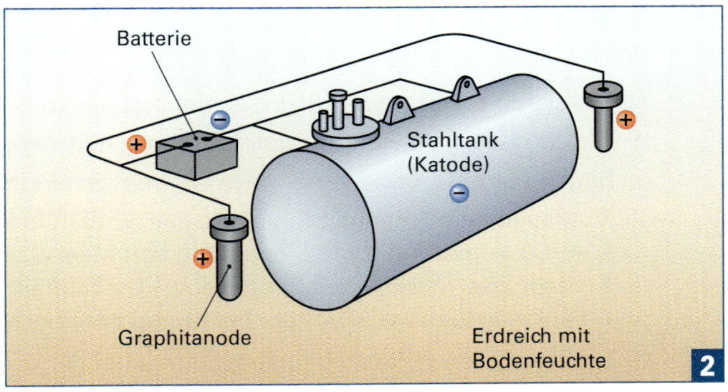

2 *Katodischer Schutz von Erdleitungen oder Erdtanks durch Verbinden mit einer Gleichspannungsquelle*

PHYSIK CHEMIE STATISTIK

AUFGABEN ZUR WIEDERHOLUNG

1. Erläutern Sie den Begriff „Korrosion".

2. Was verstehen Sie unter dem Begriff „Lösungstension" eines Metalls? Nennen Sie jeweils ein Beispiel für ein Metall mit einer hohen und einer geringen Lösungstension.

3. Erläutern Sie den Aufbau einer Normalwasserstoffelektrode und erklären Sie deren Bedeutung im Hinblick auf die Ermittlung von Elektrodenpotenzialen.

4. Beschreiben Sie die Vorgehensweise zur Erstellung der elektrochemischen Spannungsreihe der Metalle.

5. In der Korrosionsschadenkunde unterscheiden wir zwischen:

- Chemischer Korrosion
- Elektrochemischer Korrosion
- Hochtemperaturkorrosion
- Physikalischer Korrosion

Informieren Sie sich anhand geeigneter Literatur über diese vier Gruppen und beschreiben Sie die typischen Unterschiede. Nennen Sie zu jeder Gruppe ein geeignetes Beispiel.

6. Die Mehrzahl der Korrosionsvorgänge ist elektrochemischer Art.

a) Beschreiben Sie stichwortartig die anodische Teilreaktion der elektrochemischen Korrosion.

b) Erläutern Sie, weshalb ohne eine korrespondierende katodische Teilreaktion keine Werkstoffschädigung eintreten kann.

c) Beschreiben Sie zwei wichtige katodische Teilreaktionen.

7. Mithilfe der elektrochemischen Spannungsreihe können Korrosionsvorgänge bewertet werden.

a) Erläutern Sie die Bedeutung der elektrochemischen Spannungsreihe im Hinblick auf die Bewertung von Korrosionsvorgängen.

b) Worin besteht der Unterschied zur praktischen elektrochemischen Spannungsreihe der Metalle? Welche Bedeutung hat die praktische elektrochemische Spannungsreihe?

c) Fällt ein unverzinkter Stahlnagel in eine Kupferdachrinne, dann wird im Laufe der Zeit das Kupferblech an dieser Stelle einer ausgeprägten Korrosion unterliegen, obwohl das Kupfer ein höheres Normalpotenzial hat als Eisen bzw. Stahl. Versuchen Sie anhand geeigneter Literatur die Ursache für diese Beobachtung zu erklären (schwierige Aufgabe!).

8. Begründen Sie, weshalb in sauren Lösungen (niedriger pH-Wert) verstärkt mit Korrosionsproblemen gerechnet werden muss.

9. Lochkorrosion (Lochfraß) ist eine weit verbreitete Korrosionsform bei metallischen Werkstoffen. Zur Beantwortung der nachfolgenden Fragen sollten Sie sich anhand geeigneter Literatur informieren.

a) Skizzieren Sie das typische Erscheinungsbild von Lochkorrosion.

b) Welche zwei Voraussetzungen müssen erfüllt sein, damit Lochkorrosion auftritt?

c) Begründen Sie, welche der nachfolgend genannten Bauteile ein erhöhtes Risiko für Lochkorrosion aufweisen.

- Allseitig geschliffene Stahlplatte aus S275JR in kaltem Trinkwasser
- Al-Cu-Legierung unter Einwirkung von Meerwasser
- Verzinktes Stahlblech („Weißblech") bei Kontakt mit salzfreiem, kaltem Wasser
- Fahrzeugteil aus CrNi-Stahl bei Kontakt mit heißem, salzhaltigem Wasser

d) Lochkorrosion verursacht insbesondere bei den nicht rostenden Stählen sowie bei Aluminiumwerkstoffen erhebliche Korrosionsschäden. Nennen Sie für beide Werkstoffgruppen jeweils eine wirksame Maßnahme zur Vermeidung von Lochkorrosion.

10. Das mengenmäßig bedeutendste Korrosionsprodukt bei Eisenwerkstoffen ist der Rost.

a) Beschreiben Sie die ungefähre Zusammensetzung von Rost.

b) Welche drei Voraussetzungen müssen für eine Rostbildung erfüllt sein?

11. Erläutern Sie den Unterschied zwischen aktivem und passivem Korrosionsschutz und nennen Sie zu beiden Gruppen jeweils zwei wirksame Korrosionsschutzmaßnahmen.

12. Nachfolgend werden einige technische Aufgabenstellungen genannt. Mit welchem Korrosionsproblem müssen Sie ggf. rechnen, falls die Bauteile einer feuchten oder wässrigen Umgebung ausgesetzt werden? Schlagen Sie zu jeder Problemstellung eine geeignete Korrosionsschutzmaßnahme vor:

1. Befestigung von Aluminium-Blechen an Stahlträgern aus unlegiertem Baustahl mithilfe von Stahlschrauben
2. Unterirdisch, im feuchten Erdreich verlegter Stahltank aus P235GH.
3. Einsatz von Aluminiumblechen im Außenbereich von Hochseeschiffen.
4. Stahlbleche aus DC03, die miteinander vernietet sind (Stahlniete).

13. Beschreiben Sie die Wirkungsweise des katodischen Korrosionsschutzes mithilfe von Opferanoden und nennen Sie ein typisches Anwendungsbeispiel.

14. Legen wir einen (unbeschichteten) Eisen- bzw. Stahlnagel in eine Kupferdachrinne, dann beobachten wir nach einiger Zeit an dieser Stelle eine ausgeprägte Korrosion der Kupferdachrinne. Erklären Sie die Ursache für diese Beobachtung.

AUFGABEN ZUR PRÜFUNGSVORBEREITUNG

1. Der Ablauf chemischer Reaktionen lässt sich durch Reaktionsbedingungen beeinflussen. Beim Schweißen verbrennt Acetylen in Luft mit leuchtender, stark rußender Flamme, jedoch bei Zufuhr von reinem Sauerstoff mit leuchtender Flamme und sehr hoher Temperatur.

a) Handelt es sich in den bei der beschriebenen Reaktion von Acetylen mit Sauerstoff um eine Oxidation oder Reduktion? Begründen Sie Ihre Aussage.

b) Erläutern Sie den Begriff Oxidationsmittel.

c) Die Reaktionsgeschwindigkeit einer Oxidation ist von mehreren Faktoren abhängig. Nennen Sie zwei Faktoren.

2. Bei dem Verschweißen von Eisenbahnschienen nutzt man die Thermitreaktion. Sie liefert nach der Zündung in wenigen Sekunden weiß glühendes, flüssiges Eisen, das nach dem Erstarren die Schienen verbindet.

a) Geben Sie die Fachbezeichnung einer chemischen Reaktion an, bei der Energie freigesetzt wird.

b) Die Thermitreaktion wird durch folgende Reaktionsgleichung beschrieben:
$Fe_2O_3 + 2\,Al \rightarrow 2\,Fe + Al_2O_3$
Erläutern Sie, warum es sich hierbei um eine Redoxreaktion handelt.

c) Nennen Sie den Stoff, der in der Thermitreaktion als Reduktionsmittel wirkt.

3. Im Trink- und Brauchwasser sind je nach Herkunft unterschiedlich viele Stoffe (Mineralien) gelöst. Nach dem Gehalt an sogenannten Härtebildnern unterscheidet man hartes und weiches Wasser.

a) Erläutern Sie, warum zur Speisung von Dampfkesseln hartes Wasser ungeeignet ist, und nennen Sie drei Auswirkungen.

b) Nennen Sie die beiden hauptsächlich für die Wasserhärte verantwortlichen Metallionen (Härtebildner).

c) Wie kann die temporäre Härte beseitigt werden? Geben Sie hierzu ein Beispiel.

d) Erläutern Sie, warum in technischen Anwendungen meist vollentsalztes Wasser (VE-Wasser) eingesetzt wird.

e) Das zuständige Wasserwerk gibt folgende Auskunft „Die Wasserhärte beträgt 1,1 mmol/l".
Handelt es sich hierbei um hartes, mittleres oder weiches Wasser? Begründen Sie Ihre Aussage.

4. Bei vielen industriellen Prozessen entstehen saure und basische Abwässer. Diese müssen vor dem Einleiten in die Gewässer neutralisiert werden. Die Einhaltung des pH-Wertes spielt hierbei eine große Rolle.

a) Geben Sie an, worüber der pH-Wert eine Aussage macht.

b) Nachfolgend ist eine Reaktionsgleichung dargestellt, die eine Neutralisation beschreibt:
$H_2SO_4 + 2NaOH \rightarrow Na_2SO_4 + 2H_2O$
Nennen Sie die Ausgangsstoffe (Edukte) und Produkte der Reaktionsgleichung.

c) Schreiben Sie in Worten eine allgemeingültige Reaktionsgleichung des Vorgangs der Neutralisation.

d) Mithilfe eines pH-Messgerätes bzw. eines Säure-Base-Indikators lässt sich überprüfen, ob die Neutralisation erreicht wurde. Geben Sie den Wert an, den das Messgerät bei neutraler Lösung anzeigt.

e) Zeigen Sie anhand des Säure-Base-Indikators Methylorange, dass sich dieser zum Nachweis einer neutralen Lösung nicht eignet.

5. Zum Korrosionsschutz von Warmwasserspeichern aus Stahl (Eisen) verwendet man häufig Magnesiumelektroden zur Verringerung der elektrochemischen Korrosion. Diese Elektroden werden auf die Behälterinnenwand aufgeschraubt.

a) Geben Sie den Fachbegriff für die Magnesiumelektrode an.

b) Beschreiben Sie stichpunktartig die Funktionsweise dieses Korrosionsschutzes.

c) Stellen Sie dar, welche Spannung sich bei einem galvanischen Element, bestehend aus Eisen, Magnesium und einem Elektrolyt, einstellt.

d) Welches Metall (Eisen, Magnesium) bildet hierbei den Pluspol bzw. den Minuspol?

e) An welcher Stelle in der elektrochemischen Spannungsreihe sind starke Reduktionsmittel angeordnet?

6. Zum Schutz von Stahlblechen werden diese mit einer Schutzschicht aus Zink oder Zinn versehen. Bei Verletzung der Oberfläche und längerer Einwirkung von Feuchtigkeit entsteht Korrosion.

a) Um welche Korrosionsart handelt es sich?

b) Skizzieren Sie die unterschiedlichen Korrosionsauswirkungen bei einem verzinnten und bei einem verzinkten Stahlblech und beschreiben Sie die beiden Korrosionsfälle.

c) Erläutern Sie, weshalb Aluminiumblech weniger korrosionsgefährdet ist als Stahlblech (Umgebungsluft).

TEIL C | STATISTIK

GRUNDLAGEN

Statistik ist ein Teilgebiet der Mathematik. Die Statistik liefert Methoden zur Gewinnung, Sammlung, Ordnung und Auswertung von Beobachtungsdaten, um auf Basis dieser Erfahrungsgrundlage Entscheidungen treffen zu können. Unter dem Aspekt der Wirtschaftlichkeit kommt den statistischen Methoden eine immer größere Bedeutung zu.

Die **Statistik** ist eng verknüpft mit der **Wahrscheinlichkeitsrechnung** und mit dieser unter dem Oberbegriff **Stochastik** zusammengefasst. Dieser aus dem Griechischen stammende Begriff bedeutet so viel wie „Kunst des geschickten Vermutens". Er bringt zum Ausdruck, dass der Anwender statistischer Methoden versucht, auf der Grundlage eines begrenzten Wissens um einen Sachverhalt, eine der Situation angemessene Theorie aufzustellen, die ihm eine bestmögliche Entscheidung erlaubt.

Nur ein Teil der innerhalb der mathematischen Statistik entwickelten Methoden wird in der industriellen Fertigung verwendet. Diese Methoden werden noch an die besonderen Erfordernisse angepasst und bilden die **technische Statistik**. Wichtige Bereiche der technischen Statistik sind die Qualitätsförderung und die statistische Prozessregelung SPC (*englisch:* **S**tatistical **P**rocess **C**ontrol).

DESKRIPTIVE UND INDUKTIVE STATISTIK

Die **deskriptive** (oder beschreibende) **Statistik** untersucht (möglichst) die gesamte Grundgesamtheit[1], während die **induktive** (oder analytische) **Statistik** nur einen repräsentativen Teil der Grundgesamtheit, die sogenannte **Stichprobe**, untersucht.

Induktive statistische Methoden sind überall dort erforderlich, wo eine 100-%-Prüfung zu aufwendig oder gar sinnlos ist. So macht etwa bei einer zerstörenden Prüfung eine 100-%-Prüfung keinen Sinn. Durch Verfahren der induktiven Statistik ist es möglich, von den Daten einer Stichprobe auf die Grundgesamtheit zurückzuschließen (Bild 1).

Die induktive Statistik geht von den Beobachtungen eines Teiles der Grundgesamtheit (Stichprobe) aus und schließt auf die Grundgesamtheit. Sie geht **induktiv** vor.

Bei der Entnahme der Stichprobe muss gewährleistet sein, dass jede Einheit der Grundgesamtheit die gleiche Chance hat, in die Stichprobe zu kommen. Nur dann kann die Stichprobe als repräsentativer Teil der Grundgesamtheit angesehen werden.

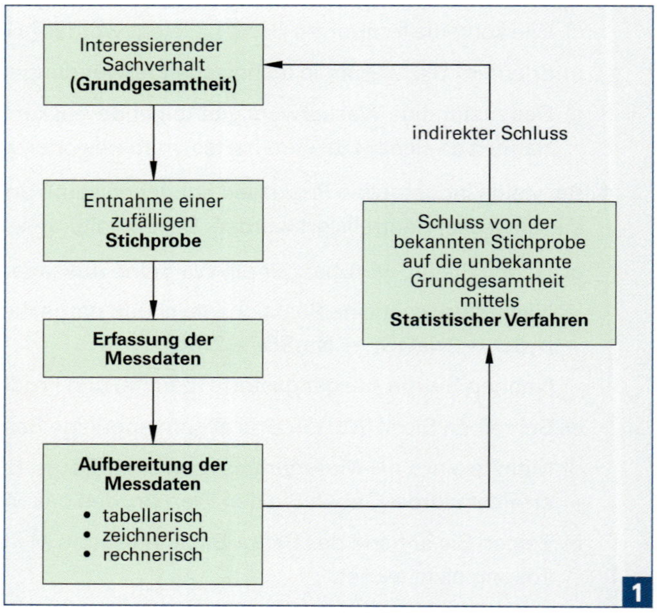

Grundmodell der technischen Statistik

MERKMALE

Ein erzeugtes Produkt wird nach seinen Eigenschaften beurteilt. Bei den Produkteigenschaften wird unterschieden in **quantitative (zählbare)** und **qualitative (beschreibbare) Merkmale**.

Ein Produkt ist im Allgemeinen durch mehrere Merkmale gekennzeichnet. Mit **Ausprägung** wird das Beobachtungsergebnis eines Merkmals (z.B. Durchmesser von Drehteilen oder Anzahl der Betriebsstörungen pro Jahr) bezeichnet. Ausprägungen von messbaren Merkmalen werden **Messwerte** genannt. Ausprägungen zählbarer Merkmale bezeichnet man als **Zählwerte**. Bild 1 zeigt die verschiedenen Merkmalsarten.

Die Tatsache, dass qualitative Merkmale nicht rechenbar sind, heißt nicht, dass sie Zahlen gegenüber vollkommen unzugänglich sind. So lassen sich qualitative Merkmale quantifizieren, wenn man ihnen Zahlen zuordnen und diese Zuordnung auch wieder zurückverfolgen kann, sie also eindeutig sind.

[1] Unter einer **Grundgesamtheit** verstehen wir die Menge aller möglichen Teile oder Ereignisse, mit der in einer statistischen Untersuchung (Messung, Beobachtung) erfassten Eigenschaft.

So kann man z.B. jedem TiCN beschichteten Werkzeug die Zahl 1, dem TiAlN beschichteten Werkzeug die Zahl 2 und jedem unbeschichteten Werkzeug die Zahl 3 zuordnen.

Solche Zuordnungen werden im Allgemeinen zur einfacheren Auswertung (meist mittels statistischer Computerprogramme) von erfassten Daten verwendet.

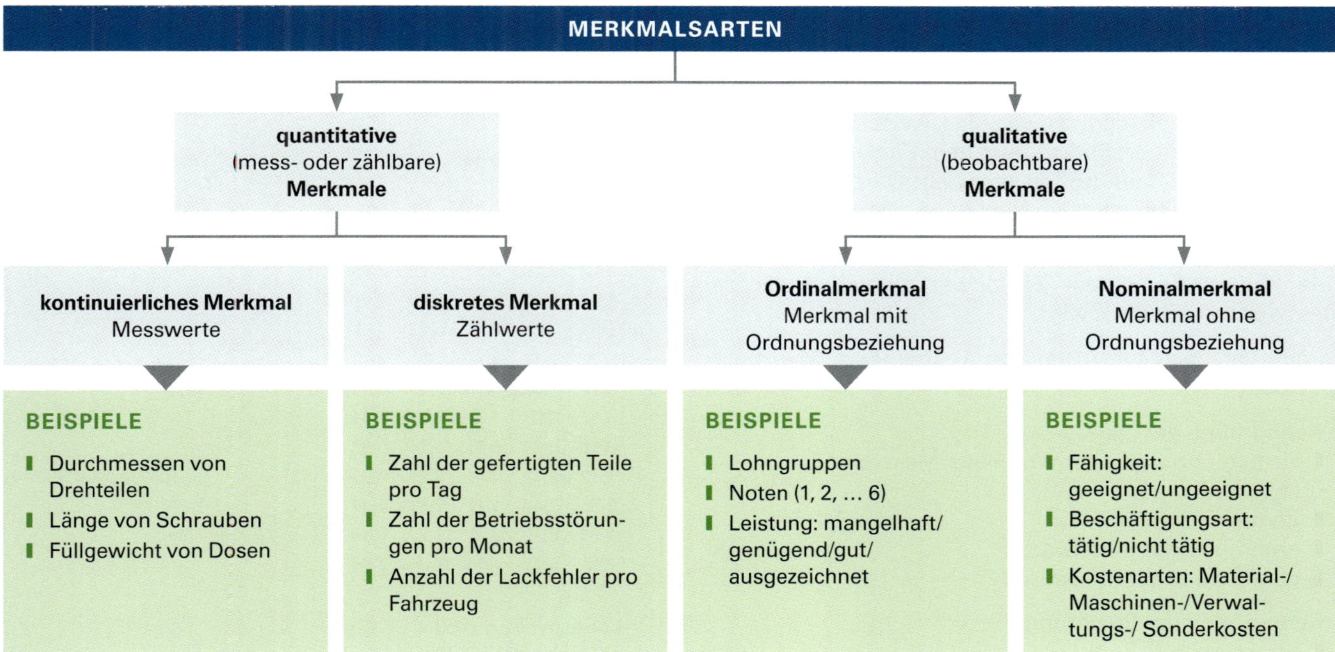

Kontinuierlich veränderliche Merkmale

Kontinuierlich veränderliche Merkmale sind Messwerte.

BEISPIELE

- Alter einer Person
- Durchmesser von Drehteilen
- Monatliche Fertigungskosten

Diskret veränderliche Merkmale

Diskret veränderliche Merkmale liefern ganzzahlige Beobachtungswerte. Zwischen aufeinanderfolgenden ganzen Zahlen einer Skala ist kein Beobachtungspunkt möglich.

BEISPIELE

- Anzahl fehlerhafter Bauteile in einer Stichprobe
- Anzahl der Betriebsstörungen pro Monat
- Anzahl der gefertigten Teile pro Sekunde

Ordinalmerkmale

Ordinalmerkmale sind qualitative (beobachtbare) Merkmale mit Ordnungsbeziehung (Rangordnung). Sie sind durch eine quantitative Hierarchie ausgezeichnet. Ein typisches Beispiel sind Schulnoten. So ist die Schulnote „sehr gut" besser oder höher zu bewerten als die Note „gut". Die Reihenfolge, in der die Merkmalsausprägungen angeordnet sind, ist nicht mehr zufällig, sie sagt etwas über ihren Wert aus.

Nominalmerkmale

Besteht bei der Beschreibung eines Sachverhaltes für den Wert des Merkmals keine Ordnungsbeziehung, dann spricht man von einem Nominalmerkmal. Die Kategorien unterliegen keiner Rangordnung. Deshalb ist auch jede beliebige Anordnung der Werte wählbar.

STATISTISCHE KENNGRÖSSEN

Bevor eine statistische Untersuchung durchgeführt werden kann, müssen die Daten (z. B. Messwerte) aufgearbeitet werden. Hierzu berechnet man aus dem vorliegenden Zahlenmaterial charakteristische Kenngrößen.

KENNGRÖSSENBILDUNG

Urlisten[1] enthalten meist eine große Anzahl von Daten (in der industriellen Fertigung meist Messwerte) und sind daher in der Regel unübersichtlich. Aus dem Zahlenmaterial werden bestimmte **Kenngrößen** ermittelt. Durch die Angabe einiger weniger Kenngrößen kann dann die Urliste beschrieben werden (Bild 1).

Eine Kenngröße ist ein Zahlenwert, welcher aus den Messwerten berechnet wird.

Es gibt verschiedene Arten von Kenngrößen. Man unterscheidet:

- Kenngrößen der Lage:
  - kleinster bzw. größter Wert einer Messreihe (x_{min} und x_{max})
  - Zentralwert (Median) $\tilde{x}$
  - arithmetischer Mittelwert $\bar{x}$
  - geometrischer Mittelwert $\bar{x}_g$
- Kenngrößen der Steuerung:
  - Spannweite R
  - Varianz s^2
  - Standardabweichung s
  - Variationskoeffizient v

Viele Zahlenwerte:
unübersichtlich

1,23	3,53	4,86	3,27	7,81
2,92	9,50	3,36	0,74	2,95
5,77	3,42	1,38	2,29	4,64
5,55	7,72	1,41	5,22	7,24
9,31	2,10	4,18	7,83	8,19
3,74	6,62	6,13	3,86	3,95
4,57	7,11	7,15	8,57	9,34
3,56	4,69	5,01	1,14	0,83
2,13	2,12	7,41	9,78	0,25
8,55	2,43	1,11	2,31	1,67
9,66	6,22	3,11	1,22	8,36
7,32	9,21	1,44	3,88	2,54

Urliste mit einer großen Anzahl an Messwerten

Kenngrößenbildung →

Wenige Zahlenwerte (Kenngrößen):
übersichtlich

$\mu = 4{,}95$
$\sigma = 0{,}26$

Wenige Kenngrößen zur Beschreibung der Urliste.

1

Kenngrößenbildung (Beispiel)

KENNGRÖSSEN DER LAGE

Kleinster und größter Wert einer Messreihe

Das Minimum x_{min} und das Maximum x_{max} sind die einfachsten Kenngrößen der Lage einer Messreihe. Sie können aus einer bevorzugt der Größe nach sortierten Messreihe einfach abgelesen werden.

Zentralwert (Median)

Der Zentralwert oder Median $\tilde{x}$ einer Stichprobe zerlegt die der Größe nach sortierten Messwerte in zwei gleiche Teile, und zwar so, dass oberhalb und unterhalb dieses Medianwertes gleich viele Beobachtungspunkte liegen. Der Zentralwert (oder Median) ist also die „Mitte" der geordneten Urliste.

Es gilt:

Für eine **ungerade** Anzahl von Messwerten:

$$\tilde{x} = x\left(\frac{n+1}{2}\right) \quad (n = \text{ungerade})$$

Für eine **gerade** Anzahl von Messwerten:

$$\tilde{x} = \frac{x\left(\frac{n}{2}\right) + x\left(\frac{n}{2}+1\right)}{2} \quad (n = \text{gerade})$$

Extrem liegende Messwerte beeinflussen den Medianwert $\tilde{x}$ weniger als den arithmetischen Mittelwert $\bar{x}$, d.h., „Ausreißer" fallen beim arithmetischen Mittelwert stärker ins Gewicht.

Arithmetischer Mittelwert

Das wichtigste Lagemaß einer Messwertreihe ist der arithmetische Mittelwert $\bar{x}$. Er errechnet sich wie folgt:

$$\bar{x} = \frac{x_1 + x_2 + x_3 + \ldots + x_n}{n} = \frac{\text{Summe der Stichprobenwerte}}{\text{Anzahl der Stickprobenwerte}}$$

x_1 = Messwert 1 (erster Messwert der Messreihe)

x_2 = Messwert 2

x_3 = Messwert 3

x_n = Messwert n (letzter Messwert der Messreihe)

n = Anzahl der Messwerte der Messreihe

[1] Eine **Urliste** ist eine Liste, in der die ursprünglichen Mess- oder Zählwerte registriert sind.

Geometrischer Mittelwert

Der geometrische Mittelwert $\tilde{x}_g$ ist die n-te Wurzel aus dem Produkt der Einzelwerte (z.B. der Messwerte) $x_1, x_2, \ldots, x_n$ und errechnet sich zu:

$$\tilde{x}_g = \sqrt[n]{x_1 \cdot x_2 \cdot x_3 \cdot \ldots \cdot x_n}$$

Den geometrischen Mittelwert wendet man unter anderem bei (positiven oder negativen) Wachstumsprozessen an. Der Wert kennzeichnet den durchschnittlichen Faktor des (positiven oder negativen) Wachstums.

Modalwert (Modus)

Als Modalwert oder Modus bezeichnet man den häufigsten Wert, beispielsweise einer Messreihe.

KENNGRÖSSEN DER STREUUNG

Durch eine Kenngröße der Lage alleine ist eine Messreihe noch nicht eindeutig gekennzeichnet. Das Beispiel 1 verdeutlicht diesen Sachverhalt anhand dreier unterschiedlicher Messreihen mit gleichem arithmetischem Mittelwert.

Die Messreihen haben zwar den gleichen arithmetischen Mittelwert ($\bar{x}$ = 2,25), die Streuungen sind jedoch sehr unterschiedlich. Messreihe 1 hat die kleinste, Messreihe 3 hingegen die größte Streuung. Daher ist es erforderlich neben Kenngrößen der Lage auch geeignete Kenngrößen der Streuung zu berechnen.

BEISPIEL 1

Messreihe 1: 2,21; 2,23; 2,28; 2,26; 2,21; 2,22; 2,31; 2,28
Arithmetischer Mittelwert: $\bar{x}$ = 2,25

Messreihe 2: 2,2; 2,3; 2,5; 2,3; 2,4; 2,1; 2,2; 2,0
Arithmetischer Mittelwert: $\bar{x}$ = 2,25

Messreihe 3: 0,5; 1,3; 4,3; 0,1; 4,5; 2,2; 0,8; 4,3
Arithmetischer Mittelwert: $\bar{x}$ = 2,25

Spannweite (Range)

Die einfachste Kenngröße der Streuung ist die **Spannweite** R (auch als **Range** bezeichnet). Die Spannweite ist definiert als der Abstand zwischen dem kleinsten und dem größten Messwert.

$$R = x_{max} - x_{min}$$

BEISPIEL 2

Messreihe 1: R = 2,31 – 2,21 = 0,1

Messreihe 2: R = 2,5 – 2,0 = 0,5

Messreihe 3: R = 4,5 – 0,1 = 4,4

Varianz

Die Spannweite ist noch keine befriedigende Kenngröße zur Charakterisierung der Streuung einer Messreihe. Sinnvoller ist es, die Abweichung jedes einzelnen Messwerts vom arithmetischen Mittelwert zu berechnen und als Kenngröße für die Streuung der Messreihe den arithmetischen Mittelwert aus diesen Abweichungen zu bestimmen. Diese Kenngröße wird als **Varianz** bezeichnet.

$$s^2 = \frac{(x_1 - \bar{x})^2 + (x_2 - \bar{x})^2 + (x_3 - \bar{x})^2 + \ldots + (x_n - \bar{x})^2}{n - 1}$$

Die Varianz s^2 ist die mittlere (oder durchschnittliche) quadratische Abweichung der Messwerte vom arithmetischen Mittelwert.

Es ist zu beachten, dass die Abweichungen des jeweiligen Messwertes (x_1, x_2, x_3, ..., x_n) vom arithmetischen Mittelwert $\bar{x}$ quadriert werden. Dies hat zwei Gründe.

1. Alle Ausdrücke $(x_1 - \bar{x})$, $(x_2 - \bar{x})$ usw. werden positiv, d.h., positive und negative Abweichungen heben sich bei der Addition nicht auf.
2. Durch die Quadratur wird der Einfluss kleiner Abweichungen abgeschwächt.

BEISPIEL 3

Messreihe 1: $s^2 = \frac{(2{,}21 - 2{,}25)^2 + (2{,}23 - 2{,}25)^2 + (2{,}28 - 2{,}25)^2 + \ldots + (2{,}28 - 2{,}25)^2}{8 - 1} = 0{,}00143$

Messreihe 2: s^2 = 0,0257

Messreihe 3: s^2 = 3,4514

Standardabweichung

Die Varianz (s^2) schätzt die mittlere quadratische Abweichung der einzelnen Messwerte (x_1, x_2, x_3, ..., x_n) vom arithmetischen Mittelwert $\bar{x}$ ab. Oft wird aber nicht die quadratische Abweichung, sondern die Abweichung selbst benötigt.

Die mittlere (oder durchschnittliche) Abweichung der Messwerte vom arithmetischen Mittelwert ist die **Standardabweichung**. Die Standardabweichung berechnet man wie folgt:

$$s = \sqrt{s^2} = \sqrt{\frac{(x_1-\bar{x})^2 + (x_2-\bar{x})^2 + (x_3-\bar{x})^2 + \ldots + (x_n-\bar{x})^2}{n-1}}$$

Bild 1 veranschaulicht die Ermittlung der Standardabweichung anhand eines einfachen Beispiels.

BEISPIEL

Messreihe 1: $s = \sqrt{0{,}00143} = 0{,}0378$

Messreihe 2: $s = \sqrt{0{,}0257} = 0{,}160$

Messreihe 3: $s = \sqrt{3{,}4514} = 1{,}858$

Urliste:	
Nr.	Messwerte
1	$x_1 = 1{,}0$
2	$x_2 = 1{,}3$
3	$x_3 = 0{,}8$
4	$x_4 = 1{,}8$
5	$x_5 = 2{,}0$

Arithmetischer Mittelwert: $\bar{x} = 1{,}38$
Standardabweichung: $s = 0{,}512$

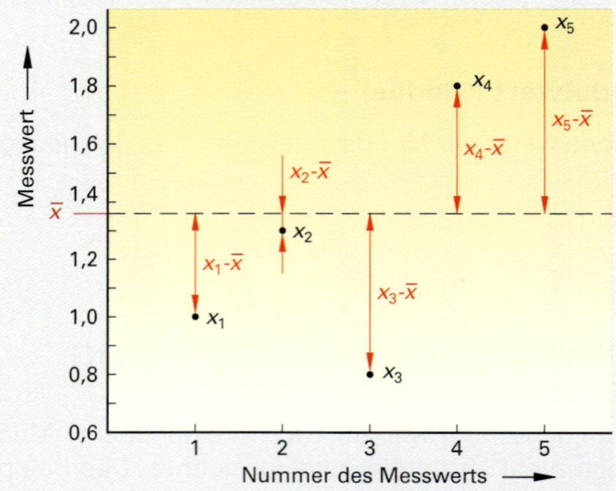

1

Beispiel zur Ermittlung der Standardabweichung

Variationskoeffizient

Mitunter ist es von Bedeutung die Streuung der Messwerte in Bezug zum Mittelwert zu setzen. Die Tabelle zeigt zwei Messreihen mit jeweils drei Messwerten.

Die Standardabweichungen beider Messreihen sind gleich. Dennoch ist die Streuung der Messergebnisse von Messreihe A unannehmbar hoch, während wir die Streuung in Messreihe B relativ klein beurteilen.

Für diese Einschätzung wird die durch die Standardabweichung s charakterisierte Streuung in Bezug zum arithmetischen Mittelwert gesetzt. Es ist daher mitunter sinnvoll, die Standardabweichung im Verhältnis zum Mittelwert anzugeben. Diese Größe wird als **Variationskoeffizient *v*** bezeichnet.

$$v = \frac{s}{\bar{x}} \quad (\text{für } \bar{x} \neq 0)$$

Für die Messreihe A beträgt der Variationskoeffizient 0,3 (= 30 %), für die Messreihe B hingegen 0,0003 (= 0,03 %). Die Messwerte von Messreihe A weichen ungefähr um 30 % vom tatsächlichen Wert ab, die Messwerte der Messreihe B jedoch nur um 0,03 %.

MESSREIHEN

	Messreihe A	Messreihe B
Messwerte	7, 10, 13	9997, 10000, 10003
Arithmetischer Mittelwert $\bar{x}$	10	10000
Standardabweichung s	3	3

Statistische Kenngrößen dienen im Allgemeinen zur übersichtlichen Darstellung bzw. Auswertung von umfangreichem Datenmaterial in Form von Grafiken oder Tabellen.

AUFGABEN ZUR WIEDERHOLUNG

1. Bei einer Wareneingangsprüfung wurde einer Lieferung von Konservendosen eine Stichprobe von 50 Stück entnommen und deren Masse bestimmt. Sie erhalten folgende Messreihe (alle Angaben in Gramm):

1.	68,4	11.	66,5	21.	70,8	31.	70,7	41.	67,9
2.	66,8	12.	70,2	22.	66,9	32.	64,4	42.	67,2
3.	67,9	13.	67,3	23.	61,7	33.	61,8	43.	62,4
4.	67,3	14.	65,3	24.	67,4	34.	66,0	44.	69,8
5.	73,0	15.	67,3	25.	67,4	35.	71,2	45.	67,5
6.	69,6	16.	70,3	26.	66,5	36.	67,6	46.	63,0
7.	65,3	17.	74,1	27.	65,4	37.	66,1	47.	69,5
8.	64,2	18.	66,2	28.	64,3	38.	63,1	48.	68,3
9.	62,5	19.	68,0	29.	66,7	39.	67,1	49.	65,3
10.	70,9	20.	67,9	30.	65,1	40.	62,0	50.	67,4

Berechnen Sie für die Messreihe:

- den arithmetischen Mittelwert $\bar{x}$
- den geometrischen Mittelwert $\bar{x}_g$
- den Zentralwert (Median) $\tilde{x}$
- den Modalwert (Modus)
- die Spannweite R
- die Varianz s^2
- die Standardabweichung der Stichprobe s
- den Variationskoeffizienten v

2. Sie produzieren Müsliriegel mit einem Stückgewicht von 55 g. Um die Schwankungen der Füllmenge festzustellen, entnehmen Sie der Tagesproduktion eine Stichprobe von 40 Riegeln und bestimmen ihre Masse. Sie erhalten die folgenden Messwerte (alle Angaben in Gramm):

1.	57,3	11.	55,3	21.	56,7	31.	56,2
2.	56,6	12.	55,1	22.	55,8	32.	56,5
3.	56,7	13.	56,8	23.	55,6	33.	56,2
4.	56,2	14.	57,0	24.	56,1	34.	57,0
5.	56,9	15.	57,6	25.	56,3	35.	56,4
6.	56,0	16.	56,9	26.	55,7	36.	54,8
7.	54,1	17.	56,6	27.	55,7	37.	53,9
8.	55,3	18.	55,5	28.	57,5	38.	54,0
9.	58,9	19.	54,4	29.	57,2	39.	56,8
10.	56,1	20.	54,9	30.	56,0	40.	56,3

a) Erstellen Sie eine geordnete Urliste.

b) Berechnen Sie für die Messreihe:

- den arithmetischen Mittelwert $\bar{x}$
- den geometrischen Mittelwert $\bar{x}_g$
- den Zentralwert (Median) $\tilde{x}$
- den Modalwert (Modus)
- die Spannweite R
- die Varianz s^2
- die Standardabweichung der Stichprobe s
- den Variationskoeffizienten v

3. Sie sollen den Öffnungsdruck von Magnetventilen prüfen. Der laufenden Produktion entnehmen Sie eine Stichprobe vom Umfang 10 Stück und ermitteln den Öffnungsdruck. Sie erhalten die folgenden Messwerte (alle Angaben in bar):

1.	2,1	6.	2,5
2.	2,9	7.	1,9
3.	2,4	8.	2,7
4.	2,5	9.	2,3
5.	2,8	10.	2,7

Berechnen Sie für die Messreihe:

- den arithmetischen Mittelwert $\bar{x}$
- den geometrischen Mittelwert $\bar{x}_g$
- den Zentralwert (Median) $\tilde{x}$
- den Modalwert (Modus)
- die Spannweite R
- die Varianz s^2
- die Standardabweichung der Stichprobe s
- den Variationskoeffizienten v

4. Erläutern Sie stichwortartig den Unterschied folgender statistischer Kenngrößen.

a) Spannweite – Standardabweichung

b) Arithmetischer Mittelwert – Geometrischer Mittelwert

5. Nennen Sie vier unterschiedliche Diagrammarten zur übersichtlichen Darstellung von statistischen Werten.

HISTOGRAMME

Eine Auftragung der relativen Häufigkeiten (also der Anzahl der Messwerte einer Klasse bezogen auf die Gesamtzahl der Messwerte) in Form aneinander gereihter Rechtecke, heißt **Histogramm** oder **Balkendiagramm.** Ein Histogramm gibt einen anschaulichen Überblick über die Verteilung der ermittelten Messwerte.

ABSOLUTE UND RELATIVE HÄUFIGKEIT, HÄUFIGKEITSSUMME

- **Absolute Häufigkeit n_j** (oder **Besetzungszahl**) einer Klasse j

$$n_j = \text{Anzahl der Messwerte in der Klasse } j$$

- **Relative Häufigkeit h_j** einer Klasse j

Anzahl der Messwerte n_j in der Klasse j bezogen auf die Gesamtzahl n der Messwerte.
Die relative Häufigkeit h_j wird in der Regel in Prozent angegeben.

$$h_j = \frac{n_j}{n} \cdot 100\%$$

- **Aufsummierte Häufigkeit oder aufsummierte Besetzungszahl G_j** einer Klasse

Bis zur (einschließlich) j-ten Klasse aufsummierte absolute Häufigkeiten n_j

$$G_j = n_1 + n_2 + n_3 + \ldots + n_j$$

- **Summe der relativen Häufigkeit F_j** einer Klasse j

Bis zur (einschließlich) j-ten Klasse aufsummierte relative Häufigkeiten h_j.
Die Summe der relativen Häufigkeiten F_j einer Klasse wird in der Regel ebenfalls in % angegeben.

$$F_j = h_1 + h_2 + h_3 + \ldots + h_j$$

Die Berechnung der Summe der relativen Häufigkeiten F_j einer Klasse (oder eines Messwerts) ist Voraussetzung für die Prüfung, ob eine Messreihe normalverteilt ist (Seite 252).

ERSTELLUNG VON HISTOGRAMMEN (BALKENDIAGRAMMEN)

Bei der Erstellung von Histogrammen wird unterschieden in:

- Messreihen mit weniger als 25 Messwerten ($n < 25$)
- Messreihe mit 25 und mehr Messwerten ($n \geq 25$)

Messreihen mit 25 und mehr Messwerten

Für Urlisten mit 25 und mehr Messwerten ist es günstig, durch eine Klasseneinteilung zunächst eine Datenreduktion vorzunehmen. Für diese Messreihen erstellt man daher ein Histogramm mit Klasseneinteilung.

Vorgehensweise

1. Ermittlung der Klassenzahl k aus Tabelle Empfohlene Anzahl der Klassen
2. Bestimmung der Klassenweite w.
   Es wird nur der Fall betrachtet, dass alle Klassen die gleiche Weite **(Klassenweite w)** haben.
   Man berechnet die Klassenweite wie folgt:

$$w = \frac{\text{größter Messwert} - \text{kleinster Messwert}}{\text{Klassenzahl}} = \frac{x_{max} - x_{min}}{k}$$

Durch diese Berechnungsvorschrift wird gewährleistet, dass wir bei k verwendeten Klassen, alle Messwerte einer Klasse zuordnen können. Die Klassenweite w ist auf die Messfeinheit zu runden. Beim Abrunden ist zu beachten, dass für den gerundeten Wert von w gelten muss:

$$k \cdot w > x_{max} - x_{min}$$

EMPFOHLENE ANZAHL DER KLASSEN

Anzahl der Messwerte n	Anzahl der Klassen k
≥ 25	5
≥ 30	6
≥ 45	7
≥ 60	8
≥ 75	9
≥ 100	10
≥ 159	11
≥ 252	12
≥ 399	13
≥ 631	14
≥ 1001	15

Mit der Klasseneinteilung ist ein Informationsverlust verbunden. Je geringer die Anzahl der Klassen, desto größer ist der Informationsverlust. Es reduziert sich aber gleichzeitig auch die Anzahl der Messwerte und damit der Rechenaufwand.

3. Zeichnen des Histogramms.
   Für die Anfertigung eines Histogramms gehen wir wie folgt vor (Bild 1, Seite 247):
   a) Zeichnen eines Achsenkreuzes mit zwei Achsen. Die Achsenteilung ist für das Eintragen der Klassengrenzen geeignet zu wählen.
   b) Eintragen der Klassengrenzen auf der waagerechten Achse. Die Klassengrenzen sollten möglichst einfache Zahlen sein (z.B. ganze Zahlen). Zwischen den Klassen dürfen keine Lücken auftreten und die Klassen dürfen sich nicht überschneiden. Es ist darauf zu achten, dass auch der kleinste und der größte Messwert noch einer Klasse zugeordnet werden kann.
   c) Auftragen eines Balkens über der jeweiligen Klasse, dessen Höhe der relativen Häufigkeit h_j dieser Klasse entspricht.
   d) Probleme entstehen durch Messwerte, welche genau auf eine Klassengrenze fallen. Es gibt zwei Möglichkeiten diesen Fall zu behandeln:
      - **Methode A:**
        Eintragen der Messwerte in die Klasse rechts (oder links) neben der entsprechenden Klassengrenze.
      - **Methode B:**
        Wählen von Klassengrenzen, sodass kein Messwert auf eine Klassengrenze fällt. Dies geschieht am einfachsten durch Benutzung einer zusätzlichen Dezimalstelle für die Klassengrenzen. Haben die Messwerte etwa eine Dezimalstelle (z.B. 40,1, 40,2 usw.), so ist die Klassengrenze mit zwei Dezimalstellen (z.B. 40,05, 40,25 usw.) zu wählen.

Für das „Aussehen" eines Histogramms kann die Wahl der Klasseneinteilung und der Klassengrenzen von entscheidender Bedeutung sein. Es gibt jedoch für die Festlegung der Klasseneinteilung keine einheitliche Regel, sondern lediglich Empfehlungen (z.B. Tabelle Empfohlene Anzahl der Klassen, Seite 244). Letztlich müssen wir uns bei der Erstellung eines Histogramms an den individuellen Besonderheiten des Problems orientieren.

BEISPIEL

STICHPROBENUMFANG: 40 TEILE
PRÜFMERKMAL: BAUTEILDURCHMESSER d = 8 ± 0,05 MM

Gemessener Bauteildurchmesser d in mm

Teile 1...10	7,98	7,96	7,99	8,01	8,02	7,96	8,03	7,99	7,99	8,01
Teile 11...20	7,96	7,99	8,00	8,02	8,02	7,99	8,02	8,00	8,01	8,01
Teile 21...30	7,99	8,05	8,03	8,00	8,03	7,99	7,98	7,99	8,01	8,02
Teile 31...40	8,02	8,01	8,05	7,94	7,98	8,00	8,01	8,01	8,02	8,00

Klasse Nr.	Messwert		Strich-liste	n_j	h_j in %	F_j in %
	≥	<				
1	7,94	7,96	I	1	2,5	2,5
2	7,96	7,98	III	3	7,5	10
3	7,98	8,00	𝍸𝍸 I	11	27,5	37,5
4	8,00	8,02	𝍸𝍸 III	13	32,5	70
5	8,02	8,04	𝍸𝍸	10	25	95
6	8,04	8,06	II	2	5	100
$k = \sqrt{n} = \sqrt{40} = 6{,}3 \approx 6$			$\sum =$	40	100	

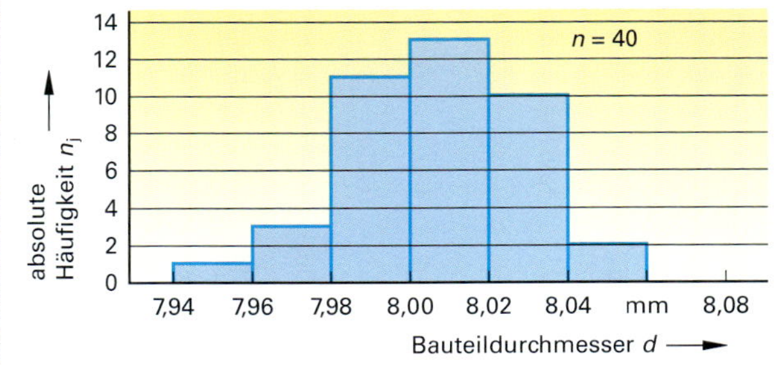

1

Messreihen mit weniger als 25 Messwerten

Sie werden nicht in Klassen eingeteilt, da die Datenmenge für eine sinnvolle Einteilung nicht ausreicht. Damit ist es aber auch nicht möglich, die relative Häufigkeit h_j bzw. die Summe der relativen Häufigkeiten F_j zu berechnen und ein Histogramm bzw. eine Summenkurve zu erstellen. In diesem Fall wird jedem einzelnen Messwert eine relative Häufigkeitssumme entsprechend Tabelle Seite 257 zugeordnet.

Vorgehensweise:

1. Die Messwerte $x_1, x_2, ..., x_n$ werden der Größe nach geordnet und zwar beginnend mit dem kleinsten Messwert. Also: $x_1 < x_2 < ... < x_n$.
2. Dem kleinsten Messwert (x_1) wird die Ordnungszahl 1, dem größten Messwert (x_n) die Ordnungszahl n (mit $n < 25$) zugeordnet.
3. Jedem Messwert wird aus der Tabelle (Seite 246) die „korrigierte" Summe der relativen Häufigkeit F_j zugeordnet.

SUMME DER RELATIVEN HÄUFIGKEITEN F_J BEI EINEM STICHPROBENUMFANG N = 6…N 25																				
	Stichprobenumfang n																			
Ordnungszahl j	6	7	8	9	10	11	12	13	14	15	16	17	18	19	20	21	22	23	24	25
1	10,53	9,09	8,00	7,14	6,45	5,88	5,41	5,00	4,65	4,35	4,08	3,85	3,64	3,45	3,28	3,13	2,99	2,86	2,74	2,63
2	26,32	22,73	20,00	17,86	16,13	14,71	13,51	12,50	11,63	10,87	10,20	9,62	9,09	8,62	8,20	7,81	7,46	7,14	6,85	6,58
3	42,11	36,36	32,00	28,57	25,81	23,53	21,62	20,00	18,60	17,39	16,33	15,38	14,55	13,79	13,11	12,50	11,94	11,43	10,96	10,53
4	57,89	50,00	44,00	39,29	35,48	32,35	29,73	27,50	25,58	23,91	22,45	21,15	20,00	18,97	18,03	17,19	16,42	15,71	15,07	14,47
5	73,68	63,64	56,00	50,00	45,16	41,18	37,84	35,00	32,56	30,43	28,57	26,92	25,45	24,14	22,95	21,88	20,90	20,00	19,18	18,42
6	89,47	77,27	68,00	60,71	54,84	50,00	45,95	42,50	39,53	36,96	34,69	32,69	30,91	29,31	27,87	26,56	25,37	24,29	23,29	22,37
7		90,91	80,00	71,43	64,52	58,82	54,05	50,00	46,51	43,48	40,82	38,46	36,36	34,48	32,79	31,25	29,85	28,57	27,40	26,32
8			92,00	82,14	74,19	67,65	62,16	57,50	53,49	50,00	46,94	44,23	41,82	39,66	37,70	35,94	34,33	32,86	31,51	30,26
9				92,86	83,87	76,47	70,27	65,00	60,47	56,52	53,06	50,00	47,27	44,83	42,62	40,63	38,81	37,14	35,62	34,21
10					93,55	85,29	78,38	72,50	67,44	63,04	59,18	55,77	52,73	50,00	47,54	45,31	43,28	41,43	39,73	38,16
11						94,12	86,49	80,00	74,42	69,57	65,31	61,54	58,18	55,17	52,46	50,00	47,76	45,71	43,84	42,11
12							94,59	87,50	81,40	76,09	71,43	67,31	63,64	60,34	57,38	54,69	52,24	50,00	47,95	46,05
13								95,00	88,37	82,61	77,55	73,08	69,09	65,52	62,30	59,38	56,72	54,29	52,05	50,00
14									95,35	89,13	83,67	78,85	74,55	70,69	67,21	64,06	61,19	58,57	56,16	53,95
15										95,65	89,80	84,62	80,00	75,86	72,13	68,75	65,67	62,86	60,27	57,89
16											95,92	90,38	85,45	81,03	77,05	73,44	70,15	67,14	64,38	61,84
17												96,15	90,91	86,21	81,97	78,13	74,63	71,43	68,49	65,79
18													96,36	91,38	86,89	82,81	79,10	75,71	72,60	69,74
19														96,55	91,80	87,50	83,58	80,00	76,71	73,68
20															96,72	92,19	88,06	84,29	80,82	77,63
21																96,88	92,54	88,57	84,93	81,58
22																	97,01	92,86	89,04	85,53
23																		97,14	93,15	89,47
24																			97,26	93,42
25																				97,37

SUMMENKURVEN

Liegt eine klassierte Messreihe (für $n \geq 25$) bzw. eine geordnete Messreihe (für $n < 25$) vor, dann lässt sich für jede Klasse bzw. für jeden Messwert die Summe der relativen Häufigkeiten F_j ermitteln.

Tragen wir über der jeweils **rechten** Klassengrenze (für $n \geq 25$) bzw. über dem Messwert selbst (für $n < 25$) die Summe der relativen Häufigkeiten F_j der jeweiligen Klasse bzw. des jeweiligen Messwerts auf und verbinden die benachbarten Punkte, dann erhalten wir die **Summenkurve** der Messreihe (Bild 1 und Bild 1, Seite 248).

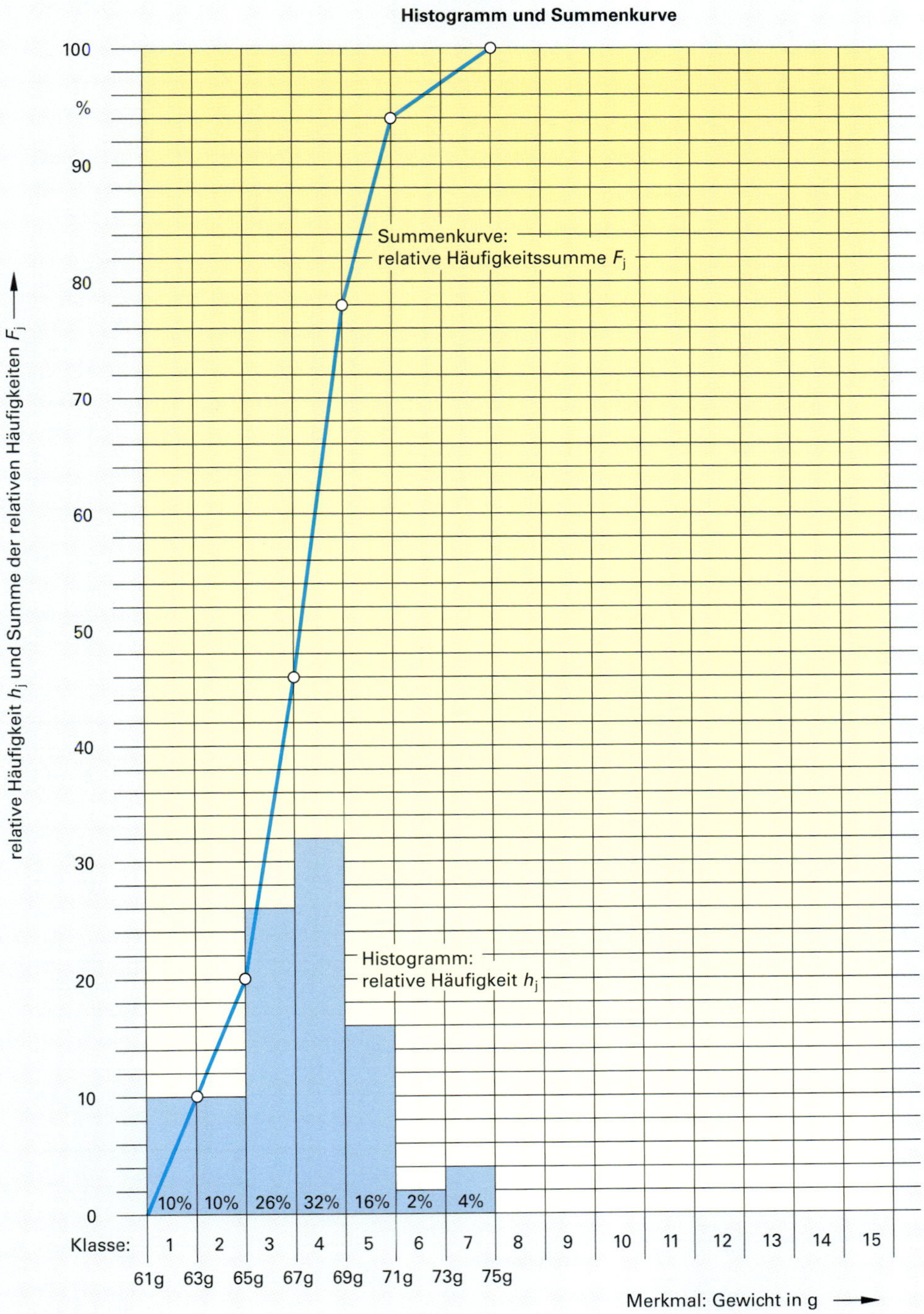

Wertetabelle

Klasse	1	2	3	4	5	6	7	8	9	10	11	12	13	14	15	Summen
n_j	5	5	13	16	8	1	2	–	–	–	–	–	–	–	–	50
h_j [%]	10,0	10,0	26,0	32,0	16,0	2,0	4,0	–	–	–	–	–	–	–	–	100,0
G_j	5	10	23	39	47	48	50	–	–	–	–	–	–	–	–	–
F_j [%]	10,0	20,0	46,0	78,0	94,0	96,0	100,0	–	–	–	–	–	–	–	–	–

1

Konstruktion der Summenkurve für eine Messreihe mit mehr als 25 Messwerten

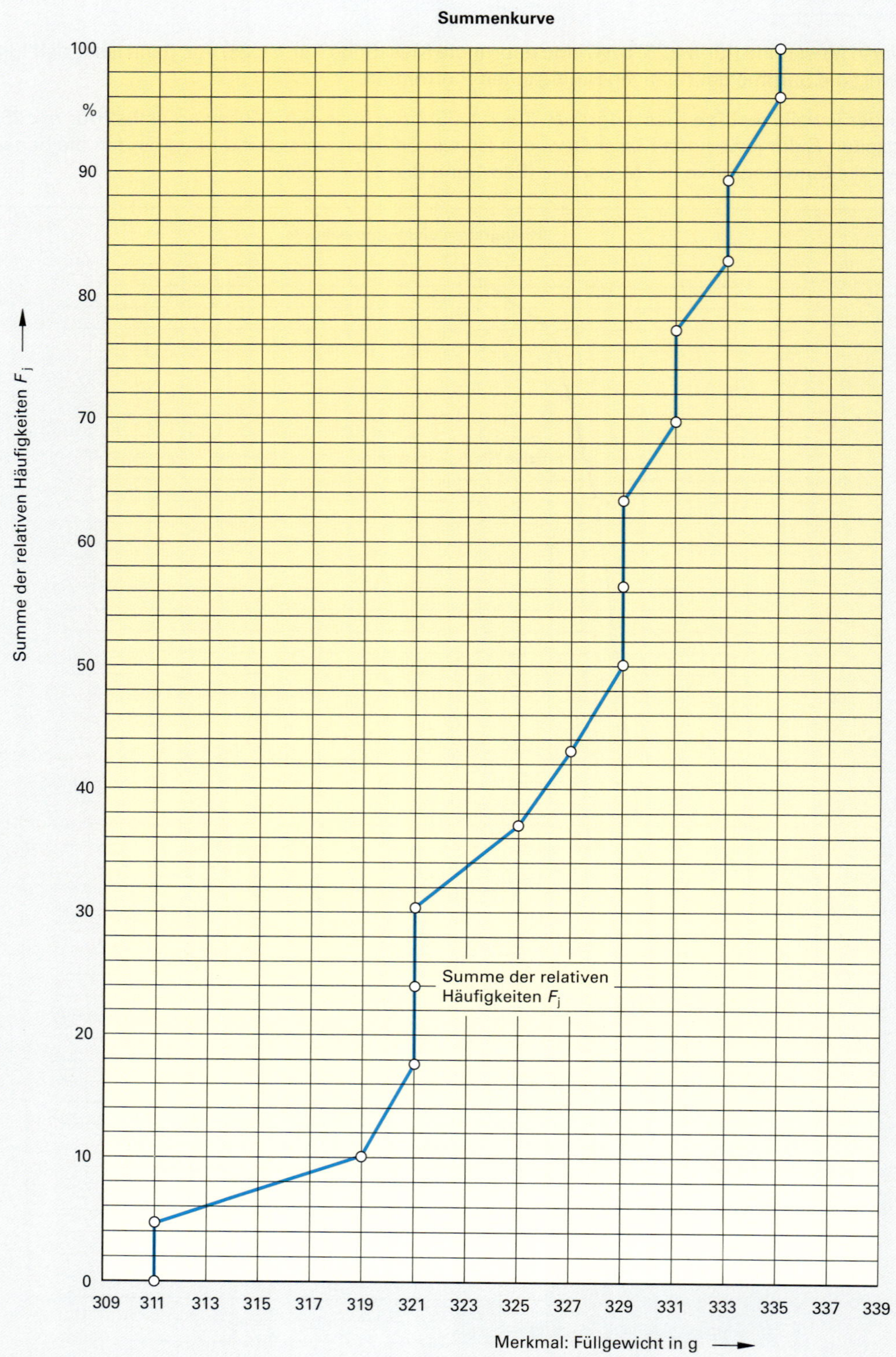

Wertetabelle

Messreihe	319	321	329	321	335	321	329	333	325	327	329	331	331	333	311
geordnet	311	319	321	321	321	325	327	329	329	329	331	331	333	333	335
F_j [%]	4,35	10,87	17,39	23,91	30,43	36,96	43,48	50,00	56,52	63,04	69,57	75,09	82,51	89,13	95,65

1

Konstruktion der Summenkurve für eine Messreihe mit weniger als 25 Messwerten (hier: n = 15)

Aus den Summenkurven (Bild 1 und Bild 1, Seite 247) kann man entnehmen, wie viel Prozent der Messwerte:

- kleiner als ein bestimmter Grenzwert x_u sind,
- zwischen zwei Grenzwerten x_u und x_o liegen,
- größer als ein bestimmter Grenzwert x_o sind.

Die Angaben sind allerdings nur sinnvoll, falls die Grenzen x_u bzw. x_o mit einer Klassengrenze zusammenfallen.

AUFGABEN ZUR WIEDERHOLUNG

1. Es liegt eine Messreihe mit 7 Messwerten vor:

1.	314	3.	311	5.	316	7.	315
2.	321	4.	315	6.	306		

Bestimmen Sie die Summe der relativen Häufigkeiten F_j eines jeden Messwerts.

2. Beantworten Sie für die in Bild 1, Seite 247, dargestellte Messreihe, die folgenden Fragen:

a) Wie viel Prozent der Messwerte sind kleiner als 65 g?

b) Wie viel Prozent der Messwerte liegen zwischen 67 g und 71 g?

c) Wie viel Prozent der Messwerte sind größer als 69 g?

3. Für die Stichprobe aus Aufgabe 1, Seite 247, soll eine grafische Aufbereitung der Stichprobenwerte erfolgen (Masse von Konservendosen in g).

1.	68,4	11.	66,5	21.	70,8	31.	70,7	41.	67,9
2.	66,8	12.	70,2	22.	66,9	32.	64,4	42.	67,2
3.	67,9	13.	67,3	23.	61,7	33.	61,8	43.	62,4
4.	67,3	14.	65,3	24.	67,4	34.	66,0	44.	69,8
5.	73,0	15.	67,3	25.	67,4	35.	71,2	45.	67,5
6.	69,6	16.	70,3	26.	66,5	36.	67,6	46.	63,0
7.	65,3	17.	74,1	27.	65,4	37.	66,1	47.	69,5
8.	64,2	18.	66,2	28.	64,3	38.	63,1	48.	68,3
9.	62,5	19.	68,0	29.	66,7	39.	67,1	49.	65,3
10.	70,9	20.	67,9	30.	65,1	40.	62,0	50.	67,4

a) Bestimmen Sie eine geeignete Klassenzahl k und Klassenweite w sowie geeignete Klassengrenzen.

b) Bestimmen Sie für jede Klasse:
- die absolute Häufigkeit n_j
- die relative Häufigkeit h_j
- die Summe der relativen Häufigkeiten F_j

c) Zeichnen Sie das Histogramm der Messreihe.

d) Zeichnen Sie die Summenkurve der Messreihe.

4. Für die Füllmassen der Müsliriegel aus Aufgabe 1, Seite 243, soll eine grafische Aufbereitung der Stichprobenwerte erfolgen (alle Angaben in Gramm):

1.	57,3	11.	55,3	21.	56,7	31.	56,2
2.	56,6	12.	55,1	22.	55,8	32.	56,5
3.	56,7	13.	56,8	23.	55,6	33.	56,2
4.	56,2	14.	57,0	24.	56,1	34.	57,0
5.	56,9	15.	57,6	25.	56,3	35.	56,4
6.	56,0	16.	56,9	26.	55,7	36.	54,8
7.	54,1	17.	56,6	27.	55,7	37.	53,9
8.	55,3	18.	55,5	28.	57,5	38.	54,0
9.	58,9	19.	54,4	29.	57,2	39.	56,8
10.	56,1	20.	54,9	30.	56,0	40.	56,3

a) Bestimmen Sie eine geeignete Klassenzahl k und Klassenweite w sowie geeignete Klassengrenzen.

b) Bestimmen Sie für jede Klasse:
- die absolute Häufigkeit n_j
- die relative Häufigkeit h_j
- die Summe der relativen Häufigkeiten F_j

c) Zeichnen Sie das Histogramm der Messreihe.

d) Zeichnen Sie die Summenkurve der Messreihe.

e) Wie viel Prozent der Messwerte sind kleiner als 56 g?
Wie viel Prozent der Messwerte liegen zwischen 56 g und 57 g?
Wie viel Prozent der Messwerte sind größer als 55 g?

5. Für den Öffnungsdruck von Magnetventilen soll eine grafische Aufbereitung der Stichprobenwerte erfolgen (alle Angaben in bar):

1.	2,1	3.	2,4	5.	2,8	7.	1,9	9.	2,3
2.	2,9	4.	2,5	6.	2,5	8.	2,7	10.	2,7

a) Ermitteln Sie die relative Häufigkeitssumme H_j eines jeden Messwerts. Beachten Sie, dass der Stichprobenumfang weniger als 25 Messwerte umfasst.

b) Zeichnen Sie die Summenkurve der Messreihe.

WAHRSCHEINLICHKEITSVERTEILUNGEN

Aus einem Histogramm kann häufig abgeschätzt werden, welche Wahrscheinlichkeitsverteilung der untersuchten Zufallsgröße zugrunde liegt. Eine der wichtigsten Wahrscheinlichkeitsverteilungen ist hierbei die Normalverteilung. Sie liegt allen zufälligen Prozessen in Natur und Technik zugrunde.

HISTOGRAMM UND VERTEILUNGSFUNKTION

Für Messreihen mit 25 und mehr Messwerten ist eine Klasseneinteilung sinnvoll, um die Messwerte übersichtlich darstellen zu können. Es wird für jede Klasse die relative Häufigkeit h_j, also die Anzahl der Messwerte in der jeweiligen Klasse bezogen auf die Gesamtzahl der Messwerte, über der betreffenden Klasse als Balken aufgetragen. Auf diese Weise entstand das Balkendiagramm oder Histogramm. Jeder Balken des Histogramms gibt dabei an, wieviel Prozent der Messwerte in der jeweiligen Klasse liegen.

Man kann das Balkendiagramm (Histogramm) jedoch auch geometrisch interpretieren: das Verhältnis des Flächeninhalts eines Balkens zur Gesamtfläche aller Balken des Histogramms gibt die relative Häufigkeit der Messwerte in der jeweiligen Klasse an.

Mit zunehmender Anzahl von Messwerten steigt auch die Anzahl der Klassen (vgl. Tabelle Empfohlene Anzahl der Klassen, Seite 244) und damit auch die Anzahl der Balken des Histogramms. Die einzelnen Balken werden zunehmend schmäler. Geht die Anzahl der Messwerte schließlich gegen Unendlich, dann wird auch die Anzahl der Klassen unendlich groß. Aus dem Histogramm einer endlichen Stichprobe entsteht das stetige **Verteilungsdiagramm der Wahrscheinlichkeitsverteilung.** Das Verteilungsdiagramm der Wahrscheinlichkeitsverteilung kann man durch ihre Dichtefunktion $g(x)$ mathematisch beschreiben.

Aufgabe der Statistik ist es unter anderem, aus den Eigenschaften der Stichprobe auf die Wahrscheinlichkeitsverteilung der Grundgesamtheit zu schließen. Mithilfe einer Wahrscheinlichkeitsverteilung bzw. ihrer Dichtefunktion $g(x)$ soll ein realer Sachverhalt modellhaft beschrieben werden. Je besser es dabei gelingt, den realen Sachverhalt mathematisch wiederzugeben, desto besser sind die Ergebnisse und umso verlässlicher die darauf basierenden Aussagen. Die Wahl einer geeigneten Wahrscheinlichkeitsverteilung ist dabei von grundlegender Bedeutung. Bild 2 gibt einen Überblick über die wichtigsten Wahrscheinlichkeitsverteilungen für kontinuierliche Merkmalswerte. Auf die **Normalverteilung** wird näher eingegangen.

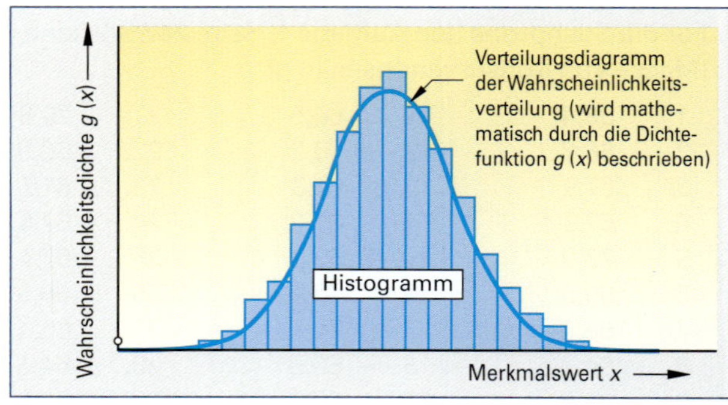

1

Übergang vom Histogramm einer endlichen Stichprobe zum stetigen Verteilungsdiagramm der Wahrscheinlichkeitsverteilung

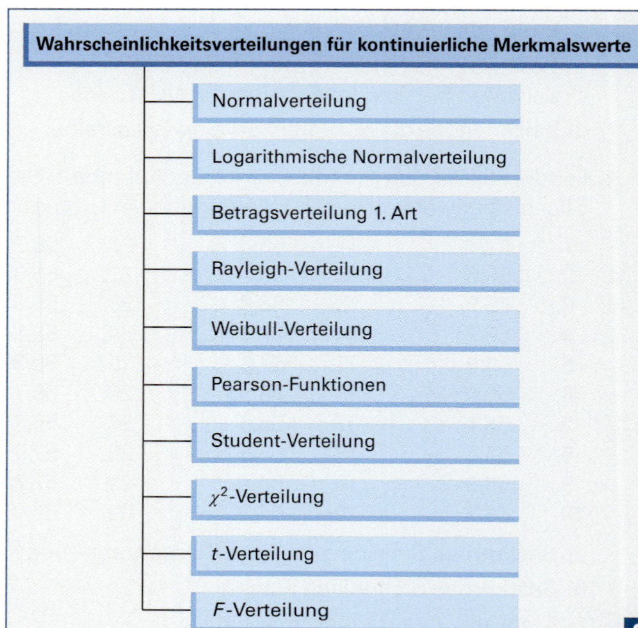

2

Überblick über die wichtigsten Wahrscheinlichkeitsverteilungen für kontinuierliche Merkmalswerte

NORMALVERTEILUNG

Für kontinuierlich veränderliche Merkmale wird häufig als Modellverteilung die **Normalverteilung** oder **Gauß-Laplace-Verteilung** angewandt. Die Gründe für deren Verwendung sind vielfältig:

- Viele Merkmalswerte, die bei Experimenten und Beobachtungen in der Praxis auftreten, sind normalverteilt. Insbesondere ist die Summe von vielen unabhängigen, beliebig verteilten Zufallsvariablen angenähert normalverteilt, und zwar umso besser, je größer ihre Anzahl ist.
- Merkmalswerte, die nicht normalverteilt sind, können häufig durch die Normalverteilung angenähert werden. Die Annahme, es liege eine Normalverteilung vor, führt hier in vielen Fällen zu sinnvollen und praktisch brauchbaren Ergebnissen.

- Bestimmte, nicht normalverteilte Merkmalswerte lassen sich so transformieren, dass die transformierte Variable normalverteilt ist.
- Einige komplexe Verteilungen lassen sich in Grenzfällen durch die Normalverteilung brauchbar ersetzen.
- Einfache Handhabung der Verteilung als mathematisches Modell.

Selbst die Deutsche Bundesbank hat diese Verteilung gewürdigt, indem auf jedem 10-DM-Schein sowohl das Bild von Carl Friedrich **Gauß** (1777...1855) als auch die Dichtefunktion und deren mathematische Formel abgebildet waren.

Verteilungsdiagramm und Dichtefunktion der Normalverteilung

Eingangs wurde festgestellt, dass mit zunehmendem Stichprobenumfang das Histogramm einer Messreihe in das stetige Verteilungsdiagramm der zugrundeliegenden Dichtefunktion übergeht. Unter der Annahme, dass unendlich viele Messwerte aus einer normalverteilten Grundgesamtheit vorliegen, entsteht aus dem Histogramm einer endlichen Stichprobe das stetige **Verteilungsdiagramm** einer Normalverteilung.

Das Verteilungsdiagramm einer Normalverteilung ist eine symmetrische, glockenförmige Kurve **(Glockenkurve)**, die ausgehend vom Maximum nach beiden Seiten stetig abfällt und sich asymptotisch der Abszissenachse (x-Achse) nähert, diese aber erst im „Unendlichen" berührt.

Das Verteilungsdiagramm der Normalverteilung kann durch ihre Dichtefunktion $g(x)$ mathematisch beschrieben werden. Sie lautet:

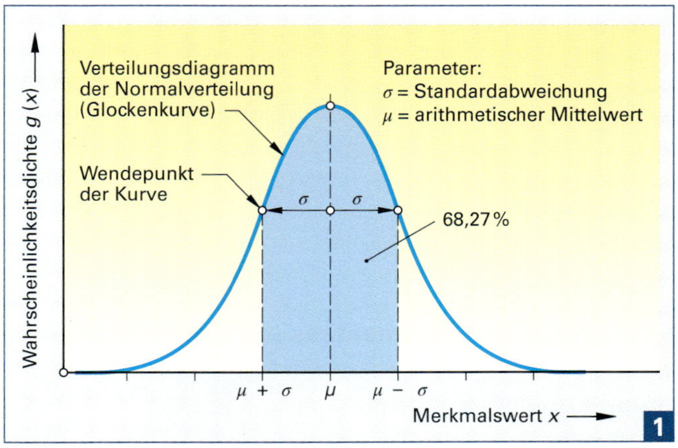

Verteilungsdiagramm einer Normalverteilung (Glockenkurve)

$$g(x) = \frac{1}{\sigma \cdot \sqrt{2} \cdot \pi} \cdot e^{-\frac{1}{2} \cdot \left(\frac{x-\mu}{\sigma}\right)^2}$$

e = Euler'sche Zahl ($e = 2{,}71828...$)
μ = arithmetischer Mittelwert der Grundgesamtheit
σ = Standardabweichung der Grundgesamtheit

Die Dichtefunktion $g(x)$ der Normalverteilung hat die folgenden Merkmale:

- Sie wird durch die Parameter μ und σ (deren Bedeutung nachfolgend erklärt wird) eindeutig festgelegt. Für jede Wahl von μ und σ ($\sigma > 0$) erhält man *genau* eine Glockenkurve (Bild 1).
- Das Maximum der Dichtefunktion einer Normalverteilung liegt beim Wert $x = \mu$ und beträgt:
  $g(x = \mu) = g(\mu) = 1/(\sigma \cdot \sqrt{2} \cdot \pi)$
- Der Abstand von Wendepunkt zu Wendepunkt beträgt $2 \cdot \sigma$.

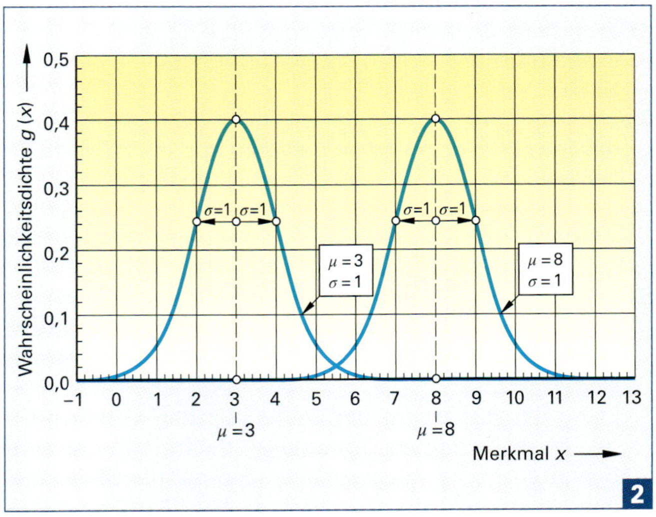

Einfluss des Lageparameters μ auf die Lage der Glockenkurve

Der Wert μ ist der **arithmetische Mittelwert** der normalverteilten Grundgesamtheit mit unendlich vielen Messwerten. Die Größe von μ ist normalerweise nicht bekannt, sie kann aber folgendermaßen abgeschätzt werden: Man entnimmt der Grundgesamtheit eine endliche Stichprobe und errechnet den arithmetischen Mittelwert $\bar{x}$. Der arithmetische Mittelwert $\bar{x}$ der Stichprobe entspricht annähernd dem arithmetischen Mittelwert μ der Grundgesamtheit und zwar umso genauer, je größer der Stichprobenumfang (Seite 240).

Der Parameter μ ist ein **Lageparameter**, er gibt an, wo sich das Maximum der Dichtefunktion befindet (Bild 2).

Der Wert σ ist die **Standardabweichung** der normalverteilten Grundgesamtheit mit unendlich vielen Messwerten. Sie ist in der Regel ebenfalls unbekannt, kann jedoch aus der Standardabweichung s der Stichprobe abgeschätzt werden. Hierzu wird der Grundgesamtheit ebenfalls wieder eine endliche Stichprobe entnommen und ihre Standardabweichung (vgl. Seite 242) ermittelt. Die Standardabweichung s der Stichprobe ist ein Näherungswert für die unbekannte Standardabweichung σ der Grundgesamtheit. Je größer der Stichprobenumfang, desto besser nähert sich s dem (wahren) Wert σ an (Seite 253).

Der Parameter σ ist ein **Streuungsparameter**. Ist σ groß, so sind große Abweichungen vom arithmetischen Mittelwert μ wahrscheinlich (Bild 1).

Innerhalb der Bereichsgrenzen $\mu - \sigma$ und $\mu + \sigma$ (blau markierter Bereich in Bild 1, Seite 251) liegen bei einer normalverteilten Zufallsgröße 68,27 % der Merkmalswerte (z. B. Messwerte). Erweitern wir diese Bereichsgrenzen, dann ergeben sich die in Bild 2 dargestellten prozentualen Anteile, die sich innerhalb der Grenzen befinden.

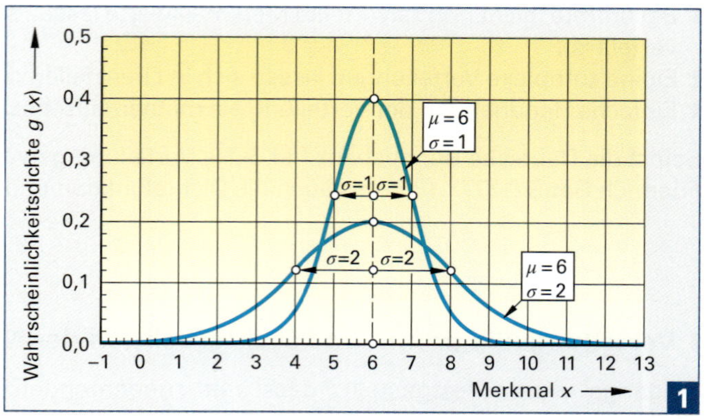

Einfluss des Streuungsparameters σ auf die Form der Glockenkurve

Prüfung eines Datensatzes auf Normalverteilung

Mit der Normalverteilung darf nur gerechnet werden, wenn geprüft wurde, ob die Messreihe überhaupt normalverteilt ist. Die Prüfung einer Messreihe auf Normalverteilung der Messwerte kann u. a. grafisch erfolgen. In der Vorgehensweise wird unterschieden in:

- Messreihen mit weniger als 25 Messwerten ($n < 25$),
- Messreihen mit 25 und mehr Messwerten ($n \geq 25$).

Messreihen mit 25 und mehr Messwerten

Die Prüfung eines gegebenen Datensatzes mit 25 und mehr Messwerten auf Normalverteilung erfolgt in der Regel grafisch. Man geht dabei wie folgt vor:

1. Einteilung der Messwerte in geeignete Klassen (Seite 244).
2. Ermittlung der relativen Häufigkeit h_j einer jeden Klasse.
3. Ermittlung der relativen Häufigkeitssumme F_j einer jeden Klasse.
4. Eintragen der Summe der relativen Häufigkeit F_j über der jeweils rechten Klassengrenze in das **Wahrscheinlichkeitsnetz** (Bild 1, Seite 253) der Normalverteilung. Die Häufigkeitssumme der letzten Klasse wird nicht eingezeichnet. Zur Anfertigung von Bild 1, Seite 253, wurden die Daten aus Bild 1, Seite 247, übernommen.
5. Liegen die eingetragenen Messwerte annähernd auf einer Geraden, dann können wir daraus schließen, dass die Werte des Datensatzes näherungsweise normalverteilt sind.
6. Einen Schätzwert für den arithmetischen Mittelwert μ der normalverteilten Grundgesamtheit erhält man am Schnittpunkt der Ausgleichsgeraden mit der 50-%-Linie des Wahrscheinlichkeitsnetzes.

   Einen Schätzwert für die Standardabweichung σ der normalverteilten Grundgesamtheit erhält man durch Bestimmung der Breite des Bereichs $\pm \sigma$. Dieser Bereich wird durch die Schnittpunkte der Ausgleichsgeraden mit der 84-%-Linie bzw. der 16-%-Linie des Wahrscheinlichkeitsnetzes begrenzt.

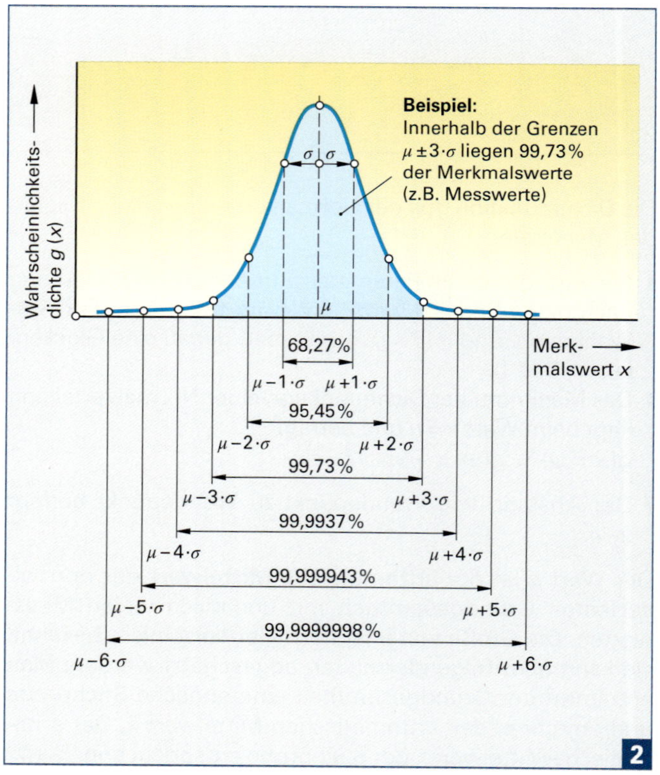

Normalverteilung mit prozentualer Angabe der Merkmalswerte innerhalb vorgegebener Grenzen

Messreihen mit weniger als 25 Messwerten

Hier ist eine Klasseneinteilung nicht sinnvoll. In diesem Fall wird, wie auf Seite 247 beschrieben, jedem Messwert eine (korrigierte) relative Häufigkeitssumme zugeordnet.

Tragen wir die jeweilige relative Häufigkeitssumme F_j eines jeden Messwerts im Wahrscheinlichkeitsnetz über dem Messwert selbst auf und liegen die Messpunkte dann auf einer Geraden, dann kann die Messreihe als normalverteilt angesehen werden.

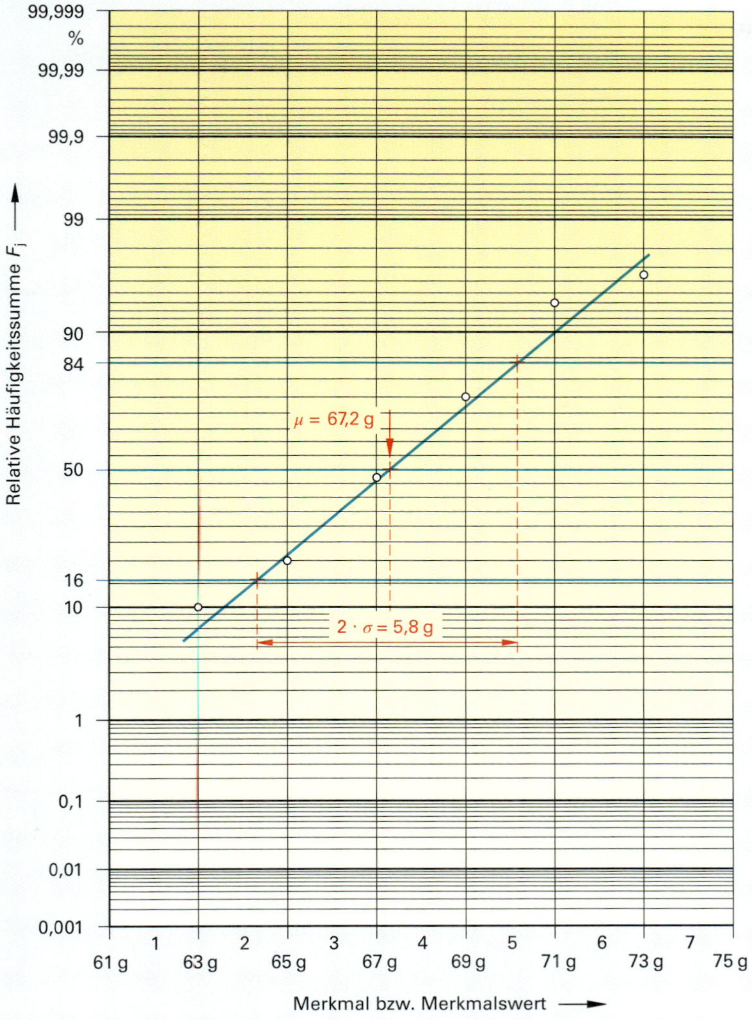

Klasse	1	2	3	4	5	6	7
F_j [%]	10,0	20,0	46,0	78,0	94,0	96,0	100,0

Die Messdaten liegen annähernd auf einer Geraden. Damit sind die Messwerte normalverteilt.

Schätzwert für den arithmetischen Mittelwert der Grundgesamtheit:

$\mu = 67{,}2\ \text{g}$ (abgelesen)

Schätzwert für die Standardabweichung der Grundgesamtheit:

$\sigma = 2{,}9\ \text{g}$ (abgelesen)

1

Wahrscheinlichkeitsnetz der Normalverteilung mit Daten aus Bild 1, Seite 247

VERTRAUENSBEREICH

Wird aus einer normalverteilten Grundgesamtheit eine Stichprobe vom Umfang n entnommen und errechnet man den arithmetischen Mittelwert $\bar{x}$ sowie die Standardabweichung s, dann stellen diese beiden aus der Stichprobe errechneten Kenngrößen lediglich einen **Schätzwert** für den meist unbekannten arithmetischen Mittelwert μ und die Standardabweichung σ der Grundgesamtheit dar. Je größer der Stichprobenumfang n, desto besser wird diese Schätzung.

Man kann jedoch einen Bereich um den arithmetischen Mittelwert $\bar{x}$ bzw. um die Standardabweichung s der Stichprobe angeben, in dem sich der wahre (aber unbekannte) arithmetische Mittelwert μ bzw. die wahre (aber ebenfalls unbekannte) Standardabweichung σ der Grundgesamtheit mit einer bestimmten Wahrscheinlichkeit (Aussagesicherheit) befindet. Dieser Bereich wird als **Vertrauensbereich** bezeichnet. Man kann ihn nachfolgend sowohl für den arithmetischen Mittelwert $\bar{x}$ als auch für die Standardabweichung s berechnen.

Vertrauensbereich für den arithmetischen Mittelwert μ

Der Vertrauensbereich für den arithmetischen Mittelwert μ der Grundgesamtheit wird durch eine **untere Bereichsgrenze** x_{un} und eine **obere Bereichsgrenze** x_{ob} um den arithmetischen Mittelwert $\bar{x}$ der Stichprobe festgelegt. Innerhalb dieses Bereichs liegt also der arithmetische Mittelwert μ der Grundgesamtheit mit einer bestimmten Aussagesicherheit P (z. B. 95 %, 99 % oder 99,9 %).

Die Bereichsgrenzen errechnen sich wie folgt:

UNTERE BEREICHSGRENZE

$$x_{un} = \bar{x} - t \cdot \frac{s}{\sqrt{n}}$$

OBERE BEREICHSGRENZE

$$x_{ob} = \bar{x} + t \cdot \frac{s}{\sqrt{n}}$$

PHYSIK
CHEMIE
STATISTIK

$\bar{x}$ = arithmetischer Mittelwert der entnommenen Stichprobe
s = Standardabweichung der entnommenen Stichprobe
n = Stichprobenumfang
x_{un} = untere Bereichsgrenze
x_{ob} = obere Bereichsgrenze
t = Faktor für eine gewählte Wahrscheinlichkeit (Aussagesicherheit) von 95 %, 99 % oder 99,9 %
f = Freiheitsgrad

Sofern der Wert für f in der Tabelle nicht aufgeführt ist, liest man den Wert für t beim nächstkleineren, tabellierten Wert für f ab.

Bild 1 veranschaulicht die Abhängigkeit des 95-%-Vertrauensbereichs des arithmetischen Mittelwerts μ der Grundgesamtheit vom Stichprobenumfang n. Man erkennt deutlich, dass mit zunehmendem Stichprobenumfang n der Vertrauensbereich schmäler wird, d.h., der arithmetische Mittelwert $\bar{x}$ der Stichprobe den wahren Wert μ zunehmend besser schätzt.

FAKTOREN ZUR BERECHNUNG DES VERTRAUENSBEREICHS DES ARITHMETISCHEN MITTELWERTS μ DER GRUNDGESAMTHEIT

$f = n-1$	Faktor t Aussagesicherheit P: 95 %	99 %	99,9 %
1	12,70	63,70	636,60
2	4,30	9,93	31,60
3	3,18	5,84	12,90
4	2,78	4,60	8,61
5	2,57	4,03	6,87
6	2,45	3,71	5,96
7	2,37	3,50	5,41
8	2,31	3,36	5,04
9	2,26	3,25	4,78
10	2,23	3,17	4,59
11	2,20	3,11	4,44
12	2,18	3,06	4,32
13	2,16	3,01	4,22
14	2,15	2,98	4,14
15	2,13	2,95	4,07
16	2,12	2,92	4,02
17	2,11	2,90	3,97
18	2,10	2,88	3,92
19	2,09	2,86	3,88
20	2,09	2,85	3,85
25	2,06	2,79	3,73
30	2,04	2,75	3,65
35	2,03	2,72	3,59
40	2,02	2,70	3,55
45	2,01	2,69	3,52
50	2,01	2,68	3,50
100	1,98	2,63	3,39
200	1,97	2,60	3,34
300	1,97	2,59	3,32
400	1,97	2,59	3,32
500	1,97	2,59	3,31
∞	1,97	2,58	3,30

Vertrauensbereich für die Standardabweichung σ

Der Vertrauensbereich für die Standardabweichung σ der Grundgesamtheit, also der Bereich um die Standardabweichung s der Stichprobe, in dem sich die „wahre" Standardabweichung σ der Grundgesamtheit mit einer bestimmten Aussagesicherheit P (z.B. 95 %, 99 %, 99,9 %) befindet, wird ebenfalls durch eine untere Bereichsgrenze s_{un} und eine obere Bereichsgrenze s_{ob} festgelegt.

Die Bereichsgrenzen berechnen sich wie folgt:

UNTERE BEREICHSGRENZE

$$s_{un} = c_1 \cdot s$$

OBERE BEREICHSGRENZE

$$s_{ob} = c_2 \cdot s$$

s = Standardabweichung der Stichprobe
s_{un} = untere Bereichsgrenze
s_{ob} = obere Bereichsgrenze
c_1; c_2 = Faktoren aus Tabelle Seite 255

Bild 1 veranschaulicht die Abhängigkeit des 95-%-Vertrauensbereichs der Standardabweichung σ der Grundgesamtheit vom Stichprobenumfang n: Mit zunehmendem Stichprobenumfang wird der Vertrauensbereich schmäler, d.h., die Standardabweichung s der Stichprobe schätzt den wahren Wert σ zunehmend besser.

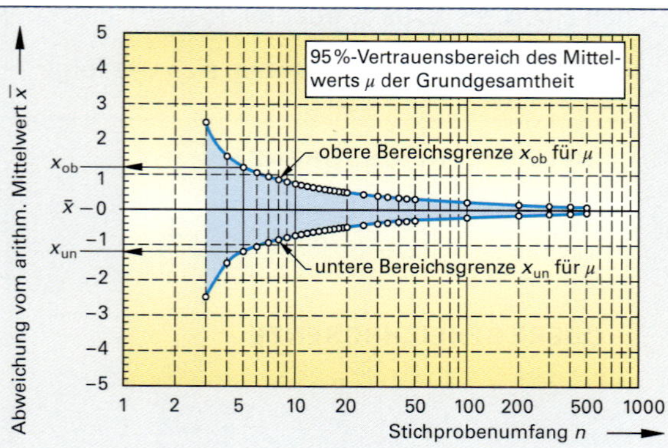

$\bar{x}$ = arithmetischer Mittelwert der Stichprobe
μ = arithmetischer Mittelwert der Grundgesamtheit

Beispiel:
Für einen Stichprobenumfang von $n = 5$ und einer Standardabweichung der Stichprobe von $s = 1$ liegt der arithmetische Mittelwert der Grundgesamtheit μ mit einer Wahrscheinlichkeit von 95% im Bereich von ± 1,2 (abgelesen) um den arithmetischen Mittelwert der Stichprobe $\bar{x}$.

$$\text{Abweichung} = \pm t \cdot \frac{s}{\sqrt{n}} = \pm 2{,}78 \cdot \frac{1}{\sqrt{5}} = \pm 1{,}24$$

1

Abhängigkeit des 95-%-Vertrauensbereichs des Mittelwerts μ der Grundgesamtheit vom Stichprobenumfang n (für s = 1)

	AUSSAGESICHERHEIT P			
	95 %		99 %	
n	c_1	c_2	c_1	c_2
2	0,45	32,30	0,36	167,00
3	0,52	6,29	0,43	14,10
4	0,57	3,73	0,48	6,45
5	0,60	2,87	0,52	4,41
6	0,62	2,45	0,55	3,48
7	0,64	2,20	0,57	2,98
8	0,66	2,04	0,59	2,66
9	0,68	1,92	0,60	2,44
10	0,69	1,83	0,62	2,28
15	0,73	1,58	0,67	1,86
20	0,76	1,46	0,70	1,67
25	0,78	1,39	0,72	1,56
30	0,80	1,35	0,75	1,49
40	0,82	1,28	0,77	1,40
50	0,83	1,25	0,79	1,34
100	0,88	1,16	0,84	1,22

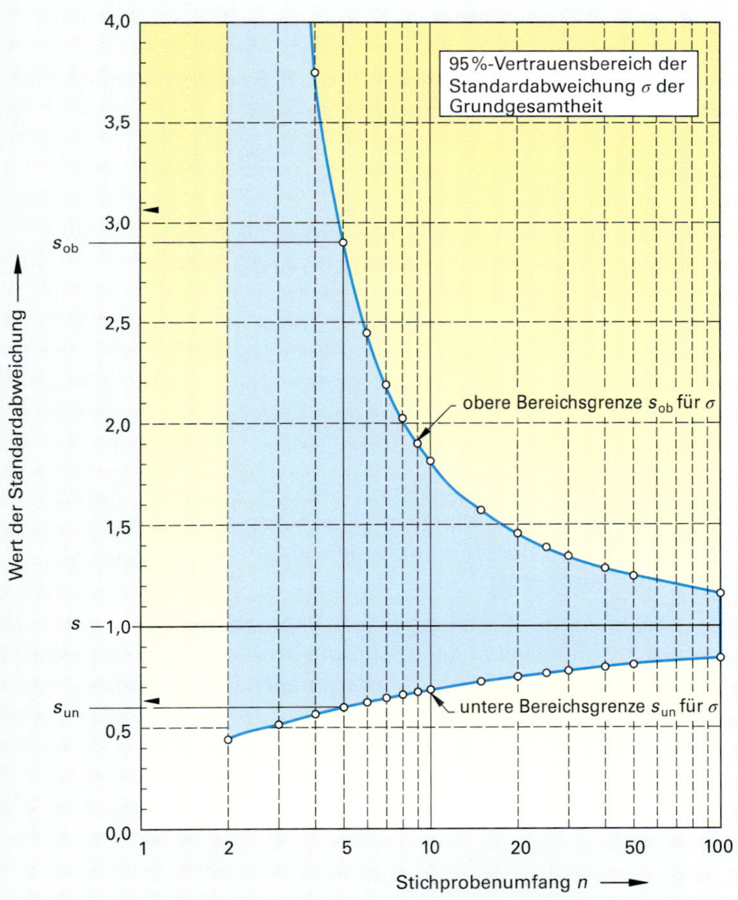

s = Standardabweichung der Stichprobe
σ = Standardabweichung der Grundgesamtheit

Beispiel:
Für einen Stichprobenumfang von $n = 5$ und einer Standardabweichung der Stichprobe von $s = 1$ liegt die Standardabweichung der Grundgesamtheit mit einer Wahrscheinlichkeit von 95% im Bereich von $s_{un} = 0{,}6$ und $s_{ob} = 2{,}8$ (abgelesen).

$s_{un} = 0{,}60 \cdot 1 = 0{,}60$
$s_{ob} = 2{,}87 \cdot 1 = 2{,}87$

1

Abhängigkeit des 95-%-Vertrauensbereichs der Standardabweichung σ der Grundgesamtheit vom Stichprobenumfang n. Beispiel gilt für s = 1.

AUFGABEN ZUR WIEDERHOLUNG

1. Überprüfen Sie, ob die nachfolgende Messreihe (aus Aufgabe 1, Seite 243, bzw. Aufgabe 3, Seite 249) normalverteilt ist. Es wurden die folgenden Massen von Konservendosen ermittelt (alle Angaben in g):

1.	68,4	11.	66,5	21.	70,8	31.	70,7	41.	67,9
2.	66,8	12.	70,2	22.	66,9	32.	64,4	42.	67,2
3.	67,9	13.	67,3	23.	61,7	33.	61,8	43.	62,4
4.	67,3	14.	65,3	24.	67,4	34.	66,0	44.	69,8
5.	73,0	15.	67,3	25.	67,4	35.	71,2	45.	67,5
6.	69,6	16.	70,3	26.	66,5	36.	67,6	46.	63,0
7.	65,3	17.	74,1	27.	65,4	37.	66,1	47.	69,5
8.	64,2	18.	66,2	28.	64,3	38.	63,1	48.	68,3
9.	62,5	19.	68,0	29.	66,7	39.	67,1	49.	65,3
10.	70,9	20.	67,9	30.	65,1	40.	62,0	50.	67,4

2. Überprüfen Sie, ob die nachfolgende Messreihe (aus Aufgabe 4, Seite 249) normalverteilt ist. Es wurden die Füllmassen von 40, zufällig aus der Produktion herausgegriffener Müsliriegel ermittelt (alle Angaben in g):

1.	57,3	11.	55,3	21.	56,7	31.	56,2
2.	56,6	12.	55,1	22.	55,8	32.	56,5
3.	56,7	13.	56,8	23.	55,6	33.	56,2
4.	56,2	14.	57,0	24.	56,1	34.	57,0
5.	56,9	15.	57,6	25.	56,3	35.	56,4
6.	56,0	16.	56,9	26.	55,7	36.	54,8
7.	54,1	17.	56,6	27.	55,7	37.	53,9
8.	55,3	18.	55,5	28.	57,5	38.	54,0
9.	58,9	19.	54,4	29.	57,2	39.	56,8
10.	56,1	20.	54,9	30.	56,0	40.	56,3

3. Überprüfen Sie, ob die nachfolgende Messreihe (aus Aufgabe 3, Seite 243, bzw. Aufgabe 5, Seite 249) normalverteilt ist. Es wurde der Öffnungsdruck von 10 Magnetventilen ermittelt (alle Angaben in bar):

1.	2,1	3.	2,4	5.	2,8	7.	1,9	9.	2,3
2.	2,9	4.	2,5	6.	2,5	8.	2,7	10.	2,7

4. Überprüfen Sie, ob die nachfolgende Messreihe (aus Aufgabe 6, Seite 249) normalverteilt ist. Es wurden die Füllmassen von 15, zufällig aus der Produktion herausgegriffener Dosen, ermittelt (alle Angaben in g):

1.	319	6.	321	11.	329
2.	321	7.	329	12.	331
3.	329	8.	333	13.	331
4.	321	9.	325	14.	333
5.	335	10.	327	15.	311

5. Bei der Herstellung von Drehteilen soll der Durchmesser auf Maßhaltigkeit geprüft werden. Zu diesem Zweck entnehmen wir eine Stichprobe von $n = 125$ Teilen. Der arithmetische Mittelwert $\bar{x}$ der Stichprobe wurde zu 74,51 mm und die Standardabweichung s zu 1,38 mm errechnet. Bestimmen Sie den 99-%-Vertrauensbereich für den („wahren") arithmetischen Mittelwert μ der Grundgesamtheit.

6. Bei der Herstellung von Gewichten für Waagen wird der laufenden Fertigung eine Stichprobe von 25 Teilen entnommen und deren Masse ermittelt. Der arithmetische Mittelwert $\bar{x}$ der Stichprobe wurde zu 100,13 g und die Standardabweichung s zu 2,14 g errechnet. Bestimmen Sie den 95-%-Vertrauensbereich für die „wahre" Standardabweichung σ der Grundgesamtheit.

7. Folgende Klasseneinteilungen sind gegeben:

Klasse 1	–5,5 µm…–3,5 µm	2 %
Klasse 2	–3,5 µm…–1,5 µm	15 %
Klasse 3	–1,5 µm…0,5 µm	40 %
Klasse 4	0,5 µm…2,5 µm	75 %
Klasse 5	2,5 µm…4,5 µm	92 %
Klasse 6	4,5 µm…6,5 µm	99 %
Klasse 7	6,5 µm…8,5 µm	100 %

Zeichnen Sie die Werte in ein Wahrscheinlichkeitsnetz ein.
Bestimmen Sie grafisch den arithmetischen Mittelwert.
Bestimmen Sie grafisch den Schätzwert für die Standardabweichung der Grundgesamtheit.

QUALITÄTSKENNZAHLEN FÜR MASCHINE UND PROZESS

Abnehmer fordern heute von ihren Lieferanten nicht nur ein organisiertes Qualitätsmanagementsystem, sondern auch den Nachweis, dass er in der Lage ist, bei wichtigen quantitativen Merkmalen die geforderten Toleranzen mit hoher Wahrscheinlichkeit einzuhalten sowie die Fertigungsprozesse geeignet zu lenken und zu beherrschen.

MASCHINEN- UND PROZESSFÄHIGKEITSUNTERSUCHUNG

Kriterien zur Beurteilung dieser Fähigkeit sind **Qualitätskennzahlen**. Diese Kennzahlen beschreiben die Fähigkeit von Maschinen und Prozessen, bestimmte Merkmale eines Produktes zu erzeugen. Es wird unterschieden zwischen:

- **Maschinenfähigkeitskennwerten** und
- **Prozessfähigkeitskennwerten**.

Mitunter wird auch die Fähigkeit eines Messmittels durch Vergleich mit einem kalibrierten Prüfnormal (z.B. Endmaß) untersucht. Hier spricht man von **Messmittelfähigkeitskennwerten**.

Maschinenfähigkeitskennwerte werden vor dem Anlauf eines Fertigungsprozesses untersucht und beschreiben demnach nur die Fertigungsgenauigkeit der Maschine bzw. Anlage. Maschinenfähigkeitskennwerte sind daher Kurzzeitkennwerte.

Prozessfähigkeitskennwerte schließen hingegen alle Faktoren ein, die einen Einfluss auf den Fertigungsprozess haben (z.B. Temperaturschwankungen, unterschiedliche Materialchargen usw.). Sie sind Langzeitkennwerte und müssen in bestimmten Zeitabständen aktualisiert werden.

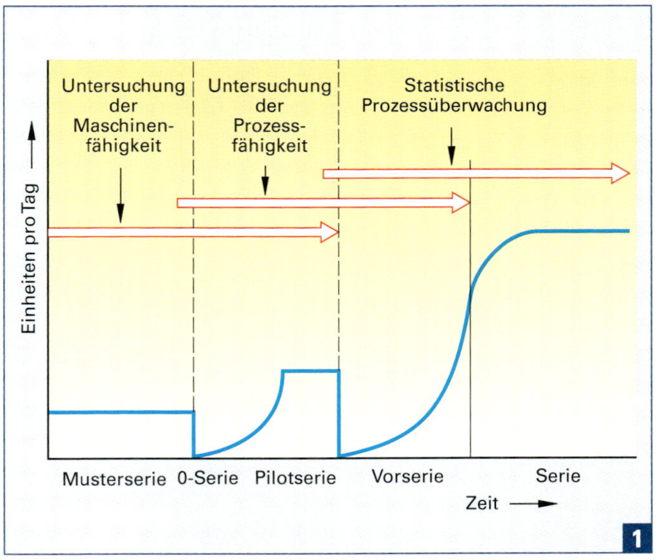

Zeitpunkte für eine Maschinen- und Prozessfähigkeitsuntersuchung sowie für eine statistische Prozessüberwachung im Fertigungsablauf

MASCHINENFÄHIGKEITSKENNWERTE

Maschinenfähigkeitskennwerte dienen der Beschreibung der Leistungsfähigkeit einer **Maschine** (beispielsweise einer Werkzeugmaschine), bestimmte Merkmale eines Produktes zu erzeugen.

Es sind Kurzzeitkennwerte, da alle längerfristigen Störeinflüsse wie unterschiedliche Materialchargen, Temperaturschwankungen usw. unberücksichtigt bleiben. Es wird nur die Fähigkeit einer Maschine oder Anlage für eine kurze Zeit, eine bestimmte Fertigungsqualität einzuhalten, untersucht und bewertet.

Maschinenfähigkeitskennwerte werden in der Regel vor dem Anlauf eines Fertigungsprozesses untersucht. Sie dienen u.a. als Abnahmekriterium für Maschinen und Anlagen (Bild 1).

Zur Ermittlung von Maschinenfähigkeitskennwerten wird **eine** Stichprobe aus **nacheinander** gefertigten Teilen entnommen. Der Stichprobenumfang muss dabei mindestens 50 Teile umfassen ($n \geq 50$). Nach der Messung der Merkmalswerte (z.B. Durchmesser, Füllgewicht, Öffnungsdruck usw.) werden aus den Messwerten mit den üblichen Verfahren der arithmetische Mittelwert $\bar{x}$ und die Standardabweichung s errechnet und ggf. ein Histogramm angefertigt.

Zusätzlich werden die Messwerte in das Wahrscheinlichkeitsnetz der Normalverteilung eingetragen und beurteilt. Liegt keine Normalverteilung vor, dann ist zu prüfen, welchem Verteilungsgesetz die ermittelten Messwerte gehorchen.

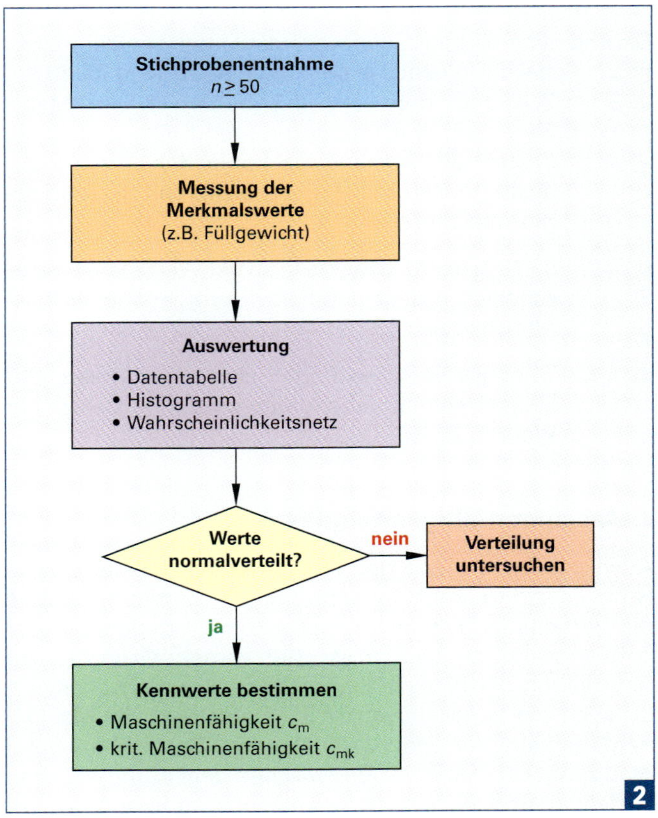

Schema zur Maschinenfähigkeitsuntersuchung

Es wird in zwei Maschinenfähigkeitskennwerte unterschieden: Einen Kennwert für die Streuung, die **Maschinenfähigkeit c_m** und einen Kennwert für die Lage, die **Maschinenfähigkeit c_{mk}**. Voraussetzung für die Berechnung dieser Kennwerte nach den u. g. Formeln ist jedoch eine Normalverteilung der Stichprobenwerte, die nachfolgend vorausgesetzt wird.

Maschinenfähigkeitsindex c_m

Als Kennwert für die Streuung der Stichprobe wird der **Maschinenfähigkeitsindex c_m** verwendet.

Als Maschinenfähigkeit c_m definiert man die aus fertigungs- oder funktionstechnischen Gründen vorgegebene Breite des Toleranzfeldes T (z.B. Toleranz eines Wellendurchmessers), bezogen auf die sogenannte **Maschinenstreubreite** (Bild 1).

Als Maschinenstreubreite wurde der Bereich unter der Verteilungskurve festgelegt, in dem sich 99,73 % der Merkmalswerte (z.B. Messwerte) befinden. Unter der Voraussetzung einer normalverteilten Grundgesamtheit liegen 99,73 % der Merkmalswerte im Bereich $\pm 3 \cdot \sigma$, d.h., die Maschinenstreubreite beträgt 6 σ (siehe auch Bild 2, Seite 247).

Da die Standardabweichung σ der Grundgesamtheit jedoch nicht bekannt ist, rechnet man ersatzweise mit der Standardabweichung s der Stichprobe, die ja bekanntlich einen Schätzwert für σ darstellt. Die Maschinenfähigkeit c_m ergibt sich damit zu:

MASCHINENFÄHIGKEIT

$$c_m = \frac{T}{6 \cdot s} = \frac{\text{OGW} - \text{UGW}}{6 \cdot s}$$

T = Breite des Toleranzfeldes = OGW – UGW
s = Standardabweichung der Stichprobe

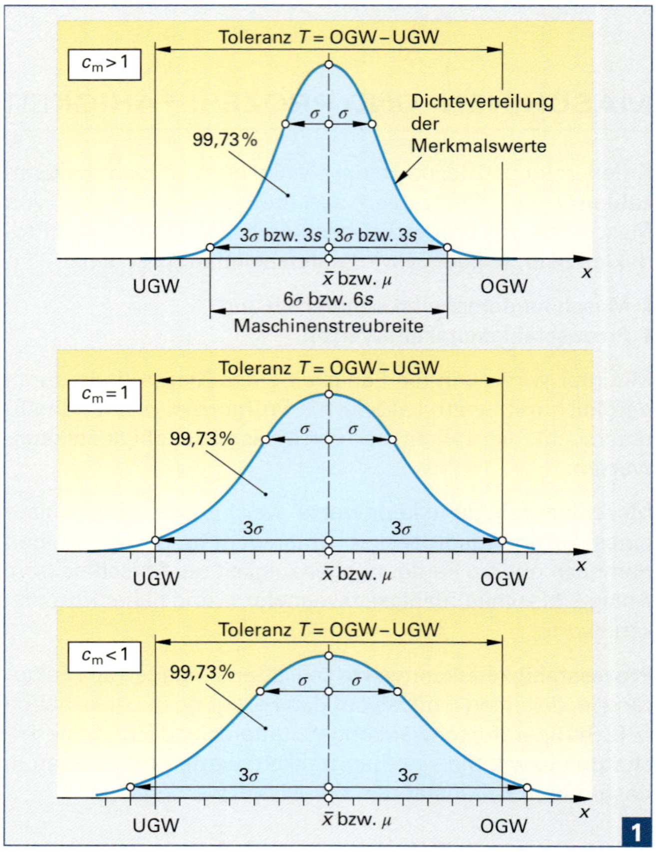

Zusammenhang zwischen dem Wert der Maschinenfähigkeit c_m und der Dichteverteilung der Merkmalswerte

Üblicherweise wird von der Maschinenfähigkeit c_m gefordert: $c_m \geq 1{,}67$

Die unterschiedlichen Zahlenwerte der Maschinenfähigkeit c_m haben dabei die folgende anschauliche Bedeutung (Bild 1):

$c_m > 1$: Zwischen dem ± 3 σ-Streubereich der Messwerte und den Toleranzgrenzen (UGW und OGW) besteht ein Abstand. Je höher der Wert für c_m, desto größer ist dabei die Sicherheit gegen Toleranzüberschreitungen.

$c_m = 1$: 99,73 % der Messwerte (also der Wertebereich zwischen $\pm 3\,\sigma$) liegt innerhalb der vorgegebenen Toleranzgrenzen.

$c_m < 1$: Toleranzüberschreitungen sind zu erwarten. Der Fehleranteil ist dabei umso größer, je kleiner der Wert für c_m ist.

ANTEIL DER MERKMALSWERTE (Z. B. MESSWERTE INNERHALB DER TOLERANZGRENZE IN ABHÄNGIGKEIT DES GEWÄHLTEN c_m-WERTES (GLOCKENKURVE LIEGT MITTIG ZU DEN TOLERANZGRENZEN)

c_m-Wert	Anteil der Merkmalswerte innerhalb der Toleranzgrenzen[1]
1,0	99,73 %
1,33	99,9937 %
1,67	99,999943 %
2,0	99,9999998 %

[1] Voraussetzung: Verteilungsfunktion liegt mittig zu den Toleranzgrenzen

Maschinenfähigkeitsindex c_{mk}

Auch bei ausreichend geringer Streuung der Messwerte kann es zu Toleranzüberschreitungen kommen, sobald die Verteilungsfunktion („Glockenkurve") gegenüber der Toleranzmitte verschoben ist. Aus diesem Grund ist zur Beurteilung der Fähigkeit außer dem Streuungskennwert c_m auch ein Lagekennwert c_{mk} erforderlich, die **Maschinenfähigkeit**. Zur Ermittlung des c_{mk}-Wertes berechnet man zunächst die Abstände zwischen dem arithmetischen Mittelwert und der unteren bzw. der oberen Toleranzgrenze (UGW bzw. OGW).

Für den Abstand zwischen arithmetischem Mittelwert und der **unteren Toleranzgrenze** ergibt sich:

$$x_{un} = \bar{x} - \text{UGW}$$

Für den Abstand zwischen **oberer Toleranzgrenze** und dem arithmetischen Mittelwert ergibt sich:

$$x_{ob} = \text{OGW} - \bar{x}$$

Als **Maschinenfähigkeitsindex** c_{mk} wird festgelegt:

$$c_{mk} = \frac{\Delta krit}{3 \cdot s}$$

dabei ist $\Delta krit$ der kleinere der beiden Werte x_{un} bzw. x_{ob}:

$$\Delta krit = \min \{x_{un}; x_{ob}\}$$

Der c_{mk}-Wert ist also nichts anderes, als das Verhältnis des kürzesten Abstandes zwischen dem arithmetischen Mittelwert $\bar{x}$ der Stichprobe zu einer Toleranzgrenze, bezogen auf den dreifachen Wert der aus der Stichprobe errechneten Standardabweichung s.

Üblicherweise wird von der kritischen Maschinenfähigkeit c_{mk} gefordert:

$$c_m \geq 1{,}67$$

Die unterschiedlichen Zahlenwerte der kritischen Maschinenfähigkeitskennwerte c_{mk} haben dabei die folgende anschauliche Bedeutung (Bild 1):

$c_{mk} = c_m$: Die Verteilungsfunktion („Glockenkurve") liegt mittig zu den Toleranzgrenzen.

$c_{mk} < c_m$: Die Verteilungsfunktion („Glockenkurve") ist zur unteren oder oberen Toleranzgrenze hin verschoben. Je kleiner c_{mk}, desto weiter ist die Verteilung zu einer der Toleranzgrenzen hin verschoben.

$c_{mk} = 0$: Das Maximum der Verteilungsfunktion („Glockenkurve") fällt mit der unteren oder der oberen Toleranzgrenze zusammen.

$c_{mk} > c_m$: Nicht möglich nach obiger Definition für c_{mk}.

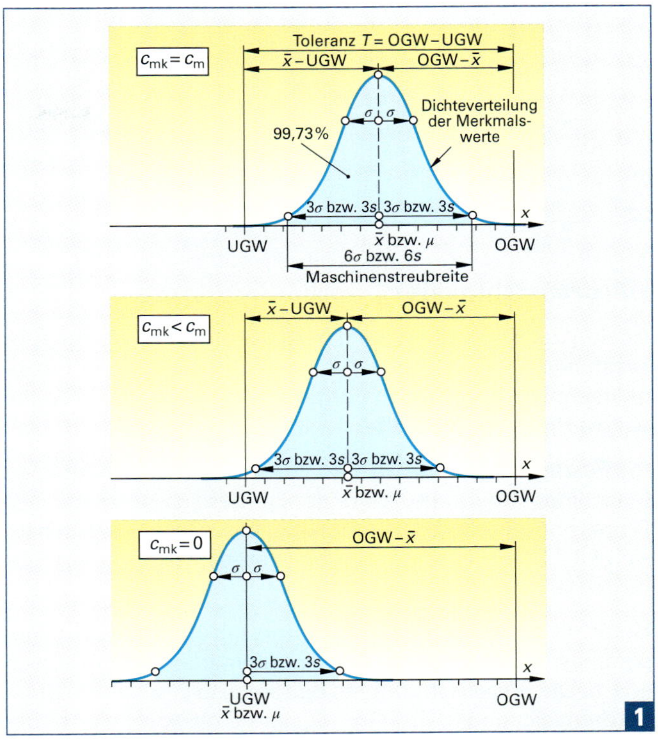

Zusammenhang zwischen dem Wert der kritischen Maschinenfähigkeit c_{mk} und der Dichteverteilung der Merkmalswerte

Bei ausreichend geringer Streuung ($c_m > 1$) kann durch Lagekorrektur (z. B. durch eine Neueinstellung der Maschine) auch ein ausreichender c_{mk}-Wert erreicht werden.

PROZESSFÄHIGKEITSKENNWERTE

Um die Prozessfähigkeit zahlenmäßig bewerten zu können, führt man, analog zur Maschinenfähigkeit, Kennwerte der Streuung und der Lage, die **Prozessfähigkeit c_p** und die **Prozessfähigkeit c_{pk}**, ein. Die Prozessfähigkeit ist eine Langzeituntersuchung und berücksichtigt alle relevanten Prozesseinflüsse („5 M" = Mensch – Maschine – Methode – Material – Mitwelt).

Zur Ermittlung dieser Kennwerte werden über einen bestimmten Fertigungszeitraum hinweg (z. B. einige Wochen) immer wieder kleine Stichproben von gleichem Umfang n (z. B. $n = 5$) entnommen. Wir berechnen dann für jede Stichprobe die arithmetischen Mittelwerte $\bar{x}_1, \bar{x}_2, \ldots, \bar{x}_k$ und die Standardabweichungen $s_1, s_2, \ldots, s_k$. Der geschätzte Prozessmittelwert $\hat{\mu}$ wird anschließend wie folgt gemittelt:

PROZESSMITTELWERT

$$\hat{\mu} = \bar{\bar{x}} = \frac{\bar{x}_1 + \bar{x}_2 + \bar{x}_3 + \ldots + \bar{x}_k}{m}$$

$$= \frac{\text{Summe der Mittelwerte aus den einzelnen Stichproben}}{\text{Anzahl der entnommenen Stichproben}}$$

$\bar{x}_1$ = arithmetischer Mittelwert aus der 1. Stichprobe
$\bar{x}_2$ = arithmetischer Mittelwert aus der 2. Stichprobe
$\bar{x}_k$ = arithmetischer Mittelwert aus der k. Stichprobe
m = Anzahl der entnommenen Stichproben

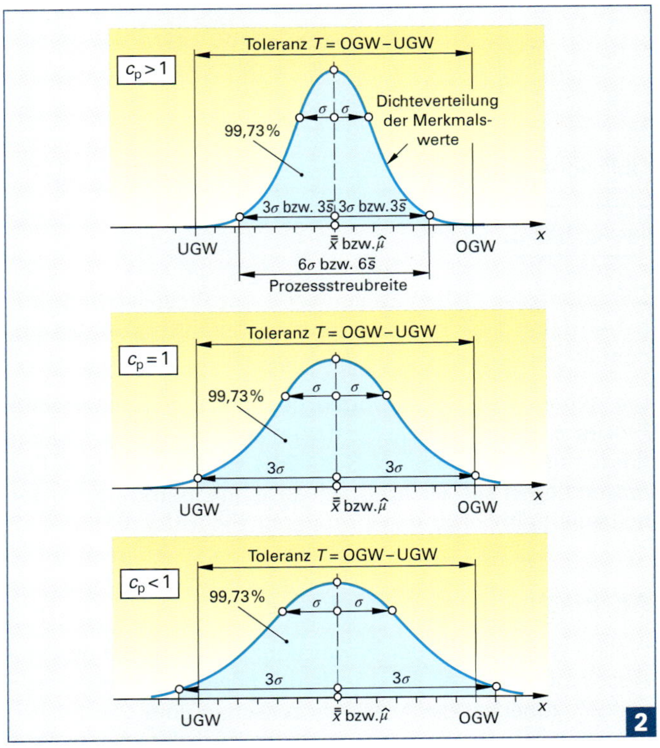

Zusammenhang zwischen dem Wert der Prozessfähigkeit c_p und der Dichteverteilung der Merkmalswerte

Die im Mittel während des untersuchten Fertigungszeitraumes vorliegende geschätzte Prozessstandardabweichung $\hat{\delta}$ errechnet sich aus den Standardabweichungen der einzelnen Stichproben zu:

$$\hat{\delta} = \sqrt{\frac{s_1^2 + s_2^2 + \ldots + s_k^2}{m}}$$

s_1 = Standardabweichung der 1. Stichprobe
s_2 = Standardabweichung der 2. Stichprobe
s_k = Standardabweichung der k. Stichprobe
m = Anzahl der entnommenen Stichproben

Prozessfähigkeit c_p

Analog zur Maschinenfähigkeit c_m errechnet sich die **Prozessfähigkeit c_p** als **Breite *T*** der aus fertigungs- oder funktionstechnischen Gründen vorgegebenen Toleranz, bezogen auf die **Prozessstreubreite**.

Die Prozessstreubreite wird, analog der oben beschriebenen Maschinenstreubreite, als derjenige Bereich unter der den Prozess beschreibenden Verteilungskurve festgelegt, in dem sich 99,73 %, aller durch diesen Prozess hergestellten Produkte befinden.

Unter der Voraussetzung einer normalverteilten Grundgesamtheit liegen 99,73 % der Produktmerkmale im Bereich $\pm 3 \cdot \hat{\delta}$. Die Prozessstreubreite beträgt also $6 \cdot \hat{\delta}$. Da die Standardabweichung $\hat{\delta}$ der Grundgesamtheit auch hier unbekannt ist, rechnen wir ersatzweise mit der mittleren Standardabweichung $\hat{\delta}$ der Einzelstichproben.

Die Prozessfähigkeit c_p ergibt sich dann wie folgt:

PROZESSFÄHIGKEIT

$$c_p = \frac{T}{6 \cdot \hat{\delta}}$$

T = Breite des Toleranzfeldes = OGW – UGW
$\hat{\delta}$ = mittlere Standardabweichung der Stichproben

Üblicherweise wird von der Prozessfähigkeit c_p gefordert:

$$c_p \geq 1{,}33$$

Die unterschiedlichen Zahlenwerte der Prozessfähigkeit c_p haben dabei dieselbe Bedeutung wie bereits bei der Maschinenfähigkeit erläutert (Bild 2, Seite 259).

Die genannten Ausführungen gelten nur für **beherrschte Prozesse**, d.h., Prozesse bei denen alle systematischen Einflüsse ausgeschaltet sind (Seite 261). Bei beherrschten Prozessen liegen alle Stichprobenwerte annähernd normalverteilt innerhalb der prozessbezogenen Eingriffsgrenzen.

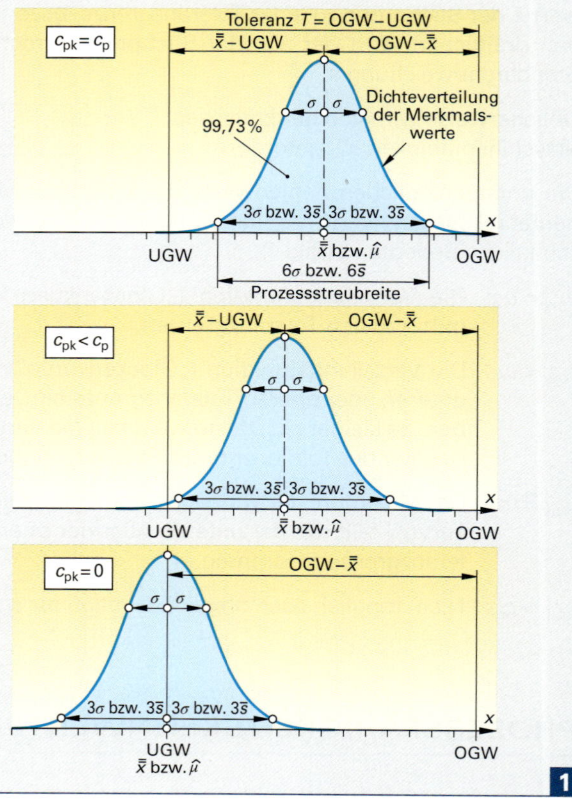

1

Zusammenhang zwischen dem Wert des kritischen Prozessfähigkeitsindex c_{pk} und der Dichteverteilung der Merkmalswerte

Kritische Prozessfähigkeit c_{pk}

Wollen wir auch bei der Prozessfähigkeit die **Lage** des Prozesses innerhalb des Toleranzfeldes bewerten, dann errechnen wir zunächst die Abstände zwischen dem geschätzten Prozessmittelwert $\hat{\mu}$ und der unteren bzw. der oberen Toleranzgrenze (UGW bzw. OGW):

Für den Abstand zwischen geschätztem Prozessmittelwert $\hat{\mu}$ und der **unteren Toleranzgrenze** ergibt sich:

$$x_{un} = \hat{\mu} - UGW$$

Für den Abstand zwischen **oberer Toleranzgrenze** und dem geschätzten Prozessmittelwert $\hat{\mu}$ ergibt sich:

$$x_{ob} = OGW - \hat{\mu}$$

Als **kritischer Prozessfähigkeitskennwert** c_{pk} wird definiert:

$$c_{mk} = \frac{\Delta krit}{3 \cdot \hat{\mu}}$$

wobei $\Delta krit$ der kleinere der beiden Werte x_{un} bzw. x_{ob} ist, also:

$$\Delta krit = \min\{x_{un}; x_{ob}\}$$

Der c_{pk}-Wert ist also nichts anderes als das Verhältnis des kürzesten Abstandes zwischen dem arithmetischen Mittelwert der Stichprobe zu einer Toleranzgrenze, bezogen auf den dreifachen Wert der aus der Stichprobe errechneten geschätzten Prozessstandardabweichung $\hat{\delta}$.

Üblicherweise wird von der Prozessfähigkeit c_{pk} gefordert:

$c_{pk} \geq 1{,}33$

Die unterschiedlichen Zahlenwerte der Prozessfähigkeit c_{pk} haben dabei die in Bild 1, Seite 260, dargestellte Bedeutung.

Die Bestimmung der Prozessfähigkeit c_p bzw. der Prozessfähigkeit c_{pk} entspricht prinzipiell der Bestimmung der Maschinenfähigkeit c_m bzw. der Maschinenfähigkeit c_{mk}. Der einzige Unterschied besteht darin, dass zur Bestimmung von c_m bzw. c_{mk} der laufenden Fertigung nur **eine** Stichprobe entnommen wird, um daraus die Kennwerte $\bar{x}$ und s zu berechnen, während zur Ermittlung von c_p bzw. c_{pk} über einen längeren Zeitraum immer wieder kleinere Stichproben entnommen werden, um daraus einen geschätzten Prozessmittelwert $\hat{\mu}$ bzw. eine geschätzte Prozessstandardabweichung $\hat{\delta}$ zu berechnen. Die Berechnungsformeln für c_m bzw. c_p und c_{mk} bzw. c_{pk} sind jedoch identisch.

Prozessverhalten – beherrschte und fähige Prozesse

Systematische Einflüsse treten unregelmäßig auf. Sie beruhen aber auf beeinflussbaren Ursachen, die gefunden und abgestellt werden können. Prozesse werden als beherrscht bezeichnet, wenn alle systematischen Einflüsse ausgeschaltet oder wegen ihres typischen Verhaltens kalkulierbar sind, wie z.B. Maßabweichungen durch Werkzeugverschleiß (Trend).

Als fähig wird ein Prozess bezeichnet, wenn der Mittelwert dieses Prozesses mindestens $4 \cdot$ Standardabweichung ($4 \cdot s$) von den Toleranzgrenzen (UGW und OGW) entfernt (innerhalb der Toleranzgrenzen) liegt.

AUFGABEN ZUR WIEDERHOLUNG

1. Ein Drehautomat fertigt Wellen mit einem Außendurchmesser von 60 –0,05/+0,03 mm. Um die Fertigungsqualität zu prüfen, sollen die Maschinenkennwerte c_m und c_{mk} ermittelt werden. Zu diesem Zweck wird aus der laufenden Fertigung eine Stichprobe von 60 Wellen entnommen. Der arithmetische Mittelwert der Außendurchmesser wurde zu $\bar{x} = 59{,}98$ mm und die Standardabweichung zu $s = 0{,}01$ mm berechnet. Die Wellendurchmesser sollen als normalverteilt angenommen werden.

a) Berechnen Sie die Maschinenfähigkeit c_m. Ist sie ausreichend, falls $c_m \geq 1{,}67$ gefordert wird?

b) Berechnen Sie die Maschinenfähigkeit c_{mk}. Ist sie ausreichend, falls $c_{mk} \geq 1{,}33$ gefordert wird?

2. Nach der Überarbeitung einer Drehmaschine sind für diese die Maschinenfähigkeitskennwerte c_m und c_{mk} zu bestimmen. Diese Kennwerte sollen die Bestätigung für die erfolgreiche Überarbeitung und Einsatzfähigkeit der Anlage erbringen.

Nach der Maschineneinrichtung wurden 50 Drehteile in Folge der Pilot-Fertigung entnommen. Es wurde besonders auf eine ungestörte Fertigung während der Probenentnahme geachtet. Der Durchmesser der Werkstücke ist mit 25,7 ± 0,15 mm toleriert. Messwerte in der Reihenfolge ihrer Entnahme (Durchmesser in mm):

1.	25,70	11.	25,70	21.	25,70	31.	25,72	41.	25,70
2.	25,69	12.	25,68	22.	25,72	32.	25,68	42.	25,69
3.	25,67	13.	25,74	23.	25,68	33.	25,74	43.	25,75
4.	25,75	14.	25,72	24.	25,73	34.	25,67	44.	25,70
5.	25,69	15.	25,68	25.	25,72	35.	25,70	45.	25,70
6.	25,72	16.	25,69	26.	25,68	36.	25,66	46.	25,67
7.	25,69	17.	25,72	27.	25,75	37.	25,74	47.	25,72
8.	25,68	18.	25,71	28.	25,71	38.	25,71	48.	25,72
9.	25,71	19.	25,72	29.	25,73	39.	25,70	49.	25,69
10.	25,77	20.	25,67	30.	25,70	40.	25,68	50.	25,71

Ermitteln Sie die Maschinenfähigkeitskennwerte c_m und c_{mk}.

3. Auf einer automatisierten Schleifmaschine werden Gleitlagerbuchsen geschliffen. Die Buchsen sollen nach dem Schleifen einen Innendurchmesser von 60 –0,2/+0,2 mm aufweisen. Um die Prozessfähigkeit zu überprüfen, werden an 6 aufeinanderfolgenden Tagen jeweils 5 Buchsen entnommen und die Innendurchmesser ermittelt. Dabei hat man die folgenden Ergebnisse erhalten:

URWERTLISTE						
Nr. der Stichprobe	**1**	**2**	**3**	**4**	**5**	**6**
	60,01	59,98	59,93	60,06	60,04	59,93
	60,04	59,97	60,03	60,02	59,99	59,97
Messwerte in mm	59,98	60,02	59,94	59,98	59,93	59,99
	59,95	60,00	60,09	59,90	60,04	59,95
	60,02	59,93	60,01	59,99	59,95	60,01

PHYSIK CHEMIE STATISTIK

Berechnen Sie:

a) für jede Stichprobe den arithmetischen Mittelwert $\bar{x}$ und die Standardabweichung s,

b) den geschätzten Prozessmittelwert $\hat{\mu}$ aus den arithmetischen Mittelwerten $\bar{x}$ der einzelnen Stichproben,

c) die geschätzte Prozessstandardabweichung $\hat{\delta}$ aus den Standardabweichungen s der einzelnen Stichproben,

d) die Prozessfähigkeit c_p,

e) die Prozessfähigkeit c_{pk}.

4. Für die Fertigung von Zeitschaltern sind Prozessfähigkeitskennwerte für die Verzögerungszeiten zu ermitteln. Aus den Messdaten zur Prozessregelung wurden die letzten 25 Stichproben ausgewählt. Jede Stichprobe enthält 5 Messwerte. Die Verzögerungszeit für die Schalter muss laut Spezifikation 80 ± 10 ms betragen. Stichproben (alle Angaben in ms):

URWERTLISTE

Nr.	x_1	x_2	x_3	x_4	x_5
1	83,1	78,3	76,4	79,9	78,2
2	79,2	79,4	77,3	74,1	79,6
3	82,9	82,7	81,1	82,2	73,8
4	76,7	76,8	83,1	80,0	80,9
5	84,7	77,9	81,4	77,4	83,1
6	78,8	80,1	79,4	80,6	80,0
7	78,0	80,9	79,8	80,6	78,6
8	76,4	79,4	80,9	81,2	76,4
9	77,8	84,0	81,8	77,5	81,3
10	77,6	82,0	77,1	80,7	79,4
11	78,6	78,2	80,1	80,3	78,8
12	79,6	80,0	75,8	81,0	76,4
13	81,6	86,6	76,6	77,2	76,7

URWERTLISTE

Nr.	x_1	x_2	x_3	x_4	x_5
14	80,3	80,0	78,2	82,3	83,3
15	79,5	78,1	79,3	81,0	78,5
16	76,4	79,3	82,1	75,7	76,8
17	82,9	80,1	78,9	84,2	80,1
18	76,8	79,9	79,5	82,8	80,5
19	81,2	82,5	75,0	84,5	83,1
20	76,9	78,0	76,7	79,5	76,8
21	82,1	82,3	80,7	82,7	78,6
22	72,6	81,1	79,4	80,5	76,9
23	80,5	79,4	78,9	85,7	84,3
24	85,7	82,7	78,9	79,2	81,9
25	78,2	79,1	79,0	78,0	76,0

a) Bestimmen Sie aus den Messwerten die Mittelwerte und die Standardabweichungen jeder Stichprobe (Nr. 1...Nr. 25).

b) Ermitteln Sie aus den arithmetischen Mittelwerten der Stichproben $\bar{x}$ den geschätzten Prozessmittelwert $\hat{\mu}$ aller Messwerte $\bar{\bar{x}}$.

c) Ermitteln Sie aus den Standardabweichungen der einzelnen Stichproben s die geschätzte Prozessstandardabweichung $\hat{\delta}$ aller Messwerte.

d) Bestimmen Sie die Prozessfähigkeitskennwerte c_p und c_{pk}.

QUALITÄTSREGELKARTEN

Die Qualitätsregelkarte (QRK) ist das Kernstück aller Aktivitäten der statistischen Qualitätssicherung (SPC). Allein schon durch die graphische Darstellung der Mess- oder Zählwerte, lässt sich das Prozessverhalten und somit die Qualitätsleistung eines Fertigungsprozesses sehr gut abschätzen. Ergänzende Auswertungen, basierend auf den in der Qualitätsregelkarte aufgenommenen Werten, ermöglichen eine aussagekräftige Bewertung eines Prozesses.

SINN UND ZWECK DER QUALITÄTSREGELKARTE

Mithilfe der **Qualitätsregelkarte (QRK)** kann das Verhalten eines Fertigungsprozesses bezüglich Lage und Streuung beurteilt werden. Damit ist es möglich, bereits frühzeitig in einen Prozess korrigierend einzugreifen, um Fehler und Ausschuss zu vermeiden.

Eine Qualitätsregelkarte ist im Prinzip ein Diagramm, in dem die Urwerte oder bestimmte aus einer Stichprobe errechnete Kennwerte (z.B. Mittelwerte, Zentralwerte, Standardabweichungen, Spannweiten, Anzahl fehlerhafter Teile, Anzahl Fehler je Teil usw.) über der Zeit oder dem Stichprobenumfang dargestellt und mit Grenzlinien (**Eingriffsgrenzen** und ggf. **Warngrenzen**) verglichen werden. Anhand dieser Vergleiche kann dann eine Aussage über die Güte (Stabilität) des untersuchten Fertigungsprozesses getroffen werden.

Eine Qualitätsregelkarte ist ein grafisches Hilfsmittel zur Beurteilung eines Prozesses über einen längeren Zeitraum.

Zur Führung einer Qualitätsregelkarte werden in möglichst gleichen Zeitabständen Stichproben vom Umfang n entnommen und das in der QRK dargestellte Merkmal (z.B. Wellendurchmesser, Füllgewicht usw.) geprüft. Je nach Qualitätsregelkartentyp werden nur die Urwerte oder die aus den n Urwerten errechneten Kennwerte wie $\bar{x}$, $\tilde{x}$, R oder s eingetragen. Bei kontinuierlichen Merkmalswerten (Messwerten) ist darauf zu achten, dass der Stichprobenumfang n immer gleich bleibt. Unvollständige Stichproben dürfen nicht in die Auswertung mit einbezogen werden. Als Stichprobenumfang hat sich die Größe $n = 5$ als praktikabel erwiesen.

AUFBAU EINER QUALITÄTSREGELKARTE

Bei der Qualitätsregelkarte werden auf der horizontalen Achse (Abszisse oder x-Achse) wahlweise aufgetragen:

- die Nummer der Stichprobe oder
- der Zeitpunkt (Datum/Uhrzeit) der Stichprobenentnahme oder
- die Chargennummer bzw. eine sonstige Kennzeichnung.

Auf der vertikalen Achse (Ordinate, y-Achse) wird die Merkmalsausprägung aufgetragen. Bei kontinuierlich veränderlichen Merkmalen (Messwerten) sind dies beispielsweise:

- die Urwerte (die ursprünglichen Messwerte) oder
- die Kennwerte der Stichprobe (z.B. Mittelwert, Zentralwert, Standardabweichung, Spannweite)

Bei diskreten Merkmalswerten (Zählwerten) trägt man auf der vertikalen Achse beispielsweise ein:

- die Anzahl fehlerhafter Teile während eines bestimmten Zeitraums oder
- die Anzahl der Fehler je Teil.

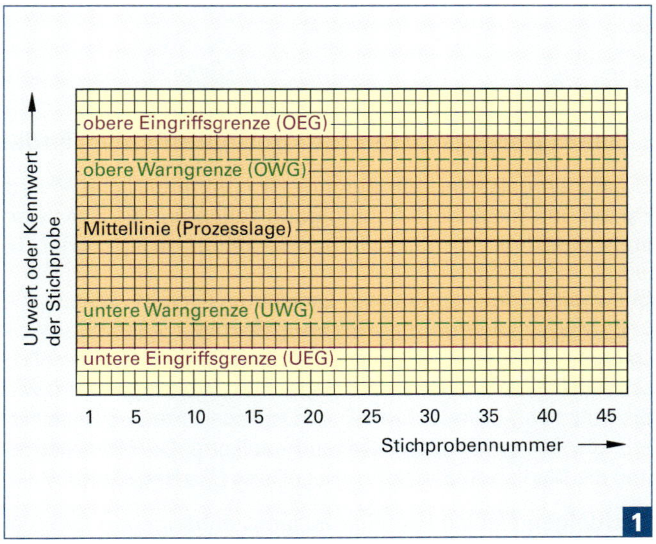

Prinzipieller Aufbau einer Qualitätsregelkarte (Beispiel)

In einer QRK ist außerdem eine **Mittellinie** (Prozesslage) sowie eine **obere Eingriffsgrenze (OEG)** und eine **untere Eingriffsgrenze (UEG)** eingezeichnet. Mitunter werden zusätzlich eine **obere Warngrenze (OWG)** und eine **untere Warngrenze (UWG)** eingetragen (Bild 1).

GEBRÄUCHLICHE QUALITÄTSREGELKARTEN

Qualitätsregelkarten werden in Abhängigkeit der Merkmalsart in Regelkarten für diskrete und für kontinuierliche Merkmalswerte eingeteilt. Bild 1 zeigt einen Überblick über gebräuchliche Kartenarten.

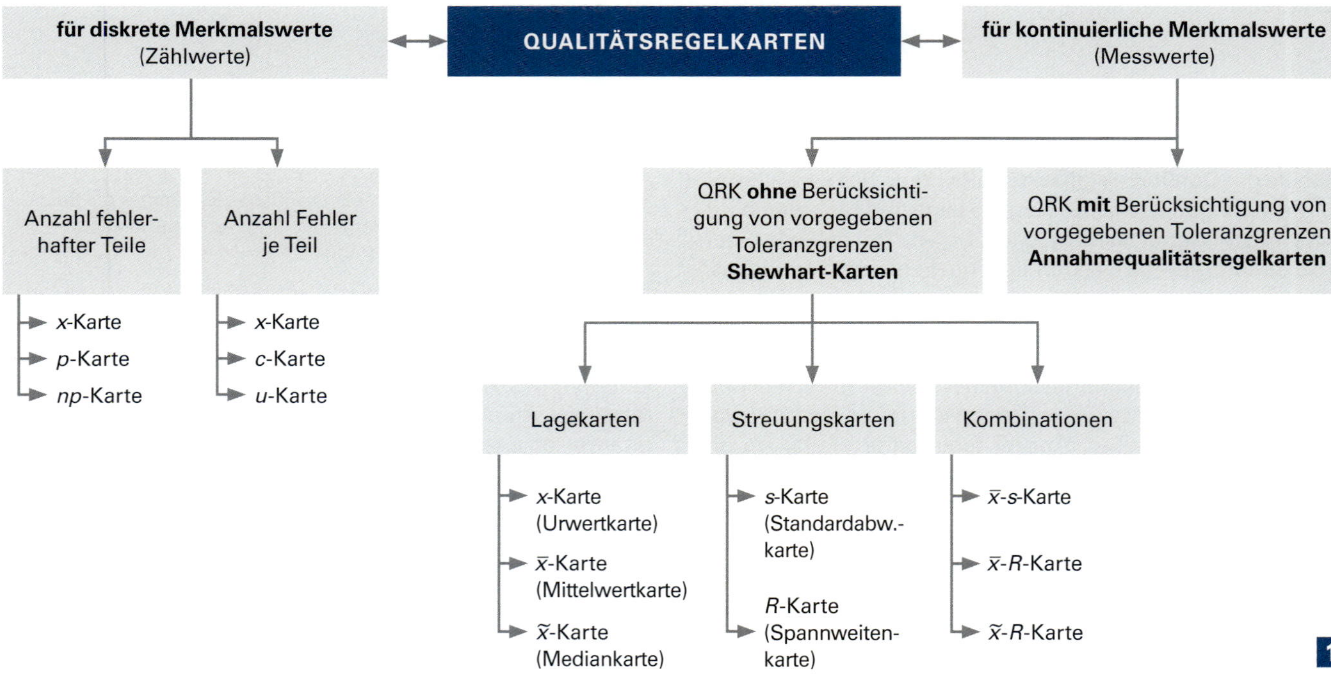

1

Überblick der gebräuchlichen Qualitätsregelkarten

Qualitätsregelkarten für kontinuierlich veränderliche Merkmale

Qualitätsregelkarten für kontinuierlich veränderliche Merkmale werden in **Shewhart-Karten**[1] und **Annahmequalitätsregelkarten** unterschieden. Nachfolgend sollen nur die Shewhart-Karten betrachtet werden. Im Gegensatz zu den Annahmequalitätsregelkarten berücksichtigen sie keine vorgegebenen Toleranzgrenzen.

Shewhart-Karten kann man in **Lagekarten** (Urwert-, Mittelwert- und Mediankarten) und **Streuungskarten** (Standardabweichungs- und Spannweitenkarten) unterscheiden. Gebräuchlich sind auch Kombinationen aus Lage- und Streuungskarten, wie die Mittelwert-Standardabweichungs-Regelkarte (**$\bar{x}$-s-Regelkarte**), die Mittelwert-Spannweiten-Regelkarte (**$\bar{x}$-R-Regelkarte**) und die Median-Spannweiten-Regelkarte (**$\tilde{x}$-s-Regelkarte**).

Nachfolgend sollen wichtige Zusammenhänge am Beispiel der $\bar{x}$-s-Qualitätsregelkarte erläutert werden. Sie dürfte die am häufigsten verwendete Regelkarte für kontinuierlich veränderliche Merkmale (Messwerte) sein.

Aufbau einer $\bar{x}$-s-Regelkarte (nach Shewhart)

Die $\bar{x}$-s-Regelkarte (nach Shewhart) ist eine Kombination aus zwei Karten (Bild 1, Seite 265)

- Der Mittelwertkarte (auch als $\bar{x}$-Spur der $\bar{x}$-s-Qualitätsregelkarte bezeichnet). In diese Karte trägt man den aus der entnommenen Stichprobe errechneten arithmetischen Mittelwert $\bar{x}$ ein.
- Der Standardabweichungskarte (auch als s-Spur der $\bar{x}$-s-Qualitätsregelkarte bezeichnet). In diese Karte wird die aus der entnommenen Stichprobe errechnete Standardabweichung s eingetragen.

Anwendung der $\bar{x}$-s-Karte

Um eine $\bar{x}$-s-Qualitätsregelkarte zu führen, entnehmen wir der laufenden Produktion in möglichst regelmäßigen Abständen eine Stichprobe. Der Stichprobenumfang n muss dabei konstant bleiben (z.B. $n = 5$). Mithilfe der bereits bekannten Formeln errechnet man den arithmetischen Mittelwert $\bar{x}$ und die Standardabweichung s der entnommenen Stichproben und trägt die errechneten Werte in die entsprechende Karte ein.

[1] Walter Andrew **Shewhart** (1891...1967) war Begründer der **Statistischen Qualitätskontrolle** (SPC). Er führte im Jahr 1924 in den USA die Regelkartentechnik ein („Shewhart-Karten") und beschrieb diese 1931 in seinem Werk „Economic Control of Quality of Manufactured Product" ausführlich.

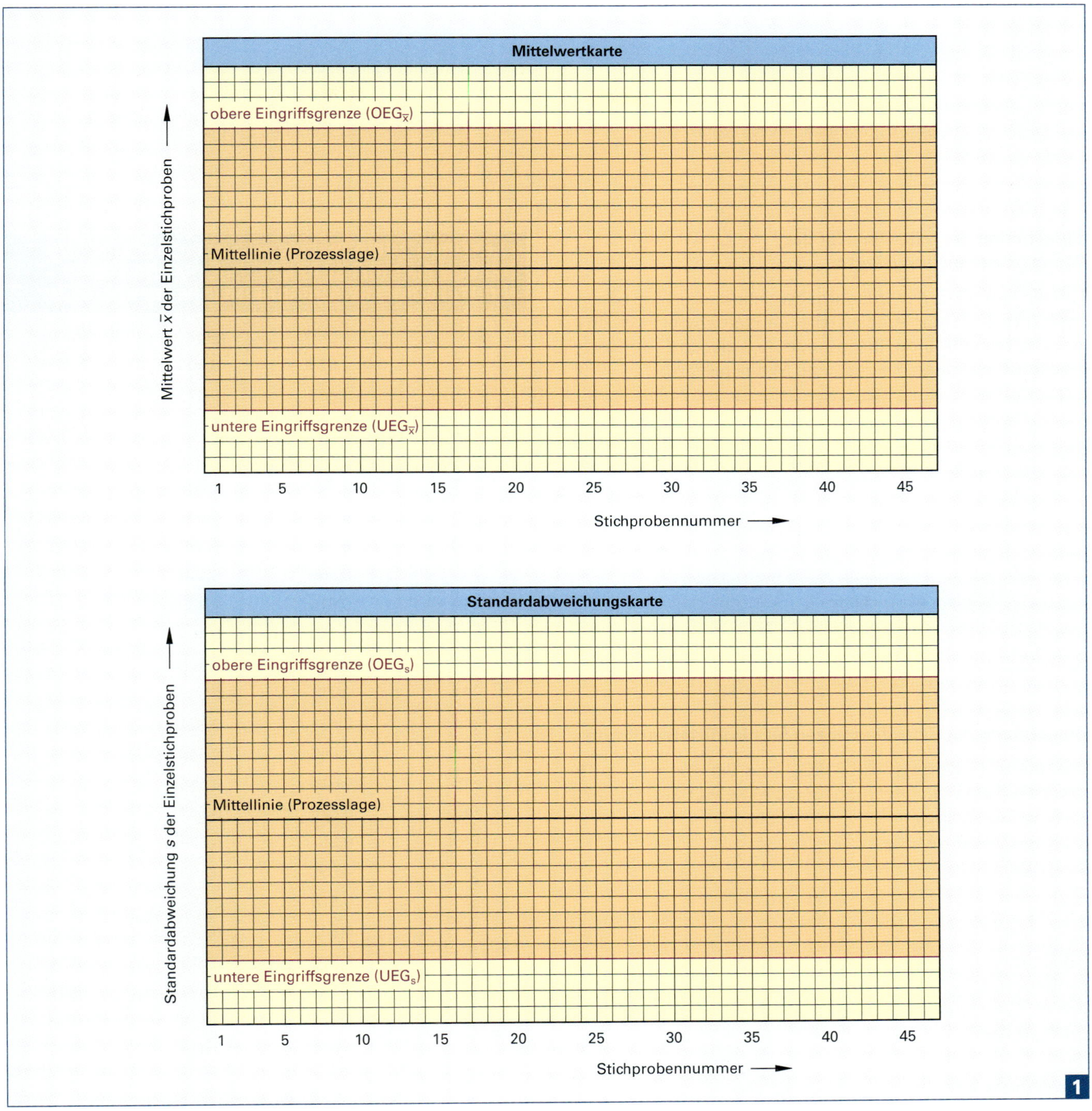

1

*$\bar{x}$-s-Qualitätsregelkarte nach **Shewhart** (Beispiel)*

Arithmetischer Mittelwert $\bar{x}$ der entnommenen Stichprobe:

$$\bar{x} = \frac{x_1 + x_2 + x_3 + \ldots + x_n}{n} = \frac{\text{Summe der Stichprobenwerte}}{\text{Anzahl der Stichprobenwerte}}$$

Standardabweichung s der entnommenen Stichprobe:

$$s = \sqrt{\frac{(x_1 - \bar{x})^2 + (x_2 - \bar{x})^2 + (x_3 - \bar{x})^2 + \ldots + (x_n - \bar{x})^2}{n-1}}$$

Erstellen einer $\bar{x}$-s-Regelkarte

Bei der Einführung eines neuen Fertigungsprozesses ist die durch die Mittellinie gekennzeichnete Prozesslage sowohl für die Mittelwertkarte als auch für die Standardabweichungskarte zunächst unbekannt. Ebenso sind die unteren und die oberen Eingriffsgrenzen für beide Karten unbekannt. Es wird daher zunächst eine größere Anzahl von Stichproben mit einem Stichprobenumfang von z. B. $n = 5$ entnommen und mithilfe der nachfolgenden Gleichungen die gesuchten Werte errechnet.

Berechnung der Mittellinie für die Mittelwertkarte (Lagekarte)

Um die Mittellinie der Mittelwertkarte zu bestimmen, errechnet man aus allen entnommenen Stichproben (k Stück) zuerst die arithmetischen Mittelwerte $\bar{x}_1, \bar{x}_2, \ldots, \bar{x}_k$. Aus diesen Mittelwerten wird dann wiederum ein Mittelwert $\bar{\bar{x}}$ errechnet, der die gesuchte Mittellinie der Mittelwertkarte markiert.

$$\hat{\mu} = \frac{\bar{x}_1 + \bar{x}_2 + \bar{x}_3 + \ldots \bar{x}_k}{m} = \frac{\text{Summe der Mittelwerte aus den einzelnen Stichproben}}{\text{Anzahl der entnommenen Stichproben}}$$

$\bar{x}_1$ = arithmetischer Mittelwert aus der 1. Stichprobe
$\bar{x}_2$ = arithmetischer Mittelwert aus der 2. Stichprobe
$\bar{x}_k$ = arithmetischer Mittelwert aus der *m*. Stichprobe
m = Anzahl der entnommenen Stichproben

Berechnung der Mittellinie für die Standardabweichungskarte

Um die Mittellinie der Standardabweichungskarte zu bestimmen, errechnet man zunächst die Standardabweichungen s_1, s_2, …, s_k der einzelnen Stichproben. Aus diesen Einzelwerten errechnet sich dann die gesuchte Mittellinie $\bar{s}$ zu:

$$\delta = \sqrt{\frac{s_1^2 + s_2^2 + \ldots + s_k^2}{m}}$$

s_1 = Standardabweichung der 1. Stichprobe
s_2 = Standardabweichung der 2. Stichprobe
s_k = Standardabweichung der *m*. Stichprobe
m = Anzahl der entnommenen Stichproben

Berechnung der Eingriffsgrenzen für die Mittelwertkarte

Die untere Eingriffsgrenze ($UEG_{\bar{x}}$) und die obere Eingriffsgrenze ($OEG_{\bar{x}}$) errechnet man für die Mittelwertkarte gemäß:

$$UEG_{\bar{x}} = \hat{\mu} - A_E \cdot \hat{\delta}$$

$$OEG_{\bar{x}} = \hat{\mu} + A_E \cdot \hat{\delta}$$

Den Parameter A_E entnimmt man in Abhängigkeit des Stichprobenumfangs *n* für eine Nichteingriffswahrscheinlichkeit von 99 % aus der Tabelle Faktoren zur Berechnung der Eingriffsgrenzen.

Berechnung der Eingriffsgrenzen für die Standardabweichungskarte

Für die Standardabweichungskarte errechnet sich die untere Eingriffsgrenze (UEG_s) und die obere Eingriffsgrenze (OEG_s) gemäß:

$$UEG_s = B_{UEG} \cdot \hat{\delta}$$

$$OEG_s = B_{OEG} \cdot \hat{\delta}$$

FAKTOREN ZUR BERECHNUNG DER UNTEREN UND OBEREN EINGRIFFSGRENZE (GÜLTIG FÜR EINE NICHTEINGRIFFSWAHRSCHEINLICHKEIT VON 99 %)

n	A_E	B_{UEG}	B_{OEG}
2	1,821	0,006	2,807
3	1,487	0,071	2,302
4	1,288	0,155	2,069
5	1,152	0,227	1,927
6	1,052	0,287	1,830
7	0,974	0,336	1,758
8	0,911	0,376	1,702
9	0,859	0,410	1,657
10	0,815	0,439	1,619
11	0,777	0,464	1,587
12	0,744	0,486	1,560
13	0,714	0,506	1,536
14	0,688	0,524	1,515
15	0,665	0,540	1,496
16	0,644	0,554	1,479
17	0,625	0,567	1,463
18	0,607	0,579	1,450
19	0,591	0,590	1,437
20	0,576	0,600	1,425
21	0,562	0,610	1,414
22	0,549	0,619	1,404
23	0,537	0,627	1,395
24	0,526	0,635	1,386
25	0,515	0,642	1,378

Die Parameter B_{UEG} und B_{OEG} entnimmt man in Abhängigkeit des Stichprobenumfangs *n* für eine Nichteingriffswahrscheinlichkeit von 99 % aus derTabelle Faktoren zur Berechnung der Eingriffsgrenzen. Für die übrigen Qualitätsregelkarten existieren vergleichbare Formeln zur Berechnung der Prozesslage sowie der Eingriffs- und ggf. der Warngrenzen. Hierauf soll jedoch nicht näher eingegangen werden.

Qualitätsregelkarten für diskrete Merkmalswerte

Grundsätzlich sollten bei der statistischen Prozessregelung alle qualitätsrelevanten Merkmale einer quantitativen (also messenden) Prüfung unterzogen werden. Ist dies nicht oder nicht mit wirtschaftlich vertretbarem Aufwand möglich, dann muss eine Beurteilung anhand qualitativer Merkmale erfolgen. Das Ergebnis einer Beurteilung hinsichtlich diskreter Merkmalsausprägungen sind beispielsweise „Anzahl fehlerhafter Teile bzw. Einheiten“ oder „Anzahl Fehler je Teil bzw. Einheit“.

Die Qualitätsregelkarten für diskrete Merkmalsausprägungen basieren auf dem Vorhandensein und dem Entdecken von fehlerhaften Teilen bzw. von Fehlern an einem Teil. Im Gegensatz zur Qualitätsregelkarte für kontinuierliche Merkmale warnen sie nicht vor negativen Prozessänderungen, bevor nicht eine mehr oder weniger große Anzahl an Fehlern aufgetreten ist. Auf die Qualitätsregelkartentypen für diskrete Merkmalswerte soll an dieser Stelle nicht näher eingegangen werden.

BEWERTUNG VON PROZESSVERLÄUFEN

PROZESSVERLÄUFE, URSACHEN UND KORREKTURMASSNAHMEN

Prozessverlauf	Mögliche Ursachen	Korrekturmaßnahmen
Natürlicher Verlauf Ur- oder Kennwert(e) innerhalb der Warngrenzen 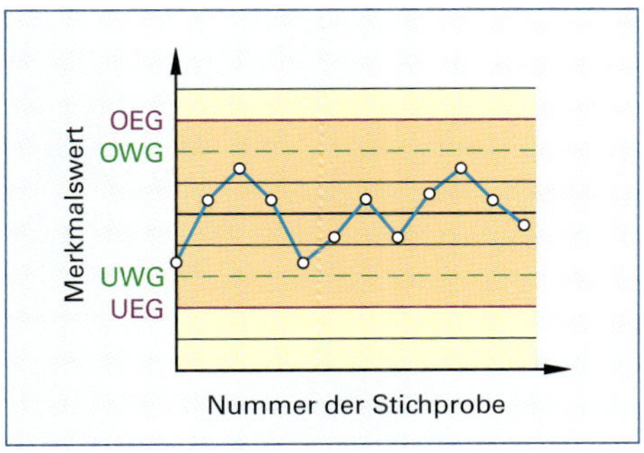	–	Keine Maßnahmen ergreifen. Fertigung läuft unverändert weiter. Prozess ist unter Kontrolle.
Ur- oder Kennwert(e) teilweise außerhalb der Warngrenzen, aber innerhalb der Eingriffsgrenzen 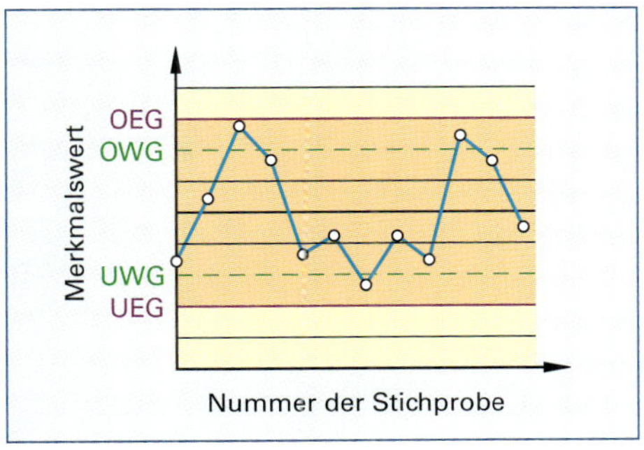	–	Fertigung läuft unverändert weiter. Prozess ist unter Kontrolle. Es wird jedoch häufiger geprüft. Ggf. ist sofort eine neue Stichprobe zu entnehmen.
Überschreiten der Eingriffsgrenzen Einige Werte über- oder unterschreiten die Eingriffsgrenzen 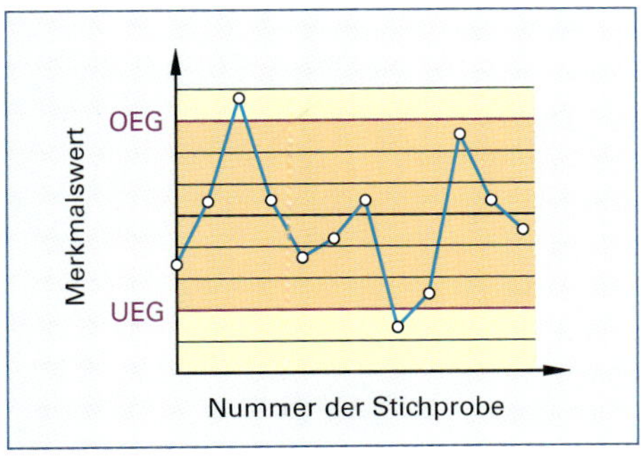	▮ Überjustierte Maschine ▮ Verschiedene Materialchargen ▮ Beschädigte Maschine	Fertigung muss neu eingestellt werden. Ggf. müssen die seit der letzten Prüfung gefertigten Teile aussortiert oder zu 100 % geprüft werden.
Run 7 oder mehr aufeinanderfolgende Werte liegen auf einer Seite der Mittellinie 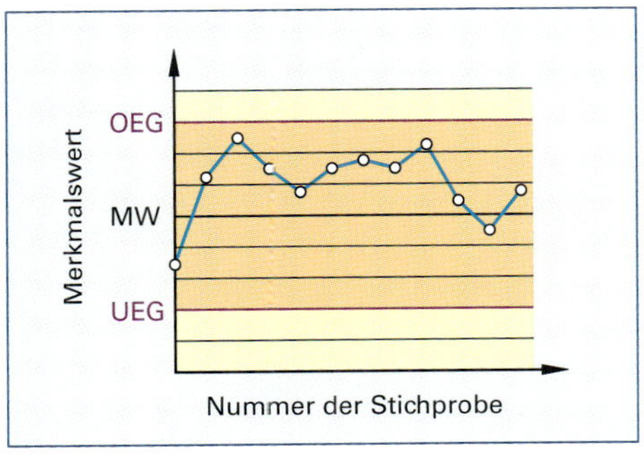	▮ Werkzeugverschleiß ▮ Andere Materialchargen ▮ Neues Werkzeug ▮ Neues Personal	Prozess unterbrechen um Verschiebungen des Prozessmittelwertes zu ergründen bzw. Prozess nachstellen.

UWG = untere Warngrenze
OWG = obere Warngrenze
UEG = untere Eingriffsgrenze
OEG = obere Eingriffsgrenze
MW = Mittelwert

PROZESSVERLÄUFE, URSACHEN UND KORREKTURMASSNAHMEN (FORTSETZUNG)

Prozessverlauf	Mögliche Ursachen	Korrekturmaßnahmen
Trend steigend 7 oder mehr aufeinanderfolgende Werte haben eine steigende Tendenz. 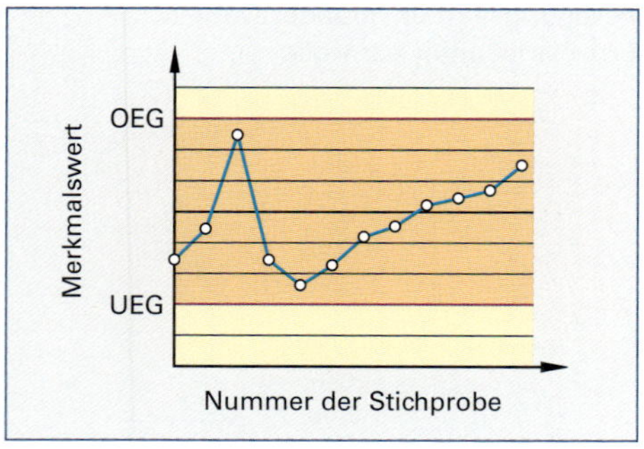	▮ Werkzeugverschleiß, Verschleiß von Vorrichtungen oder Messgeräten. ▮ Ermüdung des Bedienpersonals.	Prozess unterbrechen, Fehlerursache suchen und beheben. Bedienpersonal „aufwecken“.
Trend fallend 7 oder mehr aufeinanderfolgende Werte haben eine fallende Tendenz. 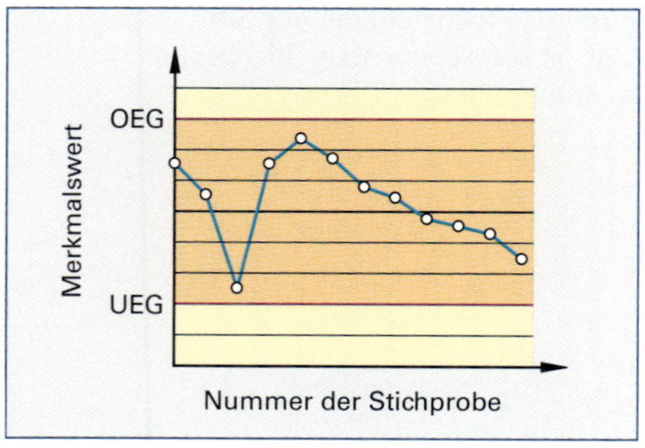	▮ Werkzeugverschleiß, Verschleiß von Vorrichtungen oder Messgeräten. ▮ Ermüdung des Bedienpersonals.	Prozess unterbrechen, Fehlerursache suchen und beheben. Bedienpersonal „aufwecken“.
Middle Third Mindestens 15 Werte liegen aufeinanderfolgend innerhalb eines Bereichs von ± Standardabweichung. 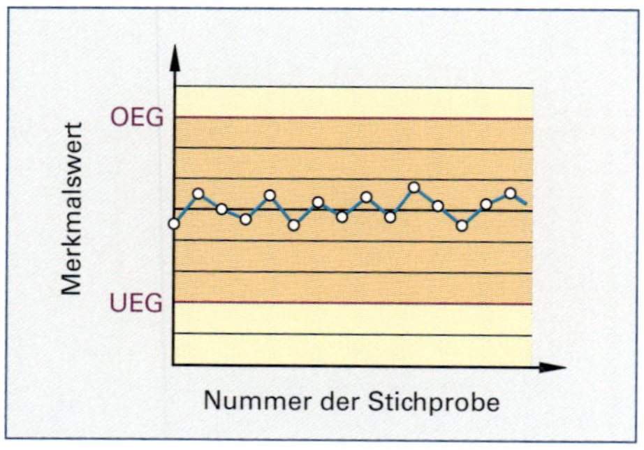	▮ Fertigungsprozess wurde optimiert. ▮ Bedienpersonal wurde besser beaufsichtigt. ▮ Beschönigte Prüf- bzw. Messergebnisse.	Feststellen, wodurch der Prozess verbessert wurde bzw. Ergebnisse überprüfen.
Perioden Die Werte wechseln periodisch um die Mittellinie. 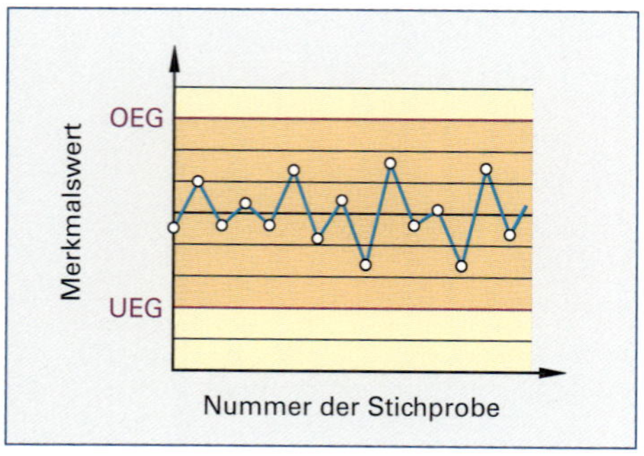	▮ Verschiedene Messgeräte wurden verwendet. ▮ Daten wurden systematisch aufgeteilt.	Fertigungsprozess auf Ursachen für das Auftreten von Perioden untersuchen.

UWG = untere Warngrenze
OWG = obere Warngrenze
UEG = untere Eingriffsgrenze
OEG = obere Eingriffsgrenze
MW = Mittelwert

AUFGABE ZUR WIEDERHOLUNG

Um Störeinflüsse rechtzeitig zu erkennen und korrigierend einzugreifen, soll der Fertigungsprozess aus Aufgabe 4, Seite 261, mithilfe von Qualitätsregelkarten überwacht werden. Eingeführt werden sollen eine Mittelwertkarte ($\overline{x}$-Karte) und eine Standardabweichungskarte (s-Karte).

a) Berechnen Sie auf Basis der Stichprobenwerte aus Aufgabe 4, Seite 261, die untere sowie die obere Eingriffsgrenze (UEG bzw. OEG) sowohl für die Mittelwertkarte als auch für die Standardabweichungskarte.

b) Im Verlauf eines längeren Fertigungszeitraumes werden Ihnen die nachfolgend abgebildeten Qualitätsregelkarten (Mittelwertkarten) vorgelegt. Interpretieren Sie die Qualitätsregelkarten und nennen Sie gegebenenfalls mögliche Störeinflüsse auf den Fertigungsprozess sowie sinnvolle Korrekturmaßnahmen.

Karte 1

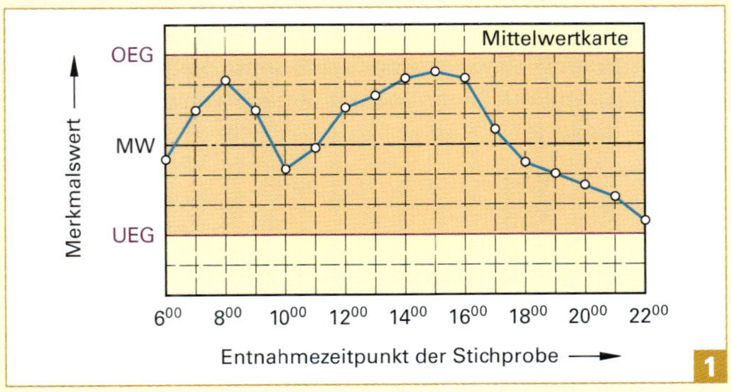

Karte 2

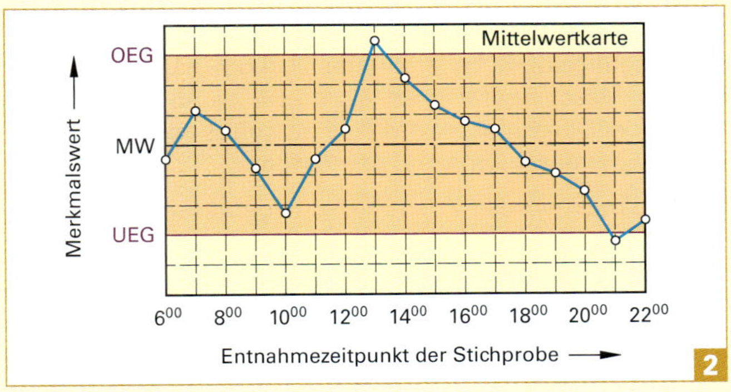

Karte 3

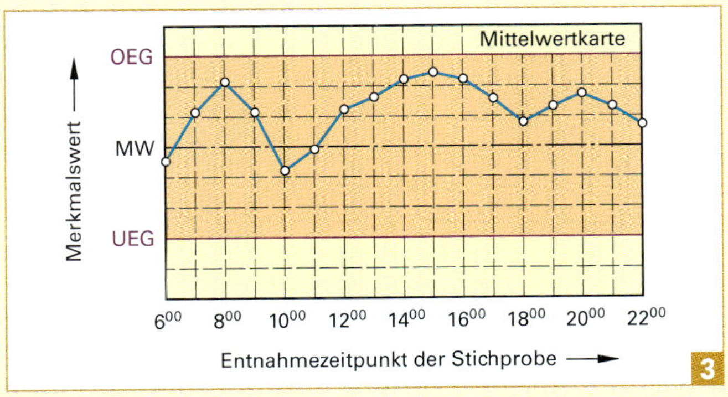

Karte 4

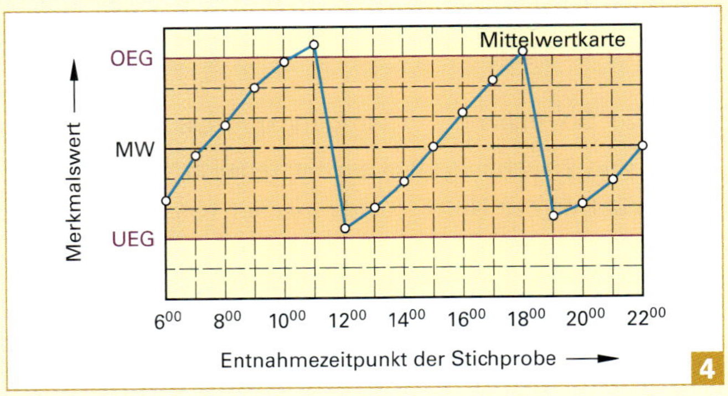

AUFGABEN ZUR PRÜFUNGSVORBEREITUNG

1. Eine Passbohrung mit dem Maß 20^{H7} wird gefertigt. Der Prozess wird mittels einer Qualitätsregelkarte dokumentiert. Es ist nun der arithmetische Mittelwert und die Standardabweichung aus einer entnommenen Stichprobe zu ermitteln. Hierzu wird eine Stichprobe von Umfang $n = 10$ entnommen und das Ergebnis entsprechend ausgewertet.

Folgende Maße wurden gemessen:

$x_1 = 7$	$x_3 = 12$	$x_5 = 10$	$x_7 = 12$	$x_9 = 10$
$x_2 = 9$	$x_4 = 8$	$x_6 = 8$	$x_8 = 9$	$x_{10} = 12$

a) Ermitteln Sie den Mittelwert und die Standardabweichung auf 4 Nachkommastellen.

b) Bei einer sogenannten 6-δ gilt die Forderung, dass die Standardabweichung 6mal in die Toleranz passt. Ist dies in diesem Fall gewährleistet?

2. In einer Massenproduktion werden Wellen für eine Getriebeproduktion gefertigt. Es wird nun eine Prozessfähigkeitskontrolle verlangt. Diese sollen Sie nachweisen. Die unten dargestellten Maße sind die, die als kritisch gewertet werden.

	Wellendurchmesser für Kegelrollenlager	**Wellendurchmesser Zahnrad 1. Gang**
Nennmaß	$12^{-2\mu m/-12\mu m}$	$16^{-0,01/-0,03}$
Mittelwert	11,993 mm	15,982 mm
Standardabweichung	2 µm	0,004 mm

a) Ermitteln Sie die Prozessfähigkeitskennwerte.

b) Beschreiben Sie Ihre weitere Vorgehensweise.

3. Eine neue Maschine zur Fertigung von Zylinderstiften soll in den nächsten Monaten in Betrieb gehen. Vorab ist vom Maschinenhersteller die Maschinenfähigkeit ($c_{mk} = 1,67$) als Abnahmebedingung zu gewährleisten. Als kritisches Merkmal wird der Durchmesser des Zylinderstiftes angenommen. Es werden 50 Stifte mit dem Durchmesser 12_{m6} nacheinander geschliffen und gemessen.

Folgende Abmaße vom Nennmaß wurden für die 50 Stifte gemessen:

9	10	12	11	10
12	10	11	10	9
10	11	12	11	9
12	9	10	10	9
12	9	10	10	9
10	11	12	11	9
12	10	11	10	9
9	10	12	11	10
9	12	12	10	10
9	11	11	10	9

Ermitteln Sie:

a) die Toleranz

b) die Toleranzgrenzen

c) den Größt- und Kleinstwert

d) die Spannweite

e) die Standardabweichung (Taschenrechner)

f) den Modalwert

g) die Maschinenfähigkeitskennwerte c_m und c_{mk}

h) Beschreiben Sie Ihre weitere Vorgehensweise bezüglich der MFU (Maschinenfähigkeitsuntersuchung) in kurzen Sätzen.

4. Qualitätsregelkarten dienen zur Beurteilung von Fertigungsprozessen.

a) Nennen Sie jeweils 3 Vor- und 3 Nachteile von Qualitätsregelkarten.

b) Beschreiben Sie in kurzen Sätzen den Unterschied zwischen einer $\bar{x}/s$- und einer $\bar{x}/R$-Regelkarte.

AUFGABEN ZUR PRÜFUNGSVORBEREITUNG (FORTSETZUNG)

MASCHINENFÄHIGKEITSUNTERSUCHUNG

5. In der zerspanenden Fertigung von Flanschkupplungen wird eine Arbeitsstation neu beschafft. Auf dieser Station wird ein Bolzen mit dem ⌀ 16g8 gefertigt. Zur Freigabe der Fertigung ist eine Maschinenfähigkeitsuntersuchung notwendig, wobei eine 8 σ-Produktion nachzuweisen ist. Hierzu wurden 50 Teile gefertigt und gemessen. Die folgende Tabelle zeigt die Abmaße vom Nennmaß der 50 gemessenen Teile.

URLISTE										
Stichprobenumfang 50 Teile										
Teile	**Gemessenes Abmaß in μm vom Nennmaß**									
1...10	–20	–19	–18	–17	–28	–23	–19	–18	–19	–18
10...20	–18	–17	–15	–19	–19	–19	–19	–20	–19	–14
20...30	–22	–19	–20	–23	–22	–21	–15	–19	–15	–19
30...40	–19	–21	–19	–18	–15	–16	–19	–14	–14	–19
40...50	–13	–17	–18	–10	–18	–18	–20	–17	–12	–18

a) Bestimmung der Toleranzgrenzen.
b) Bestimmung der geforderten Kennwerte *s* und c_{mk}.
c) Erstellung des Histogrammes.
d) Erstellung des Summendiagrammes.
e) Erstellung des Wahrscheinlichkeitsnetzes.
f) Bestimmung des Mittelwertes.
g) Bestimmung der Maschinenfähigkeitskennwerte.

STATISTISCHE PROZESSKONTROLLE

6. In der zerspanenden Fertigung von Flanschkupplungen wird eine Arbeitsstation neu beschafft. Auf dieser Station wird ein Bolzen mit dem ⌀ 16g8 gefertigt. Es wird eine statische Prozesskontrolle mittels Qualitätsregelkarte durchgeführt.

URLISTE								
Stichprobenumfang 10 St/h Gemessene Abmaße in µm vom Nennmaß								
Uhrzeit	**7:00**	**8:00**	**9:00**	**10:00**	**11:00**	**12:00**	**13:00**	**14:00**
Teil 1	–15	–15	–22	–27	–30	–35	–15	–16
Teil 2	–12	–17	–23	–12	–35	–37	–11	–18
Teil 3	–13	–19	–21	–30	–29	–38	–13	–19
Teil 4	–12	–15	–22	–23	–32	–35	–14	–16
Teil 5	–11	–17	–25	–35	–33	–36	–11	–17
Teil 6	–15	–18	–23	–21	–31	–38	–14	–18
Teil 7	–14	–19	–25	–29	–30	–35	–14	–19
Teil 8	–12	–15	–22	–18	–29	–38	–12	–17
Teil 9	–13	–16	–24	–11	–31	–37	–11	–16
Teil 10	–13	–17	–25	–39	–33	–36	–13	–17

a) Bestimmung des stündlichen Mittelwertes $\bar{x}$.
b) Bestimmung des stündlichen Minimal- bzw. Maximalwertes x_{min}, x_{max}.
c) Bestimmung des stündlichen Ranges und Streubreite *R*.
d) Bestimmung der stündlichen Standardabweichung *s*.
e) Bestimmung des stündlichen Prozessfähigkeitskennwertes c_p.
f) Bestimmung des stündlichen Prozessfähigkeitskennwertes c_{pk}.
g) Eintragen der Werte in die bereits maßstäblich erstellte Qualitätsregelkarte.

SACHWORTVERZEICHNIS

A

B

C

D

E

F

G

H

I

J

K

L

M

S

T

U

V

W

Y

Z